le Guide du routard

Directeur de collection et auteur
Philippe GLOAGUEN

Cofondateurs
Philippe GLOAGUEN et Michel DUVAL

Rédacteur en chef
Pierre JOSSE

Rédacteurs en chef adjoints
Amanda KERAVEL et Benoît LUCCHINI

Directrice de la coordination
Florence CHARMETANT

Directrice administrative
Bénédicte GLOAGUEN

Direction éditoriale
Catherine JULHE

Rédaction
Olivier PAGE, Véronique de CHARDON,
Isabelle AL SUBAIHI, Anne-Caroline DUMAS,
Carole BORDES, André PONCELET,
Marie BURIN des ROZIERS, Thierry BROUARD,
Géraldine LEMAUF-BEAUVOIS,
Anne POINSOT, Mathilde de BOISGROLLIER,
Alain PALLIER, Gavin's CLEMENTE-RUÏZ
et Fiona DEBRABANDER

ÉTATS-UNIS NORD-EST

2011/2012

hachette

Avis aux hôteliers et aux restaurateurs

Les enquêteurs du *Guide du routard* travaillent dans le plus strict anonymat. Aucune réduction, aucun avantage quelconque, aucune rétribution n'est jamais demandé en contrepartie. Face aux aigrefins, la loi autorise les hôteliers et restaurateurs à porter plainte.

Hors-d'œuvre

Le *Guide du routard,* ce n'est pas comme le bon vin, il vieillit mal. On ne veut pas pousser à la consommation, mais évitez de partir avec une édition ancienne. Les modifications sont souvent importantes.

routard.com dépasse 2 millions de visiteurs uniques par mois !

• ***routard.com*** • Sur notre site, tout pour préparer votre périple. Des fiches pratiques sur plus de 200 destinations, de nombreuses informations et des services : photos, cartes, météo, dossiers, agenda, itinéraires, billets d'avion, réservation d'hôtels, location de voitures, visas... Et aussi un vaste forum pour échanger ses bons plans, partager ses photos, définir son passeport routard ou trouver son compagnon de voyage. Sans oublier *routard mag,* ses reportages, ses carnets de route et ses infos pour bien voyager. La boîte à outils indispensable du routard.

Petits restos des grands chefs

Ce qui est bon n'est pas forcément cher ! Partout en France, nous avons dégoté de bonnes petites tables de grands chefs aux prix aussi raisonnables que la cuisine est fameuse. Évidemment, tous les grands chefs n'ont pas été retenus : certains font payer cher leur nom pour une petite table qu'ils ne fréquentent guère. Au total, 580 adresses réactualisées, dont 120 nouveautés, retenues pour la qualité et la créativité de la cuisine, sans pour autant ruiner votre portefeuille.

Nos meilleurs campings en France

Se réveiller au milieu des prés, dormir au bord de l'eau ou dans une hutte, voici nos 1 850 meilleures adresses en pleine nature. Du camping à la ferme aux équipements les plus sophistiqués, nous avons sélectionné les plus beaux emplacements : mer, montagne, campagne ou lac. Sans oublier les balades à proximité, les jeux pour enfants... Des centaines de réductions pour nos lecteurs.

Avis aux lecteurs

Les réductions accordées à nos lecteurs ne sont jamais demandées par nos rédacteurs afin de préserver leur indépendance. Les hôteliers et restaurateurs sont sollicités par une société de mailing, totalement indépendante de la rédaction, qui reste donc libre de ses choix. De même pour les autocollants et plaques émaillées.

Mille excuses, on ne peut plus répondre individuellement aux centaines de CV reçus chaque année.

TABLE DES MATIÈRES

Attention, New York, la Floride, la Louisiane et les villes du Sud font l'objet de trois autres guides.

LA NOUVELLE-ANGLETERRE

AUTOUR DES GRANDS LACS

PHILADELPHIE ET SES ENVIRONS

WASHINGTON D.C. ET SES ENVIRONS

Nous avons divisé les États-Unis en plusieurs titres. En effet, la très grande majorité d'entre vous ne parcourent pas tout le pays. Et ces contrées sont tellement riches culturellement qu'elles nécessitent six ou sept guides à elles seules. Rassemblées en un seul volume, nos ouvrages atteindraient 1 500, voire 2 000 pages. Ils seraient alors intransportables et coûteraient... trois fois plus cher ! Nous souhaitons conserver un format pratique à un prix économique, tout en vous fournissant le maximum d'informations sur des régions qui méritent d'être développées. Voilà !

La rédaction.

LES GUIDES DU ROUTARD 2011-2012

(dates de parution sur **routard.com**)

France

Nationaux

- Nos meilleures chambres d'hôtes en France
- Nos meilleurs campings en France
- Nos meilleurs hôtels et restos en France
- Nos meilleurs produits du terroir en France
- Petits restos des grands chefs
- Tourisme responsable

Régions françaises

- Alpes
- Alsace (Vosges)
- Ardèche, Drôme
- Auvergne
- Berry
- Bordelais, Landes, Lot-et-Garonne
- Bourgogne
- **La Bretagne et ses peintres (avril 2011)**
- Bretagne Nord
- Bretagne Sud
- Champagne-Ardenne
- Châteaux de la Loire
- Corse
- Côte d'Azur
- Dordogne-Périgord
- Franche-Comté
- Guadeloupe, Saint-Martin, Saint-Barth
- Languedoc-Roussillon
- Limousin
- Lorraine
- Lot, Aveyron, Tarn
- Martinique
- Nord-Pas-de-Calais
- Normandie
- La Normandie des impressionnistes
- Pays basque (France, Espagne), Béarn
- Pays de la Loire
- Picardie
- Poitou-Charentes
- Provence
- Pyrénées, Gascogne et Pays toulousain
- Réunion

Villes françaises

- Lyon
- Marseille
- **Nantes (avril 2011)**
- Nice

Paris

- Environs de Paris
- Junior à Paris et ses environs
- Paris
- Paris à vélo
- Paris balades
- Paris la nuit
- Paris, ouvert le dimanche
- Paris zen
- Restos et bistrots de Paris
- Le Routard des amoureux à Paris
- Week-ends autour de Paris

Europe

Pays européens

- Allemagne
- Andalousie
- Angleterre, Pays de Galles
- Autriche
- Baléares
- Belgique
- Catalogne (+ Valence et Andorre)
- Crète
- Croatie
- Danemark, Suède
- Écosse
- Espagne du Nord-Ouest (Galice, Asturies, Cantabrie)
- Finlande
- Grèce continentale
- Hongrie, République tchèque, Slovaquie
- Îles grecques et Athènes
- Irlande
- Islande
- Italie du Nord
- Italie du Sud
- Lacs italiens
- Madrid, Castille (Aragon et Estrémadure)
- Malte
- Norvège
- Pologne
- Portugal
- Roumanie, Bulgarie
- **Sardaigne (avril 2011)**
- Sicile
- Suisse
- Toscane, Ombrie

LES GUIDES DU ROUTARD 2011-2012 (suite)

(dates de parution sur **routard.com**)

Villes européennes

- Amsterdam et ses environs
- Barcelone
- Berlin
- Bruxelles
- Florence
- Lisbonne
- Londres
- Moscou, Saint-Pétersbourg
- Prague
- Rome
- Venise

Amériques

- Argentine
- Brésil
- Californie
- Canada Ouest et Ontario
- Chili et île de Pâques
- Équateur et les îles Galápagos
- États-Unis Nord-Est
- Floride
- Guatemala, Yucatán et Chiapas
- Louisiane et les villes du Sud
- Mexique
- New York
- Parcs nationaux de l'Ouest américain et Las Vegas
- Pérou, Bolivie
- Québec et Provinces maritimes

Asie

- Bali, Lombok
- Birmanie (Myanmar)
- Cambodge, Laos
- Chine (Sud, Pékin, Yunnan)
- Inde du Nord
- Inde du Sud
- Istanbul
- Jordanie, Syrie
- Malaisie, Singapour
- Népal, Tibet
- Sri Lanka (Ceylan)
- Thaïlande
- Tokyo, Kyoto et environs
- Turquie
- Vietnam

Afrique

- Afrique de l'Ouest
- Afrique du Sud
- Égypte
- Kenya, Tanzanie et Zanzibar
- Maroc
- Marrakech
- Sénégal, Gambie
- Tunisie

Îles Caraïbes et océan Indien

- Cuba
- Guadeloupe, Saint-Martin, Saint-Barth
- Île Maurice, Rodrigues
- Madagascar
- Martinique
- République dominicaine (Saint-Domingue)
- Réunion

Guides de conversation

- Allemand
- Anglais
- Arabe du Maghreb
- Arabe du Proche-Orient
- Chinois
- Croate
- Espagnol
- Grec
- Italien
- Japonais
- Portugais
- Russe

Et aussi...

- G'palémo

Nous tenons à remercier tout particulièrement Loup-Maëlle Besançon, Thierry Bessou, Gérard Bouchu, François Chauvin, Grégory Dalex, Fabrice Doumergue, Cédric Fischer, Carole Fouque, Michelle Georget, Claude Hervé-Bazin, Emmanuel Juste, Fabrice de Lestang, Romain Meynier, Éric Milet, Pierre Mitrano, Jean-Sébastien Petitdemange, Thomas Rivallain, Dominique Roland et Solange Vivier pour leur collaboration régulière.

Et pour cette nouvelle collection, nous remercions aussi :

David Alon
Gwladys Bonnassie
Jean-Jacques Bordier-Chêne
Michèle Boucher
Raymond Chabaud
Alain Chaplais
Stéphanie Condis
Agnès Debiage
Stéphanie Déro
Solenne Deschamps
Tovi et Ahmet Diler
Florence Douret
Céline Druon
Nicolas Dubois
Clélie Dudon
Sophie Duval
Alain Fisch
Éléonore Friess
David Giason
Adrien et Clément Gloaguen
Stéphane Gourmelen
Xavier Haudiquet
Bernard Hilaire
Sébastien Jauffret
François et Sylvie Jouffa
Dimitri Lefèvre
Jacques Lemoine
Sacha Lenormand
Valérie Loth
Catarina Mano
Jacques Muller
Caroline Ollion
Nicolas Pallier
Martine Partrat
Odile Paugam et Didier Jehanno
Xavier Ramon
Corinne Russo
Prakit Saiporn
Jean-Luc et Antigone Schilling
Claudio Tombari

Direction : Nathalie Pujo
Contrôle de gestion : Maria Dorriots, Héloïse Morel d'Arleux et Aurélie Knafo
Secrétariat : Catherine Maîtrepierre
Direction éditoriale : Catherine Julhe
Édition : Matthieu Devaux, Géraldine Péron, Olga Krokhina, Gia-Quy Tran, Julie Dupré, Christine de Geyer, Julien Hunter, Barbara Janssens et Aurélie Lorot
Préparation-lecture : Danielle Blondy
Cartographie : Frédéric Clémençon et Aurélie Huot
Fabrication : Nathalie Lautout et Audrey Detournay
Relations presse France : COM'PROD, Fred Papet. ☎ 01-70-69-04-69.
● *info@comprod.fr* ●
Direction marketing : Dominique Nouvel, Lydie Firmin et Claire Bourdillon
Responsable des partenariats : André Magniez
Édition des partenariats : Juliette de Lavaur et Mélanie Radepont
Informatique éditoriale : Lionel Barth
Couverture : Clément Gloaguen et Seenk
Relations presse : Martine Levens (Belgique) et Maureen Browne (Suisse)
Régie publicitaire : Florence Brunel

Special thanks !

– Géraldine Charollais, d'Express Conseil, bureau de représentation du Massachusetts à Paris.

– Vicky Cimino, du Massachusetts Office of Travel & Tourism (MOTT).

– Nancy Gardella, Executive Director à la Chamber of Commerce de Martha's Vineyard.

– Les Chambers of Commerce de Falmouth, Chatham et Nantucket.

– Patrick Debrabander et Emmanuelle Dine-Gauchet, pour leurs talents de pilote.

– Et Valérie Ferrière, de l'Ambassade des États-Unis à Paris.

LES QUESTIONS QU'ON SE POSE LE PLUS SOUVENT

➤ Quels sont les papiers indispensables pour se rendre aux États-Unis ?
Passeport électronique ou biométrique, sinon passeport individuel à lecture optique valide et émis avant le 26 octobre 2005, même pour les enfants, ainsi qu'un billet aller-retour et, depuis début 2009, une autorisation de voyage payante (ESTA). Visa nécessaire pour un séjour de plus de 3 mois.

➤ Quel est le décalage horaire ?
Il est de 6h en moins par rapport à l'heure française d'hiver (7h pour l'Illinois). Quand il est 16h en France, il est donc 10h à Washington et 9h à Chicago.

➤ Quel est le climat ?
L'été est chaud partout, l'hiver est dans l'ensemble très froid, particulièrement à Boston et à Chicago. Le printemps et l'automne sont les saisons les plus agréables.

➤ La vie est-elle chère ?
Très chère à priori (surtout quand le dollar remonte), tarifs comparables à ceux pratiqués en Europe. Aux prix affichés, n'oubliez pas d'ajouter les taxes (entre 5 et 10 % selon le type d'achat) et le pourboire (entre 15 et 20 % !).

➤ Comment se loger au meilleur prix ?
Dans la plupart des grandes villes, les prix des hébergements fluctuent tous les jours, selon le principe de l'offre et de la demande. Le mieux est de réserver via les sites internet des hôtels. On peut ainsi comparer les prix et tomber parfois sur de vraies affaires à certaines dates.

➤ Comment se déplacer ?
Dans les grandes villes, en transports en commun et à pied. Pour visiter les environs, louer une voiture. Le prix du carburant est encore bon marché, et les voitures de location sont bien plus spacieuses et confortables qu'en France. Pour aller d'une ville à l'autre, voiture, train ou avion (selon la distance). En voiture, un GPS peut rendre de grands services.

➤ Que faut-il voir absolument dans le Nord-Est des États-Unis ?
Boston, la capitale historique des États-Unis, qui est la plus européenne des villes américaines ; les plages fantastiques et les villages traditionnels de Cape Cod, Martha's Vineyard et Nantucket ; les chutes du Niagara (plus belles du côté Canada, mais très touristiques) ; l'architecture moderne à Chicago ; la fondation Barnes à Philadelphie ; les musées et monuments de Washington.

➤ Est-ce qu'on mange bien dans le Nord-Est des États-Unis ?
Oh que oui ! En Nouvelle-Angleterre, la *seafood* est reine et le homard servi à toutes les sauces, même en sandwich ! Chicago ne jure que par sa *deep dish pizza.* Quant à Philadelphie et Washington, elles sont à juste titre réputées pour leurs tables gastronomiques.

➤ Où peut-on écouter du jazz et du blues ?
Chicago est la capitale du blues, mais dans les grandes villes de la côte Est (Philadelphie et Washington notamment), les clubs distillent aussi du jazz.

LES COUPS DE CŒUR DU ROUTARD

• À **Boston,** mettre ses pas dans les traces des pères de l'Amérique en suivant le **Freedom Trail,** s'émerveiller devant la fascinante **collection de *Fleurs de Verre* au Museum of Natural History d'Harvard, découvrir la nouvelle section dédiée aux Amériques au Museum of Fine Arts sans oublier celle des impressionnistes, bien sûr,** assister à un **concert gratuit des Boston Pops** la première semaine de juillet et se plonger dans l'ambiance studieuse et décontractée d'**Harvard.**

• Découvrir l'extraordinaire **Peabody Essex Museum de Salem,** qui rend hommage à la splendeur maritime de la ville aux XVIIIe et XIXe s, à l'apogée des échanges commerciaux avec l'Inde, la Chine, l'Afrique et les Antilles.

• À **Cape Cod,** aller en bateau **admirer le spectacle des baleines à bosse** qui séjournent ici, dans les eaux de la Nouvelle-Angleterre, d'avril à octobre.

• Assister au **coucher du soleil** sur le **village de pêcheurs de Menemsha,** sur l'île de **Martha's Vineyard,** tout en mordant dans un ***lobster roll.***

• **Voir le port de Nantucket Town s'embrumer** à la tombée de la nuit, et les maisons grises à bardeaux disparaître étrangement dans ce flou artistique.

• **Admirer le faste des *mansions* de Newport,** les demeures des riches Américains du début du XXe s.

• **Monter à bord du petit bateau *Maid of the Mist*** pour aller jusqu'au pied des **chutes du Niagara,** dans le tonnerre assourdissant et la brume enivrante des plus belles chutes de la création.

• À **Chicago,** monter à bord du ***El,* ce métro bringuebalant et tout rouillé,** pour parcourir la fameuse boucle à travers les buildings historiques du quartier des affaires ; **prendre son reflet en photo dans *The Bean,*** la sculpture en inox du **Millennium Park,** devenue un des symboles de la ville ; découvrir la section des animaux naturalisés et celle des dinosaures au **Field Museum** ; **dévorer une *deep dish pizza*** dégoulinante de fromage dans une des institutions de la ville et se payer ensuite la tournée des **clubs de jazz et de blues.**

• À **Philadelphie,** s'émerveiller devant la richesse et l'étonnante disposition des toiles de la **fondation Barnes, croquer dans un *Philly cheese steak*** et **faire son marché chez les amish** au Reading Terminal Market.

• À **Washington,** se mettre dans la peau d'un espion à l'**International Spy Museum,** visiter le poignant **Holocaust Memorial Museum,** revivre l'épopée de l'air à travers 150 engins volants au fabuleux (et gratuit !) **Air and Space Museum, parcourir toute l'histoire américaine** dans le passionnant musée du même nom, **faire du vélo le long du Potomac** entre le Mall et Mount Vernon, s'offrir une **balade en bateau à roues sur le Potomac** depuis Alexandria, se recueillir sur la **tombe des Kennedy au cimetière d'Arlington.** Et **assister aux festivités du 4 Juillet** (parades, feu d'artifice...) !

COMMENT Y ALLER ?

LES LIGNES RÉGULIÈRES

▲ AIR FRANCE

Rens et résas au ☎ 36-54 (0,34 €/mn – tlj 6h30-22h), sur • airfrance.fr •, dans les agences Air France (fermées dim) et dans ttes les agences de voyages.
*– **Call Center USA :** ☎ 1-800-237-2747.*

➢ Sur le Nord-Est des États-Unis, Air France dessert les villes suivantes en vol direct (au départ de Roissy-Charles-de-Gaulle) : Boston (1 à 2 vols/j.), Chicago (1 vol/j.), Philadelphie (1 vol/j.), Washington (2 vols/j.).

Air France propose une gamme de tarifs accessibles à tous : du *Tempo 1* (le plus souple) au *Super Apex* (le moins cher), selon les destinations. Pour les moins de 25 ans, Air France offre des tarifs attractifs, *Tempo Jeunes,* ainsi qu'une carte de fidélité, « Flying Blue Jeune », gratuite et valable sur l'ensemble des compagnies membres de *Skyteam.* Cette carte permet de cumuler des *miles.*

Sur Internet, possibilité de consulter les meilleurs tarifs du moment, dans l'onglet « Achats et réservations en ligne », rubrique « Promotions ».

▲ AMERICAN AIRLINES

Rens et résas : ☎ 0826-460-950 (service en français tlj sf w-e 8h-17h30 ; en anglais après 17h30 et le w-e 9h30-18h). • aa.com • Comptoir billetterie à l'aéroport Paris-Charles-de-Gaulle, terminal 2A.

➢ American Airlines propose, au départ de Paris-Charles-de-Gaulle, 1 à 2 vols/j. sans escale pour New York ainsi que 1 vol/j. sans escale pour Boston (liaison saisonnière) et Chicago. Aux États-Unis, correspondances pour près de 200 destinations domestiques, ainsi que vers le Canada, l'Amérique centrale, la zone caraïbe et l'Amérique du Sud.

▲ DELTA AIR LINES

– Paris : 2, rue Robert-Esnault-Pelterie, 75007. • delta.com • Ⓜ Invalides. Agence ouv lun-ven 9h30-18h30 ; sam 10h-13h, 14h-18h. Compagnie également joignable au ☎ 0892-702-609 (0,34 €/mn ; lun-ven 8h-21h ; w-e et j. fériés 9h30-17h30).

➢ Delta Air Lines propose des vols tlj sans escale pour Boston, New York, Chicago, Washington D.C., Philadelphie et Detroit (certains en partenariat avec Air France).

▲ UNITED-CONTINENTAL AIRLINES

Rens et résas : ☎ 0810-727-272 (nº Azur). • united.fr • Service en français lun-ven 8h-20h ; en anglais le w-e 9h-18h.

➢ Au départ de Paris, la compagnie dessert quotidiennement le Nord-Est des États-Unis avec Washington D.C. et Chicago sans escale. Toute l'année, la compagnie propose des tarifs promotionnels valables sur plus de 150 destinations aux États-Unis (Hawaii incluse).

▲ US AIRWAYS

– Paris : ☎ 0810-632-222 (nº Azur). • usairways.com • Lun-ven 8h-21h ; w-e 9h-17h.

➢ Pour Philadelphie, 1 vol/j. et plus de 200 connexions ensuite aux États-Unis (très nombreuses destinations sur le Nord-Est, notamment New York, Boston, Washington et Pittsburgh).

AIRFRANCE
CLASSE VOYAGEUR : notre classe économique
avec boissons à volonté, menus au choix, glaces,
films, séries TV, musique, jeux vidéo, journaux et magazines,
1001 distractions tout au long du vol.
AIRFRANCE KLM
airfrance.fr
SKYTEAM

▲ **VIRGIN ATLANTIC**

Rens et résas dans ttes les agences de voyage, sur • virginatlantic.com • et au ☎ 00-44-844-209-7777 (centre d'appel en Angleterre, ouv 24h/24).

➢ Virgin Atlantic, compagnie aérienne régulière, élue « Meilleure compagnie aérienne transatlantique 2010 » (par organisme professionnel), propose 1 vol direct vers Boston, Washington D.C., Chicago (saisonnier), tlj au départ de Londres-Heathrow. Pré et post-acheminement aérien possible depuis Paris-CDG et Orly, Lyon, Nice, Marseille, Toulouse, Bordeaux, Bruxelles, Bâle, Genève. Pré et post-acheminement ferroviaire possible depuis Paris-Gare du Nord, Lille, Bruxelles. Prix attractifs pour tout budget et en toute cabine : *Économie, Premium Économie, Upper Class* (classe affaire – bar à bord des avions, salon affaires à Londres avec coiffeur/masseur/restaurant inclus, transfert limousine selon type de billet).

LES ORGANISMES DE VOYAGES

EN FRANCE

– Ne pas croire que les vols à tarif réduit sont tous au même prix pour une même destination à une même époque : loin de là. On a déjà vu, dans un même avion partagé par deux organismes, des passagers qui avaient payé 40 % plus cher que les autres. De plus, une agence bon marché ne l'est pas forcément toute l'année (elle peut n'être compétitive qu'à certaines dates bien précises). Donc, contactez tous les organismes et jugez vous-même.
– Les organismes cités sont classés par ordre alphabétique, pour éviter les jalousies et les grincements de dents.

▲ **AVENTURIA**

Brochure sur demande par tél ou sur • aventuria.com •
– Lyon : agence et siège au 42, rue de l'Université, 69002. ☎ 04-78-69-35-06.
– Paris Raspail : 213, bd Raspail, 75014. ☎ 01-44-10-50-50.
– Paris Opéra : 20, rue des Pyramides, 75001. ☎ 01-44-50-58-40.
– Bordeaux : 9, rue Ravez, 33000. ☎ 05-56-90-90-22.
– Lille : 21, rue des Ponts-de-Comines, 59800. ☎ 03-20-06-33-77.
– Marseille : 2, rue Edmond-Rostand, 13006. ☎ 04-96-10-24-70.
– Nantes : 2, allée de l'Erdre, cours des 50-Otages, 44000. ☎ 02-40-35-10-12.
– Strasbourg : 13 A, bd du Président-Wilson, 67000. ☎ 03-88-22-08-09.

Spécialiste des États-Unis, ce tour-opérateur original fabrique entièrement ses programmes et les distribue exclusivement dans ses propres agences. Avec l'aide de conseillers en voyage expérimentés, vous construirez votre itinéraire idéal et vous personnaliserez totalement votre voyage à l'aide de leur sélection d'étapes de charme et de modules variés d'escapades. Découverte individuelle à votre rythme, hébergements authentiques, tout est à la carte !

▲ **BACK ROADS**

– Paris : 14, pl. Denfert-Rochereau, 75014. ☎ 01-43-22-65-65. • backroads.fr • Ⓜ ou RER B : Denfert-Rochereau. Lun-ven 10h-19h ; sam 10h-18h.

Depuis 1975, Jacques Klein et son équipe sillonnent chaque année les routes américaines, ce qui fait d'eux de grands connaisseurs des États-Unis, de New York à l'Alaska en passant par le Far West. Pour cette raison, ils ne vendent leurs produits qu'en direct. Ils vous feront partager leurs expériences et vous conseilleront sur les circuits les plus adaptés à vos centres d'intérêt. Spécialistes des autotours, qu'ils programment eux-mêmes, ils ont également le grand avantage de disposer de contingents de chambres dans les parcs nationaux ou à proximité immédiate. Dans leur brochure, ils offrent également un grand choix d'activités, allant du séjour en ranch aux expéditions à VTT, en passant par le jeeping, le trekking ou le rafting.

De plus, Back Roads représente deux centraux de réservation américains lui permettant d'offrir des tarifs très compétitifs pour la réservation. D'abord, *Amerotel* : des hôtels sur tout le territoire, des *Hilton* aux *YMCA*. Ensuite, *Car Discount* : un courtier en location de voitures, motos (Harley notamment).

▲ BOURSE DES VOLS / BOURSE DES VOYAGES

• *bdv.fr* • ou ☎ *01-42-61-66-61, lun-sam 8h-20h.*

Agence de voyages en ligne, BDV.fr propose une vaste sélection de vols secs, séjours et circuits à réserver en ligne ou par téléphone. Pour bénéficier des meilleurs tarifs aériens, même à la dernière minute, le service de Bourse des Vols référence en temps réel un large panel de vols réguliers, charters et dégriffés au départ de Paris et de nombreuses villes de province. Promotions toute l'année sur une large sélection de séjours.

▲ COMPAGNIE DES ÉTATS-UNIS & DU CANADA

– Paris : 5, av. de l'Opéra, 75001. ☎ *0892-234-430 (0,34 €/mn).* • *compagniesdumonde.com* • Ⓜ *Palais-Royal – Musée du Louvre ou Pyramides. Lun-ven 9h-19h ; sam 10h-19h.*

Après plus de 20 ans d'expérience, Jean-Alexis Pougatch, passionné de l'Amérique du Nord, a ouvert à Paris un *concept store* offrant tous les voyages sur mesure sur le continent, une galerie d'art contemporain exposant des artistes américains, et un salon de café avec des variétés en provenance directe des plantations situées sur ses destinations.

D'un côté, la compagnie propose 1 500 vols négociés sur les États-Unis et le Canada. De l'autre, une brochure très complète sur les États-Unis et sur le Canada avec de nombreuses formules de voyages sur mesure : des circuits thématiques (en Harley-Davidson, en avion privé, en camping, en trekking, etc.), de nombreux circuits individuels en voiture, des circuits accompagnés en français, et des séjours villes et plage.

Les circuits et les séjours sur mesure sont la spécificité de ce voyagiste avec son espace tourné vers le « Beau ». La meilleure façon de respecter et de découvrir le monde. C'est pourquoi la Compagnie est aussi spécialisée dans les séjours tournés vers l'art, les grands musées, les expositions. Elle propose de nombreux séjours à New York, Philadelphie, Boston, Chicago, Las Vegas, sans oublier chaque année deux forfaits de 7 jours pour les réveillons de Noël et du Jour de l'an à New York.

Compagnie des États-Unis & du Canada fait partie du groupe Compagnies du Monde, comme Compagnie d'Amérique latine & Caraïbes, Compagnie des Indes & de l'Extrême-Orient, Compagnie des plages, Compagnie de la Polynésie et Compagnie de l'Afrique australe & de l'océan Indien.

Une envie de croisière, consultez le site le plus complet • *mondeetcroisieres.com* •

▲ COMPTOIR DES ÉTATS-UNIS & DES BAHAMAS

– Paris : 6, rue Saint-Victor, 75005. ☎ *0892-238-438 (0,34 €/mn).* • *comptoir.fr* • Ⓜ *Cardinal-Lemoine. Lun-ven 9h30-18h30, sam 10h-18h30.*

– Lyon : 10, quai Tilsitt, 69002. ☎ *0892-230-465.* Ⓜ *Bellecour. Lun-sam 9h30-18h30.*

– Toulouse : 43, rue Peyrolières, 31000. ☎ *0892-238-438 (0,34 €/mn).* Ⓜ *Esquirol. Lun-sam 9h30-18h30.*

La diversité culturelle, le dynamisme de l'Est et les légendes de l'Ouest ne sont jamais bien loin lorsque leurs conseillers vous aident à bâtir un voyage. Comptoir des États-Unis propose un grand choix d'hébergements et des idées de voyages originales à combiner selon son budget et ses envies.

Chaque Comptoir est spécialiste d'une ou plusieurs destinations : Afrique, Amérique centrale et Caraïbes, Brésil, Canada, Chine, Égypte, États-Unis, Grèce, Îles (Polynésie française et îles de l'océan Indien), Indonésie, Inde et Sri Lanka, Islande et terres polaires, Italie et Croatie, Japon, Maroc, Moyen-Orient, pays Andins, pays celtes, pays scandinaves, pays du Mékong.

▲ DIRECTOURS

– Paris : 90, av. des Champs-Élysées, 75008. ☎ 01-45-62-62-62. Depuis la province : ☎ 0811-90-62-62 (prix d'un appel local). • directours.com • Ⓜ George-V. Lun-ven 10h-18h ; sam 11h-18h.

Ce spécialiste du voyage à la carte présente la particularité de s'adresser directement au public, en vendant ses voyages haut de gamme par Internet et au téléphone, ou encore à son agence. Cette politique de « vente directe » permet à Directours d'offrir des prix extrêmement compétitifs. Directours est l'un des principaux spécialistes des États-Unis et propose une très large gamme de circuits, séjours et voyages à la carte sur une centaine d'autres destinations.

▲ ÉQUINOXIALES

☎ 01-77-48-81-00. • equinoxiales.fr •

20 ans d'expérience et une passion inépuisable sont les clés de l'expertise d'Équinoxiales pour les voyages sur mesure au long cours à prix *low-cost*, assortis des meilleurs conseils. Un simple appel, un simple mail et les conseillers d'Équinoxiales sont à l'écoute pour créer avec les candidats au voyage le périple qui leur convient au meilleur prix.

▲ EXPERIMENT

– Paris : 89, rue de Turbigo, 75003. ☎ 01-44-54-58-00. • experiment-france.org • Ⓜ Temple ou République. Lun-ven 9h-18h.

Partager en toute amitié la vie quotidienne d'une famille, c'est ce que vous propose l'association Experiment. Cette formule de séjour chez l'habitant à la carte existe dans une douzaine de pays à travers le monde (Amériques, Europe, Asie).

Aux États-Unis, Experiment offre également la possibilité de suivre des cours intensifs d'anglais sur trois campus pendant une durée de 2 semaines à 9 mois. Les cours d'anglais avec hébergement chez l'habitant existent également en Irlande, en Grande-Bretagne, à Malte, au Canada, en Australie, en Afrique du Sud et en Nouvelle-Zélande. Experiment propose aussi des cours d'espagnol, de brésilien, d'allemand, d'italien, d'arabe, de russe, de chinois et de japonais dans les pays où la langue est parlée. Ces différentes formules s'adressent aux adultes et adolescents.

Sont également proposés : des jobs en Grande-Bretagne, en Norvège, au Canada, en Afrique du Sud et en Espagne ; des stages en entreprise aux États-Unis, en Angleterre, en Irlande, en Espagne et en Afrique du Sud ; des programmes de bénévolat aux États-Unis, au Costa Rica, en Australie, en Afrique du Sud et au Népal. Service *Départs à l'étranger :* ☎ 01-44-54-58-00.

Pour les 18-26 ans, Experiment organise des séjours « au pair » aux États-Unis (billet aller-retour offert, rémunération d'environ 200 $ par semaine, formulaire DS 2019, etc.). Service *Au Pair* : ☎ 01-44-54-58-09. Également en Espagne, en Angleterre, en Italie, en Irlande, au Danemark et en Allemagne.

▲ FUAJ

– Paris : antenne nationale, 27, rue Pajol, 75018. ☎ 01-44-89-87-27. Ⓜ La Chapelle, Marx-Dormoy ou Gare-du-Nord. Mar-ven 13h-17h30. Rens dans ttes les auberges de jeunesse, les points d'information et de réservation en France et sur le site • fuaj.org •

La FUAJ (Fédération Unie des Auberges de Jeunesse) accueille ses adhérents dans 160 auberges de jeunesse en France. Seule association française membre de l'IYHF *(International Youth Hostel Federation),* elle est le maillon d'un réseau de 4 200 auberges de jeunesse réparties dans 81 pays. La FUAJ organise, pour ses adhérents, des activités sportives, culturelles et éducatives ainsi que des rencontres internationales. Vous pouvez obtenir gratuitement les brochures *Printemps-Été, Hiver, le dépliant des séjours pédagogiques, la carte pliable des AJ et le Guide des AJ en France*.

▲ NOUVELLES FRONTIÈRES

– Rens et résas dans tte la France : ☎ 0825-000-825 (0,15 €/mn). • nouvelles-frontieres.fr •

Les brochures Nouvelles Frontières sont disponibles gratuitement dans les 300 agences du réseau, par téléphone et sur Internet.
Plus de 40 ans d'existence, 1 000 000 de clients par an, 250 destinations, deux chaînes d'hôtels-clubs Nouvelles Frontières et une compagnie aérienne, *Corsairfly.* Pas étonnant que Nouvelles Frontières soit devenu une référence incontournable, notamment en matière de tarifs. Le fait de réduire au maximum les intermédiaires permet d'offrir des prix « super-serrés ». Un choix illimité de formules vous est proposé : des vols sur la compagnie aérienne de Nouvelles Frontières au départ de Paris et de province, en classe Horizon ou Grand Large, et sur toutes les compagnies aériennes régulières, avec une gamme de tarifs selon votre budget. Sont également proposés toutes sortes de circuits, aventure ou organisés ; des séjours en hôtels, en hôtels-clubs et en résidences ; des week-ends, des formules à la carte (vol, nuits d'hôtel, excursions, location de voitures...), des séjours neige, des croisières, des séjours thématiques, plongée, thalasso.
Avant le départ, des réunions d'information sont organisées. Intéressant : des brochures thématiques (plongée, aventure, rando, trek, sport et Nouvelles Rencontres).

▲ OBJECTIF USA

– Lyon : 11, quai Jules Courmont, 69002. ☎ 04-72-77-98-98. Brochure sur demande par tél ou sur • objectif-ameriques.com •
Depuis plus de 25 ans, ce tour-opérateur, spécialiste des USA, est le leader en Rhône-Alpes sur cette destination. Leur passion, c'est de vous offrir un dépaysement total et un séjour inoubliable au coeur du Nouveau Monde. Découverte individuelle à votre rythme, hébergement authentique en hôtels et étapes de charme, les conseillères Objectif USA vous feront partager leur grande connaissance du continent Nord-Américain et vous fabriqueront un séjour totalement à votre mesure.

▲ PLEIN VENT VOYAGES

Résas et brochures dans les agences du Sud-Est et du Rhône-Alpes, ainsi que sur • pleinvent-voyages.com •
Premier tour-opérateur du Sud-Est, Plein Vent assure toutes ses prestations (circuits et séjours) au départ de Lyon, Marseille et Nice. Parmi ses destinations phares, la Grèce, la Croatie et la Jordanie, sans oublier les États-Unis. Nouveautés : la Crète, le Vietnam, le Guatemala et la Thaïlande. Plein Vent garantit ses départs et propose un système de « garantie annulation » performant.

▲ PROMOVACANCES.COM

Les offres Promovacances sont accessibles sur • promovacances.com • ou au ☎ 0899-654-850 (1,35 € l'appel, puis 0,34 €/mn) et dans 10 agences situées à Paris et à Lyon.
N° 1 français de la vente de séjours sur Internet, Promovacances a fait voyager plus de 2 millions de clients en 10 ans. Le site propose plus de 10 000 voyages actualisés chaque jour sur 300 destinations : séjours, circuits, week-ends, thalasso, plongée, golf, voyages de noces, locations, vols secs... L'ambition du voyagiste : prouver chaque jour que le petit prix est compatible avec des vacances de qualité. Grâce aux avis clients publiés sur le site et aux visites virtuelles des hôtels, vous réservez vos vacances en toute tranquillité.

▲ PROMOVOLS

– Infos et résas : • promovols.com • ou ☎ 0899-01-01-01 (1,35 €/mn). Lun-ven 9h-19h ; sam 10h-18h.
Spécialiste de la vente de billets d'avions sur Internet, Promovols vous propose une vaste sélection de vols réguliers, charters et dégriffés au départ de Paris et de la plupart des villes de province. Grâce à son moteur de réservation très performant, cette agence de voyage en ligne vous garantit les meilleurs prix du marché quelle que soit votre destination.
Promovols propose également un très large choix d'hôtels, séjours et circuits à prix extrêmement compétitifs sur plus de 200 destinations.

▲ ROUTE DES VOYAGES (LA)

– Paris : 10, rue Choron, 75009. ☎ 01-55-31-98-80. Ⓜ Notre-Dame-de-Lorette.
– Aix-en-Provence : 6, rue Jaubert, 13100. ☎ 04-42-12-32-94.
– Annecy : 4 bis, av. d'Aléry, 74000. ☎ 04-50-45-60-20.
– Bordeaux : 10, rue du Parlement-Saint-Pierre, 33000. ☎ 05-56-90-11-20.
– Lyon : 59, rue Franklin, 69002. ☎ 04-78-42-53-58.
– Toulouse : 9, rue Saint-Antoine-du-T, 31000. ☎ 05-62-27-00-68.
Agences ouv lun-ven 9h-19h ; sam sur rdv. • route-voyages.com •
Spécialiste du voyage sur mesure depuis plus de 15 ans sur les cinq continents. C'est une véritable équipe de voyageurs spécialisés par destination qui, grâce à son écoute et à son expérience du terrain, construit des voyages très personnalisés. Elle travaille en direct avec des prestataires locaux, privilégie les voyages hors des sentiers battus et propose également une offre de voyages solidaires sur le site • *routes-solidaires.com* •

▲ USA CONSEIL

Devis et brochures sur demande, réception sur rdv, agence Paris (75016). Rens : ☎ 01-45-46-51-75. • usaconseil.com •
Spécialiste des voyages en Amérique du Nord, USA Conseil s'adresse particulièrement aux familles ainsi qu'à toutes les personnes désireuses de visiter et de découvrir les États-Unis et le Canada en maintenant un bon rapport qualité-prix. USA Conseil propose une gamme complète de prestations adaptées à chaque demande et en rapport avec le budget de chacun : vols, voitures, hôtels, motels, bungalows, circuits individuels et accompagnés, itinéraires adaptés aux familles, excursions, motorhomes, motos, bureau d'assistance téléphonique tout l'été avec numéro vert USA et Canada. Sur demande par téléphone, mail ou fax, USA Conseil adresse un devis gratuit et détaillé pour tout projet de voyage.

▲ VACANCES FABULEUSES

– Paris : 36, rue de Saint-Pétersbourg, 75008. ☎ 01-42-85-65-00. • vacancesfabuleuses.fr • Ⓜ Place-Clichy. Lun-ven 10h-18h.
– Et dans ttes les agences de voyages.
Vacances Fabuleuses, c'est « l'Amérique à la carte ». Ce spécialiste de l'Amérique du Nord (États-Unis, Canada, Bahamas, Mexique et Amérique centrale) vous propose de découvrir l'Amérique de l'intérieur, avec un large choix de formules allant de la location de voitures aux formules sportives en passant par des circuits individuels de 6 à 21 jours.
Le transport est assuré sur compagnies régulières, le tout proposé par une équipe de spécialistes.

▲ VACANCES USA

– Paris : 4, rue Gomboust (angle 31, av. de l'Opéra), 75001. ☎ 01-40-15-15-15. • cercledesvacances.com • Lun-ven 8h30-20h ; sam 10h-18h30.
Vacances USA est une marque de la société *Le Cercle des vacances*. Voyagiste spécialiste des États-Unis, Vacances USA propose des voyages à travers tous les États du pays, des destinations phares et incontournables à celles plus insolites, pour tous les types de budget, pour les individuels comme pour les groupes, grâce à des conseillers voyages ayant vécu sur place. Découverte, culture, parcs nationaux et aventure, plusieurs formules sont proposées dans leur brochure et sur leur site internet. Au programme : vols sur toutes les compagnies régulières, circuits accompagnés, week-ends, voyages à la carte, circuits aventure, hébergements variés, location de voitures à prix très attractifs, etc.

▲ VOYAGES ET DÉCOUVERTES

– Paris : 58, rue Richer, 75009. ☎ 01-47-70-28-28 et 01-42-61-00-01. Ⓜ Grands-Boulevards. Lun-jeu 10h-18h ; ven 10h-15h.
Voyagiste proposant d'excellents tarifs sur lignes régulières. Difficile de trouver des vols moins chers sur Israël et les États-Unis. Voyages et Découvertes propose des

vols charters au départ de Paris tous les jeudis et dimanches sur Tel Aviv, et sur place, des formules d'hébergement intéressantes.

▲ **VOYAGES-SNCF.COM**
• *Voyages-sncf.com* •, acteur majeur du tourisme français qui recense 9 millions de visiteurs par mois, propose d'acheter en ligne des billets de train, d'avion, des chambres d'hôtel, des locations de voitures, de vacances et des séjours clés en main ou Alacarte®, ainsi que des spectacles, des excursions et des visites de musées. Un large choix et des prix avantageux sont offerts toute l'année, pour tous types de voyages dans le monde entier : SNCF, 180 compagnies aériennes, 84 000 hôtels référencés et les principaux loueurs de voitures.
Leur site • *voyages-sncf.com* • permet d'accéder tlj 24h/24 à plusieurs services : envoi gratuit des billets à domicile, Alerte Résa pour être informé de l'ouverture des résas et profiter du plus grand choix, calendrier des meilleurs prix (TTC), mais aussi des offres de dernière minute et des promotions...
Pratique : • *voyages-sncf.mobi* • le site mobile pour réserver, s'informer et profiter des bons plans n'importe où et à n'importe quel moment.
Et grâce à l'ÉcoComparateur, en exclusivité sur • *voyages-sncf.com* •, possibilité de comparer le prix, le temps de trajet et l'indice de pollution pour un même trajet en train, en avion ou en voiture.

▲ **VOYAGEURS AUX ÉTATS-UNIS ET AU CANADA**
Le spécialiste du voyage en individuel sur mesure. • *vdm.com* •
– Paris : La Cité des Voyageurs, 55, rue Sainte-Anne, 75002. ☎ *01-42-86-16-30.* Ⓜ *Opéra ou Pyramides. Lun-sam 9h30-19h.*
– Également des agences à *Bordeaux, Caen, Grenoble, Lille, Lyon, Marseille, Montpellier, Nantes, Nice, Rennes, Rouen, Strasbourg et Toulouse.*
Pour partir à la découverte de plus de 120 pays, des experts pays, de près de 30 nationalités et grands spécialistes de leurs destinations, guident à travers une collection de 30 brochures (dont 6 thématiques) comme autant de trames d'itinéraires destinés à être adaptés à vos besoins et à vos envies pour élaborer étape après étape votre propre voyage en individuel.
Dans chacune des *Cités des Voyageurs,* tout appelle au voyage : librairies spécialisées, boutiques d'accessoires de voyage, expositions-ventes d'artisanat ou encore cocktails-conférences. Toute l'actualité de Voyageurs du Monde et des devis en temps réel à consulter sur leur site internet.
Voyageurs du Monde est membre de l'association ATR (Agir pour un Tourisme Responsable) et a obtenu en 2008 sa certification Tourisme Responsable AFAQ AFNOR.

▲ **WEST FOREVER**
– Wolfisheim : 4, impasse Joffre, 67202. ☎ *03-88-68-89-00.* • *westforever.fr* • *Lun-ven 9h-12h30, 14h-18h (17h ven).*
West Forever est le spécialiste français du voyage en Harley-Davidson. Il propose des séjours et des circuits aux États-Unis (Floride, Rocheuses, Grand Ouest, etc.), mais aussi en Australie, en Afrique du Sud et en France. Agence de voyages officielle Harley-Davidson, West Forever propose une large gamme de tarifs pour un savoir-faire dédié tout entier à la moto. Si vous désirez voyager par vous-même, West Forever pourra vous concocter un voyage à la carte, sans accompagnement, grâce à sa formule « Easy Ride ».

Comment aller à Roissy et à Orly ?

À Roissy-Charles-de-Gaulle 1, 2 et 3

Attention : si vous partez de Roissy, pensez à vérifier de quelle aérogare votre avion décolle car la durée du trajet peut considérablement varier en fonction de cette donnée.

Bon à savoir :
– Le ***pass Navigo*** est valable pour Roissy-Rail (RER B, zones 1-5) et Orly-Rail (RER C, zones 1-4).
– Le ***billet Orly-Rail*** permet d'accéder sans supplément aux réseaux métro et RER.

Transports collectifs

Les cars Air France : *☎ 0892-350-820 (0,34 €/mn). • cars-airfrance.com • Paiement par CB possible à bord.*
➢ *Paris-Roissy :* départ pl. de l'Étoile (1, av. Carnot), avec un arrêt pl. de la Porte-Maillot (bd Gouvion-Saint-Cyr). Départs ttes les 30 mn, 5h45-23h. Durée du trajet : 35-50 mn env. Tarifs : 15 € l'aller simple, 24 € l'aller-retour.
Autre départ depuis la gare Montparnasse (arrêt rue du Commandant-Mouchotte, face à l'hôtel *Méridien Montparnasse*), ttes les 30 mn, 6h30-21h30, avec un arrêt gare de Lyon (20 bis, bd Diderot). Tarifs : 16,50 € l'aller simple, 27 € l'aller-retour.
➢ *Roissy-Paris :* les cars *Air France* desservent la pl. de la Porte-Maillot, avec un arrêt bd Gouvion-Saint-Cyr, et se rendent ensuite au terminus de l'av. Carnot. Départs ttes les 30 mn, 5h45-23h des terminaux 2A et 2C (porte C2), 2E et 2F (niveau « Arrivées », porte 3 de la galerie), 2B et 2D (porte B1), et du terminal 1 (porte 34, niveau « Arrivées »).
À destination de la gare de Lyon et de la gare Montparnasse, départs ttes les 30 mn, 7h-21h des mêmes terminaux. Durée du trajet : 45 mn env.

Roissybus : *☎ 32-46 (0,34 €/mn). • ratp.fr •* Départs de la pl. de l'Opéra (angle rues Scribe et Auber) ttes les 15 mn (20 mn à partir de 19h), 5h45-23h. Durée du trajet : 45-60 mn. De Roissy, départs 6h-23h des terminaux 1, 2A, 2B, 2C, 2D et 2F, et à la sortie du hall d'arrivée du terminal 3. Tarif : 9,10 €.

Bus RATP n° 351 : de la pl. de la Nation, 5h30-20h20. Solution la moins chère mais la plus lente. Compter en effet 1h30 de trajet. Ou ***bus n° 350,*** de la gare de l'Est (1h15 de trajet). Arrivée Roissypôle-gare RER.

RER ligne B + navette : départ ttes les 15 mn. Compter 30 mn de la gare du Nord à l'aéroport (navette comprise). Un 1er départ à 4h56 de la gare du Nord et à 5h26 de Châtelet. À Roissy-Charles-de-Gaulle, descendre à la station (il y en a 2) qui dessert le bon terminal. De là, prendre la navette adéquate. Tarif : 8,50 €.

Si vous venez du nord, de l'ouest ou du sud de la France en train, vous pouvez rejoindre les aéroports de Roissy sans passer par Paris, la gare SNCF Paris-Charles-de-Gaulle étant reliée aux réseaux TGV.

Taxis collectifs

Liaisons avec les aéroports depuis Paris-Île-de-France, l'Eure et l'Oise. Moins cher qu'un taxi puisque les tarifs sont forfaitaires. Véhicules adaptés aux familles et aux personnes handicapées. Possibilité de devis en ligne. *Résas : • atafrance.com • Avec le code « Routard », bénéficiez de 10 % de réduc.*

Taxis

Compter au moins 50 € du centre de Paris, en tarif de jour.

En voiture

Chaque terminal a son propre parking. Compter 30 € par tranche de 24h. Également des parkings longue durée (PR et PX), plus éloignés des terminaux, qui proposent des tarifs plus avantageux (forfait 24h 22 €, forfait 6 à 7 j. 130 €). Possibilité de réserver sa place de parking via le site *• aeroportsdeparis.fr •* Stationnement au parking Vacances (longue durée), situé à 200 m du P3 Est. Formules de stationnement 1-30 j. (120-190 €). Réservation sur Internet uniquement.

Comment se déplacer entre Roissy-Charles-de-Gaulle 1, 2 et 3 ?

Les rames du CDG-VAL font le lien entre les 3 terminaux en 8 mn. Fonctionne tlj 24h/24. Gratuit. Accessible aux personnes à mobilité réduite. Départ ttes les 5 mn, et ttes les 20 mn, minuit-4h. Desserte gratuite vers certains hôtels, parkings, gares RER et gares TGV.

À Orly-Sud et Orly-Ouest

Transports collectifs

Les cars Air France : *☎ 0892-350-820 (0,34 €/mn). • cars-airfrance.com • Tarifs : 11,50 € l'aller simple, 18,50 € l'aller-retour. Paiement par CB possible dans le bus.*

➢ *Paris-Orly :* départs de l'Étoile, 1, av. Carnot, ttes les 30 mn, 6h-23h20. Arrêts au terminal des Invalides (Ⓜ Invalides), Gare Montparnasse (rue du Commandant-Mouchotte, face à l'hôtel *Méridien Montparnasse* ; Ⓜ Montparnasse-Bienvenüe, sortie Gare SNCF) et Porte d'Orléans (arrêt facultatif).

➢ *Orly-Paris :* départs 6h15-23h15 d'Orly-Sud, porte L, et d'Orly-Ouest, porte B, niveau « Arrivées ».

RER C + navette Orly-Rail : *☎ 0891-362-020 (0,23 €/mn). • transilien.com •* Prendre le RER C jusqu'à Pont-de-Rungis (un RER ttes les 15-30 mn). Compter 25 mn depuis la gare d'Austerlitz. Ensuite, navette Orly-Rail pdt 15 mn pour Orly-Sud et Orly-Ouest. Compter 6 €. Très recommandé les jours où l'on piétine sur l'autoroute du Sud (w-e et jours de grands départs) : on ne sera jamais en retard. Pour le retour, départs de la navette depuis la porte G des terminaux Sud et Ouest (4h46-23h30).

Bus RATP Orlybus : *☎ 32-46 (0,34 €/mn). • ratp.fr •*

➢ *Paris-Orly :* départs ttes les 15-20 mn de la pl. Denfert-Rochereau. Compter 25 mn pour rejoindre Orly (Ouest ou Sud). La pl. Denfert-Rochereau est très accessible : RER B, 2 lignes de métro et 3 lignes de bus. Orlybus fonctionne lun-jeu et dim 5h35-23h, jusqu'à 0h05 ven, sam et veilles de fêtes dans le sens Paris-Orly ; et lun-jeu et dim 6h-23h30, jusqu'à 0h30 ven, sam et veilles de fêtes dans le sens Orly-Paris.

➢ *Orly-Paris :* départ d'Orly-Sud, porte H, quai 4, ou d'Orly-Ouest, porte J, niveau « Arrivées ». Compter 6,40 € l'aller simple.

Orlyval : *☎ 32-46 (0,34 €/mn). • ratp.fr •* Ce métro automatique est facilement accessible à partir de n'importe quel point de la capitale ou de la région parisienne (RER, stations de métro, gare SNCF). La jonction se fait à Antony (ligne B du RER) sans aucune attente. Permet d'aller d'Orly à Châtelet et vice versa en 40 mn env, sans se soucier de la densité de la circulation automobile.

➢ *Paris-Orly :* départs pour Orly-Sud et Ouest ttes les 4-8 mn, 6h-23h.

➢ *Orly-Paris :* départ d'Orly-Sud, porte J, à proximité de la livraison des bagages, ou d'Orly-Ouest, porte W du hall 2, niveau « Départs ». Compter 9,85 € l'aller simple entre Orly et Paris. Billet Orlyval seul : 7,60 €.

Taxis collectifs (voir plus haut)

Taxis

Compter au moins 35 € en tarif de jour du centre de Paris, selon circulation et importance des bagages.

En voiture

À proximité d'Orly-Ouest, parkings P0 et P2. À proximité d'Orly-Sud, P1 et P3 (à 50 m du terminal, accessible par tapis roulant). Compter 23,30 € par tranche de 24h. Ces 4 parkings à proximité immédiate des terminaux proposent un forfait intéressant : « week-end » valable du ven 0h01 au lun 23h59 (40 €). Dans les P0, P2 et P5 (excentré), forfait « grand week-end » du jeu 15h au lun soir (55 €).

Les P4, P7 (en extérieur) et P5 (couvert) sont des parkings longue durée, plus excentrés, reliés par navettes gratuites aux terminaux. Compter 115 € pour 8 j. et 10h au P4, 115 € pour 6 j. et 8h au P7 (45 j. de stationnement max). En revanche, ne sont pas moins chers pour des séjours de courte durée, w-e inclus. *Rens : ☎ 01-49-75-56-50.* Comme à Roissy, possibilité de réserver en ligne sa place de parking (P0) sur • *aeroportsdeparis.fr* • Les frais de résa (en sus du parking) sont de 8 € pour 1 j., de 12 € pour 2-3 j. et de 20 € pour 4-10 j. de stationnement.

Liaisons entre Orly et Roissy-Charles-de-Gaulle

Les cars Air France : *☎ 0892-350-820 (0,34 €/mn).* • *cars-airfrance.com* • Départs de Roissy-Charles-de-Gaulle depuis les terminaux 1 (porte 34, niveau « Arrivées »), 2A et 2C (porte C2), 2B et 2D (porte B1), 2E et 2F (niveau « Arrivées », porte 3 de la galerie) vers Orly 5h55-22h30. Départs d'Orly-Sud (porte K) et d'Orly-Ouest (porte B-C, niveau « Arrivées ») vers Roissy-Charles-de-Gaulle 6h30 (7h le w-e)-22h30. Ttes les 30 mn (dans les 2 sens). Durée du trajet : 50 mn env. Tarif : 19 €.
RER B + Orlyval : *☎ 32-46 (0,34 €/mn).* Depuis Roissy, navette, puis RER B jusqu'à Antony et enfin Orlyval entre Antony et Orly, 6h-23h. Tarif : 17,60 €.

– ***En taxis collectifs :*** voir plus haut.
– ***En taxi :*** compter 50-55 € en journée.

EN BELGIQUE

▲ AIRSTOP

Pour ttes les adresses Airstop, un seul numéro de téléphone : ☎ 070-233-188.
• *airstop.be* • *Lun-ven 9h-18h30 ; sam 10h-17h.*
– Bruxelles : bd E.-Jacquemain, 76, 1000.
– Anvers : Jezusstraat, 16, 2000.
– Bruges : Dweersstraat, 2, 8000.
– Gand : Maria Hendrikaplein, 65, 9000.
– Louvain : Tiensestraat, 5, 125, 3000.
Airstop offre une large gamme de prestations, du vol sec au séjour tout compris à travers le monde.

▲ CONNECTIONS

Rens et résas : ☎ 070-233-313. • *connections.be* • *Lun-ven 9h-19h ; sam 10h-17h.*
Fort d'une expérience de plus de 20 ans dans le domaine du voyage, Connections dispose d'un réseau de 28 *Travel Shops* dont un à Brussels Airport. Connections propose des vols dans le monde entier à des tarifs avantageux et des voyages destinés à des voyageurs désireux de découvrir la planète de façon autonome et de vivre des expériences uniques. Connections propose une gamme complète de produits : vols, hébergements, location de voitures, autotours, vacances sportives, excursions, assurances « protections »...

▲ GLOBE-TROTTERS

– Bruxelles : rue Victor-Hugo, 179 (angle av. E.-Plasky), 1030. ☎ 02-732-90-70.
• *globe-trotters.be* • *Lun-ven 9h30-13h30, 15h-18h ; sam 10h-13h.*
En travaillant avec des prestataires exclusifs, cette agence permet de composer chaque voyage selon ses critères : de l'auberge de jeunesse au *lodge* de luxe isolé, du *B & B* à l'hôtel de charme, de l'autotour au circuit accompagné, d'une descente de fleuve en pirogue à un circuit à vélo... Motoneige, héliski, multi-activités estivales ou hivernales, équitation... Spécialiste du Québec, du Canada, des États-Unis, Globe-Trotters propose aussi des formules dans le Sud-Est asiatique. Assurances voyages. Carte des auberges de jeunesse (IYHF). Location de voitures, motorhomes et motos.

NOUVEAUTÉ

LA BRETAGNE ET SES PEINTRES (avril 2011)

À travers 15 itinéraires sur leurs lieux d'inspiration, le *Guide du routard La Bretagne et ses peintres,* entièrement en couleur, vous propose de découvrir l'attirance pour la Bretagne d'artistes comme Monet ou Picasso mais également de peintres moins connus, sans oublier, bien sûr, Gauguin à Pont-Aven. Vous y trouverez évidemment les musées, mais aussi d'autres lieux hors des sentiers battus, églises, mairies, galeries, etc., qui présentent leurs œuvres. Ce guide souhaite vous entraîner « sur le motif », là où les peintres ont choisi de planter leur chevalet, pour retrouver les paysages qui figurent sur leurs toiles ; autant d'occasions de découvrir la Bretagne avec un autre regard. Bien entendu, vous trouverez aussi dans ce guide des hôtels sélectionnés pour leur proximité avec la peinture – endroits historiques et adresses faisant la part belle à l'art –, sans oublier nos restaurants préférés. La Bretagne est bien une région dont la vitalité artistique ne cesse de se renouveler.

▲ NOUVELLES FRONTIÈRES

– Bruxelles (siège) : bd Lemonnier, 2, 1000. ☎ 02-547-44-44. • nouvelles-frontieres.be •

– Également d'autres agences à *Bruxelles, Charleroi, Liège, Mons, Namur, Waterloo, Wavre* et au *Luxembourg.*

Voir texte dans la partie « En France ».

▲ SERVICE VOYAGES ULB

– Bruxelles : campus ULB, av. Paul-Héger, 22, CP 166, 1000. ☎ 02-650-40-20.
– Bruxelles : rue Abbé-de-l'Épée, 1, Woluwe, 1200. ☎ 02-742-28-80.
– Bruxelles : hôpital universitaire Érasme, route de Lennik, 808, 1070. ☎ 02-555-38-63.
– Bruxelles : chaussée d'Alsemberg, 815, 1180. ☎ 02-332-29-60.
– Ciney : rue du Centre, 46, 5590. ☎ 083-216-711.
– Marche (Luxembourg) : av. de la Toison-d'Or, 4, 6900. ☎ 084-31-40-33.
– Wepion : chaussée de Dinant, 1137, 5100. ☎ 081-46-14-37.
• servicevoyages.be •

Service Voyages ULB, c'est le voyage à l'université. Billets d'avion sur vols charters et sur compagnies régulières à des prix compétitifs.

▲ VOYAGEURS DU MONDE

– Bruxelles : chaussée de Charleroi, 23, 1060. ☎ 0900-44-500 (0,45 €/mn). Le spécialiste du voyage en individuel sur mesure. • vdm.com •

Voir texte dans la partie « En France ».

EN SUISSE

▲ STA TRAVEL

• statravel.ch • ☎ 058-450-49-49.
– Fribourg : rue de Lausanne, 24, 1701. ☎ 058-450-49-80.
– Genève : rue de Rive, 10, 1204. ☎ 058-450-48-00.
– Genève : rue Vignier, 3, 1205. ☎ 058-450-48-30.
– Lausanne : bd de Grancy, 20, 1006. ☎ 058-450-48-50.
– Lausanne : à l'université, Anthropole, 1015. ☎ 058-450-49-20.

Agences spécialisées notamment dans les voyages pour jeunes et étudiants. Gros avantage en cas de problème : 150 bureaux STA et plus de 700 agents du même groupe répartis dans le monde entier sont là pour donner un coup de main *(Travel Help).*

STA propose des voyages très avantageux : vols secs *(Blue Ticket)*, hôtels, écoles de langues, *Work & Travel,* circuits d'aventure, voitures de location, etc. Délivre la carte internationale d'étudiant et la carte Jeune.

STA est membre du fonds de garantie de la branche suisse du voyage ; les montants versés par les clients pour les voyages forfaitaires sont assurés.

▲ TUI – NOUVELLES FRONTIÈRES

– Genève : rue Chantepoulet, 25, 1201. ☎ 022-716-15-70.
– Lausanne : bd de Grancy, 19, 1006. ☎ 021-616-88-91.

Voir texte dans la partie « En France ».

AU QUÉBEC

▲ CLUB AVENTURE VOYAGES

– Montréal : 757, av. Mont-Royal (Québec) H2J 1W8. • clubaventure.qc.ca •

Depuis 1975, le Club Aventure a développé une façon de voyager qui lui est propre : petits groupes, contact avec les populations visitées, utilisation des ressources humaines locales, visite des grands monuments, mais aussi et surtout, ouverture de routes parallèles. Ces circuits ont reçu la griffe du temps et de l'expérience ; ils sont devenus les « circuits griffés » du Club Aventure.

LE DON
CHANGE
LA DONNE
RCS Lyon B380 259 044 - Illustration : Clément Savoyat – Crédit photo : Noël Bouchut – 2010   Espace offert par le support
Pour faire un don à Handicap International
www.ledonchangeladonne.org
Handicap International - 16 rue Etienne Rognon - 69363 Lyon Cedex 07
HANDICAP
INTERNATIONAL

▲ **INTAIR VACANCES**

Membre du groupe Intair comme Exotik Tours, Intair Vacances propose un vaste choix de prestations à la carte incluant vol, hébergement et location de voitures en Europe, aux États-Unis ainsi qu'aux Antilles, au Mexique et au Costa Rica. Sa division *Boomerang Tours* présente par ailleurs des voyages sur mesure et des circuits organisés dans le Pacifique Sud. Cette année, Intair propose une nouvelle gamme d'hôtels en France et un programme inédit en Europe de l'Est. Également au menu, des courts ou longs séjours en Espagne (Costa del Sol) et en France (hôtels et appartements sur la Côte d'Azur et en région). Également un choix d'achat-rachat en France et dans la péninsule Ibérique.

▲ **MERIKA TOURS** (anciennement *Kilomètre Voyages*)

• *merikatours.com* • *Vendu dans les agences de voyages.*

Division de *Jonview Canada Inc.*, membre de *Transat A.T.Inc.*, Merika Tours propose des voyages au Canada et aux États-Unis (côte est et côte ouest). Sa brochure présente des circuits accompagnés, de courts forfaits individuels, des autotours, des hôtels à la carte, des locations de voitures, des véhicules récréatifs et, en hiver, des forfaits ski. En été, des croisières au départ de Montréal sur les îles de la Madeleine et dans le Grand Nord canadien. Plusieurs départs garantis toute l'année sur New York et, pendant la saison estivale, vers les chutes du Niagara.

▲ **TOURS CHANTECLERC**

• *tourschanteclerc.com* •

Tours Chanteclerc est un tour-opérateur qui publie différentes brochures de voyages : Europe, Amérique du Nord, Amérique du Sud, Asie et Pacifique Sud, Afrique et le Bassin méditerranéen en circuits ou en séjours. Il se présente comme l'une des « références sur l'Europe » avec deux brochures : groupes (circuits guidés en français) et individuels. « Mosaïque Europe » s'adresse aux voyageurs indépendants qui réservent un billet d'avion, un hébergement (dans toute l'Europe), des excursions ou une location de voiture. Aussi spécialiste de Paris, le grossiste offre une vaste sélection d'hôtels et d'appartements dans la Ville Lumière.

▲ **TOURSMAISON**

Spécialiste des vacances sur mesure, ce voyagiste sélectionne plusieurs « Évasions soleil » (plus de 600 hôtels ou appartements dans quelque 45 destinations), offre l'Europe à la carte toute l'année (plus de 17 pays) et une vaste sélection de compagnies de croisières (11 compagnies au choix). Toursmaison concocte par ailleurs des forfaits escapades à la carte aux États-Unis et au Canada. Au choix : transport aérien, hébergement (variété d'hôtels de toutes catégories ; appartements dans le sud de la France ; maisons de location et condos en Floride), locations de voitures pratiquement partout dans le monde. Des billets pour le train, les attractions, les excursions et les spectacles peuvent également être achetés avant le départ.

▲ **VACANCES AIR CANADA**

• *vacancesaircanada.com* •

Vacances Air Canada propose des forfaits loisirs (golf, croisières, voyages d'aventure, ski et excursions diverses) flexibles vers les destinations les plus populaires des Antilles, de l'Amérique centrale et du Sud, de l'Asie, de l'Europe et des États-Unis. Vaste sélection de forfaits incluant vol aller-retour et hébergement. Également des forfaits vol + hôtel et vol + voiture.

▲ **VOYAGES CAMPUS / TRAVEL CUTS**

• *voyagescampus.com* •

Campus / Travel Cuts est un réseau national d'agences de voyages spécialisées pour les étudiants et les voyageurs qui disposent de petits budgets. Le réseau existe depuis 40 ans et compte plus de 50 agences dont 6 au Québec. Voyages Campus propose des produits exclusifs, comme l'assurance « Bon voyage », le programme de Vacances-Travail (SWAP), la carte internationale d'étudiant (ISIC) et plus. Ils peuvent vous aider à planifier votre séjour autant à l'étranger qu'au Canada et même au Québec.

ÉTATS-UNIS NORD-EST UTILE

« **Les États-Unis, le pays qui a trop de géographie mais pas assez d'histoire.** »

On n'a pas retrouvé l'auteur !

ABC DES ÉTATS-UNIS

- ***Superficie :*** 9 363 123 km² (17 fois la France).
- ***Population :*** 300 millions d'habitants.
- ***Capitale :*** Washington D.C.
- ***Langue officielle :*** l'américain.
- ***Monnaie :*** le dollar américain (US$).
- ***Chef de l'État :*** Barack Obama (démocrate), élu en novembre 2008.
- ***Nature de l'État :*** république fédérale (50 États et le District of Columbia).
- ***Régime :*** démocratie présidentielle.

AVANT LE DÉPART

Adresses utiles

En France

Office du tourisme – USA (c/o Visit USA Committee) : *☎ 0899-702-470 (1,35 € l'appel + 0,34 €/mn). • office-tourisme-usa.com • Fermé au public, mais nombreuses infos sur le site internet et par téléphone.* Bureau privé, représentant certains États, mais aussi des sociétés (chaînes d'hôtels, loueurs de voitures...) et des services.

Office du tourisme du Massachusetts (Express Conseil) : *☎ 01-44-77-87-06. • massvacation.fr • Lun-ven 9h-18h (17h ven). Fermé au public.* Envoi de brochures à domicile sur demande.

Ambassade des États-Unis, section consulaire : *2, av. Gabriel, 75008 Paris. ☎ 01-43-12-22-22. Ⓜ Concorde. Rens sur les visas : • france.usembassy.gov •, puis cliquer sur « Français » et « Visas ». Également au : ☎ 0892-238-472 (serveur vocal 24h/24, 0,34 €/mn). Infos personnalisées pour les demandes de visas : ☎ 0810-26-46-26 (14,50 € l'appel).*

En Belgique

Visit USA Marketing & Promotion Bureau : *PO Box 10001, Berchem 2600. • visitusa.org •* Bureau d'informations privé, qui pallie l'absence d'office de tourisme. Les demandes de renseignements peuvent être communiquées par courrier ou Internet. Participation aux frais de 10 € pour l'envoi de documentation ou brochures.

■ ***Ambassade et consulat des États-Unis :*** *bd du Régent, 27, Bruxelles 1000.* ☎ *32-2-811-4000.* • *french.belgium.usembassy.gov* • Le visa n'est pas obligatoire pour les Belges pour un séjour de moins de 90 jours (voir « Formalités d'entrée » plus loin).

En Suisse

■ ***Ambassade des États-Unis :*** *Sulgeneckstrasse, 19, 3007 Berne.* ☎ *031-357-70-11.* • *bern.usembassy.gov* • Le visa n'est pas obligatoire pour les Suisses pour un séjour de moins de 90 jours (voir « Formalités d'entrée » plus loin).

Au Québec

■ ***Consulat général des États-Unis :*** *1155, rue Saint-Alexandre, Montréal. Adresse postale : CP 65, succursale Desjardins, Montréal, (Québec) H5B 1G1.* ☎ *1-514-398-9695 (serveur vocal).* • *montreal.usconsulate.gov/content/index.asp* •

■ ***Consulat général des États-Unis :*** *2, rue de la Terrasse-Dufferin (derrière le château Frontenac), Québec. Adresse postale : CP 939, Québec, (Québec) G1R 4T9.* ☎ *1-418-692-2095 (serveur vocal).* • *quebec.usconsulate.gov/content/index.asp* • Le visa n'est pas obligatoire pour les Canadiens pour un séjour de moins de 90 jours (voir « Formalités d'entrée » ci-après).

Formalités d'entrée

ATTENTION : les mesures de sécurité concernant les formalités d'entrée sur le sol américain n'ont cessé de se renforcer depuis le 11 septembre 2001. ***Avant d'entreprendre votre voyage, consultez impérativement le site de l'ambassade des États-Unis,*** très détaillé et constamment remis à jour, pour vous tenir au courant des toutes dernières mesures : • *france.usembassy.gov* •, rubrique « Visas ».

– ***Passeport biométrique ou électronique en cours de validité, ou passeport individuel à lecture optique (modèle « Delphine » en cours de validité et émis avant le 26 octobre 2005).*** Si votre passeport a été délivré, renouvelé ou prolongé entre le 26 octobre 2005 et le 26 octobre 2006, consultez le site internet de l'ambassade des États-Unis pour vérifier ses caractéristiques (un visa peut être nécessaire dans certains cas). Les enfants de tous âges doivent impérativement posséder leur propre passeport.

Depuis janvier 2009, les voyageurs (y compris les enfants) doivent aussi être en possession d'une ***autorisation électronique de voyage,*** à remplir obligatoirement en ligne sur le site internet d'*ESTA* (• *https ://esta.cbp.dhs.gov* •) avant de partir aux États-Unis, que ce soit par voie aérienne ou maritime. La demande d'autorisation de voyage peut être faite ***au plus tard 72h*** avant le départ. C'est payant (14 $) et la réponse est généralement immédiate. Attention aux sites clandestins d'ESTA qui sont, eux, plus chers... Lors de la demande en ligne, c'est le numéro officiel du passeport à 9 caractères qui doit être inscrit. Quant aux ***femmes mariées,*** elles doivent désormais se faire enregistrer sous leur nom complet (de jeune fille et d'épouse). Enfin, tous les voyageurs se rendant aux États-Unis doivent être en mesure de présenter un ***billet d'avion aller-retour*** et se soumettre au rituel des empreintes digitales et de la photo lors du passage de l'immigration.

– ***Le visa*** n'est pas nécessaire pour les ***Français*** qui se rendent aux États-Unis pour tourisme (lire plus haut). Cependant, votre séjour ne doit pas dépasser 90 jours.

ATTENTION : le visa reste indispensable pour les diplomates, les étudiants poursuivant un programme d'études, les stagiaires, les jeunes filles et garçons au pair, les journalistes en mission et autres catégories professionnelles.
Le visa n'est pas obligatoire pour les ***Belges*** et les ***Suisses*** pour un séjour de tourisme de moins de 90 jours, sous certaines conditions (grosso modo les mêmes que les Français). Quant aux ***Canadiens,*** ils doivent aussi désormais être munis d'un passeport valide.
Avant tout voyage, il est impératif de vérifier ces formalités via les sites internet des ambassades (lire plus haut).
– Si vous allez ***aux États-Unis en passant par le Mexique ou le Canada,*** il n'est pas non plus nécessaire d'avoir un visa (mais une taxe de 6 $, payable en espèces, vous sera demandée).
– Pas de ***vaccination*** obligatoire (lire la rubrique « Santé » plus loin).
– ***Pour conduire sur le sol américain,*** le ***permis de conduire national*** suffit, mais le ***permis international*** peut être parfois exigé même si c'est rare. Par précaution, mieux vaut s'en faire délivrer un par la préfecture (gratuit).
– ***Interdiction d'importer des denrées périssables non stérilisées*** (charcuterie, fromage, biscuits...) ***ou des végétaux.*** Seules les conserves sont tolérées. Une bouteille d'alcool par personne est autorisée.
– ***Aucun objet coupant n'est autorisé en cabine.*** Même les ciseaux à bout rond des enfants seront confisqués !
– ***Les liquides, gels, crèmes, pâte dentifrice sont restreints en cabine*** (sauf aliments pour bébés). Ils doivent être conditionnés dans des flacons ou tubes de 100 ml maximum et placés dans une pochette plastique transparente (type sac de congélation).
– ***Évitez de verrouiller vos valises*** de soute, sous peine de retrouver leurs serrures forcées par les services de sécurité qui les fouillent régulièrement. À noter qu'il existe des cadenas et des bagages agréés *TSA,* qui permettent à la *Transportation Security Administration* de les ouvrir sans les endommager.
– Vous aurez à remplir une ***déclaration de douane*** par famille. Ce document est généralement distribué dans l'avion.
– Gardez sur vous l'***adresse de votre premier hébergement*** ; celle-ci vous sera demandée plusieurs fois dans les papiers à remplir.
– ***Attention :*** en arrivant aux États-Unis, aux contrôles d'immigration, ne dites jamais que vous êtes au chômage ou entre deux contrats de travail. Vous pourriez être refoulé illico presto !

> Pensez à scanner passeport, visa, carte bancaire, billet d'avion et vouchers d'hôtel. Ensuite, adressez-les-vous par mail, en pièces jointes. En cas de perte ou vol, rien de plus facile pour les récupérer dans un cybercafé. Les démarches administratives seront bien plus rapides.

Assurances voyage

■ ***Routard Assurance*** *(c/o AVI International) : 28, rue de Mogador, 75009 Paris. ☎ 01-44-63-51-00. • avi-international.com • Ⓜ Trinité-d'Estienne-d'Orves.* Depuis 1995, *Routard Assurance,* en collaboration avec *AVI International,* spécialiste de l'assurance voyage, propose aux routards un tarif à la semaine qui inclut une assurance bagages de 2 000 € et appareils photo de 300 €. Pour les séjours longs (2 mois à 1 an), il existe le *Plan Marco Polo.* Depuis peu, également un nouveau contrat pour les seniors, en courts et longs séjours. *Routard Assurance* est aussi disponible en version « light » (durée adaptée aux week-ends et courts séjours en Europe). Vous trouverez un bulletin de souscription dans les dernières pages de chaque guide.

■ ***AVA** : 25, rue de Maubeuge, 75009 Paris.* ☎ *01-53-20-44-20.* • *ava.fr* • Ⓜ *Cadet.* Un autre courtier fiable pour ceux qui souhaitent s'assurer en cas de décès-invalidité-accident lors d'un voyage à l'étranger, mais surtout pour bénéficier d'une assistance rapatriement, perte de bagages et annulation. Attention, franchises pour leurs contrats d'assurance voyage.

■ ***Pixel Assur** : 18, rue des Plantes, 78600 Maisons-Laffitte.* ☎ *01-39-62-28-63.* • *pixel-assur.com* • *RER A : Maisons-Laffitte.* Assurance de matériel photo et vidéo tous risques dans le monde entier. Devis basé sur le prix d'achat de votre matériel. Avantage : garantie à l'année.

Carte FUAJ internationale des auberges de jeunesse

Cette carte, valable dans plus de 90 pays, vous ouvre les portes des 4 000 auberges de jeunesse du réseau *Hostelling International*, réparties dans le monde entier. Les périodes d'ouverture varient selon les pays et les AJ. À noter, la carte est obligatoire pour séjourner en auberge de jeunesse, donc nous vous conseillons de vous la procurer avant votre départ.

– Il n'y a pas de limite d'âge pour séjourner en AJ. Il faut simplement être adhérent.

– La FUAJ offre à ses adhérents la possibilité de réserver en ligne grâce à son système de réservation international • *hihostels.com* • jusqu'à 12 mois à l'avance, dans plus de 1 600 auberges de jeunesse dans le monde. Et si vous prévoyez un séjour itinérant, vous pouvez réserver plusieurs auberges en une fois.

Ce système permet d'obtenir toutes les informations utiles sur les auberges reliées au système, de vérifier les disponibilités, de réserver et de payer en ligne.

– La carte donne également droit à des réductions sur les transports, les musées et les attractions touristiques dans plus de 90 pays. Ces avantages varient d'un pays à l'autre, ce qui n'empêche pas de la présenter à chaque occasion. Liste de ces réductions disponible sur • *hihostels.com* • et celle des réductions en France sur • *fuaj.org* •

Pour adhérer

– En ligne, avec un paiement sécurisé, sur le site • *fuaj.org* •

– Directement dans une auberge de jeunesse à votre arrivée.

– Auprès de l'antenne nationale : *27, rue Pajol, 75018 Paris.* ☎ *01-44-89-87-27.* • *fuaj.org* • Ⓜ *Marx-Dormoy ou La Chapelle.* Horaires d'ouverture disponibles sur le site internet, rubrique « Nous contacter ».

Les tarifs de l'adhésion

– Carte internationale FUAJ moins de 26 ans : 11 €.

Pour les mineurs, une autorisation parentale et la carte d'identité du parent tuteur sont nécessaires pour l'inscription.

– Carte internationale FUAJ plus de 26 ans : 16 €.

– Carte internationale FUAJ Famille : 23 €.

Seules les familles ayant un ou plusieurs enfants de moins de 16 ans peuvent bénéficier de la carte « famille », sur présentation du livret de famille. Les enfants de plus de 16 ans devront acquérir une carte individuelle.

En Belgique

La carte d'adhésion est obligatoire. Son prix varie selon l'âge : de 3 à 15 ans, 3 € ; de 16 à 25 ans, 9 € ; après 25 ans, 15 €.

■ ***LAJ** : rue de la Sablonnière, 28, Bruxelles 1000.* ☎ *02-219-56-76.* • *info@laj.be* • *laj.be* •

■ ***Vlaamse Jeugdherbergcentrale***

(VJH) : *Van Stralenstraat, 40, B 2060 Antwerpen.* ☎ *03-232-72-18.* • *info@vjh.be* • *vjh.be* •

– Votre carte de membre vous permet d'obtenir de 3 à 20 € de réduction sur votre première nuit dans les réseaux LAJ, VJH et CAJL (Luxembourg), ainsi que des réductions auprès de nombreux partenaires en Belgique.

En Suisse (SJH)

Le prix de la carte dépend de l'âge : 22 Fs pour les moins de 18 ans, 33 Fs pour les adultes et 44 Fs pour une famille avec des enfants de moins de 18 ans.

■ ***Schweizer Jugendherbergen*** *(SJH ; service des membres des auberges de jeunesse suisses) : Schaffhauserstr. 14, 8042 Zurich.* ☎ *01-360-14-14.* • *bookingoffice@youthhostel.ch* • *youthhostel.ch* •

Au Canada

Elle coûte 35 $Ca pour une durée de 16 à 28 mois et 175 $Ca pour une carte valable à vie. Gratuit pour les enfants de moins de 18 ans qui accompagnent leurs parents.

■ ***Auberges de jeunesse du Saint-Laurent / St Laurent Youth Hostels :***
– À Montréal : 3514, av. Lacombe, (Québec) H3T 1M1. ☎ *(514) 731-1015. N° gratuit (au Canada) :* ☎ *1-866-754-1015.*
– À Québec : 94, bd René-Lévesque Ouest, (Québec) G1R 2A4. ☎ *(418) 522-2552.*

■ ***Canadian Hostelling Association :*** *205 Catherine St, bureau 400, Ottawa, (Ontario) K2P 1C3.* ☎ *(613) 237-7884.* • *info@hihostels.ca* • *hihostels.ca* •

ARGENT, BANQUES, CHANGE

La monnaie américaine

Fin 2010, 1 $ valait environ 0,80 €.
– ***Les pièces :*** 1 cent *(penny)*, 5 cents *(nickel)*, 10 cents (*dime*, plus petite que la pièce de 5 cents), 25 cents *(quarter)* et 1 dollar, cette dernière ayant du mal à s'imposer face au billet que les Américains préfèrent. Les *quarters* font l'objet de séries spéciales (après les 50 États, c'est maintenant le tour des grands parcs nationaux).
– ***Les billets :*** sur chaque billet ou presque, le visage d'un président des États-Unis. Il en existe de 1 $ (Washington), 5 $ (Lincoln), 10 $ (Hamilton, secrétaire du Trésor et non président), 20 $ (Jackson), 50 $ (Grant) et 100 $ (Franklin). Également un billet de 2 $ (bicentenaire de l'Indépendance, avec l'effigie de Jefferson), très peu en circulation, mais que les collectionneurs s'arrachent. En argot, un dollar se dit souvent *a buck.* L'origine de ce mot remonte au temps des trappeurs, lorsqu'ils échangeaient leurs peaux de daim *(bucks)* contre des dollars.

Les banques

Les banques sont ouvertes en semaine de 9h à 15h ou 17h, et parfois le samedi matin.

Argent liquide, change et chèques de voyage

Les bureaux de change convertissent les euros en dollars aux États-Unis (les banques le font parfois aussi mais moyennant souvent une commission). On vous recommande donc d'emporter quelques dollars changés en Europe, et de retirer le reste sur place, selon vos besoins, aux ***distributeurs automatiques*** au moyen d'une ***carte bancaire.*** Il y a des distributeurs de billets (appelés *ATM* pour *Automated Teller Machine* ou *cash machines*) partout, jusque dans certaines petites

épiceries ! Chaque retrait d'argent liquide étant soumis à une taxe calculée en fonction du montant, évitez absolument de retirer des petites sommes à tout bout de champ. Une somme fixe de 2-3 $ est également prélevée pour chaque transaction (souvent plus élevée dans les petits distributeurs situés dans les boutiques ou les hôtels car on paie le service). Méfiez-vous des ATM dans les petits commerces, style épicerie ou hôtel, car les retraits sont souvent limités. N'oubliez pas non plus qu'il y a un seuil maximal de retrait par semaine, fixé par votre banque (renseignez-vous et négociez, éventuellement, une extension temporaire). Par mesure de précaution, utilisez, de préférence, les distributeurs attenants à une agence bancaire. En cas de pépin avec votre carte (carte avalée, erreur de numéro...), vous aurez un interlocuteur dans l'agence, pendant les heures ouvrables du moins.
Concernant les ***chèques de voyage,*** sachez qu'aux États-Unis, vous n'êtes pas obligé, comme souvent en Europe, d'aller dans un bureau de change pour convertir vos chèques en liquide : la plupart des restaurants, motels, grands magasins et boutiques les acceptent sur simple présentation du passeport et rendent la monnaie dessus.

Les cartes de paiement

C'est le moyen le plus simple et aussi le plus économique pour payer ! Tout simplement parce que l'opération se fait à un meilleur taux que si vous achetez des dollars dans une banque ou un bureau de change. Les cartes les plus répandues aux États-Unis sont la *MasterCard* et la *Visa.* Indispensable, par ailleurs, pour louer une voiture ou réserver une chambre d'hôtel. Même si vous avez tout réglé avant le départ par l'intermédiaire d'une agence, on prendra systématiquement l'empreinte de votre carte (au cas où vous auriez l'idée saugrenue de partir sans payer les prestations supplémentaires – *incidentals,* genre parking, petit déj, téléphone, minibar... L'*American Express* est également acceptée pratiquement partout.
Les Américains paient tout en carte, même pour 5 $: c'est le règne du *plastic money,* les commerces n'imposant généralement pas de montant minimum, sauf les petites épiceries isolées dans des trous perdus ! À noter : dans certains magasins (supermarchés, par exemple), dès que vous présenterez une carte de paiement, on vous posera systématiquement la question fatidique : ***« Debit or credit ? ».*** Dès lors que vous n'avez pas un compte aux États-Unis, la réponse est « Credit » (même si vous avez une carte *Visa* ou une *MasterCard*). En outre, de plus en plus de commerces sont munis d'écrans de paiement sur lesquels vous signez au moyen d'un stylo électronique.
– ***En cas de perte ou vol :*** quelle que soit la carte que vous possédez, chaque banque gère elle-même le processus d'opposition et le numéro de téléphone correspondant. Avant de partir, notez donc bien le numéro d'opposition propre à votre banque en France (il figure souvent au dos des tickets de retrait sur votre contrat ou à côté des distributeurs de billets), ainsi que le numéro à 16 chiffres de votre carte. Bien entendu, conservez ces informations en lieu sûr et séparément de votre carte. Par ailleurs, l'assistance médicale se limite aux 90 premiers jours du voyage.
– ***Carte Bleue Visa :*** *assistance médicale incluse ; numéro d'urgence (Europe Assistance) : ☎ (00-33) 1-41-85-85-85. • carte-bleue.fr • Pour faire opposition, contactez le numéro communiqué par votre banque ou, à défaut, si vous êtes en France, le ☎ 0892-705-705 (0,34 €/mn).*
– ***Carte MasterCard :*** *assistance médicale incluse ; numéro d'urgence : ☎ (00-33) 1-45-16-65-65. En cas de perte ou vol, composez le numéro communiqué par votre banque pour faire opposition ou, à défaut, si vous êtes en France, le ☎ 0892-705-705 (0,34 €/mn).*
– ***Carte American Express :*** *téléphonez en cas de pépin au ☎ (00-33) 1-47-77-72-00, 24h/24. • americanexpress.com •*
– *Pour ttes les cartes émises par* ***La Banque postale,*** *composez le ☎ 0825-809-803 (0,15 €/mn) depuis la France métropolitaine ou les DOM, et depuis les DOM ou l'étranger le ☎ 00-33-5-55-42-51-96.*

– Également un numéro d'appel valable ***quelle que soit votre carte de paiement pour faire opposition :*** *☎ 0892-705-705 (serveur vocal, 0,34 €/mn). Ne fonctionne ni en PCV ni depuis l'étranger.*

Dépannage d'urgence

En cas de besoin urgent d'argent liquide (perte ou vol de billets, chèques de voyage, carte de paiement), vous pouvez être dépanné en quelques minutes grâce au système ***Western Union Money Transfer*** (• *westernunion.com* •).
– Aux États-Unis : ☎ 1-800-325-6000.
– *En France :* demandez à quelqu'un de déposer de l'argent en euros à votre attention dans l'un des bureaux *Western Union.* Les correspondants en France sont ***La Banque postale*** *(fermée sam ap-m et dim ; ☎ 0825-00-98-98 ; 0,15 €/mn)* et *Travelex* en collaboration avec la ***Société financière de paiements*** *(lun-sam 9h-19h ; ☎ 0825-825-842 ; 0,15 €/mn).* L'argent vous est transféré en 10-15 mn aux États-Unis. Avec le décalage horaire, il faut que l'agence soit ouverte de l'autre côté de l'Atlantique, mais certaines le sont même la nuit. La commission, assez élevée, est payée par l'expéditeur. Possibilité d'effectuer un transfert en ligne 24h/24 par carte de paiement (*Visa* ou *MasterCard* émise en France).

ACHATS

Certains achats restent assez intéressants aux États-Unis (même avec un taux de change moins favorable pour nous), mais, évidemment, cela dépend du taux de change et du contexte économique. Attention toutefois : ***les prix sont toujours affichés hors taxe d'État*** (ajouter 5 à 10 % sauf dans certains États exemptés de taxe, comme le Massachusetts et la Pennsylvanie). ***Ayez toujours votre passeport (ID) sur vous,*** car on vous le demandera quasi à tous les coups si vous payez par carte bancaire. Voici quelques articles à rapporter dans vos bagages :
– ***Les jeans,*** *bien sûr.* Les modèles *Levi's* coûtent bien moins cher qu'en France (facilement moitié prix), même si vous les achetez dans les *Levi's Stores* officiels. Attention toutefois, il n'est pas toujours facile de retrouver aux États-Unis un modèle repéré en France (hormis les classiques *501* et *Boot Cut,* et encore), car les numéros de référence ne sont pas les mêmes qu'en Europe et les tailles changent pour quasiment chaque modèle.
– ***Le prêt-à-porter décontracté,*** particulièrement les tee-shirts (choix incroyable), les baskets (on dit *sneakers*) et les vêtements pour enfants.
– ***Les chaussures et vêtements de sport et de loisirs*** (yoga notamment).
– Pour ces dames, les ***produits de beauté et de maquillage,*** genre *L'Oréal, Maybelline* ou *Neutrogena* coûtent moitié moins cher qu'en France. On les trouve dans les grands drugstores type *Walgreens, Duane Reade, CVS* ou *Rite Aid.* Les grandes marques américaines comme *Clinique, et Kiehl's* sont également plus intéressantes aux États-Unis.
– ***Les DVD.*** Assurez-vous avant tout que votre lecteur puisse les décrypter. Les États-Unis utilisent un standard zone 1, alors que la France est en zone 2.
– Pour ceux qui achètent régulièrement en ligne des films et des musiques provenant des États-Unis, il peut être intéressant de rapporter des ***cartes prépayées iTunes,*** qui permettent, une fois en France, de faire vos achats sans taux de change.

HAMILTON FOR EVER

Les montres Hamilton sont mythiques aux USA. Créée en 1892, la marque cessa, pendant la Seconde Guerre mondiale, la vente aux particuliers, afin de ne fabriquer que pour les soldats. La légende était née. Depuis, elle apparaît au poignet de la majorité des acteurs américains, dans plus de 300 films. Le jour de son assassinat, Kennedy portait le modèle Linwood Viewmatic.

– ***Les appareils photo, caméras*** (et surtout leurs accessoires), les ***iPod, iPhone et iPad*** (Apple offre en prime la garantie internationale sur tous ses produits, sans frais supplémentaires). Néanmoins, méfiez-vous des boutiques des quartiers touristiques, pas toujours fiables.
– ATTENTION, si vous devez acheter des ***appareils électroniques,*** assurez-vous qu'ils peuvent fonctionner correctement en France (tension et fréquence, notamment). La plupart des consoles de jeux vidéo achetées aux États-Unis ne sont pas compatibles ; même si le vendeur vous affirme le contraire, le système électronique est différent. Bon à savoir, les *Nintendo DS, les PSP et les PS3,* elles, sont compatibles (consoles et jeux, mais attention à la langue). Quant aux TV et lecteurs DVD, ils répondent à la norme américaine NTSC, incompatible avec notre procédé Secam. D'une façon générale, vous devrez aussi vous procurer l'adaptateur et le convertisseur électriques qui conviennent (cf. « Électricité »). Sachez enfin que si, au retour, vous ne déclarez pas vos achats d'appareils électroniques auprès du service des douanes, vous risquez de payer de fortes amendes.

Acheter moins cher

D'une manière générale, profitez absolument des ***soldes*** *(sales)* pour faire vos emplettes, notamment en janvier où les réductions sont parfois faramineuses. Et guettez les opérations spéciales menées par les ***malls*** (ces grands centres commerciaux qui regroupent pléthore de magasins de chaîne) ou les petites boutiques... C'est le moment de renouveler sa garde-robe !
Très bon plan : les ***factory outlets,*** d'énormes centres commerciaux situés à la périphérie des villes et signalés par des panneaux publicitaires le long des *interstates* (autoroutes). Les Américains y passent volontiers un après-midi en famille. Ces *outlets* regroupent les magasins d'usine des grandes marques américaines de vêtements et chaussures : *Ralph Lauren, Timberland, Reebok, Nike, OshKosh, Gap, J. Crew, Calvin Klein, Levi's, Esprit, Tommy Hilfiger,* etc. Les articles sont souvent écoulés toute l'année à des prix défiant toute concurrence (parfois jusqu'à 75 % de réduction en période de soldes !) et proviennent souvent du stock des collections précédentes. Ils peuvent parfois présenter des défauts (mention *irregular* sur l'étiquette). Nous indiquons quelques adresses de ces véritables « temples des soldes », mais vous obtiendrez leur liste complète auprès du *Visitor Center* local.

BUDGET

Si le coût de la vie est assez comparable aux États-Unis et en France, on peut avoir de bonnes surprises : le burger-frites au resto à 7-8 $ et l'essence bien meilleur marché, malgré la consommation plus élevée des voitures américaines et la hausse récurrente du prix du *gallon* (3,8 litres environ), flambée des cours du baril oblige (2,50 à 2,90 $ le *gallon*)... Bien sûr, tout dépend du contexte économique au moment où vous vous y rendez.
Très important : les prix affichés (dans les restos, hôtels, boutiques...) s'entendent toujours SANS LA TAXE, qui varie de 10 à 15 % dans l'hôtellerie et entre 5 et 10 % dans les autres secteurs (restauration, magasins... sauf musées).

Les moyens de locomotion

Dans toutes les grandes villes décrites dans ce guide, la voiture est déconseillée dans le centre (difficultés pour circuler, parkings hors de prix). Vous économiserez temps, argent et énervement en optant pour les transports publics, et en ne louant un véhicule que pour visiter les quartiers excentrés ou circuler dans la région.

Le logement

En guise de préambule, sachez que, si vous n'êtes pas venu aux États-Unis depuis longtemps, les tarifs ont considérablement augmenté depuis les années 1990, à for-

tiori dans les grandes villes. Nous indiquons les tarifs pour 2 personnes, en haute saison principalement. Exception faite naturellement pour les AJ (prix par personne) et les campings (prix par emplacement). Tous les tarifs sont généralement mentionnés hors taxes, il faut donc toujours ajouter de 10 à 15 % !
Le plus économique, ce sont les ***AJ*** ou les ***YMCA / YWCA.*** Un lit en dortoir coûte minimum 30 $ (parfois 50 $) la nuit par personne et une chambre privée double (avec salle de bains partagée) autour de 70-80 $. Ensuite, dans les ***motels ou les petits hôtels,*** compter un minimum de 100 $ pour une chambre double en saison. Enfin, pour une nuit dans un ***hôtel*** ou un ***B & B,*** il faudra prévoir entre 150 et 250 $.
Bon à savoir pour ceux qui voyagent à plusieurs : dans les motels comme dans les hôtels, les chambres à 2 lits pouvant accueillir 4 personnes ne sont généralement pas beaucoup plus chères que celles pour deux (on paie le nombre de lits plus que le nombre de personnes).
Les prix varient presque toujours selon la saison, souvent aussi en fonction du jour de la semaine. Beaucoup d'hôtels et de motels font payer un supplément le week-end, ou lorsque la période est particulièrement *busy* en raison d'un week-end prolongé ou d'un événement local. Dans le Nord-Est des États-Unis, la haute saison débute grosso modo en mai, pour s'achever en septembre. En basse saison (janvier-février en général), les tarifs diminuent parfois de moitié.
Voici nos ***fourchettes de prix,*** valables grosso modo pour l'ensemble du guide, sachant que l'hébergement est plus onéreux dans certaines grandes villes (principalement Boston, Chicago, Philadelphie) ou la région de Cap Cod, et soumis à de fortes variations saisonnières.
– ***Très bon marché :*** moins de 30 $.
– ***Bon marché :*** de 30 à 65 $.
– ***Prix moyens :*** de 65 à 110 $.
– ***Chic :*** de 110 à 160 $.
– ***Très chic :*** de 160 à 300 $.
– ***Coup de folie :*** 300 $ et plus.
Bonne nouvelle, le ***petit déj*** est de plus en plus souvent inclus dans le prix de la chambre (il s'agit cependant généralement d'un petit déj léger servi dans le *lobby* de l'hôtel ou du motel, avec café jus de chaussette, muffins ou gâteaux sous plastique et, parfois, des céréales). Si ce n'est pas le cas, compter 8-15 $ pour le prendre à l'extérieur. Très pratiques, les cafetières à disposition dans les chambres d'hôtel permettent de se bricoler un petit déj économique, avec quelques cookies ou muffins achetés au supermarché.
Le parking est souvent payant dans les grandes villes. Compter 15 $ minimum pour 24h, mais ça peut aller jusqu'à 40 $, voire plus, dans certains hôtels très chic et en plein centre.

Les repas

Là encore, votre budget dépendra de ce que vous aimez manger. Il est souvent possible de se caler vite fait, bien fait, sans se ruiner. Pour environ 8 $, on trouve un peu partout des sandwichs, *wraps* et des burgers, à emporter ou à consommer sur place. Pour environ 15 $, on peut généralement faire un vrai repas. Cependant, si vous êtes un peu regardant sur ce que vous avalez et la qualité des aliments, votre budget repas risque vite de s'alourdir.
Dans la plupart des restos, en particulier dans les grandes villes, les mêmes plats coûtent ***plus cher le soir que le midi*** (jusqu'à 10 $ de plus), surtout si le cadre est joli. Les portions sont à priori un peu plus copieuses le soir mais pas toujours. À midi, sandwichs, hamburgers et salades dominent la carte à des prix « Assez bon marché ». Pas mal d'endroits proposent aussi un *lunch special* (ou *business lunch* en ville) très abordable, genre plat ou menu du jour. Au moment du *dinner,* la carte propose davantage de plats de viande et de poisson, cuisinés plus finement, dont les prix flirtent souvent avec la catégorie « Chic ». On entre franchement dans la

catégorie « Très chic » lorsqu'on souhaite s'offrir un bon steak dans une *Steakhouse* ou goûter à la gastronomie locale dans un resto de poisson et fruits de mer. Le montant de l'addition dépend donc plus de ce qu'on mange et de l'heure à laquelle on prend son repas que de la catégorie du resto.
Bon à savoir : les Américains grignotent à toute heure de la journée, et personne ne s'offusquera si vous vous contentez d'un plat ou d'une entrée (les portions sont généreuses), ni même si vous partagez votre assiette. Au contraire, c'est une tradition ici, au même titre que le *doggy bag,* pour emporter ses restes ! Les fourchettes moyennes indiquées sont valables pour un plat principal, qui suffit le plus souvent.
– ***Bon marché :*** moins de 12 $.
– ***Prix moyens :*** de 12 à 16 $.
– ***Chic :*** de 16 à 25 $.
– ***Très chic :*** au-delà de 25 $.
Attention encore : pour obtenir l'addition finale, ne pas oublier d'ajouter la ***taxe*** aux prix indiqués sur la carte (entre 5 et 10 %), ainsi que le ***pourboire*** ou *tip* (voir la rubrique « Taxes et pourboires » plus loin), donc prévoir 25 % en plus.

CLIMAT

Du fait de l'immensité du territoire, les climats sont très variés. Sur la côte Est, c'est la Caroline du Nord qui fait office de frontière entre deux types de climat très différents : en hiver, des vents glacés soufflent sur le Nord, tandis que, dans le Sud, on cultive les palmiers et on taille les haies d'hibiscus. Dans le Nord, les étés sont chauds et les hivers froids (comme à Boston).
Il est difficile de transformer de tête les degrés Fahrenheit en degrés Celsius. Aux degrés Fahrenheit, soustraire 30, diviser par 2 et ajouter 10 % – ou enlever 32 et diviser par 1,8. Une dernière méthode de conversion (approximative, certes) pour les nuls en calcul mental : retrancher 26 °F, puis diviser par 2 et vous aurez des Celsius !
– ***Infos sur la météo :*** • *weather.com* • Utile pour bien préparer ses itinéraires en voiture ou à pied.

Tableau d'équivalences

Celsius	Fahrenheit	Celsius	Fahrenheit
100	212	16	60,8
40	104	14	57,2
38	100,4	12	53,6
37	98,6	10	50
36	96,2	8	46,4
34	93,2	6	42,8
32	89,6	4	39,2
30	86	2	35,6
28	82,4	0	32
26	78,8	– 2	28,4
24	75,2	– 4	24,8
22	71,6	– 6	21,2
20	68	– 8	17,6
18	64,4		

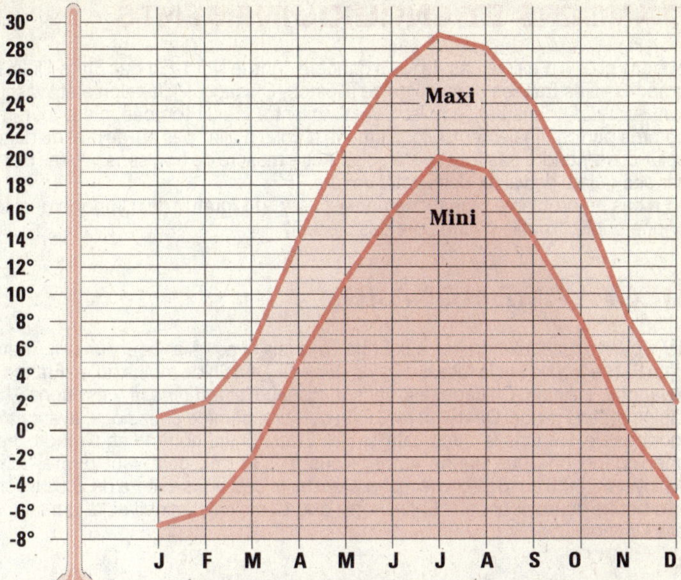

ÉTATS-UNIS NORD-EST (Chicago - ILLINOIS) :
Moyenne des températures atmosphériques

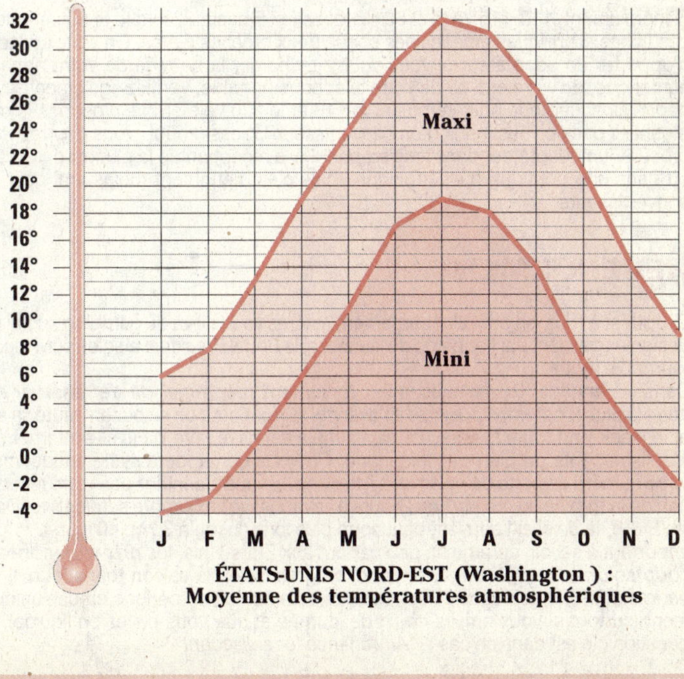

ÉTATS-UNIS NORD-EST (Washington) :
Moyenne des températures atmosphériques

DANGERS ET ENQUIQUINEMENTS

Soyons clair, il n'existe pas de réels dangers dans le Nord-Est des États-Unis. Les grandes villes traitées dans ce guide (Boston, Chicago, Philadelphie et Washington) sont *safe* dans l'ensemble. Soyez vigilant à la nuit tombée, c'est tout, mais comme partout finalement. Globalement, si vous n'allez pas au-devant du danger, celui-ci ne viendra pas tout seul à vous. Autre mesure de bon sens : évitez de laisser des objets de valeur dans votre voiture.
– En cas de problème urgent : composez le ☎ 911 (gratuit de n'importe quel téléphone public ; inutile d'introduire des pièces).

DÉCALAGE HORAIRE

Il y a quatre fuseaux horaires aux États-Unis (six avec l'Alaska et Hawaii). Toute la côte Est se trouve sur le fuseau *Eastern time* : il y est 6h de moins qu'en France. En revanche, l'Illinois (Chicago) est dans le fuseau *Central time,* il y est donc 7h de moins qu'en France. De début avril à fin octobre, comme chez nous, avancez vos montres de 1h dans la quasi-totalité des États. Enfin, comme en Grande-Bretagne, quand on vous donne rendez-vous à 8.30 pm, cela veut dire à 20h30. À l'inverse, 8.30 am désigne le matin. Pensez-y, cela vous évitera de vous lever de très bonne heure pour rien ! Enfin, notez que 12 am c'est minuit et 12 pm midi... et pas l'inverse.

ÉLECTRICITÉ

Généralement, 110-115 volts et 60 périodes (en France, 220 volts et 50 périodes). Les fiches électriques américaines sont à deux broches plates. On vous conseille d'apporter un adaptateur si vous voulez recharger la batterie de votre appareil numérique, de votre ordi ou de votre téléphone portable. Vérifiez également si vos appareils acceptent indifféremment le 110 et le 220 volts. Si ce n'est pas le cas, n'oubliez pas de vous munir d'un convertisseur. En cas d'oubli, vous pourrez vous procurer un adaptateur dans les aéroports, à la réception de la plupart des hôtels ou dans une boutique d'électronique, mais c'est nettement moins vrai pour les convertisseurs.

HÉBERGEMENT

De tout et à tous les prix. L'hébergement est très varié : il va du camping au palace design en passant par l'auberge de jeunesse, le *Bed & Breakfast* et, bien sûr, l'incontournable motel.
Dans les endroits touristiques, ***il est fortement recommandé de réserver*** son hôtel le plus longtemps possible à l'avance, surtout pour un séjour en haute saison et le week-end toute l'année. Le plus simple est de le faire via le site internet des établissements ou bien par téléphone. On vous demandera systématiquement votre numéro de carte de paiement. Attention, si vous n'annulez pas votre réservation de la totalité au moins 1 ou 2 jours à l'avance, votre compte sera débité. Dans les *B & B,* le délai est souvent beaucoup plus long (jusqu'à 30 ou 40 jours).
Important à savoir, comme un peu partout aux États-Unis, ***les prix varient beaucoup selon le remplissage,*** et donc, en gros, selon la saison touristique. Il est parfois possible de négocier, sur place directement et en période creuse uniquement (surtout si vous arrivez en fin de journée et que vous payez en liquide). La question clé est dans ce cas : « *Any chance for a discount ?* »

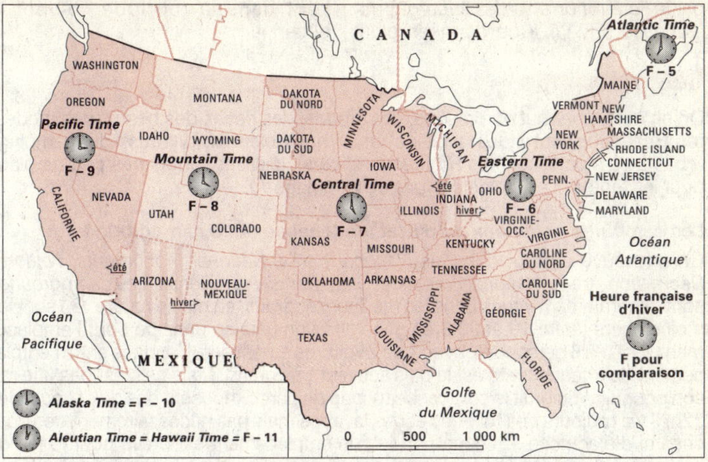

FUSEAUX HORAIRES

Les auberges de jeunesse

Outre les auberges privées, assez nombreuses, il existe une vingtaine d'auberges de jeunesse membres de l'association *Hostelling International* dans la zone couverte par ce guide. Pour connaître leurs tarifs, coordonnées, etc., rendez-vous sur le site • *hiusa.org* •, très bien fait.

La plupart des auberges disposent d'une cuisine bien équipée et d'une salle commune. Les services ne coûtent pas cher : accès Internet et wifi (ce dernier étant même souvent souvent gratuit), laverie à pièces, TV, navettes diverses, etc. Les AJ sont souvent une mine d'infos en tout genre (*flyers* à disposition, location de vélos, *roadtrips*, etc.). Aucune limite d'âge pour y séjourner.

La carte de membre *Hostelling International* n'est généralement pas obligatoire pour y être admis, mais vous paierez un peu plus cher sans (3 $ par nuit). Cette carte coûte 16 € (11 € pour les moins de 26 ans) en France et environ 28 $ aux États-Unis (18 $ plus de 55 ans ; gratuite pour les moins de 18 ans ; voir la rubrique « Avant le départ » plus haut). On peut se la procurer dans toutes les AJ membres du réseau *Hostelling International* ou sur Internet.

Dans les grandes villes, les AJ sont parfois installées dans de beaux bâtiments historiques et restent ouvertes 24h/24, contrairement à bon nombre d'AJ rurales, qui ferment entre 10h et 17h (pour entretien ou parce que le proprio a un autre job). Dans les plus anciennes et les plus reculées, on vous demandera peut-être encore de participer aux tâches ménagères... Dans d'autres, renseignez-vous, il sera peut-être possible d'« échanger » son séjour contre quelques heures de travail.

En haute saison, il est conseillé de réserver à l'avance. Plusieurs possibilités :

– ***sur Internet :*** • *hiusa.org* • (rubrique « Reservations »).

– ***Par téléphone ou fax,*** en contactant directement l'AJ.

– ***Par téléphone, depuis les États-Unis :*** ☎ *1-800-909-4776*. Avoir sa carte de paiement sous la main et taper les trois premières lettres de la ville où se trouve l'AJ. Pour composer les numéros avec des lettres, lire la rubrique « Téléphone-Télécommunications » plus loin.

■ Pour ceux qui désirent se procurer la ***carte Hostelling International*** avant de partir, l'organisation *Hostelling International* est représentée à Paris par la *Fédération unie des auberges de jeunesse (FUAJ).* Coordonnées plus haut dans la rubrique « Avant le départ ».

Les campings

On en trouve partout ou presque, des grands, des petits, des beaux, des modestes. Beaucoup sont situés en pleine nature, mais, bien sûr, il y a aussi des campings urbains où s'entassent les *RV* (camping-cars), laissant parfois très peu de place pour les tentes. Il existe deux types de campings :

Les campings nationaux ou d'État (national *ou* state campgrounds*)*

On en trouve partout dans les *National Parks, National Monuments, National Recreation Areas, National Forests* et *State Parks.* À privilégier, ces *campgrounds* sont généralement situés dans les meilleurs endroits, en pleine nature. Ce sont les moins chers (entre 10 et 30 $ en général) et on paie en principe pour l'emplacement, jusqu'à 6 personnes, avec 1 ou 2 voitures autorisées. L'espace entre l'emplacement de chaque tente est le plus souvent très grand. Mais ce n'est pas une raison pour faire du bruit le soir, car beaucoup de parcs imposent des *quiet hours* dès 22h. Il y a toujours des toilettes et des lavabos mais pas nécessairement des douches ni d'électricité. Presque partout, un emplacement est prévu pour le feu de camp (pensez à bien éteindre avant de vous coucher, c'est l'une des hantises des parcs nationaux, surtout en été) et pour le barbecue. Également une table et des bancs dans la plupart des cas.

– ***Réservations pour camper dans les parcs nationaux ou d'État :***

➢ *Sur Internet :* • *recreation.gov* • C'est le plus pratique, même s'il faut s'inscrire pour accéder au système. On paie par carte de crédit en ligne et on peut même choisir son emplacement, avec les disponibilités affichées en temps réel !

➢ *Par téléphone :* ☎ *1-877-444-6777 depuis les États-Unis ou 518-885-3639 depuis l'étranger. Fonctionne 10h-minuit, heure de la côte Est (6h de moins par rapport à la France).* On donne son numéro de carte de paiement et sa date d'expiration au téléphone. Un numéro de réservation vous est attribué, à ne pas perdre puisque ce sera votre sésame une fois arrivé au parc.

Les campings privés

Globalement moins bien situés, dans un environnement moins sauvage, avec des sites plus entassés (question de rentabilité). En revanche, ils offrent souvent plus de commodités : sanitaires complets, électricité, machines à laver, boutique avec produits de première nécessité, ainsi que des tables de pique-nique et des grilles pour barbecue. Dans certains, il y a même une piscine et des bungalows en bois *(cabins)* ou des mobile homes à louer au même prix qu'une chambre dans un petit hôtel. Bien sûr, ils sont aussi plus chers que les campings d'État. Il existe également des chaînes de camping comme *KOA (Kampgrounds of America),* qui édite une brochure (disponible dans tous ses campings) avec toutes les adresses dans les 50 États et leur positionnement précis sur une carte routière.

■ ***KOA** (Kampgrounds of America) :* ☎ *1-800-562-8699.* • *koa.com* •
– Utiles (mais encombrants), le *Woodall's Campground Directory* (• *woodalls.com* •) ou le *Trailer Life* (• *trailerlifedirectory.com* •) qui recensent les campings du pays.

Les motels

Son nom provient de la contraction des mots *motor* (moteur, donc voiture) et *hotel.* Logique, puisqu'ils sont conçus pour que l'on puisse se garer directement devant sa chambre ! Comme vous le savez sans doute, c'est le type d'établissement le plus répandu aux États-Unis. Un motel, c'est donc un hôtel au bord d'un axe routier... plus ou moins fréquenté, généralement un bâtiment bas autour d'une vaste cour qui fait office de parking. Ils sont plutôt anonymes et proposent des chambres à la déco standardisée, avec salle de bains et TV, souvent propres mais parfois aussi un peu vieillots, voire vétustes, ça dépend de chacun et, surtout, de la catégorie. En général, cela dit, ils sont plus convenables que les hôtels de mêmes tarifs, sauf dans certaines grosses villes où les motels sont assez chers. À propos de tarifs justement, ceux-ci varient le plus souvent selon la taille de la chambre et, surtout, le nombre de lits (un ou deux). Généralement intéressant pour les familles, qui peuvent occuper une chambre avec deux grands lits *(two queens)* pour un prix avantageux (en général, les enfants de moins de 17 ans ne paient pas s'ils sont dans la chambre des parents). Pas la peine d'arriver avant 15h, la chambre n'est généralement pas disponible ou pas encore nettoyée. Le parking est gratuit, bien sûr (c'est le principe !).

– ***Les motels indépendants*** sont souvent plus conviviaux et moins chers que les établissements de chaîne, et le petit déj (continental) y est la plupart du temps inclus. Les bureaux de réception ferment parfois assez tôt ; téléphoner avant.

– ***Les motels franchisés :*** les chaînes les plus importantes sont *Days Inn, Holiday Inn, Hampton Inn, Best Western et Howard Johnson.* Le confort et la propreté y sont dans l'ensemble très satisfaisants, bien que, là aussi, coexistent des établissements anciens assez patinés et d'autres tout récents. On recommande aussi des chaînes de motels au confort très simple, comme *Motel 6* (où le wifi est payant mais pas cher) ou *Econo-Lodge,* mais souvent très économiques. Il arrive que certains établissements fassent à la fois hôtel et motel. Les tarifs y sont souvent plus élevés que dans les motels indépendants, mais les parties communes et la réception sont parfois plus soignées, et la piscine est généralement plus grande et plus jolie ! Pour le reste, c'est du pareil au même. Attention, les tarifs changent d'un établissement à l'autre, en fonction de la situation géographique surtout. Ici, un *Motel 6* sera « Bon marché » alors que là, il sera dans les « Prix moyens ». Dans quelques grandes villes, on trouve également des *Studio 6,* avec cuisine. Tarifs très abordables à la nuitée ou à la semaine (25 % de réduction sur le tarif quotidien).

Rappels et infos sur les hôtels et motels

– Sauf exception (précisée), les prix que nous indiquons s'entendent sans la ***taxe*** de l'État (de 10 à 15 %).

– Dans les endroits touristiques, répétons-nous, ***mieux vaut réserver à l'avance.***

– Notez que dès votre arrivée, ***on prendra l'empreinte de votre carte de paiement,*** pour les *incidentals* comme ils disent, à savoir les éventuels frais de téléphone, minibar, *pay TV,* etc.

– La plupart des hôtels proposent des chambres équipées de ***TV*** (le plus souvent câblée), ***clim'*** et ***sanitaires complets.*** Si tel n'est pas le cas, nous le précisons dans le commentaire. Ils sont de plus en plus nombreux à inclure aussi un micro-ondes, un sèche-cheveux, parfois aussi un minifrigo et la wifi.

– ***De plus en plus d'hôtels proposent aussi le petit déjeuner*** (inclus dans le prix de la nuitée). Il s'agit généralement d'un petit déj continental léger servi dans le *lobby,* avec thé, café et un choix de muffins, *bagels, donuts* ou gaufres en libre-service. Pas très folichon. Mais il arrive parfois que ce soit un buffet plus varié, avec céréales, fruits et même des œufs. Si le petit déj n'est pas compris, allez plutôt le prendre à l'extérieur, d'autant que les restos dédiés à cela ne manquent pas aux USA : en dehors de nos adresses « Spécial petit déjeuner », bien sûr, on trouve des *diners* (restos traditionnels américains) ou des *coffee shops* un peu partout. Enfin, lorsque le petit déj n'est pas servi du tout, l'hôtel met souvent à disposition des clients du café et du thé près de la réception. Ou une cafetière dans la chambre.

– Cela peut surprendre dans ce pays, mais il y a encore quelques hôtels et motels qui proposent des chambres ***fumeurs.*** Bien le demander au départ : risque d'amende élevée (souvent 200 ou 300 $) pour avoir perverti l'atmosphère de la chambre avec l'odeur du tabac !

– Faites attention au ***check-out time,*** heure au-delà de laquelle vous devez payer une nuit supplémentaire. C'est généralement 12h, parfois 11h. En demandant gentiment, il est fréquent de réussir à se faire accorder 1 ou 2h de plus. Rappelons que le ***check in*** se fait généralement à partir de 15h seulement.
– ***Téléphoner des hôtels*** coûte très, très cher. La solution la plus économique consiste plutôt à acheter une carte téléphonique prépayée (lire plus loin la rubrique « Téléphone-Télécommunications ») que vous utiliserez depuis votre chambre d'hôtel. Une taxe d'environ 1 $ par appel vous sera parfois prélevée (même si la communication n'a pas abouti, mieux vaut le savoir !), mais ce n'est rien à côté du montant que vous auriez dû payer sans carte.

Lexique de l'hébergement américain

– *Standard queen :* double avec lit d'environ 1,50 m de large.
– *Standard king :* double avec lit d'environ 2 m de large.
– *Room with two double beds :* chambre avec 2 lits d'environ 1,40 m pouvant loger 4 personnes.
– *Deluxe :* chambre un peu plus spacieuse en général.
– *Dorm bed :* lit en dortoir.
– *Bunk beds :* lits superposés.
– *Dorm with bathroom ensuite :* dortoir avec salle de bains attenante.
– *Private room with shared bath :* chambre double avec salle de bains partagée.
– *Private room with private bath :* chambre double avec salle de bains privée.
– *Efficiency :* avec cuisine (ou kitchenette) équipée.

Les *Bed & Breakfast*

Ils sont assez répandus (par exemple à Washington) et permettent de faire un séjour bien agréable dans d'anciennes demeures de charme, souvent cosy et confortables. Nettement plus personnalisés que les hôtels donc, mais presque tous dans la catégorie « Plus chic », voire « Très chic ». Même si l'ambiance reste intime, on est parfois étonné du nombre de chambres dont disposent certains d'entre eux (une bonne dizaine, voire plus). Et bien sûr, ils comprennent le petit déj, parfois copieux mais pas toujours. Leur *check-out* est souvent assez tôt. Enfin, les fumeurs et les enfants de moins de 10-12 ans y sont rarement les bienvenus (pour préserver la tranquilité des hôtes)...

L'échange d'appartements

Une formule de vacances originale et très pratiquée outre-Atlantique. Il s'agit d'échanger son propre logement (que l'on soit proprio ou locataire) contre celui d'un adhérent du même organisme dans le pays de son choix, pendant la période des vacances. Cette formule offre l'avantage de passer des vacances aux États-Unis à moindres frais, et intéressera en particulier les jeunes couples avec enfants. Voici deux agences qui ont fait leurs preuves :

■ ***Intervac :*** *230, bd Voltaire, 75011 Paris. ☎ 0820-888-342 (0,12 €/mn). • intervac-homeexchange.com • Ⓜ Rue-des-Boulets. Adhésion annuelle avec diffusion d'annonce sur Internet : 95 €.*

■ ***Homelink International :*** *19, cours des Arts-et-Métiers, 13100 Aix-en-Provence. ☎ 04-42-27-14-14. • homelink.fr • Même type de prestations pour 125 €.*

LANGUE

Voici un lexique de base pour vous débrouiller dans les situations de tous les jours. Pensez aussi à notre ***Guide de conversation du routard* en anglais.**

Vocabulaire anglais de base utilisé aux États-Unis

Oui	*Yes*
Non	*No*
D'accord	*Okay*

Politesse

S'il vous plaît	*Please*
Merci (beaucoup)	*Thank you (very much)*
Bonjour !	*Hello ! (Hi !)*
Au revoir	*Good bye / Bye / Bye Bye*
À plus tard, à bientôt	*See you (later)*
Pardon	*Sorry / Excuse me*

Expressions courantes

Parlez-vous français ?	*Do you speak French ?*
Je ne comprends pas	*I don't understand*
Combien ça coûte ?	*How much is it ?*

Vie pratique

Bureau de poste	*Post office*
Office du tourisme	*Visitor center*
Banque	*Bank*
Médecin	*Doctor / Physician*
Hôpital	*Hospital*

Transports

Aller simple	*One way ticket*
Aller-retour	*Round trip ticket*
Aéroport	*Airport*
Gare	*Train station*
Gare routière	*Bus station*
À quelle heure est le prochain bus/ train pour... ?	*What time is the next bus/ train to... ?*

À l'hôtel et au restaurant

J'ai réservé	*I have a reservation*
C'est combien la nuit ?	*How much is it per night ?*
Petit déjeuner	*Breakfast*
Déjeuner	*Lunch*
Dîner	*Dinner*
L'addition, s'il vous plaît	*The check, please*
Le pourboire	*The tip / the gratuity*

Les chiffres, les nombres

1	*one*
2	*two*
3	*three*
4	*four*
5	*five*
6	*six*
7	*seven*
8	*eight*
9	*nine*

10	*ten*
20	*twenty*
50	*fifty*
100	*one hundred*

LIVRES DE ROUTE

Certains livres mentionnés dans cette liste peuvent être momentanément épuisés. Vous pourrez toutefois les trouver sur • *chapitre.com* • ou • *amazon.fr* •

– ***Homme invisible, pour qui chantes-tu ?*** (1952), de Ralph Ellison. Grasset, Les Cahiers Rouges ; traduit par M. et R. Merle. Un grand classique de la littérature noire. Dans les années 1950, les aventures d'un jeune Black venu de son Sud natal pour monter à Harlem. Il devient le porte-parole de la Confrérie, une organisation de défense des droits civiques.

– ***Beloved*** (1987), de Toni Morrison. 10/18 ; traduit par H. Chabrier et S. Rué. Le roman débute dans une maison hantée par le fantôme d'un enfant assassiné par sa mère, une « négresse » en fuite, pour qu'il ne vive pas en esclavage. Dans cette maison, 18 ans ont passé depuis le drame, jusqu'au jour où arrive une femme mystérieuse, Beloved. Toni Morrison a reçu le prix Nobel de littérature en 1993, et *Beloved,* le prix Pulitzer.

– ***L'Amérique*** (1927), de Franz Kafka. Gallimard, coll. Folio ; traduit par A. Vialatte. Banni par ses parents pour avoir engrossé une misérable bonne, le jeune Karl Rossmann débarque dans une Amérique trépidante où les escrocs pullulent. Volé, conspué, trahi, abandonné par tous, il parcourt le pays comme dans un rêve affreux, perdant ses illusions et sa naïveté.

– ***Gatsby le Magnifique*** (1925), de Francis Scott Fitzgerald. LGF, coll. Le Livre de Poche ; traduit par V. Liona. Grandeur et décadence de Gatsby, ce jeune homme séduisant, mystérieux, au passé incertain... Scott Fitzgerald fait revivre l'atmosphère des riches *parties* de la côte Est dans les années 1920, ces milieux snobs, superficiels, pleins de mépris et de cruauté qu'il connaissait bien et où il s'est lui-même brûlé les ailes.

– ***Le Monde selon Garp*** (1980), de John Irving. Points Seuil ; traduit par M. Rambaud. Au travers de l'histoire d'une mère infirmière et féministe et de son fils Garp, écrivain, dans l'Amérique de la fin de la Seconde Guerre mondiale jusqu'à nos jours, Irving nous dépeint un monde grotesque et violent. Cette œuvre démesurée, débordante d'humour, de détails croustillants ou sordides, est foncièrement pessimiste.

– ***Le Massacre du Maine*** (1988), de Janwillem Van de Wetering. Rivages Poche, Rivages Noir ; traduit par D. May. Au cap Orque, où réside la sœur du commissaire hollandais venu d'Amsterdam, six meurtres ont été commis. Enquête dépaysante dans une contrée rude où la violence est présente au quotidien. Un récit dense qui oscille entre le sourire et la gravité.

– ***Les vrais durs ne dansent pas*** (1984), de Norman Mailer. Robert Laffont, coll. Pavillons Poche ; traduit par Jean-Pierre Carasso. Une sorte de polar satirique avec Cape Cod pour toile de fond. Tim Maden, écrivain de son état, fraîchement largué par sa femme et franchement dépressif, se lève une fois de plus avec une formidable gueule de bois. Une suite d'évènements rocambolesques vont l'entraîner dans une spirale infernale, aux prises avec l'énigmatique Regency, chef de la police de Provincetown. Le livre a été adapté au cinéma en 1987 par l'auteur lui-même, avec Ryan O'Neal et Isabella Rossellini.

– ***Les femelles*** (2006), de Joyce Carol Oates. Points Seuil ; traduit par Claude Seban. « Femelles », comme des prédatrices en puissance. Ces 9 nouvelles sont des tranches de vie de femmes de tout âge et de tout milieu social, décortiquées et passées à la loupe. Chez elles, un instinct meurtrier va se révéler ou s'affirmer. Avec une sobriété presque brutale et le formidable talent d'écriture qu'on lui connaît, Oates distille l'horreur tranquillement. L'atmosphère brumeuse de Cape Cod ou la

campagne de Nouvelle-Angleterre ajoutent un cadre mélancolique et mystérieux à ces histoires... glaçantes.
– Sans oublier les polars de ***Dennis Lehane,*** originaire du Massachusetts : ***Gone Baby Gone*** (1998), ***Mystic River*** (2001) et ***Shutter Island*** (2003), tous adaptés au cinéma et ayant pour toile de fond Boston, sa ville (à l'exception de *Shutter Island* qui se déroule sur une île dans les environs).

MESURES

Même s'ils ont coupé le cordon avec la vieille Angleterre, même s'ils roulent à droite, pour ce qui est des unités de mesure, les Américains ont conservé un système anglo-saxon. Après les Fahrenheit (voir « Climat »), les tailles de vêtements et le voltage électrique (voir « Électricité »), une autre différence à assimiler. On a essayé de limiter les dégâts en vous précisant quelques équivalences : bon courage pour les calculs !

Longueurs
1 yard = 0,914 m
1 foot = 30,48 cm
1 inch = 2,54 cm
0,62 mile = 1 km
ou *1 mile* = 1,6 km
1,09 yard = 1 m
3,28 feet = 1 m
0,39 inch = 1 cm

Poids
1 pound = 0,4536 kg
1 ounce (oz) = 28,35 g

Capacité
1 gallon = 3,785 l
1 quart = 0,946 l
1 pint = 0,473 l
1 fl. ounce = 29,573 ml

ORIENTATION

Dans les grandes villes, une rue sépare le secteur nord du secteur sud. Idem entre l'est et l'ouest. Très utile de connaître les noms et l'emplacement de ces deux rues (ou avenues) « de référence » pour se repérer lorsqu'on cherche une adresse.
Il faut savoir un truc : les numéros des rues sont très longs... par exemple, le n° 3730 se situe entre le 37e *block,* ou rue, et le 38e ; ça peut ensuite passer de 3768 à 3800. Dans les communes très étendues, on a déjà vu des numéros dépasser les 10 000... C'est loin mais théoriquement pas compliqué à trouver. En pratique, on se plante toujours, du moins au début !
Autre principe à intégrer : le nom de la rue indiqué sur le panneau correspond à la rue que vous croisez et non à celle où vous vous trouvez. Attention, il arrive (rarement) que ça ne marche pas comme ça.
D'autre part, sachez que traverser hors des clous quand le feu est vert peut être passible d'une amende (environ 30 $).

Les abréviations suivantes ont été utilisées dans ce guide

Ave	Avenue	**Sq**	Square
Blvd	Boulevard	**St**	Street
Dr	Drive	**E**	East
Gr	Grove	**N**	North
Hwy	Highway	**S**	South
Pl	Place	**W**	West
Rd	Road		

POSTE

– ***Les bureaux de poste :*** les horaires sont extrêmement variables. Certains ouvrent dès 7h30, d'autres vers 9h, pour fermer entre 15h et 18h selon les lieux. Également ouverts le samedi matin (jusqu'à 11h30, 12h, 13h, 14h, 16h...).

– Vous pouvez vous faire adresser des lettres à la poste principale de chaque ville par la ***poste restante.*** Exemple : nom, General Delivery, Main Post Office, ville, État. Attention, les postes restantes ne gardent pas toujours le courrier au-delà de la durée légale de 30 jours.
– ***Achat de timbres (stamps) :*** aux guichets des postes *(US Mail),* ainsi qu'aux distributeurs *(automats)* de certains hôtels et chez certains vendeurs de cartes postales et marchands de souvenirs.
– Notez qu'il n'existe pas de bureaux de poste dans les aéroports. Si vous comptez poster la carte postale pour mamie à la dernière minute, venez avec le timbre ; il y a généralement des boîtes. Compter ***env 1 $ pour l'envoi d'une lettre ou d'une carte postale en France.***

SANTÉ

C'est un lieu commun, la sécurité sanitaire est excellente aux États-Unis mais extrêmement chère, même pour les Américains. Pas de consultation médicale à moins de 150 $. Pour les médicaments, multiplier par deux au moins les prix français. D'où l'importance de souscrire, avant le départ, une ***assurance voyage intégrale*** avec assistance-rapatriement (voir rubrique « Avant le départ »).

Les médicaments et consultations

– ***Prévoir une bonne pharmacie de base*** dans ses bagages, avec éventuellement un antibiotique à large spectre prescrit par son généraliste (au cas où), à fortiori si on voyage avec des enfants. Sur place, si vous souffrez de petits bobos courants ou facilement identifiables (rhume, maux de gorge, gastro...), vous pouvez pratiquer en premier lieu l'automédication, comme le font les Américains. De nombreux médicaments, délivrés uniquement sur ordonnance en France, sont vendus en libre-service dans les drugstores type *Walgreens, Duane Reade, CVS* ou *Rite Aid* (certains sont ouverts 24h/24). Si vous cherchez du *Doliprane,* le nom déposé le plus répandu est *Tylenol* (le paracétamol se dit *acetaminophen* là-bas). En revanche, les lentilles de contact sont parfois difficiles à obtenir rapidement, surtout sans ordonnance (prévoir un petit stock). Évidemment, si cela vous semble grave ou s'il s'agit d'enfants, un avis médical s'impose. Vous trouverez les coordonnées des médecins dans les pages jaunes (sur Internet : • *yellowpages.com* •) à *Clinics* ou *Physicians and surgeons.* Attention, on le répète : les consultations privées sont chères (150-200 $ minimum chez un généraliste...).
– Voir aussi la rubrique « Urgences » plus loin.

Les maladies

Pas de panique à la lecture des lignes suivantes, qui n'ont pour but que d'améliorer les conditions de votre voyage et en aucun cas de vous angoisser sur ses risques potentiels.
Attention aux ***tiques*** dans les zones boisées, dans les parcs nationaux, par exemple : leur piqûre peut transmettre la redoutable maladie de Lyme *(Lyme disease).* Couvrez-vous bien la tête (chapeau), les bras, les jambes et les pieds (au mieux vêtements imprégnés d'insecticides) ; n'hésitez pas à vous enduire les parties restées découvertes avec des répulsifs (*repellents* en anglais) ; examinez-vous et faites-vous inspecter régulièrement pour limiter les risques (il faut 24h à une tique pour transmettre la maladie).
La virose à West Nile, et sa redoutable complication, l'encéphalite, est implantée aux États-Unis depuis 1999. Elle est transmise par les piqûres de ***moustiques*** très communs. Depuis 2003, l'épidémie se calme, mais peut reprendre à tout moment sa virulence du début. Quoi qu'il en soit, dès le mois de mai et jusqu'au début de

l'hiver, il convient d'éviter les piqûres de moustiques dans l'ensemble du pays : répulsifs cutanés à 50 % de DEET, imprégnation des vêtements, voire moustiquaires imprégnées.
Même si tous les moustiques ne sont pas vecteurs de maladies, ils gâchent parfois un peu le voyage ! Pensez à emporter dans vos bagages des produits antimoustiques efficaces (par exemple, *Insect Ecran*), car ils sont beaucoup plus chers là-bas. On en trouve en pharmacie, en parapharmacie ou encore via le site • *sante-voyages.com* • qui propose la vente en ligne de produits et matériel utiles aux voyageurs, parfois assez difficiles à trouver.

• ***sante-voyages.com*** • Infos complètes toutes destinations, boutique en ligne en paiement sécurisé, expéditions par Colissimo Expert ou Chronopost. ☎ *01-45-86-41-91 (lun-ven 14h-19h).*

■ ***Espace dépôt-vente :*** *AccesProVisas, 26, rue de Wattignies, 75012 Paris.* ☎ *01-43-40-11-34.* • *accespro-visas.fr* • Ⓜ *Dugommier ou Daumesnil.*

Vaccins

Aucun vaccin exigé sur le sol américain, mais comme partout, soyez à jour de vos vaccinations « universelles » : tétanos, polio, diphtérie (Repevax) et hépatite B. Le vaccin préventif contre la rage (maladie transmissible par à peu près tous les mammifères, y compris les chauves-souris) est recommandé pour tout séjour prolongé en zone rurale ou en contact avec des animaux.

SITES INTERNET

• ***routard.com*** • Tout pour préparer votre périple. Des fiches pratiques sur plus de 200 destinations, de nombreuses informations et des services : photos, cartes, météo, dossiers, agenda, itinéraires, billets d'avion, réservation d'hôtels, location de voitures, visas... Et aussi un espace communautaire pour échanger ses bons plans, partager ses photos, définir son passeport routard ou trouver son compagnon de voyage. Sans oublier *Routard mag,* ses reportages, ses carnets de route et ses infos pour bien voyager. La boîte à outils indispensable du routard.
• ***mapsonus.com*** • Un site cartographique pratique et rapide pour planifier ses trajets (temps, itinéraire...).
• ***amish.net*** • Site en anglais assez fourni pour connaître les us et coutumes des amish. Nombreux liens.
• ***foia.fbi.gov/famous.htm*** • Les dossiers du FBI (Bureau fédéral d'investigation) sur les « people », en anglais uniquement, classés par thèmes (célébrités, espionnage, crimes...). On y apprend qu'Einstein avait 14 dossiers (à cause de ses affiliations avec le parti communiste...).
• ***yelodog.com*** • Pour les amoureux d'architecture, un site sur les plus beaux buildings de Chicago.
• ***route66trip.com*** • Chouette site perso français, racontant un périple en Harley de Chicago à L.A.

TABAC

Aux États-Unis, d'une manière générale, il est interdit de fumer dans les lieux publics (bus, magasins, cinémas, théâtres, musées, hôtels, restos, etc.) d'environ 35 États. Dans le Massachusetts (certes pas réputé pour sa tolérance), il faut avoir 18 ans pour pouvoir acheter son paquet de clopes. Les cigarettes s'achètent dans les stations-service, les supermarchés, les boutiques d'alcool, etc., mais aussi dans des distributeurs automatiques, où elles sont souvent plus chères.

TAXES ET POURBOIRES

D'abord les taxes...

Dans tous les États-Unis, les prix affichés dans les magasins, les hôtels, les restos, etc., s'entendent SANS TAXE. Celle-ci s'ajoute au moment de payer et varie selon l'État, le comté, la ville et le type d'achat. Dans les hôtels, elle oscille entre 10 et 15 % ; pour tout ce qui est restos, vêtements, location de voitures..., elle varie entre 5 et 10 %. Les produits alimentaires n'y sont pas soumis. De même, quelques autres secteurs, il est vrai peu nombreux, en sont exonérés. Bon à savoir, il n'y a pas de taxe sur les vêtements et chaussures dans le Massachusetts ni en Pennsylvanie.

... puis les pourboires (*tips* ou *gratuities*)

Dans les restos, les serveurs ont un salaire fixe ridicule, et la majeure partie de leurs revenus provient des pourboires. On apprécie ou pas, mais c'est comme ça. Voilà tout le génie de l'Amérique : laisser aux clients, selon leur degré de satisfaction, le soin de payer le salaire des serveurs, pour les motiver. Le *tip* est une institution à laquelle vous ne devez pas déroger (sauf dans les fast-foods et autres self-service). Passer outre vous fera passer pour le plouc total. Les Français possèdent d'ailleurs la réputation d'être particulièrement radins et de laisser plutôt moins de 10 % que les 15-20 % attendus... ***Une astuce pour savoir quel pourboire donner : il suffit de doubler la taxe*** ajoutée au montant de la note, ce qui représente selon l'État environ 15-17 % (et donc un pourboire honnête). Si vous payez une note de resto par carte de paiement, n'oubliez pas de remplir vous-même la case *Gratuity* qui figure sur la facturette, car sinon, le serveur peut s'en charger lui-même... au risque que vous ne vous en aperceviez qu'à votre retour, en épluchant votre relevé de compte bancaire (au fait, aux USA, *1* s'écrit *l*, sans barre horizontale, donc attention à ce que votre *1* ne soit pas pris pour un *7* sur votre facturette). Il arrive aussi que le service soit ajouté d'office au total, après la taxe. Soyez vigilant pour ne pas le repayer une seconde fois. Cela se passe surtout avec les *parties* (groupes) de six ou plus, ou si l'on craint qu'en tant que touriste vous repartiez sans rien laisser ; et dans ce cas, le service est généralement facturé un peu plus cher (on frise les 20 %). ***Dans les bars,*** le barman, qui n'est pas mieux payé qu'un serveur de restaurant, s'attend à ce que vous lui laissiez un petit quelque chose, par exemple 1 $ par bière, même prise au comptoir...

Concernant les ***taxis,*** il est coutume de laisser un *tip* de 10 à 15 % en plus de la somme au compteur. Là, gare aux jurons d'un chauffeur mécontent : il ne se gênera pas pour vous faire remarquer vertement votre oubli.

Enfin, ***prévoir des billets de 1 $*** pour tous les petits boulots de service où le pourboire est légion (bagagiste dans un hôtel un peu chic, par exemple).

TÉLÉPHONE-TÉLÉCOMMUNICATIONS

– ***États-Unis → France :*** 011 + 33 + numéro du correspondant à 9 chiffres (sans le 0 initial).

– ***France → États-Unis :*** 00 + 1 + indicatif régional à 3 chiffres + numéro du correspondant.

Tuyaux

– ***Le réseau téléphonique :*** les numéros de téléphone américains à 7 chiffres sont précédés d'un *area code* (indicatif régional). Ex : 202 pour Washington. Pour appeler d'une région à une autre, il faut composer le 1, puis l'*area code* et enfin le numéro de téléphone à 7 chiffres. Pour les communications locales, c'est variable d'une région à une autre, mais il faut de plus en plus composer cet *area code,* même à l'intérieur d'une même zone téléphonique, sans le 1 devant, suivi des 7 chiffres du numéro de téléphone.

– ***Renseignements téléphoniques :*** pour connaître un numéro local, composez le ☎ 411 (ou 1-411, cela dépend de l'endroit où vous vous trouvez) ; pour un numéro interurbain, composez l'indicatif + 555-1212 ; pour un numéro gratuit, le 1-800 + 555-1212.

– ***Tous les numéros de téléphone commençant par 1-800, 1-888, 1-877 ou 1-866 sont gratuits*** (compagnies aériennes, chaînes d'hôtels, agences de location de voitures...). On appelle ça les *toll free numbers.* Nous les indiquons dans le texte ; ça vous fera faire des économies pour vos réservations d'hôtels et vos demandes de renseignements (la plupart des *Visitor Centers* en ont un).

– ***Les numéros gratuits sont parfois payants depuis les hôtels*** et ne fonctionnent pas quand on appelle de l'étranger. En revanche, on peut quand même obtenir la communication (payante), en remplaçant 800 par 880, 888 par 881 et 877 par 882. Ceux des petites compagnies fonctionnent parfois uniquement à l'intérieur d'un État.

– ***Certains numéros sont composés de mots,*** chaque touche de téléphone correspond à un chiffre et à 3 lettres. Ce qui permet de retenir facilement un numéro (exemple : pour contacter les chemins de fer *Amtrak,* ☎ 1-800-USA-RAIL, ça équivaut à ☎ 1-800-872-7245).

Les règles de base pour téléphoner des États-Unis

Le plus pratique et économique pour téléphoner aux États-Unis ou à l'étranger est de téléphoner avec une ***carte téléphonique prépayée*** *(prepaid phone card).* Ces cartes, qui disposent chacune d'un code « secret », sont vendues dans les supermarchés, *drugstores (Duane Reade, CVS, Rite Aid, Walgreens...).* On trouve souvent des distributeurs dans les aéroports. Plusieurs montants possibles : 5, 10 $... Pour la connexion, il vous faudra d'abord composer un numéro gratuit indiqué sur la carte, qui commence par 1-800. Ensuite, laissez-vous guider par la voix enregistrée, pour composer d'abord votre code secret, puis le numéro que vous souhaitez joindre (pour la France : 011-33 + le numéro de votre correspondant à 9 chiffres, sans le 0 initial). Pour 5 $, vous pouvez téléphoner plus de 3h en continu vers la France si vous appelez un poste fixe (les unités défilent bien plus vite sur les portables) ! En revanche, plus vous passez de coups de fil différents, plus la carte se vide rapidement car il y a des frais supplémentaires pour les appels courts, la « maintenance »... Pour passer des coups de fil locaux, mieux vaut téléphoner avec des pièces qu'avec une carte téléphonique. En revanche, ***évitez absolument de téléphoner depuis les hôtels*** (sauf avec une carte prépayée, bien sûr), qui pratiquent presque toujours des tarifs rédhibitoires. Sachez enfin que dans certains hôtels, on peut aussi vous facturer une communication téléphonique même si l'appel n'a pas abouti ! Il suffit parfois de laisser sonner 4 ou 5 coups dans le vide pour que le compteur tourne. Dans le même ordre d'idées, il arrive que les hôtels (sauf les petits motels) fassent payer les communications locales, qui sont normalement gratuites... Pour éviter les surprises, renseignez-vous avant de décrocher votre combiné.

Le téléphone portable en voyage

Le routard qui ne veut pas perdre le contact avec sa tribu peut utiliser son propre téléphone portable aux USA (à condition qu'il soit au moins tribande) avec l'option « Monde ». Cela dit, certains secteurs sont encore mal couverts par le réseau, et puis gare à la note salée en rentrant chez vous !

Nous vous conseillons donc d'acheter à l'arrivée une carte SIM locale prépayée chez l'un des nombreux opérateurs locaux (*Virgin Mobile, AT & T* ou *T Mobile,* par exemple), représentés dans les boutiques de téléphonie mobile des principales villes du pays et souvent à l'aéroport. On vous attribue alors un numéro de téléphone local et un crédit de communication. Avant de signer le contrat et de payer, essayez donc, si possible, la carte SIM du vendeur dans votre téléphone – préalablement débloqué – afin de vérifier si celui-ci est compatible. Au pire, vous avez aussi la possibilité d'acheter un téléphone américain de base pour 10 $. Ensuite, les cartes permettant de recharger votre crédit de communication s'achètent dans ces mêmes boutiques, ou en supermarché, stations-service, drugstores, etc. C'est toujours plus pratique pour trouver son chemin vers un *B & B* paumé, réserver un hôtel, un resto ou une visite guidée, et bien moins cher que si vous appeliez avec votre carte SIM personnelle.

En cas de perte ou de vol de votre téléphone portable

Suspendre aussitôt sa ligne permet d'éviter de douloureuses surprises au retour du voyage ! Voici les numéros des trois opérateurs français, accessibles depuis la France et l'étranger :
- ***SFR :*** depuis la France, ☎ 1023 ; depuis l'étranger, ☎ + 33-6-1000-1900.
- ***Bouygues Télécom :*** depuis la France comme depuis l'étranger, ☎ 0-800-29-1000 (remplacer le « 0 » initial par « + 33 » depuis l'étranger).
- ***Orange :*** depuis la France comme depuis l'étranger, ☎ + 33-6-07-62-64-64.

Vous pouvez aussi demander la suspension depuis le site internet de votre opérateur.

Internet

Les trois quarts des Américains ont accès à Internet. Les routards qui souhaitent rester en contact avec leur tribu n'auront pas vraiment le choix des cafés Internet, plutôt rares (même dans les grandes villes) en raison du fort taux d'équipement informatique des foyers américains... et des hôtels. Car évidemment, un grand nombre de lieux (hôtels, cafés, bars, restos et même campings) sont équipés de la wifi. Pour ceux qui ne voyageraient pas avec leur portable *(laptop)*, on trouve aussi des accès Internet dans de nombreux hôtels (souvent gratuitement, mais pas toujours) ainsi qu'en libre-service. Il s'agit de bornes qui fonctionnent soit comme des distributeurs (la machine avale les billets ou la carte de paiement), soit avec des codes à entrer après avoir payé à la caisse pour la durée souhaitée. Ça peut être parfois assez cher dans certains hôtels. Le bon plan dans les grandes villes si vous n'avez pas de connexion à l'hôtel : les boutiques *Apple* où la connexion est gratuite sur tous les ordinateurs de démonstration, à condition de ne pas squatter des heures non plus... et d'attendre son tour. Sinon, les bibliothèques *(public libraries)* disposent toutes d'un accès Internet, généralement gratuit et souvent limité à 30 mn ou 1h de connexion (par personne et par jour). En revanche, l'impression de pages est un service payant.

Une sélection de sites à consulter avant le départ est détaillée plus haut à la rubrique « Sites internet ».

D'ARPANET À INTERNET

Le réseau Internet est né aux États-Unis dans les années 1960, en pleine guerre froide. Il s'appelait alors Arpanet et était destiné à relier les militaires, avant de s'étendre aux centres de recherche et aux universités. La grande nouveauté de ce réseau était de répartir le stockage des mémoires sur tout le territoire au lieu de les concentrer sur un seul lieu. Ensuite, c'est l'invention du World Wide Web, au début des années 1990, qui a révolutionné ce réseau en le rendant multimédia (image et son) et accessible au grand public.

TRANSPORTS

L'avion

Les compagnies desservant l'intérieur des États-Unis sont nombreuses et les retards de vol presque banals tant le trafic est dense. Attention également, en provenance de l'Europe, aux délais de passage à la douane (jusqu'à 45 mn), qui peuvent faire rater une correspondance !
À bord, le service est réduit à sa plus simple expression, et la plupart des prestations sont payantes (boissons, repas, écouteurs, bagages enregistrés...). Les bagages enregistrés sont désormais aussi payants sur presque toutes les lignes intérieures ! Alors prenez un grand sac (pas plus de 20 kg) plutôt que trois petits si vous devez voyager beaucoup dans le pays. Le premier bagage est encore gratuit sur les vols transatlantiques et les correspondances ; à partir du deuxième, ça dépend de la compagnie et parfois du bon vouloir de l'agent de comptoir... si vous en trouvez un, puisque on s'auto-enregistre presque partout sur des bornes maintenant ! On conseille d'arriver bien en avance pour l'embarquement, à cause des mesures de sécurité qui entourent les aéroports américains depuis le 11 Septembre.

Les compagnies aériennes

■ ***Air France :*** *☎ 1-800-237-2747 (aux États-Unis) ou ☎ 36-54 (en France ; 0,34 €/mn). • airfrance.fr •*
■ ***American Airlines :*** *☎ 1-800-433-7300. • aa.com •*
■ ***Continental Airlines :*** *☎ 1-800-523-3273. • continental.com •*
■ ***Delta Air Lines :*** *☎ 1-800-221-1212. • fr.delta.com •*
■ ***Northwest Airlines :*** *☎ 1-800-864-8331 (vols USA) ou 1-800-538-2929 (international). • nwa.com •*
■ ***United Airlines :*** *☎ 1-800-241-6522. • united.com •*
■ ***US Airways :*** *☎ 1-800-428-4322 (vols Amérique du Nord) ou 1-800-622-1015 (international). • usairways.com •*

Les forfaits (passes)

La plupart des compagnies aériennes américaines proposent aux passagers résidant en dehors des États-Unis et munis d'un billet transatlantique (sur leurs lignes ou celles de partenaires) des coupons de vols à tarif réduit pour les vols en Amérique du Nord. Le tarif est calculé en fonction du nombre total de *miles* parcourus, ce qui peut être particulièrement intéressant si l'on souhaite se rendre dans des destinations isolées, plus chères que la moyenne. Les principaux *passes* sont proposés par les alliances *Star Alliance, One World* et *Sky Team.* Validité dans tous les cas : 60 jours. On achète un minimum de deux ou trois coupons et un maximum de dix. Il est nécessaire de fixer l'itinéraire avant de partir. Hawaii, l'Alaska et les Antilles peuvent généralement être inclus avec supplément. Attention : s'il faut changer d'avion, il vous en coûtera généralement autant de coupons que de vols ; renseignez-vous à la réservation.
• staralliance.com/fr/travellers/fare_products/north_american_airpass.html •
• oneworld.com/ow/air-travel-options/single-continent-fares/visit-north-america •
• skyteam.com/about/products/america.html •

La voiture

Ah, quel bonheur de conduire aux États-Unis ! Quel plaisir de rouler piano-piano (limite de vitesse oblige) sur les larges *interstates* rectilignes... Du coup, les déplacements se calculent plus en temps qu'en miles. On a tout le loisir d'admirer au passage les énormes camions *(trucks)* aux essieux rutilants. Évidemment, on fait abstraction des grandes villes et de leurs abords, où se glisser au cœur du trafic (et se garer) tient parfois du calvaire. L'option GPS peut d'ailleurs s'avérer utile et en tout cas vous fera gagner pas mal de temps. Même si les voitures de location américaines consomment plus que les nôtres, l'essence reste bien moins chère qu'en France, et il n'y a que très peu de péages. Ces derniers sont surtout présents dans la périphérie des grandes villes et presque systématiques pour les franchissements de ponts et tunnels majeurs.

Conduire une voiture automatique

Il n'y a pratiquement que cela aux États-Unis. Voici la signification des différentes commandes :
– ***P : Parking*** (à enclencher lorsque vous stationnez, mais à ne pas utiliser comme frein à main).
– ***R : Reverse*** (marche arrière).
– ***N : Neutral*** (point mort).
– ***D : Drive*** (position de conduite que vous utiliserez quasiment tout le temps).
– ***1, 2 et 3 ou I et L :*** vous sélectionnez votre propre rapport de boîte (bien utile en montagne ou dans certaines côtes, mais ça consomme plus d'essence).
Pour oublier vos vieux réflexes, calez votre pied gauche dans le coin gauche, et ne l'en bougez plus jusqu'à la fin de votre périple. On se sert uniquement du pied droit pour accélérer ou freiner. Et quelques conseils : pour freiner, posez délicatement votre pied sur la pédale et n'écrasez pas le champignon, même à très basse vitesse (le frein des automatiques est vraiment très sensible) ! Lorsque vous passez de la position « P » à une autre, appuyez toujours sur le frein, sinon vous risquez de faire un bond ! D'ailleurs, certains véhicules refusent de quitter le point « P » tant que vous n'avez pas posé le pied sur le frein, non mais !
Autre astuce : les voitures américaines sont toutes équipées d'un ***cruise control,*** dispositif qui maintient votre vitesse, quel que soit le profil de la route, tant que vous n'appuyez pas sur le frein ou l'accélérateur. Très pratique sur les longues autoroutes américaines, mais ingérable (et inutile) en ville.

Les règles de conduite

Certaines agences de location de voitures distribuent des fiches des règles de conduite spécifiques à l'État dans lequel on loue le véhicule.
– ***La signalisation :*** les panneaux indiquant le nom des rues que l'on croise sont généralement accrochés aux feux ou aux poteaux des carrefours, ce qui permet de les localiser un peu à l'avance.
– ***Les feux tricolores :*** ils sont situés après le carrefour et non avant comme chez nous. Si vous marquez le stop au niveau du feu, vous serez donc en plein carrefour ! Pas d'inquiétude, après une ou deux incartades, on s'habitue vite.
– ***La priorité à droite :*** elle ne s'impose que si deux voitures arrivent en même temps à un croisement et que celui-ci n'a ni feux ni panneaux, ce qui est assez rare ; la voiture de droite a alors la priorité.
– ***Tourner à gauche, avec une voiture en face :*** contrairement à ce qui se fait dans certains pays, dont la France, un tournant à gauche, à un croisement, se fait au plus court. Autrement dit, vous passerez l'un devant l'autre, au lieu de tourner autour d'un rond-point imaginaire situé au centre de l'intersection. Attention : si une pancarte indique « no left turn » ou « no U turn », vous devrez attendre la prochaine intersection pour vous engager à gauche ou faire demi-tour ; ou bien tournez à droite et revenez sur vos pas en contournant le pâté de maisons.
– ***Tourner à droite, à une intersection :*** à condition d'être sur la voie de droite, vous pouvez tourner à droite au feu rouge, après avoir observé un temps d'arrêt et vous être assuré que la voie est libre. Attention ! Dans certains États seulement, on ne le fait pas si une pancarte indique « no red turn ».
– ***Clignotants :*** facultatifs au regard de la plupart des conducteurs américains, tant pour tourner que pour doubler... Ne vous laissez pas surprendre !
– ***Sur l'autoroute :*** gare aux erreurs de direction, qui se paient cher... en kilomètres, notamment sur les routes à péage. Il n'est pas rare de devoir faire 10, 20, voire 30 km avant de pouvoir faire demi-tour.

– ***Sur les routes nationales et les autoroutes :*** les voies perpendiculaires (ou venant de la droite) ont soit un « STOP », soit un « YIELD » (cédez le passage), et la priorité à droite n'a pas cours.
– ***Les ronds-points (ou giratoires) :*** plutôt rares, sauf dans les États de la Nouvelle-Angleterre et l'État de New York. Ils donnent la priorité aux voitures qui sont déjà engagées dans le giratoire.
– ***Les 4-way stops :*** carrefour avec stop à tous les coins de rue. S'il y a plusieurs voitures, le premier qui s'est arrêté est le premier à repartir. Assez fréquent aux États-Unis et totalement inédit chez nous.
– ***Le car pool :*** sur certains grands axes, pour faciliter la circulation et encourager le covoiturage, il existe une voie dénommée *car pool* (ou *HOV* pour *High Occupancy Vehicle*), réservée aux usagers qui roulent à deux ou plus par voiture. Il y a bien sûr beaucoup moins de monde que sur les autres voies. Très utile aux heures de pointe (parfois, la règle ne s'applique qu'à certaines périodes de la journée) mais à ne pas emprunter si vous êtes seul à bord, sous peine d'amende.
– ***La limitation de vitesse :*** elle est fixée par les États. Maximum 55 mph (88 km/h) sur de nombreuses routes. Mais sur les autoroutes *(interstates)*, elle peut atteindre 65 mph (104 km/h) voire 70 mph (113 km/h) en Géorgie et dans le Tennessee. En ville : 20-35 mph, soit 32-56 km/h. À proximité d'une école (à certaines heures), elle chute à 15 ou 20 mph (24/32 km/h), et tout le monde respecte ! Attention, les radars sont très nombreux et la police, très vigilante, aime beaucoup faire mugir ses sirènes.
– ***Le stationnement :*** faites toujours très attention où vous garez votre voiture. Les PV fleurissent très vite sur les pare-brise. Pour cela, repérez avant tout les ***panneaux*** qu'il peut y avoir, ce sont eux, surtout, qui régulent le stationnement des véhicules (plus que la couleur du marquage sur le trottoir). Ceux indiquant *No Parking* signalent bien sûr un un stationnement interdit. Ne vous arrêtez JAMAIS devant un arrêt d'autobus, ni devant une arrivée d'eau pour l'incendie *(fire hydrant)*, ni s'il y a un panneau *Tow Away*, qui signifie « Enlèvement » : on vous enlèvera la voiture en quelques minutes, et la fourrière, couplée à l'amende, est très chère (plus de 200 $).
– ***Le stationnement en ville :*** dans certaines grandes villes, se garer sans frais est une gageure car même le long des rues, il y a des parcmètres et des horodateurs partout, qu'il faut alimenter tous les jours, parfois même jusque tard dans la soirée ! Il vaut parfois mieux trouver un *park and ride*, grand parking aux terminaux et grandes stations de bus et métro (généralement indiqués sur les plans des villes). Arriver tôt, car ils sont vite complets.
– ***Les parcmètres et horodateurs :*** leur présence ne veut pas forcément dire qu'on peut se garer tout le temps ; là encore, vérifiez bien les panneaux, qui parfois limitent la période où il est autorisé de stationner à certaines heures ou certains jours. Si le parcmètre ou l'horodateur est hors service, ne pensez pas faire une bonne affaire : vous devez alors vous garer devant une machine qui fonctionne ! La liste n'est pas exhaustive, et vous découvrirez encore plein de surprises par vous-même. Globalement, sachez que l'Américain est généralement civique et qu'il ne lui viendrait pas à l'idée de bloquer en double file la circulation pour acheter son journal.
– ***Les bus scolaires à l'arrêt :*** très important, lorsqu'un *school bus* (on ne peut pas les louper) s'arrête et qu'il met ses feux clignotants rouges, l'arrêt est obligatoire dans les deux sens, pour laisser traverser les enfants qui en descendent. Si on le suit (pas de bol), surtout ne pas le doubler. Tant que les feux clignotants sont orange, le bus ne fait que signaler qu'il va s'arrêter. À l'arrêt, un petit panneau est parfois automatiquement déployé, sur la gauche du véhicule, pour vous intimer l'arrêt. Le non-respect de cette règle est l'une des pénalités les plus gravement sanctionnées aux États-Unis.
– ***Le respect dû aux piétons :*** le respect des passages protégés n'est pas un vain mot et le piéton a VRAIMENT la priorité. Dès qu'un piéton fait mine de s'engager sur la chaussée pour la traverser, tout le monde s'arrête (enfin, presque tout le

monde...). La voiture n'est pas, comme chez nous, un engin de course mais un outil pratique de la vie moderne. On roule pépère, on respecte l'autre et on est tolérant. Faites donc de même. D'autre part, sachez que traverser hors des clous ou au feu rouge peut être passible d'une amende dans certains États ! Il y a même un terme pour ça : le *jaywalking*...

– ***Les PV :*** si vous avez un PV *(ticket)* avec une voiture de location, mieux vaut le payer sur place et non une fois rentré chez vous. Car lorsque vous signez le contrat de location, vous donnez implicitement l'autorisation au loueur de régler les contraventions pour vous (avec majoration). La solution la plus simple consiste à payer par carte de paiement. Au dos du PV, un numéro de téléphone et un site internet vous permettent de le faire. Votre compte est ensuite débité par la police.

L'essence

Bonne nouvelle, elle est moins chère que chez nous (compter entre 2,50 et 3 $ dans les zones touristiques pour 1 *gallon,* soit 3,8 litres environ) ; ce qui n'encourage pas les constructeurs à concevoir des voitures moins gourmandes et surtout moins polluantes...

Bon plan : les supermarchés *Wall Mart* et aussi certaines stations-service disposent de cartes de fidélité donnant droit à des réductions immédiates sur un plein.

La plupart des voitures roulent à l'essence sans plomb *(unleaded),* dont il existe plusieurs qualités. La moins chère, la *regular unleaded,* convient parfaitement.

Dans les stations-service *(gas stations),* il faut généralement aller payer à la caisse ou y déposer sa carte de paiement AVANT de se servir car le règlement automatique à la pompe n'est, le plus souvent, possible qu'avec une carte de paiement américaine (code à 5 chiffres requis). La plupart des *gas stations* offrent une grande variété de services : des w-c à disposition, du café, un comptoir fast-food et des rayons chargés de produits de première nécessité. Elles vendent aussi des cartes très précises de la localité et de l'État où l'on se trouve (cela dit, on trouve des cartes gratuites dans les *Visitor Centers* de chaque ville).

Circuler et s'orienter

Un conseil : à moins d'avoir pris l'option GPS (supplément non négligeable mais grand confort une fois sur la route !), munissez-vous d'une bonne carte routière (voir ci-après).

On distingue les *freeways* (larges autoroutes aux abords des grandes villes), les *interstates,* qui relient les États entre eux (elles sont désignées par deux chiffres), et les routes secondaires (trois chiffres). Elles sont signalisées de manière différente et faciles à repérer. Simplement, ouvrez bien l'œil et sachez vers quel point cardinal vous allez car les noms des villes ne sont pas toujours indiqués. Sur les *interstates,* le numéro de la sortie correspond au mile sur lequel elle se trouve. Ainsi, la sortie après la 189 peut très bien être la 214.

Si vous rencontrez des *turnpikes* (rares), sachez que ce sont des autoroutes payantes. Les grands ponts (comme le Benjamin Franklin Bridge à Philadelphie) et beaucoup de tunnels majeurs sont aussi souvent payants.

La signalisation routière utilise peu de symboles, contrairement à ce qui se fait en Europe. Impératif de bien connaître l'anglais, surtout pour le stationnement.

Les cartes routières

Inutile d'en acheter en France avant le départ. Presque toutes les stations-service vous en proposeront une large gamme à des prix tournant autour de 5-7 $ *(Rand MacNally, Globe, Universal Map).* Les cartes des agences de location de voitures sont également utiles (bien qu'un peu sommaires), ainsi que celles des offices du tourisme ; et elles sont gratuites.

– Pour les voyageurs au long cours, se procurer l'atlas des routes de *Rand McNally :* une page par État, très bien fait, et il y a même le Canada. Indique aussi les parcs nationaux et les campings. L'atlas de l'*American Automobile Association (Triple A)* n'est pas mal non plus.

DISTANCES EN MILES ENTRE LES PRINCIPALES VILLES

	ALEXANDRIA	ANNAPOLIS	ATLANTA	BALTIMORE	BOSTON	CHICAGO	LANCASTER	LOS ANGELES	MIAMI	NEW ORLEANS	NEWPORT	NEW YORK	NIAGARA FALLS	PHILADELPHIA	SAN FRANCISCO	WASHINGTON D.C.
ALEXANDRIA		37	630	46	463	703	131	2 652	1 050	1 088	415	240	480	146	2 816	7
ANNAPOLIS	37		666	30	443	720	114	2 670	1 086	1 119	395	220	444	127	2 834	30
ATLANTA	630	666		673	661	712	755	2 205	690	468	1 069	896	913	816	2 503	635
BALTIMORE	46	30	673		407	704	83	2 681	1 080	1 125	373	203	415	102	2 837	38
BOSTON	463	443	661	407		986	984	2 999	1 483	1 527	76	211	467	313	3 119	441
CHICAGO	703	720	712	704	986		693	2 028	1 373	927	969	811	554	761	2 148	705
LANCASTER	131	114	755	83	984	693		2 642	1 174	1 177	339	164	367	69	2 807	122
LOS ANGELES	2 652	2 670	2 205	2 681	2 999	2 028	2 642		2 746	1 907	2 966	2 824	2 554	2 781	381	2 685
MIAMI	1 050	1 086	690	1 080	1 483	1 373	1 177	2 746		861	1 472	1 279	1 453	1 178	3 057	1 042
NEW ORLEANS	1 088	1 119	468	1 125	1 527	927	1 177	1 907	861		1 494	1 323	1 260	1 243	2 267	1 085
NEWPORT	415	395	1 069	373	76	969	339	2 966	1 472	1 494		179	498	278	3 083	408
NEW YORK	240	220	896	203	211	811	164	2 824	1 279	1 323	179		412	109	2 944	237
NIAGARA FALLS	480	444	913	415	467	554	367	2 554	1 453	1 260	498	412		417	2 670	478
PHILADELPHIA	146	127	816	102	313	761	69	2 781	1 178	1 243	278	109	417		2 894	1369
SAN FRANCISCO	2 816	2 834	2 503	2 837	3 119	2 148	2 807	381	3 057	2 267	3 083	2 944	2 670	2 894		2 838
WASHINGTON D.C.	7	30	635	38	441	705	122	2 685	1 042	1 085	408	237	478	136	2 838	

– Lorsqu'on traverse la frontière d'un État, il y a très souvent aussi un *Visitor Center* où il est possible d'obtenir gratuitement des cartes routières de l'État dans lequel on entre.

Les voitures de location

La location depuis la France

■ ***Auto Escape :*** *☎ 0820-150-300 (0,12 €/mn). • autoescape.com • Vous trouverez également les services d'*Auto Escape *sur • routard.com •* L'agence *Auto Escape* réserve auprès des loueurs de véhicules de gros volumes d'affaires, ce qui garantit des tarifs très compétitifs. Il est recommandé de réserver à l'avance. *Auto Escape* offre 50 % de remise sur l'option d'assurance « zéro franchise » (soit 3 € par jour au lieu de 6 €) pour les lecteurs du *Guide du routard.*

■ ***BSP Auto :*** *☎ 01-43-46-20-74 (tlj). • bsp-auto.com •* Les prix proposés sont attractifs et comprennent le kilométrage illimité et l'assurance tous risques sans franchise (LDW). *BSP Auto* vous propose exclusivement les grandes compagnies de location sur place, vous assurant un très bon niveau de services. Les plus : vous ne payez votre location que 5 jours avant le départ + réduction spéciale aux lecteurs de ce guide avec le code « routard ».

■ Et aussi : ***Hertz,*** *☎ 01-41-91-95-25 (0,15 €/mn). • hertz.com •* ***Avis,*** *☎ 0820-050-505 (0,12 €/mn). • avis.fr •* ***Europcar,*** *☎ 0825-358-358 (0,15 €/mn). • europcar.fr •* ***Budget,*** *☎ 0825-003-564 (0,15 €/mn). • budget.fr •*

La location aux États-Unis

Les prix peuvent varier, il est important de faire son marché et de comparer les tarifs proposés par les différentes compagnies de location avant de se décider. La taxe, qui varie d'un État à l'autre, est rarement incluse dans les *vouchers* des agences ; quant aux assurances, ça dépend des compagnies, d'où l'intérêt de bien se renseigner. Les voitures de location les moins chères sont les *economy* et les *compact* (catégorie A) avec deux ou quatre portes. Très bien jusqu'à trois personnes. Ensuite viennent les *sub-compacts,* les *mid-sizes, standard-size* et *full-size.* De façon générale, les voitures sont plus spacieuses qu'en Europe, à catégorie égale (en revanche, elles n'ont pas toujours la fermeture centralisée ou autres petits conforts). Le kilométrage est généralement illimité.

Quelques règles générales

– Il est difficile, voire impossible, de louer une voiture si l'on a ***moins de 21 ans, voire 25 ans*** pour les grandes compagnies.

– Avoir absolument une ***carte de paiement*** (*Visa* et *MasterCard* sont acceptées partout) : très rares sont les compagnies qui acceptent le liquide ; de plus, elles exigent une importante caution. Un truc en or : avec les cartes prestige style *Visa Premier,* ou *MasterCard Gold* vous bénéficiez d'une assurance qui couvre en partie les vols et dégradations.

– ***Le permis national*** est en principe suffisant, mais renseignez-vous quand même au préalable : certaines compagnies, à certains endroits, peuvent exiger un permis international.

– Attention, il arrive fréquemment que les loueurs vous incitent à prendre une ***catégorie supérieure*** à celle que vous avez réservée, « pour votre confort personnel », mais le supplément vous sera bien facturé ! Méfiance donc, et lisez bien la facture avant de partir avec votre véhicule.

– Seules les ***grandes compagnies*** sont représentées dans les aéroports. Les moins chères se trouvent en ville (les taxes y sont moins élevées), mais si vous arrivez en avion, elles peuvent souvent vous livrer le véhicule à l'aéroport.

– ***Les tarifs les moins chers*** sont à la semaine. Si vous louez pour plus de 2 semaines, n'hésitez pas à demander une ristourne, ça peut marcher. Il existe aussi des

réductions week-end *(week-end fares)*, du vendredi midi au lundi midi. De même, si vous réservez à l'avance, vous paierez moins cher qu'en vous y prenant le jour même.
– Chez de nombreuses compagnies, on peut rendre le véhicule dans un endroit différent de celui où on l'a pris *(one-way rental)*, mais il faudra payer un ***drop off charge*** (frais d'abandon), qui peut être plus ou moins important.
– Les véhicules disposent tous de la ***clim'***, pas négligeable en été même si ça consomme plus d'essence et que ce n'est pas très écolo...
– Évitez l'option qui permet de rendre la voiture ***avec le réservoir vide.*** Ce plein d'essence est évidemment facturé, et plus cher que si vous le faites vous-même. De plus, comme il est très périlleux de ramener la voiture juste avant de tomber en panne d'essence, il en reste évidemment toujours un peu dans le réservoir, ce qui bien sûr profite à la compagnie.

Les assurances

Elles sont nombreuses, et on s'emmêle rapidement les pinceaux. La plupart du temps, les véhicules possèdent une assurance minimum obligatoire, comprise dans le tarif proposé. Au-delà, tout est bon pour essayer de vous vendre le maximum d'options, qui ont vite fait de revenir plus cher que la voiture elle-même. Renseignez-vous bien aussi sur les franchises, qui varient d'une compagnie à l'autre. Avec une carte de paiement haut de gamme *(Visa Premier, MasterCard Gold...)*, il est moins utile de prendre l'assurance *CDW* ou *LDW*, car ces cartes remboursent tous les frais dus aux dégâts qui peuvent être occasionnés au véhicule. En revanche, elles ne couvrent pas nécessairement le manque à gagner lié à l'indisponibilité du véhicule pendant le temps de réparation, ni la perte de valeur de revente de celui-ci (après un accident, par exemple). Bref, là encore, renseignez-vous bien.
– ***LDW*** *(Loss Damage Waiver) ou* ***CDW*** *(Collision Damage Waiver)* **:** c'est l'assurance tous risques avec suppression de franchise, pour tout dommage occasionné au véhicule *(CDW)* ou pour dommages et perte d'accessoires *(LDW)*. Elle est obligatoire avec certaines compagnies. Son coût : autour de 20 $ par jour. Elle couvre donc le véhicule pour tous dégâts (vol, incendie, accrochages, accidents...) même si vous êtes en tort (hors état d'ivresse), mais pas les dégâts occasionnés aux tiers si vous êtes responsable.
– ***LIS*** *ou* ***SLI*** *(Liability Insurance Supplement)* **:** c'est une assurance supplémentaire qui augmente le plafond de la garantie civile en cas de dommages corporels aux tiers, si vous êtes responsable de l'accident. Aucune carte de paiement ne l'inclut dans ses services. Il faut savoir qu'aux États-Unis, si vous renversez quelqu'un et que cette personne est hospitalisée, votre responsabilité peut être engagée bien au-delà de la garantie civile de base prévue par le loueur. Il est donc important d'avoir une couverture en béton. Attention : si vous roulez en état d'ivresse, cette assurance ne fonctionne pas.
– ***PAI*** *(Personal Accident Insurance)* **:** assure le conducteur et les passagers pour les frais médicaux liés à un accident. Inutile si vous avez par ailleurs souscrit une assurance personnelle incluant les accidents de voiture. La *PAI* ferait alors double emploi.
– ***PEP*** *(Personal Effect Protection)* **:** elle couvre les effets personnels volés dans la voiture. À notre avis, cette assurance est inutile. Il suffit de faire attention et de ne jamais rien laisser de valeur à l'intérieur. À cet égard, une loi interdit aux loueurs de matérialiser la voiture de location avec des macarons et autocollants. C'était du pain béni pour les voleurs, qui repéraient ainsi les véhicules à « visiter ».
Enfin, sachez que certaines compagnies, telle *Alamo*, proposent une assurance complémentaire (encore !) couvrant tous les petits services de dépannage : remplacement de la clé en cas de perte, ouverture du véhicule s'il est malencontreusement fermé de l'intérieur, remplacement d'un pneu crevé, enlèvement du véhicule s'il est immobilisé, dépannage en cas de panne d'essence, etc. Encore un moyen de vous prélever environ 7 $ par jour...

Les petites compagnies

Moins représentées en dehors des États-Unis que les grandes compagnies internationales de location, elles n'en demeurent pas moins bien implantées sur le sol américain et proposent des tarifs souvent très intéressants. Inconvénients : les voitures sont parfois un peu moins neuves, et il n'est pas toujours possible de louer le véhicule à un endroit et de le rendre à un autre.
En voici quelques-unes, avec leur numéro *toll free* (gratuit). Pour les appeler de France, voir la rubrique « Téléphone-Télécommunications » plus haut.

■ ***Caflatours :*** ☎ *1-800-636-9683 ou (818) 785-4569.* ● *caflatours.com* ● *au torentnet.com* ● L'agence *Caflatours* négocie des contrats incluant toutes assurances auprès des grands loueurs (*Alamo, Hertz* ou *Budget*). Une équipe francophone basée à Los Angeles garantit des tarifs très bas sur tous les États-Unis et un service rapide. Devis complet instantanément en ligne.
■ ***Thrifty Rent-a-Car :*** ☎ *1-800-THRIFTY (847-4389).* ● *thrifty.com* ●
■ ***Payless Rent-a-Car :*** ☎ *1-800-729-5377.* ● *paylesscar.com* ●
■ ***Dollar Rent-a-Car :*** ☎ *1-800-800-6000.* ● *dollar.com* ●

Les grandes compagnies

Implantées partout, elles proposent des véhicules quasi neufs, et en cas de pépin mécanique, le représentant local de la compagnie vous changera aussitôt la voiture. De toutes, c'est probablement *Alamo* qui offre les tarifs les plus compétitifs. Possibilité de louer le véhicule dans une ville et de le laisser dans une autre (supplément à payer). Si vous le rendez dans un autre État, les frais seront d'autant plus élevés.
Voici quelques-unes d'entre elles, avec leur numéro de téléphone gratuit :

■ ***Alamo :*** ☎ *1-877-222-9075.* ● *alamo.com* ●
■ ***Avis :*** ☎ *1-800-331-1212.* ● *avis.com* ●
■ ***Budget :*** ☎ *1-800-527-0700.* ● *budget.com* ●
■ ***Hertz :*** ☎ *1-800-654-3131.* ● *hertz.com* ●
■ ***National :*** ☎ *1-877-222-9058.* ● *nationalcar.com* ●

Le mieux est de réserver à l'avance par Internet, c'est souvent mois cher que si on le fait sur place, surtout si c'est la veille ou le jour même.

La location d'un camping-car (ou *RV motorhome*)

Voyager en *RV* (prononcer « arviii ») est une expérience unique pour les enfants. Comparés à nos camping-cars, les *RV* américains sont le plus souvent énormes ! Cela dit, c'est assez lent et surtout très cher, même à 4-6 personnes (à partir de 1 200 $ la semaine en haute saison, plus le kilométrage). Bien plus cher, donc, qu'un séjour voiture + motels. D'autant qu'au prix de la location s'ajoutent encore l'essence (de 12 à 45 l aux 100 km selon les modèles !) et l'emplacement dans les campings, puisqu'il est interdit de passer la nuit en dehors des *campgrounds.* Compter 10 à 25 $ la place seule, sans compter le *hookup* (branchements eau et électricité dont vous aurez besoin pour la clim' et le chauffage ; *full hookup,* avec la vidange en plus), payant dans les terrains aménagés. Même dans la journée, il est interdit de se garer n'importe où ; dans certaines grandes villes, on vous met en fourrière sur l'heure. Les parkings des hypermarchés ou des magasins sont parfois autorisés, à condition évidemment d'éviter tout déballage et de laisser les lieux propres.
Un permis classique suffit pour conduire ce genre de véhicule, encore faut-il évidemment se sentir capable de le faire ! Si vous êtes intéressé, mieux vaut louer le véhicule à l'avance en haute saison, il est parfois difficile d'en trouver sur place.

Dernière chose, les campings des parcs nationaux sont souvent pleins en haute saison, et il faut souvent jouer des coudes pour arriver dans les premiers si l'on n'a pas réservé.

■ ***El Monte RV :*** *rens et résas sur* • *elmonterv.co.uk/fr* • Une compagnie qui existe depuis 1970, aujourd'hui implantée aux 4 coins des États-Unis. 2 types de véhicules (tous de moins de 2 ans) : la classe C avec un couchage supplémentaire au-dessus du pare-brise et la A destinée plutôt aux familles, avec davantage d'espace. Certains camping-cars disposent même d'une TV et d'un lecteur CD. Numéro d'assistance gratuit en cas de pépin ou pour toute question.

■ ***Cruise America RV Rental & Sales :*** *11 W Hampton Ave, Mesa, AZ 85210. ☎ 480-464-7300 ou 1-800-671-8042.* • *cruiseamerica.com* • *La loc du véhicule ne comprend pas le kilométrage : forfait 700 miles (env 1 150 km) env 250 $, assurances incluses.* Une bonne adresse avec plus de 130 agences aux États-Unis. Loue des *motorhomes (RV)* et *trailers* (caravanes) dans tout le pays, depuis les aéroports ou les diverses agences en ville. Loue également des *RV* équipés pour les personnes handicapées. Si vos dates et itinéraires sont flexibles, intéressez-vous aux *one-way specials,* à 50 % de réduction, lorsque la compagnie a besoin de transférer un camping-car d'un coin du pays à un autre.

– Pour toute info complémentaire : • *motorhomerentals.com* •, un site internet complet sur les locations de *motorhomes* aux États-Unis. Présentation des différents types de véhicules, liens vers les principaux loueurs par région, infos touristiques sur chaque destination...

L'auto-stop *(hitchhiking)*

De moins en moins pratiqué. En tout cas, le stop est interdit sur les autoroutes et déconseillé sur les autres routes principales. De toute façon, aux États-Unis, c'est louche de ne pas avoir de voiture. Ne soyez donc pas étonné que les clients ne se bousculent pas pour vous offrir un brin de conduite...

La moto

Quelques loueurs de motos – essentiellement de grosses Harley-Davidson – dans cette partie des États-Unis. Si vous avez décidé d'accomplir tout votre périple en moto façon *Easy Rider,* mieux vaut la louer depuis la France. Sinon, louez sur place à la journée, histoire de prendre un bon bol d'air ! On déconseille de venir avec sa propre moto ou même d'en acheter une sur place, qu'il faudra revendre à la fin du voyage ; trop de tracasseries administratives, d'assurance...

Le bus

Le réseau des bus *Greyhound* couvre la quasi-totalité du pays *(infos au ☎ 1-800-231-2222 ou 214-849-8100 de l'étranger.* • *greyhound.com* •*).* Les bus *Greyhound* ont, à tort, mauvaise réputation dans cette Amérique où la voiture et l'avion priment. Ils sont, en effet, considérés comme le moyen de transport des pauvres, à éviter dès qu'on a les moyens de voyager autrement. C'est vrai que se pointer dans une station de bus le soir est la meilleure façon d'être confronté à l'Amérique profonde, avec tous ses laissés-pour-compte du rêve américain. On déconseille d'ailleurs d'y passer la nuit, d'autant que les gares routières sont souvent situées dans des quartiers difficiles, excentrés et dépourvus de services (transports urbains...). Cela dit, on peut tout à fait parcourir le pays de long en large en bus sans danger et faire des rencontres qui pimentent le voyage, les Américains étant souvent curieux et bavards...

Que les fanas du voyage en bus se rassurent ! Nous les renseignons ci-après sur les généralités des déplacements en bus *Greyhound* aux États-Unis, sans oublier les infos de nos rubriques « Arriver-Quitter » à chaque ville présentée dans ce guide.

Les billets

Ils s'achètent dans toutes les gares routières, dans les agences *Greyhound,* par Internet et par téléphone *(☎ 1-800-231-2222 ou 214-849-8100 de l'étranger)* avec retrait à la gare de départ (formule « Will Call »). Possibilité de réductions. Consulter leur site internet pour les offres spéciales et les billets à prix réduit achetés à l'avance. Attention, pas de place numérotée sur les billets, donc si vous ne voulez pas être obligé d'attendre le prochain bus, prévoyez au moins 1h d'avance, surtout si vous avez des bagages à mettre en soute, car il vous faudra passer au guichet pour faire imprimer un *baggage tag,* et il y a souvent la queue !

Les forfaits

Si vous comptez traverser en bus les États-Unis d'est en ouest, sachez que les forfaits sont alors vite amortis. Une cinquantaine de petites compagnies régionales de bus acceptent les forfaits *Greyhound* sur tout le territoire américain.
– *Greyhound* propose les forfaits ***Discovery Pass,*** avec plusieurs durées possibles : pour 7, 15, 30 ou 60 jours. Plus la durée est longue, plus le prix est intéressant (environ 200 $ pour 7 jours et 500 $ pour 2 mois). Ces forfaits sont également valables pour le Canada et certaines villes du nord du Mexique. Ils peuvent être achetés sur place, jusqu'à 2h avant le voyage. Distance illimitée et consignes des bagages incluses. Pour effectuer un trajet avec *Greyhound;* présenter le *pass* au comptoir, avec une pièce d'identité, et demander un billet. Au Canada, il suffit de faire valider son *pass* et de le présenter au chauffeur avec une *ID.* Pour utiliser le *Discovery Pass* sur une compagnie partenaire (qui a passé un accord avec la compagnie nationale), il est également nécessaire de se présenter au guichet pour y recevoir un billet.
– ***Se procurer les forfaits Discovery Pass :*** achat sur place ou en ligne sur le site • *discoverypass.com* •

Les bagages

Pour vos bagages en soute, retirez un *baggage tag* au guichet et mettez-vous dans la file d'attente pour votre destination. Au moment de monter dans le bus, laissez vos bagages le long du véhicule ; un employé les placera dans la soute. En règle générale, c'est à vous de récupérer vos bagages à l'arrivée ou dans la station où vous changez de bus. Dans ce dernier cas, prenez vos bagages et mettez-vous dans la file d'attente pour votre nouveau bus à l'intérieur de la station. C'est aussi simple que ça... Sinon, le personnel se charge de tous les bagages non transférés par les voyageurs eux-mêmes, mais là, attention, il y a parfois des pertes ou plutôt des égarements : vous vous trouvez à San Francisco et vos bagages se dirigent vers La Nouvelle-Orléans, ou, au mieux, ils arriveront dans le bus suivant ! Cela arrive un peu trop fréquemment. Si nous avions un conseil à vous donner, ce serait de prendre vos bagages avec vous chaque fois que c'est possible et de les mettre dans les filets...
À l'arrivée, un truc pour éviter de payer la consigne : dans les grandes villes, ne récupérez pas vos bagages dès la sortie du bus, ils seront gardés gratuitement au guichet bagages. Attention, les consignes automatiques *Greyhound* sont vidées au bout de 24h, et les bagages mis dans un bureau fermé la nuit et le week-end. Si vous avez besoin de laisser vos affaires plus de 24h, mettez-les directement en consigne au guichet bagages (forfait journalier pas très cher). Là encore, notez les heures d'ouverture ! Une précision : pour entrer dans les consignes automatiques, votre sac à dos ne doit pas dépasser 82 cm de long. Pour les routards chargés : la limite de poids des bagages en soute (deux autorisés, plus deux bagages à main)

est de 22,7 kg (50 livres) par pièce, et la longueur totale (longueur + largeur + hauteur) ne doit pas dépasser 157,5 cm (62 *inches*).

Le confort des bus

Outre leur rapidité, ces bus offrent un certain confort : ils sont non-fumeurs, avec w-c à bord et AC, ce qui veut dire qu'il peut y faire très frais : prévoyez un pull, surtout si vous avez l'intention de dormir.
Ces bus sont particulièrement intéressants de nuit, car ils permettent de couvrir des distances importantes tout en économisant une nuit d'hôtel ! Mais les sièges ne s'inclinent que faiblement. Si vous avez de grandes jambes, préférez ceux côté couloir. En principe, quand un bus est plein dans les grandes gares routières, un deuxième prend le reste des voyageurs. C'est moins évident dans les petites gares. Même si cela apparaît plus intéressant de voyager dans le second bus à moitié vide (pour s'étendre), sachez que parfois, dès qu'il y a de la place dans le premier, on transfère les voyageurs, et en pleine nuit, ce n'est pas marrant ! Évitez de se mettre à l'avant (on est gêné par la portière), sauf si vous voulez admirer le paysage, ni à l'arrière (*because* les relents des w-c, et la banquette du fond ne s'abaisse pas). Enfin, sachez que *Greyhound* propose un service d'aide pour les personnes handicapées, à condition d'appeler 48h à l'avance *(☎ 1-800-752-4841).*

Rappels et infos

– Faites attention aux diverses formes de trajet : ***express, non-stop, local...*** Comparez simplement l'heure de départ et l'heure d'arrivée, vous saurez ainsi lequel est le plus rapide.
– ***En période de fêtes,*** les bus sont pris d'assaut par tous ceux qui ne peuvent pas payer un billet d'avion (et ils sont nombreux !). Donc, arrivez impérativement à la station en avance et ne vous attendez pas à du retard.
– ***Les arrêts en route*** ne sont pas mentionnés sur les billets (seuls ceux avec changement de bus sont indiqués). Un conseil : respectez impérativement le temps donné par le chauffeur pour la pause. Ce dernier repartira, en effet, à l'heure annoncée, sans état d'âme pour ceux qui ne seront pas remontés dans le bus ! Outre le risque de rester coincé sur une aire de repos au milieu de nulle part en attendant le prochain bus (qui peut arriver quelques heures plus tard), vos affaires continueront à faire le voyage sans vous... En descendant lors d'une pause, relevez aussi le numéro du bus pour bien remonter dans le même, d'autres bus pour la même destination pouvant arriver entre-temps. Lors d'un arrêt prolongé dans une station, le chauffeur vous donnera un *reboarding pass* qui vous permettra de remonter dans le bus avant les nouveaux passagers pour conserver votre place ou en choisir une meilleure qui se serait libérée. Attention, pour vous inviter à remonter dans le bus, le chauffeur fera une annonce dans le terminal en évoquant le numéro du *reboarding pass* (et non pas le numéro du bus ou de la destination !).
– ***Pour les voyages longue distance,*** apportez de quoi grignoter. Sinon, profitez de l'occasion si le bus fait une pause dans une aire avec un fast-food, car la nourriture vendue dans les snacks des stations *Greyhound* est en général immonde. Si vous croyiez que jamais ça ne vous arriverait de prier pour que le bus s'arrête dans un *McDo...*

Le train

Aux États-Unis, le train est très confortable, mais il ne couvre pas l'ensemble du territoire et demeure plus cher que le bus. Dans l'ensemble, reconnaissons-le, ce n'est pas si pratique de se déplacer en train, sauf peut-être sur la côte Est.
Pour les longues distances, ***Amtrak*** propose un *Rail Pass* valable sur tout le territoire américain. Il permet de faire un nombre de trajets prédéterminés (8, 12 ou 18) sur une période de 15, 30 ou 45 jours (respectivement). Compter de 390 à 750 $ environ selon la durée. Dans tous les cas, il faut faire une résa et demander un billet

pour chaque trajet. *On peut désormais se procurer billets et forfaits en France auprès de n'importe quelle agence de voyages ou sur Internet • amtrak.com • Coordonnées aux États-Unis : ☎ 1-800-872-7245.*

TRAVAILLER AUX ÉTATS-UNIS

ATTENTION : le visa touristique interdit formellement tout travail rémunéré et toute recherche de travail sur le territoire américain.

– Pour effectuer n'importe quel travail déclaré, il faut absolument se procurer un ***visa spécifique*** que l'on peut obtenir, soit par le biais d'un organisme d'échanges agréé (lire plus loin), soit (et c'est beaucoup plus difficile) par l'employeur directement, qui effectue les démarches nécessaires pour l'obtention d'un visa approprié, et ce, avant le départ du territoire français. Régulariser sur place, une fois le travail trouvé, n'est pas impossible légalement, mais quel employeur voudrait s'enquiquiner avec une montagne de paperasses (coûteuses) alors qu'il est si facile d'engager quelqu'un qui a déjà une carte verte *(green card)* ? De toute façon, vous l'aurez compris, il est très difficile de travailler aux États-Unis pour un étranger.

– ***Pour tout renseignement,*** contacter :

■ ***Commission franco-américaine :*** *9, rue Chardin, 75016 Paris. ☎ 0892-680-747 (0,34 €/mn) ou ☎ 01-44-14-53-60 (administration). • fulbright-france.com • Ⓜ Passy ou Trocadéro.* Organisme spécialisé dans les échanges éducatifs entre la France et les USA. Intéressant pour son centre d'information *« Éducation USA » (mar-ven 14h-17h ; fermé 2 sem en août).* Accès gratuit en autodocumentation, sans prêt. Possibilité aussi de consultations individuelles payantes (environ 20 €).

■ ***France Service :*** *311 N Robertson Blvd # 813, Beverly Hills, CA 90211, USA. • franceservice.com •* Ce journal mensuel (basé à Los Angeles) s'adresse à tous les Français vivant aux États-Unis ou souhaitant y habiter. *France Service* donne aussi des infos sur la loterie des cartes vertes *(green cards)* et les autres types de visas.

– ***Site internet de la Maison des Français de l'étranger :*** *• mfe.org •* La MFE est un service du ministère des Affaires étrangères destiné à renseigner les Français qui souhaitent s'installer à l'étranger, pour y vivre et/ou y travailler.

– ***Site internet de l'ambassade des États-Unis*** à Paris, pour obtenir des infos sur les types de visas : *• france.usembassy.gov •* puis cliquer sur « Visas ».

Les organismes d'échanges agréés

■ ***Parenthèse :*** *39, rue de l'Arbalète, 75005 Paris. ☎ 01-43-36-37-07. • parenthese-paris.com • Ⓜ Censier-Daubenton.* Pour décrocher un job d'été aux États-Unis, il faut déjà être majeur et « Bac + 1 ». Ensuite, les autorités américaines exigent que l'étudiant soit en possession d'un visa spécifique. Ce dernier n'est délivré que si l'étudiant participe à un programme d'échange intergouvernemental, proposé par un organisme agréé. Le rôle de *Parenthèse* est de vous aider à monter ce dossier pour obtenir le fameux visa, et ensuite d'assurer le suivi une fois sur place. Attention, ce n'est pas une société de placement, c'est à vous de trouver l'entreprise. Mais on pourra vous donner des pistes, notamment les grands parcs d'attractions qui proposent régulièrement des emplois saisonniers, et vous orienter vers des sites internet spécialisés dans les jobs *(• summerjobs.com •).* Nombreux liens et infos utiles sur leur site internet, notamment pour chercher des stages en entreprise.

■ ***InterExchange :*** *pas d'agence en France, slt aux États-Unis, au 161 6th Ave, New York, NY 100 13. ☎ 1-212-924-0446. • interexchange.org •* Cette association s'occupe d'échanges internationaux, culturels et éducatifs depuis une trentaine d'années. Nombreux programmes pour les jeunes : au pair, jobs d'été (et d'hiver), toujours pendant une période de quelques mois maximum dans l'hôtellerie, la restauration, les parcs nationaux, les parcs d'attractions, les stations de sports d'hiver ; offres de stages en entreprise pour les étudiants. Possibilité enfin d'être moniteur dans un *summer camp.*

■ ***Experiment :*** *89, rue de Turbigo, 75003 Paris.* ☎ *01-44-54-58-00.* • *experiment-france.org* • Ⓜ *Temple.* Cette association à but non lucratif, établie en France depuis 1934, propose des jobs au pair et également des stages non rémunérés en entreprise ou du bénévolat.

■ ***French-American Center :*** *4, rue Saint-Louis, 34000 Montpellier.* ☎ *04-67-92-30-66.* • *frenchamericancenter.com* • Ce programme offre le choix entre 2 sortes de job : moniteur de centre de vacances et travail au pair. Pour être mono dans un *summer camp,* il faut être majeur et disponible pour 9 semaines minimum. Prendre contact avec eux avant fin mars de l'année en cours. Pour le programme au pair, lire ci-après.

Le travail au pair

Important : on ne négocie pas un contrat au pair directement avec la famille de son choix ; tout se passe par l'intermédiaire d'organismes spécialisés dans ce type d'échanges, qui se chargent de mettre en relation les familles d'accueil et les jeunes filles (eh oui, les garçons sont presque automatiquement refusés !). On en cite quelques-uns ci-dessus.

Conditions très strictes : avoir entre 18 et 26 ans, se débrouiller en anglais et avoir le bac ou équivalent, justifier de 200h d'expérience avec les enfants au cours des trois dernières années, être titulaire du permis de conduire (la plupart des familles l'exigent), avoir un casier judiciaire vierge et être disponible pour une année entière. Si vous répondez à tous ces critères (bravo !), il faut encore être prêt(e) à travailler entre 30h et 45h par semaine, et cela pendant les 12 mois maximum du contrat. En revanche, votre voyage est payé et l'argent de poche n'est pas trop chiche (environ 200 $ par semaine).

Les chantiers de travail bénévole

■ ***Concordia :*** *17-19, rue Étex, 75018 Paris.* ☎ *01-45-23-00-23.* • *concordia-association.org* • Ⓜ *Guy-Môquet.* En échange du gîte et du couvert, le travail est bénévole. Chantiers très variés : restauration de patrimoine, valorisation de l'environnement, travail d'animation, etc. Places très limitées, s'y prendre à l'avance (en avril pour l'été). Attention, voyage à la charge du participant et frais d'inscription obligatoires.

URGENCES

– ***Pour une urgence (médicale ou autre),*** téléphonez au ☎ ***911*** (numéro national gratuit). L'opérateur vous mettra en relation, selon votre problème, avec le service adéquat : la police, les pompiers ou les ambulances. Si vous ne parlez (presque) pas l'anglais, précisez-le *(« I don't speak English, I am French »)...*

HOMMES, CULTURE ET ENVIRONNEMENT

BOISSONS

Les alcools

Le rapport des Américains à l'alcool n'est pas aussi simple que chez nous. La société, conservatrice et puritaine, autorise la vente des armes à feu mais réglemente de manière stricte tout ce qui touche aux plaisirs « tabous » (sexe, alcool, etc.). L'héritage de la prohibition et, bien sûr, les lobbies religieux n'y sont pas pour rien. Dans certains *counties* (comtés), municipalités ou villes, il est impossible d'acheter de l'alcool le dimanche dans les supermarchés, voire tous les jours dans les *dry counties*.

– ***Âge minimum :*** le *drinking age* est de 21 ans, sans dérogation possible. On ne vous servira pas d'alcool si vous n'êtes pas majeur ou si vous ne pouvez pas prouver que vous l'êtes. ***N'oubliez pas vos papiers (ID, prononcer « aïdii »), car de nombreux bistrots, bars et boîtes de nuit les exigent à l'entrée.***

– ***Vente et consommation surveillées :*** dans la plupart des États, il est strictement interdit de boire de l'alcool dans la rue. Vous serez surpris par le nombre de gens cachant leur canette de bière dans un sachet en papier ou dans une housse en néoprène censée conserver la fraîcheur. Les bières s'achètent dans les supermarchés et épiceries, mais le vin et les autres boissons alcoolisées ne se trouvent que dans les *liquor stores.* Vos papiers peuvent être exigés à la caisse. N'oubliez pas non plus que la vente d'alcool est en principe interdite dans les réserves indiennes. Les horaires de fermeture des boîtes sont aussi fixés par décret dans chaque État : ça peut être très tôt (à 2h, tout le monde remballe) ou pas du tout.

– ***Les bières :*** vous aurez l'embarras du choix, mais on ne saurait trop vous recommander de privilégier les microbrasseries *(microbreweries)* qui ont fleuri partout ces dix dernières années. Grande variété de *pale ale, lagers,* bières ambrées, blondes, plus rarement des *stouts,* filtrées ou pas, et portant des noms parfois rigolos ou même historiques. Bref, c'est l'occasion de goûter de nouveaux parfums et de nouvelles saveurs pour tous les amateurs de bière. Attention en repartant, cependant... Faites comme les Américains et choisissez un *designated driver* qui ne se sera pas torché le museau !

– ***Les vins :*** les ***vins californiens*** enchanteront les amateurs. Les progrès des vignerons sont considérables depuis quelques années (ils sont nombreux à avoir appris le métier en Europe, en France notamment, et pendant plusieurs vendanges), et certains crus n'ont plus à rougir de la comparaison. On pense notamment aux vins d'exception de grands domaines comme Beringer ou Mondavi. Cela dit, la plupart des *wineries* vinifient des vins souvent charmeurs, faciles à apprécier mais généralement sans complexité... Seule véritable ombre au tableau, les crus, même les moins élaborés, sont proposés à des prix toujours très élevés (goûter au célèbre *Opus One* relève même du fantasme !).

Si vous en avez l'occasion, goûtez aux intéressants ***vins de Virginie.*** La tradition vinicole dans cet État n'est d'ailleurs pas récente puisque George Washington et Thomas Jefferson cultivaient déjà de la vigne dans leurs plantations.

Quant aux vins français ou italiens, bien représentés sur les cartes de restaurants dans les grandes villes, ils sont encore plus chers que les crus californiens. Reste l'option du vin au verre, mais compter facilement 8-10 $, voire 12 $ dans certains restos un peu chic.
Attention, certains restos n'ont pas la licence d'alcool, et appliquent le principe du ***Bring Your Own Bottle (BYOB).*** Ce qui signifie que vous avez le droit d'apporter votre propre bouteille de vin ou de bière, par exemple. Une pratique qui a le mérite d'alléger considérablement l'addition !
– ***Les cocktails :*** on assiste depuis quelques années à une renaissance des cocktails. Aux États-Unis, on les appelle ***Cocktails Martini*** ou ***Martinis,*** ce qui n'a rien à voir avec l'apéritif du même nom en France. Parmi les plus connus figurent le *Manhattan* (vermouth rouge et bourbon), le *Cocktail Martini* (gin et vermouth avec glaçons et olive verte) et le *Cosmopolitan* ou *Cosmo* (vodka, Cointreau ou triple-sec, jus d'airelle et citron vert). Les cocktails latinos sont aussi très à la mode. La *Margarita* (tequila, cointreau, jus de citron vert, auquel on ajoute souvent de la glace pilée) est un classique, de même que le *Mojito* (rhum, citron vert, sucre, eau gazeuse et feuilles de menthe), le *Daiquiri* (rhum, citron vert et sucre de canne, comme le ti-punch antillais), la *Caipirinha* (citron vert, sucre et cachaça, l'alcool de canne à sucre brésilien), le *Cuba Libre* (rhum-Coca). Enfin, il y a aussi les cocktails réservés à l'heure du brunch, comme le *Bloody Mary* (vodka, jus de tomate, jus de citron, sauce *Worcestershire,* Tabasco, sel, poivre) et le *Mimosa* (champagne, jus d'orange et Cointreau ou triple-sec).
– ***Le bourbon*** (prononcer « beur'beun ») ***:*** impossible de passer sous silence ce whisky américain *(whiskey)* dont le Kentucky fournit une bonne moitié de la production. Cette région s'appelait autrefois le *Bourbon County,* dont le nom fut choisi en l'honneur de la famille royale française. C'est ainsi, depuis 1790 (en pleine Révolution française !), que le célèbre whisky américain porte le nom de bourbon. Pas étonnant non plus que la capitale du bourbon s'appelle... Paris !
– ***Happy hours :*** beaucoup de bars attirent les foules après le travail, généralement entre 16h et 19h, en leur proposant moitié prix sur certains alcools, notamment les bières. Souvent, vous aurez droit à deux boissons pour le prix d'une.

Les boissons non alcoolisées

– ***L'eau glacée :*** dans les restos, la coutume est de servir d'emblée un verre d'eau glacée à tout consommateur. Quand on dit glacée, ce n'est pas un euphémisme, donc n'hésitez pas à demander sans glaçon *(no ice, please)* ou avec peu de glace *(with little ice).* Les Américains sont des adeptes de l'eau du robinet *(tap water)* et consomment très peu d'eau minérale dans les restaurants. D'ailleurs, une fois vide, votre verre sera immédiatement rempli (et avec le sourire !).
– ***Thé et café :*** le café américain de base *(regular)* est plus proche du café très allongé que du *ristretto* italien. Pas du genre à vous faire dresser les cheveux sur la tête, donc... Dans de nombreux restos, *diners* et cafés (en particulier pour le petit déj), on peut demander à être resservi autant de fois qu'on le désire *(free refill)* – la serveuse vous le proposera d'ailleurs probablement. Notez que cela ne s'applique pas à tous les restos, ni à tous les repas, ni surtout aux cafés spéciaux, vendus nettement plus cher dans les *coffee houses* qui proposent des sélections de grains des quatre coins du globe. Là, vous entrez au royaume de *Starbucks,* où la carte des cafés présente un choix impressionnant de cappuccino, *mochas, caffè latte,* espresso, etc., servis chauds ou glacés.
Enfin, les amateurs de thé ne seront pas gâtés : dans beaucoup de restos (notamment les *diners*), c'est *Lipton* bas de gamme garanti ou bien des sachets de tisane *(herbal tea)* ! Sans compter que l'eau, chauffée dans une cafetière, a parfois un goût de café...
– ***Jus de fruits frais et smoothies :*** de plus en plus de *coffee shops,* voire des chaînes comme *Jamba Juice,* proposent des jus de fruits pressés et des *smoo-*

thies, mélanges de fruits mixés avec de la glace, du yaourt, parfois du lait de soja ou même du thé vert, des céréales, etc. Existe aussi avec des légumes, voire du jus d'herbe. Des dizaines de variantes débordant de vitamines, et ce, dès le petit déj.

– ***Cocas et sodas :*** on le sait, les Américains ont inventé le *Coca-Cola* (*Coke,* comme on dit là-bas), ce n'est pas pour rien. Ils consomment des sodas sucrés à longueur de journée. D'ailleurs, dans de nombreux restaurants de chaîne, fast-foods, *coffee shops* et autres petits restos, les sodas *(fountain drinks)* sont souvent à volonté. Soit on se sert soi-même « à la pompe », soit on demande un *free refill.* Autre habitude de plus en plus répandue : les *energy drinks,* ces boissons à base de caféine, parfois de guarana et, en ce qui concerne le *Red Bull* (la boisson la plus vendue au monde devant le *Coca* et autre *Pepsi*), de taurine, une molécule longtemps interdite en France (et toujours déconseillée par les autorités sanitaires...). Ces boissons énergisantes ont souvent un goût chimique assez... improbable. Dans le même registre, on trouve partout des *Vitamin Water* et autres variantes, de l'eau de source colorée et enrichie en vitamines, minéraux...

SAINT NI-COLA

Tout le monde a en tête les campagnes de pub des années 1930 représentant un papy joufflu, habillé de rouge et blanc et buvant du Coke pour se donner des forces. Un joli coup de marketing afin d'inciter les enfants à consommer du Coca pendant l'hiver ! Mais si la firme a popularisé la version moderne du Père Noël (loin du modèle original du IVe s, l'évêque turc saint Nicolas), d'autres marques avaient déjà utilisé son image dans leurs publicités, comme Waterman. *Et contrairement à la croyance populaire, la couleur rouge de son costume n'a pas été choisie parce que c'était celle de Coca-Cola... Comme quoi les légendes, surtout celle du Père Noël, ont la vie dure !*

– ***Root beer :*** ce sinistre breuvage au goût de chewing-gum médicamenteux est très apprécié par les *kids* américains, mais n'a rien à voir avec de la bière. Exercez-vous longtemps pour prononcer le mot (bien dire « rout bir »). La marque la plus courante est la *A & W.* Dans le même genre, vous pouvez essayer le *Dr. Pepper.*

– ***Cream sodas :*** encore une expérience culturelle à ne pas manquer ! Il s'agit d'un soda (en général du *Coca-Cola* mais aussi de la limonade ou *root beer*) mélangé à de la glace à la vanille. Hyper sucré et... euh, un retour en enfance assuré.

CUISINE

Dire que l'Américain moyen mange mal et trop est à la fois vrai et très simpliste. Certes, aucune hygiène alimentaire n'est apprise à l'école ou à la maison, même les tout-petits consomment quotidiennement frites, hot dogs, bacon et saucisses... Et seule la quantité importe. D'ailleurs, pour quelques cents de plus, on est souvent tenté de prendre le menu « extra-large » (la taille du menu ou celle du pantalon ?). Mais cela ne veut pas dire qu'il n'y a pas de cuisine américaine. Dès qu'on s'intéresse à un État en particulier, on s'aperçoit des différences culinaires et même des antagonismes entre régions. Cuisine internationale (asiatique, mexicaine, française...) et branchée (bio et végétarienne) en Californie, *soul food* et viandes grillées à l'honneur dans les États du Sud, en sauce et avec beaucoup de légumes dans le Tennessee et la Géorgie, cubaine en Floride, créole en Louisiane, cosmopolite et débridée à New York... On trouve de tout et à tous les prix, du snack vendu au coin de la rue au restaurant gastronomique. En tout cas, « bouffer » (c'est le mot) est l'un des péchés mignons de nombreux Américains ; d'ailleurs, ils n'arrêtent pas de grignoter toute la journée : bretzels, hamburgers, sodas...

À ce sujet, vous serez frappé par le nombre d'obèses. Près de 31 % des Américains le sont (pour 66 % de gens en surpoids)... D'où la mode *eating healthy* (« mangeons sain ») et le succès des aliments *organic* (bio) que l'on trouve un peu partout maintenant. Cela dit, les Américains ont du mal à abandonner le registre « malbouffe » et se donnent bonne conscience en achetant pop-corn bio, hamburgers bio, chips bio...

Attention au service (gratuity) : parfois ajouté d'office sur l'addition, parfois non, donc bien vérifier avant de payer. S'il n'est pas compris, il est d'usage de rajouter 15 %.

Bon à savoir : les plats sont généralement bien plus copieux que chez nous (souvent pantagruéliques). Aucun problème pour commander une entrée ou un plat à deux, à partager *(to share).* Idem pour le breakfast. Et quelle économie !

Horaires : la plupart des restos sont ouverts midi et soir, avec une petite interruption entre les deux services (11-12h à 15-16h, puis 17h-23h environ). Les prix sont souvent plus élevés le soir. Certains servent le brunch le week-end (10h-16h) et parfois aussi le petit déjeuner en semaine.

Certains restaurants n'ont pas la licence d'alcool, n'oubliez donc pas de prévoir votre « boutanche » (*BYOB* ; voir plus haut « Boissons ») !

Le *breakfast*

Le *breakfast made in America* est l'un des plus copieux qu'on connaisse. Pour les Américains, c'est souvent un vrai repas, abondant et varié (qui inclut des plats salés), et qu'ils prennent régulièrement dehors. Un peu partout, vous trouverez des restos qui servent le petit déj (certains ne font que ça), des cafétérias, des *diners* (restos populaires avec long comptoir et tables en formica ; prononcer « daill'neur »), des *coffee shops.*

La carte est souvent longue comme le bras avec, au choix : jus de fruits, céréales, ***pancakes*** (petites crêpes épaisses arrosées de sirop d'érable et accompagnées parfois de fruits frais, de bacon grillé, etc.), pain perdu que l'on appelle ici ***French toast,*** et puis, bien sûr, des œufs ***(eggs),*** servis brouillés *(scrambled),* en omelette (*omelette* aussi en anglais) ou frits *(fried).* Sur le plat, ils peuvent être ordinaires *(sunny side up)* ou retournés et cuits des deux côtés comme une crêpe *(over).* Dans ce cas, pour éviter que le jaune ne soit trop cuit, demandez-le *over easy* (légèrement) et non *over medium.* Ils peuvent également être pochés *(poached),* mollets *(soft boiled)* ou durs *(hard boiled).* Ils sont généralement proposés avec du jambon grillé *(ham),* du bacon ou des saucisses, des pommes de terres sautées avec des oignons ***(homefries)*** ou des frites ***(French fries),*** plus rarement des ***grits*** (une spécialité du Sud héritée des Indiens, entre le porridge et la polenta) et enfin des toasts beurrés ; on vous demandera probablement si vous préférez du pain de mie blanc *(white),* complet *(brown)* ou entre les deux *(wheat).* Mon tout arrosé de ketchup (en option). Mais le fin du fin, ce sont les ***eggs Benedict*** : pochés, allongés sur un petit pain rond toasté *(English muffin)* et nappés de sauce hollandaise, avec le plus souvent du jambon grillé ou du saumon fumé, mais on en trouve moult déclinaisons.

Dans un registre plus « continental », il faut absolument goûter aux ***bagels.*** Inventés en Pologne au XVIIe s, ces petits pains en forme d'anneau, à la mie compacte (moelleux à l'intérieur, croustillant dehors), ont suivi les émigrés juifs jusqu'à New York pour devenir un *breakfast food* incontournable. Servis traditionnellement grillés *(toasted)* puis tartinés de *cream cheese* (cousin ricain du *Kiri*) ou de beurre et confiture, ils existent en différentes versions : nature *(plain),* avec des raisins secs et de la cannelle *(cinnamon-raisin),* des graines de sésame ou de pavot, de l'oignon, multigrains, etc.

Ne pas confondre les bagels avec les ***donuts*** (beignets ronds, troués aussi au milieu) dont les Américains, Homer Simpson en tête, sont très friands. Les meilleurs, à condition d'aimer les beignets, seraient ceux de la chaîne *Krispy Kreme.*

On allait oublier les ***muffins,*** aux myrtilles, à la framboise, à la banane, etc., moelleux et délicieux, qu'on trouve surtout dans les *coffee shops.* Et le **granola,** mélange de céréales croustillantes servies avec du yaourt, des fruits, etc. Dernière chose, dans les formules petit déj ou bien les brunchs, la boisson chaude est rarement incluse. Mais si vous demandez un café *regular,* il sera en principe servi à volonté.

Le brunch

Les samedi et dimanche matin, les Américains ont l'habitude de bruncher. Après la grasse matinée, il est un peu tard pour le petit déj, mais on a trop faim pour attendre l'heure du déjeuner. Ainsi, bon nombre de restos servent, de 10-11h à 16h en général, le brunch, qui contient des mets à mi-chemin entre le *breakfast* et le *lunch,* à accompagner d'une boisson chaude, ou parfois d'un cocktail genre Bloody Mary ou Mimosa, voire d'une coupe de champagne (mieux vaut alors ne pas y aller trop tôt...). En général, on en a pour sa faim ; ne négligez donc pas cette option qui peut vous faire deux repas en un. Surtout que de plus en plus d'adresses proposent ce que l'on pourrait appeler des gastro-brunchs : produits de qualité et recettes élaborées, souvent inspirées des classiques américains mais revisitées avec légèreté.

Le *lunch* et le *dinner*

Dans la plupart des restos (on ne parle pas ici de fast-foods), le déjeuner est généralement servi de 11h à 14h30. Puis les portes se ferment pour rouvrir à partir de 17h. En dehors des grandes villes, on dîne tôt ; rien de plus normal que de se rendre au resto à partir de 17h30-18h. D'ailleurs, passé 21h ou 21h30 en semaine, vous aurez le plus grand mal à mettre les pieds sous une table. Seules les restos de chaînes font exception.

– Sachez que ***la carte n'est pas la même le midi et le soir.*** Au déjeuner, elle est souvent plus réduite et moins chère, avec principalement des salades, sandwichs, soupes et autres hamburgers. Le soir, en revanche, les plats sont plus élaborés et les prix plus élevés. Mieux vaut donc bien manger le midi et se contenter d'un repas plus léger le soir. Ou alors, si, à cause du décalage horaire, vous avez faim en fin d'après-midi, profitez des tarifs ***early bird*** (spécial couche-tôt) : pour étendre leurs heures de service et faire plus de profit, certains restos ouvrent dès 17h ou 17h30 et proposent, pendant 1h ou un peu plus, des prix spéciaux pouvant atteindre moins 30 % sur une gamme de plats.

– Les ***today's specials*** (ou *specials* tout court, ou encore *specials of the day*), ce sont les incontournables plats du jour, servis en fait plutôt le soir, que les serveurs vous encouragent à choisir. Attention, ils sont souvent plus chers que le reste de la carte et le prix n'est pas toujours clairement indiqué.

Lexique anglais-français spécial resto

For here or to go ? : sur place ou à emporter ?

Appetizers : entrées.

Entrees (à prononcer presque à la française) : plats de résistance.

Are you done ? : vous avez terminé ?

No, I'm still working on it : non, je n'ai pas fini (de manger).

The check, please (et non pas *the bill*) *:* l'addition, s'il vous plaît.

– Un bon truc assez économique, rapide et sain : les ***salad bars*** dans les supermarchés. Un choix de crudités, de salades (à accompagner de nombreuses sauces), plats cuisinés chauds ou froids de toutes sortes, y compris souvent des plats chinois ou mexicains, des desserts, des fruits frais, etc., à consommer sur place ou à emporter. Idéal pour les végétariens. Il suffit de remplir une barquette et de passer à la caisse : vous payez au poids (de 5 à 10 $ le *pound,* soit 454 g) et vous assaisonnez à votre façon. On vous donne même des couverts en plastique, une serviette, du sel et du poivre... La chaîne de supermarchés bio *Whole Foods Market* propose à notre avis les plus beaux *salad bars.*

– Les ***food courts :*** très courants aux États-Unis, ce sont des espaces type cafétéria regroupant des stands de cuisines différentes : asiatique, mexicaine, italienne, mais aussi BBQ, bars à jus de fruits et *smoothies,* etc. On navigue d'un comptoir à l'autre pour se concocter un menu, à manger sur place ou à emporter. On trouve des *food courts* dans les aéroports, les centres commerciaux, mais aussi en plein centre-ville. Une formule pas chère, pratique et rapide.

– Certains restos proposent des formules buffets appelées ***all you can eat*** (ou *ACE,* c'est-à-dire « tout ce que vous pouvez manger »). Pour une poignée de dollars, vous pouvez vous en mettre plein la lampe. L'abondance est garantie, la qualité un peu moins. Sinon, dans les grandes villes, certains restos font ça une fois par semaine, le jour le plus creux. Sympa et pas cher.

– La plupart des bars proposent des ***happy hours*** (généralement de 16h à 18h). La nourriture est souvent proposée à prix réduit si l'on a consommé une boisson. L'idée des *happy hours,* c'est donc de boire et de grignoter *avant* le dîner, ce qui explique que souvent, un restaurant soit adjacent au bar.

– Lire aussi la rubrique « Savoir-vivre et coutumes » plus loin.

La cuisine américaine en général

– ***La viande :*** la viande de bœuf est de premier ordre mais chère. Détail intéressant : la tendreté de la viande américaine provient aussi de sa découpe (perpendiculaire aux fibres du muscle), différente de celle des bouchers français. D'où la difficulté de traduire les différents morceaux que l'on retrouve sur les cartes des restos américains. Parmi nos préférés figurent le ***filet mignon*** (rien à voir avec un filet mignon de porc, c'est un pavé dans le filet), le ***sirloin steak*** et le célèbre ***T-bone,*** c'est-à-dire la double entrecôte avec l'os en T. Enfin, le très tendre ***prime rib*** (côte de bœuf) a aussi ses adeptes (à ne pas confondre avec le *spare ribs* qui est du travers de porc).

Si vous aimez la viande cuite « à point », comme en France, demandez-la *medium,* saignante se disant *rare* (et non *bloody...*). Mais selon les endroits, il est parfois encore difficile d'obtenir de la viande *vraiment* saignante ! Si, au contraire, vous préférez votre steak bien cuit, demandez-le *well done.* L'Ouest des cow-boys et des *cattlemen* a donné à l'Amérique et au reste du monde la recette indispensable : le barbecue, accompagné de son cortège de sauces en flacons. Le ***poulet frit*** du Kentucky (ou d'ailleurs) est également l'une des bases du menu américain.

– ***Le hamburger (ou burger) :*** ce dernier n'a pas aux États-Unis la détestable image qu'il a chez nous, même si les chaînes de fast-foods les plus populaires (*McDo* et consorts) proposent des viandes vraiment bas de gamme. Ce n'est, bien sûr, pas là qu'il faut le goûter pour l'apprécier, mais plutôt dans les vrais restos, qui servent des viandes fraîches, *juicy,* tendres et moelleuses (on vous en demande la cuisson), prises entre deux tranches de bon pain. Les frites *(fries)* ne sont pas toujours servies avec, il faut parfois les commander en plus.

LE HAMBURGER N'EST PAS AMÉRICAIN !

Fin d'un mythe, le hamburger est né en Allemagne, à Hambourg, comme son nom l'indique. À la fin du XIXe s, les immigrés allemands de la région de Hambourg affluaient en masse vers les États-Unis, et le hamburger désignait alors le bifteck haché qu'on leur servait à bord des transatlantiques. C'est donc grâce aux immigrants que le hamburger a fait son apparition au Nouveau Monde, avant d'en devenir un des symboles.

– ***Les salades :*** les Américains sont les champions des salades composées. Toujours fraîches, appétissantes et copieuses, elles constituent un repas équilibré. La star est la *Caesar salad,* à base de romaine, parmesan râpé, croûtons et d'une sauce crémeuse à l'ail. En version *Deluxe,* elle s'accompagne de poulet grillé ou de grosses crevettes *(shrimps).*

– ***Les sauces (dressings) :*** impossible d'évoquer les salades sans le cortège de sauces qui vont avec. Les plus populaires sont **l'*Italian*** (genre de vinaigrette), la ***Ranch,*** relevée d'ail et de poivre, la ***Blue cheese,*** au bleu, la ***Thousand Island,*** de couleur rosée (un peu l'équivalent de notre « sauce cocktail ») avec des cornichons et des œufs durs hachés, et la ***Caesar,*** au parmesan et à l'ail, qui accompagne la *Caesar salad.* Pour ceux qui font attention à leur ligne, toutes ces sauces existent en version allégée. Enfin, on peut aussi souvent juste demander du vinaigre balsamique et de l'huile d'olive. Vous voilà paré pour répondre à la rituelle question que l'on vous posera si vous commandez une salade : *« What kind of dressing would you like ? ».*

– ***Les sandwichs :*** le sandwich que nous connaissons en Europe s'appelle en américain *cold sandwich.* À ne pas confondre avec les *hot sandwiches,* qui sont de véritables repas chauds servis avec frites (ou chips ou *potato salad*) dans les restaurants, donc plus chers. On trouve aussi des ***wraps,*** sandwichs roulés dans une tortilla au maïs (ou autre céréale).

Au fait, savez-vous d'où vient le nom *sandwich* ? Il tire son nom du comte Sandwich (un Anglais), joueur invétéré qui, en 1762 exactement, pour ne pas quitter la table de jeu (et ne pas tacher les cartes de gras), demanda à son cuisinier de lui inventer ce nouveau type de repas.

Et le ***hot dog*** alors ? Ce nom étrange (« chien chaud ») proviendrait de la ressemblance entre la *Frankfurter* et une autre importation des immigrants allemands arrivés à la fin du XIXe s aux États-Unis : le chien teckel ou basset, dont le corps allongé évoque une saucisse.

– ***Les glaces (et dérivés) :*** plusieurs chaînes se partagent le gâteau, dont *Dairy Queen* (ah, le milk-shake aux vrais morceaux de fraise), *Baskin Robbins* (plus de 30 parfums !), *Häagen-Dazs* ou *Ben & Jerry's.* En plus de faire des glaces succulentes, *Ben & Jerry's* est une entreprise citoyenne et originale, qui emploie des personnes en difficulté et utilise des produits bio.

La glace est présentée en cornet ou bien dans une coupelle jetable avec, par-dessus, toutes sortes de garnitures *(toppings)* : éclats de *M & M's,* noix, céréales, cacahuètes, caramel, *hot fudge* (chocolat chaud et fondu)...

Outre la glace classique, il existe aussi le ***frozen yogurt*** (yaourt glacé), un peu plus léger en matières grasses mais à la texture onctueuse. Et puis on trouve, bien sûr, de délicieux ***shakes*** mixés avec de grandes louchées de glace à la vanille, à la banane ou à la fraise, et des ***malts*** (avec de la poudre de malt dedans, un délice). Enfin, les ***smoothies*** (cocktails de fruits mélangés à du yaourt, du lait ou de la glace, un délice) remportent un gros succès.

– ***Les pâtisseries :*** certains les trouvent alléchantes, d'autres écœurantes rien qu'à regarder... Les desserts traditionnels sont le *cheesecake* (gâteau au fromage blanc parfois agrémenté de fruits, de chocolat, etc.), le *carrot cake* (gâteau aux carottes et aux noix, sucré et épicé, nappé d'un glaçage blanc crémeux), mais aussi les *chocolate cake, pumpkin pie* (célèbre tarte au potiron, typique de la période d'Halloween), sans oublier les muffins et cookies, etc. Pas vraiment léger, mais excellent lorsque la recette est soignée.

Les spécialités du Nord-Est des États-Unis

Bonne nouvelle, on mange très, très bien dans toute la zone couverte par ce guide. Les grandes villes comme Chicago, Washington D.C., Philadelphie et Boston regorgent de bonnes tables où officient des chefs créatifs et inspirés, travaillant des produits de saison et locaux, souvent bio ou en provenance de fermes des alentours, dans la mouvance de l'esprit locavore. La plupart des cuisines du monde y sont aussi représentées. Le long de la côte, et particulièrement en Nouvelle-Angleterre, la *seafood* est reine, notamment les palourdes *(clams)* qui entrent dans la composition de 3 plats incontournables, servis partout : le ***clam chowder,*** soupe épaisse et veloutée à base de clams, pommes de terre et crème fraîche, les ***fried clams*** (dont la petite ville d'Ipswich revendique la recette originale) et les ***steamers,*** palourdes cuites au court-bouillon et arrosées de beurre fondu. Le ***homard du Maine*** *(lobster)* est bien sûr la vedette locale. S'il reste cher dans les restos chics (le prix est au poids quand il est servi entier), il est beaucoup plus accessible dans les *seafood shacks* (baraques à fruits de mer), surtout dans sa version sandwich, le ***lobster roll,*** un petit pain rond garni de sa chair succulente et accompagné de mayo s'il est servi froid ou de beurre fondu servi chaud. Autre spécialité (héritée des Indiens), le ***New England Clambake,*** traditionnellement préparé et dégusté sur les plages, est un plat complet de moules, palourdes et homard, accompagné de pommes de terre, oignons, saucisses et épis de maïs, le tout cuit plusieurs heures en papillote d'algues posées sur des pierres brûlantes dans le sable. Un genre de barbecue de fruits de mer. Toujours dans le Massachusetts, les ***Boston baked beans*** (haricots blancs longuement mijotés dans une sauce brunâtre au goût de mélasse) ont leurs amateurs. Avouons-le, ce n'est pas trop notre tasse de thé, on préfère le homard... Ou les ***crabcakes*** du Maryland, savoureux quand ils sont bien travaillés. Dans le comté de Lancaster, ce sont les traditions culinaires germaniques qui ont inspiré des plats simples et roboratifs (voir la rubrique sur la cuisine amish au début du chapitre « Pennsylvania Dutch Country »). Enfin, au rayon des douceurs sucrées, on retrouve le ***sirop d'érable*** *(maple syrup),* produit essentiellement dans le Vermont, les airelles ou canneberges ***(cranberries)*** dont on fait des tartes, des pancakes et autres muffins mais aussi du jus ou des sauces pour accompagner viandes et volailles et l'***Indian Pudding,*** flan servi chaud, à base de farine de maïs, mélasse et parfumé à la cannelle et à la muscade.

Les restaurants de chaînes

Côté fast-foods, on vous recommande les burgers de *Five Guys,* une chaîne originaire de Washington D.C. qui a fait des petits sur la côte est. Gros avantage, ils sont souvent implantés en centre-ville. Sinon, on peut essayer les *Denny's* (familial ; on y sert à table de traditionnels et copieux *burgers*), *Applebees, Country Kitchen, Jack in the Box* (les sandwichs grillés au poulet sont pas mal), *Potbelly Sandwich Works* et *Subway* pour des sandwichs frais et bien garnis. Pour le petit déj, on adore *Corner Bakery* (bien aussi pour le *lunch*), mais il y a aussi les *Houses of Pancakes* et autres *Dunkin' Donuts.* Et surtout, si vous passez à côté d'un *Village Inn,* n'hésitez pas : non pas tant pour les *skillets* (poêlées) en tout genre que pour les tartes aux fruits, excellentes. La *French Silk,* toute de chocolat, est un vrai rêve de *chocoholics* ! Côté buffets, notre préférence va sans hésiter à *Shoney's* et *Ryan's.* Dans un genre plus élaboré, on recommande *Mel's Diner* pour son décor *fifties* souvent très réussi (celui d'*American Graffiti*) et sa carte de spécialités ricaines longue comme le bras, et enfin *Cracker Barrel,* qui propose une cuisine saine et roborative dans un cadre rappelant *La Petite Maison dans la Prairie.*

DROITS DE L'HOMME

Bien que toujours en guerre en Afghanistan (et encore impliquée en Irak même si la majeure partie des troupes est revenue), il semble désormais évident que l'Amérique d'Obama a pris une tout autre orientation en matière de droits humains que celle de son prédécesseur. Exemple le plus spectaculaire de cette « nouvelle donne », la réforme – difficilement obtenue – du système de santé américain, qui devrait permettre une amélioration de l'accès aux soins pour les plus démunis. Mais de nombreuses embûches demeurent sur le programme ambitieux du président Obama, et les analystes estiment que son élection n'a en rien entamé un racisme latent, encore très présent dans la société (administration, santé, police, etc.). Un juge fédéral a annulé récemment une loi très controversée de l'État d'Arizona, qui légalisait le contrôle au faciès (sic), et la pratique déjà répandue de la « chasse à l'immigré » dans cet État frontalier avec le Mexique. Les associations regrettent par ailleurs le maintien du « mur » (enceinte électrifiée) qui sépare toujours les deux États. Cependant, de nouvelles évolutions législatives au niveau fédéral devraient permettre d'attribuer un statut aux quelque 10,8 millions de travailleurs illégaux présents sur tout le territoire.

Par ailleurs, la fermeture annoncée du camp de Guantanamo (à Cuba) s'est heurtée à de nombreux obstacles juridiques, mais l'annonce au début de l'année 2010 de l'achat de nouveaux locaux dans l'Illinois – pour le transfèrement des quelque 176 prisonniers restants – devrait permettre de clore ce dossier symbole de l'ère « Bush ». Au même titre, Barack Obama a annoncé la fin du programme de transferts secrets *(restitutions)* de détenus suspectés de terrorisme, mis en place par la CIA. La torture ou toutes les techniques désormais assimilées, comme le *waterboarding* (simulation de noyade), sont théoriquement proscrites, même si aucune poursuite ne devrait être engagée contre les agents qui ont suivi les « consignes » d'interrogatoires extrêmement précises de l'« Agence », révélées par la presse.

Dans un autre registre, Amnesty International dénonce toujours l'utilisation du *Taser* (arme paralysante), soupçonné d'avoir provoqué la mort de 47 personnes en 2009.

Enfin, la peine de mort est toujours d'actualité dans certains États, même si nombre d'entre eux observent un moratoire de fait : 52 personnes ont été exécutées en 2009, soit 14 de plus que l'année précédente.

Pour en savoir plus, n'hésitez pas à contacter :

■ ***Fédération internationale des Droits de l'homme (FIDH) :*** *17, passage de la Main-d'Or, 75011 Paris. ☎ 01-43-55-25-18. • fidh.org • Ⓜ Ledru-Rollin.*

■ ***Amnesty International*** *(section française)* ***:*** *76, bd de la Villette, 75940 Paris Cedex 19. ☎ 01-53-38-65-65. • amnesty.fr • Ⓜ Belleville ou Colonel-Fabien.*

N'oublions pas qu'en France aussi, les organisations de défense des Droits de l'homme continuent de se battre contre les discriminations, le racisme et en faveur de l'intégration des plus démunis.

ÉCONOMIE

L'économie américaine s'appuie sur la dalle de granit du libéralisme absolu, un credo qui tient en quelques principes simples : voir les choses en grand, laisser faire les lois du marché, ne pas contrarier la liberté des financiers, travailler sans relâche (la répugnance au travail est un signe de disgrâce divine, selon l'éthique protestante puritaine), être à la pointe de l'innovation technologique, payer le moins possible d'impôts... Un minimum d'intervention, tel est le credo du chantre du libéralisme. Sauf quand ça va mal, bien entendu. Et depuis quelques années, ça va très mal... Après les faillites de *Lehman Brothers* et de la *WaMu (Washington Mutual),* véritables institutions du système financier américain, la crise des *subprimes,* survenue en 2007, s'est rapidement muée en crise financière mondiale, provoquant des quasi-expropriations de propriétaires endettés par les banques, des licenciements par wagons entiers et la prolifération de publicités incitant les Américains à acheter de l'or, pour mettre leurs avoirs à l'abri. Mais le 15 juillet 2010, alors que les lobbyistes financiers ont déboursé 250 millions de dollars pour tenter de faire capoter le projet, le Congrès a adopté une loi de régulation financière visant à dompter Wall Street. Un événement sans précédent au pays du libéralisme forcené et, une fois encore, une preuve que les États-Unis savent dégainer avant les autres sur des sujets aussi fondamentaux ! Adaptabilité. Réactivité. Tels sont les maîtres mots du business à l'américaine.

La dette nationale, déjà colossale, grossit de plus en plus vite et sur les billets verts, George Washington fait la « crise mine » à mesure que le pays essuie les affres de sa campagne en Irak, qui coûte des milliards de milliards de dollars, et les catastrophes dont mère nature l'accable (les ouragans Katrina en 2005 et Ike en septembre 2008 notamment). Face à ce qui s'apparente de plus en plus à un marasme économique, c'est forcé et contraint que le Congrès avait déjà adopté le drastique plan Paulson à la rentrée 2008 : 700 milliards de dollars destinés, entre autres, à racheter les *bonds, junk bonds* (obligations pourries) d'institutions de crédit en perdition.
Un gouvernement endetté jusqu'au cou, des consommateurs dans le même cas et une crise immobilière sans précédent : voici la situation catastrophique dont hérite Barack Obama en entrant à la Maison-Blanche... Quelques mois plus tard cela dit, à l'été 2009, on annonce déjà la fin de la récession, et à juste titre puisque la consommation des ménages a progressé de plus de 3 % fin 2009, tout comme l'investissement, contribuant ainsi à rétablir l'économie américaine. Le plan de relance économique de 787 milliards de dollars lancé par Obama en février 2009 a permis de sauver ou de créer un peu plus d'un million d'emplois, notamment dans les domaines de l'industrie, du bâtiment et du commerce. « Bienvenue dans la République socialiste soviétique d'Amérique ! », ont alors titré certains éditorialistes.
Mais les États-Unis ont encore beaucoup à faire pour parvenir aux objectifs fixés en terme de croissance et d'emploi, car malgré une légère baisse début 2010, le taux de chômage américain reste au-dessus de la barre symbolique des 10 %.

Le Nord-Est américain

À la fin du XIXe s, le Nord-Est américain était l'une des régions les plus industrialisées du monde. Au XXe s, la plupart des industries traditionnelles du Nord-Est ont fait l'objet de relocalisations dans des pays étrangers où les biens sont produits à moindre coût. Des villes industrielles comme Pittsburgh, Detroit, Cleveland et Baltimore ont été particulièrement éprouvées. Mais ces quatre villes, comme la plupart des cités du Nord-Est, ont des plans de revitalisation ambitieux, comme des parcs portuaires extraordinaires. Les grandes villes du Nord-Est sont ainsi beaucoup plus sûres et agréables qu'il y a 20 ans à peine. Ces revitalisations urbaines sont financées en grande partie grâce aux industries et emplois de l'économie du savoir, celle des industries de l'électronique, des communications, de l'informatique et des biotechnologies. Ces industries sont soutenues par la présence des universités du Nord-Est, les plus prestigieuses des États-Unis. La région a repris le rôle de chef de file économique qu'elle détenait au XIXe s... sans les cheminées !

ENVIRONNEMENT

La conquête de la nature réputée sauvage fait partie intégrante de l'histoire des États-Unis. Dans ces conditions, on comprend mieux que l'écologie (fortement institutionnalisée et accompagnée d'une législation stricte) soit jugée potentiellement menaçante, et même considérée comme la grande rivale du capitalisme américain. Pour preuve, en 2001, le président Bush rejetait le protocole de Kyoto sur le réchauffement climatique, estimant qu'il risquait de porter atteinte à l'économie américaine. Élaboré en 1997, ce protocole exige des pays industriels qu'ils réduisent leurs émissions de gaz carbonique (les États-Unis en émettent, à eux seuls, près du quart sur la planète, alors qu'ils ne représentent que 4 % de la population mondiale) et autres gaz à effet de serre d'ici à 2012... Après avoir été largement critiqué par les Européens sur son manque d'entrain dans la lutte contre le réchauffement climatique, Bush s'est senti obligé de revenir en arrière en faisant un (petit) pas... en avant. En 2007, il s'est ainsi engagé à prendre la question au sérieux et à fixer un nouvel objectif mondial à long terme pour réduire les gaz à effet de serre, en collaboration avec les autres pays « émetteurs » (notamment l'Inde et la Chine, gros pollueurs en puissance mais non concernés par le protocole). Son successeur Barack Obama a, quant à lui, annoncé la réduction de 80 % les émissions d'ici 2050 (par rapport à leur niveau de 1990). Un objectif qui s'avère difficile à atteindre à cause de la mauvaise santé économique et des diverses pressions des industries. Mais ce qui est intéressant, c'est que l'écologie a depuis quelques années véritablement touché les consciences des citoyens. Le film de l'ex-vice-président Al Gore, *Une vérité qui dérange,* a certainement joué un rôle important, mais ce n'est pas le seul facteur déclencheur. Le cyclone Katrina, la marée noire en Louisiane en avril 2010 et enfin la sécheresse historique qui sévit dans la quasi-totalité des États-Unis en sont d'autres.

Le sommet de Copenhague qui s'est tenu en décembre 2009 aurait pu être une aubaine pour les États-Unis, mais son bilan est plutôt mitigé : un accord a été signé certes, mais il ne comporte aucun engagement chiffré à respecter, donc pas de contraintes juridiques. Pourtant, Obama s'était engagé durant sa campagne à faire de sérieux efforts concernant sa politique environnementale. Une toute petite avancée pour le plus gros pollueur de la planète, qui devrait pourtant montrer le chemin et encourager les initiatives vertes.

Au niveau local aussi, les États-Unis ont pris conscience des enjeux climatiques actuels. Par exemple, Richard Daley, le maire de Chicago, veut depuis quelques années faire de sa ville un modèle en terme de respect de l'environnement (un peu comme à New York). Il a ainsi en 2007 annoncé la mise en place d'un programme de gestion des eaux de pluie et d'une stratégie complète visant à limiter les gaz à effet de serre de 25 % d'ici à 2020.

Philadelphie suit aussi le mouvement depuis peu, avec le recyclage des déchets ménagers. En effet, la ville prévoit d'attribuer à ses habitants des points en fonction de la quantité qu'ils recyclent, échangeables par la suite en chèque-cadeaux !

L'aéroport de Boston, lui, a conçu une de ses pistes avec un matériau plus respectueux de l'environnement que le traditionnel goudron. Cette nouvelle initiative permet de dégager moins de dioxyde de carbone et nécessite moins de diesel lors de la préparation du revêtement des pistes.

Quant à Washington, la capitale, elle a inauguré en 2008 le nouveau stade de baseball, premier en son genre aux États-Unis. Ce dernier est certifié LEED (Leadership in Energy and Environmental Design) grâce à ses équipements : éclairages économiques, système spécial de tuyauteries préservant l'eau, toit écologique... Sa construction a coûté à la ville la bagatelle de 611 millions de dollars !

FÊTES ET JOURS FÉRIÉS

Les jours fériés

Ils varient suivant les États, mais voici les jours fériés sur l'ensemble du territoire. Presque toutes les boutiques sont fermées ces jours-là.

– ***New Year's Day :*** le 1er janvier.
– ***Martin Luther King Birthday :*** le lundi le plus proche du 15 janvier, date de son anniversaire. Un jour très important pour la communauté noire américaine.
– ***Presidents' Day :*** le 3e lundi de février, pour honorer la naissance du président Washington, le 22 février 1732.
– ***Easter (Pâques) :*** les boutiques sont généralement fermées le dimanche et certaines aussi le lundi.
– ***Memorial Day :*** le dernier lundi de mai. En souvenir de tous les morts au combat. Correspond au début de la saison touristique.
– ***Independence Day :*** le 4 juillet. Fête nationale qui commémore l'adoption de la Déclaration d'indépendance en 1776.
– ***Labor Day :*** le 1er lundi de septembre, la fête du Travail. Marque la fin de la saison touristique.

– ***Colombus Day :*** le 2e lundi d'octobre, en souvenir de la « découverte » de l'Amérique par Christophe Colomb.
– Difficile, dans une rubrique sur les fêtes, de ne pas évoquer celle d'***Halloween,*** la nuit du 31 octobre au 1er novembre. Cette tradition celte, importée par les Écossais et les Irlandais, est aujourd'hui célébrée avec une grande ferveur aux États-Unis. Sorcières ébouriffantes, fantômes et morts vivants envahissent les rues, tandis que les enfants, déguisés, font du porte-à-porte chez les voisins en demandant « *Trick or treat ?* » (« Une farce ou un bonbon ? »), et repartent les poches pleines de bonbecs.
– ***Veteran's Day :*** le 11 novembre.
– ***Thanksgiving Day :*** le 4e jeudi de novembre. Fête typiquement américaine, commémorant le repas donné par les premiers immigrants (les pères pèlerins) en remerciement à Dieu et aux Indiens de leur avoir permis de survivre à leur premier hiver dans le Nouveau Monde. Fête familiale, chômée par à peu près tout le monde.
– ***Christmas Day (Noël) :*** le 25 décembre.

GÉOGRAPHIE

Les États-Unis ou le pays des contrastes : falaises vertigineuses du Grand Canyon ou interminable platitude du désert de l'Arizona, fermes clairsemées du Montana ou jungles urbaines de la côte Est... Le gigantisme de ce pays semble embrasser toute la palette des paysages qui existent sur la planète !
On parle souvent de l'immensité du territoire américain, et pour cause : 9,4 millions de km^2, 5 500 km d'Est en Ouest et 3 000 km du Nord au Sud. En ce qui concerne ce guide, on notera que 750 km séparent Washington de Boston, sur la côte Est. On doit parcourir plus de 1 100 km pour atteindre Chicago depuis Washington (et plus de 1 600 km de Boston à Chicago, en passant par les chutes du Niagara). Cette zone, petite à l'échelle des États-Unis, vous permettra néanmoins de traverser des paysages très contrastés, et de découvrir des villes américaines ayant chacune leurs spécificités et leur propre histoire. De la diversité donc, alors que chez l'oncle Sam, il est courant de parcourir plus de 1 000 km sans changement notable (à titre d'exemple, citons la *Parkway* qui va de Monticello, au sud de Washington, où se trouve la maison de Jefferson, à Natchez, en Louisiane).
De la côte atlantique au Mississippi (en direction de Chicago), et du Canada à la Virginie (au sud de Washington), on découvre une demi-douzaine de grands territoires.
La Nouvelle-Angleterre porte bien son nom : nombreuses bourgades et urbanisme plutôt européen à Boston, paysages côtiers verdoyants avec haies et rideaux d'arbres, marinas entre Boston et New York. En revanche, le nord de la chaîne des Appalaches, culminant à 1 917 m exactement (mont Washington), évoque plutôt le Massif central...
Les Grands Lacs forment la frontière avec le Canada : lacs Supérieur, Huron, Michigan, Érié, Ontario, par ordre de taille décroissant, avec les chutes du Niagara entre les deux derniers. C'est une zone industrielle : à Detroit siègent les trois plus grands groupes automobiles mondiaux.
Les vallées du Connecticut (le fleuve), de l'Hudson et du Delaware (le fleuve, encore) coupent perpendiculairement la chaîne des Appalaches. Ces vallées ont constitué des sites accueillants, au XVIIe s, pour les premiers colons venus d'Angleterre. Ces denières relient la zone des Grands Lacs à l'Atlantique (rappelons au passage que le premier port du monde, New York, a prospéré à l'embouchure de l'Hudson). En remontant le Delaware (depuis Philadelphie), on se dirige vers les chutes du Niagara.
Les Appalaches centrales forment un paysage très verdoyant, avec des lignes de crêtes aux hauteurs homogènes, qui font un effet de ligne bleue des Vosges (Blue Ridge Mountains). Leur face ouest recèle d'importantes mines de charbon, en Pennsylvanie notamment. Vous les franchirez par le Nord si vous souhaitez rejoindre Chicago au plus vite depuis la côte Est.

Les Appalaches du Sud, elles, sont également nommées « piémont ». Ce sont de hautes « collines » recouvertes d'argile rouge où l'on cultiva le coton, avant d'y développer une forte activité industrielle.
Entre les Appalaches et l'Atlantique, au sud de Washington, s'étend une grande plaine monotone au climat très homogène. Le climat est subtropical humide, et les côtes y sont plates et marécageuses.
Bien entendu, si vous décidez de rallier Washington depuis Philly, en passant par Lancaster par exemple, nul besoin de franchir des cols ! Vous évoluerez au sein de la fameuse mégalopole du nord-est des États-Unis *(BosWash)* de près de 50 millions d'habitants.

HISTOIRE

Quelques dates

- ***35000 à 10000 av. J.-C. :*** premières migrations de populations d'origine asiatique à travers le détroit de Béring.
- ***2640 av. J.-C. :*** les astronomes chinois Hsi et Ho auraient descendu la côte américaine par le détroit de Béring.
- ***1000-1002 apr. J.-C. :*** Leif Erikson, fils du Viking Erik le Rouge, explore les côtes de Terre-Neuve et du Labrador, et atteint peut-être ce qui est aujourd'hui le Nord-Est des États-Unis.
- ***1492 :*** découverte de l'Amérique par Christophe Colomb.
- ***1524 :*** découverte de la baie de New York par Giovanni Da Verrazano.
- ***1585 :*** fondation d'une colonie anglaise sur l'île de Roanoke.
- ***1607 :*** fondation de Jamestown (Virginie) par le capitaine John Smith.
- ***1613 :*** découverte des chutes du Niagara par Samuel de Champlain.
- ***1619 :*** premiers esclaves noirs dans les plantations de Jamestown.
- ***1620 :*** le *Mayflower* débarque à Cape Cod avec 100 pèlerins *(pilgrins)* qui fondent Plymouth (les pères pèlerins).
- ***1636 :*** création du collège d'*Harvard,* près de Boston.
- ***1647 :*** Peter Stuyvesant est le premier gouverneur de New Amsterdam, rebaptisée ensuite New York par les Anglais.
- ***1650 :*** légalisation de l'esclavage.
- ***1692 :*** chasse aux sorcières à Salem (Massachusetts).
- ***1717-18 :*** fondation de La Nouvelle-Orléans par Jean-Baptiste Le Moyne.
- ***1776 :*** adoption de la Déclaration d'indépendance le 4 juillet.
- ***1784 :*** New York est élue provisoirement capitale des États-Unis.
- ***1789 :*** George Washington est désigné premier président des États-Unis.
- ***1790 :*** Philadelphie devient provisoirement capitale des États-Unis.
- ***1800 :*** Washington devient capitale des États-Unis à la place de Philadelphie.
- ***1830 :*** fondation de l'Église mormone par Joseph Smith, à Fayette (État de New York).
- ***1831 :*** 2 millions d'esclaves aux États-Unis.
- ***1843 :*** invention de la machine à écrire.
- ***1847 :*** invention du jean par Oscar Levi Strauss.
- ***1849 :*** ruée vers l'or en Californie.
- ***1857 :*** invention de l'ascenseur à vapeur par E. G. Otis.
- ***1861-1865 :*** guerre de Sécession.
- ***1865 :*** Abraham Lincoln proclame l'abolition de l'esclavage.
- ***1867 :*** les États-Unis achètent l'Alaska à la Russie.
- ***1871 :*** création du premier parc national, le Yellowstone National Park.
- ***1872 :*** invention du chewing-gum par T. Adams. Premier brevet pour la télégraphie sans fil déposé par Mahlon Loomis.
- ***1876 :*** parution des *Aventures de Tom Sawyer* de Mark Twain. Invention du balai mécanique par M. R. Bissel.

– ***1880 :*** premier gratte-ciel en acier à Chicago.
– ***1886 :*** invention du *Coca-Cola* par J. Pemberton. La *statue de la Liberté*, d'Auguste Bartholdi, est offerte aux États-Unis pour symboliser l'amitié franco-américaine à New York (une copie est érigée pont de Grenelle à Paris).
– ***1895 :*** ouverture du *Sea Lion Park*, premier parc d'attractions américain, à Coney Island.
– ***1898 :*** guerre hispano-américaine.
– ***1900 :*** annexion d'Hawaii.
– ***1903 :*** fabrication du fameux *Teddy Bear* par Morris Michtom, surnom au départ donné à Theodore Roosevelt qui chassait l'ours dans le Mississippi et qui refusa de tuer un ours attaché à un arbre.
– ***1906 :*** grand séisme de San Francisco.
– ***1911 :*** premier studio de cinéma à Hollywood.
– ***1913 :*** construction à New York du *Woolworth Building* par Cass Gilbert (le plus élevé à l'époque).
– ***1914 :*** création de la *Paramount*.
– ***1916 :*** premier magasin d'alimentation libre-service à Memphis, Tennessee.
– ***1921 :*** première Miss America.
– ***1923 :*** création de la *Warner Bros* par Harry M. Warner.
– ***1924 :*** *l'Indian Citizenship Act* octroie la citoyenneté américaine aux Indiens.
– ***1925 :*** Hoover est le premier président à utiliser la radio pour sa campagne électorale.
– ***1927 :*** création de l'oscar du cinéma par Louis Mayer.
– ***1928 :*** Walt Disney crée le personnage de *Mickey Mouse*.
– ***1929 :*** construction du *Royal Gorge Bridge*, pont le plus haut du monde (321 m), au-dessus de l'Arkansas dans le Colorado. Krach de Wall Street le jeudi 24 octobre. Ouverture du *MoMA* à New York.
– ***1930 :*** premier supermarché, ouvert à Long Island.
– ***1931 :*** construction de l'*Empire State Building* à New York.
– ***1932 :*** New Deal instauré par Franklin Roosevelt pour remettre sur pied l'économie américaine.
– ***1933 :*** invention du *Monopoly* par Charles B. Darrow.
– ***1936 :*** l'athlète noir américain Jesse Owens remporte 4 médailles d'or aux J.O. de Berlin.
– ***1937 :*** premier caddie (créé en 1934 par Raymond Josef) testé dans un magasin d'Oklahoma City.
– ***1939 :*** sorties de *La Chevauchée fantastique* de John Ford et *Autant en emporte le vent*, réalisé par Victor Fleming, Sam Wood et George Cukor.
– ***1941 :*** attaque japonaise à Pearl Harbor (Hawaii) le 7 décembre. Déclaration de guerre des États-Unis au Japon le lendemain. Déclaration de guerre de l'Allemagne et de l'Italie aux États-Unis le 11 décembre.
– ***1944 :*** débarquement allié en Normandie le 6 juin.
– ***1945 :*** bombes atomiques sur Hiroshima et Nagasaki les 6 et 9 août.
– ***1946 :*** début de la guerre froide. Winston Churchill parle du « rideau de fer ».
– ***1948 :*** premier fast-food, créé par deux frères, Maurice et Richard McDonald.
– ***1949 :*** naissance de l'OTAN à New York.
– ***1950 :*** début du maccarthysme, croisade anticommuniste menée par le sénateur McCarthy.
– ***1951 :*** construction du musée *Guggenheim* à New York par l'architecte Frank Lloyd Wright.
– ***1952 :*** début de l'Action Painting (ou expressionnisme abstrait) lancé par le critique Rosenberg, qui consiste à projeter des couleurs liquides (Pollock, De Kooning, Kline, Rothko).
– ***1955 :*** ouverture du parc d'attractions *Disneyland* en Californie.
– ***1960 :*** début du pop art, lancé par Andy Warhol.
– ***1962 :*** décès de Marilyn Monroe le 5 août.

– ***1963 :*** *Ich bin ein Berliner,* discours historique de Kennedy prononcé en Allemagne le 26 juin. Assassinat de John F. Kennedy à Dallas le 22 novembre.
– ***1964 :*** début de la guerre du Vietnam.
– ***1966 :*** fondation des Black Panthers à Oakland par des amis de Malcom X. *Black Power,* expression lancée par Stockeley Carmichael, prônant le retour des Noirs en Afrique.
– ***1968 :*** assassinat de Martin Luther King le 4 avril. Le 5 juin, Bob Kennedy, frère de John, meurt lui aussi assassiné.
– ***1969 :*** premiers pas de Neil Armstrong sur la lune. Mythique concert de Woodstock, dans l'État de New York, et sortie de *Easy Rider,* de Dennis Hopper.
– ***1971 :*** ouverture du premier *Starbucks Café* à Seattle.
– ***1973 :*** inauguration du *World Trade Center* (417 m) à New York. Élections des premiers maires noirs à Los Angeles, Atlanta et Detroit. Cessez-le-feu au Vietnam. Insurrection indienne à Wounded Knee (Dakota).
– ***1974 :*** la crise du Watergate entraîne la démission de Richard Nixon.
– ***1975 :*** légalisation partielle de l'avortement.
– ***1976 :*** rétablissement de la peine de mort (après sa suspension en 1972).
– ***1981 :*** attentat contre Ronald Reagan.
– ***1982 :*** courant Figuration libre, inspiré des graffitis, de la B.D. et du rock. Keith Haring en est l'un des plus célèbres représentants.
– ***1984 :*** la *statue de la Liberté* est inscrite sur la liste du Patrimoine mondial de l'Unesco. Les J.O. de Los Angeles sont boycottés par les pays de l'Est.
– ***1986 :*** la navette *Challenger* explose en direct sur les chaînes de télévision.
– ***1987 :*** création d'Act Up (mouvement d'action et de soutien en faveur des malades du sida).
– ***1988 :*** gigantesque incendie au parc de Yellowstone. Un cinquième du parc est détruit.
– ***1989 :*** séisme de magnitude 7,1 à San Francisco (55 morts).
– ***1991 :*** 17 janvier-27 février, guerre du Golfe.
– ***1992 :*** émeutes à Los Angeles (59 morts et 2 300 blessés). Élection de Bill Clinton.
– ***1993 :*** le 19 avril, 80 membres (dont 25 enfants) d'une secte millénariste, les davidiens, périssent à Waco dans l'incendie de leur ferme assiégée depuis 51 jours par le FBI. La même année, Toni Morrison reçoit le prix Nobel de littérature.
– ***1994 :*** séisme à Los Angeles (51 morts). Signature de l'Alena, accord de libre-échange avec le Mexique et le Canada. Affaire Whitewater, enquête liée aux investissements immobiliers des Clinton.
– ***1995 :*** le sénat du Mississippi ratifie enfin le 13e amendement de la Constitution des États-Unis, mettant un terme à l'esclavage ! Attentat d'Oklahoma City par des extrémistes de droite (170 morts).
– ***1996 :*** J.O. à Atlanta. Réélection de Bill Clinton.
– ***1998 :*** début du Monicagate le 21 janvier.
– ***1999 :*** tuerie de Littletown (Colorado) ; 2 ados se suicident après avoir abattu 12 de leurs camarades et un professeur du lycée de Columbine.
– ***2000 :*** en décembre, George W. Bush devient le 43e président des États-Unis.
– ***2001 :*** le 11 septembre, les États-Unis sont victimes de la plus grave attaque terroriste de l'histoire mondiale (3 000 morts).
– ***2003 :*** en mars-avril, guerre en Irak. Occupation militaire du pays par la coalition formée par les États-Unis. En septembre, les États-Unis rejoignent l'Unesco, après 20 ans de désertion. Le 7 octobre, Arnold Schwarzenegger est élu gouverneur de la Californie.
– ***2004 :*** en mai, Michael Moore reçoit la Palme d'or à Cannes pour son film pamphlet contre l'Amérique de Bush, *Fahrenheit 9/11.* George W. Bush est réélu président des États-Unis en novembre, face à John Kerry.
– ***2005 :*** fin août, le cyclone Katrina, l'un des plus dévastateurs de l'histoire américaine, provoque une catastrophe humanitaire, écologique et économique sans précédent dans trois États : Louisiane, Mississippi et Alabama.

– ***2006 :*** le Dakota du Sud adopte la première loi du pays qui interdit l'avortement, même en cas de viol ou d'inceste.
– ***2007 :*** en octobre, le prix Nobel de la paix est décerné à Al Gore et au groupe d'experts intergouvernemental sur l'évolution du climat (GIEC), pour leur rôle dans la lutte contre les changements climatiques. De très violents incendies ravagent le sud de la Californie, où l'état d'urgence est déclaré.
– ***2008 :*** la crise financière qui frappe le système bancaire américain oblige une administration républicaine traditionnellement peu interventionniste à injecter 1 000 milliards de dollars dans l'économie, pour endiguer les faillites en cascade. Le démocrate Barack Obama succède à George W. Bush et devient le premier président noir à entrer à la Maison-Blanche.
– ***2009 :*** Barack Obama reçoit le prix Nobel de la paix « pour ses efforts extraordinaires en faveur du renforcement de la diplomatie et de la coopération internationales entre les peuples ».
– ***2010 :*** Barack Obama parvient coûte que coûte à faire passer sa réforme du système de santé. Même édulcorée, c'est une grande première aux USA où le président fut accusé par ses opposants d'être un « bolchevique ». En revanche, il ne parvient pas à maîtriser la tragédie de l'année : en avril, une plate-forme pétrolière de la *British Petroleum (BP)* sombre au large de la Louisiane et provoque la plus grande marée noire que les États-Unis aient jamais connue.

Le Nouveau Monde

Tout au bout de nos rêves d'enfant se trouve un pays dont on partage les clichés et les mythes avec le monde entier. Des habitants des bidonvilles d'Amérique latine aux intellectuels occidentaux, en passant par les hommes d'affaires asiatiques et les apparatchiks de l'ex-Union soviétique, nous avons tous en nous « quelque chose de Tennessee » ! Certains s'élèvent contre un impérialisme culturel et/ou politique, et en dénoncent les dangers. D'autres vont boire à ces sources qui leur inspirent des œuvres telles que *Paris, Texas,* tellement américaines qu'elles ne peuvent être qu'européennes !
Cette fascination assez extraordinaire que nous éprouvons pour ce pays ne peut être expliquée seulement par sa puissance industrielle ou son dollar... Peut-être avons-nous tous, imprimé dans notre subconscient, ce désir, ce rêve d'un Nouveau Monde...

Le détroit de Béring

Les colons nommèrent les Indiens « Peaux-Rouges », non en raison de la couleur naturelle de leur peau (qui est d'ailleurs plutôt jaune), mais de la teinture rouge dont ils s'enduisaient parfois. Certains spécialistes placent les premières migrations en provenance d'Asie dès 50 000 ans av. J.-C. ; d'autres, plus nombreux, avancent les dates de 40 000, 30 000, 22 000 ans av. J.-C. Cette toute première vague d'immigration dura jusqu'au XIe ou Xe millénaire av. J.-C. Ces « pionniers » américains franchirent le détroit de Béring à une époque où les températures, plus froides, firent émerger un pont naturel entre Asie et Amérique. Suivant la côte ouest, le long des Rocheuses, ces petites troupes éparpillées d'hommes préhistoriques pénétrèrent peu à peu le Nord et le Sud du continent américain. La migration dura au moins 25 000 ans. La superficie de ce continent et les vastes étendues d'eau qui le séparent du reste du monde font que les Indiens, tant dans le Nord que dans le Sud, imaginèrent longtemps être seuls au monde.
Si, à l'arrivée des premiers colons, les Indiens furent une fois pour toutes catalogués de « sauvages », notre ignorance à leur sujet aujourd'hui, quoique moins profonde, demeure impressionnante.
Contrairement à une certaine imagerie populaire, il n'y a jamais eu de « nation indienne », mais une multitude de tribus réparties sur l'ensemble du territoire nord-

américain. Les estimations, très variables, font état de 1 (peu probable) à 2 millions d'habitants avant la conquête occidentale. Le continent était si vaste qu'on estime qu'il existait plus de 1 000 langues indiennes, réparties en plusieurs grands groupes linguistiques, pour l'essentiel inintelligibles les unes aux autres. Isolés, les Amérindiens n'ont jamais mesuré l'étendue de leur diversité, mais commerçaient cependant activement entre eux et jusqu'avec le Mexique voisin. Depuis l'arrivée des Blancs, plus de 300 langues ont disparu.
Les modes de vie variaient très largement selon les milieux et les tribus. Certaines étaient sédentaires comme les Pueblos (baptisés ainsi par les Espagnols parce qu'ils habitaient dans des villages), d'autres semi-nomades, mais la plupart vivaient de chasse, de pêche et de cueillette, se déplaçant au gré du gibier et des saisons.

La découverte

En 1003, Leif Erikson (le fils d'Erik le Rouge), accompagné d'un équipage de 35 hommes, partit du sud du Groenland, récemment colonisé, pour explorer toute la côte de l'actuel Canada. D'autres expéditions suivirent, précédant des tentatives de colonisation à Terre-Neuve, où l'on en a retrouvé des vestiges. Puis les Vikings rentrèrent chez eux, victimes, semble-t-il, des attaques indiennes. Cela se passait presque 500 ans avant que Christophe Colomb ne « découvre » l'Amérique ! À notre avis, son attaché de presse était plus efficace que celui des Vikings.
Colomb, lui, cherchait un raccourci pour les Indes. La plupart des hommes cultivés de son époque étant arrivés à la conclusion que la Terre était ronde, il y avait donc forcément une autre route vers les trésors de l'Orient que celle de Vasco de Gama, même si, paradoxalement, elle se trouvait à l'ouest. D'origine génoise, Colomb vivait au Portugal, et c'est donc vers le roi Jean du Portugal qu'il se tourna pour financer son expédition. Le roi Jean n'était pas intéressé, et finalement, c'est grâce à un moine espagnol, Perez, confesseur de la reine Isabelle d'Espagne, que Colomb put approcher cette dernière et monter son expédition. Son bateau, la *Santa Maria,* ainsi que deux autres petites caravelles, la *Ninã* et la *Pinta,* partirent le 3 août 1492. La *Santa Maria,* lourde, peu maniable et lente, n'était pas le navire idéal pour ce genre d'expédition. Mais 2 mois plus tard, le 12 octobre 1492, Colomb débarquait, aux Bahamas sans doute, muni d'une lettre d'introduction... pour le grand khan de Chine ! Le roi François Ier envoya à son tour Jacques Cartier, qui, lui, fit trois voyages entre 1534 et 1541. Cartier remonta le Saint-Laurent jusqu'au Mont-Royal, où des rapides arrêtèrent son entreprise, lesquels rapides furent d'ailleurs nommés Lachine, puisque la Chine devait se trouver en amont ! Puis, en 1520, Ferdinand de Magellan découvrit le fameux détroit qui mène à l'océan Pacifique, à quelques encablures au nord du cap Horn. Ainsi, le malheur des Indiens et la colonisation de l'Amérique n'eurent pour origine que la volonté de trouver un accès alternatif vers l'Asie !

Les premières tentatives de colonisation

En 1513, Juan Ponce de León part à la recherche de la fontaine de jouvence, atteint la Floride, qu'il croit être une île ; le 7 mars 1524, le Florentin Giovanni Da Verrazano, premier envoyé de François Ier, débarque au Nouveau Monde – depuis peu baptisé *Amérique* en l'honneur de l'explorateur et géographe Amerigo Vespucci – et promptement le rebaptise *Francesca* pour honorer sa patrie d'adoption et son maître. La Nouvelle-France (futur Canada) est née. De 1539 à 1543, Hernando de Soto découvre et explore des cours d'eau comme la Savannah, l'Alabama et le majestueux Mississippi, mais il est finalement vaincu par la jungle ; au même moment, Francisco Vasquez de Coronado part du Mexique, franchit le río Grande et parcourt l'Arizona. La première tentative de christianisation par les moines de Santa Fe reçoit parallèlement le salaire du martyre chez les Indiens pueblos. Petit à petit, le cœur n'y est plus. L'or, les richesses attendues qui pourraient dissiper les hésitations ne sont pas découverts, et les milliers de volontaires nécessaires à une véritable colonisation ne se manifestent pas. Et puis, finalement, pourquoi étendre encore un empire déjà si vaste, se dit la couronne espagnole, bien installée aux Antilles, au Mexique et en Amérique centrale ?

L'arrivée des Anglais

Le premier Anglais, John Cabot, n'est pas un Anglais d'origine, mais un Génois habitant la ville de Bristol. Lui aussi recherche, en 1497, un passage vers l'Orient, et navigue le long de la côte. Faute de trouver ce fameux passage, il laissera son nom à la postérité avec la pratique du... cabotage !

Trois quarts de siècle passent, l'Angleterre est plus prospère, les querelles religieuses s'apaisent, et Elizabeth Ire est sur le trône depuis 1558. L'heure américaine a sonné. Sir Humphrey Gilbert propose d'installer une colonie en Amérique qui fournirait, au moment venu, les vivres aux marins en route pour la Chine Elizabeth lui accorde une charte, mais la colonie ne se matérialise pas.

Une nouvelle charte est accordée, cette fois à son demi-frère Sir Walter Raleigh. Il jette l'ancre près de l'île Roanoke et baptise la terre Virginia (Virginie) – du surnom de la reine Elizabeth. Mais après le premier hiver, les colons préfèrent rentrer en Angleterre. La seconde tentative a lieu un an plus tard : le 8 mai 1587, 120 colons débarquent. Un événement marque cette seconde tentative : la naissance sur le sol du Nouveau Monde – d'après le carnet de bord du bateau, avant qu'il ne reprenne la mer – de la première « Américaine », une petite fille nommée Virginia Dare (nom lourd de sous-entendus, *to dare* signifiant en anglais « oser » !). Mais c'est encore un échec, tragique cette fois-ci, car quand le bateau revient en 1590, les colons ont disparu sans laisser de traces.

Malgré ces échecs successifs, le virus du Nouveau Monde s'empare de l'Angleterre. La colonisation débute véritablement avec le successeur d'Elizabeth, Jacques Ier. Le 26 avril 1607, après 4 mois de traversée, 144 hommes et femmes remontent la rivière James dans trois navires et choisissent un lieu de mouillage, qu'ils baptisent Jamestown. C'est un aventurier-marchand de 27 ans, le capitaine John Smith, qui a combattu en Europe et sait maintenir une discipline (essentielle pour ne pas sombrer dans le désespoir), qui dirige les colons. Il s'enfonce dans le pays, fait des relevés topographiques... Le rôle d'un chef est primordial dans ce genre de situation, et l'anecdote suivante illustre bien à quel point. John Smith est capturé par les Indiens et il aura la vie sauve grâce à la fille du roi Powhatan, nommée Pocahontas. Il comprend, ayant vécu avec cette tribu, que les colons ne survivront que par la culture du « blé indien » : le maïs. À son retour parmi les siens et sur son ordre, les colons (très réticents, car ils voulaient bien chasser, chercher de l'or ou faire du troc avec les indigènes, mais pas se transformer en agriculteurs) cultivent le maïs à partir de grains offerts par les Indiens. Le maïs contribuera pour beaucoup à la culture américaine, toutes époques confondues.

La Nouvelle-Angleterre

En 1620, une nouvelle colonie est fondée par les pèlerins – *Pilgrim Fathers* – arrivés sur le *Mayflower.* Ces immigrants protestants transitent par la Hollande, fuyant les persécutions religieuses en Angleterre. Ils aspirent à un christianisme plus pur, sans les concessions dues selon eux aux séquelles du papisme que l'Église anglicane charrie dans son organisation et ses rites. Ce sont au total 100 hommes et femmes avec 31 enfants qui arrivent au cap Cod (cap de la Morue). Rien n'a préparé ces hommes et femmes à l'aventure américaine. Il faudrait pêcher, mais ils ne sont pas pêcheurs ; de plus, ils sont de piètres chasseurs et se défendent difficilement contre les Indiens, qu'ils jugent sauvages et dangereux. Plus grave encore, voulant atteindre la Virginie et sa douceur, les voilà en Nouvelle-Angleterre, une région éloignée, avec un climat rude et une terre ingrate. La moitié d'entre eux meurent le premier hiver. L'année suivante, les survivants célèbrent le tout premier *Thanksgiving* – une journée d'action de grâces et de remerciements – symbolisé par la dégustation d'une dinde sauvage. Ces immigrants austères et puritains incarnent encore dans l'Amérique d'aujourd'hui une certaine aristocratie, et nombreux sont ceux qui se réclament – ou voudraient bien se réclamer ! – d'un aïeul venu sur le *Mayflower* ! La ténacité, la volonté farouche et une implication religieuse proche de l'hystérie vont garantir le succès de cette nouvelle colonie qui compte déjà 20 000 âmes en 1660 ! Peu importe les excès des débuts, comme l'épisode de la chasse aux sorcières à Salem (1689-92), durant laquelle 150 personnes sont emprisonnées et une vingtaine pendues.

Les Français et le Nouveau Monde

C'est grâce à René-Robert Cavelier de La Salle, un explorateur français né à Rouen en 1643, que la France, elle aussi, eut, pendant une période un peu plus longue que la précédente, une part du « gâteau » nord-américain. Après avoir obtenu une concession en amont de Montréal au Canada et appris plusieurs langues indiennes, il partit explorer les Grands Lacs, puis il descendit le Mississippi jusqu'au golfe du Mexique. Il prit possession de ces nouvelles contrées pour la France et tenta d'y implanter une colonie en 1684. En l'honneur du roi Louis XIV, cette terre prit le nom de Louisiane.

Cette nouvelle colonie s'avéra être une catastrophe financière, sous un climat très malsain. La couronne française céda la concession à Antoine Crozat, qui ne la trouva pas plus rentable et qui, à son tour, vendit ses parts à un Écossais que l'histoire de France a bien connu puisqu'il s'agit de John Law, contrôleur général des Finances en France sous Louis XV, inventeur probable du crédit, du papier-monnaie... et de la banqueroute !

Grâce à l'aide de la *Banque générale* en France, il fonda en août 1717 la Compagnie de la Louisiane. Le succès fut fulgurant mais de courte durée. Devant la montée spectaculaire des actions, beaucoup prirent peur et l'inévitable krach s'ensuivit, probablement le premier de l'histoire de la finance. La ville de La Nouvelle-Orléans fut fondée en 1718 par Jean-Baptiste Le Moyne de Bienville. Un premier lot de 500 esclaves noirs fut importé en 1718, et la culture du coton commença en 1740. Puis, par un traité secret, une partie de la Louisiane fut cédée aux Espagnols en 1762, et l'autre aux Britanniques ! Les 5 552 colons français de la Louisiane de l'époque ne goûtèrent guère ce tour de passe-passe, mais dans l'ensemble, le règne dit « espagnol » fut calme et prospère. C'est d'ailleurs à cette période que les exilés d'Acadie, persécutés par les Anglais devenus maîtres du territoire, émigrèrent en Louisiane (lors d'un épisode appelé le « Grand Dérangement »).

Lors de la naissance de la jeune république américaine, désireux de s'émanciper de la couronne britannique, Benjamin Franklin vint rendre visite à Louis XVI afin de lui demander de l'aide pour les *Insurgents.* Les Français, avec La Fayette, puis avec le maréchal de Rochambeau et son corps expéditionnaire, appuyèrent avec succès les tentatives de libération de Washington contre les Anglais. La victoire de Yorktown, le 19 octobre 1781, marqua le début de la reconnaissance de l'indépendance américaine ; le traité de Versailles, signé un an plus tard, sera l'aboutissement des luttes franco-américano-anglaises sur le Nouveau Continent.

Chateaubriand vint en Amérique entre 1791 et 1792, il en décrivit quelques sites.

Après une nouvelle distribution des cartes politiques, la Louisiane « espagnole » redevint française en 1800. À peine le temps de dire ouf, et Napoléon – à court d'argent pour combattre l'ennemi héréditaire – revendit la colonie aux États-Unis le 30 avril 1803.

William Penn et les quakers

La plus sympathique implantation de l'homme blanc en Amérique fut sans conteste celle des quakers. Avec son principe de non-violence, son refus du pouvoir des

Églises quel qu'il soit, et son doute quant à la nécessité des prêtres en tant qu'intermédiaires entre l'homme et Dieu, le quaker est appelé à une liberté radicale, irrépressible puisqu'elle se fonde sur Dieu lui-même. George Fox, qui fut à l'origine de ces thèses révolutionnaires et subversives, naquit en 1624. « Songez qu'en vous il y a quelque chose de Dieu ; et ce quelque chose existant en chacun le rend digne du plus grand respect, qu'il soit croyant ou pas. » Pour mieux mesurer l'extravagance de cette déclaration de George Fox, il faut se souvenir qu'à cette époque, l'Inquisition espagnole battait son plein. *Quakers* signifie « trembleurs » (devant Dieu), et ce surnom leur fut donné par moquerie, leur véritable appellation étant *Society of Friends* (« Société des Amis »).

Hormis le célèbre paquet de céréales, c'est surtout le nom de William Penn qui vient immédiatement à l'esprit dès qu'on prononce le mot « quaker » (les deux sont d'ailleurs liés, car l'emblème de la marque de céréales est effectivement un portrait de Penn, la compagnie – à sa fondation, en 1901 – ayant choisi ce créneau de marketing pour souligner la pureté de ses produits !). Cela dit, cette compagnie n'a jamais rien eu à voir avec la *Society of Friends,* et un procès fut intenté contre eux en 1915 par les vrais quakers, sans succès d'ailleurs.

William Penn, né en 1645, est un fils de grande famille extrêmement aisée, avec moult propriétés en Irlande comme en Angleterre. À l'âge de 13 ans, il rencontre pour la première fois celui qui va marquer sa vie, Thomas Loe, quaker et très brillant prédicateur. Quittant rubans, plumes et dentelles, William ne conserve de sa tenue de gentilhomme que l'épée qu'il déposera aussi par la suite, soulignant ainsi publiquement son refus de la violence et son vœu d'égalité entre les hommes. À partir de 1668, ses vrais ennuis commencent ; il a alors 24 ans. De prisons (la Tour de Londres, entre autres) en persécutions, Penn publie rien moins que 140 livres et brochures, et plus de 2 000 lettres et documents. *Sans croix, point de couronne,* publié en 1669, sera un classique de la littérature anglaise. À la mort de son père, Penn devient Lord Shanagarry et se retrouve à la tête d'une fortune considérable. Il met aussitôt sa richesse au service de ses frères. Les quakers ont alors déjà tourné leur regard vers le Nouveau Monde afin de fuir la persécution, mais les puritains de la Nouvelle-Angleterre ressentent la présence des quakers sur leur territoire comme une invasion intolérable. Des lois antiquakers sont votées. En 1680, après avoir visité le Nouveau Monde, William Penn obtient du roi Charles II (en remboursement des sommes considérables que l'État devait à son père) le droit de fonder une nouvelle colonie sur un vaste territoire qui va devenir la Pennsylvanie (« forêt de Penn », une terre presque aussi grande que l'Angleterre).

Les Indiens qui occupent cette nouvelle colonie se nomment Lenni Lenape (ou Delaware), parlent l'algonquin et sont des semi-nomades. Penn et les quakers établissent avec eux des relations d'amour fraternel, et le nom de leur capitale, Philadelphie, est choisi pour ce qu'il signifie en grec (« ville de la Fraternité »). Penn apprend leur langue, ainsi que d'autres dialectes indiens. Dans sa maison de Pennsbury Park, il y a souvent une foule étrange : des Indiens par dizaines, parfois par centaines ! Le fait qu'ils soient peints et armés n'effraie personne. Ils règlent les questions d'intérêt commun avec Onas, c'est-à-dire avec Penn (*onas* veut dire « plume » en algonquin, *pen* signifiant « plume » en anglais). La non-violence étant l'une des pierres d'angle des principes quakers, les Indiens auraient pu massacrer toute la colonie en un clin d'œil. Mais tant que les principes quakers ont dominé, les deux communautés vécurent en parfaite harmonie.

Les anecdotes sur les rapports entre les quakers et les Indiens sont nombreuses, et c'est certainement aussi l'esprit des deux communautés qui les a rapprochées. Car, si d'un côté les Indiens étaient très primitifs matériellement parlant, leur art de vivre et leur spiritualité étaient très raffinés.

La « Boston Tea Party » et l'indépendance

Dès 1763, une crise se dessine entre l'Angleterre et les nouvelles colonies, qui sont de plus en plus prospères. Le 16 décembre 1773, sur fond de montée nationaliste, l'adoption d'une série très impopulaire de taxes et de mesures par la Couronne déclenche la « Boston Tea Party ». Des colons, déguisés en Indiens, montent sur trois navires anglais amarrés dans le port de Boston, et jettent par-dessus bord leur cargaison de thé.

Au-delà de la péripétie, l'événement fait date. Les armes font leur entrée en scène en 1775 et, le 4 juillet 1776, la Déclaration d'indépendance, rédigée par Thomas Jefferson, est votée par les 13 colonies. Le fondement de la Déclaration est la philosophie des droits naturels qui explique que Dieu a créé un ordre, dit naturel, et que, grâce à la raison dont il est doué, tout homme peut en découvrir les principes. De plus, tous les hommes sont libres et égaux devant ces lois. En 1778, les Français signent deux traités d'alliance avec les « rebelles » ; en 1779, l'Espagne entre en guerre contre l'Angleterre. Mais il faut attendre le 3 septembre 1783 pour la signature d'un traité de paix entre l'Angleterre et les États-Unis, conclu à Paris. Les États-Unis, par la suite, s'étendent et les Indiens sont rejetés de plus en plus vers les terres désertiques de l'Ouest, tandis que la France vend la Louisiane et qu'un nouveau conflit se dessine : la guerre civile.

LE CRIME DU PREMIER AMÉRICAIN

En 1754, George Washington, alors officier de l'armée britannique, dut affronter une troupe française. L'officier en face, le seigneur de Jumonville, décida de parlementer et s'approcha des troupes anglaises avec le drapeau blanc. Sans respecter les règles militaires, George Washington ouvrit le feu, tuant l'officier français et neuf de ses soldats. Le premier président des États-Unis traînera ce crime toute sa vie.

L'esclavagisme et la guerre de Sécession

L'idée même de l'esclavagisme remonte à la nuit des temps, et même les Grecs les plus humanistes, durant l'âge d'or de leur civilisation, n'ont jamais douté du fait que l'humanité se divisait naturellement en deux catégories : les hommes qui devaient assumer les tâches lourdes et l'élite qui pouvait ainsi cultiver les arts, la littérature et la philosophie. L'aspect immoral de la vente d'un homme n'est pas la vraie raison de la guerre de Sécession, contrairement à une certaine imagerie populaire. Abraham Lincoln n'avait que peu de sympathie pour la « cause noire », la libération des esclaves ne s'inscrivant alors que dans le cadre du combat contre le Sud. Il déclara à ce sujet : « Mon objectif essentiel dans ce conflit est de sauver l'Union... Si je pouvais sauver l'Union sans libérer aucun esclave, je le ferais... ». L'histoire a, évidemment, oublié cette phrase. D'ailleurs, il n'est pas si difficile pour les nordistes de se déclarer contre l'esclavage (ils ne recensent que 18 esclaves contre 4 millions au Sud !).

Les sudistes portent l'uniforme gris tandis que celui des nordistes est bleu. Bien qu'ils soutiennent les Noirs, les nordistes n'hésitent pas à massacrer les Indiens. Tout ça pour dire que les Bleus ne sont pas si blancs et les Gris pas vraiment noirs... Pour être juste, cette guerre civile doit être présentée comme une guerre culturelle, un affrontement entre deux types de société. L'une – celle du Sud –, aristocratique, fondée sur l'argent « facile », très latine dans ses racines françaises et espagnoles, était une société à l'identité forte, très attachée à sa terre. L'autre – celle du Nord –, laborieuse, austère, puritaine, extrêmement mobile, se déplace au gré des possibilités d'emploi, avec des rêves de grandeur nationale, mais dépourvue de ce sentiment d'appartenir profondément à « sa » terre.

Ce grave conflit est l'accident le plus douloureux qui émaille l'histoire de l'Amérique. Ses origines peuvent s'analyser rationnellement, mais son déclenchement relève de l'irrationnel.

Le détonateur est l'élection de Lincoln. Le conflit dura de 1861 à 1865, faisant en tout 630 000 morts et 400 000 blessés. C'est aussi la première guerre « moderne »

– mettant aux prises des navires cuirassés, des fusils à répétition, des mitrailleuses et des ébauches de sous-marins. Mais plus que tout, cette lutte fratricide fut le théâtre de scènes d'une rare violence. Deux profonds changements dans la société américaine sont issus de cette guerre civile : le premier est l'abolition de l'esclavage le 18 décembre 1865, et le second sera la volonté de l'Union de représenter et de garantir désormais une forme de démocratie. Lincoln en sort grandi et devient un héros national. Son assassinat, le 14 avril 1865, par John Wilkes Booth – un acteur qui veut par son geste venger le Sud – le « canonise » dans son rôle de « père de la nation américaine ».
Il reste que presque 150 ans plus tard, les Noirs américains et les *natives,* c'est-à-dire les Indiens, sont toujours partiellement en marge du « grand rêve américain » (les seconds surtout). La drogue, les ghettos, le manque d'éducation, la misère sont encore en partie leur lot, ce qui hante et culpabilise maintenant l'« autre Amérique ».

L'immigration massive

À travers tout le XIXe s et le début du XXe s, le Nouveau Monde attire des immigrants en provenance du monde entier, mais principalement d'Europe. En 1790, on compte 4 millions d'habitants ; en 1860, ils sont 31 millions. Entre 1865 et 1914, la population triple encore pour atteindre 95 millions. Il y a autant de raisons historiques pour cette vaste immigration que de peuples et de pays concernés. Mais c'est toujours la persécution – religieuse ou politique – et la misère qui sont les facteurs principaux de cette immigration, qu'elle soit juive, russe, d'Europe centrale, italienne ou allemande. En 1973, quand le jeu des mariages interraciaux était moins prononcé, la mosaïque ethnique était la suivante : 88 % de Blancs, 10,5 % de Noirs et 1,5 % de *natives* (Indiens autochtones) et d'Asiatiques. Aujourd'hui, on peut encore trouver des bastions, comme la « Bible Belt » – la Ceinture biblique – qui s'étend à travers le centre des États-Unis et est essentiellement germano-britannique de confession protestante, ou des minorités peu exogames qui « annexent » des quartiers précis dans les grandes métropoles. Mais de plus en plus, l'arbre généalogique des Américains devient un kaléidoscope ethnique complexe. Et il est probable que, à moyen terme, naîtra de ce melting-pot une nouvelle ethnie unique dans l'histoire de l'homme. En attendant, on observe une certaine radicalisation entre, d'un côté, les traditionalistes anglo-saxons des campagnes et, de l'autre, une Amérique moderne et multiculturelle, plus urbaine.

L'arrivée dans le club des Grands

Au lendemain de la guerre de 1914-1918, la suprématie de la Grande-Bretagne est en déclin, et les États-Unis comptent désormais sur l'échiquier mondial. En 1919, l'alcool est prohibé par le 18e amendement à la Constitution. La fabrication, la vente et le transport des boissons alcoolisées sont interdits. La corruption est inévitable : règlements de comptes, trafics d'alcool, insécurité, prostitution. La prohibition fait mal au puritanisme américain. Roosevelt, dès son élection en 1933, fait abolir l'amendement, soucieux de donner un nouvel élan au pays.
Les années 1920 sont celles des Années folles. Pendant que les intellectuels américains se produisent dans les bars et les salons parisiens, la spéculation boursière s'envole et l'Amérique danse sur la nouvelle musique qui va ouvrir la voie à d'autres musiques populaires : le jazz. Les femmes, grâce aux efforts des suffragettes, obtiennent le droit de vote. Mais cette grande euphorie se termine tragiquement en octobre 1929, avec le krach de Wall Street. Le monde est choqué par les images d'hommes d'affaires ruinés sautant par les fenêtres des gratte-ciel, ou les concours de danse-marathon (les participants dansent jusqu'à épuisement pour une poignée de dollars), fait illustré par le film admirable *On achève bien les chevaux...*
Cette époque est aussi très noire pour les petits exploitants agricoles, touchés par les tempêtes de poussière récurrentes du « Dust Bowl », la première cata-

strophe écologique du siècle, provoquée par un excès de labours. Beaucoup doivent quitter leurs terres émigrant vers l'eldorado californien. Steinbeck a laissé un témoignage poignant de leur réalité dans *Les Raisins de la colère.* L'auteur-compositeur-interprète Woody Guthrie aussi. Devenu clochard *(hobo)* par la force des circonstances, il passa la Grande Dépression à voyager clandestinement sur les longs et lents trains sillonnant les États-Unis, en compagnie de sa guitare, narrant le quotidien des gens à cette période. Guthrie fut le père de la *folk song* et inspira le mouvement contestataire et le renouveau folk des années 1960 (il était, entre autres, l'idole de Bob Dylan).

McCarthy et les listes noires

Sur fond de Seconde Guerre mondiale, le « New Deal » de Franklin D. Roosevelt et la nouvelle donne mondiale guérissent peu à peu l'économie des États-Unis, ouvrant une nouvelle ère de prospérité avec le retour de la paix. Les années 1950 sont aussi, cependant, celles de Joseph McCarthy et de ses listes noires. Le communisme honni, antithèse de l'esprit de libre entreprise et des valeurs fondamentales américaines, est pourchassé à tout crin. L'Amérique craint d'autant plus le communisme que les intellectuels de l'époque sont fascinés par cette doctrine d'approche humaniste et généreuse. Les listes noires frappent essentiellement le milieu du cinéma et instaurent un climat de peur et de malveillance. Le grand Cecil B. De Mille, entre autres, se révèle être un grand délateur, ainsi qu'Élia Kazan, l'auteur de *Sur les quais* et *Viva Zapata.* Des réalisateurs comme Jules Dassin, Joseph Losey ou John Berry décident d'émigrer en Europe.

La ségrégation

Les barrières de la ségrégation commencent officiellement à s'estomper dès 1953, date à laquelle la Cour suprême décide de mettre fin à la ségrégation au sein du système scolaire. Ce premier chamboulement n'empêche pas de nombreuses autres mesures discriminatoires de s'appliquer encore, notamment dans les États du Sud. Martin Luther King, pasteur à Montgomery (Alabama), lance en 1955 le boycottage des autobus de cette ville sudiste, à la suite de l'arrestation d'une femme noire, Rosa Parks, qui a refusé de céder sa place dans le bus à un passager blanc. L'écho des protestations gagne un retentissement international. Fin 1958, une nouvelle décision de la Cour suprême donne raison au mouvement antiségrégationniste, interdisant toute discrimination dans les transports publics. Le mouvement des Droits civiques, organisé autour de Martin Luther King, donne raison à la non-violence, malgré la concurrence de groupes plus radicaux (comme les *Black Panthers*). Un an après la marche historique sur Washington, le 28 août 1963, le prix Nobel de la paix décerné à Martin Luther King récompense, à travers lui, la cause de l'égalité des hommes. Une prise de conscience nationale prend forme. L'assassinat de Martin Luther King, le 4 avril 1968 à Memphis, n'arrête pas le mouvement.

Le mal de vivre

La *beat generation* apparaît autour de 1960. À sa tête, des écrivains tels que Jack Kerouac et des poètes comme Allen Ginsberg. D'origine québécoise, issu d'ancêtres bretons, élevé à Lowell (Massachusetts), Kerouac s'appelle en réalité Jean-Louis Lebris de Kerouac et sa langue maternelle est le français du Québec. Sa famille l'appelle Ti-Jean. Insurgée, éprise de liberté, détachée des biens matériels, la *beat generation* prend la route à la recherche d'un mode de vie alternatif. L'opulence de la société liée à un cortège d'injustices a créé un refus, chez les jeunes, du monde dit « adulte ». Pendant que les premiers beatniks rêvent de refaire un monde plus juste en écoutant les héritiers de Woody Guthrie (Joan

Baez et Bob Dylan), le rock'n roll a déjà pris ses marques. Il a fait irruption dès 1956 dans la musique populaire avec Elvis Presley.
Symbole d'une autre révolte, très différente de celle des beatniks, le rock'n roll exprime certes un refus des valeurs institutionnelles mais sans offrir de solutions, se contentant de condamner le monde adulte.
C'est James Dean, dans *Rebel Without a Cause* (chez nous *La Fureur de vivre*, un beau contresens), qui exprime peut-être le mieux le malaise de l'ensemble de la jeunesse. Jimmy Dean devient, après sa mort violente et prématurée, l'incarnation même du fantasme adolescent de « faire un beau cadavre » plutôt que de mal vieillir, c'est-à-dire le refus des compromis immoraux de la société.
Les années 1960 marquent aussi l'apparition de la musique noire, enfin chantée par des Noirs, dans ce qu'on peut appeler le « Top blanc ». Auparavant, il y avait des radios « noires » et des radios « blanches », et les succès « noirs » ne traversaient la frontière culturelle que quand des chanteurs blancs reprenaient à leur compte ces chansons. Il est aussi intéressant de noter que Presley doit une partie de son succès au fait qu'il est un Blanc chantant avec une voix « noire ».

Contestation et renouveau

Les années 1960 sont presque partout dans le monde des années de contestation. Ce sont aussi des années pas très clean : affaire de la baie des Cochons à Cuba, début de la guerre du Vietnam sous John Kennedy, dont le mythe se révèle aujourd'hui fort ébréché (liens avec la mafia, solutions envisagées au problème « Fidel Castro », etc.), mort suspecte de Marilyn Monroe (menaçait-elle la sécurité de l'État ?). L'assassinat du président John F. Kennedy à Dallas, en 1963, marque vraiment la fin d'une vision saine de la politique pour un aperçu bien plus machiavélique du pouvoir.
Les beatniks laissent la place aux hippies, et le refus du monde politique est concrétisé par le grand retour à la campagne afin de s'extraire d'une société dont les principes sont devenus trop contestables. Tout le monde rêve d'aller à San Francisco avec des fleurs plein les cheveux, et en attendant, les appelés brûlent leur convocation militaire pour le Vietnam.
L'échec américain dans la guerre du Vietnam est aussi l'un des corollaires de cette prise de conscience politique de la jeunesse. La soif de « pureté » et de grands sentiments a sa part dans la chute de Richard Nixon qui, en somme, n'a fait que tenter de couvrir ses subordonnés dans une affaire de tables d'écoute – la plupart des hommes politiques français ont agi de même sans jamais avoir été inquiétés. Le président Jimmy Carter est l'incarnation de la naïveté et du laxisme... notamment au Moyen-Orient, au moment de l'affaire des otages. L'Amérique montre alors au monde le visage d'une nation victime de ses contradictions, affaiblie par sa propre opinion publique et en pleine récession économique.

L'ÉCHEC DE WOODSTOCK

Le mythique festival de Woodstock, grand rassemblement hippie de l'été 1969, fut en fait un échec commercial cuisant. À cause du nombre de spectateurs (450 000 au lieu des 50 000 initialement prévus), la logistique se révéla vite inopérante : eau, sanitaires, infrastructure et même sono... plus rien ne fonctionnait. Toutes les routes d'accès étaient bloquées. L'émeute fut évitée de justesse grâce à un hélicoptère de l'US Army qui put transporter les artistes. Il devint rapidement impossible de faire payer les spectateurs... Résultat : un gouffre financier de 2,4 millions de dollars. Heureusement, le film et les disques ont réussi à combler le déficit, mais bien plus tard.

Les années 1980 marquent un profond renouveau dans l'esprit américain. L'élection de l'acteur (Ronald Reagan) à la place du « clown » (Carter), comme le prônent les slogans, redonne au pays l'image du profil « cow-boy ». La récession se résorbe et l'industrie est relancée. Mais de nouvelles lois fiscales élargissent le fossé entre les pauvres et les riches. Plus présente que jamais, l'Amérique des perdants se décline en un nombre scandaleux de *homeless* (sans domicile fixe), abandonnés à eux-mêmes. L'« autre Amérique », en harmonie avec Reagan, se passionne pour l'aérobic et la santé. L'apparition du sida marque la fin des années de liberté sexuelle. Pour les ultrareligieux, l'épidémie est un nouveau pain béni brandi comme l'ultime châtiment divin envers une société qui s'est éloignée de ses valeurs traditionnelles.

Ordre mondial et désordre national

La chute du mur de Berlin et l'effondrement de l'URSS consacrent les États-Unis unique superpuissance. Bush père put ainsi entraîner une vaste coalition dans la première guerre du Golfe en 1991. Mais pendant que les soldats américains libèrent le Koweit, les conditions de vie aux États-Unis continuent à se détériorer : chômage galopant, aides sociales supprimées, violence accrue, propagation des drogues dures et du sida, etc. Les émeutes de Los Angeles (et d'ailleurs) révèlent aux Américains le fiasco total des républicains. Aux présidentielles de novembre 1992, le peuple américain, déçu, sanctionne Bush, l'un des rares à ne faire qu'un mandat. Le nouveau président, le démocrate Bill Clinton, est à l'opposé de ses prédécesseurs : jeune, proche des petites gens, il incarne cette génération du Vietnam pacifiste, davantage soucieuse d'écologie et qui tend à donner plus de responsabilités aux femmes et aux représentants des minorités ethniques ; en un mot, il incarne une nouvelle manière de diriger.

Le bilan de 8 années de présidence se révèle toutefois contrasté : une croissance fantastique, une annihilation du déficit public, des créations d'emploi, mais aussi un échec de la politique de protection sociale. À l'extérieur, ce sont des interventions tous azimuts, en Bosnie, en Israël, en Irak, en Afrique, etc. Clinton a été réélu en novembre 1996, en ne faisant qu'une bouchée de son rival, Bob Dole. Clinton défenseur du monde, voilà l'image que l'opinion publique américaine aura retenue de ses deux mandats, en partie assombris par le Monicagate.

Bush-Gore : coude à coude historique

L'élection présidentielle de novembre 2000 présente à priori peu d'intérêt. Entre Al Gore et le Texan George W. Bush, les Américains tergiversent longtemps. Les sondages annoncent un scrutin serré mais sans se douter à quel point... Après un mois de péripéties politico-judiciaires sur la validité du scrutin en Floride, la polémique s'achève à la Cour suprême des États-Unis, qui intronise officiellement George W. Bush comme 43e président des États-Unis.

Mardi 11 septembre 2001 : l'acte de guerre

Beaucoup pensent que le 11 septembre 2001 a marqué d'une pierre noire l'entrée dans le XXIe s. Ce matin-là, quatre avions détournés par des terroristes kamikazes sont transformés en bombes volantes. Deux avions s'écrasent sur les Twin Towers, symbole de New York et de la toute-puissance économique américaine. Le troisième sur le Pentagone à Washington, comme un défi à sa puissance militaire. Le dernier appareil, quant à lui, se crashe en Pennsylvanie, mais sa cible devait être la Maison-Blanche ou le Capitole. C'est la plus grosse attaque terroriste jamais commise contre un État. Aucun scénariste de film catastrophe hollywoodien n'aurait pu imaginer cela. Le bilan est tragique : près de 3 000 morts et autant de blessés. Pour la première fois depuis près de deux siècles (Pearl Harbor mis à part), les États-Unis sont victimes d'un acte de guerre sur leur propre sol. Acte hautement symbolique ; l'agresseur n'est pas un État, mais une nébuleuse de fanatiques invisibles, en guerre au nom des valeurs les plus archaïques de l'islam et dont les membres sont prêts au sacrifice suprême, contre tout ce qui représente le mode de vie occidental. L'ennemi public n° 1 des États-Unis, Oussama Ben Laden, milliardaire intégriste musulman d'origine saoudienne et réfugié en Afghanistan sous la protection des talibans, est immédiatement désigné comme le principal suspect. Paradoxalement, c'est un « produit *made in USA* » : dans les années 1980, lors du premier conflit en Afghanistan, il a été formé et armé par la CIA pour lutter contre l'ennemi commun de l'époque, l'Union soviétique.

L'entourage ultraconservateur de George W. Bush en conçoit une nouvelle doctrine de politique étrangère américaine basée sur l'existence d'un « axe du Mal ». C'est le signal d'un revirement de la politique étrangère : désormais, les « États voyous » (Corée du Nord, Iran, Irak) se retrouvent dans le collimateur des faucons de Washington. Première cible : l'Afghanistan, avec l'objectif de traquer sans relâche les réseaux de Ben Laden et d'éliminer le régime des talibans qui lui ont donné refuge... Médiocre résultat.

Dans la foulée de la logique de lutte contre le terrorisme, Bush demande au FBI et à la CIA de lui fournir des arguments pour s'attaquer à sa deuxième cible : l'Irak de Saddam Hussein, que la guerre de son papa, en 1991, n'a pas réussi à destituer.

Mais où sont donc passées les armes de destruction massive ?

Dès l'été 2002, l'Amérique de Bush va se débarrasser d'un tyran sanguinaire qui asservit son peuple depuis plus de 20 ans. Mais pour faire la guerre et recevoir l'aval du Congrès et des alliés des États-Unis, il faut des motifs probants. Malgré l'embargo dont l'Irak est frappé depuis 12 ans, on s'emploie donc à démontrer que Saddam mitonne dans son arrière-cuisine quelques programmes de développement d'armes de destruction massive (nucléaire, chimique et biologique) et qu'à coup sûr, il doit être de mèche avec Oussama Ben Laden. Quelques voix s'élèvent du côté des artistes ou des intellectuels (Sean Penn ou Norman Mailer), mettant en doute la légitimité d'une telle guerre, mais elles se retrouvent vilipendées par les médias de Rupert Murdoch, aux ordres du Pentagone.

Le principal soutien international de George W. Bush s'appelle Tony Blair, le Premier ministre britannique. Les autres membres permanents du Conseil de sécurité, France, Russie et Chine, soutenus par des ex-alliés traditionnels des États-Unis (Allemagne, Mexique, Canada) renâclent à partir en croisade, mettant en doute l'idée reçue que le programme militaire irakien présente un danger pour la communauté internationale.

En 2003, la diplomatie vire à l'échec ; Bush and Co décident de se passer de la légitimité internationale pour s'engager dans le conflit. En 19 jours, le régime de Saddam s'effondre. Les Américains sont plutôt bien accueillis par des Irakiens pas fâchés de se débarrasser du tyran et de sa clique de profiteurs (surtout au Kurdistan).

La tâche qui consiste à pacifier le pays démarre. Mais les occupants ont du mal à se concilier la coopération des anciens cadres du régime, qui ne sont plus payés. Les réseaux d'entraide chiites du sud du pays en font plus pour réorganiser la vie quotidienne que les administrateurs venus de Washington.

Si les pertes anglo-américaines sont restées légères pendant les combats, dès juin 2003, avec l'accumulation des GI's qui tombent sous les embuscades, les attentats-suicide et le coût pharaonique de la guerre, l'opinion commence à se poser des questions sur les raisons qui ont conduit au conflit et la présence toujours non prouvée des fameuses armes de destruction massive. Petit à petit se profile sournoisement le spectre de l'enlisement de l'armée (comme au Vietnam).

En décembre 2003, Saddam est finalement capturé. Son procès commence fin 2005 et il sera condamné à mort un an plus tard.

…sh II : *bis repetita...*

…e présidentielle de 2004 commence tôt, avec, côté républicain, le …ush-Cheney » reconduit et, chez les démocrates, John Kerry, sénateur …olique du Massachusetts, brillant étudiant à Yale et ex-héros du Vietnam.
Les républicains s'appuient sur un électorat très à droite, dont les patriotes traumatisés par le *Nine-Eleven,* convaincus que la « guerre contre le terrorisme » prime sur tout le reste. Kerry se fait critiquer sur ses états de service au Vietnam (alors que Bush s'est planqué), sur sa versatilité dans sa carrière sénatoriale et sur sa propension à intellectualiser à l'excès ses discours.
En mai, *Fahrenheit 9/11,* le brûlot de Michael Moore contre *Bush & Cie,* remporte la Palme d'or à Cannes. Un vrai missile de croisière lancé en pleine campagne électorale !
Les débats télévisés révèlent un Kerry présidentiable, à l'aise en économie et dénonçant l'aventure irakienne comme une tragique erreur de jugement, alors que Bush ne fait qu'ânonner les mêmes slogans éculés depuis 3 ans. La cote du démocrate remonte jusqu'à talonner alors Bush. Rarement une élection américaine aura autant tenu le monde en haleine. Le 2 novembre, après quelques heures de flottement du côté de l'Ohio, Bush remporte l'élection, avec au total plus de 3,5 millions de voix d'avance. Presque un plébiscite comparé à 2000...
L'Amérique est coupée en deux. Côté pouvoir, le système des valeurs met la barre à droite, toute ! À l'unilatéralisme sans états d'âme à l'extérieur vient s'ajouter la prééminence des critères moraux et religieux sur l'emploi ou l'économie. On fait des coupes sombres dans les budgets fédéraux. La référence à Dieu émaille tous les discours, la Bible fait jeu égal avec les théories de l'évolution dans les programmes scolaires, des États remettent en cause le droit à l'avortement, les gays et les lesbiennes sont priés d'aller s'unir ailleurs, et les retraités sont entraînés à placer leurs économies sur les actions des entreprises liées à la sécurité pour espérer survivre dignement. Sans parler de la couverture santé, dont 40 millions d'Américains doivent se passer.
Et la « Liberté » poursuit sa marche écrasante en Irak avec, il est vrai, des élections libres (et suivies par une large majorité de la population) mais qui ont du mal à déboucher sur la constitution d'une équipe gouvernementale représentative. Avec l'exacerbation des clivages religieux (chiites et sunnites), le pays reste plongé dans le chaos. Résultat : un bilan humain tragique. Depuis 2003, on dénombre au moins près de 100 000 victimes dans la population civile irakienne et plus de 4 300 morts côté GI's.

Yes we can !

Le deuxième mandat de George W. Bush s'achève dans un marasme sans précédent dans l'histoire américaine : la cote du président sortant ne dépasse guère les 20 % de satisfaction. L'enlisement en Irak et en Afghanistan est total, et le monde craint que de nouvelles menaces à l'encontre de l'Iran ne mènent à une autre aventure militaire encore plus hasardeuse. Les indicateurs économiques sont mauvais, et dès 2007 éclate la crise des *subprimes.* De nombreux Américains de la classe moyenne se sont endettés pour acquérir leur maison ou leur rutilant 4x4, en contractant des prêts à taux de remboursement variables. Ces créances des sociétés immobilières sont revendues aux banques, qui les transforment en titres et les portent comme actifs dans leurs bilans comptables. La campagne électorale démarre très tôt : on pense que le tour final se soldera par un face à face entre Hillary Clinton et l'ancien maire de New York et héros du 11 Septembre, Rudolph Giuliani. Du côté républicain, John McCain, 72 ans, fils d'amiral et héros de la guerre du Vietnam, s'impose rapidement. Côté démocrate, une primaire interminable met aux prises l'ex-First Lady, sénatrice de l'État de New York et soutenue par son Bill de mari, avec un quasi inconnu du grand public, Barack Obama, sénateur de l'Illinois,

diplômé d'Harvard tout de même, et qui a la particularité d'être un métis né à Haw d'un père kenyan et d'une mère américaine, originaire du Kansas.
Un choix doublement inédit dans la politique américaine, entre une femme briguant l'investiture suprême et un homme assimilé aux minorités afro-américaines. Tout un symbole après l'esclavage et la ségrégation raciale.
Après une âpre lutte où la supposée expérience du pouvoir de l'ex-locataire de la Maison-Blanche affronte le besoin de changement prôné par l'ancien travailleur social des quartiers pauvres de Chicago, c'est Obama qui l'emporte, surfant sur une vague populaire qui rassemble autant les minorités ethniques que la classe moyenne blanche.
Après l'investiture à Denver en août, et le choix de Joe Biden comme colistier (un vieux routier du Congrès), son équipe fait le choix judicieux de ne pas faire appel aux fonds publics, ce qui a pour avantage de ne pas limiter son plafond de dépenses. Au total, grâce notamment à Internet, il récolte plus de 605 millions de dollars, soit plus que le total des fonds non publics ramassés par Bush et Kerry en 2004 ! En septembre, les sondages donnent Obama et McCain au coude à coude. Surviennent alors, coup sur coup, deux événements qui vont faire pencher définitivement la balance en faveur du candidat démocrate. Dans le besoin de se conforter la partie la plus conservatrice de son électorat, McCain se dote d'une colistière inconnue, Sarah Palin, gouverneure du lointain État d'Alaska, chasseuse de caribous, antiécologiste, antiavortement, antiminorités (mais propétrole) et mère de famille nombreuse. Si, au départ, ce choix semblait constituer un joli coup de marketing politique, le pétard se révèle rapidement mouillé du fait des gaffes accumulées par la pittoresque candidate, dont la capacité à succéder éventuellement à un président âgé est rapidement mise en doute. Mais le pire était encore à venir : une crise financière majeure éclate à la mi-septembre, crise des institutions bancaires qui entraîne, sans doute par effet boule de neige, l'économie mondiale vers une récession de longue durée.
C'est dans ce contexte sinistré que s'achève la campagne électorale. Les Américains veulent croire en un espoir de redressement, et Barack Obama incarne clairement cette aspiration au renouveau. Favori des sondages, il l'emporte confortablement le 4 novembre 2008, avec près de 200 grands électeurs de plus que McCain. Jamais une élection présidentielle n'a suscité une telle mobilisation aux États-Unis : deux Américains sur trois ont voté. Et jamais une victoire électorale n'a autant passionné le monde entier. Par son charisme, sa jeunesse, son sérieux, son imperturbable self-control et la couleur de sa peau, nul doute que le 44e président des États-Unis a beaucoup d'atouts pour marquer l'histoire de son pays et, par extension, influencer l'avenir de la planète tout entière. Quant à l'Amérique, par ce vote historique, avant de se réconcilier avec le monde, elle s'est surtout réconciliée avec elle-même.

2009-2010 : l'embrayage patine

Dès les premiers jours suivant son investiture, en raison du nouveau rêve américain qu'il incarne, le président Obama a été placé au pied du mur pour se montrer à la hauteur de la confiance accordée par plus de 52 % des Américains. Une tâche ardue, compte tenu du marasme économique dans lequel se trouve le pays et des attentes énormes de la population, dans tous les domaines. L'héritage de la période Bush est particulièrement lourd à gérer. L'état de grâce dissipé, Obama a dû faire face aux premières contestations de sa politique et voir défiler sous ses propres fenêtres, à Washington, des cohortes d'opposants à sa politique, événement inimaginable au lendemain de son élection. Les problèmes surgissent tous azimuts, sans lui laisser le temps de souffler, et ses adversaires républicains ne lui font pas de cadeaux.
Malgré la signature d'un décret au début de son mandat, la question de la fermeture de Guantanamo tarde à venir : initialement prévue pour janvier 2010, puis à l'été suivant, elle est encore reportée.
Les guerres extérieures, horriblement coûteuses, s'enlisent, et même si le retrait d'Irak est programmé, le spectre d'un départ des troupes d'Afghanistan, à la « viet-

près 8 ans de présence, se profile sournoisement, malgré la demande généraux du Pentagone pour augmenter les renforts dans ce pays et ril taliban. Hélas, l'armée américaine y multiplie toujours les bavures d'une population qui a du mal à croire à un modèle démocratique geant la corruption et la fraude électorale en système, comme en témoigne la douloureuse réélection d'Hamid Karzai en 2009 sous le feu des accusations de fraude massive.

Mais c'est surtout au problème de la réforme du système de santé américain, un de ses principaux thèmes de campagne, que le 44e président des États-Unis a été confronté : son ambition de donner une couverture médicale aux 46 millions d'Américains qui en sont dépourvus représente un coût de plus de 900 milliards de dollars, financé notamment par l'abandon des réductions d'impôts accordées par l'administration Bush aux plus hauts revenus. À l'heure où le taux de chômage flirte avec les 10 % et où les plans sociaux se multiplient, le coût de cette réforme a été d'autant moins facile à approuver que les Américains, irrémédiablement accrochés à l'individualisme au nom de leur sacro-sainte liberté, ont encore du mal avec l'idée d'une solidarité sociale. Obama est même traité par ses opposants de « socialiste » ou pire, de « Français », et cela même dans son propre camp. Sur ce thème, le soutien indéfectible du vieux lion démocrate disparu, Edward Kennedy, fut à peine compensé par le ralliement à sa réforme d'Arnold Schwarzenegger, gouverneur de Californie. Cela dit, après une véritable guérilla sociétale de la part de ses opposants et un dernier couac juridique, Barack Obama a enfin pu faire adopter sa réforme en 2010. Une victoire historique, même si cette réforme a été en partie édulcorée afin de faciliter son passage, quasiment au forceps !

Enfin, la question environnementale, autre enjeu de la campagne, constitue une autre difficulté de taille pour Obama : beaucoup de promesses ont été faites, notamment dans le domaine des énergies vertes et de la création de « green jobs », mais le président est encore attendu au tournant. L'échec de la candidature de sa ville, Chicago, à l'organisation des J.O. de 2016 a également été perçu comme un mauvais signe.

Mais sa plus grande difficulté en 2010, c'est sans aucun doute sa gestion de la gigantesque marée noire déclenchée par l'explosion en avril d'une plate-forme pétrolière dans le golfe du Mexique, à 70 km des côtes de la Louisiane. La plus grande marée noire que les États-Unis ont jamais connue a fait l'objet d'une série de cafouillages sans précédent de la part de la société britannique *BP (British Petroleum)* qui, pendant des semaines, ne savait tout simplement pas comment arrêter les millions de litres de pétrole s'écoulant dans la mer, tout en minimisant les fuites, beaucoup plus graves qu'annoncées, et en faisant appel à tous les Géo Trouvetout de la planète pour tenter de trouver des solutions... Excédé, Barack Obama a fustigé le consortium pour son incompétence, tout en se voyant reprocher la sienne par ses opposants, les autorités de Louisiane et une partie de ses habitants, réveillant ainsi l'idée selon laquelle le président était un de ces technocrates dont regorge le parti démocrate. Il en est même presque arrivé à faire oublier la gestion calamiteuse de l'ouragan Katrina par George Bush en 2005...

LES INDIENS

« Quand vous êtes arrivés, dit le vieil Indien,
nous avions la terre, vous aviez la Bible.
Vous avez dit : « Fermons les yeux, prions ensemble. »
Quand nous avons ouvert les yeux,
nous avions la Bible, vous aviez la terre. »

Comprendre ne veut pas forcément dire pardonner. La majorité des immigrants européens, défavorisés, démunis, croyants fanatiques et sans éducation, débarquaient avec l'espoir d'une vie meilleure comme seul bagage, ayant – pour part – été persécutés sur leurs terres d'origine. Or qui dit persécuté dit, éventuellement, persécuteur...

En l'occurrence, c'est ce qu'ils furent pour les populations indigènes de ce « Nouveau Monde », pour qui il eût sans doute mieux valu que le Blanc restât là où il se trouvait... Les Indiens n'avaient aucune notion de propriété, et la Terre était leur « mère ». Ils ne possédaient aucune notion non plus de la mentalité, ni des lois, ni des règles régissant les sociétés européennes d'où venaient ces nouveaux arrivants. Il fut enfantin, dans un premier temps, de déposséder les Indiens de leurs terres contre quelques verroteries. Ces derniers s'en amusaient, un peu comme l'escroc qui vend la tour Eiffel : ils obtenaient des objets inconnus, donc fascinants, en échange de ce qui ne pouvait en aucun cas être vendu dans leur esprit. Avide de nouveaux espaces et de richesse, le Blanc ne chercha pas à s'entendre avec l'Indien. Le fusil étant supérieur aux flèches, il s'empara de ses terres sans rencontrer trop d'obstacles. On tua l'Indien physiquement, bien sûr, mais aussi économiquement et culturellement, quand la situation exigeait des procédés plus sournois. Les Indiens auraient pourtant pu au début – et sans aucun problème – rejeter ces nouveaux venus à la mer. Au lieu de cela, des tribus permirent aux colons de survivre, notamment en leur apprenant à cultiver le maïs. Certains leur en furent reconnaissants, mais en général, dans l'esprit des Européens de l'époque, le « bon sauvage » servait d'intermédiaire entre eux et ce nouveau monde inconnu et hostile ; il était donc envoyé par Dieu afin de faciliter l'installation des Blancs en Amérique ! Quand il fut chassé de ses terres qui, à ses yeux, étaient les terres de chacun, il se fâcha ; et très vite le bon sauvage devint un sauvage mort. Sans parler des maladies importées d'Europe, comme la variole, qui éliminèrent des pans entiers de populations indigènes.

POURQUOI LE SCALP ?

Les Indiens croyaient dur comme fer que l'âme des personnes se trouvait au sommet de leur crâne puisque les cheveux continuaient de pousser après la mort. Selon eux, les Esprits prenaient les corps par la chevelure pour les tirer au ciel. Quand on scalpait un ennemi, on s'appropriait sa force et on l'empêchait de goûter au repos éternel. Pas étonnant qu'aujourd'hui encore, les Indiens portent les cheveux longs.

Les guerres indiennes (du début du XVIe s à 1890)

Elles s'étalent sur près de 3 siècles. Les Indiens ne sont pas assez armés et ne font preuve d'aucune cohésion. À peine 50 ans après l'arrivée du *Mayflower* (et déjà quelques échauffourées), le fils du chef Massassoit, aussi appelé le roi Philippe, mesurant le danger que représente la multiplication des navires venus d'Europe, avec leur cortège de violences, de rapts, de saisies de territoires et de meurtres, lève une confédération de tribus de sa région et part en guerre contre les puritains. Ce premier conflit coûte la vie à quelque 600 colons et 3 000 Amérindiens. Un massacre ! Les survivants indiens sont vendus comme esclaves aux Antilles. Cette guerre et toutes celles qui suivent sont des guerres perdues pour les autochtones. Seule la bataille de Little Big Horn, menée par les Cheyennes et les Sioux de Sitting Bull, le 25 juin 1876, où le général Custer, de sinistre réputation, trouve la mort, ainsi que les 260 *blue coats* de la cavalerie, est une victoire... Une victoire de courte durée, bientôt suivie de représailles qui culminent avec la boucherie inexcusable de Wounded Knee, le 29 décembre 1890, où le 7e de cavalerie massacre – malgré la protection du drapeau blanc – 150 Sioux, dont des femmes et des enfants.

Toujours divisées, souvent rivales, les tribus galopent malgré tout comme un seul homme au combat. Mais quand ce n'est pas la guerre, l'homme blanc trouve d'autres moyens perfides d'exterminer l'Indien. La liste des horreurs est longue.

… officiers de Fort Pitt (Ohio) qui, à l'instigation du commandant des …es, distribuèrent aux Indiens des mouchoirs et des couvertures …pital où étaient soignés des malades atteints de la petite vérole, …ela atteigne l'effet escompté » ? Benjamin Franklin déclara un … doit être considéré comme un don de la Providence pour extirper …ages et faire place aux cultivateurs du sol... »

Un Indien assimilé est un Indien mort

À l'aube du XXe s survivent à peine 250 000 Indiens qui tombent dans l'oubli. Rappelons qu'à l'arrivée des Blancs, ils étaient entre 1 et 2 millions, selon les estimations. En 1920, l'État américain s'en préoccupe à nouveau et décide de pratiquer une politique d'assimilation. On favorise et subventionne les missions chrétiennes, et on lutte contre les langues indiennes pour imposer l'anglais. On tente par tous les moyens de sortir les Indiens de leurs réserves pour les intégrer à l'*American way of life*. L'aigle américain est le seul symbole indien utilisé par la nation américaine ; il est iroquois et les flèches qu'il tient dans ses serres représentent les six nations indiennes.

En 1924, on leur octroie même la nationalité américaine, ce qui ne manque pas d'ironie ! Pour la petite histoire, c'est indirectement, grâce à la France, que cette reconnaissance tardive eut lieu. Un Indien du Dakota s'était brillamment illustré en 1917, capturant la bagatelle de 171 soldats allemands ! Quand il fut question de lui décerner une médaille, on s'aperçut que cet Indien ne possédait même pas la nationalité américaine ! Finalement, la loi de 1924 garantissant à tous les Indiens le statut de citoyen fut imposée, mais dans l'indifférence générale. Pour supprimer les réserves, mettre fin à leurs hiérarchies, leurs privilèges, on partagea aussi la propriété tribale collective entre toutes les familles, histoire de faciliter l'assimilation. Une erreur de plus dans l'histoire indienne. Une erreur sociologique, car l'Indien, dans sa large majorité, ne peut vivre coupé de ses racines et de sa culture. Un des plus grands bienfaiteurs des Indiens n'est autre que le président tant décrié de l'affaire du Watergate : Richard Nixon. C'est lui qui, d'un coup de stylo, a tiré un trait sur la désastreuse politique d'assimilation des Indiens.

Une réserve indienne peut apparaître à nos yeux comme un ghetto, et elle l'est sous maints aspects, mais c'est aussi un territoire propre, une propriété privée appartenant aux Indiens, où ils peuvent s'organiser en respectant leur culture et leurs traditions. Ils en profitent parfois pour ouvrir des casinos, dans des États où cette activité est prohibée. Cette nouvelle activité économique est une véritable manne : en Nouvelle-Angleterre, les Pequots, quasiment rayés de la carte après 1637, sont aujourd'hui entre 1 000 et 2 000, et gèrent un casino qui a fait d'eux les plus riches Indiens du pays... Toutefois, il ne faut pas généraliser : d'une réserve à l'autre, les niveaux de vie varient énormément et, en réalité, la plupart des Indiens vivent toujours dans la pauvreté.

L'Indien du XXIe s ne rejette pas le progrès, mais il refuse les structures d'une société dans laquelle il ne se reconnaît pas. On dénombre à ce jour environ 300 réserves (totalisant 220 000 km^2) pour quelque 500 tribus survivantes, ce qui veut dire que certaines tribus n'ont pas de territoire. La population indienne progresse assez rapidement, et a atteint les 2,5 millions d'individus.

L'Indien, multiracial mais pas multiculturel

Les populations indiennes furent maintes fois déplacées par l'homme blanc au fur et à mesure du non-respect des traités. Cette mobilité fut à la source d'un brassage entre les tribus, mais aussi la cause de nombreux mariages interraciaux. Par exemple, la tribu Shinnecock, qui possède sa réserve un peu à l'ouest de Southampton – la ville balnéaire la plus chic, la plus snob de Long Island près de New York – est aujourd'hui une tribu d'Indiens métissés, le fruit d'unions tant

avec des Blancs qu'avec des Noirs. Les Cherokees, eux, gèrent leur « race » grâce au grand sorcier électronique, l'ordinateur. La consultation avant chaque mariage est gratuite et fortement conseillée, car il ne faut pas descendre sous la barre de deux seizièmes de sang indien pour l'enfant issu du mariage, sous peine de perdre sa « nationalité » indienne, et donc ses droits dans la réserve ! Les « droits » sont parfois importants : les Indiens osages, en Oklahoma, ont découvert du pétrole sur leur territoire. De 1906 à 1972, les royalties de l'or noir rapportèrent 800 millions de dollars. D'autres, comme les Mohawks de l'État de New York, s'en tirent aussi : n'étant pas sujets au vertige, ils sont très recherchés pour la construction des gratte-ciel.
Mais malgré cela, et dans l'ensemble, l'Indien demeure le groupe ethnique disposant du plus bas revenu par habitant. Les Indiens détiennent encore d'autres tristes records. Ainsi, jusqu'à 40 % des individus de certaines tribus sont alcooliques, expliquant que la mortalité liée à l'abus d'alcool est six fois plus élevée que dans la population générale ! Le diabète, avec des taux trois fois supérieurs à la moyenne nationale, fait partout des ravages – conséquence, semble-t-il, d'un « gène de la frugalité » (capable de stocker les sucres) apparu chez ces peuples jadis exposés à de fréquentes périodes de disette. Lien de cause à effet, l'espérance de vie des Indiens d'Amérique du Nord est, selon les estimations, de 2,5 à 10 ans inférieure à la moyenne nationale, qui est de 77 ans. Les avocats indiens sont continuellement en procès avec le gouvernement pour des questions parfois aussi choquantes que la violation de cimetières traditionnels...

LE JACKPOT DES INDIENS

Les réserves indiennes sont souvent des terres arides, peu propices à l'agriculture. En 1987, la Cour suprême autorise les casinos sur l'ensemble des réserves. Résultat, les Indiens gèrent désormais plus de 400 maisons de jeux et dégagent un chiffre d'affaires de 20 milliards de dollars. Une tribu s'est même offert les restaurants Planet Hollywood...

MÉDIAS

Votre TV en français : TV5MONDE

TV5MONDE est reçue partout dans le monde par câble, satellite et sur Internet. Voyage assuré au pays de la francophonie avec films, fictions, divertissements, sport, informations internationales et documentaires.
En voyage ou au retour, restez connecté ! Le site internet • *tv5monde.com* • et sa déclinaison mobile • *m.tv5monde.com* • offrent de nombreux services pratiques et permettent de prolonger ses vacances à travers des blogs et des visites multimédia.
Demandez à votre hôtel sur quel canal vous pouvez recevoir TV5MONDE et n'hésitez pas à faire vos remarques sur le site • *tv5monde.com/contact* •

FRANCE 24

La chaîne française d'information internationale en continu FRANCE 24 apporte 24h/24 et tlj un regard nouveau sur l'actualité mondiale.
Diffusée en 3 langues (en français, en anglais et en arabe) dans plus de 160 pays, FRANCE 24 est également disponible en direct sur Internet (• *france24.com* •) et sur les mobiles pour vous accompagner tout au long de vos voyages.

Presse

Les quotidiens sont de véritables institutions aux États-Unis. Les Américains lisent énormément les journaux. À l'échelle nationale, les plus importants sont : le

New York Times (journal progressiste et de qualité, plus d'un million d'exemplaires vendus chaque jour, près d'un million et demi le dimanche), le *Washington Post* et le *Los Angeles Times* (inspiration politique plutôt libérale). Également le *Wall Street Journal* (sérieux et conservateur) et le *USA Today* (le seul quotidien national, très grand public et de qualité médiocre) ; vous serez surpris du tarif ridicule de ces journaux : environ 50 cents en semaine (l'édition du dimanche, avec des tas de suppléments sur les sports, la culture, les arts, est toujours plus chère). On trouve encore les différents journaux locaux concentrés sur les faits divers et les manifestations culturelles. Il y a aussi les tabloïds (appelés ainsi à cause de leur format), *Daily News* et compagnie, souvent gratuits, et sans contenu de fond ; on se contente des nouvelles locales, et le reste de l'actualité n'est traité que sous forme de dépêches. Côté hebdos, citons *Time* (plutôt libéral) et *Newsweek* (plus centriste). Tous ces journaux et magazines sont largement diffusés dans tous les États-Unis. Sans oublier les nombreux magazines gratuits (voir les rubriques « Adresses et infos utiles » des différentes villes traitées dans ce guide).

Les journaux s'achètent dans des distributeurs automatiques dans la rue. Vous glissez la somme demandée et une petite porte s'ouvre pour vous laisser prendre votre quotidien.

La presse étrangère en général et française en particulier est difficile à trouver, même dans les aéroports internationaux. Quelques exemplaires du *Monde diplomatique* ou du *Figaro* dans sa version internationale (France-Amérique) sont toutefois disponibles régulièrement dans les grandes villes.

Télévision

La TV est largement répandue sur le sol américain, puisqu'elle est présente dans 99 % des foyers. Il existe 5 réseaux nationaux : *ABC, CBS, NBC, FOX* et *PBS* (chaîne publique financée par l'État et les particuliers, sans pub, proposant les meilleures émissions mais pas pour autant les plus regardées). On trouve aussi dans chaque État une multitude de chaînes locales ou régionales. À ces réseaux vient s'ajouter le câble. On y trouve des chaînes spécialisées diffusant 24h/24 des informations (par exemple *CNN,* plutôt démocrate, et *FOX,* clairement républicaine), des émissions pour les enfants, la météo, des films (*HBO,* l'équivalent de notre Canal +), du sport, de la musique, du téléachat, des programmes religieux, etc. Le moins agréable, c'est l'omniprésence de la pub à la télé : 18 minutes 30 secondes, en moyenne, par heure de diffusion !

Radio

Il y en a pléthore, toutes différentes. Nombreuses radios locales, essentiellement musicales (rock, country et hip-hop autour des grandes villes). On les retrouve sur la bande FM. Les stations de radio portent des noms en 4 lettres, commençant soit par W (celles situées à l'est du Mississippi), soit par K (à l'ouest). Le réseau public américain, le *NPR (National Public Radio),* propose des programmes d'une qualité supérieure.

Liberté de la presse

L'arrivée de Barack Obama au pouvoir a suscité beaucoup d'optimisme, après huit années de mandat de George W. Bush marquées par une grave régression des libertés publiques au nom de la « sécurité nationale ». Ces espoirs ont été rapidement déçus.

Tout d'abord, une absurdité juridique demeure, celle-là même qui avait coûté la prison à des journalistes sous la précédente mandature. 40 États de l'Union disposent en effet d'une législation garantissant à la profession le secret des sources, or celle-ci demeure absente au niveau fédéral. Une nouvelle « loi-bouclier » en ce sens a été réintroduite au Congrès après les élections de 2008 et à nouveau votée à la Chambre des représentants. Elle se heurte à présent à des blocages sénatoriaux. Toujours au nom de la « sécurité nationale ».

Un même revirement, et pour des motifs identiques, a présidé à l'entrée en application du *Freedom of Information Act* sur l'accès des citoyens à l'information publique. Une directive prometteuse du ministre de la Justice Eric Holder disposait que la rétention d'informations par les administrations devait rester exceptionnelle. En mai 2009, au grand dam des associations de défense des libertés publiques et malgré une injonction de la justice fédérale, la Maison-Blanche a décidé d'interdire la diffusion des photos de sévices infligés par l'armée américaine à des prisonniers en Irak et en Afghanistan. Officiellement, « pour ne pas mettre en danger les forces américaines et leurs alliés ». Si certains de ces clichés circulent déjà sur la Toile, la CIA a confirmé, en avril 2010, avoir procédé dès 2005 à la destruction du maximum de preuves (images et vidéos) d'actes de torture commis dans ses prisons secrètes et à Guantanamo.

Barack Obama avait promis dès son investiture de vider de ses prisonniers la base militaire implantée sur le sol cubain. À ce jour, des « ennemis-combattants », ainsi nommés durant la « guerre contre le terrorisme » de George W. Bush, y séjournent encore. Quatre journalistes canadiens et américains en ont été expulsés en mai 2010 sur ordre du Pentagone pour avoir publié le nom d'un témoin de certaines techniques d'interrogatoire. Un cadre de l'armée s'est par ailleurs retrouvé en prison au cours de la même période, comme source présumée du site *Wikileaks.* Une vidéo publiée en ligne en avril 2010 révélait que l'armée américaine, lors d'un raid héliporté sur Bagdad en juillet 2007, avait tué délibérément deux employés locaux de l'agence *Reuters.*

Au chapitre strictement judiciaire, justice tarde à être rendue 3 ans après l'assassinat, en août 2007, de Chauncey Bailey, rédacteur en chef de l'hebdomadaire *Oakland Post.* Une Cour supérieure de Californie a en effet ajourné, en mai 2010, une audience portant sur la possible délocalisation du procès de son assassin présumé, Yusuf Bey IV. Chauncey Bailey enquêtait juste avant sa mort sur les délicatesses financières de la *Your Black Muslim Bakery,* une entreprise communautaire locale que Yusuf Bey IV dirigeait officiellement. Celui-ci bénéficiait, en outre, de complicités au sein de la police locale.

Une autre affaire, de peine capitale, attend toujours son dénouement. Ancien journaliste de radio, et militant des Black Panthers, Mumia Abu-Jamal a été condamné à mort en 1982 pour l'assassinat, dont il a toujours nié être l'auteur, du policier Daniel Faulkner. En mars 2008, la cour d'appel fédérale de Philadelphie a commué à une voix près cette condamnation en réclusion criminelle à perpétuité, mais l'État de Pennsylvanie a déposé un recours contre cette décision devant la Cour suprême fédérale. En octobre 2008 et avril 2009, la plus haute juridiction a malheureusement rejeté les recours des avocats du condamné portant sur l'organisation d'un nouveau procès, compte tenu des très nombreuses irrégularités entourant la procédure. Plus grave, le 19 janvier 2010, la Cour suprême a ordonné à la cour d'appel fédérale de Pennsylvanie de revenir sur une précédente décision qu'elle avait rendue, en mars 2008, concernant la sélection d'un nouveau jury chargé de statuer sur la peine infligée au journaliste. La cour pennsylvanienne doit désormais décider à nouveau si Mumia vivra ou non.

Ce texte a été réalisé en collaboration avec ***Reporters sans Frontières.*** Pour plus d'informations sur les atteintes aux libertés de la presse, n'hésitez pas à les contacter :

■ ***Reporters sans frontières :*** *47, rue Vivienne, 75002 Paris. ☎ 01-44-83-84-84. • rsf.org • Ⓜ Grands-Boulevards ou Bourse.*

PERSONNAGES

Histoire, politique, société

– ***John Adams*** *(1735-1826)* **:** premier vice-président aux côtés de George Washington (1789-1797), puis deuxième président des États-Unis (1797-1801), John Adams est aussi connu pour être le premier président à résider à la Maison-Blanche, dont la construction s'est achevée en 1800. Il participa à la rédaction de la Constitution.

– ***Al Capone*** *(Alphonse Gabriel Capone ; 1899-1947)* **:** surnommé *Scarface* (« le Balafré »), ce fils d'immigrés italiens né à Brooklyn est le gangster le plus célèbre de l'Amérique des années 1920-30. Après avoir fait ses armes dans la pègre new-yorkaise, Capone bâtit en pleine prohibition un véritable empire à Chicago, contrôlant jusqu'à 300 bars clandestins et tripots, et une vingtaine de bordels. Sa condamnation à 11 ans de prison (pour fraude fiscale et non pour ses crimes notoires !) sonne le glas de sa toute-puissance. L'ennemi public n° 1 est alors placé en cellule d'isolement à Alcatraz et termine sa vie rongé par la syphilis.

– ***Bill Clinton*** *(William Jefferson Clinton ; né en 1946)* **:** 42e président des États-Unis, en fonction de début 1993 à fin 2000. Après son départ de la Maison-Blanche, il a installé ses bureaux d'ancien président à Harlem, le quartier noir de New York en pleine renaissance. Depuis quelques années, il s'investit dans une fondation qui porte son nom et lutte, entre autres, contre le sida et pour la réconciliation des ethnies et des religions. Après avoir publié ses mémoires, en 2004, et soutenu la même année le démocrate John Kerry face à George W. Bush, il apporta un soutien actif à sa femme, Hillary, dans la course à l'investiture pour la Maison-Blanche de 2008. Voir aussi la rubrique « Histoire » plus haut.

– ***Frederick Douglass*** *(1818-1895)* **:** né esclave dans le Maryland, Frederick Douglass parvient vers l'âge de 12 ans à échapper à la surveillance de ses maîtres pour apprendre à lire auprès des enfants blancs du voisinage. Il donne ensuite lui-même des cours de lecture aux esclaves de la plantation. Après plusieurs tentatives d'émancipation, il acquiert enfin la liberté et publie le récit de sa vie d'esclave avant de devenir un des plus célèbres abolitionnistes américains.

– ***Benjamin Franklin*** *(1706-1790)* **:** imprimeur (à Philadelphie), cartographe, scientifique, inventeur, philosophe et diplomate, bref un homme complet. C'est lui qui proposa l'union des colonies en 1754, scella une alliance avec la France (1778) et négocia les traités mettant fin à la révolution. Il aida à la rédaction de la Déclaration d'indépendance. Par ailleurs, il est l'inventeur du paratonnerre, ce qui lui allait comme un gant, vu qu'il n'a cessé de négocier toute sa vie pour canaliser les orages diplomatiques. Pour la petite histoire, il en installe même un (de paratonnerre) sur l'église d'Arpajon (oui, dans l'Essonne). Il reste l'un des personnages les plus aimés du peuple américain.

– ***Thomas Jefferson*** *(1743-1826)* **:** auteur de la Déclaration d'indépendance (1776), il fut vice-président de John Adams de 1797 à 1801, puis président de 1801 à 1809. Il développa l'idée du bipartisme politique de la nouvelle nation, et prôna une politique de décentralisation. Napoléon lui vendit la Louisiane, en 1803. Cet achat doubla quasiment la surface des États-Unis (ce qu'on appelait la Louisiane à l'époque représente en fait 13 États actuellement au centre du pays). Grand amateur de vins, Jefferson avait une passion pour les bordeaux (le Château Yquem, entre autres) et il alla même jusqu'à planter des vignes importées de France dans sa propriété de Monticello, en Virginie. Sa cave était l'une des plus prestigieuses des États-Unis.

– ***John Fitzgerald Kennedy*** *(1917-1963)* **:** sa présence à la Maison-Blanche (1961-1963) fut aussi courte que remarquée. Dès 1961, le plus jeune président élu s'embourbe lamentablement dans l'affaire de la baie des Cochons (invasion ratée de Cuba visant à renverser le régime de Fidel Castro). Homme de projet (il lance le programme pour la conquête de la Lune) et homme à femmes, son assassinat, dans de troubles circonstances, le 22 novembre 1963 à Dallas, laisse l'Amérique sous le choc.

– ***Martin Luther King*** *(1929-1968)* **:** celui qui, un jour, fit un rêve incarne la lutte pacifiste pour la reconnaissance et l'intégration du peuple noir (voir la rubrique « Histoire » plus haut). En 1963, dans le cadre de la marche pour les emplois et la liberté, il prononce son célèbre discours *(I have a dream...)* devant le Lincoln Memorial, à Washington. Depuis 1986, le lundi le plus proche du 15 janvier commémore la naissance de M. L. King.

– ***Abraham Lincoln*** *(1809-1865)* **:** homme du Nord, membre du parti républicain, Lincoln est antiesclavagiste. Son élection à la présidence des États-Unis, en 1860, est perçue comme une provocation par les États du Sud ; la Caroline du Sud fait sécession. Un mois après, 10 autres États emboîtent le pas. C'est la guerre. En 1862, il émancipe les esclaves. Réélu en 1864, il est assassiné par un esclavagiste pur et dur dans un théâtre de Washington. Abraham Lincoln reste un des présidents les plus admirés de l'histoire américaine.

– ***Eliott Ness*** *(1903-1957)* **:** né à Chicago, il y étudie la criminologie avant d'entrer au département du Trésor, où il travaille avec le bureau de la Prohibition pour tenter de faire tomber Al Capone. Chargé de démanteler les distilleries clandestines et les réseaux d'approvisionnement du fameux gangster, il réussit avec ses hommes de confiance à détruire pour un million de produits illégaux. Si, grâce aux efforts menés par cette bande d'incorruptibles, les affaires de Capone commencent à péricliter, ce sont, en fait, ses fraudes fiscales qui le trahissent. 3 ans après la condamnation d'Al Capone, en 1934, Eliott Ness est promu chef du bureau de la Prohibition de l'Ohio. En 1957, peu de temps avant sa mort, sort son livre *The Intouchables,* adapté depuis au cinéma par Brian De Palma.

ELIOTT NESS, CE MÉCONNU

Quand, en 1931, Eliott Ness fit condamner Al Capone, le roi de la Pègre lui dit : « Sans moi, tu n'es plus rien. » C'était vrai puisque l'incorruptible se retrouva au chômage dès 1935, à la fin de la prohibition. Il ne réussit jamais à intégrer le FBI et échoua aux élections de la mairie de Cleveland. Alcoolique, il divorça deux fois et mourut à 54 ans. Heureusement, le célèbre feuilleton enjoliva sa biographie.

– ***Barack Hussein Obama*** *(né en 1961)* **:** le 44e président des États-Unis, élu le 4 novembre 2008 et entré en fonction le 20 janvier 2009, rentrera dans les manuels d'histoire comme le premier président « africain-américain » de ce pays qui a longtemps traîné le boulet de l'esclavagisme, puis de la ségrégation raciale pratiquée dans les États du Sud. Pourtant, Obama ne peut être assimilé à ce passé douloureux. Par ses origines, un père étudiant kenyan, une mère du Kansas, une jeunesse en Indonésie et à Hawaii, il est plutôt le symbole de cette nouvelle Amérique de la mixité, de la mobilité et du brassage des cultures. Jeune diplômé de l'université de Columbia, travailleur social à Chicago, à nouveau diplômé de la prestigieuse université d'Harvard, sénateur de l'Illinois en 2004, marié à une brillante juriste, qui l'a propulsé en politique, et père de deux fillettes, il est devenu à 47 ans un des plus jeunes présidents élus. Si tant de descendants d'esclaves ont vu en lui l'aboutissement du rêve de Martin Luther King, il a su, tout au long de sa campagne électorale, toucher aussi toutes les couches de la population (en dehors des conservateurs) et rassembler autour de lui les partisans d'une Amérique ouverte sur le monde.

– ***John Davison Rockefeller*** *(1839-1937)* **:** l'industriel Rockefeller fonde en 1870 la *Standard Oil Company,* à l'époque où l'on vient de découvrir les extraordinaires propriétés de l'or noir. En deux temps, trois mouvements, et sans états d'âme, la société élimine la concurrence pour se retrouver en situation de quasi-monopole aux États-Unis. Après le pétrole, Rockefeller se lance avec succès dans l'automobile, puis dans l'aviation. Ses généreux dons permettent, entre autres, de fonder l'université de Chicago, l'institut Rockefeller pour la recherche médicale et l'université Rockefeller qui assure la promotion du progrès scientifique dans le monde. Il est considéré comme l'homme le plus riche des temps modernes.

– ***George Washington*** *(1732-1799)* **:** riche propriétaire et représentant de la Virginie au Congrès, il prit position très rapidement en faveur de l'indépendance. Il est nommé commandant en chef des armées pendant la révolution et bat les Anglais, aidé par la France. Héros de la victoire, il est élu premier président des États-Unis, puis réélu après un premier mandat. La grande œuvre de sa vie fut de parvenir à conserver et affermir l'unité de la nouvelle nation contre les intérêts de chaque État.

LE RATELIER DE GEORGE WASHINGTON

George Washington a perdu sa première dent à 22 ans et n'en avait plus qu'une seule quand il est devenu président. Ses caries étaient probablement dues à une surconsommation de sucre de canne, comme beaucoup d'aristos de l'époque. À moins que ce ne soit le traitement contre la variole et la malaria qui ait causé la chute prématurée de ses dents. Toujours est-il qu'il avait plusieurs dentiers, dont un qui serait constitué d'un montage de dents humaines et de dents en ivoire d'hippopotame (sic) ! Voilà pourquoi il apparaît toujours mâchoires fermées, voire crispées, sur ses portraits.

– ***Mark Zuckerberg*** *(né en 1984)* **:** cet étudiant d'Harvard est le créateur de Facebook, qui rassemble actuellement plus de 500 millions d'utilisateurs à travers le monde. Selon un classement réalisé par le magazine *Forbes,* ce petit génie de l'informatique (qui a quitté Harvard sans diplôme) est donc le plus jeune milliardaire sans héritage au monde, avec une fortune estimée à près de 7 milliards de dollars. Son collaborateur et cofondateur du site, Chris Hughes, a d'ailleurs été engagé par Obama pour assurer sa campagne sur le Web, en 2008, et ainsi toucher l'opinion publique américaine par des outils plus modernes.

Musique

– ***Aerosmith* :** groupe de hard rock mâtiné d'accents blues, créé à Boston à la fin des *sixties.* L'énorme succès de *Toys in the Attic,* en 1975, considéré comme un de leurs meilleurs titres, les propulse sur le devant de la scène. Leurs albums se vendent par millions, et les disques d'or s'enchaînent. Aujourd'hui encore, leur musique sert même de moteur à une décoiffante attraction des parcs Disney.

– ***Leonard Bernstein*** *(1918-1990)* **:** chef d'orchestre, pianiste et compositeur, né à Lawrence (Massachusetts). Le nom de Leonard Bernstein est indissociable de *West Side Story,* dont il écrivit la musique en 1957. Jouée d'abord à Broadway, la comédie musicale qui transpose l'histoire de Roméo et Juliette dans le New York des années 1950 est ensuite adaptée au cinéma, avec Natalie Wood dans le rôle de Maria.

– ***Duke Ellington*** *(1899-1974)* **:** un nom mythique du jazz, né à Washington. Pianiste et compositeur dès l'âge de 16 ans, il enflamme le célèbre *Cotton Club* de New York à la fin des années 1920. En Europe, puis dans le monde entier, ses tournées sont triomphales. Inspiré à ses débuts par l'ambiance Nouvelle-Orléans, il invente une musique totalement moderne en intégrant subtilement les traditions les plus diverses. Le Duke laisse à la postérité près de 2 000 œuvres. Miles Davis (qui savait de quoi il causait) disait de lui : « Tout musicien devrait se prosterner une fois par an et remercier Dieu d'avoir créé Duke Ellington. » À Washington, ne pas manquer le quartier de U Street où il vécut.

– ***Ella Fitzgerald*** *(1917-1996)* **:** née en Virginie, elle commence à chanter à 16 ans à l'*Apollo Theater* de Harlem. Son sens de l'improvisation et sa facilité de voguer sur les octaves impressionnent les plus grands. Avec « ce tout petit supplément d'âme, cet indéfinissable charme », Ella reste la « First Lady » du jazz, la reine du swing et du scat. Dans les années 1950 et 1960, elle rayonne et chante aux côtés de Duke Ellington, Count Basie, Dizzie Gillespie, Nat King Cole... Pas moins de 250 disques à son actif !

Cinéma

– ***Harrison Ford*** *(né en 1942, à Chicago)* **:** si la carrière d'acteur d'Harrison Ford a démarré tout doucement et a failli s'arrêter prématurément, elle s'est bien rattrapée par la suite ! Menuisier dans les studios, il rencontre George Lucas, qui accepte de lui donner un rôle dans *American Graffiti* (1973). Ensuite, c'est lui qui décide... Et par chance, il choisit des films (d'aventure de préférence) qui font un carton : les sagas *Star Wars* et *Indiana Jones, Apocalypse Now* (1979), *Blade Runner* (1982), *Witness* (1984), etc. Élu en 1998 l'homme le plus sexy du monde par le magazine *People* (à 56 ans !), il n'en garde pas moins la tête sur les épaules et lutte activement pour la préservation de l'environnement.
– ***Terrence Malick*** *(né en 1943)* **:** brillant étudiant à Harvard, Terrence Malick commence par travailler dans le journalisme (pour le magazine *New Yorker,* entre autres) avant de se lancer dans le cinéma. Réalisateur secret, il tourne peu, cinq films en 35 ans, parmi lesquels *Le Nouveau Monde* (2005), tourné dans la région où fut établie la première colonie américaine, Jamestown, et qui retrace la rencontre de l'Amérindienne Pocahontas avec le navigateur anglais John Smith.
– ***Ben Affleck*** *(né en 1972)* **:** acteur-réalisateur-scénariste né en Californie, mais qui a grandi à Cambridge, Massachusetts, où il vit toujours. Il commence à tourner très jeune, dans des pubs ou des séries TV. Le scénario de *Will Hunting,* co-écrit avec son copain d'enfance, l'acteur Matt Damon, lui offre un Oscar et des rôles dans *Armageddon, Shakespeare in Love, Pearl Harbor...* En 2010, il repasse derrière la caméra pour réaliser *The Town,* son second long-métrage, un thriller dans lequel il tient également le rôle principal, celui d'un braqueur du quartier populaire de Charlestown, à Boston. Un gros succès commercial, salué également par la critique.

Littérature

– ***Emily Dickinson*** *(1830-1886)* **:** cette poétesse, aujourd'hui considérée comme une des figures majeures de la poésie américaine (au même titre que son contemporain **Walt Whitman**), n'a eu aucune reconnaissance littéraire de son vivant. Volontairement recluse toute sa vie dans la maison de ses parents à Amherst (Massachusetts), haut lieu du puritanisme, elle y écrit à longueur de journée des poèmes qui ne seront découverts qu'après sa mort.
– ***Ralph Waldo Emerson*** *(1803-1882)* **:** né à Boston, diplômé d'Harvard et de théologie, le poète, philosophe et essayiste Emerson entreprend un grand voyage en Europe avant de s'installer à Concord, Massachusetts, où il fréquente l'écrivain Henry David Thoreau, transcendantaliste comme lui. Il était aussi un grand admirateur de Montaigne.
– ***Dashiel Hammett*** *(1894-1961)* **:** né à Baltimore, il travaille quelques années comme détective privé dans la célèbre agence *Pinkerton* de Philadelphie, où il puise son inspiration pour le polar. Considéré comme le fondateur du roman noir, il dépeint avec justesse le milieu du gangstérisme de la première moitié du XXe s et sa violence. Son ouvrage *Le Faucon maltais* (1930) a été porté à l'écran par John Huston en 1941, avec Humphrey Bogart dans le rôle principal. Sympathisant communiste, il est harcelé pendant la chasse aux sorcières maccarthyste et jeté en prison. Alcoolique, il meurt de la tuberculose à New York.
– ***Nathaniel Hawthorne*** *(1804-1864)* **:** né dans le Massachusetts et mort dans le New Hampshire, l'écrivain passe pratiquement toute sa vie en Nouvelle-Angleterre, en dehors d'un séjour de quelques années en Angleterre, à Liverpool. Son père avait été assesseur au procès des sorcières de Salem et lui-même travaille un certain temps comme employé du bureau des douanes de Salem, avant de connaître le succès littéraire, en 1850, avec *La Lettre écarlate (The Scarlet Letter),* pamphlet acerbe contre la société puritaine de la côte est, puis avec *La Maison aux sept pignons (The House of the Seven Gables).* Tous les écrits de Nathaniel Hawthorne sont marqués par son éducation puritaine, avec pour toile de fond la Nouvelle-Angleterre coloniale.

– ***Jack Kerouac*** *(Jean-Louis de Kerouac ; 1922-1969)* **:** né à Lowell, dans le Massachusetts, de parents franco-canadiens (ses ancêtres bretons portaient le nom de Lebris de Kerouac), il a été surnommé « le pape des beatniks ». À la recherche d'un renouveau spirituel libéré de toutes conventions sociales et des affres du matérialisme, Kerouac va explorer les chemins de l'errance et de l'instabilité en traversant les États-Unis. En 1957, il écrit en trois semaines *Sur la route,* qui deviendra un ouvrage culte pour la *beat generation.*

– ***Stephen King*** *(né en 1947)* **:** né à Portland (Maine), c'est l'un des maîtres de la littérature fantastique contemporaine. Des univers terrifiants... des livres qui se dévorent blotti sous la couette... pour d'interminables nuits blanches. *Carrie* (1974) a lancé sa carrière, et ses livres sont une mine d'or pour le cinéma : *Christine, Dead Zone, Misery, Shining...*

– ***Dennis Lehane*** *(né en 1965)* **:** né à Dorchester, dans le Massachusetts. Presque tous les romans noirs de cet auteur se passent à Boston (où il vit), et la plupart traitent de l'enfance maltraitée. Une inspiration qui lui vient sans doute de son ancien métier d'éducateur auprès d'enfants en difficulté. Deux de ses romans ont été adaptés au cinéma : *Mystic River,* admirablement porté à l'écran par Clint Eastwood, et plus récemment *Shutter Island,* réalisé par Martin Scorcese.

– ***Edgar Allan Poe*** *(1809-1849)* **:** une enfance en Virginie marquée par la mort de ses parents, un père adoptif qui n'entend rien à la poésie... pas facile ! Peu importe, le jeune Allan quitte son tuteur (qui le déshéritera) pour se consacrer à l'écriture. Il est le plus grand conteur américain du XIXe s *(Histoires extraordinaires),* traduit en français par Charles Baudelaire, notamment. Il meurt à Baltimore, dans des conditions qui restent aujourd'hui encore mystérieuses.

– ***Henry David Thoreau*** *(1817-1862)* **:** poète et philosophe de la nature et de la condition humaine, né et mort à Concord (Massachusetts). C'est à Harvard qu'il fait la connaissance de Ralph Waldo Emerson et devient un de ses disciples. Son expérience de vie simple dans les bois pendant 2 ans, 2 mois et 2 jours donnera lieu à une œuvre primordiale, *Walden* (1854).

Architecture, peinture

– ***Mary Cassatt*** *(Mary Stevenson Cassatt ; 1844-1926)* **:** née en Pennsylvanie, Mary Cassatt étudie les beaux-arts à Philadelphie, mais, lassée de l'académisme ambiant, elle ne tarde pas à venir en Europe avec sa famille. Elle s'installe en France, où elle fait la connaissance de Degas, qui l'initie au mouvement impressionniste. Dès lors, elle expose à Paris et aussi aux États-Unis, et devient une des rares femmes célibataires de l'époque à vivre de son art. La plupart de ses tableaux nous plongent dans l'intimité de la relation mère-enfant. Mary Cassatt finit ses jours dans son château du Mesnil-Théribus, dans l'Oise, où elle est enterrée.

– ***Pierre-Charles L'Enfant*** *(1754-1825)* **:** cet ingénieur et urbaniste, né à Paris (en France), est choisi par George Washington et Thomas Jefferson pour concevoir les plans de la capitale des États-Unis, Washington D.C. L'Enfant opte pour un plan orthogonal qui se démarque du tracé des autres villes américaines. Mais le projet, trop coûteux, doit être remis en question. L'Enfant, intraitable, refuse tout compromis. Renvoyé, il meurt dans la misère. Ce n'est qu'au début du XXe s que le projet resurgit des cartons et est finalement achevé selon les plans originaux.

– ***Edward Hopper*** *(1882-1967)* **:** peintre de l'entre-deux-guerres qui s'inscrit dans le réalisme américain. Edward Hopper dépeint l'univers d'une Amérique nouvelle, celle des lieux urbains dans lesquels errent des individus solitaires, regardant souvent vers l'ailleurs. La lumière est la clé de voûte de ses œuvres, qui évoquent étrangement des images de cinéma. Les paysages de Cape Cod, où il possédait une maison de vacances avec sa femme, lui ont inspiré de nombreux tableaux, notamment la série de phares typiques de Nouvelle-Angleterre.

– ***Louis Henry Sullivan*** *(1856-1924)* **:** le fondateur de l'école de Chicago est aussi le père des tout premiers gratte-ciel à armature d'acier, dans les années 1890. Son principe *form follows function* (« la forme suit la fonction ») fut repris par bon nombre de ses confrères architectes. Sur les quelque 135 bâtiments construits par Sullivan à Chicago, il n'en reste malheureusement qu'une poignée, dont son chef-d'œuvre quand même, le grand magasin *Carson, Pirie & Scott.* Un comble pour celui qui contribua à élever la ville au rang de capitale mondiale de l'architecture moderne.

– ***Andy Warhol*** *(1928-1997)* **:** né en Pennsylvanie, artiste touche-à-tout, provocateur à l'ego surdimensionné, Andy Warhol est « le pape du pop » et un des artistes les plus influents du XXe s. Illustrateur publicitaire à ses débuts, il devient peintre dans les années 1960 et innove avec des techniques comme celle de la photographie sérigraphiée sur toile. Célèbre pour avoir rendu ses lettres de noblesse à la soupe de tomate en conserve *Campbell's,* il se consacre également au cinéma et produit dans son usine désaffectée le célèbre groupe de rock *The Velvet Underground.*

– ***James Abott McNeill Whistler*** *(1834-1903)* **:** né à Lowell (Massachusetts), Whistler étudie d'abord les beaux-arts à Paris, où il se lie avec Fantin-Latour, puis s'établit à Londres, où sa peinture reçoit un accueil favorable, tout en continuant de faire des séjours réguliers en France. En 1863, son tableau *La Jeune Fille en blanc* (exposé aujourd'hui à la *National Gallery of Art* de Washington) fait sensation au Salon des refusés, en même temps que le fameux *Déjeuner sur l'herbe* de Manet, et lui apporte la célébrité. Associée au mouvement impressionniste et symboliste, sa peinture est aussi influencée par l'art japonais.

– ***Frank Lloyd Wright*** *(1867-1959)* **:** un des plus grands architectes américains. Formé par Louis Sullivan, Wright vole très vite de ses propres ailes en s'installant à Oak Park, banlieue résidentielle de Chicago, où il crée pour des particuliers ses premières *Prairie Houses* : des maisons basses aux lignes horizontales, totalement ouvertes sur l'extérieur et en harmonie avec leur environnement. Anticonformiste, il détestait autant les gratte-ciel que le style « néo quelque chose » des maisons américaines du XIXe s. Sa plus grande réalisation est incontestablement le musée Guggenheim de New York, en forme de grande hélice blanche.

POPULATION

Les États-Unis comptent 300 millions d'habitants environ. En deux siècles, la population a été multipliée par 64 (soit 20 fois plus qu'en France !). L'ampleur de l'accroissement démographique américain s'explique largement par une immigration soutenue.

Le Nord-Est, berceau historique des États-Unis, fortement industrialisé sur la côte atlantique, est la zone la plus densément peuplée du pays. Ainsi, la conurbation de Boston-New York-Philadelphie-Baltimore-Washington (la Mégalopolis) rassemble 40 millions d'habitants, soit presque 15 % de la population totale du pays.

Le peuplement a été sporadique depuis les premiers Indiens qui franchirent le détroit de Béring, plus de 10 000 ans av. J.-C. ! Ceux-ci n'étaient, estime-t-on, qu'environ 1 à 2 millions lorsque les Espagnols arrivèrent. En 1609, Henry Hudson, un Anglais travaillant pour les Hollandais, débarque à Long Island et, en 1626, New Amsterdam est créé (ce patelin, pris par les Anglais en 1664, sera alors rebaptisé New York...). Le mythique *Mayflower,* transportant les premiers colons anglais, arriva en 1630 à Plymouth (ville de l'actuel Massachusetts). En 1830, la population, alors essentiellement anglaise et noire (et protestante), n'atteint que 13 millions.

De loin la première terre d'accueil du monde, les États-Unis ont vu arriver entre 1815 et 1990 plus de 55 millions d'immigrants légaux. Au cours de la période 1815-1880, les 10 premiers millions d'immigrés débarquant à Ellis Island (véritable salle d'attente pour les candidats à la citoyenneté américaine) sont presque exclusivement originaires de l'Europe du Nord-Ouest (îles Britanniques, Pays-Bas, Allemagne, Scandinavie). Ils s'assimilent rapidement au modèle *WASP (White Anglo-*

Saxon Protestant) créé par les Anglais. Ils seront majoritaires jusqu'au milieu du XIXe s et appartiennent pour la plupart à l'aristocratie américaine, surtout dans le Nord-Est.
Les Noirs, victimes du commerce triangulaire, sont d'abord présents dans le sud du Nord-Est (Géorgie, Caroline, Virginie). Après 1865 (fin de la guerre de Sécession), la migration s'accroît vers le nord, plus riche, plus industriel, plus tolérant.
Plus de 20 millions de candidats affluent ensuite entre 1880 et 1914, fuyant la misère de l'Europe orientale et méridionale : la plupart sont russes, ukrainiens, polonais, tchèques et italiens. D'origine paysanne, ils se retrouvent dans des villes (la terre est déjà prise), travaillant dans des conditions laborieuses (dans les *tenements* de Philadelphie, où les femmes travaillaient 14 à 16h par jour, dans les abattoirs...). Vers 1910, 58 % des ouvriers de l'industrie étaient d'origine étrangère... Les Scandinaves, près des Grands Lacs, s'en sortent mieux, faisant l'acquisition de terres dont les paysages et le climat rappellent leur patrie (Wisconsin, Minnesota).
Désirant mettre fin à un mouvement migratoire jugé excessif, le Congrès vote des lois imposant des quotas en 1921 et 1924, qui sont appliquées jusqu'en 1965, année de leur abrogation par l'administration Johnson. Les années 1970 marquent la reprise d'une immigration forte. Officiellement, 467 000 entrées en 1976, 808 000 en 1980. Sans compter les *boat people* vietnamiens et les Mexicains clandestins. Tout cela cadre peu avec la vision idyllique d'un grand pays de liberté construit dans l'harmonie et le respect de tous... celle que les États-Unis ont parfois voulu donner au reste du monde. La ségrégation à l'encontre des Noirs ne fut légalement éradiquée qu'en 1965, mais il reste la ghettoïsation urbaine : quartiers noirs, latinos, chinois...
Finalement, on a longtemps parlé du *melting-pot,* mais c'est désormais le multiculturalisme qui est à l'honneur, chacun revendiquant son identité.
La gigantesque concentration urbaine de la côte Est est une étonnante mosaïque ethnique faisant cohabiter des individus de multiples origines, dont un nombre croissant de Latino-Américains et d'Asiatiques. C'est aussi une mosaïque sociale très contrastée, avec des lieux huppés comme certaines parties de Long Island et des ghettos où se concentrent les exclus.

RELIGIONS ET CROYANCES

Pour comprendre l'importance de la religion aux États-Unis, il faut la replacer dans son contexte historique. Tout a commencé avec l'implantation des premières colonies, pour qui l'Amérique du Nord représentait un nouveau monde – au sens littéral du terme – et dans lequel elles allaient enfin pouvoir pratiquer leur religion sans être persécutées. En effet, les conséquences de la Réforme protestante au début du XVIe s s'étaient traduites par une mise au ban, voire une persécution, des non-conformistes. L'Europe leur était devenue difficile à vivre, et c'est en partie pour fuir la vindicte des autorités que les candidats à l'émigration optèrent pour le grand voyage. L'Amérique leur offrait le meilleur espoir de survie à long terme et de réalisation de leurs objectifs religieux. C'est donc dans cet état d'esprit que débarquèrent les premiers colons du *Mayflower* en 1620.
L'Amérique du Nord devint donc un refuge pour nombre de communautés persécutées dans l'Ancien Monde. Le Massachusetts accueillit des puritains et des calvinistes. La Virginie, identifiée à l'origine avec la nouvelle Église d'Angleterre, reçut par la suite baptistes et calvinistes. Le Maryland devient terre des catholiques. L'État de New York et la Pennsylvanie accueillirent William Penn et ses quakers, ainsi que des luthériens et divers protestants allemands (les amish d'aujourd'hui). Au nord, les comtés français limitrophes de l'actuel Québec s'établirent sous influence catholique, tandis que les États du Sud virent s'implanter les églises évangélique ou baptiste. Évidemment, le pays grandit, et sous l'influence de nouveaux flux d'émigrants, le paysage religieux se modifia. Au XIXe s, l'arrivée massive d'Irlandais

augmenta considérablement le poids de la communauté catholique ; tendance qui s'accentua avec l'arrivée d'Espagnols, d'Italiens et de Polonais. En provenance d'Europe de l'Est, une partie de la diaspora juive débarqua à son tour. Quand bien même les premiers musulmans (ancêtres des métis Melungeons) seraient arrivés dès le XVIe s, ce n'est que beaucoup plus tard, au milieu des années 1960, que la communauté musulmane s'étoffa, grâce notamment à l'afflux de « cerveaux » en provenance du Pakistan, d'Inde, du Bangladesh, du Liban ou de Syrie. Parallèlement aux obédiences conventionnelles se développèrent de nombreuses sectes et Églises dissidentes permettant à chaque Américain d'embrasser le corpus dogmatique le plus proche de ses aspirations. Dans son analyse de la société américaine, Tocqueville précise que cette pluralité de l'offre religieuse a sans doute permis à l'Amérique de ne jamais tomber dans l'opposition entre le spirituel et le politique.

Si l'Amérique ne s'est pas dotée dès le départ d'une religion d'État, c'est en partie en raison du grand nombre de sectes protestantes qui gouvernaient les idées de l'époque, et dont aucune d'entre elles n'était prédominante. La devise nationale des USA, *E pluribus Unum* (« de plusieurs, un »), en est l'expression même. C'est en Virginie, où l'Église anglicane était la religion établie, que s'est jouée la bataille décisive de la séparation de l'Église et de l'État. Cette victoire occupe une place fondamentale dans l'histoire des États-Unis. À la ratification du premier amendement de la constitution américaine en 1791, soit 15 ans après la Déclaration d'indépendance, les privilèges de toutes les Églises anglicanes (à l'exception de celles du Maryland) avaient été abolis. Il fallu attendre 1833 pour le Massachusetts. En protégeant le libre exercice de la religion tout en interdisant l'établissement d'une religion officielle, le premier amendement de la constitution américaine fait des États-Unis le pays le plus religieux de la planète. George Washington affirmait : « Chaque pas qui nous fait avancer dans la voie de l'indépendance nationale semble porter la marque de l'intervention providentielle. » Ce sentiment d'être investi d'une mission divine, en partie dû au puritanisme enraciné dans le calvinisme, et qui plus tard trouva une résonance particulière en s'opposant à l'athéisme du bloc soviétique, n'a jamais cessé d'émailler les discours politiques des présidents américains. Il n'y a rien d'étonnant, donc, à ce que Bush, protestant méthodiste, ait appelé à une croisade contre « l'axe du Mal » au lendemain de *September Eleven.*

Aujourd'hui, les Américains continuent d'accorder un rôle essentiel à la religion dans la vie sociale et politique de leur pays. Depuis l'école, où les jeunes élèves prêtent serment au drapeau « sous les auspices de Dieu », jusqu'aux serments du président sur la Bible, la religion s'immisce dans tous les aspects de la vie civile. Les émissions de radio et de télévision sont aussi une composante majeure de l'outil religieux. L'explosion de l'offre et l'accessibilité aux programmes (câble, Internet, téléphonie mobile) permet aux sectes, même mineures, d'occuper les ondes. De ce fait, l'individu est en prise directe et quasi permanente avec le contenu religieux. À titre d'exemple, chaque semaine, le nombre d'Américains célébrant un office religieux est supérieur à celui assistant à une rencontre sportive. Une grande majorité d'Américains sont affiliés à une paroisse, et le choix de résidence est le plus souvent assujetti à l'emplacement d'un lieu de culte. Il n'y a qu'à se balader dans une ville américaine pour voir combien les habitants sont fiers d'appartenir à leur paroisse. La religion est même devenue un véritable catalyseur au service du développement urbain. À Los Angeles, la cathédrale Notre-Dame-des-Anges dépasse de beaucoup le simple lieu de culte dans la mesure où elle sert de support à toute une politique fédérale, notamment les programmes éducatifs et d'assistance aux plus démunis. Le phénomène des *megachurches* est un exemple probant de l'instrumentalisation de la religion au service des idéaux libéraux. Dans son étude de la société américaine au début du XXe s, Max Weber, l'un des fondateurs de la sociologie moderne, soulignait déjà le rapport étroit entre l'éthique protestante et le capitalisme. Ces établissements conceptuels du « tout religieux » dépassent largement le cadre du simple édifice religieux, dans la mesure où l'on y trouve

des garderies, des bibliothèques, des salles de spectacles et même des terrains de sport. Ces équipements, où tout a été pensé pour le confort des fidèles, sont autant d'éléments incitatifs.
À l'heure actuelle, les États-Unis forment un véritable patchwork de religions. Sur les 84 % d'Américains qui se déclaraient croyants en 2007, on comptait environ 51 % de protestants, 24 % de catholiques, 1,7 % de juifs et de mormons, et 0,6 % de musulmans. Mais cette répartition n'est pas constante. Les experts s'accordent à dire que chaque année, environ 60 000 hispaniques, à l'origine catholiques, quittent leur religion pour embrasser une Église évangélique comme le pentecôtisme, par exemple. Il est vrai que ces Églises ont connu une croissance importante depuis les années 1970, grâce au développement des médias et notamment de la télévision, sur laquelle elles sont très présentes. À titre d'exemple, « *The Hour of Power* », l'émission de Robert Schuller, célèbre télé-évangéliste californien attaché à la *Crystal Cathedral*, est diffusée chaque dimanche sur une centaine de chaînes et vue par plus de 20 millions de personnes. À noter également qu'actuellement, c'est la religion musulmane qui croît le plus rapidement aux États-Unis. Depuis la création de la fédération des associations islamiques en 1950, le nombre de mosquées sur le territoire américain est passé de 150 à 1 250 en un demi-siècle.

SAVOIR-VIVRE ET COUTUMES

Difficile de décrire les règles de savoir-vivre à adopter dans un pays auquel on reproche souvent de ne pas en avoir. Pourtant, le pays de la peine de mort et de l'injustice sociale sait souvent faire preuve d'un savoir-vivre étonnant dans les situations de tous les jours. Les Américains sont dans l'ensemble puritains. Ils adorent les fêtes patronales où l'émotion à 3 francs 6 sous déborde de partout, mais ils s'indignent peu de savoir que les enfants du Bengladesh fabriquent leurs *Nike* ou que l'embargo contre Cuba fait des ravages dans le pays. La compassion est ici à géométrie très variable, comme partout certainement mais peut-être un peu plus qu'ailleurs. Les Américains ne sont pas à une contradiction près. Ils sont en majorité contre les lois visant à restreindre la liberté de port d'arme, mais s'interrogent quand leurs enfants sont assassinés à la sortie du lycée. Ils se goinfrent de popcorn et de crème glacée pour mieux s'inscrire à des programmes de régime ultracoûteux. Peuple difficile à saisir, où les excès sont légion, mais le civisme reste le lot quotidien. Tombez en panne et vous vous émerveillerez de toute l'aide que l'on vous propose... Impensable chez nous.
Voici quelques conseils et indications en vrac, pour vous montrer que cette civilisation de pionniers, où la force a de tout temps été la seule loi qui prévalait, sait faire preuve, dans la vie de tous les jours, d'une étonnante gentillesse qui fait parfois passer les Français pour de curieux rustres.
– À la ville comme dans les campagnes, ***on se dit facilement bonjour*** dans la rue, même si on ne se connaît pas. Vous ne couperez pas non plus au « *How are you doing today ?* » (« Comment ça va aujourd'hui ? »), l'entrée en matière des serveurs ou commerçants que vous ne connaissez ni d'Ève ni d'Adam, mais auxquels vous répondrez avec un grand sourire « *Fine, thanks, and you ?* » (« Bien, merci, et vous ? »).
– ***Les files d'attente*** dans les lieux publics ne sont pas un vain mot. Pas question de gruger quelques places à la poste ou au cinéma. Le petit rigolo qui triche est vite remis en place. C'est l'occasion d'apprendre la patience.
– ***Le code de la route*** est davantage respecté que chez nous. L'automobile est majoritairement considérée comme un moyen de locomotion, pas comme un engin de course (même si les jeunes n'échappent pas à la tentation). Lorsque deux files se regroupent sur une seule, chacun passe à tour de rôle : simple et efficace. Et puis, vous ne verrez jamais une voiture stationnée sur le trottoir. Non tant par peur des représailles policières, mais tout simplement parce que ça empêche les pié-

tons de passer ! Ne vous avisez pas de transgresser ce genre de règle, ça vous coûterait cher. De même, si quelqu'un est devant un passage piéton, les voitures s'arrêtent automatiquement pour le laisser passer. En revanche, lorsque le feu est vert pour les piétons, il vaut mieux se presser pour traverser, car il passe rapidement au vert en faveur des autos. Et encore faut-il souvent appuyer sur un bouton poussoir pour que le petit bonhomme daigne (finalement) passer au vert.

– ***Les Américains se font très rarement la bise.*** Quand on se connaît peu, on se dit « *Hi !* » (prononcer « haïe »), qui veut dire « Salut, bonjour ». Quand on est proche et qu'on ne s'est pas vu depuis un moment, c'est l'accolade (le *hug*) qui prévaut. On s'enlace en se tapant dans le dos, gentiment quand il s'agit de femmes, avec de grandes bourrades quand il s'agit d'hommes. Si vous approchez pour la première fois un Américain en lui faisant la bise, ça risque de surprendre (voire choquer) votre interlocuteur. Cela dit, la *French attitude* est plutôt bien vue... Le meilleur moyen de saluer quelqu'un est quand même de lui serrer la main, pratique très courante, même chez les ados.

– ***En arrivant dans un restaurant, on ne s'installe pas à n'importe quelle table,*** sauf si l'écriteau « *Please seat yourself* » vous invite à le faire. On attend donc d'être placé. Irritant, parfois, lorsque la serveuse vous ignore pendant 10 mn avant, enfin, de prendre votre nom et de vous indiquer qu'il y a environ 45 minutes d'attente pour une table...

– ***Les petits restes :*** si dans un resto vous avez du mal à terminer ce que vous avez commandé (ça arrive souvent là-bas), n'ayez pas de scrupules à demander une barquette pour emporter les restes de vos plats ; d'ailleurs, tout le monde le fait. Jadis, on disait pudiquement « C'est pour mon chien », et il était alors question de *doggy bag.* Aujourd'hui, n'hésitez pas à demander : « *Would you wrap this up for me ?* » ou plus simplement « *Would you give me a box, please ?* » (« Pouvez-vous me donner une boîte, s'il vous plaît ? »).

– ***Dans les restos et les cafés, ne vous attendez pas à un service à l'européenne,*** du genre nappe, petite cuillère pour le café, couvert à poisson, etc. Ici, c'est l'efficacité et le rendement qui priment. Ne pas s'étonner de se faire servir un *espresso* dans une grande tasse ou d'avoir l'addition avant la fin du repas. Et pour s'assurer que tout tourne à la bonne vitesse, certains serveurs n'hésiteront pas à vous rendre visite très (trop) souvent, toujours avec le sourire !

– ***Les toilettes publiques (restrooms) :*** elles sont presque toujours gratuites et souvent bien tenues. Vous en trouverez dans chaque *Visitor Center,* dans les *bus stations,* les stations-service, les grands centres commerciaux et grands magasins, ou dans les halls des hôtels et les cafétérias. Demandez, on ne vous dira jamais non, à moins qu'une pancarte précise « *Customers only* ».

– ***Les sections non-fumeurs*** sont particulièrement respectées dans les bars et les rares hôtels qui proposent encore des chambres fumeurs. Ne vous avisez pas d'y fumer, ça déclencherait le système d'arrosage situé dans les plafonds et l'alarme. Avec une amende salée à la clé.

– ***La clim' :*** les Américains ont la manie de pousser la clim' à fond dans la plupart des lieux publics (restos, par exemple). Même aux beaux jours, ayez donc toujours un petit pull sur vous.

– ***Pour acheter votre journal, il existe des distributeurs automatiques.*** Il suffit de glisser la somme et une petite porte s'ouvre pour vous laisser prendre votre quotidien. On pourrait parfaitement en prendre 2, 3 ou 10 à la fois en n'en payant qu'un seul, mais personne ne le fait. L'honnêteté prévaut. Et puis quel intérêt ?

– ***Le rapport à l'argent*** des Américains a souvent tendance à énerver les étrangers, surtout lorsqu'ils font un voyage culturel. Leur guide insistera plus facilement sur le prix de tel tableau, de telle fabuleuse construction, plutôt que d'en évoquer les valeurs esthétiques. De même, l'insistance permanente des serveurs dans les restos ou des vendeurs à vouloir faire consommer ou dépenser toujours plus est irritante à la longue. Il faut faire marcher la machine économique, et tout est organisé pour cela.

– Les Américains sont des individualistes forcenés, mais ***ils sont prêteurs.*** Ils n'hésiteront pas, après avoir fait un peu votre connaissance, à vous prêter leur voiture et à vous laisser les clés de leur maison. Ça étonne toujours un peu, mais on s'habitue rapidement à cet état d'esprit, *friendly* en somme.

– ***Le patriotisme :*** le drapeau et l'hymne national sont les liens fédérateurs essentiels des différents peuples qui constituent le peuple américain. Afficher (souvent avec fierté) son appartenance à la nation est un geste évident pour un grand nombre d'Américains. Cela peut étonner plus d'un Européen. En outre, depuis les attentats du 11 Septembre, la bannière étoilée a tendance à se multiplier en tous lieux. Et les messages d'encouragement aux *Boys* en Irak pullulent aussi. Plus surprenant encore : les églises qui carillonnent l'hymne national !

– ***Il ne sert à rien de hurler*** (comme on le fait souvent en France...) dès que quelque chose ne se déroule pas comme vous le voudriez. Vous pouvez être accusé de manque de respect vis-à-vis de la personne derrière son comptoir, voire d'agression. Sachez que tout se plaide et se négocie aux États-Unis ! En revanche, si vous êtes dans votre bon droit, vous serez immédiatement remboursé. Et puis, ne vous avisez pas non plus de hausser le ton avec un policier : vous finiriez illico au poste.

– ***Les malentendus culturels :*** les Américains, joyeux drilles, aiment les contacts et sont d'un abord facile. Cet élan immédiat peut laisser croire qu'ils se font de nouveaux amis dans la minute. Mais le premier contact passé, l'analyse de cette situation fait dire aux Français que les Américains sont superficiels, légers, inconsistants. À l'inverse, les Américains nous trouveraient froids et distants. Mais ce qui ressort le plus souvent de l'aventure américaine, c'est la gentillesse, les rencontres et la serviabilité des gens.

SITES INSCRITS AU PATRIMOINE MONDIAL DE L'UNESCO

UNESCO
Organisation des Nations Unies pour l'éducation, la science et la culture

PATRIMONIO MUNDIAL • WORLD HERITAGE • PATRIMOINE MONDIAL
En coopération avec le centre du patrimoine mondial de l'UNESCO

Pour figurer sur la liste du Patrimoine mondial, les sites doivent avoir une valeur universelle exceptionnelle et satisfaire à au moins un des dix critères de sélection. La protection, la gestion, l'authenticité et l'intégrité des biens sont également des considérations importantes.

Le patrimoine est l'héritage du passé dont nous profitons aujourd'hui et que nous transmettons aux générations à venir. Nos patrimoines culturel et naturel sont deux sources irremplaçables de vie et d'inspiration. Ces sites appartiennent à tous les peuples du monde, sans tenir compte du territoire sur lequel ils sont situés. Pour plus d'informations : • *http://whc.unesco.org* •

Site inscrit dans la zone couverte par ce guide :

– ***Independence Hall*** (1979), à Philadelphie, où fut signée la Déclaration d'indépendance des États-Unis.

UNITAID

UNITAID a été créé pour lutter contre le VIH/sida, le paludisme et la tuberculose, principales maladies meurtrières dans les pays en développement. Le financement d'UNITAID provient principalement d'une contribution de solidarité sur les billets d'avion. UNITAID intervient en facilitant l'accès aux médicaments et aux diagnostics, en en baissant les prix, dans les pays en développement. En France, la taxe est de 1 € (ce qui correspond à deux enfants traités pour le paludisme) en classe économique. En moins de trois ans, UNITAID a perçu près de 900 millions de dollars, dont 70 % proviennent de la taxe sur les billets d'avion. Les financements d'UNITAID ont permis à près de 200 000 enfants atteints du VIH/sida de bénéficier d'un traitement et de délivrer plus de 11 millions de traitements. Moins de 5 % des fonds sont utilisés pour le fonctionnement du programme, 95 % sont utilisés directement pour les médicaments et les tests. Pour en savoir plus : • *unitaid.eu* •

LA NOUVELLE-ANGLETERRE

Située dans le coin nord-est de l'immense territoire américain, la Nouvelle-Angleterre compte 14 millions d'habitants répartis dans six États. Du nord au sud : Maine, Vermont et New Hampshire, Massachusetts, puis Connecticut et Rhode Island. L'appellation New England est antérieure à l'indépendance des États-Unis mais ne correspond en rien à une entité administrative.
Néanmoins, cette terre des premiers immigrants venus d'Europe est peut-être la région des États-Unis qui possède l'identité culturelle la plus forte, avec une plus grande cohésion culturelle et historique que les autres régions du pays. Avec des différences malgré tout : le nord-est est essentiellement rural, parfois même sauvage du côté des Green Mountains du Vermont ou les White Mountains du Maine, tandis que le sud-est est plutôt urbain, une différence qui a par ailleurs toujours existé. L'ouest et l'est partagent ces mêmes différences au plan culturel : on ne trouve généralement pas dans le Connecticut et le Vermont le fameux accent bostonien qui identifie la Nouvelle-Angleterre aux oreilles des autres Américains. On peut affirmer que malgré la proximité envahissante de la mégapole new-yorkaise, la Nouvelle-Angleterre demeure une région au caractère nettement spécifique. Boston, dans le Massachusetts, est son principal centre économique et culturel, et la péninsule de Cape Cod un lieu de villégiature élégant et discret, très prisé de la bonne société.

BOSTON

600 000 hab. (3 millions avec les banlieues)

On pourrait déplorer que Boston soit un peu délaissée par les circuits des voyageurs européens. C'est une ville attachante et fort agréable, avec un *downtown* bien américain qui s'impose d'emblée dans le panorama, mais aussi quelques vestiges de la ville coloniale garnis de réverbères à gaz et, en bordure, une *Little Italy* bien vivante, enfin sortie d'un long isolement dû à une vilaine autoroute urbaine aérienne désormais reléguée sous terre. Par certains aspects, Boston rappelle parfois San Francisco.
Mais pour les Américains, le nom de Boston est lié d'abord à la naissance de la nation et à toutes les grandes causes libérales de leur jeune histoire : révolution, indépendance, abolition de l'esclavage, émancipation des femmes. Ville phare de la Nouvelle-Angleterre, c'est indéniablement le berceau historique des États-Unis. Paradoxalement, ce fut aussi par le passé la ville de l'intolérance, celle des puritains et des quakers, où « les Cabot ne parlent qu'aux Lowell et les Lowell ne parlent qu'à Dieu ». Une société assez collet monté, illustrée à merveille dans le roman *Les Bostoniennes* d'Henry James. Ce fut enfin un port où se bagarraient le soir les marins ivres. Après tout, une ville qui existe depuis plus de 350 ans a bien le droit d'être pleine de contradictions. On y profite aussi d'une qualité de vie à l'européenne, dans des quartiers cossus des faubourgs résidentiels le long de la rivière Charles, qui s'apparente plus au Vieux Monde qu'au Nouveau.
Au plan économique, depuis une vingtaine d'années, Boston s'est payé une nouvelle jeunesse en bâtissant un grand centre d'affaires, tout en demeurant un pôle universitaire de premier plan (Harvard et MIT) et un centre culturel

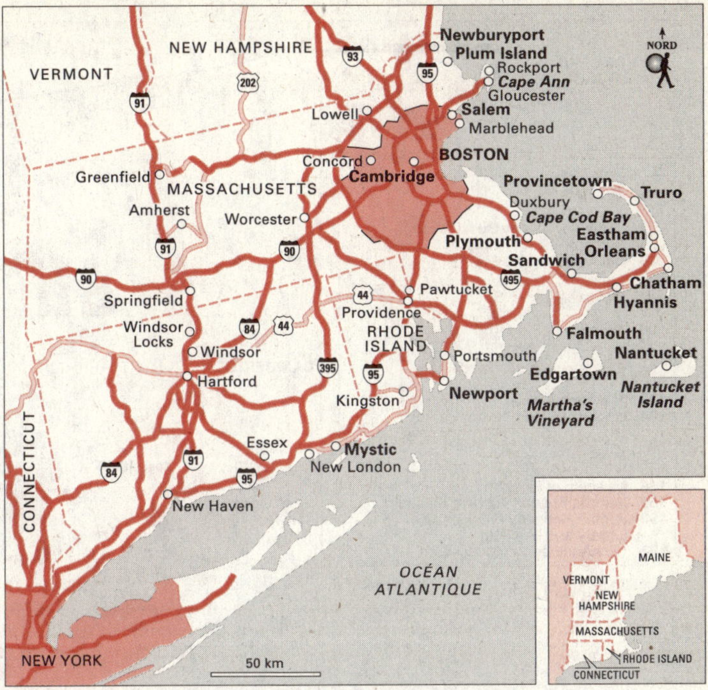

LA NOUVELLE-ANGLETERRE

majeur avec des musées que le reste du pays lui envie. Car sur les 3 millions d'habitants de l'agglomération, 500 000 sont des étudiants !
Pour décongestionner la circulation automobile du plus vieux centre-ville américain, Boston a augmenté et enfoui sous terre son réseau d'autoroutes du centre-ville. Ce *Big Dig* fut même le plus grand projet routier urbain de l'histoire des États-Unis.

UN PEU D'HISTOIRE

> **PAS TOUS À LA FOIS !**
> *Si l'on tient compte, aujourd'hui, de tous ceux qui se réclament d'un ancêtre sur le* Mayflower, *celui-ci aurait dû être un paquebot capable de transporter plus de 3 000 passagers vers le Nouveau Monde !*

Peuplée avant l'arrivée des Européens par les Indiens algonquins, la capitale du Massachusetts devint, un peu par hasard, le berceau de l'Amérique moderne puisqu'en débarquant à Plymouth, dans les proches environs de Boston, en 1620, ses 102 colons (dont 41 puritains qui fuyaient les persécutions de l'Église anglicane), le *Mayflower* avait fait une erreur de navigation de près de 800 km. Son objectif était la Caroline, beaucoup plus au sud !
Fondée, donc, en 1630, la cité prend le nom d'une ville anglaise du Nord-Est dont sont originaires ses fondateurs puritains. Aux XVIIe et XVIIIe s, Boston devient le chef-lieu de la colonie du Massachusetts et s'enrichit grâce à son port et ses relations commerciales avec l'Angleterre et les Antilles. Elle s'impose aussi

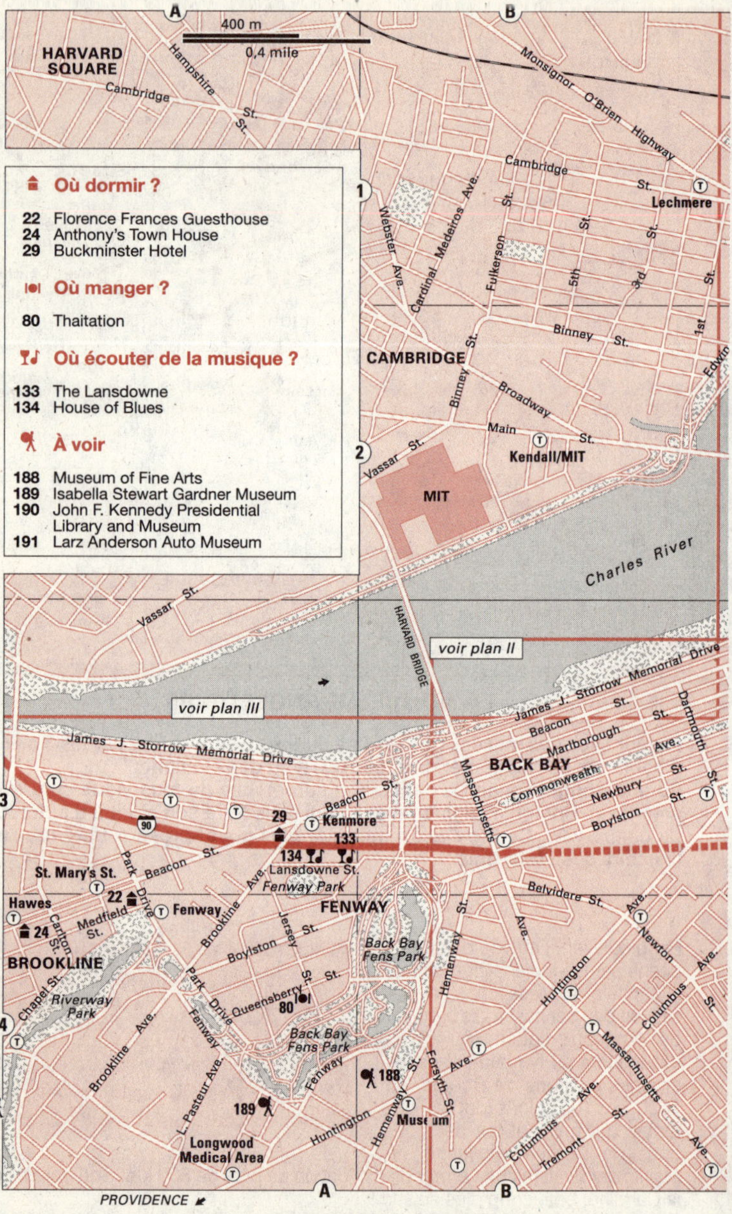
Où dormir ?
22 Florence Frances Guesthouse
24 Anthony's Town House
29 Buckminster Hotel
Où manger ?
80 Thaitation
Où écouter de la musique ?
133 The Lansdowne
134 House of Blues
À voir
188 Museum of Fine Arts
189 Isabella Stewart Gardner Museum
190 John F. Kennedy Presidential Library and Museum
191 Larz Anderson Auto Museum
400 m
0,4 mile
HARVARD SQUARE
CAMBRIDGE
MIT
Kendall/MIT
Lechmere
Charles River
HARVARD BRIDGE
voir plan II
voir plan III
BACK BAY
Kenmore
FENWAY
Fenway Park
Back Bay Fens Park
BROOKLINE
Riverway Park
Longwood Medical Area
Museum
St. Mary's St.
Hawes
Fenway
WORCESTER
PROVIDENCE
James J. Storrow Memorial Drive
Massachusetts Ave.
Monsignor O'Brien Highway
Cambridge St.
Broadway
Main St.
Vassar St.
Beacon St.
Marlborough St.
Commonwealth Ave.
Newbury St.
Boylston St.
Huntington Ave.
Columbus Ave.
Tremont St.

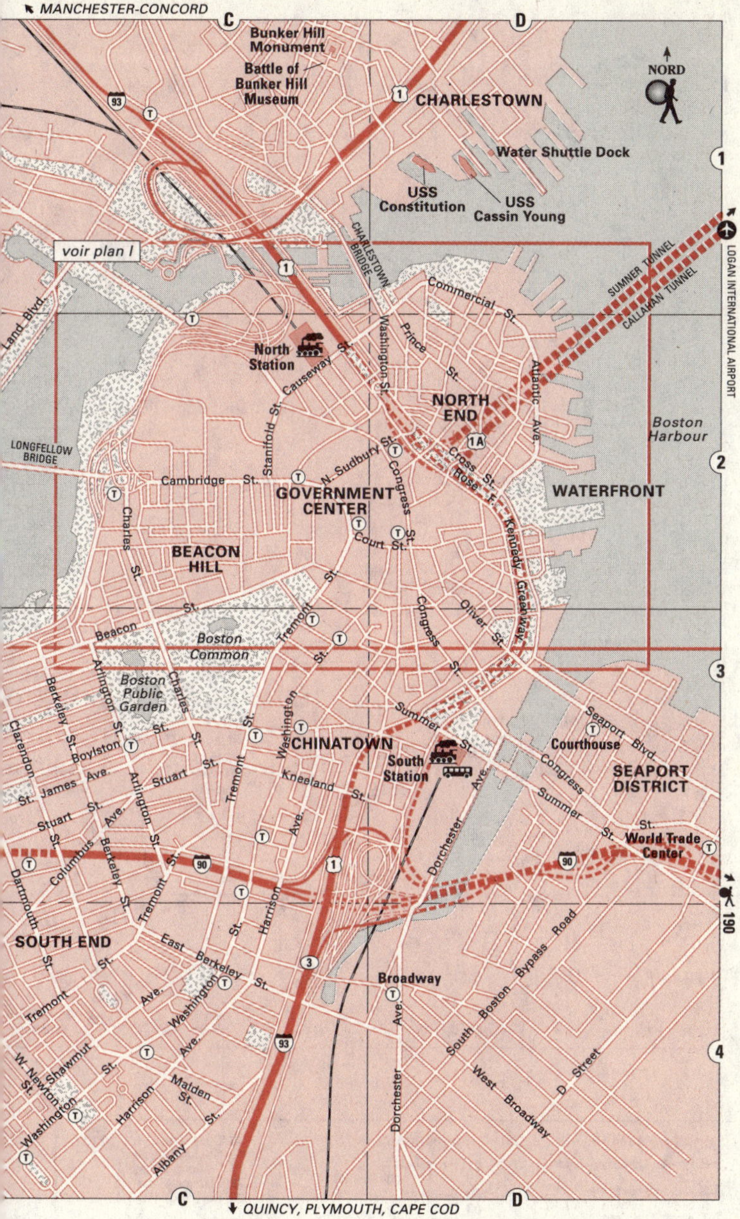

BOSTON – PLAN D'ENSEMBLE

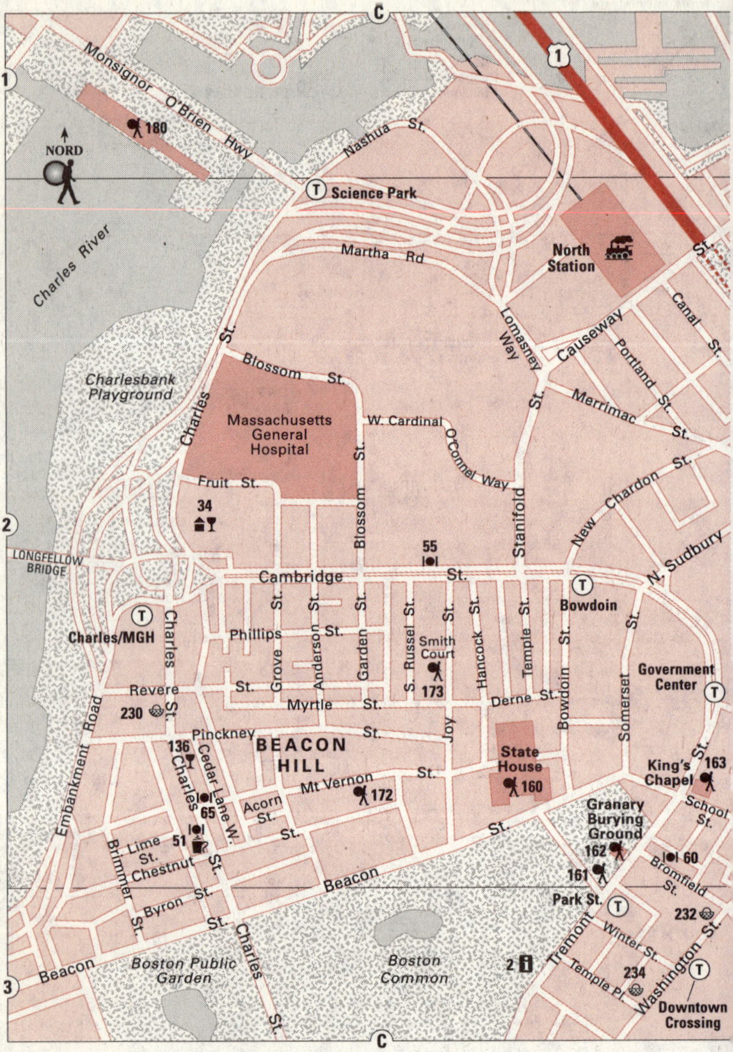

Adresses utiles

- 2 Boston Common Visitor Center
- 3 National Historical Park Service Visitor Center
- @ 7 North End Branch Library

Où dormir ?

- 33 Ames
- 34 The Liberty Hotel

Où manger ?

- 51 Paramount
- 55 Whole Foods Market
- 60 Silvertone
- 63 Durgin Park Restaurant
- 64 Legal Seafoods Long Wharf
- 65 Lalã Rokh
- 66 Union Oyster House
- 68 Pizzeria Regina
- 69 Daily Catch
- 70 Neptune Oysters
- 71 Trattoria Il Panino
- 72 Mamma Maria
- 74 Boston Sail Loft

Où boire un café ? Où déguster une pâtisserie ?

- 120 Caffé Vittoria et Mike's Pastry

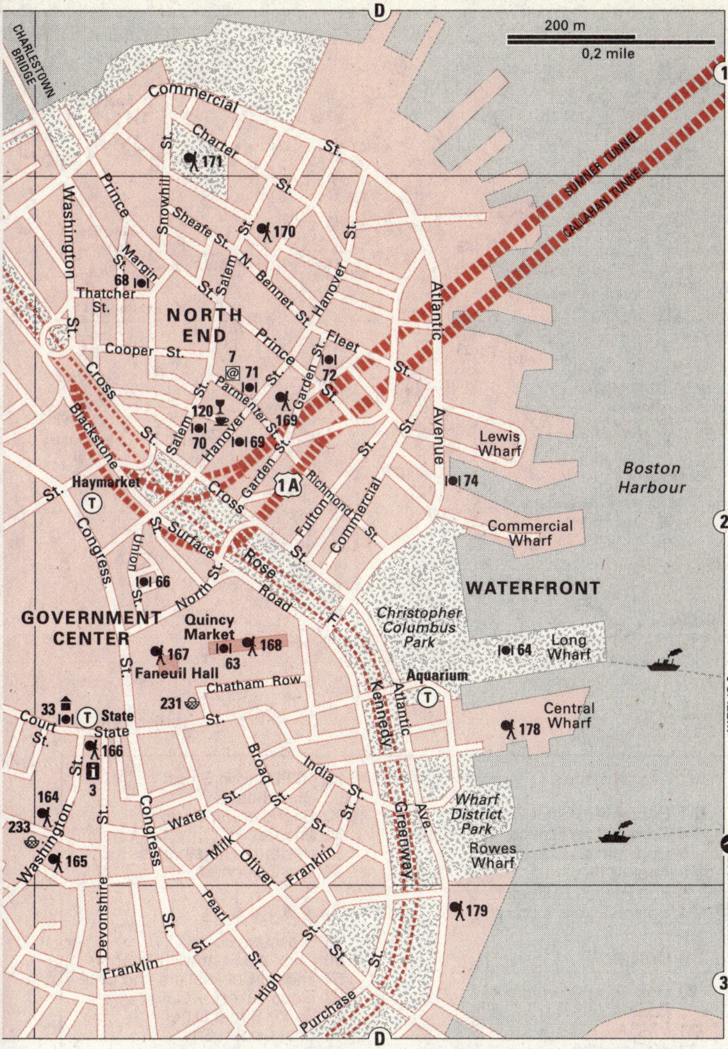

BOSTON – CENTRE HISTORIQUE (PLAN I)

Où boire un verre ?

34 Alibi (Liberty Hotel)
136 Sevens Ale House

À voir

160 Massachusetts State House
161 Park Street Church
162 Granary Burying Ground
163 King's Chapel et son cimetière
164 Old Corner Bookstore
165 Old South Meeting House
166 Old State House
167 Faneuil Hall
168 Quincy Market
169 Paul Revere House
170 Old North Church
171 Cimetière de Copp's Hill
172 Nichols House
173 Museum of Afro-American History
178 New England Aquarium
179 Boston Harbor Hotel
180 Museum of Science and Science Park

Achats

230 Helen's Leather
231 Abercrombie & Fitch
232 Designer Shoe Warehouse
233 Borders
234 Brattle Book Shop

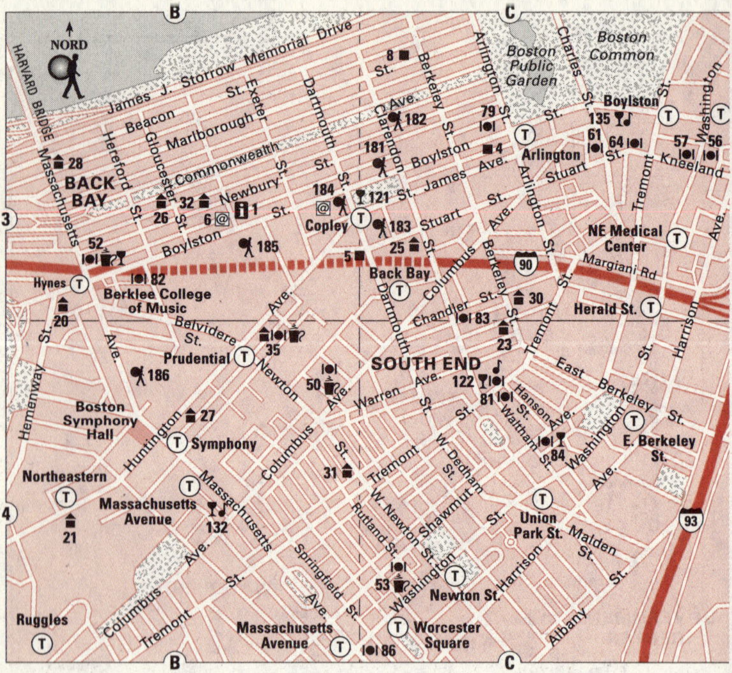

Adresses utiles	
1	Prudential Visitor Center
4	Consulat de France
5	Consulat du Canada
6	Apple Store
8	The French Cultural Center
184	Boston Public Library

Où dormir ?

- **20** Hostelling International Boston
- **21** YMCA
- **23** 40 Berkeley
- **25** Hotel 140
- **26** Commonwealth Court Guest House
- **27** Midtown Hotel
- **28** 463 Beacon Street Guesthouse
- **30** Chandler Inn Hotel
- **31** Encore
- **32** Newbury Guesthouse
- **35** The Colonnade

Où manger ?

- **35** Brasserie Jo
- **50** Charlie's Sandwich Shoppe
- **52** Trident Booksellers and Café
- **53** Flour Bakery + Café
- **54** South Street Diner
- **56** East Ocean City
- **57** Penang
- **58** Gourmet Dumpling House
- **59** China Pearl
- **61** Legal Seafoods
- **64** Jacob Wirth

comme la capitale intellectuelle de la Nouvelle-Angleterre, notamment avec la création, en 1635, de la première école américaine, la *Boston Public Latin School,* suivie d'une université de théologie qui va devenir Harvard. En 1673 : premier chantier naval ; 1698 : première carte routière ; 1704 : impression du premier journal *(Boston News Letter).* La vie bostonienne est alors très influencée par les

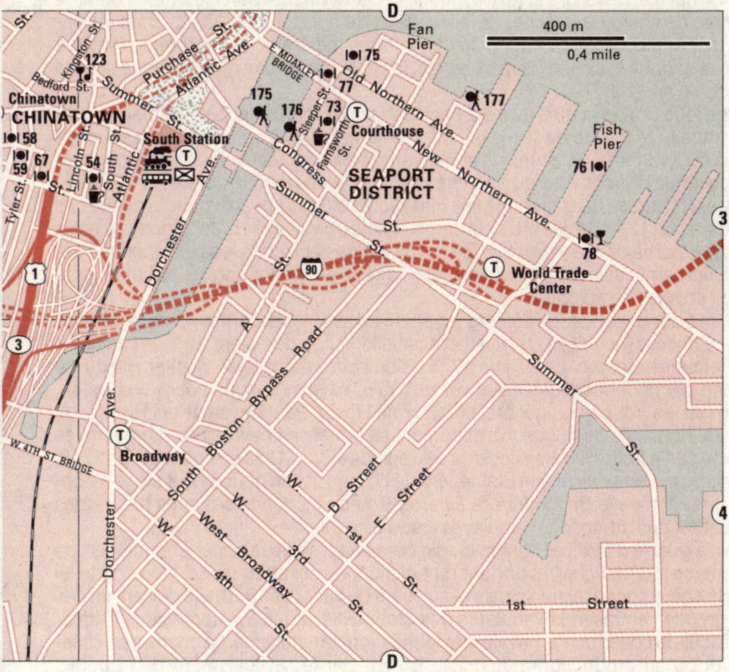

BOSTON – BACK BAY, WATERFRONT, CHINATOWN ET SOUTH END (PLAN II)

67 Ginza
73 Flour Bakery + Café
75 Daily Catch
76 No Name Restaurant
77 Barking Crab
78 Legal Seafoods
79 Parish Cafe
81 Addis Red Sea Ethiopian et B & J Oysters
82 Jasper White's Summer Shack
83 Delux Café
84 The Franklin Café
86 Toro

Où boire un verre ?
Où écouter de la musique ?
Où aller en boîte ?

121 The Oak Bar
122 The Beehive
123 Good Life
132 Wally's Café
135 Sweet Water Tavern

À voir

175 Boston Tea Party Ship and Museum
176 Boston Children's Museum
177 Institute of Contemporary Art (ICA)
181 Trinity Church
182 First Baptist Church
183 John Hancock Tower
184 Boston Public Library
185 Prudential Center et Skywalk Observatory
186 Christian Science Church Center

valeurs religieuses des puritains, et ses habitants se taillent également une réputation d'intolérance lorsqu'ils condamnent en 1660 Mary Dyer, une quakeresse, à la pendaison.
Vers 1750, Boston compte 15 000 habitants ; elle est alors la troisième ville la plus peuplée de la Couronne en Amérique du Nord. L'activité y est florissante : cons-

truction navale, métallurgie, textile, pêche et distillerie. Le port exporte du bois, de la farine, de l'huile de baleine, de la viande et du poisson ; ses marchands reviennent des Antilles avec du sucre, du rhum et des mélasses. Si l'essor économique colonial enrichit la classe de marchands, le trafic transatlantique, lui, reste sous le monopole anglais.

Boston joue un rôle central avant et pendant la révolution américaine. Lorsque Londres impose une série de taxes et renforce sa présence militaire dans la seconde moitié du XVIIIe s, les Bostoniens entrent en rébellion et réclament une représentation politique des colonies au Parlement. En 1770, une révolte contre les nouvelles taxes est réprimée dans le sang ; le « massacre de Boston » provoque la colère des habitants. En 1773, ils détruisent la cargaison de trois navires britanniques : c'est la célèbre « partie de thé » *(Boston Tea Party)*, un des épisodes les plus connus de la révolution américaine. L'année suivante, le gouvernement anglais fait bloquer le port et envoie des soldats.

La guerre d'Indépendance commence plus tard avec les escarmouches de Lexington et Concord (appelées abusivement bataille) qui se déroulent à une trentaine de kilomètres de Boston. Le 17 juin 1775 a lieu l'affrontement de Bunker Hill qui se termine par la débâcle des insurgés. En 1776, Washington s'empare de Boston, tenue par les troupes du général britannique Howe. Paul Revere (Paul Rivoire, de son vrai nom), fils de huguenot, accomplit sa fameuse chevauchée. La guerre se termine par le traité de Versailles et la création des États-Unis d'Amérique. En 1788, le Massachusetts devient un État fédéré de l'Union et son gouverneur siège à Boston. Surnommée *le Berceau de la Liberté,* Boston bichonne ses sites historiques qui restent des attractions populaires jusqu'à ce jour.

Après la guerre d'Indépendance, la ville continue à se développer comme port de commerce international, exportant du poisson, du sel et du tabac. Une charte lui octroie son autonomie municipale et au cours des années 1850, elle devient un des plus grands centres manufacturiers des États-Unis, grâce à la confection, l'industrie du cuir, la construction navale et la fabrication de machines. La guerre de Sécession dope sa production industrielle portée par le ravitaillement des troupes nordistes.

Le pouvoir dans la ville reste aux mains des riches familles dont la généalogie remonte aux premiers colons. Certaines sont surnommées les « brahmanes de Boston », en allusion au système des castes en Inde. Pourtant, à partir de 1840, de nombreux immigrants arrivent à Boston, dont les Irlandais fuyant la famine dans leur pays. Ils sont employés dans l'industrie textile. Ensuite, avec l'arrivée des Italiens, ils forment une communauté catholique nombreuse, ce qui ne manque pas d'inquiéter les *WASP* dominateurs.

Foyer intellectuel et culturel de premier plan, la ville accueille au XIXe s de nombreux écrivains américains, dont Emerson, Nathaniel Hawthorne, Edgar Allan Poe, Longfellow ou Henry James. L'entre-deux-guerres est une période de crise pour la ville : en 1919, une grande grève touche la police de Boston. En 1927, les anarchistes italiens Sacco et Vanzetti sont exécutés. En 1940-1945, Boston reconvertit son économie aux besoins de l'industrie de guerre. Mais après le conflit, l'économie se porte moins bien : les usines ferment, et les entreprises vont s'établir dans le sud, où la main-d'œuvre est meilleur marché. Ses quelques atouts, les banques, les hôpitaux, les universités, le savoir-faire technique comptent alors peu à l'échelle de l'économie des États-Unis. La crise économique entraîne une crise sociale et urbaine. Dans les années 1960, 13 femmes y sont assassinées par Albert Henry de Salvo, « l'étrangleur de Boston ». Pourtant, en 1960, un sénateur du Massachusetts issu de l'immigration irlandaise et dont le père est immensément riche devient le premier président catholique des États-Unis : John Fitzgerald Kennedy.

Boston connaît un renouveau économique dans les années 1970, grâce au dynamisme de son secteur financier. Ses hôpitaux dégagent de plantureux bénéfices. Les universités attirent des dizaines de milliers d'étudiants, et des fonds importants sont investis par le gouvernement dans la recherche. L'agglomération devient le deuxième pôle américain pour les hautes technologies (informatique, biotech-

nologies), derrière la Silicon Valley. La construction de nouveaux gratte-ciel dans le quartier des affaires en est le témoignage de prospérité.
Quelques Bostoniens célèbres : John Adams et John Quincy Adams, respectivement père et fils, et 2e et 6e présidents des États-Unis, l'inventeur du téléphone Alexander Graham Bell, Benjamin Franklin, Edgar Allan Poe, les acteurs Ben Affleck, Matt Damon, Jack Lemmon, Geena Davis et Uma Thurman, le compositeur Leonard Bernstein, les groupes Aerosmith, Pixies et New Kids on the Block, le sénateur John Kerry, et Malcolm X, le leader des *Black Muslims*.

Arriver – Quitter

En avion

✈ ***Aéroport de Logan*** *(hors plan d'ensemble par D1) : à peine à 10 miles au nord-est de la ville. Infos sur l'aéroport : ☎ 1-800-262-3335.*

■ ***Bureau de change : Travelex,*** *dans le hall d'arrivée du terminal E. Tlj 8h30-22h30.*
ℹ ***Visitor Center :*** *dans le hall d'arrivée du terminal E.* Tout petit. Presque en face, jeter un œil à la fascinante sculpture cinétique de l'artiste George Rhoads.
– ***Information sur les vols*** et sur les moyens de transport depuis et vers le centre-ville : ☎ *1-800-235-6426.* ● *massport.com* ●

Pour rejoindre le centre de Boston

➢ ***Le métro :*** 3 bus gratuits, le n° 22 (terminaux A et B), le n° 33 (terminaux C et E) et le n° 55 (passe par ts les terminaux), vous conduisent à la station Airport de la Blue Line. Ensuite, le métro vous mène où vous voulez, au prix d'un ticket normal. Compter 2 $ pour rejoindre le centre.
➢ ***Bus de la Silver Line*** *(ligne de la MBTA, le métro) :* le bus passe par tous les terminaux du Logan Airport et relie en 45 mn South Station (dans le centre ; *plan d'ensemble et plan II, D3*) pour 2 $ également. Connexion avec la Red Line du métro. Très pratique aussi.
➢ ***Bateau T Harbor Express :*** ☎ *617-222-6999.* ● *harborexpress.com* ● Prendre le bus n° 66 (gratuit) qui mène au Logan Boat Dock. Ensuite, ce bateau de la *MBTA* (compagnie du métro) vous conduit en 10 mn au Long Wharf (débarcadère dans le centre-ville ; *plan I, D2*). Fonctionne tte l'année. En sem, 6h-21h (fréquence aléatoire selon les heures) ; le w-e, ttes les 90 mn 8h30-22h50. Env 12 $ l'aller simple.
➢ ***Bateau-taxi :*** prendre le bus n° 66 (gratuit) qui va au Logan Boat Dock pour rejoindre les bateaux de la *Boston Harbor Water Taxi (☎ 617-593-9168 ; ● bostonharborwatertaxi.com ●)*, de la *City Water Taxi (☎ 617-422-0392 ; ● citywatertaxi.com ●)* et de la *Rowes Wharf Water Transport (☎ 617-406-8584 ; ● roweswharfwatertaxi.com ●)*, qui font la liaison entre l'aéroport et une quinzaine d'arrêts dans le centre-ville au nord et au sud de Long Warf. Compter 10 $ l'aller simple.
➢ ***Taxi :*** *env 30-40 $ pour rallier le centre de Boston, péage inclus.*

En bus

🚌 ***South Station Bus Terminal*** *(plan d'ensemble et plan II, D3) : 700 Atlantic Ave, au niveau de Beach St.* Ⓜ *South Station (Red Line). Tickets à l'étage.* Nombreuses compagnies, et donc de nombreux départs tte la journée pour ttes les destinations.

■ ***Greyhound :*** ☎ *1-800-231-2222.* ● *greyhound.com* ● Bus au départ et en provenance de ttes destinations aux États-Unis et au Canada.
■ ***Peter Pan Bus Lines :*** ☎ *1-800-343-9999.* ● *peterpanbus.com* ● Bus qui circule dans le Massachusetts, le Connecticut, le New Hampshire et New York.

■ ***C & J :*** *☎ 1-800-258-7111.* • *ridecj.com* • Compagnie de bus qui relie Logan Airport à Newburyport, Portsmouth et Dover (New Hampshire) en passant par Boston South Station.

■ ***Fung Wah Bus Transportation :*** *☎ 617-345-8000 ou 617-338-8308.* • *fungwahbus.com* • Succès oblige, le petit bus chinois est devenu grand. Des autocars relient maintenant Boston (Gate 25, South Station) à New York (139 Canal St, Chinatown) en gros 20 fois/j. dans chaque direction *(env 15 $ pour un aller).* Premiers arrivés, premiers servis ; il peut donc être utile de réserver et d'arriver à l'avance. Le bus part dès qu'il est plein, souvent un peu avant l'heure de départ prévue.

■ ***Plymouth & Brockton :*** *☎ 508-746-0378.* • *p-b.com* • Relie Boston à la plupart des villes de Cape Cod via Plymouth, et dessert aussi Logan Airport.

En train

South Station ***(gare Amtrak** ; plan d'ensemble et plan II, D3) :* *☎ 1-800-872-7245.* Ⓜ *South Station (Red Line).* Le train à grande vitesse *Acela Express* relie Boston à New York en env 3h30, avec une dizaine de départs/j.

North Station *(plan d'ensemble et plan I, C2) : 126 Causeway St. ☎ 1-800-872-7245.* Ⓜ *North Station (Green et Orange Lines).* Départ des lignes Newburyport/Rockport. Trains pour Salem, Gloucester, Rockport (presqu'île de Cap Ann) et Newburyport (ces derniers directs ou avec changement à Salem ou Beverly). Nombreux trains tlj.

Les différents quartiers

– ***Beacon Hill :*** charmant quartier historique bordé au sud par le Boston Common (point de départ du Freedom Trail) et à l'ouest par l'élégante Charles St, qui aligne antiquaires, boutiques chic et petits cafés-restos. Superbes maisons en briques et *brownstones* qui valent aujourd'hui une petite fortune, dédale de ruelles pavées et fleuries encore éclairées au gaz. Le plus joli coin de la ville.

– ***Government Center :*** le centre de la ville. Harmonieuse alternance de gratte-ciel et de petits immeubles en briques rouges. Atmosphère très touristique, surtout autour des anciens marchés couverts de Quincy Market et Faneuil Hall.

– ***North End :*** ancien refuge mal famé de marins, c'est aujourd'hui le quartier italien et le meilleur endroit pour manger une bonne pizza ou siroter un vrai espresso. Pittoresque et authentique.

– ***Waterfront :*** le port de Boston. C'est là que se trouve l'Aquarium et de là que partent les ferries vers Cape Cod et Salem.

– ***Seaport District :*** quartier en pleine mutation depuis l'ouverture du ICA (Institute of Contemporary Art), véritable vaisseau flottant au-dessus de l'eau. Superbe vue sur la skyline de Boston.

– ***Back Bay :*** longues avenues verdoyantes flanquées de belles demeures victoriennes, atmosphère huppée, boutiques haut de gamme, notamment sur Newbury et Boylston St mais aussi dans le Prudential Center. Copley Square est le cœur du quartier, dominé par la silhouette de Trinity Chuch se reflétant dans le plus haut building de la ville, la Hancock Tower. Le secteur de Back Bay forme un plan rectiligne, contrairement aux autres quartiers de Boston, et ses rues (dans le sens nord-sud) ont été baptisées selon l'ordre alphabétique : Arlington, Berkeley, Clarendon, Dartmouth...

– ***South End :*** quartier populaire à l'origine, devenu aujourd'hui bobo, arty et branché. Très bons restos tendance, petites boutiques de créateurs.

– ***Fenway et Kenmore Square :*** le quartier du Fenway Park, le mythique stade de baseball où jouent les Red Sox, et aussi celui de la Boston University. À la limite de Back Bay se trouvent le Museum of Fine Arts, un des plus beaux musées d'art d'Amérique, et tout à côté l'incroyable Isabella Stewart Gardner Museum, dans un petit palais vénitien.

– ***Cambridge :*** séparée de Boston par la Charles River, la petite ville de Cambridge accueille l'université la plus prestigieuse du monde, Harvard, et son alter ego scientifique, le MIT. Atmosphère étudiante et intello, très vivante, surtout autour d'Harvard Square où se concentre l'animation. Terrasses, petits restos et coffee-shops, librairies à foison. Une chouette ambiance.

Transports en ville

CHARLIE DANS LE MÉTRO

Dans les années 1940, pour augmenter le prix du ticket, un « droit de sortie » du métro fut instauré et demandé aux passagers au moment de quitter la station. Un candidat à la mairie mena campagne contre cette mesure impopulaire et fit écrire par des chanteurs une chanson comique et ironique, Charlie on the MTA, *dans laquelle un père de famille est condamné à vivre dans les tunnels, car il n'a pas pris assez d'argent pour payer cet* exit fare *! La MBTA ne manque pas d'autodérision, car cette chansonnette donna son nom à la* Charlie-Card, *qui permet de voyager partout.*

➢ ***Le métro :*** ici on l'appelle le « ***T*** », que les Bostoniens prononcent « tii » (stations repérables au logo noir sur fond blanc). Quatre lignes principales (*Blue, Orange, Green* et *Red Lines*). Le moyen de transport urbain le plus pratique. *Tlj 5h15 (6h dim)-0h30.* Il existe différentes formules pour les titres de transports : soit on achète un ticket individuel nommé ***Charlie-Ticket*** (en général 2 $, mais plus pour les trajets atteignant les banlieues), soit on paie son trajet directement en cash (2 $ là aussi). On peut aussi acheter une ***CharlieCard,*** carte magnétique rechargeable à volonté et utilisable sur tout le réseau *MBTA* (bus et ferries compris). L'avantage : outre sa flexibilité, elle permet une petite réduction sur le prix du trajet, qui passe à 1,70 $. La *CharlieCard* est en vente dans presque toutes les stations de métro et dans différents commerces dont les *7-Eleven* (repérer le logo *CharlieCard*). Il existe encore des *passes* de 1 ou 7 jours consécutifs (9 ou 15 $), donnant accès à la plupart des services du *MBTA* (ferries, bus et métro), dans un rayon de 5 miles du *downtown* ; très rentable quand on se déplace régulièrement dans la ville. On peut acheter les *passes* dans de nombreuses stations de métro (règlement par carte de paiement possible). Enfin, les moins de 11 ans voyagent gratuitement s'ils sont accompagnés d'un parent. ***Le principe de base pour circuler dans le métro :*** lorsqu'une rame va ***Inbound,*** c'est qu'elle se dirige vers le centre ; et si la direction indiquée est ***Outbound,*** c'est qu'elle va vers les environs, vers l'extérieur. Attention, sur les plans qui sont dans le métro, il n'y a pas toujours toutes les stations intermédiaires de la *Green Line.* Cette ligne *Green,* qui ressemble plus à un musée du transport roulant qu'à un métro moderne, est plus bondée et plus lente que les autres. Les wagons de toutes les lignes sont climatisés, mais les stations sont des fours en été. Cela étant, le métro de Boston est sympa, propre, sûr et vraiment pratique. *Pour ttes infos :* • *mbta.com* •

➢ ***Le bus :*** assez difficile si l'on ne connaît pas le numéro, la destination et surtout l'arrêt. Les arrêts ne comportant pratiquement pas d'informations, seule la couleur différencie la ligne. *Env 1,50 $ le trajet (plus pour bus de nuit et express) ; 1,25 $ avec la* CharlieCard. *Pour se procurer les horaires et les numéros, aller à Haymarket, North ou South Station, Park St, Back Bay ou Porter Sq, et demander les* timetables.

Si vous avez 2 bus à prendre à la suite, vous pouvez réutiliser votre ticket, sauf si vous l'avez acheté directement dans le bus.

➢ ***Le vélo :*** beaucoup d'étudiants l'utilisent, donnant ainsi au Cambridge américain un air d'Oxford. Deux adresses de location de vélos autour de 20 $ la journée (voir « Adresses utiles »).

➢ ***La voiture :*** inutile à Boston même, qui se parcourt facilement à pied et en métro. Se garer dans le centre n'est pas une mince affaire. Bien lire avant les panneaux restrictifs des horaires de stationnement, parfois superposés les uns au-dessus des autres, ce qui complique encore la tâche. Se méfier surtout de *Street Cleaning (nettoyage des rues)* et de *Tow Zone* (zone d'enlèvement !). Parkings hors de prix *(env 30 $ pour 24h en plein centre-ville et 4 $ pour 30 mn)* et agents de la circulation impitoyables concernant les contraventions. À noter que les parkings extérieurs sont plus chers que ceux situés dans les sous-sols de grands immeubles.

Adresses utiles

Informations touristiques

ℹ ***Prudential Visitor Center*** *(plan II, B3,* ***1****) : 800 Boylston St. ☎ 1-888-SEE-BOSTON. • bostonusa.com • Ⓜ Prudential. Situé dans le Prudential Center, Center Court. Tlj 9h (10h w-e)-18h.* Bien pourvu en prospectus et brochures de toutes sortes. Ils vendent aussi le *City-Pass*, valable 9 jours, qui permet de visiter 5 attractions pour 46 $ (29 $ pour les 3-11 ans). Regardez bien si la liste de ces musées vous convient *(• citypass.com •)*.

ℹ ***Boston Common Visitor Center*** *(plan I, C3,* ***2****) : 148 Tremont St (angle W St). Ⓜ Park St. Kiosque à l'entrée du parc. Tlj 8h30 (9h w-e)-17h.* Un peu désorganisé, mais pas mal de services et de brochures, dont celle sur le *Black Heritage Trail* qui commence à côté. D'excellentes visites guidées du *Freedom Trail (13 $ pour 1h30)* partent d'ici toutes les 30 mn (9h30-16h30 en théorie).

ℹ ***National Historical Park Service Visitor Center*** *(plan I, D2,* ***3****) : 15 State St. ☎ 617-242-5642. • nps.gov/bost/ • Ⓜ State. Dans le quartier historique, à côté de l'Old State House. Tlj 9h-17h. Tour guidé gratuit du* Freedom Trail *(env 1h30), de mi-avr à fin nov.* Appelez pour les heures de visite, ça change assez souvent selon la saison. Départ sur place.

– ***Nouveaux Visitor Centers*** prévus courant 2011 : le long de la ***Rose Kennedy Greenway*** (au niveau de State St ; *plan I, D2*), et à ***Faneuil Hall*** *(plan I, D2)*. Ce dernier devrait d'ailleurs devenir, à son ouverture fin 2011, le point de départ des tours guidés du Freedom Trail.

– Dans la gare ferroviaire de ***South Station,*** un ***kiosque d'infos*** *Concierge-Tourist Information,* à deux pas du kiosque d'infos générales de la gare. *☎ 617-330-1230. Tlj 7h30-19h ; en été, le w-e 9h-16h.* Conseils sur les hébergements et possibilité d'acheter une place pour un match à domicile des Red Sox.

Consulats

■ ***France*** *(plan II, C3,* ***4****) : 31 Saint James Ave (Park Square Building), suite 750. ☎ 617-832-4400. • consulfrance-boston.org • Ⓜ Arlington. Standard téléphonique lun-ven 9h-12h30, 14h-17h. Chancellerie lun-ven 9h-12h30 et ap-m sur rdv.* Le consulat peut, en cas de difficultés financières, vous indiquer la meilleure solution pour que des proches vous fassent parvenir de l'argent, ou encore vous assister juridiquement en cas de problème.

■ ***Canada*** *(plan II, B-C3,* ***5****) : 3 Copley Pl, suite 400. Dans le centre commercial et d'affaires* Copley Place, *relié par une passerelle au Prudential Center. ☎ 617-247-5100. Ⓜ Copley. Lun-ven 8h45-12h30, 13h30-17h.*

■ ***Belgique*** *(plan II, C-D3) : 1 Lincoln St (27th Floor). ☎ 617-779-8700. Ⓜ South Station ou Downtown Crossing. Ouv sur rdv slt.*

Banques, change

Nombreux distributeurs *(ATM)* partout, comme dans tous les États-Unis.

■ ***American Express*** *(plan I, D2, à côté du* ℹ *3) : 1 State St.* ☎ *617-723-8400 ou 1-800-528-4800.* Ⓜ *State. Lun-ven 8h30-17h30.*

Poste, Internet

✉ ***Poste générale*** *(plan II, D3) : General Mail Facility, 25 Dorchester Ave (au sud de Summer St).* Ⓜ *South Station. 24h/24 pour les services automatisés (timbres). Guichets ouv lun-ven 6h-minuit, sam 8h-19h, dim et j. fériés 12h-19h.*

@ ***Boston Public Library*** *(plan II, B3, **184**) : 700 Boylston St (et Copley Sq).* ☎ *617-536-5400.* Ⓜ *Copley. Lun-jeu 9h-21h, ven-sam 9h-17h, dim (sf juin-sept) 13h-17h.* C'est la grosse bouée de sauvetage des internautes fauchés à Boston : une quinzaine de postes Internet gratuits. Limité à 15 mn, mais on peut se remettre dans la file et on revient vite en ligne. Cafétéria aux fauteuils confortables, bien pour se réfugier quand il fait froid.

@ ***Apple Store*** *(plan II, B3, **6**) : 815 Boylston St.* ☎ *617-385-9400.* Ⓜ *Copley. Lun-sam 10h-22h, dim 11h-19h.* Connexions gratuites sur les ordis en démonstration.

@ ***North End Branch Library*** *(plan I, D2, **7**) : 25 Parmenter St.* ☎ *617-227-8135.* Ⓜ *Haymarket. Lun-mar et jeu 10h-18h, mer 12h-20h, ven 9h-17h, sam 10h-15h (sept-juin slt).* Une bibliothèque publique dans le quartier de North End, avec accès gratuit à des ordinateurs pour surfer sur Internet.

Transports

■ ***Location de vélos : Community Bike,*** *496 Tremont St (et E Berkeley St ; plan II, C4).* ☎ *617-542-8623.* • *communitybicycle.com* • Ⓜ *Back Bay. Avr-sept, tlj 10h-19h (18h sam et 12h-17h dim) ; en hiver, tlj sf dim et ferme 1h plus tôt. Loc avr-oct slt. Env 25 $/j.* ***Cambridge Bicycle,*** *259 Massachusetts Ave (à côté du MIT Museum ; plan III, C2-3).* ☎ *617-876-6555.* • *cambridgebicycle.com* • Ⓜ *Central Sq ou Kendall/MIT. Lun-sam 10h-19h, dim 12h-18h. Env 30 $/j.*

■ ***Transports sur l'eau : City Water Taxi,*** ☎ *617-422-0392.* • *citywatertaxi.com* • *Avr-déc, tlj 7h-22h (20h dim) ; janv-mars, 7h-19h. Fonctionne à la demande (pas d'horaires fixes, il faut appuyer sur le bouton à la borne d'arrêt des bateaux et attendre). Course dès 10 $ (gratuit moins de 12 ans).* Une vingtaine d'arrêts sur le *waterfront* jusqu'à North Station, Logan Airport, Charlestown... Intéressant car sympa et à l'abri des embouteillages. À l'abri des intempéries aussi, car les bateaux sont chauffés et couverts.

Culture française

■ ***The French Cultural Center*** *(plan II, C3, **8**) : 53 Marlborough St.* ☎ *617-912-0400.* • *frenchlib.org* • Ⓜ *Arlington. Tlj sf ven et dim 10h-18h (20h mer, 17h sam) ; fermé août.* Grande demeure de brique rouge. C'est la 2e plus grande bibliothèque française des États-Unis. Nombreuses activités culturelles. Abrite également l'***Alliance française.***

Santé

■ ***Mass General Hospital*** *(plan I, C2) : 55 Fruit St.* ☎ *617-726-2000.* • *massgeneral.org* • Ⓜ *Charles/MGH.*

■ ***Boston Medical Center :*** *1 Boston Medical Center Pl.* ☎ *617-638-8000.* • *bmc.org* •

■ ***Inn-House Doctor :*** ☎ *617-859-1776.* • *innhousedoctor.com* • *Médecin de garde qui se déplace 24h/24 à l'hôtel en cas d'urgence. Paiement par carte ou cash.*

■ ***Pharmacie*** *(plan II, B3) :* ***Walgreens,*** *841 Boylston St. Ouv 24h/24.* Nombreuses autres succursales en ville.

BOSTON

Où dormir ?

Se loger à Boston est hors de prix. Comme dans toutes les grandes villes américaines, les tarifs varient considérablement en fonction de la période de l'année, mai-juin et septembre étant les mois les plus chargés (respectivement, *graduation* et inscriptions des étudiants), donc les plus chers. Octobre, qui correspond à l'été indien, est également assez prisé. À contrario, l'hiver, glacial il faut bien l'admettre, affiche les prix les plus bas de l'année, surtout janvier et février. Les fourchettes de prix indiquées dans le texte reflètent donc ce grand écart.

Bon marché

■ ***Hostelling International Boston*** *(plan II, B3,* ***20****) : 12 Hemenway St (angle Haviland). ☎ 617-536-9455. • bostonhostel.org • Ⓜ Hynes. Ouv 24h/24. Résa indispensable l'été et conseillée le reste de l'année. Lits en petits dortoirs 30-50 $ (3 $ de moins pour les membres de* Hostelling International*). Doubles privées env 100-110 $ en moyenne, petit déj inclus. Internet, wifi.* C'est l'AJ officielle de Boston, bien située entre Back Bay et Fenway (à côté du Berklee College of Music), dans un bâtiment centenaire. Propre, bien gérée et sûre, notre meilleur plan *low-cost* pour les jeunes. Grande cuisine commune, accueillante et bien équipée, laverie. Très fréquentée par les jeunes voyageurs et les étudiants, bref, un bon endroit pour faire des rencontres et connaître la ville. Les gérants favorisent cette bonne ambiance en organisant plein de sorties gratuites ou culturelles : visite de musées et du campus d'Harvard, soirées dans les bars, boîtes et clubs de jazz... L'été, ils proposent aussi des lits dans une annexe, ***HI-Fenway,*** située au 575 Commonwealth Ave, à *Kenmore Square. Rens au ☎ 617-289-8599. • fenway@bostonhostel.org •*

■ ***YMCA*** *(plan II, B4,* ***21****) : 316 Huntington Ave. ☎ 617-536-9455. • ymcaboston.org • Ⓜ Northeastern. Ouv 24h/24. Résa conseillée via • hostelworld.com • Séjour de 10 j. max. Env 50 $/pers ; double 70 $, avec lits superposés et sanitaires communs.* Cette immense « Y », sans caractère ni charme à l'exception du hall d'entrée, propose des chambres propres mais non climatisées (en été, la chaleur y est torride). Attention, ce n'est pas mixte, et pendant l'année scolaire, seuls les hommes sont acceptés ; en revanche, de fin juin à début septembre, les femmes sont les bienvenues. En outre, il faut avoir 18 ans minimum. Le plus, comme dans toutes les YMCA, ce sont les équipements sportifs : fitness et piscine à dispo. Laverie.

Prix moyens

■ ***Florence Frances Guesthouse*** *(plan d'ensemble A3-4,* ***22****) : 458 Park Dr. ☎ 617-267-2458. Ⓜ Fenway (juste en face). Résa obligatoire. Double 97 $, simple 87 $. CB refusées. Parking gratuit à l'arrière de la maison (précieux à Boston !).* Dans cette *brownstone* de 1865 se cache une authentique *guesthouse*. Ici, ni *check-in* ni *check-out*. L'exquise Florence Frances, ancien mannequin et globe-trotter confirmé, accueille ses hôtes avec une gentillesse quasi maternelle. Sa grande maison croquignolette a le charme très kitsch d'une maison de poupée géante. Seulement 4 chambres (1 double, 3 simples), toutes personnalisées, certaines au décor délirant, comme la *Spanish Room*, tout en blanc, rouge et noir. Mais les curiosités de la maison, ce sont la petite baignoire rouge de plus de 150 ans et les sièges de w-c en plexiglas incrustés de pièces de monnaie ! Les moquettes, impeccablement brossées dans le sens du poil, font 5 cm d'épaisseur jusque dans les cuisines. Demandez à Florence de vous montrer ses centaines de paires de chaussures, ses collections de vêtements de soirée et de sacs qu'elle a conservées des défilés de mode de sa jeunesse ! Sa collection de poupées de porcelaine est aussi étonnante. Une adresse hors catégorie et un rapport qualité-prix-convivialité imbattable.

40 Berkeley *(plan II, C3-4, **23**) : 40 Berkeley St, près d'Appleton St. ☎ 617-375-2524. • 40berkeley.com • Ⓜ Back Bay. Env 100 $ pour 2, taxes incluses (parfois plus ou moins) ; petit déj inclus (dîner 10 $). Chambre familiale avec cuisine équipée 200 $. Internet, wifi et Skype.* À mi-chemin entre la *YMCA* et l'hôtel petit budget, dans le quartier branché de South End, à proximité des terrasses animées de Tremont St. Réception spacieuse et pimpante, grand salon avec piano (un *Steinway* !), coin TV et billard, jardin intérieur. Chambres basiques, pour 1 à 4 personnes, avec lavabo (bains partagés, corrects). La clim' est à l'étude. Pas de cuisine mais une cafétéria en sous-sol.

Anthony's Town House *(plan d'ensemble A4, **24**) : 1085 Beacon St, Brookline. ☎ 617-566-3972. • anthonys townhouse.com • Ⓜ Hawes (Green Line C). Résa vivement conseillée. Doubles 70-100 $ selon saison et taille (prix négociables). Wifi.* À 10 mn seulement du centre avec le *T*, dans un quartier résidentiel, voici une élégante *brownstone townhouse* qui fait office de *guesthouse* depuis un demi-siècle. Une dizaine de chambres fleuries, décorées et meublées de manière très rococo, certaines très spacieuses, avec clim', toutes personnalisées par Barbara, la gentille proprio, qui adore décorer ses fenêtres de draperies festonnées. Salle de bains sur le palier. Stationnement pas évident.

BOSTON

Chic

Hotel 140 *(plan II, C3, **25**) : 140 Clarendon St (enseigne peu visible). ☎ 617-585-5600 ou 1-800-714-0140. • hotel140.com • Ⓜ Copley ou Back Bay. Doubles 130-230 $, apparts 4 pers 250-400 $. Parking 27 $. Internet, wifi.* Situé dans ce qui fut la plus vieille YMCA des États-Unis, le bâtiment datant de 1929 abrite aujourd'hui un confortable petit hôtel d'un excellent rapport qualité-situation-prix, toujours affilié aux « Ouaï ». Les longs couloirs mènent à des chambres chaleureuses, peintes en vert olive, avec têtes de lit et mobilier moderne de bois clair. Petites mais fort bien tenues et bien équipées (minifrigo, par exemple). Salles de bains pas bien grandes non plus mais rénovées avec goût et impec'. Cafétéria juste en bas pour le petit déj (pas cher du tout). Bref, une somme d'atouts donnent raison à son succès et à son taux de remplissage.

Commonwealth Court Guest House *(plan II, B3, **26**) : 284 Commonwealth Ave (angle Gloucester St). ☎ 617-424-1230 ou 1-888-424-1230. • commonwealthcourt.com • Ⓜ Hynes Convention Center (Green Line). Résa indispensable. Doubles 80-140 $ avec sdb.* Dans le quartier chic et résidentiel de Back Bay, une traditionnelle maison de brique rouge, étroite, haute et tout en longueur. Décor un peu vieillot, moquette épaisse, dessus-de-lit à fleurs... Cela dit, la maison est superbement placée en plein centre, et dirigée par une équipe jeune et dynamique. Pas de petit déj servi sur place, mais chaque chambre dispose d'une kitchenette et puis il y a une super adresse toute proche, le *Trident Booksellers and Café* (voir plus loin « Où manger ? Spécial petit déjeuner »).

Midtown Hotel *(plan II, B4, **27**) : 220 Huntington Ave. ☎ 617-262-1000 ou 1-800-343-1177. • midtownhotel.com • Ⓜ Symphony. Doubles 100-200 $. Parking 18 $. Internet, wifi.* Un bâtiment moderne assez bas et tout en longueur, sans grand cachet. La réception et les couloirs ne sont guère plus enthousiasmants (sauf pour les nostalgiques de l'ère soviétique), mais les chambres s'avèrent plutôt confortables et bien tenues. Demandez-en une donnant sur l'arrière, pour le calme. Salles de bains riquiqui. Le vrai plus de cet hôtel (outre sa situation bien centrale et son parking pas cher du tout), c'est sa grande piscine extérieure, rafraîchissante en plein été.

463 Beacon Street Guesthouse *(plan II, B3, **28**) : 463 Beacon St. ☎ 617-*

536-1302. • *463beacon.com* • (M) *Hynes. Doubles 80-180 $ (petites 70-90 $), avec sdb partagée ou privée. Réduc à la sem. Wifi.* Belle maison de style *brownstone* (1887), située dans l'élégant quartier de Back Bay, à proximité directe du métro. Une vingtaine de chambres réparties dans les étages (superbe montée d'escalier !), meublées à l'ancienne, avec par-ci une cheminée, par-là des boiseries. Confort et taille variables, mais toutes ont micro-ondes et minifrigo à dispo. Les moins chères sont évidemment plus exiguës, mais leur prix serré intéressera les petits budgets. Propre, mais ne vous attendez pas à un entretien quotidien, les lits sont à refaire par les clients. Propose aussi des appartements dans le quartier, à la semaine et au mois. Une bonne petite adresse pour ceux qui recherchent l'atmosphère d'une vieille maison bostonienne.

Buckminster Hotel *(plan d'ensemble A3,* ***29****) : 645 Beacon St (et Commonwealth).* ☎ *617-236-7050 ou 1-800-727-2825.* • *bostonhotelbuckminster.com* • (M) *Kenmore. Pour 2, compter 150-170 $, parfois moins (suites plus chères), petit déj compris. Internet, wifi.* Pas loin de Fenway Park (le stade de base-ball), un beau bâtiment d'angle en brique, qui fut le siège de la première radio de Boston en 1929. Entièrement rénové, il propose des chambres très confortables à un prix raisonnable pour la ville. Les supporters des Red Sox seront aux premières loges les soirs de match. Les autres demanderont de préférence une chambre côté Kenmore Square, plus tranquille. Cela dit, le quartier est animé, avec pas mal de clubs et de bars à proximité (Boston University n'est pas loin non plus). Laverie à pièces.

B & B Nolan House *(hors plan d'ensemble par D4) : 10 G St, S Boston.* ☎ *617-269-1550 ou 1-800-383-1550.* • *nolanhouse.com* • *Prendre la Red Line du métro jusqu'à Broadway puis à la sortie, le bus n° 9 vers le sud de la ville (env 10 mn de trajet) ; demander l'arrêt sur G St, c'est juste à côté. Doubles 125 $ avec sdb partagée, 150 $ avec sdb privée ; réduc hors saison.* Même s'il est un peu excentré, ce *B & B* est très confortable et digne de ce nom. Les 4 chambres spacieuses sont toutes décorées avec soin, avec un goût prononcé pour les meubles anciens et une élégance rétro. John et Kathy, les hôtes, sont sacrément sympas et très accueillants. Ils ont toujours plein d'anecdotes amusantes à vous raconter pendant le petit déj maison, délicieux et différent tous les matins, servi dans la salle à manger.

Très chic

Chandler Inn Hotel *(plan II, C3,* ***30****) : 26 Chandler St (angle Berkeley).* ☎ *617-482-3450 ou 1-800-842-3450.* • *chandlerinn.com* • (M) *Back Bay. Doubles 200-300 $. Wifi.* Dans le quartier bobo-branché de South End, voici un *boutique-hotel* design et *gay-friendly*, managé par une équipe très pro. Une soixantaine de chambres pas très grandes (salles de bains assorties), décorées par des designers différents selon les étages, dans un style épuré : teintes neutres rehaussées de couleurs pop. Tout le confort high-tech d'aujourd'hui évidemment, de la station iPod au désormais traditionnel écran plasma, en passant par le « waïfaï » intégré. Thé et café à la réception. Bar gay et lesbien juste à côté.

Encore *(plan II, B4,* ***31****) : 116 W Newton St.* ☎ *617-247-3425.* • *encorebandb.com* • (M) *Newton St ou Prudential. Doubles 140-240 $, petit déj léger inclus. Wifi.* Dans une belle *townhouse* de South End, le quartier qui monte, voici un *B & B* de charme tenu par Reinhold et David. Les affiches de spectacles, les masques et même le nom de la maison (*encore* signifie « rappel » ou « bis ») évoquent leur passion commune : le théâtre. Dans les chambres, douillettes et décorées avec goût, les murs de brique alternent avec des pans de couleurs : violet, vert sapin, gris anthracite, rose pâle. La plus chère des 4, la *Albee Room* (en hommage à l'auteur de *Qui a peur de Virginia Woolf ?*), possède même sa petite terrasse. Petit déj servi dans une salle à manger-alcôve offrant une jolie vue sur la rue arborée. Une atmosphère feutrée, intello et bohème qu'on aime beaucoup.

Newbury Guesthouse *(plan II, B3, **32**) : 261 Newbury St (entre Fairfield et Gloucester St). ☎ 617-437-7666. • newburyguesthouse.com • Ⓜ Copley. Résa obligatoire au ☎ 1-800-437-7668. Doubles 140-270 $, petit déj inclus. Parking 20 $. Internet, wifi.* Dans un quartier résidentiel et très vivant à la fois, au cœur de Newbury Street, bordée de boutiques et de restos. 3 demeures bourgeoises reliées entre elles, datant des années 1880, complètement rénovées et offrant une trentaine de belles chambres tout confort au style très contemporain (tons sable, beige ou chocolat, DVD à dispo). La moitié donnent sur Newbury, l'autre à l'arrière : moins charmant mais plus tranquille.

Coup de folie

Ames *(plan I, D2, **33**) : 1 Court St (pas d'enseigne visible). ☎ 617-979-8100. • ameshotel.com • Ⓜ State. Doubles 250-450 $. Parking 42 $... Internet, wifi.* L'hôtel le plus *hype* du moment (appartenant au groupe *Morgans*), ouvert récemment dans ce qui fut le premier gratte-ciel de la ville (1893). Sous l'arche d'entrée, noter les superbes mosaïques d'époque derrière le branchage métallique. Les 13 étages de ce monument historique de style néoroman accueillent aujourd'hui des chambres au design très pointu : lits et mobilier d'un blanc immaculé contrastant avec le gris anthracite des murs. Superbes salles de bains dans les mêmes tons, avec vasque rectangulaire et douche tropicale. La classe absolue au cœur du centre historique, à deux pas de Faneuil Hall. Au rez-de-chaussée, le resto *Woodward* attire le Tout-Boston avec sa cuisine de marché présentée sous forme de petites assiettes à partager (ouvert du matin au soir). Bref, une très belle adresse, investie par une clientèle jeune, branchée et... friquée.

The Liberty Hotel *(plan I, C2, **34**) : 215 Charles St. ☎ 617-224-4000 ou 1-866-507-5245. • libertyhotel.com • Ⓜ Charles/MGH. Doubles 300-550 $. Parking 42 $ (vélos gratuits en revanche) ! Internet, wifi.* Le superbe *Liberty* siège dans une ancienne prison datant du milieu du XIXe s. Parmi les people incarcérés ici figurent Malcolm X et aussi Sacco et Vanzetti. Après des révoltes dans les années 1970, les derniers prisonniers quittèrent les lieux 20 ans plus tard. La prison avait été déclarée en violation des droits constitutionnels des détenus ! Qu'on vous rassure, l'hôtel ne viole, lui, aucun droit de ses hôtes. C'est une prison dorée de VIP, aux quartiers ultra-chic, dans laquelle on prendrait sans broncher perpète. Pour assurer le repos des clients, un disciple du dalaï-lama est même venu purifier les lieux ! Construit en granit gris et ardoise, l'austère bâtiment est en forme de croix, avec en son centre une rotonde à la structure métallique qui tient lieu de réception. Chambres luxueuses, magnifiques salles de bains, confort extrême. Mon tout d'une élégance presque un peu sage pour le lieu. Car de trace de prison, il ne reste que peu de chose, hormis une poignée de grille et des entrées de cellules. D'ailleurs, la plupart des chambres sont réparties dans les étages d'une tour moderne et non dans la prison elle-même. Nombreuses animations, pour attirer aussi bien les Bostoniens que les touristes de passage : expos d'artistes, présentations de mode, cours de cuisine et de yoga, *yappier hour* (*happy hour* pour les chiens, si, si !). Un lieu très conceptuel. Ceux qui n'y dorment pas peuvent venir y boire un verre, dans un des nombreux bars (voir plus loin « Où boire un verre ? *Alibi* »).

The Colonnade *(plan II, B4, **35**) : 120 Huntington Ave. ☎ 617-424-7000. • colonnadehotel.com • Ⓜ Prudential. Doubles 200-500 $. Parking 38 $. Internet, wifi.* Cet imposant édifice à colonnades... en béton (il date de 1971) abrite un grand hôtel de luxe rénové tout dernièrement à la sauce design sobre. *Lobby* classieux en diable, avec des petites touches arty (tableaux, lustre) et des chambres à l'avenant, offrant de belles vues sur la ville depuis les immenses baies vitrées parfaitement insonorisées (qui s'ouvrent, en primo !). Grand confort bien sûr, literie d'anthologie, palette de couleurs au goût du jour... Cerise sur le gâteau : la piscine sur le toit, accessible de mai à septembre. ***Brasserie Jo*** au rez-de-chaussée, ouvert du petit déj au dîner (voir « Où manger ? »).

Où manger ?

Deux fois par an pendant une semaine, généralement mi-mars et mi-août, Boston organise sa *restaurant week*. Un grand nombre de restos proposent alors des menus à prix fixe pour environ 35 $. L'occasion de s'offrir une très bonne table à moindre prix. Renseignements et liste des restos participants au *Boston Common Visitor Center (plan I, C3,* ***2****).*

Spécial petit déjeuner

|●| ***Charlie's Sandwich Shoppe*** *(plan II, B4,* ***50****) : 429 Columbus Ave. ☎ 617-536-7669. Ⓜ Back Bay. Tlj sf dim 6h-14h30 (sam 7h30-13h). Petit déj env 12 $. Paiement cash slt.* Une institution populaire pour le petit déj (copieux) et le déjeuner depuis 1927. Dans un décor de *diner* complètement dans son jus, les vieux tabourets tournants collés au bar attendent de voir défiler leur clientèle d'habitués. Les garde-manger en bois n'ont pas changé depuis des lustres, et le bric-à-brac de vieilles photos des débuts de *Charlie's* et coupures de presse jaunies rappellent un passé délicieusement figé. Pour la petite histoire, *Charlie's* était un des rares lieux où les jazzmen noirs étaient bienvenus à l'époque de la ségrégation. Aujourd'hui, les personnalités s'y bousculent pour dévorer le fameux *Turkey hash and eggs* (primé de nombreuses fois) ou déguster les meilleurs *pancakes* et *French toasts* de la ville (avec des fruits dedans, ils sont encore meilleurs). Des tas d'autres choix, tous servis avec le sourire et très généreusement (si vous avez une faim modérée, un plat pour deux suffit). L'Amérique exactement comme on l'aime !

|●| ***Paramount*** *(plan I, C2,* ***51****) : 44 Charles St. ☎ 617-720-1152. Ⓜ Arlington ou Charles/MGH. Tlj 7h (8h le w-e)-16h30. Petit déj ou lunch 10-15 $.* Voici la version modernisée d'un *diner* de 1937. Ici, on commande au comptoir et on attend d'être servi pour payer puis enfin s'attabler. Une formule pour limiter la queue. Bon, le week-end, elle est quand même légendaire et on a le temps d'admirer l'efficacité des cuistots ! Il faut dire que l'emplacement est de choix (au cœur de Beacon Hill et à deux pas de Boston Common) et la qualité au top. Tout est fameux, des omelettes aux *pancakes* en passant par les *waffles* et le *French Toast*. Le midi, ils servent aussi burgers, salades et sandwichs.

|●| ***Trident Booksellers and Café*** *(plan II, B3,* ***52****) : 338 Newbury St. ☎ 617-267-8688. Ⓜ Hynes. Tlj 8h-minuit. Env 10 $.* Un café-resto-librairie vraiment cool, fréquenté par les étudiants qui grignotent tout en pianotant sur leur ordinateur portable. D'autres préfèrent bouquiner. En tout cas, tous apprécient l'association harmonieuse des nourritures terrestres et spirituelles ! Un lieu très agréable pour démarrer la journée en douceur, autour d'un bon petit déj. Beau choix de thés et cafés, *smoothies*. Carte éclectique, pour tous les goûts.

|●| ***Flour Bakery + Café*** *(plan II, C4,* ***53****) : 1595 Washington St. ☎ 617-267-4300. Ⓜ Worcester Sq. Lun-ven 7h-21h, sam 8h-18h, dim 8h-16h. Moins de 10 $.* Café décontracté de South End, avec de grandes tablées qui rendent l'endroit très convivial. Selon les heures de la journée, on vient ici boire un cappuccino, grignoter un cookie, un muffin ou une tranche de *banana bread* maison. Également à la carte : de très bons sandwichs, salades, soupes et tout ce qu'il faut pour un bon déj rapide et pas cher. Autre adresse dans l'actif quartier du port.

|●| Et aussi dans 2 genres différents,

South Street Diner (voir ci-après) et ***Brasserie Jo*** (voir plus loin « Vers Back Bay, Kenmore Square et Fenway. De prix moyens à chic »).

Dans le centre historique, à Beacon Hill et Chinatown

Bon marché

|●| ***South Street Diner*** *(plan II, D3, **54**) : 178 Kneeland St. ☎ 617-350-0028. Ⓜ South Station. Ouv 24h/24. Plats max 10 $.* Voici un authentique *diner* de 1947, dans un wagon chromé comme les vrais de vrais ! Perdu dans un quartier de grandes tours modernes, l'un des tout derniers représentants d'une Amérique comme on en rêve. Salle tout en longueur face au bar où trônent les tabourets ronds, petits boxes en bois avec porte-manteau intégré, banquettes de moleskine, carrelages et boiseries d'époque. Classiques du petit déj, sandwichs et burgers s'avèrent copieux et pas graillonneux. Et pour les amateurs, desserts typiques des années *Happy Days* : milk-shakes, *root beer float* (une fois mais pas deux...).

|●| ***Whole Foods Market*** *(plan I, C2, **55**) : 181 Cambridge St. ☎ 617-723-0004. Ⓜ Bowdoin. Tlj 8h-22h.* Cette chaîne de supermarchés bio, qui connaît un gros succès aux USA, propose un rayon traiteur des plus alléchant. Superbe buffet de crudités, soupes, plats chauds de toutes sortes et souvent originaux (veggie, latino, asiatique, indien...), desserts, fruits frais, etc. Tout est d'excellente qualité. On remplit ses barquettes et on paie à la caisse avant de s'attabler dans la partie cafét' ou d'emporter son frichti. Bien aussi pour un petit déj (la boulangerie est délicieuse).

Prix moyens

|●| ***East Ocean City*** *(plan II, C3, **56**) : 25-29 Beach St. ☎ 617-542-2504 ou 4223. Ⓜ Chinatown. Tlj 11h30-22h (23h ven-sam) ; horaires étendus l'été. Plats 8-12 $ en moyenne, jusqu'à 18 $ pour de la* seafood. Salle très propre et aérée (rassurante pour ceux qui craignent les restos de Chinatown !), dans ce bon chinois cantonais, réputé avant tout pour ses fruits de mer. Amateurs de crevettes, vous ne serez pas déçus ! Gage de fraîcheur : les viviers, où l'on peut voir barboter et choisir crabes, homards, poissons et langoustes. Plein d'autres options pour tous les goûts. Service attentif.

|●| ***Penang*** *(plan II, C3, **57**) : 685 Washington St. ☎ 617-451-6373. Ⓜ Chinatown. Tlj 11h30-23h30. Plats 8-20 $.* Resto malaisien très populaire au joli décor de brique et de bambou. Carte très variée, à tous les prix, avec des spécialités malaises, indiennes et chinoises, authentiques et délicieuses. Le *beef rendang,* mélange épicé de bœuf cuit à la vapeur dans du lait de coco, est savoureux, de même que le *mango chicken.* En revanche, les plats à base de porc sont décevants, car pleins d'os (certes, c'est pour conserver le goût, mais comme c'est compliqué à manger !). Pour aller jusqu'au bout de l'aventure, tentez en dessert l'*ABC,* étrange mixture de tapioca, graines de palmier, lait de coco...

|●| ***Gourmet Dumpling House*** *(plan II, C3, **58**) : 52 Beach St. ☎ 617-338-6222. Ⓜ Chinatown. Tlj 12h30-1h. Plats 7-15 $.* On vient dans cette gargote de Chinatown pour la spécialité maison : les *juicy dumplings,* entendez par là des raviolis à la vapeur (au porc ou porc et crabe) remplis de bouillon. Le grand jeu consiste à attraper son ravioli sans le crever pour le poser dans la cuillère. Arrosez-le ensuite de sauce, aspirez le jus doucement (hhhé hhho !) avant de croquer dedans. Tout un art ! Une portion (8 *dumplings*) est suffisante pour 2 avec un accompagnement de légumes. Décor quasi inexistant, en revanche.

China Pearl *(plan II, C3, **59**) : 9 Tyler St.* ☎ *617-426-4338.* Ⓜ *Chinatown. Tlj 8h30-21h30. Repas env 15-20 $.* Dim sum *de Hong Kong servi tlj 8h30-15h.* Une institution très populaire de Chinatown pour les *dim sum,* vaste assortiment de plats salés et sucrés servis en petites portions. La version cantonaise du brunch, en somme. Sur 2 étages, 2 immenses salles bruyantes aux couleurs criardes. Préférer celle du premier, plus typique et animée. Les serveuses passent parmi les tables avec des chariots remplis de petites merveilles et il y a aussi des buffets où vous pouvez encore commander d'autres plats. Chaque fois que vous choisissez quelque chose, on vous tamponne la fiche posée sur la table et vous payez à la sortie. Parmi nos préférés : le *sticky rice,* un mélange de riz gluant, de morceaux de porc et de saucisse chinoise, le tout emballé dans une feuille de lotus, les *shrimp stuffed dumplings* ou encore les *roast pork buns.* Clientèle mélangée le week-end, à dominante chinoise en semaine.

Silvertone *(plan I, C2, **60**) : 69 Bromfield St.* ☎ *617-338-7887.* Ⓜ *Park St ou Downtown Crossing. Tlj sf dim 11h30 (18h sam)-2h. Le midi env 10-12 $, le soir plats 15-20 $.* À deux pas du Boston Common et du Freedom Trail, un beau resto installé dans un décor jazzy très agréable. Collection de vieux postes de radio, photos aux murs, ambiance club. Déco moderne et branchée : long bar épuré, murs peints de rouge et de gris. Dans l'assiette, du traditionnel américain, des *Mac and Cheese* au *meatloaf,* en passant par les sempiternels burgers, mais aussi des plats plus travaillés et de bons vins pour les accompagner.

De prix moyens à chic

Legal Seafoods *(plan II, C3, **61**) : 26 Park Plaza (angle Stuart St).* ☎ *617-426-4444.* Ⓜ *Arlington ou Boylston. Tlj 11h30-23h (minuit ven-sam). Résa conseillée. Plats de* seafood *15-19 $ le midi, 22-30 $ le soir.* Cette affaire familiale et locale qui existe depuis 3 générations est devenue une chaîne chicos très réputée. À ce jour, près de 10 restos rien qu'à Boston, une vingtaine d'autres ailleurs aux États-Unis et même un service d'expédition en ligne. Immense salle au décor sophistiqué. Le midi, atmosphère bourdonnante avec les employés et yuppies du quartier. Le poisson de la côte Est domine, et dans ce domaine, le resto s'est assuré la place de premier de la classe, car le poisson va directement du bateau à la casserole. La devise maison n'est-elle pas : « *If it isn't fresh, it isn't Legal* » ? Parmi les spécialités : onctueuse *clam chowder* servie plusieurs fois à la Maison-Blanche, *crabcakes,* huîtres frites et des poissons tout simplement grillés ou avec des petits extras (épices et autres). Cuisson parfaite, qualité des ingrédients, belle présentation. Service impeccable.

Pour l'ambiance, on préfère dans le même secteur (près de l'Aquarium) le **Legal Seafoods Long Wharf** *(plan I, D2, **64**) : 255 State St.* ☎ *617-742-5300.* Ⓜ *Aquarium. Tlj 11h-22h (23h ven-sam).* Terrasse couverte face au port. La salle fait un peu usine avec l'immense bar, mais il y a aussi des petits coins plus calmes.

Durgin Park Restaurant *(plan I, D2, **63**) : N Market Building, 340 Faneuil Hall, Market Pl.* ☎ *617-227-2038.* Ⓜ *Haymarket ou State. Tlj 11h30-22h (21h dim). Burgers dès 11 $, plats de viande ou* seafood *17-30 $. Plats lunch 8-15 $.* Datant de 1827, ce resto est l'un des plus anciens de la ville. Bien que situé dans un endroit hypertouristique, il a su garder une certaine atmosphère. Il faut déjeuner au 1er étage pour bien se rendre compte de sa popularité. Sinon, il y a aussi une terrasse ensoleillée au rez-de-chaussée. Pour les pressés, également un bar au sous-sol et un pub au rez-de-chaussée (piano-bar le soir et concerts le week-end). Dans le top 3 des spécialités figurent la côte de bœuf *(prime rib)* – en témoignent les pièces de bidoche dans les vitrines réfrigérées à l'entrée – mais aussi les *Boston baked beans* (les meilleurs en ville) et, en dessert, l'*Indian pudding,* un vestige lourd et sucré de l'ère coloniale.

Jacob Wirth *(plan II, C3, **64**) : 31-37 Stuart St (angle Washington St).*

☎ *617-338-8586.* Ⓜ *Boylston. Tlj 11h30-21h (22h mar-jeu, minuit ven-sam). Plats 7-14 $ le midi, 10-20 $ le soir.* Cette brasserie, fondée en 1868, a donc près d'un siècle et demi. Sa superbe façade en bois a fière allure, avec ses grandes colonnes vert foncé. Gigantesque salle aux boiseries patinées et à l'atmosphère passablement surannée. Établissement réputé pour ses saucisses *(knackwurst, bratwurst, weisswurst...)* et sa *dark beer*. On y vient tout aussi bien pour manger un *Reuben* (sandwich grillé garni de corned-beef, fromage fondu et choucroute) qu'une *Wiener Schnitzel* ou un burger. Le vendredi, de 20h à minuit, tout un flot d'habitués viennent y faire un tour pour y chanter en accompagnant le pianiste, devenu une véritable célébrité. Son répertoire comprend 500 chansons !

|●| ***Lalã Rokh*** *(plan I, C2,* ***65****) : 97 Mount Vernon St.* ☎ *617-720-5511.* Ⓜ *Charles MGH ou Arlington. Tlj 12h-15h (sf w-e) et 17h30-22h. Plats dès 20 $ (moins cher le midi).* Au pied de Beacon Hill, une adresse discrète tout en délicatesse. Salle en demi-sous-sol, élégance feutrée, murs crème, nappes blanches, moquette épaisse. Orchidées sur les tables et miniatures persanes aux murs. Cuisine intéressante, à mi-chemin entre monde arabe et Inde. Légumes bien mis en valeur, kebabs, veau, agneau et canard accommodés aux épices (safran, cumin, jasmin) mais sans trop d'insistance (les palais américains sont délicats). Vins un peu chers mais servis au verre. Thé noir de Perse. Service rapide et rapport qualité-prix honnête pour ce quartier chic.

Très chic

|●| ***Union Oyster House*** *(plan I, D2,* ***66****) : 41 Union St.* ☎ *617-227-2750.* Ⓜ *Haymarket ou State. À 500 m de Faneuil Hall. Tlj 11h-21h30 (22h30 ven-sam). Bar ouv plus tard. Plats 15-20 $.* Même s'il est hyper touristique (avec un accueil expéditif et un sourire à l'économie) et si la cuisine n'a plus aussi bonne réputation qu'avant, cet établissement est incontournable pour sa longue histoire. C'est le plus vieux resto de Boston (et, depuis 1826, le plus ancien des États-Unis en service continu). En 1771, au dernier étage, l'imprimeur Isaiah Thomas publia *The Massachusetts Spy* ; une des premières manifestations du processus en gestation. En 1796, le futur roi Louis-Philippe en exil vécut au 2e étage et donna des cours de français aux riches Bostoniennes pour subsister. Le premier cure-dent (importé d'Amérique du Sud) fut expérimenté ici. L'importateur offrit des repas à des étudiants fauchés de Harvard pour qu'ils le réclament à la fin du repas ! Kennedy y avait ses habitudes ; on peut d'ailleurs demander à s'asseoir à sa table favorite à l'étage. Bref, un monument historique. À l'intérieur, boiseries anciennes patinées par le temps, nombreuses salles et multiples petits recoins, qui totalisent 640 places ! Cela n'empêche pas d'attendre parfois 1 à 2h pour obtenir une table (inscrivez-vous à l'accueil). La combine la plus populaire consiste à se procurer une place autour du bar à huîtres semi-circulaire au rez-de-chaussée, et d'en déguster une demi-douzaine, accompagnées d'un *clam chowder.* Le reste de la carte est plutôt décevant (assiettes énormes mais sans finesse), et même les fruits de mer n'ont plus vraiment la cote auprès des locaux. Liste des vins assez intéressante par rapport au reste.

|●| ***Ginza*** *(plan II, C3,* ***67****) : 16 Hudson St.* ☎ *617-338-2261.* Ⓜ *Chinatown. Lun-ven 11h30-14h30, 17h-22h30 (3h30 ven-sam), sam 11h30-3h30, dim 17h-22h30. Plats env 12 $ le midi, 20-25 $ le soir.* Authentique resto japonais. Serveuses en kimono et musique niponne en fond sonore vous plongent tout de suite dans l'ambiance. On mange à table dans la longue salle, ou plus authentique, accoudé au comptoir, devant les cuisiniers. L'espace d'un instant, on se croirait presque à Tokyo. Vous pouvez goûter à tout sans réserve : ce qui est cuisiné ici est sublime de fraîcheur... Bon saké et *maki rolls* tous aussi savoureux les uns que les autres, service impeccable, ouvert à des heures tardives.

Du côté de North End

De bon marché à prix moyens

🍽 ***Pizzeria Regina*** *(plan I, D2, **68**) : 11 1/2 Thatcher St (et Margin). ☎ 617-277-0765. Ⓜ Haymarket. Tlj midi et soir. Pizzas env 10-11 $.* En plein cœur du quartier italien, voici ni plus ni moins la meilleure pizzeria de Boston, et ce depuis 1926. Pas de choix, c'est pizza et basta, mais attention les yeux. Cuites dans un four en brique, elles sont fines et croustillantes, moelleuses comme il faut, avec des ingrédients frais et goûteux. Pour les déguster, on se cale comme on peut dans des boxes, serrés les uns contre les autres, ou collés au minuscule bar, en attendant que les énergiques serveuses scandent notre nom à travers la salle quand la pizza est prête. Pas de chichis, on mange dans des assiettes en carton. Pas vraiment de décor non plus, hormis les photos des célébrités qui s'en sont mis plein la lampe avant vous, mais une chouette ambiance. Pas étonnant qu'il y ait parfois 30 mn de queue dehors.

🍽 ***Daily Catch*** *(plan I, D2, **69**) : 323 Hanover St. ☎ 617-523-8567. Ⓜ Haymarket. Tlj 11h30-21h30 (22h ven-sam). Plats 18-20 $. Cash slt.* Ne vous arrêtez pas au cadre, ça serait trop bête ! C'est vraiment petit, genre gargote, avec la cuisine ouverte sur la salle qui vous fait profiter des (bonnes) odeurs de cuisson. Peu importe, depuis près de 40 ans, tout le monde s'entasse sur les quelques tables face à la rue pour manger d'excellents calamars (frits, en salade, farcis, sur des *linguine* ou en boulettes), servis directement dans la poêle. Produits frais, cuisinés à la sicilienne, et pâtes à l'encre maison. Quantités très généreuses (possibilité de prendre une demi-portion). Goûter aussi les moules et les palourdes. Pas de dessert, mais vous pouvez le prendre en face, chez *Mike's Pastry.* Succursale sur le port dans un décor plus chic (voir plus loin).

De chic à très chic

🍽 ***Neptune Oysters*** *(plan I, D2, **70**) : 63 Salem St. ☎ 617-742-3474. Ⓜ Haymarket. Tlj 11h30-21h30 (22h30 ven-sam). Le Raw Bar (écailler) ferme 1h plus tard. Pas de résa. Plats 25-30 $ en moyenne (burger maison 15 $). Addition min 50 $ sans boisson.* Voici une des adresses les plus en vogue à Boston en matière de *seafood* haut de gamme. Pas de chance, c'est minuscule et ils ne prennent pas les résas, donc préparez-vous à vous balader dans le quartier italien le temps qu'une table se libère (on vous appelle sur votre portable). Belle sélection d'huîtres locales (décortiquées, à la mode américaine) et autres coquillages et crustacés d'une fraîcheur irréprochable, pour composer un plateau sur mesure : le petit papier sur la table sert à ça. Sinon, poissons parfaitement cuits et accommodés de façon originale. *Lobster roll* servi chaud, exquis. Une belle adresse, dans un décor de vieux bistrot parisien.

🍽 ***Trattoria Il Panino*** *(plan I, D2, **71**) : 11 Parmenter St. ☎ 617-720-1336. Ⓜ Haymarket. Tlj 11h-22h (23h ven-sam). Résa conseillée. Plats 20-30 $ (pâtes 13-19 $). Addition min 35-40 $.* Au cœur de Little Italy, une adresse de cuisine amalfitaine authentique. 2 petites salles, dont 1 en sous-sol, cuisine apparente au rez-de-chaussée, quelques tables en bois sur une terrasse couverte. Photos de stars de passage : Jodie Foster, Dany de Vito, Sophia Loren... Tables sans apprêt, on n'est pas là pour faire des chichis, mais pour se livrer à une activité sérieuse : déguster les pâtes *come a casa,* idéalement *al dente.* En saison, essayez les fleurs de courgettes frites, un régal. Le vin du patron est meilleur en blanc qu'en rouge. Service autoritaire. Pas donné, mais la qualité est au rendez-vous.

🍽 ***Mamma Maria*** *(plan I, D2, **72**) : 3 North Sq (Little Prince St). ☎ 617-523-0077. Ⓜ Haymarket. Tlj sf dim 17h-22h (23h ven-sam). Addition 60 $ min.* En face de la maison de Paul Revere, voici le must à Boston en matière de cuisine italienne, avec une réputation qui ne se dément pas depuis des lustres. Demeure ancienne pleine de coins et recoins (pas facile pour le service !). Ambiance classe et feutrée, éclairage doux, bougies sur les tables. Cuisine italo-américaine revisitée avec beaucoup de créativité bien qu'on y trouve des bases toscanes et ombriennes ; présentation des assiettes sophistiquée. Desserts à la hauteur de ce qui précède, et carte des vins aussi longue que la botte italienne, plutôt chers, mais de très bons crus au verre. Serveurs élégants, sanglés de noir. Une adresse pour une occasion exceptionnelle.

Dans le quartier du port

Bon marché

***Flour Bakery + Café** (plan II, D3, **73**) : 12 Farnsworth St. ☎ 617-338-4333. Ⓜ South Station ou Courthouse. Lun-ven 7h-19h, sam 8h-18h, dim 9h-16h (un poil plus tard l'été). Repas moins de 10 $.* Petit frère du *Flour* de South End, il en a suivi le bon exemple. Dans le quartier de Seaport où il fait bon flâner au bord de la rivière, mamans avec poussette ou cadres dynamiques portant costards s'y retrouvent pour la pause-déjeuner. Sur les grands tableaux noirs figurent d'excellents sandwichs bien frais, d'appétissants cakes, cookies et muffins. Sans oublier les spécialités du jour comme de délicieuses quiches ou parts de pizza maison. À grignoter dans un cadre Ikea design, avec de belles tables en bois. Petite terrasse.

***Boston Sail Loft** (plan I, D2, **74**) : 80 Atlantic Ave (Lewis Wharf). ☎ 617-227-7280. Ⓜ Aquarium. En bordure du quartier de North End. Tlj 11h30 ou 12h-22h (23h jeu-sam). Sandwichs 8-9 $ et plats 12-20 $.* Un des restos de fruits de mer les moins chers parmi ceux qui ont une vue sur le port. La cuisine n'a rien de gastronomique : *clam chowder, seafood* frite, *fish and chips...,* servis avec générosité, point barre. Plus une adresse pour boire un coup face aux bateaux ou pour une pause-déjeuner que pour un dîner.

De prix moyens à chic

***Daily Catch** (plan II, D3, **75**) : Fan Pier. ☎ 617-772-4400. Ⓜ South Station ou Courthouse. Tlj 11h-21h30 (22h30 ven-sam) ; horaires étendus l'été. Plats 18-20 $.* Succursale de notre petite gargote de North End (voir plus haut). On retrouve les même recettes de calamars à la sicilienne mais dans un décor plus classe, face au port. C'est surtout la terrasse qui retient l'attention, à l'abri des arcades de ce beau bâtiment en brique. Et bonne nouvelle, ici, ils prennent les résas et même les cartes bleues !

***No Name Restaurant** (plan II, D3, **76**) : 15 1/2 Fish Pier. ☎ 617-338-7539 ou 617-423-2705. Ⓜ World Trade Center. Tlj 11h-22h (21h dim). Résa conseillée le w-e. Plats 13-20 $ (homard 29 $).* De la *seafood* fraîche (le resto est sur le quai où l'on décharge les poissons !) qui nourrit les petits budgets depuis 1917. Ici, on ne paie pas pour le décor, mais on fait la queue pour le célèbre *clam chowder,* les *fried clams,* les *scallops,* les *shrimps,* les *broiled scrods,* la *seafood plate...* Si vous commandez un homard, vous aurez droit à un magnifique tablier en plastique pour accrocher autour du cou. Au 1er étage, grande et plaisante salle avec vue sur le port. Dommage que des cars entiers y déversent des flots de touristes... Avec le temps, le *No Name* y a perdu un peu de son âme, mais il reste toutefois un classique sympathique.

***Barking Crab** (plan II, D3, **77**) : 88 Sleeper St. ☎ 617-426-2722. Ⓜ Courthouse. En contrebas du nouveau pont. Tlj 11h30-22h (23h jeu-sam). Plats 15-25 $.* Cette baraque en bois, peinte en rouge et vert avec un auvent rayé façon barnum, est la seule « cabane à *seafood* » au bord de l'eau à Boston. Chaleureuse déco marine : filets de pêche et autres objets récupérés sur un bateau de pirate de passage. L'été, on sort de grandes tables et des bancs en bois dans une cour attenante protégée par le fameux auvent. De là, vue directe sur les bateaux de pêche et sur la *skyline* de Boston. Du bruit, une ambiance bon enfant et un service efficace pour une *seafood* servie sans chichis, mais honnête et à prix raisonnables. Carte longue comme le bras. Les pinces de crabes, servies largement, vous occuperont un moment. En revanche, les *chowders* sont décevants et les fritures trop grasses.

Chic

Legal Seafoods *(plan II, D3,* ***78****) : Liberty Wharf, 242 Northern Ave.* Ⓜ *World Trade Center. Plats de* seafood *15-20 $ le midi, 20-30 $ le soir.* Le petit dernier de la célèbre chaîne (voir plus haut) s'est offert une situation imprenable sur le Waterfront, quasi pied dans l'eau. 3 niveaux pour 3 ambiances différentes et des vues extraordinaires depuis les larges baies vitrées. Resto et *fish market* au rez-de-chaussée, atmosphère plus sélecte au 1er étage pour des événements un peu particuliers et *lounge* au dernier étage, avec une énorme terrasse extra pour boire un verre. Ouverture courant 2011.

Vers Back Bay, Kenmore Square et Fenway

Bon marché

Parish Cafe *(plan II, C3,* ***79****) : 361 Boylston St.* ☎ *617-247-4777.* Ⓜ *Arlington. Tlj 11h30 (12h dim)-2h. Sandwichs et plats 12-15 $.* Le concept de ce café, c'est de servir des sandwichs créés par de grands chefs bostoniens. Une idée amusante qui a beaucoup de succès, surtout le midi. Également une poignée de vrais plats, non siglés eux, et une liste de cocktails exclusifs avec le nom de leurs créateurs. Large sélection de bières dont pas mal de pressions. S'il fait bon, préférez la belle terrasse sur Boylston à l'intérieur, un peu sombre et surtout bruyant.

Prix moyens

Thaitation *(plan d'ensemble A4,* ***80****) : 129 Jersey St.* ☎ *617-585-9909.* Ⓜ *Fenway. Tlj 11h-22h (23h ven-sam). Plats 11 $ max le midi, jusqu'à 19 $ le soir.* Dans ce coin un peu excentré de Fenway, ce savoureux resto thaï est une bonne surprise et un point de chute tout trouvé avant ou après la visite du Museum of Fine Arts. Jolie façade en bois travaillé et salle toute jaune égayée de plantes vertes. Pour les petites faims, soupes, *rolls*, raviolis ou friands fourrés au crabe (croquant à l'extérieur et fondant à l'intérieur, tout un art). Des plats très copieux aussi, dont beaucoup sont soit épicés, soit très épicés. Bon curry de poulet à la mangue, et pas mal de choix pour les *veggies*.

Jasper White's Summer Shack *(plan II, B3,* ***82****) : 50 Dalton St.* ☎ *617-867-9955.* Ⓜ *Prudential ou Hynes. Tlj 11h30-22h (23h ven-sam). Bar jusqu'à 0h30 ven-sam. Plats le midi 10-15 $, le soir 15-30 $.* Un *Summer Shack* (cabane à *seafood*) reconstitué en pleine ville, dans une sorte d'énorme hangar coloré. Grandes tablées familiales et ambiance populaire en diable. Les gamins s'y empiffrent de *corn dogs* pendant que les grands s'attaquent au *clam bake* (plat complet typique de la Nouvelle-Angleterre). Il faut dire que Jasper White, restaurateur réputé et auteur de plusieurs bouquins de cuisine, est connu pour ne pas lésiner sur la qualité des ingrédients et du service.

De prix moyens à chic

🍽 🍺 ***Brasserie Jo** (plan II, B4, **35**) : 120 Huntington Ave (dans l'hôtel* The Colonnade*). ☎ 617-425-3240. Ⓜ Prudential. Petit déj lun-ven 6h30-11h, w-e 7h-12h ; déj lun-ven 11h-14h30, w-e 12h-17h ; dîner 17h-23h (22h dim). Plats env 18-25 $ (moins pour un croque ou une salade).* Beau décor de brasserie style Belle Époque, avec tables de bistrot nappées de blanc, petits carreaux au sol et grande fresque façon Tamara de Lempicka. Partout, des magnums de champ' au garde-à-vous. Ici, c'est l'union du *clam chowder* et de la tarte flambée, courtoisie du patron alsacien qui sait faire plaisir aux Américains tout en respectant un esprit européen. Parmi les spécialités : coq au vin, choucroute, moules-frites... Le midi, croques et quiches en plus. Bon service et prix encore raisonnables pour la qualité. Bière pression (alsacienne, *of course*) et vins au verre. Servent aussi le petit déj.

Vers South End

Prix moyens

🍽 ***Delux Café** (plan II, C3-4, **83**) : 100 Chandler St (pas très visible de l'extérieur). ☎ 617-338-5258. Ⓜ Back Bay. Tlj sf dim 17h-23h (1h pour le bar). Plats 13-15 $. CB refusées.* Un des barrestos les plus abordables de ce quartier *trendy.* Le week-end, c'est le Q.G. des jeunes et des étudiants qui viennent en bande y boire des coups et savourer de bons petits plats de cuisine du monde. Intérieur sombre, à peine éclairé par des guirlandes de Noël (toute l'année !), tables en formica et murs couverts de souvenirs d'Elvis, de pochettes de vinyles et de mangas... Fond musical extra mais souvent couvert par le brouhaha ambiant. Pas évident d'arriver à échanger une conversation. Service vite débordé quand c'est plein (et c'est souvent plein).

🍽 ***Addis Red Sea Ethiopian** (plan II, C4, **81**) : 544 Tremont St. ☎ 617-426-8727. Ⓜ Back Bay. Tlj 17h (12h le w-e)-23h. Plats 11-16 $.* Tapis aux couleurs chaleureuses et objets éthiopiens vous accueillent dans la petite salle de ce resto en demi-sous-sol. Tabourets tressés autour d'une table ronde en osier appelée *mesob.* Les plats arrivent sur un grand plateau recouvert d'une *injera,* sorte de crêpe spongieuse. Le festin à mains nues peut commencer. La technique ? Découpez un petit bout de crêpe avec les doigts de la main droite pour saisir les ingrédients. Nos préférences : le tartare sur son beurre d'herbes *(kifto),* le *yebeg wot,* un ragoût d'agneau, mais aussi des plats végétariens comme l'*ataklit,* sorte de ratatouille. Commencez par choisir un accompagnement par personne et n'hésitez pas à poser des questions aux serveurs. Excellent café aux épices exotiques (cardamome surtout). Un vrai dépaysement.

🍽 Et aussi ***Charlie's Sandwich Shoppe** (plan II, B4, **50**) :* voir plus haut « Spécial petit déjeuner ».

De chic à très chic

🍽 🍸 ***The Franklin Café** (plan II, C4, **84**) : 278 Shawmut Ave. ☎ 617-350-0010. Ⓜ Back Bay ou Union Park St. Tlj 17h30-1h30. Plats 17-19 $ (petites portions 7-9 $).* Un bar réputé pour ses cocktails et sa sélection pointue de bières mais aussi pour sa cuisine de marché, créative et inspirée, de style *New American,* comme on dit maintenant. Petites assiettes à picorer et à partager avec sa tablée ou plats plus consistants, tout est savoureux, relevé, voire parfois assez épicé. Pas de desserts, en revanche. Murs rouges, banquettes et tables noires, éclairage ultra-tamisé, une ambiance *lounge* vite bruyante. Venez tôt ou au contraire très tard pour être sûr d'avoir une table, car l'adresse est prisée.

🍽 ***B & J Oysters** (plan II, C4, **81**) :*

BOSTON

550 Tremont St. ☎ *617-423-0550.* Ⓜ *Back Bay. Tlj 11h30-23h (22h dim-lun). Résa nécessaire le soir. Plats 15-27 $.* Ce tout petit resto fait partie de ces adresses dans le vent qui ont éclos ces dernières années à South End. Ici, la *seafood* est reine. Déco high tech inox et mini-carreaux gris perle (couleur coquille d'huître !), bar central, cuisine ouverte et clientèle yuppie. Le *lobster roll* est un des plus courus de Boston, très bon *chowder* également, *fried clams* comme à Ipswich, poissons cuisinés dans un esprit méditerranéen et bien sûr toute une variété d'huîtres locales. En étudiant bien la carte, on peut s'en tirer pas trop mal, mais le vin, même au verre, alourdit la note. Agréable patio aux beaux jours.

Toro *(plan II, C4, **86**) : 1704 Washington St.* ☎ *617-536-4300.* Ⓜ *Massachusetts Ave (Silver Line). Tlj 17h30-22h15 (22h45 ven-sam). Le bar ferme plus tard. Lunch sem slt 12h-14h. Brunch dim. Addition env 35 $.* Un des restos branchés les plus en vogue à Boston, la coqueluche de la jeunesse dorée qui n'hésite pas à faire la queue dehors pour décrocher une table. Le principe, ici, ce sont des mini-assiettes à partager, genre tapas revisitées. Mélange subtil et inventif de saveurs sucrées-salées. Plutôt cher au regard des quantités servies, mais la créativité a un prix. Nos lecteurs basques retrouveront leur boisson favorite, le *kalimucho,* mélange de vin rouge, *Coca-Cola* et citron ! Grand choix de vins également. Décor design et *trendy* : mur de brique, casiers à bouteilles, long bar en inox et, dernier chic, une longue table d'hôtes à partager avec ses voisins.

Où boire un café ? Où déguster une pâtisserie ?

Caffé Vittoria *(plan I, D2, **120**) : 296 Hanover St.* ☎ *617-227-7606.* Ⓜ *Haymarket. Tlj 7h-minuit. Cash slt.* À North End, au cœur de la Little Italy bostonienne, voici le vrai café comme là-bas. Atmosphère délicieusement rétro (il date de 1929), collection de samovars et cafetières, dont une énorme machine ancienne à espresso. Pour accompagner son vrai cappuccino, tout un choix de pâtisseries traditionnelles : *cannoli* (cornet fourré de crème à la ricotta), *sfogliatella* comme à Naples, sans oublier les *gelati.*

Mike's Pastry *(plan I, D2, **120**) : 300 Hanover St.* ☎ *617-742-3050.* Ⓜ *Haymarket. Tlj 8h-22h.* La pâtisserie la plus réputée du quartier italien de North End. Grand choix de gâteaux italiens (différentes sortes de *cannoli, tiramisù,* baba...) mais aussi américains *(cupcakes, carrot cakes)* et même quelques variations à la française. Beaucoup de monde et de succès. À emporter dans un emballage carton blanc et bleu (celui que vous voyez partout dans les rues !) ou à déguster sur les quelques petites tables à l'intérieur.

Et aussi ***Trident Booksellers and Café :*** voir « Spécial petit déjeuner » plus haut.

Où boire un verre ?

– *Important :* dans tout le Massachusetts, ***l'âge minimum requis pour boire de l'alcool est 21 ans,*** donc même pour entrer tout simplement dans les bars et les boîtes, toujours avoir son ***ID*** (passeport ou permis de conduire) sur soi.
– Certains bars demandent une ***cover charge*** à l'entrée *(5-10 $)* lorsqu'il y a un concert, mais il n'y a pas de règle ; ça dépend du bar, du jour de la semaine et des concerts qui peuvent y avoir lieu.
– Enfin, ne pas oublier ***nos bonnes adresses de Cambridge*** (voir plus loin).

Alibi *(plan I, C2, **34**) : 215 Charles St.* ☎ *617-241-1144.* Ⓜ *Charles/MGH. Tlj 17h-2h. Au rez-de-chaussée du superbe* Liberty Hotel *(voir « Où dor-*

mir ? »). L'ancienne prison abritant ce bar ultra-branché réveille les instincts bestiaux de la jeunesse frivole qui s'enchaîne aux tables à la nuit tombée. Ken libérera-t-il Barbie, l'arrachera-t-il à la froideur des barreaux derrière lesquels elle se cache, tout harnachée dans sa combinaison de bagnard, robe du soir et talons aiguilles ? Une prison chic et branchouille, mais où les voyous ordinaires sont bienvenus. Quel dommage que les barmaids et barmen ne portent pas l'uniforme...

🍷 ***Sevens Ale House*** *(plan I, C2,* ***136****) : 77 Charles St. ☎ 617-523-9074. Ⓜ Charles/MGH. Dans le secteur de Beacon Hill. Tlj 11h30 (12h dim)-1h.* Pas mal d'ambiance dans ce pub aux airs de taverne, ouvert en 1933, toujours bondé durant les *happy hours* et le soir (pas toujours facile d'y entrer le week-end). Les télés diffusent sans interruption le match du jour, baseball, foot ou basket, et les bières coulent au rythme des points marqués. En cas de petit creux, on y sert aussi des sandwichs bien frais. Clientèle très diversifiée.

🍷 ***The Oak Bar*** *(plan II, B-C3,* ***121****) : 138 St James Ave. ☎ 617-267-5300. Ⓜ Copley. Tlj 11h-minuit (1h ven-sam).* Dans le superbe *Fairmont Copley Square,* l'hôtel historique de la ville inauguré en 1912 à la place de l'ancien *Museum of Fine Arts.* Un bar aux allures de club d'officiers britanniques de l'armée des Indes. Toute la bourgeoisie de Boston s'y retrouve, dans un décor baroque de boiseries sombres et de marbre. Superbes plafonds à caissons sculptés. Une bière n'y coûte pas beaucoup plus cher qu'ailleurs. Pianiste de jazz du mercredi au samedi soir (dès 20h15).

Où écouter de la musique ? Où aller en boîte ?

Comme pour les bars et les pubs, il faut avoir plus de 21 ans pour boire de l'alcool. ***Donc, sortez avec votre passeport.*** Certaines boîtes sont ouvertes à partir de 18 ans quelques soirs par semaine, parfois même tous les soirs ; se renseigner avant.

À Boston, les boîtes de nuit ferment toutes à 2h (mais le *last call* pour obtenir un verre est à 1h). Les entrées sont payantes *(5-15 $, voire plus).* Dans certaines discos de Lansdowne Street, LA rue des boîtes (qui donne directement sur le Fenway Park, le stade de base-ball), les nuits du dimanche sont gay.

Pour écouter de la musique live, nombreux concerts pas chers très souvent, car les étudiants des écoles de musique de Boston sont désireux de se mesurer au public.

🍷 ♩ 🍽 ***The Beehive*** *(plan II, C4,* ***122****) : 541 Tremont St. ☎ 617-423-0069. • beehiveboston.com • Ⓜ Back Bay. Tlj 10h-2h (w-e 11h-15h, pour le brunch), concerts dès 20h.* Superbe bar-resto en sous-sol, à la déco baroque délirante. De grands lustres en cristal cohabitent avec des murs en brique décatis et de lourdes tentures qui dégringolent du plafond. *Live music* tous les soirs, offrant un beau programme jazz et world. Musique colorée, cuivrée, léchée ou bien rythmée, en tout cas de qualité, à l'image de ce lieu exubérant et chic à la fois. Les tables devant la scène sont réservées à ceux qui dînent au resto, mais on peut s'y installer dès qu'elles se libèrent, pour coller à la musique. Clientèle plutôt trentenaire qui n'oublie pas de s'amuser, dans une bonne ambiance.

🍷 ♩ ***Good Life*** *(plan II, C-D3,* ***123****) : 28 Kingston St. ☎ 617-451-2622. • goodlifebar.com • Ⓜ Downtown Crossing ou Chinatown. Tlj 11h30-2h (22h dim). Musique mer-sam (DJ's ou groupes). Résa conseillée pour être sûr d'avoir une place en bas.* Bar du Financial District sur 2 étages. Ambiance *diner* au rez-de-chaussée : salles en enfilade avec un long bar d'un côté et des tables et banquettes en skaï rouge de l'autre. Dans l'obscurité du *basement,* un club de jazz. Au milieu de la salle, une scène où des musiciens se produisent en live et, tout autour, des petites tables rondes. Fréquentation éclectique : aussi bien des jeunes cadres dynamiques que des piliers de bar ou des amoureux du jazz... Une unité se crée cependant autour des *Martini cocktails,* élus plusieurs fois *best of Boston.* Possibilité de manger un morceau (carte très variée).

Wally's Café *(plan II, B4,* **132***) : 427 Massachusetts Ave (et Columbus Ave). ☎ 617-424-1408. • wallyscafe.com • Ⓜ Massachusetts Ave (orange line). Tlj 17h-1h30.* Live music *à 21h30 (dès 17h le w-e), pas de* cover *charge.* Un des derniers vieux clubs de jazz de la ville, ouvert en 1947 par un immigrant de la Barbade. L'endroit est minuscule, une sorte de couloir avec quelques tables en enfilade et une petite scène au bout. Ce ne sont pas les grands noms du jazz que vous verrez jouer ici, mais la musique est bonne et c'est ce qui compte. Les musiciens sont souvent issus des trois conservatoires de musique des alentours. Pas mal d'ambiance et souvent bondé le week-end autour de 22h.

The Lansdowne *(plan d'ensemble A3,* **133***) : 7 Lansdowne St. ☎ 617-247-1222. • lansdownepubboston.com • Ⓜ Kenmore. Lun-ven 16h-2h, sam-dim 10h-2h. Live music jeu-sam soir (petite cover) et brunch sam-dim.* Au cœur de Lansdowne St, vaste bar récent doté d'un superbe décor à la fois chaleureux et (faussement mais joliment) patiné, un mix d'Amérique industrielle (murs de briques, colonnes de fonte) et de vieux pub irlandais. Toujours bondé, grosse ambiance, clientèle jeune. Sympa pour y écluser une bière en grignotant un bout.

House of Blues *(plan d'ensemble A3,* **134***) : 15 Lansdowne St. ☎ 1-888-693-2583. • houseofblues.com/boston • Ⓜ Kenmore. Achats de tickets en ligne ou sur place, 1h avt le show (résa conseillée si groupe connu). Entrée : 25-75 $ selon « pointure ».* Antenne locale d'une chaîne californienne créée par Dan Aykroyd (des Blues Brothers), connue pour ses décors délirants. Certains auront un peu de mal avec le côté trop usine, trop hollywoodien du lieu, mais il faut reconnaître que la programmation est bonne et l'ambiance aussi tout compte fait. Fait aussi resto, mais en revanche on ne le conseille pas vraiment.

Sweet Water Tavern *(plan II, C3,* **135***) : 3 Boylston Pl. ☎ 617-351-2515. Ⓜ Boylston. Dans Boylston St, tournez dans une petite impasse avec arcade de fer forgé au niveau du n° 124 ; un ours vous salue du chapeau ! Accès aussi par la galerie commerçante* (City Place) *du Massachusetts Transportation Building. Tlj 11h30-2h (17h dim).* Bar sur 2 niveaux, fréquenté par une clientèle de jeunes assez relax et de gens qui viennent prendre un verre après le travail. Atmosphère un peu western, mélangée à celle des *sports' bars* plus classiques. Musique tous les soirs, DJ en fin de semaine, reggae le dimanche... On peut y manger (burgers et autres) et y danser. Souvent bondé le week-end. Charmante terrasse sur l'impasse piétonne.

À voir

Petit rappel : il existe un *CityPass (valable 9 j., 46 $/adulte et 29 $/enfants 3-11 ans),* qui permet de visiter 5 sites et musées majeurs de la ville : le Museum of Fine Arts, l'aquarium, le Harvard Museum of Natural History ou le musée John F. Kennedy, le Museum of Science et le Skywalk Observatory. *S'achète dans le 1er site visité ou dans les Visitor Centers.*

Le Freedom Trail et le centre historique

Ils font bien les choses à Boston. Pour connaître l'histoire de la ville à travers monuments et ruelles depuis trois siècles et demi, il suffit de suivre une ligne rouge (peinte ou en brique) de 4 km, qui commence à l'angle de Tremont et Park Street. Cet itinéraire passe par tous les endroits importants ayant marqué l'histoire de Boston. Le Freedom Trail est un immense musée en plein air, sans mesure de sécurité à l'entrée ! Un petit détail : Boston est souvent sous la neige l'hiver... Pour mieux se

repérer, on conseille la brochure *Freedom Trail* de Charles Bahne (7 $), en vente au *Visitor Center.* Sinon, des tours guidés en anglais et en costumes d'époque sont aussi proposés tout au long de l'année. *Env 13 $ (réduc) pour 1h30 de balade. Infos et résas : ☎ 617-357-8300. • thefreedomtrail.org •* Résa possible aussi au *Visitor Center* de Boston Common.
Voici les étapes les plus intéressantes ; départ donc de la fontaine à droite du kiosque d'informations, à l'entrée du Boston Common, le long de Tremont St *(plan I, C3, **2**). Ⓜ Park St.*

Boston Common *(plan I, C2-3)* **:** le plus vieux jardin public des États-Unis. Situé au centre de la ville, il est aussi vaste qu'agréable et communique en fait avec le Boston Public Garden (c'est Charles St qui fait office de frontière entre les deux jardins). Grandes pelouses autour d'un point d'eau (où naviguent des bateaux-cygnes depuis les années 1870 !), arbres vénérables, patinoire en plein air aménagée l'hiver. Aux beaux jours, il est amusant de voir les yuppies tomber la veste et casser la croûte sur le tas, et d'élégantes femmes faire la sieste dans l'herbe... Un tas de trucs intéressants dans les rues environnantes et particulièrement Charles St, avec ses antiquaires, ses magasins chic et ses restos haut de gamme. Le Boston Common était, comme tout Boston, la propriété d'un vieil ermite qui était seul sur la presqu'île. Quand les émigrants ont débarqué, il s'est d'abord cloîtré sur ce terrain, avant de partir vers l'ouest. Les Bostoniens n'ont jamais osé construire sur le Boston Common.

Massachusetts State House *(plan I, C2, **160**)* **:** *entrée sur la droite dans Bowdoin St. ☎ 617-727-3676. Lun-ven 10h-16h. Entrée gratuite. Tours guidés gratuits 30-45 mn, lun-ven 10h-15h30. Résa conseillée.*
Dessinée par Charles Bullfinch (grand architecte de la région) et achevée en 1798, elle est reconnaissable de loin grâce à son dôme qui à l'origine était en bois, et fut couvert d'or 23 carats en 1874. Sa conception a servi de modèle au Capitole de Washington. Un des premiers visiteurs fut Davy Crockett, qui s'extasia sur la grande morue en bois sculpté (symbole de l'importance de la pêche pour le pays) qui pendait dans la salle des représentants à l'Assemblée. Il ajouta que lui-même conservait les pattes d'ours dans sa cabane ! C'est dans cette enceinte qu'une femme, Angelina Grimke, fervente abolitionniste, fut pour la première fois autorisée à faire un discours devant une assemblée élue.
Face à l'entrée de la State House, en bordure du parc, le ***Shaw Memorial,*** un monument en bas-relief qui rend hommage au 54e régiment d'infanterie du Massachusetts qui, lors de la guerre de Sécession, comptait dans ses rangs de nombreux soldats noirs libres. Revenir le long du parc par Park St.

Park Street Church *(plan I, C2, **161**)* **:** *à l'angle de Park et Tremont St. ☎ 617-523-3383. De mi-juin à août, mar-sam 9h30-15h30. Tours guidés l'été ; le reste de l'année, visites sur rdv.* Édifiée en 1810, sur l'emplacement d'un ancien grenier à grains (d'où le nom du cimetière à côté), l'église connut quelques événements majeurs : en 1826, création de la première société de tempérance (un verre, ça va...) ; le 4 juillet 1829, premier discours public antiesclavagiste. William Lloyd Garrison avait commencé par « *I will be heard* » (« Je serai entendu »), ce qui n'était pas évident au début !

Granary Burying Ground *(plan I, C2, **162**)* **:** *Tremont St, à deux pas de Park St Church. Tlj 9h-17h.*
Portique en forme de pylône égyptien. Cimetière datant de 1660. Sur quelques dizaines de mètres carrés, une très grande concentration d'hommes célèbres : les cinq victimes du massacre de 1770, trois signataires de la Déclaration d'indépendance, neuf gouverneurs du Massachusetts, les parents de Benjamin Franklin (la pyramide au centre), Paul Revere, John Hancock et Peter Faneuil. Ce dernier, un commerçant aisé d'origine rochelaise et huguenote, possédait un nom difficilement prononçable pour l'Anglo-Saxon moyen. Aussi, le sculpteur qui exécuta la pierre tombale inscrivit-il d'abord : « P. FUNAL », de la façon dont il avait compris le

nom ! L'erreur a été corrigée depuis. Moins puritain que ses collègues révolutionnaires, Faneuil serait mort de la syphilis...
Au fond à droite se trouve la tombe d'une certaine Mary Mother Goose, décédée en 1690. Elle éleva ses propres enfants et ceux de son mari. On lui attribue des contes de fées et des chansonnettes qu'elle chantait à ses gamins, à ses jeunes petits-enfants et aux enfants du quartier qui accouraient l'écouter. Comptines connues aujourd'hui sous le nom de *Mother Goose's melodies...* Tout ceci réalisé avant sa mort à 42 ans, âge inscrit sur la pierre tombale. Une intéressante et opportune pierre tombale qui permet d'associer une vraie personne à cette légende de Mary Mother Goose, quand d'autres sources pensent que ces comptines sont l'œuvre d'une autre femme nommée aussi Goose et ayant vécu à la même époque mais qui serait morte à l'âge de 92 ans.
Les esclaves appréciés de leurs « propriétaires » avaient droit à une pierre tombale, où seul leur prénom était gravé...
Continuer sur Tremont St.

King's Chapel et son cimetière *(plan I, C2,* ***163****) : à l'angle de Tremont et de School St. ☎ 617-227-2155. Juin-août, tlj 10h-16h. Le reste de l'année, slt sam 10h-16h et dim 13h30-16h. Entrée gratuite, mais donation bienvenue (et suggérée !) de 3 $. Messe mer 12h15, dim 11h. Concert mar 12h15 et dim 17h (30-40 mn, tarif : 3 $). Pas de visite de l'église pdt les messes et les concerts.*
C'est le site de la première église anglicane des États-Unis (construite en 1686). L'édifice actuel remplace la première église en bois de 1754.

Architecture et décoration intéressantes. Noter les *pews* (boxes) qui protégeaient les fidèles des rigueurs de l'hiver, et le *governor's pew* (box du gouverneur), utilisé par les gouverneurs du roi puis, en 1789, par Washington lors d'une visite officielle. Il fut détruit en 1826 en tant que symbole infamant du passé (mais reconstruit au début du XXe s). On trouve aussi là la plus vieille chaire sculptée du pays (1717). De la cellule à la droite de l'entrée, les condamnés pouvaient suivre une dernière fois la messe avant d'être conduits au gibet.
Le ***cimetière*** adjacent *(tlj 9h-17h)* est le plus ancien de la ville (1630). À la perpendiculaire de la porte d'entrée, très belle tombe sculptée de Joseph Tapping. Le tombeau de John Winthrop, le premier gouverneur du Massachusetts, qui voulait bâtir une société puritaine idéale. Au milieu, tombe de Mary Chilton, la première personne qui débarqua du *Mayflower* à Plymouth. Enfin, côté église, tombe d'Elizabeth Pain, dont la vie inspira Nathaniel Hawthorne et qui devint Hester, l'héroïne de son roman *La Lettre écarlate* (Wim Wenders en fit également un film). À noter que ce cimetière n'accepte plus de sépulture depuis très longtemps. Mais ceux qui y possèdent un ancêtre direct ont le privilège de pouvoir s'y faire enterrer.

DERNIÈRE DEMEURE

Le roi d'Angleterre Jacques II, qui souhaitait créer une paroisse anglicane à Boston, chercha un terrain au cœur de la ville. Il ne trouva pas un yard ; les puritains avaient quitté l'Angleterre pour fuir l'Église anglicane, ils n'allaient pas lui faciliter la tâche. Le gouverneur fit réquisitionner tout de même un coin du cimetière, soulignant que les morts ne protesteraient pas, eux ! Pour ne pas interrompre la célébration de l'office pendant les travaux, qui durèrent 4 ans, on construisit la nouvelle église de granit autour de l'ancienne. Quand elle fut achevée, on n'eut plus qu'à démonter la première et à sortir les éléments par les ouvertures.

Dans ***School St,*** entre Washington et Tremont St, s'élevait, en 1635, la première école publique des États-Unis, la ***Boston Latin School.*** Elle offrait l'instruction aux garçons aussi bien de familles aisées que modestes, mais les filles ne furent acceptées qu'en 1972. Un peu plus bas, statue de l'un de ses élèves, Benjamin Franklin. Derrière la statue, l'*ancien hôtel de ville,* construit en 1864 en style Second Empire à la mode à l'époque. Dans l'entrée du petit jardin, l'âne du parti démocrate. Aujourd'hui, la Boston Latin School est située dans le quartier de Fenway.

Old Corner Bookstore *(plan I, D2, **164**) : à l'angle de School et Washington St.* Avant que ne soit construite la maison actuelle vivait ici une femme qui marqua son temps : Ann Hutchinson. Elle tenait, en 1635, des réunions religieuses où elle exprimait des opinions contraires à la doctrine puritaine, ce qui lui valut d'être bannie de la colonie 2 ans plus tard. La maison que l'on découvre aujourd'hui, l'une des plus anciennes de Boston, date de 1718. C'était la boutique et la résidence de l'apothicaire qui l'a fait construire. En 1832, elle est devenue une librairie où tous les grands écrivains étaient publiés et se rendaient régulièrement : Longfellow, Emerson, Hawthorne, Dickens (quand il était de passage). Dans les années 1960, le bâtiment a été restauré par la *Historic Society* de Boston pour lui redonner son style XIXe s. Et aujourd'hui, c'est hélas devenu une bijouterie. Il n'en reste qu'une série de photos anciennes que l'on peut aller voir librement à l'étage.
Sur la petite place triangulaire, au centre, un ensemble sculpté assez réaliste évoque l'arrivée des immigrants irlandais après 1845, chassés de leur pays par la terrible famine due autant à la maladie de la pomme de terre qu'à la répression anglaise de leurs aspirations nationales.

Old South Meeting House *(plan I, D2, **165**) : 310 Washington St. ☎ 617-482-6439. Tlj 9h30-17h (10h-16h en hiver). Entrée : 6 $; réduc.*
Construite en brique en 1729. Église utilisée tout à la fois pour la religion et la politique, et qui, du point de vue architectural, avec sa flèche blanche, rompait pour la première fois avec la rigueur puritaine. Bâtiment le plus spacieux de Boston, il ne tarda pas à supplanter Faneuil Hall (voir plus loin) pour les grandes réunions populaires, dont la première se tint après le *Boston's Massacre*. C'est aussi dans ce lieu hautement politique et symbolique que venait se recueillir une esclave noire capturée au Sénégal, Phillis Weatley, qui fut une des toutes premières femmes noires à publier des poésies. Mais ce ne fut pas si facile, les Bostoniens ne pouvant pas croire qu'une femme, *une Noire,* puisse écrire un livre. Elle comparut lors d'un procès où elle dut démontrer son talent d'écrivain. Ironie de l'histoire, bien que finalement reconnue comme auteur à part entière, c'est à Londres qu'elle publia son premier livre, en 1773. Elle mourut très jeune, à 31 ans, en 1784, et son talent fut salué par George Washington en personne.
Old South retrouva sa vocation religieuse, avant d'être désaffectée en 1872 et vouée à la démolition. Une souscription lancée par les amoureux du lieu permit de la racheter à l'ultime moment. C'est aujourd'hui un musée sur la révolution américaine, où sont exposés documents historiques, plans, estampes, multiples souvenirs et témoignages.

UNE INFUSION SALÉE POUR LE PARLEMENT

Le 16 décembre 1773 se réunirent à Old South Meeting House 5 000 Bostoniens en colère, attendant le résultat des négociations avec le gouverneur, à propos de la taxe sur le thé. Leur échec donna le signal de la Boston Tea Party *! Une centaine de patriotes déguisés en Indiens mohawks surgirent en criant « Aux docks, aux docks, transformons le port en teapot ! » et jetèrent dans l'eau du port suffisamment de thé pour infuser 32 millions de tasses. La révolution américaine était en marche… Les opposants de Barack Obama ont repris cette révolte du Tea Party.*

Old State House *(plan I, D2, **166**) : à l'angle de Washington et State St. ☎ 617-720-1713. Tlj 9h-17h (16h en janv, 18h juil-août). Entrée : 7,50 $; réduc.*
Sa construction date de 1713, ce qui en fait, à l'heure actuelle, l'un des plus anciens édifices des États-Unis. Il compose aujourd'hui, avec sa couronne de gratte-ciel, l'un des plus fascinants paysages urbains. Ce fut un temps le plus imposant bâti-

mont de la ville, tout à la fois siège de l'autorité royale et de l'Assemblée du Massachusetts élue par les colons. En 1776, au moment du débat sur le *Stamp Act,* les députés firent installer une galerie au-dessus de l'assemblée pour que la population puisse assister aux réunions. Ce fut la première fois dans l'histoire moderne que des citoyens ordinaires purent contrôler leurs élus (bien sûr, dans l'esprit des patriotes, c'était également pratique pour faire pression sur ceux qui étaient trop mous !). Au sous-sol était installée la bourse, lieu où se bâtirent de colossales fortunes dans l'armement maritime. Du balcon fut lue la Déclaration d'indépendance dès qu'elle arriva de Philadelphie, et la foule alluma un immense feu de joie. Le lion et la licorne, symboles de la royauté – et dont les répliques ornent le toit – alimentèrent le feu.
Après la révolution, en 1798, le gouvernement du Massachusetts déménagea dans son nouvel édifice à Beacon Hill, et l'Old State House se transforma en bureaux et entrepôts. Par la suite, elle se dégrada tellement qu'on envisagea de la démolir. Des habitants de Chicago, épris d'histoire, proposèrent alors de la démonter brique par brique pour la sauver et la reconstruire au bord du lac Michigan ! Très vexées, les autorités de Boston décidèrent de conserver l'édifice et de le restaurer...
Là aussi, on visite aujourd'hui un musée rempli de souvenirs émouvants : armes, drapeaux, uniformes, gravures, estampes, ivoires gravés, tableaux, maquette du *USS Constitution,* etc. « Une » du *Liberator,* journal antiesclavagiste. Au 1er étage, accessible par un bel escalier en spirale, parmi les objets amusants, les « antisèches » qui servirent au révérend Eliot pour ses sermons de 1742 à 1778 !
Les classes de mômes s'y pressent en rangs serrés pour y apprendre les rudiments de la démocratie.
En face de l'Old State House, sous le balcon de la façade est, un cercle de pavés marque l'endroit précis du *Boston's Massacre* (1770). En fait de massacre, seules cinq personnes furent tuées, mais cela suffit à déclencher le processus révolutionnaire. À l'origine des coups de feu, les soldats britanniques jugés pour meurtre furent défendus par un jeune avocat, John Adams, futur deuxième président des États-Unis. Il n'y a aucun panneau, mais un guide pourra vous montrer le lieu du massacre.
Suivez State St, puis descendez sur la gauche vers un espace dégagé en face de l'imposante masse du *Boston City Hall* et garni de terrasses et de restos.

Faneuil Hall *(plan I, D2,* ***167****)* ***:*** *en face du Quincy Market. ☎ 617-242-5642. Tlj 10h-21h (18h dim).* Construit en 1742 et offert à la ville par Peter Faneuil, le plus riche marchand de la région, afin de faciliter le travail des paysans qui venaient y écouler leurs produits. Au-dessus du marché fut ajoutée une salle de réunion. Faneuil Hall y gagna le surnom de *The Cradle of Liberty* (le « berceau de la liberté »). Ici se tinrent tous les meetings de protestation contre l'autorité royale anglaise, puis ceux des grandes causes (organisations antiesclavagistes, mouvement féministe, ligues de tempérance, affaire Sacco et Vanzetti, contrôle des naissances, etc.). Toutes les guerres américaines (jusqu'à celle du Vietnam, on ne parle pas des suivantes...) furent discutées ici. Cependant, les rénovations en ont fait un endroit un peu trop encombré de boutiques de souvenirs. Ouverture d'un ***Visitor Center*** en projet (fin 2011).

Quincy Market *(plan I, D2,* ***168****)* ***:*** *à l'arrière de Faneuil Hall.* Les anciennes halles de Boston (datant de 1826) sont aujourd'hui transformées en boutiques (très touristiques) et en restos. *Food court* avec de nombreux petits stands où l'on peut manger pour pas cher. Près de 15 millions de visiteurs par an. Certains soirs, on croirait que toute la ville s'y retrouve. Énorme animation aux alentours.

Le long d'Union St, sur la gauche, subsiste un petit îlot très ancien, où l'on trouve *Union Oyster House* (voir « Où manger ? »). Les ruelles ont conservé leur tracé d'origine. Au 10 Marshall's Lane s'élève la ***John Ebenezer Hancock House*** (du XVIIIe s), qui servit de trésorerie générale aux troupes insurgées. C'est ici qu'arrivèrent les 2 millions de couronnes d'argent envoyées par le gouvernement de Louis XVI.

De 1796 à 1963, la maison abrita une boutique de cordonnier. On traverse ensuite la nouvelle coulée verte aménagée à la place de l'ancienne autoroute urbaine, qui défigurait il y a peu le centre de la ville, pour rejoindre le vieux quartier de North End, siège d'une communauté italienne animée et joyeuse (voir descriptif de ce quartier plus loin).

Paul Revere House *(plan I, D2,* ***169****) : 19 North Sq. ☎ 617-523-2338. • paulre verehouse.org • Tlj (sf lun en hiver) 9h30-17h15 (16h15 de nov à mi-avr). Entrée : 3,50 $; réduc.*
Bâtie en 1680, c'est la demeure la plus ancienne de Boston. Ici vécut, de 1770 à 1800, Paul Revere (1734-1818), le héros le plus populaire de la guerre d'Indépendance. Fils d'un huguenot français, père de 16 enfants, orfèvre, patriote de la première heure et meilleur *express rider* (messager à cheval), il se distingua en partant sur-le-champ, sans dormir, prévenir Philadelphie de la *Boston Tea Party* (après avoir lui-même passé la nuit à jeter les ballots de thé à l'eau). Mais son plus grand exploit, le 18 avril 1775, fut d'avoir pu annoncer l'attaque imminente de l'armée anglaise contre la garde nationale à Lexington, et de réussir à la prévenir en se faufilant en barque entre les navires britanniques ancrés dans le port, puis en poursuivant sa mission périlleuse par une chevauchée fantastique de nuit. L'exploit fut immortalisé par un poème d'Henry Wadsworth. On peut voir trois pièces aménagées avec un mobilier d'origine, ainsi que des billets de banque de l'époque coloniale. Dans la cour, une cloche de bronze fondue par l'atelier de Paul Revere. Visite pas indispensable.
North Square, place adorable la nuit, comprend également la ***maison Pierce-Hichborn*** (1711) et, à côté, la ***maison des Mariniers*** (1847). Également l'***église du Sacré-Cœur*** (de 1833), en face. Dickens aimait y écouter les sermons du père Taylor, qui avait d'abord entamé, à l'âge de 7 ans, comme beaucoup d'orphelins, une carrière de mousse, puis de marin.
Dans la petite ***Garden Court,*** au nord de la place, au nº 4, naquit, en 1890, Rose Fitzgerald, petite-fille d'un immigré irlandais. Elle se rendit plus tard célèbre en donnant naissance à 4 fils (non moins célèbres) : un pilote mort en héros en 1944, un président des États-Unis assassiné, un ministre de la Justice qui connut le même destin et enfin un sénateur démocrate.

UN LONG DIMANCHE DE RETROUVAILLES

En 1673, le capitaine Kemble, qui habitait North Square, rentra d'un long voyage de 3 ans plein de péripéties. Sa femme l'attendait sur le pas de la porte. L'embrassade fut, on s'en doute, émouvante et passionnée. Pas de chance, c'était un dimanche : pour conduite indécente le jour du Seigneur, le brave capitaine fut immédiatement conduit au pilori en ville ! Non mais !

Old North Church *(plan I, D2,* ***170****) : 193 Salem St. ☎ 617-523-6676. • old north.com • Janv-fév, tlj sf lun 10h-16h ; mars-mai, tlj 9h-17h ; juin-oct, tlj 9h-18h ; nov-déc, tlj 9h30-16h30. Entrée gratuite, mais donation suggérée de 3 $. Visite guidée de 10 mn possible, gratuite (donation suggérée de 2 $/pers), dans le cadre du* Freedom Trail. *Ou visite guidée plus complète à 8 $/pers (réduc) : ttes les heures les w-e de juin, tlj juil-oct et entre Noël et le Nouvel An.* Avant d'arriver à l'église, traversée du Paul Revere Mall : squattée par quelques écureuils, la statue du valeureux messager et, sur les murs de la place, 14 plaques de bronze racontant l'histoire des héros de la révolution, du quartier et de ses habitants. Old North est la plus ancienne église de Boston encore en activité (1723). Ses promoteurs s'inspirèrent d'un style d'architecture trouvé dans un livre anglais acheté en librairie. La construction nécessita 513 654 briques (si, si !). On y trouve les premières cloches importées en Amérique. Elles sonnèrent à toute volée la défaite de Cornwallis, le général britannique, à Yorktown. Avant la nuit de sa fameuse chevauchée, redoutant un éventuel échec, Paul Revere avait chargé Robert Newman, le bedeau de

l'église, de disposer des lanternes dans le clocher pour prévenir les gens de Charlestown de l'arrivée des troupes anglaises. L'intérieur de l'église a peu changé depuis deux siècles. Les *pews* (les bancs de prière clôturés) sont toujours en place, ainsi que les chandeliers allumés le soir et l'orgue. Sur l'un des *pews,* on voit encore le nom de Paul Revere. On peut faire l'ascension du clocher.
Au 99 Salem St, la première boulangerie d'Amérique.

🚶 ***Le cimetière de Copp's Hill*** *(plan I, D1,* ***171****)* ***:*** *Hull St. Tlj 9h-17h (15h hiver).* C'est le deuxième plus vieux cimetière de la ville (il date de 1659). Prenez le temps de détailler les belles pierres tombales sculptées et leurs pittoresques épitaphes. On y trouve quelques personnages intéressants. Côté Snowhill St, la colonne de Prince Hall, leader noir, ancien esclave engagé dans l'armée des patriotes, créateur de la première école pour gens de couleur et fondateur de la loge maçonnique africaine du Massachusetts en 1776. En face, la tombe de Daniel Malcolm, à l'épitaphe frappante : « Vrai fils de la liberté et ferme opposant au *Revenue Act* ». En effet, ce négociant patriote avait fait de la fraude fiscale un moyen de résistance. Les soldats anglais utilisèrent le cimetière pendant la guerre pour bombarder au-dessus du port les positions des insurgés.
Franchir l'embouchure de la Charles River par le *Charlestown Bridge,* pont métallique qui date de 1899. ***Charlestown*** est un charmant quartier paisible peuplé de vieilles maisons à bardeaux et chargé d'histoire.

🚶 ***Bunker Hill*** *(plan d'ensemble C1)* est le site de la première grande bataille (perdue) par les patriotes, le 17 juin 1775. Mais les troupes anglaises y perdirent plus de 1 000 hommes et ne purent quitter Boston comme ils le souhaitaient. Washington se chargea de les repousser à la mer moins d'un an après. En 1825 commença la construction d'un immense obélisque de granit pour commémorer l'événement (67 m de haut, 294 marches pour une vue spectaculaire). La Fayette en posa la première pierre. Les travaux durèrent 18 ans. Montage audiovisuel avec effets sonores et mannequins sur la bataille, au ***Bunker Hill Museum*** *(plan d'ensemble C1)* ***:*** *Monument Sq.* ☎ *617-242-5641. Tlj 9h-17h (18h juil-août) ; dernière projection (de 20 mn) à 16h30 (17h30 juil-août). Entrée gratuite.* La projection s'appelle *The White of their eyes* ; ce qui rappelle l'ordre donné aux rebelles (pour épargner les munitions) de ne tirer que lorsqu'ils pouvaient distinguer le blanc des yeux des *Red coats.*

🚶🚶 À 200 m de là se trouve le ***USS Constitution*** *(plan d'ensemble D1),* à Charlestown Navy Yard, *le premier chantier naval américain.* ☎ *617-242-5670.* • *ussconstitutionmuseum.org* • *Musée ouv tlj 10h-17h nov-mars ; 9h-18h avr-oct. Donation suggérée : 4 $ (2 $ enfants). Visite du USS Constitution à priori tlj sf lun-mer 10h-16h nov-mars ; tlj sf lun 10h-18h avr-oct. Tours guidés ttes les 30 mn.* C'est un musée fédéral, donc fouille à l'entrée. Le deuxième plus ancien bateau de guerre du monde encore à flot, construit en 1797 (le premier est le vaisseau amiral de Nelson lancé en 1778, le *HMS Victory,* basé à Portsmouth en Angleterre). Il fut invaincu pendant la guerre anglo-américaine de 1812-1815, mais curieusement, sa première mission fut de protéger les navires de commerce américains contre les pirates barbaresques en Méditerranée. Surnommé *Old Ironsides* (vieille ferraille) parce que les boulets anglais rebondissaient sur sa coque. Plusieurs fois menacé d'être mis au rancart, il a subi un grand rafistolage pour son bicentenaire. Depuis, tous les 4 juillet, on lui fait faire une petite promenade dans le port, histoire d'alterner le bord de son mouillage.
– Juste à côté, on peut visiter également (10h-16h) le ***USS Cassin Young,*** un destroyer de la Seconde Guerre mondiale. En restauration lors de notre dernier passage, il est néanmoins visible de l'extérieur.

➢ Après avoir parcouru le Freedom Trail, on peut rentrer en bateau. Prendre le ***ferry*** *(en sem 6h30-20h, w-e 10h-18h ; trajet : 15 mn)* au bout du quai, non loin du *USS Constitution,* derrière le musée. Vue de Boston depuis la mer, sympa. Le ticket *(1,70 $)* s'achète sur le bateau.

À Beacon Hill, sur le port et à North End

Downtown

Beacon Hill *(plan I, C2)* **:** la plus haute des trois collines de Boston. Le *beacon* était un signal d'alarme installé autrefois au sommet. Le quartier s'urbanisa après la construction de la nouvelle State House. Le nord de la colline était habité par la communauté noire de Boston, centre du mouvement abolitionniste. Ce quartier résidentiel, qui servit de cadre aux *Bostoniennes* d'Henry James, est aujourd'hui très recherché. Il faut se perdre dans les ruelles fleuries, les *lanes* croulant sous la verdure, entre d'adorables maisons victoriennes et des *cottages* aux jardinets à demi cachés. Le soir, quand l'horizon se teinte de mauve et que s'allument les lanternes à gaz, les derniers rais du soleil embrasent les façades rouges et roses parées de loggias et de grilles en fer forgé. Parcourir Beacon Hill, c'est se croire un moment à West Village (New York), à Georgetown (Washington), ou dans les coins les plus secrets de Chelsea (à Londres). Découvrez ces jardinets poétiques, les auvents à colonnades, les fenêtres vénitiennes cachant la vie feutrée des vieilles familles bourgeoises.
Quelques petites merveilles à ne pas rater au cours de votre promenade : *Mount Vernon St,* la plus belle rue de Beacon Hill, bordée de jardins et peuplée de petits oiseaux. Au 40-42, une rare et grande *brownstone* de 1850 qui contraste avec les maisons victoriennes de la rue. *Chestnut St* compte au moins trois maisons dessinées par Charles Bulfinch, l'architecte de Boston, aux n°s 13, 15 et 17. Au 29 A, une des plus vieilles maisons du quartier, dont les vitres, étrangement violettes, attirent tous les curieux. Ce « mystère » s'expliquerait par un excès de manganèse dans la fabrication du verre. *Acorn St,* la plus connue et la plus photographiée de toutes, autrefois habitée par les cochers et les serviteurs, a conservé son pavage de galets d'origine.
Ne manquez pas non plus *Louisburg Sq (donnant sur Mount Vernon St),* une charmante placette très *British* flanquée de façades néoclassiques et dotée d'un jardinet central dont seuls les riverains ont la jouissance (le sénateur John Kerry en fait partie, le veinard !). L'ensemble respire tellement l'Angleterre qu'on y tourna le film *Vanity Fair* dans les années 1920. Enfin, *Cedar Lane Way,* aussi étroite qu'adorable, avec ses réverbères anciens.
Côté ouest, la colline est bordée par *Charles St,* alignant magasins d'antiquaires, épiceries fines et autres boutiques haut de gamme.

Comme reflet de ce mode de vie aristocratique, on peut visiter **Nichols House** *(plan I, C2,* ***172****) : 55 Mount Vernon St. ☎ 617-227-6993. • nicholshousemuseum.org • Mar-sam (jeu-sam en basse saison) 11h-16h. Visite guidée ttes les 30 mn à partir de 12h. Entrée : 7 $.* Construite en 1804 par Charles Bulfinch, elle a été habitée de 1885 à 1960 par Rose Standish Nichols, paysagiste, ébéniste, pacifiste et suffragette. Porche de style *Greek Revival.* La visite vaut pour la découverte d'un intérieur huppé de la fin du XIXe-début XXe s. Mobilier précieux, tapisseries flamandes, pièces d'art chinois et sculpture d'Auguste St Gaudens, très prisé au tournant du siècle.

Museum of Afro-American History *(plan I, C2,* ***173****) : 46 Joy St. ☎ 617-725-0022. • afroammuseum.org • Ⓜ Bowdoin ou Gouvernement Center. Mai-août, tlj sf dim 10h-16h (20h jeu en été) ; fermé lun le reste de l'année. Donation suggérée : 5 $.* Le musée est consacré à la préservation de la mémoire quant à la contribution des Afro-Américains en Nouvelle-Angleterre depuis la période coloniale jusqu'au XIXe s. Il organise des expos temporaires.
Au sein de l'institution, deux maisons se visitent : l'***African Meeting House,*** *au 8 Smith Court.* C'est la plus vieille église noire des États-Unis (1806), qui servit un temps de synagogue. L'***Abiel Smith School,*** juste à côté, fut construite pour les familles qui habitaient dans le coin dans les années 1830 (2 000 *African-Americans* habitaient Beacon Hill à cette époque).

BOSTON

Black Heritage Trail : *les* National Park City *rangers organisent des tours gratuits de ce* trail *(1,6 mile de long). Itinéraire disponible dans les offices de tourisme. Tlj juin-début sept à 10h, 12h et 14h. Rens au ☎ 617-742-5415 ou 617-725-0022.* Il retrace les principales étapes de l'histoire des Noirs de Boston qui vécurent, tout au long du XIXe s, au nord de la colline de Beacon Hill (délimitée par Cambridge St). Début de la balade sur Beacon St, au *Shaw 54th Regiment Memorial* (en face de la State House).

➢ Quittons les hauteurs de Beacon Hill pour rejoindre le bord de mer via le *downtown* et les abords de South Station.

Chinatown *(plan II, C3)* **:** Ⓜ *Chinatown.* Dans le grand quadrilatère délabré de Beach, Tyler, Essex et Washington St, succession de restos authentiques, gargotes pas chères, boutiques exotiques et bars *topless* sordides. 8 000 personnes (Chinois, Vietnamiens, Laotiens et Cambodgiens en majorité) habitent ce quartier. Allez-y le matin ou en début d'après-midi, alors que les marchands animent les rues. La nuit, atmosphère un peu interlope et couleurs expressionnistes assurées. Ceux qui se demandent pourquoi une des rues de Chinatown s'appelle Beach St apprendront avec intérêt que la mer arrivait jadis jusqu'ici. En effet, Boston a été construite largement en remblayant des zones inondées comme Back Bay, ou en s'avançant sur la mer.

Boston Tea Party Ship and Museum *(plan II, D3,* ***175****)* **:** *Congress St Bridge, à côté de ce pont.* • *bostonteapartyship.com* • Ⓜ *South Station ou Courthouse.* Sur les lieux de la célèbre *Boston Tea Party,* dont ce musée retrace l'événement. *Suite à un incendie, il est fermé et la réouverture est prévue à l'automne 2011.* Après restauration, il accueillera sur trois niveaux des objets et documents relatifs à l'événement. On pourra y voir le célèbre *Robinson Tea Chest,* une des deux seules caisses en bois repêchées après que les cargaisons de thé des navires ont été jetées à l'eau. On lui donna le nom du jeune garçon, John Robinson, qui la sortit de l'eau. Cette pièce est aujourd'hui considérée comme un des symboles de la naissance de la nation américaine. On pourra à nouveau visiter les répliques des trois navires qui furent abordés et débarrassés de leur cargaison de thé : le *Beaver,* le *Eleanor* et le *Dartmouth.*

Boston Children's Museum *(plan II, D3,* ***176****)* **:** *308 Congress St (Museum Wharf). ☎ 617-426-6500.* • *bostonkids.org* • Ⓜ *South Station ou Courthouse. Tlj 10h-17h (21h ven). Entrée : 12 $; réduc ; ven 17h-21h : 1 $ slt mais bondé et ultra-bruyant !* Un des musées pour enfants les plus sympas du pays, d'après l'avis de beaucoup de parents. Maison traditionnelle japonaise dans laquelle les gamins peuvent entrer, mur d'escalade, découverte de la culture afro-américaine, initiation à l'écologie, chantier de travaux publics (inspiré du fameux *Big Dig* de Boston), etc. Tables pour pique-niquer dehors, sur un passage piéton agréable le long de la rivière.

Institute of Contemporary Art *(***ICA** *; plan II, D3,* ***177****)* **:** *100 Northern Ave. ☎ 617-478-3101.* • *icaboston.org* • Ⓜ *World Trade Center ou Courthouse. Mar-mer et w-e 10h-17h, jeu-ven 10h-21h. Entrée : 15 $; réduc ; gratuit pour ts jeu soir dès 17h, et pour les familles (avec enfants de 12 ans et moins) le dernier sam du mois. Audioguide gratuit en anglais (possibilité de télécharger aussi le contenu sur son MP3 depuis le site web).* Jadis situé au cœur de Back Bay, ce centre culturel occupe de spectaculaires nouveaux locaux en bordure du port de Boston, conçus par le studio d'architecture Diller Scofidio & Renfro, connu aussi pour son projet de réhabilitation de la High Line à New York. Côté contenant : une extraordinaire façade en équerre tout en verre et en béton tournée vers l'océan, avec un gigantesque porte-à-faux, se présentant comme un vaisseau qui flotte au-dessus de l'eau, trait d'union entre la modernité des constructions en hauteur de la ville et l'immensité de l'univers marin. Côté contenu : comme dans tout musée d'art contemporain qui se respecte, une partie de l'espace se module au gré des besoins, accueillant performances plastiques ou expos temporaires, mais aussi, pour la première fois à Boston, une collection permanente d'œuvres achetées par l'Institut depuis 2000, qui change quand même tous les ans.

Bell Atlantic Building (***Verizon Building*** ; *plan I, D3*) **:** *185 Franklin St (entre Pearl et Congress St).* Ⓜ *Aquarium.* Un bâtiment Art déco pur jus, de 1947. On peut entrer dans le hall pour admirer la fresque monumentale de 49 m de long qui montre les travailleurs de la compagnie de téléphone au travail. Les personnages sont peints en grandeur nature. Au rez-de-chaussée, le petit laboratoire d'Alexander Graham Bell, l'inventeur du téléphone, minutieusement reconstitué. Sur le flanc du bâtiment, ***Post Office Square*** est un havre de verdure dans la jungle de béton environnante. Une vigne vierge se faufile sur un treillis vertical jusqu'à 45 m de haut. L'endroit est très apprécié des employés à l'heure du déjeuner.

New England Aquarium (*plan I, D2,* ***178***) **:** *sur le front de mer, derrière Quincy Market (Central Wharf).* ☎ *617-973-5200.* • *neaq.org* • Ⓜ *Aquarium. Juin-août, tlj 9h-18h (19h ven-sam). Sept-juin, tlj 9h-17h (18h sam-dim). Entrée : 22 $; 14 $ pour les 3-11 ans ; gratuit avec le* Boston CityPass. Imax Theatre : *10 $. Billet combiné : 28 $; 20 $ pour les 3-11 ans.*
Plus de 20 000 espèces à découvrir. Un plan incliné s'enroule en spirale autour d'un énorme aquarium cylindrique (900 000 litres) de quatre étages et permet d'accéder aux autres niveaux. Très fréquenté, préférez une visite en semaine pour admirer tranquillement les créatures marines. Magnifique ballet de méduses et cortège de pingouins, phoques, lions de mer, requins, et même une tortue de mer géante. Et si la foule vous décourage, venez au moins voir l'aquarium à l'extérieur avec les phoques. Gratuit et marrant comme tout !
– ***Whale Watch :*** *le long du quai à la sortie de l'aquarium, plusieurs compagnies proposent des balades en mer pour observer les baleines. Rens au* ☎ *617-973-5206. Avr-oct. Compter env 40 $ pour une virée de 3-4h ; réduc moins de 11 ans.*

Boston Harbor Hotel (*plan I, D3,* **179**) **:** *70 Rowes Wharf, sur Atlantic Ave, près du Northern Ave Bridge.* C'est le complexe hôtelier géant ouvert à la fin des années 1980. Architecture caractéristique de ces années-là, avec une monumentale arche d'entrée (haute de six étages) s'élevant sur les anciens docks. Bateau-taxi direct depuis l'aéroport.

The Rose F. Kennedy Greenway (*plan I, D2-3*) **:** *accessible tlj 7h-23h. Wifi sur tt le parcours.* Belle initiative que cette coulée verte aménagée sur le tracé de l'horrible autoroute qui traversait autrefois la ville, avant que le fameux *Big Dig* ne la relègue sous terre. Cette promenade plantée, qui serpente aujourd'hui depuis New Sudbury St (à North End) jusqu'à Kneeland St (à Chinatown) via le port, est ponctuée de jardins thématiques, pelouses, aires de repos et de pique-nique, bassins, fontaines, brumisateurs... Nouveau ***Visitor Center*** au niveau de State St. Il y a même un marché fermier, les mardi et vendredi de fin mai à fin novembre, sur Dewey Square Park (entre Summer et Congress St). Renseignements sur les animations ponctuelles sur • *rosekennedygreenway.org* •

North End (*plan I, D1-2*) **:** Ⓜ *Haymarket.* Cœur du quartier italien, North End fut d'abord un quartier mal famé de marins au début du XIXe s, puis d'Irlandais à partir de 1850 (plusieurs dizaines de milliers fuirent la famine), rejoints ensuite par les juifs d'Europe centrale. Les Italiens, dernière vague d'immigration, marquèrent définitivement le quartier de leur empreinte. À voir autant pour ses rues assez authentiques que pour son animation et ses petits restos. On peut en profiter pour boire un vrai *espresso* (au *Caffé Vittoria* par exemple, le plus vieux café italien de Boston, voir « Où boire un café ? Où déguster une pâtisserie ? ») ou croquer dans un *cannoli* à la ricotta. Traversée en grande partie par le Freedom Trail, Hanover St en est l'axe principal. Depuis la démolition de l'affreux viaduc qui séparait North End du reste de la ville, le quartier connaît un regain d'affluence. Les habitants reconnaissent que cela a amélioré leur qualité de vie : moins de bruit et surtout de pollution. Nombreuses fêtes religieuses les week-ends d'été.

QUELLE POISSE !

On pense spontanément à la Boston Tea Party, *mais il est un autre événement qui marqua l'histoire de la ville : l'explosion, en 1919, d'un réservoir de mélasse dans le quartier de North End, qui provoqua un véritable tsunami dans les rues (à plus de 55 km/h !), tua 21 personnes et en blessa 150 autres. Les habitants prétendent que certains jours d'été chauds et humides, l'odeur caractéristique de mélasse est toujours perceptible dans le coin et leur rappelle cet épisode douloureux surnommé « The Boston Molassacre », en référence au Boston Massacre de 1770.*

Museum of Science and Science Park *(plan I, C1,* ***180****) : Charles River Dam (de l'autre côté de la Charles River).* ☎ *617-723-2500.* • *mos.org* • Ⓜ *Science Park. Juil-août, tlj 9h-19h (21h ven). Sept-juin, tlj 9h-17h (21h ven). Entrée : 21 $; réduc. Env 9 $ pour le planétarium et le cinéma* Omni *; possibilité de billets combinés ; gratuit avec le* Boston CityPass. Un peu du genre « palais de la Découverte ». Visite d'une capsule *Apollo,* un planétarium, découvertes thématiques comme le corps humain, l'environnement, l'astronomie, l'électricité... Les présentations des mathématiques et de l'informatique sont particulièrement intéressantes.

Dans les quartiers de Back Bay, Copley Square et dans l'ouest de la ville

À l'ouest de Boston Common, **Back Bay,** sur la rive sud de la Charles River, est un quartier extrêmement agréable articulé autour de *Beacon St, Commonwealth Ave* et *Newbury St.* Longues et verdoyantes avenues, bordées de superbes maisons victoriennes qui prennent, les soirs d'été, de fascinants tons mordorés, parfois flamboyants. C'est là que vous trouverez les boutiques élégantes, cafés chicos avec terrasses, galeries d'art, etc.

En revanche, pratiquement sans transition, le quartier de **Copley Square** et **Boylston St** s'anime dans la journée ; grands magasins et nouveaux gratte-ciel se disputent l'espace. Trinity Church (entre Boylston St et Saint-James Ave), qui se reflète dans le plan miroir de la John Hancock Tower, est devenue le symbole des chocs architecturaux de la ville.

Entre Park Plaza, le sud du Common et le quartier chinois, l'animation est plutôt nocturne dans le quartier de **Bay Village** et des théâtres. Il y règne un restant d'ambiance bohème qui date du temps des bars clandestins de la prohibition. C'est aussi de nos jours le point de ralliement de la communauté gay.

Trinity Church *(plan II, C3,* ***181****) : 206 Clarendon St (et Copley Sq).* ☎ *617-536-0944.* Ⓜ *Copley ou Back Bay. Tlj 9h-17h au moins (dim 13h-18h). Entrée : 6 $ (si on visite par soi-même ou si on se joint à un tour guidé) ; gratuit pour prier ou assister à une messe (dim à 7h45, 9h, 11h15 et 18h ; jeu 12h10 ; mer 17h45 sept-juin) ; visite guidée après la messe de 11h15. Sept-juin, concerts gratuits (donation suggérée) le ven vers 12h15.* L'œuvre maîtresse d'Henry Hobson Richardson, terminée en 1877 et largement influencée par le style roman du XIe s. C'est une des plus belles églises aux États-Unis. Le portail occidental est inspiré de celui de Saint-Trophime d'Arles, et le clocher Renaissance une libre adaptation de la cathédrale de Salamanque. La décoration intérieure, aussi riche que somptueuse, fut confiée à John La Farge. Magnifiques vitraux d'Edward Burne-Jones exécutés par William Morris et d'autres par John LaFarge. Notez que Trinity Church repose sur quelque 2 000 piliers de bois qui doivent rester constamment humides pour leur conservation. Jolie boutique au sous-sol (où l'on prend les billets).

First Baptist Church (plan II, C3, ***182****) : 110 Commonwealth Ave, à l'angle de Clarendon St.* Ⓜ *Copley. Fermé pour la messe du dim.* Pour les férus d'architecture, l'un des travaux de jeunesse (1852) de l'enfant du pays, Henry Hobson Richardson. Le clocher séparé est inspiré des campaniles italiens. La frise du haut a été réalisée par Auguste Bartholdi (monsieur *statue de la Liberté*).

John Hancock Tower *(plan II, C3,* ***183****) : 200 Clarendon St (et Copley Sq). ☎ 617-572-6429.* Ⓜ *Copley.* Un magnifique gratte-ciel de 60 étages et 241 m, le plus haut de Nouvelle-Angleterre, construit par le génial architecte sino-américain Pei (celui de la pyramide du Louvre). Mais depuis le 11 septembre 2001, il ne se visite plus. Dommage, la vue du dernier étage embrassait toute la ville. On peut toujours y jeter un œil de l'extérieur, en passant. Remarquez la Trinity Church qui se reflète dans la façade de verre bleuté et forme un contraste saisissant entre les deux visages de Boston.

Boston Public Library *(plan II, B3,* ***184****) : 700 Boylston St (et Copley Sq). ☎ 617-536-5400. • bpl.org •* Ⓜ *Copley. Lun-jeu 9h-21h, ven-sam jusqu'à 17h, dim (sf juin-sept) 13h-17h.* La façade intéressera ceux qui connaissent bien le Quartier latin à Paris car les architectes McKim, Mead et White se sont inspirés de la bibliothèque Sainte-Geneviève. Sans carte, on ne peut pas consulter les livres, mais ça vaut le coup d'entrer juste pour les lions en marbre et les fresques de Puvis de Chavannes qui décorent le grand escalier. Et surtout, pour admirer deux autres séries de fresques, la première réalisée par Edwin Austin Abbey sur le thème de la quête du Graal avec une somptueuse palette de couleurs (au *second floor*), et l'autre par le fameux portraitiste John Singer Sargent *(third floor).* Très joli patio *(courtyard)* doté d'un bassin. Reposant et rafraîchissant. Idéal pour faire une pause, lire ou casser une petite graine avec les étudiants. Café et resto sur place (prix raisonnables).
@ On y trouve en plus une quinzaine d'ordis avec accès Internet gratuit *(utilisation limitée à 15 mn).*

Prudential Center *(plan II, B3,* ***185****) : 800 Boylston St. ☎ 617-236-3100.* Ⓜ *Prudential. Tlj 10h-21h (dim 11h-18h).* Les amateurs de shopping ne manqueront pas de parcourir les galeries marchandes de l'énorme *mall* situé entre Boylston St et Huntington Ave, relié par une passerelle à un autre centre commercial et d'affaires, *Copley Place.* Comptoir d'infos touristiques installé au centre du complexe.

Skywalk Observatory *(plan II, B3,* ***185****) : 800 Boylston St. Au 50e étage de la Prudential Tower. ☎ 617-859-0648. Tlj 10h-20h (22h mars-oct). Entrée : 12 $; réduc.* Panorama sur toute la ville ! Et petite expo pour mieux faire avaler le prix exagéré. Deux étages plus haut, un bar-resto archiplein et cher le soir *(Top of the Hub)* mais paisible en fin d'après-midi.

Berkeley Building *(plan II, C3) : 420 Boylston St (et Berkeley St).* Magnifique édifice de style Beaux-Arts, construit en 1905. Harmonie parfaite de verre, de métal et de terre cuite.

Newbury Street *(plan II, B-C3) :* la rue commerçante la plus chic de Boston. Boutiques de luxe, restos branchés, galeries d'art et terrasses pour se prélasser au soleil et voir défiler les *beautiful people.*

Christian Science Church Center *(plan II, B4,* ***186****) : 175 Huntington Ave (et Massachusetts Ave). ☎ 617-450-7000.* Ⓜ *Prudential. Mar-dim 10h-16h. Gratuit.* Complexe architectural d'une des congrégations religieuses les plus puissantes du pays, fondée en 1879 par Mary Baker Eddy après une guérison miraculeuse. Regroupant son énorme église de style byzantino-Renaissance qui peut accueillir 5 000 personnes, une tour de 26 étages, un amphithéâtre signé, là encore, du grand architecte I. M. Pei, son quotidien (le *Christian Science Monitor*), une immense bibliothèque *(Mary Baker Eddy Library ; entrée gratuite)* et le *Mapparium,* un globe terrestre de verre géant dans lequel on se balade et qui représente le monde politique en 1935 *(mar-dim 10h-16h ; entrée : 6 $).*

Museum of Fine Arts (plan d'ensemble B4, **188**) : *entrée au nord par Fenway, ou par le 465 Huntington Ave. ☎ 617-267-9300. • mfa.org • Ⓜ Museum. Tlj 10h-16h45 (21h45 mer-ven). Entrée : 20 $; réduc ; gratuit avec le* Boston CityPass, *et donation libre le mer dès 16h. Plan-guide en français disponible au point d'info du musée. Audioguide 6 $ (la version française ne propose qu'une infime sélection d'oeuvres). Tours en français ts les mer à 11h15, et à 18h30 le 4ᵉ mer du mois (inclus dans le prix d'entrée). En anglais, tlj à 11h30 et 14h30, visite guidée consacrée à l'art des Amériques, et tlj à 12h30, 3 chefs d'œuvre du musée commentés en 30 mn.*

Surnommé *MFA* (prononcer « em-ef-éï » en insistant sur le « éï » pour imiter les riches bostoniennes qui fréquentent assidûment l'endroit), avec ses 500 000 pièces et son bon million de visiteurs par an, c'est l'un des grands musées américains. En plus de l'art américain mis à l'honneur et d'une importante section impressionniste, les collections asiatique et égyptienne figurent parmi les plus grandes au monde. L'aile ouest, magnifiée par une architecture intérieure particulièrement réussie, conçue (encore une fois) par I. M. Pei, rivalise désormais avec son pendant à l'est, la *Art of the Americas Wing,* un petit bijou signé Norman Foster, véritable musée dans un musée, entièrement dédié à l'art des Amériques. Espace, clarté, plaisir de vagabonder dans la lumière, tout est là. Un musée EX-CEP-TION-NEL, dans lequel vous risquez de passer la journée (et encore !).

Voici quelques points d'orgue, choisis de façon subjective comme toujours. On commence par la nouvelle aile, inaugurée fin 2010.

Art of the Americas Wing

Cette nouvelle aile, très attendue, est le point d'orgue du vaste chantier de rénovation et d'agrandissement qui a mobilisé le *Museum of Fine Arts* ces dernières années. Réalisé par le cabinet d'architecture britannique *Norman Foster & Partners,* ce cube de verre accueille sur quatre niveaux les collections américaines du musée. C'est la première fois dans le monde qu'un musée consacre une section aussi importante aux Amériques au pluriel, dans leur intégralité : 53 galeries en tout, présentant chronologiquement quelque 5 000 pièces (soit le double de ce qui était exposé jusqu'ici) à travers une culture, une période, un artiste ou un thème. Un vrai voyage dans le temps, depuis le 1ᵉʳ millénaire avant J.-C. au sous-sol *(lower ground)* jusqu'à la 2ᵉ moitié du XXᵉ s tout en haut *(level 3).* Le tout très aéré par de grandes galeries vitrées diffusant la lumière naturelle, disposées de la même façon à chaque étage, et donnant sur une cour intérieure tout en verre elle aussi. Une vraie réussite.

Conseil de visite : si vous n'avez qu'un temps limité devant vous, vous pouvez vous concentrer sur les galeries centrales de chaque niveau, ou bien axer votre visite autour d'un thème spécifique.

– ***Level LG (Lower Ground) : art précolombien.*** Masque olmèque en jadéite, vases mayas aux personnages très expressifs et céramiques andines. Art ***Native American,*** magnifique manteau funéraire du Pérou avec des motifs répétés de divinités aux ailes de papillon. Cette cape entourait une momie paraca. Du ***XVIIᵉ s,*** tissus péruviens ornés de fleur de lys (les prêtres catholiques établissaient de nouvelles églises là-bas) et puis des meubles coloniaux et de la vaisselle provenant essentiellement de Nouvelle-Angleterre, ***art maritime.***

– ***Level 1 : XVIIIᵉ s et début du XIXᵉ s américains.*** John Singleton Copley, bien sûr, et son portrait de *Paul Revere,* mais aussi *Sons of Liberty Bowl,* qui annonce la Révolution, et *Watson and the sharks,* relatant un fait divers tragique façon *Dents de la Mer* à Baltimore. Les grands espaces des nouvelles salles d'exposition permettent désormais l'accrochage des peintures les plus monumentales, comme le *Passage of the Delaware,* de Thomas Sully, représentant George Washington avant une bataille de la Révolution. Cette peinture avait été commandée par la State House de Caroline du Nord en 1816, qui voulait faire réaliser deux portraits en pied de Washington. Mais Sully vit les choses en grand et sa chevauchée historique ne rentrait pas dans le bâtiment. Elle acheva sa course à Boston, et fut la première toile réinstallée dans la nouvelle aile de Norman Foster.

Également Gilbert Stuart, dont on peut admirer les superbes portraits, entre autres les deux célèbres œuvres inachevées : *Martha* et *George Washington* (œuvre partagée tous les 2 ans avec le musée de Washington). Argenterie coloniale, incluant l'ensemble privé de Paul Revere, orfèvre et graveur, avec le célèbre *Liberty Bowl*, un des grands symboles de l'indépendance américaine. D'Henry Sargent, la célèbre *Boston Tea Party.* Enfin, ne manquez pas les 5 *period rooms,* les magnifiques quilts et les jolies marines de Fitz Henry Lane.

– ***Level 2 : peinture américaine du XIXe s et début du XXe s.*** John Singer Sargent, bien sûr, avec en vedette ses superbes *Daughters of Edward Darley Boit,* inspirées par Vélasquez. Vous noterez que les deux vases japonais qui encadrent ce fameux tableau sont ceux de la toile, représentés à coté des quatre fillettes. Ces vases, qui ont suivi la riche famille Boit un peu partout dans leurs déplacements, ont fait leur entrée au musée en 1997. L'influence du Japon se retrouve aussi avec les panneaux fleuris de Charles Caryl Coleman. Vitraux de La Farge et pâtes de verre de Tiffany. De Whistler, *Nocturne in blue* où, de la lagune de Venise, on distingue à peine le campanile de la place Saint-Marc. *Dans la loge,* de Mary Cassatt, fait parfois penser un peu à Manet, mais en plus joyeux. Du côté des naturalistes : *Lake George* de Martin J. Heade ; Albert Bierstadt ; délicates couleurs de *Un après-midi d'automne* de Sanford R. Gifford ; Erastus S. Field, qui dépeint la famille de bien curieuse façon.

– ***Level 3 : Peinture contemporaine américaine, jusqu'aux années 1970.*** Edward Hopper, bien sûr, avec *Drugstore* et *Chambre à Brooklyn* ; *Old Brooklyn Bridge* de Joseph Stella ; *Rose blanche, Crâne de cerf, Patio avec porte noire* de Georgia O'Keeffe ; *Le Destin,* merveilleuse palette de verts de Henry S. Mowbray. Et puis, en vrac, quelques Jackson Pollock, un buste en bronze d'Archipenko à la torsion élégante, une vache en fil de fer de Calder... Côté design, Charles & Ray Eames, Eero Saarinen...

Les autres collections du rez-de-chaussée (1st floor)

Commençons le circuit par l'aile ouest, consacrée à l'Asie, à la gauche de la billetterie *(Huntington Entrance).* Cette collection asiatique est l'une des plus importantes au monde.

– ***Asie du Sud-Est :*** de Java (XIIIe s), une délicate couronne en or avec des tiges qui portent des pétales de lotus en or fin. Les fleurs, les créatures aquatiques et les serpents apparaissent souvent dans la culture religieuse indonésienne.

– ***L'Inde*** est bien représentée : d'avant la période bouddhiste, un torse de divinité de la fertilité (Yakshi) à la féminité bien marquée ; un bas-relief de Ganesh et ses femmes, son petit ventre rebondi l'empêchant de voir à ses pieds le rat qui lui vole un fruit. Superbe travail de ciselures sur un *ankus,* le couteau des cornacs pour guider les éléphants.

– ***Japon :*** série de figures d'acteurs du théâtre *kabuki* de la main de Hokushu, Ashiuki et Yoshitaki. Tissages modernes dans la salle du centre. D'autres pièces asiatiques à l'étage supérieur, accès par l'escalier (description plus loin avec le *2nd floor*).

– ***Art islamique :*** calligraphies persanes, poteries et faïences turques.

– ***Art africain :*** sculptures yoruba sur bois, magnifique masque *dan* de Côte-d'Ivoire garni de coquillages. La figurine du Congo, percée de clous, a sur le ventre des yeux en miroir censés repousser le danger.

– ***Art de l'Océanie :*** étonnant « entonnoir à nourriture » maori décoré à la manière des tatouages rituels de cette peuplade de Nouvelle-Zélande. Pilier papou (peuple Asmat) avec empilement de personnages représentant les membres du clan morts au combat.

De l'autre côté de la rotonde centrale :

– ***Art égyptien :*** les incontournables sarcophages et momies (dont celles du Fayoum avec portrait peint du défunt). Remarquable succession de sarcophages les uns à côté des autres, tous de taille et d'ornementations différentes. Ils s'empilaient les uns dans les autres à la manière des poupées russes. Voir aussi un couple royal en vedette : Mykérinos (celui de la petite pyramide à Gizeh) et sa femme, qui

l'entoure dans une jolie attitude de respect et d'intimité à la fois, ce qui contraste avec le même roi aux prises avec la possessivité de la déesse Hathor aux cornes de vache. Ailleurs dans cette salle, consacrée à la Nubie, quelques pièces remarquables, dont un pectoral en or avec une Isis aux ailes déployées.
– ***Art du Moyen-Orient :*** magnifique lion en briques vernissées en provenance d'un mur de Babylone. De Persépolis, en Iran, un combat féroce entre un lion et un taureau.
– ***Art grec :*** cratères, casques et armes d'hoplites macédoniens. Scène coquine de levrette sur une assiette (à vous de trouver, petits curieux !). Grèce archaïque : petite statuette chryséléphantine (ivoire et or) de l'époque minoenne (remarquez la délicatesse des serpents enroulés autour des bras). Figure féminine en marbre de l'art des Cyclades, très stylisée. Elle ne déparerait pas dans une collection d'art contemporain. Également, dans le genre graveleux, une petite salle abrite un cratère où est peinte une sarabande de satyres et de ménades qui composent un catalogue complet du Kama-sutra grec.

– ***Art étrusque :*** émouvante paire de sarcophages où des époux enlacés se font face pour l'éternité. Ah, cette menotte féminine agrippée tendrement à la nuque de son barbu d'époux ! *Love is eternal...*
– ***Art moderne européen :*** Piet Mondrian, le mouvement expressionniste allemand et autrichien, avec Beckmann, Kokoschka et Kirchner (paysage alpin peint après la Seconde Guerre mondiale). Le surréaliste (et Belge, mais ça n'a rien à voir) Paul Delvaux. Intéressante évolution du nu chez Matisse, mise en valeur par 3 toiles peintes entre 1903 et la fin des années 1920. Panneaux de bois sculpté par Gauguin à Tahiti, illustrant *La Guerre et la Paix.* De Gauguin encore, *D'où venons nous, qui sommes-nous, où allons-nous ?,* à lire de droite à gauche. De Picasso, *Portrait de Fernande Olivier* (1905-1906), presque un dessin, qui offre un contraste saisissant avec sa tête de femme en bronze sculptée à peine 4 ans plus tard.
– Courant 2011, ouverture d'une nouvelle section ***bijoux*** et d'une autre, plus vaste, dédiée à ***l'art contemporain.***

Les collections du 1er étage (2nd floor)

Reprenons le circuit dans le même sens à partir de l'aile ouest asiatique, mais rien ne vous empêche de procéder autrement.
– ***Art de l'Himalaya :*** dans une vitrine centrale, Avalokiteshvara, le bodhisattva de la compassion, côtoie une effrayante étreinte bien charnelle de Vajrabhairava, seigneur de la mort aux 34 bras avec une partenaire manifestement subjuguée.
– ***Art de la Chine :*** très élégante section de mobilier *(Chinese furnitures)* dans un paisible décor de jardin de bambous et de bonsaïs agrémenté de musique douce.
– ***Art du Japon :*** statue d'Aizan, le roi de la passion, avec un visage écarlate sur fond noir et six bras garnis des symboles de sa résolution à vaincre l'ignorance. À le voir, aucun doute n'est permis. Ensuite, grande salle avec des panneaux de paravents décrivant la cour d'Espagne imaginée par les Japonais. Il faut rappeler qu'au XVIe s, à la suite de l'arrivée des jésuites au pays du Soleil-Levant, des Nippons vinrent visiter l'Europe méditerranéenne et, au retour, ils s'inspirèrent des techniques de représentation picturale occidentales pour reproduire la perspective. Le goût des Japonais pour l'imitation était lancé ! À côté, salle consacrée à la vision contemporaine de la femme au Japon. On aime particulièrement *Clover,* de 1934, avec ces deux jeunes filles alanguies dans l'herbe. Autre fantasme pictural oriental avec cette représentation imaginaire de la ville de Paris réalisée à partir d'éléments disparates trouvés dans les livres illustrés.
On passe dans l'aile opposée pour retrouver l'Égypte ancienne.
– ***Art de l'Égypte :*** support de barque sacrée de très belle facture en granit noir ; on peut y distinguer le roi soutenant le ciel et entouré d'Horus et du dieu à la tête d'ibis. Chapiteaux de colonnes papyriformes (ouvert ou fermé) avec des têtes d'Hathor, la déesse-vache. Une rare représentation d'Akhenaton, le pharaon rebelle, en sphinx recevant les rayons du soleil (le dieu Aton). Dans la salle *Old Kingdom,* extraordinaire robe en pièces de faïence disposées en losange (tur-

quoise à l'origine), trouvée dans une tombe. Le pectoral qui l'accompagne ne dépare pas l'ensemble, mais on imagine difficilement le travail et la patience nécessaires pour reconstituer l'ensemble.

– ***Art romain :*** magnifique sarcophage avec procession triomphale en l'honneur de Dionysos.

Au 2e étage aussi, avant d'être installés dans la nouvelle aile :

– ***Peinture européenne 1500-1700 :*** dans la longue salle intermédiaire, les influences antagonistes du catholicisme et de la Contre-Réforme ; de Jordaens, portrait d'un couple de jeunes mariés, où madame n'a pas l'air d'avoir accepté sa situation. De Vélasquez, un portrait de Philippe IV d'Espagne, doté du légendaire prognathisme des Habsbourg.

– ***Art médiéval** (à gauche)* **:** chapelle catalane de Martin de Soria, reconstitution du chœur roman du XIIe s avec une fresque d'un christ en majesté entouré des quatre évangélistes. De Jérôme Bosch, *Ecce Homo* ; on y retrouve sa verve satirique dans les incroyables trognes de la populace qui entoure le Christ. Attention, chef-d'œuvre : de Rogier Van der Weyden, *Saint Luc dessinant la Vierge,* alliance d'hyperréalisme et de mysticisme. Le paysage urbain à l'arrière est donné à voir par la présence des deux personnages installés aux créneaux du rempart. Perspective parfaite avec les lignes du dallage et des colonnades vers le point de fuite à l'horizon. Le jardin est un symbole de la pureté de la Vierge. À côté, *Christ bénissant* d'Hans Memling. De Jan Gossaert, *Marie-Madeleine.*

– ***Art des Pays-Bas au XVIIe s :*** portraits de Rembrandt, de facture assez classique. De Jan Steen, *Fête de la 12e nuit* ; l'éclairage provient d'une source lumineuse invisible (une bougie sur la table). Dans la longue galerie du centre (XVIIe et XVIIIe s en Europe), jolie série de natures mortes.

– ***Art européen du XVIIIe s :*** Watteau et Chardin portent les couleurs de la France. Bustes de Mirabeau (avec la vérole) ; un Thomas Jefferson volontaire de Houdin. Portraits de Greuze ; jolie princesse russe de Madame Vigée-Lebrun. Magnifiques Canaletto à la précision quasi photographique. Étonnant buste d'un hypocondriaque de Messerschmitt qui confine à l'observation psychiatrique. De Giovanni Paolo Pannini, une monumentale galerie de vues de la Rome moderne du XVIIIe s (des chromos Panini, quoi !). Du baron Gros, *Les Pestiférés de Jaffa* ; Napoléon y apparaît tel le Christ pour guérir les malades. Un Manet austère : *Moine en prières,* une *Chasse aux lions* de Delacroix, une *Bergère* de Millet, une *Curée* de Courbet et un *Dante et Virgile* de Corot viennent clôturer ce panorama du début du XIXe s. Extraordinaires *Bateau d'esclaves* et *Le Rhin à Schaffhausen* de Turner.

– ***Impressionnistes et début du XXe s :*** et d'emblée la sublime *Japonaise* de Monet (en fait, sa femme Camille, déguisée), sarabande d'éventails et virevoltant kimono contrastant avec la blondeur de sa chevelure. Des Pissaro et un bouquet de Monet, plus beaux les uns que les autres. Le célébrissime *Bal à Bougival* de Renoir. Les symbolistes avec Burne-Jones. Splendide portrait de l'impératrice Sissi de Winterthaler. Le *Postier Joseph Roulin* de Van Gogh, dont l'uniforme lui confère l'autorité d'un amiral. À ses côtés, bien sûr, sa femme dans une fabuleuse palette de couleurs. Et puis, Sisley, Pissaro, Caillebotte, une danseuse en bronze de Degas, des nymphéas et des coquelicots de Monet et une *Meule de foin* qui côtoie un des multiples tableaux de la *Cathédrale de Rouen.*

BON PIED BON ŒIL !

Claude Monet peignait « ses » fameuses cathédrales de Rouen dans le magasin de sous-vêtements qui donnait sur le parvis. La façade de la cathédrale lui apparaissait à travers les vitres de la boutique. Pour ne pas importuner les dames se déshabillant, le peintre travaillait isolé derrière un paravent. On a depuis retrouvé cette cloison protectrice : l'artiste y avait percé un trou discret !

– Nouvelle section dédiée à ***l'art contemporain*** *(suite du 1st Floor),* prévue pour septembre 2011.

Quatre **restos** sur place (de la cafèt' au resto chic) ; bon rapport qualité-prix dans l'ensemble. La *Garden Cafeteria* est très agréable pour se remettre de toutes ces émotions esthétiques, ou tout simplement pour reprendre des forces avant de poursuivre la visite.

Isabella Stewart Gardner Museum *(plan d'ensemble A4,* ***189****)* ***:*** *280 The Fenway. ☎ 617-566-1401. • gardnermuseum.org • Ⓜ Museum of Fine Arts ; ou bus n° 39. À l'extrémité sud-ouest de Back Bay Fens, près du MFA. Tlj sf lun et j. fériés 11h-17h (la caisse ferme 30 mn avt). Entrée : 12 $; réduc ; gratuit pour les moins de 18 ans accompagnés ; gratuité à vie pour ttes celles qui s'appellent Isabella(e), en hommage à la fondatrice ! Audioguide (en anglais ou espagno) : 4 $ (utile, car les salles ne comportent pratiquement pas de descriptions).*

Ce petit palais vénitien accueille depuis 1903 la collection privée d'une richissime et excentrique collectionneuse, Isabella Stewart Gardner, qui y vécut jusqu'à sa mort en 1924. Elle en avait elle-même dessiné les plans, surveillé la construction et assuré la décoration. Magnifique patio Renaissance à colonnades avec mosaïques, fontaine vénitienne. Mondaine, celle que l'on surnommait la Donna Isabella parcourait le monde, où elle avait un tas de copains célèbres parmi les artistes et écrivains de l'époque. Sa collection, assez éclectique, rassemble de nombreuses tapisseries, des pièces d'art religieux (statuaire, vitraux et autres éléments d'église), des lettres manuscrites (George Sand, Jean-Jacques Rousseau...) et surtout des toiles exceptionnelles qu'envieraient bien des grands musées. Jugez plutôt.

Au rez-de-chaussée *(1st floor)*, une immense et sublime toile de John Singer Sargent vous accueille dans le cloître : *El Jaleo.* Dans la *Blue Room,* Sargent encore, Manet *(Portrait de Madame Manet),* Anders Zorn *(L'Omnibus)* et un superbe Antonio Mancini. Dans la *Yellow Room* : Whistler, Turner, Degas et Matisse *(La Terrasse, Saint-Tropez).*

Au 1er étage *(2nd floor), La Mort et l'Assomption de la Vierge* de Fra Angelico, puis, dans la *Raphael Room, Pietà et Comte Tommaso Inghirami* de Raphaël et la monumentale *Tragédie de Lucrèce* de Botticelli. Et puis Van Dyck, Rubens et Rembrandt *(Autoportrait)* dans la *Dutch Room.*

Au dernier étage *(3rd floor),* on entre par une superbe salle aux murs couverts de cuir de Cordoue datant du XVIIIe s. Vélasquez *(Philippe IV d'Espagne),* Giovanni Bellini *(Christ portant la Croix),* Titien, *Vierge et Enfant* de Botticelli, Paolo Ucello *(Profil de jeune femme).* Vitrail de la cathédrale de Soissons dans une petite chapelle reconstituée avec des stalles italiennes du XVIe s. Enfin, dans la *Gothic Room,* portrait de la proprio par John Singer Sargent et aussi un Giotto *(Présentation du Christ au Temple).* Excusez du peu !

En 1990, trois cambrioleurs déguisés en policiers, après avoir maîtrisé les gardiens, ont dérobé 11 toiles (certaines découpées au cutter). Parmi les chefs-d'œuvre disparus : *Le Concert* de Vermeer, 3 Rembrandt (un autoportrait, *Dame et un monsieur en noir, Orage sur la mer de Galilée*), 5 Degas (dont *Sortie de pesage, Cortège aux environs de Florence, Trois jockeys à cheval, Programme pour une soirée artistique*) et *Chez Tortini* de Manet. Et enfin une coupe chinoise en bronze de la dynastie Chang (1200 av. J.-C.). À ce jour, rien n'a été retrouvé et les cadres des toiles volées sont toujours fixés aux murs, dans l'espoir qu'elles reviennent un jour (s'il y a des détectives parmi vous, sachez que le FBI offre toujours une prime de 5 millions de dollars !) mais aussi parce que le testament de Mrs Gardner exigeait que tout soit laissé en l'état après sa mort. On comprend aussi plus facilement pourquoi ils ne rigolent vraiment pas avec les questions de sécurité !

Vous vous demanderez sans doute pourquoi les salles sont plongées dans une pénombre qui ne favorise pas vraiment la contemplation des œuvres. L'explication est simple : toujours à cause de ce fichu testament, les tableaux ne peuvent pas « tourner » comme dans la plupart des musées. Du coup, ils sont éclairés le plus faiblement possible pour ne pas les altérer. Et comme certaines pièces sont naturellement sombres et les tableaux parfois haut perchés, il faudrait presque une lampe de poche pour bien les voir...

Un projet d'extension est en cours, sous la houlette de l'architecte Renzo Piano (livraison courant 2012). Qu'Isabella ne se retourne pas dans sa tombe, ses collections resteront où elles sont : cette nouvelle aile accueillera des expos temporaires et des concerts.

Resto mignon comme tout dans la cour intérieure, avec une carte de petits plats savoureux tout à fait raisonnables. Idéal pour une pause-déjeuner *(mar-ven 11h30-16h, dès 11h w-e).*

Dans le sud de la ville

John F. Kennedy Presidential Library and Museum *(hors plan d'ensemble par D3,* ***190****)* ***:*** *à Columbia Point, dans South Boston, en prenant Dorchester Ave. ☎ 1-866-JFK-1960. • jfklibrary.org • Assez excentré. Le mieux, y aller en voiture par la route 93, exit 15 North (parking gratuit). Sinon, prendre la Red Line du métro jusqu'à la station JFK-U Mass. De là, navette gratuite (ttes les 20 mn env) jusqu'à la bibliothèque. Tlj 9h-17h. Dernier film à 15h55. Entrée : 12 $; réduc.*

La bibliothèque rassemble les archives du président assassiné, et un musée est ouvert au public. Une mise en scène organisée par la dynastie Kennedy, réalisée là encore par I. M. Pei, l'architecte de la pyramide du Louvre.

Passons à la visite : un film d'une vingtaine de minutes, commenté par Kennedy lui-même, retrace la jeunesse et la carrière politique du mythique président jusqu'à la convention démocrate de 1960 qui verra sa nomination à la candidature pour la fonction suprême. Ensuite, les 21 salles du musée, consacrées à sa présidence avec le même souci du détail, prennent le relais de l'histoire jusqu'à son assassinat trois années plus tard. JFK n'a gouverné que de janvier 1960 à novembre 1963. Films vidéo, photos, lettres et objets personnels restituent le climat particulier de cette période qui a vu l'Amérique basculer de l'euphorie de la *New Frontier* à la perte de l'innocence.

Les étapes : débat télévisé contre Nixon, en 1959, où le candidat républicain arborait un menton bleu de mal rasé devant un JFK bronzé, au brushing impeccable, le bulletin de *NBC News* donnant les résultats de l'élection avec à peine 100 000 voix de différence, l'investiture du président par un matin de grand froid, les affaires internationales, les crises, la baie des Cochons, le discours devant le mur de Berlin, le bras de fer avec Nikita Khrouchtchev lors de l'affaire des missiles à Cuba, le début de la présence américaine au Vietnam, le lancement des *Peace Corps* auquel tant de jeunes Américains idéalistes ont adhéré, les projets de la NASA pour la conquête de la Lune (supervisés par Johnson). On aborde aussi le rôle de RFK, le frérot, comme *Attorney General* et sa lutte contre les syndicats mafieux.

On visite une reconstitution du célèbre bureau ovale de la Maison-Blanche, d'où il prononça bon nombre de discours et qui servait aussi à l'occasion de salle de jeux pour ses enfants. On n'échappe évidemment pas au portrait-cliché people d'une famille aisée, heureuse et unie (!) qui a tant fait rêver l'Amérique (et qui pourtant cachait quelques failles...) : le mariage avec Jackie la Frenchy, les vacances du « clan » à Hyannis Port (Cape Cod), le président jouant au tennis, JFK sur son voilier, Jackie barbotant avec les enfants, etc.

Le 22 novembre 1963 à Dallas est à peine esquissé, dans un couloir noir diffusant le communiqué de Walter Cronkite, le présentateur-vedette de *CBS* qui annonce au monde, au bord des larmes, la terrible nouvelle. La campagne de Robert en 1968 enfonce encore le clou : son dernier discours à L.A. puis les images de son assassinat, et le long voyage en train où sa dépouille traverse l'Amérique profonde des petites gens rassemblées au bord de la voie pour lui rendre un dernier hommage sont des moments vraiment poignants...

Dans la dernière salle, un morceau du mur de Berlin illustrant la continuité de la politique de John Kennedy, et une section dédiée au dernier frérot, Ted le sénateur, décédé en 2009. En revanche, il n'y avait plus de place pour une photo de Marilyn Monroe, pourtant une bonne copine de John et de son frère Robert...

Un musée intéressant, dans un cadre magnifique au bord de l'eau, et qui fera remonter plein de souvenirs émouvants à la surface de la mémoire de ceux qui ont connu cette époque.
Au rez-de-chaussée, le voilier du président (bizarrement, de taille modeste). Cafétéria plutôt agréable.

Larz Anderson Auto Museum *(hors plan d'ensemble par A4,* ***191****)* **:** *15 Newton St, à Brookline. ☎ 617-522-6547. • larzanderson.org • Situé dans le Larz Anderson Park, à 20 mn du centre en voiture, par la route 9 W et ensuite Lee St vers le sud qui devient Clyde St. Avec les transports en commun : Ⓜ Cleveland Circle (Green Line C) ; station de bus proche : n° 51 (sf dim) et demandez au chauffeur de vous laisser à l'angle de Clyde et Newton St (à 500 m à l'ouest du musée). Tlj sf lun (hors vac) et j. fériés 10h-16h. Entrée : 10 $; réduc.* Installé dans une réplique du château de Chaumont, ce petit musée possède une superbe collection de voitures anciennes qui comblera de bonheur tous les passionnés. Tous les véhicules exposés sont en parfait état. Le musée retrace aussi l'histoire de la famille Anderson, propriétaire de la collection, et de chacune de ses petites merveilles riches en anecdotes. L'expo, qui change chaque année, s'articule autour d'un thème précis. Une bibliothèque de l'automobile complète enfin ce musée créé par des passionnés pour des passionnés.

À faire

Tours de Boston en bateau

Boston Harbor Cruises : *1 Long Wharf, sur Atlantic Ave. Ⓜ Aquarium. Rens : ☎ 617-227-4321 ou 1-877-733-9425. • bostonharborcruises.com • Fonctionne tte l'année. Tarif : 16-21 $ selon la croisière, 40 $ pour les baleines.* Assez intéressant. Superbe vue du port, visite du USS Constitution, du Bunker Hill Monument et de son petit musée sur les batailles de l'indépendance, et retour en bateau. Également des excursions possibles en catamaran pour voir les baleines (dont le site de prédilection est à 1h30 de Boston), participer à des journées de pêche ou aller en ferry sur les îles en face de Boston (voir plus haut la rubrique « Transports sur l'eau » dans les « Adresses utiles »). Départs fréquents.

Boston Duck Tours : *☎ 617-267-3825. • bostonducktours.com • Départs de 3 endroits différents : devant le Prudential Center, au 53 Huntington Ave (devant le supermarché Shaw ; plan II, B3), Ⓜ Prudential ; au Museum of Science (plan I, C1,* ***180****), Ⓜ Science Park ; et devant le New England Aquarium (plan I, D2,* ***178****), Ⓜ Aquarium. Fin mars-fin nov et ts les w-e de déc, ttes les 30-60 mn (avr-oct slt au New England Aquarium, tlj juin-août, w-e slt sinon). Tarifs : 32 $, 22 $ pour les 3-11 ans. Un peu moins cher au New England Aquarium : 28 et 19 $.* Ce n'est pas dans nos habitudes de conseiller à nos lecteurs un tour guidé à travers une ville, mais celui-ci, qui fut le pionnier dans son genre, est assez amusant, surtout avec des gamins. La surprise est que le véhicule, à mi-chemin entre une jeep et un canard, est un engin amphibie de la Seconde Guerre mondiale repeint de couleur flashy. Après avoir découvert les principaux monuments de Boston, *big splash* dans la Charles River pour 20 mn de croisière *(le tour dure env 1h20).* Le chauffeur (et capitaine) laisse les enfants tenir la barre. Un hic néanmoins : chaque fois que le guide actionne son Klaxon, on est invité à agiter les mains et à faire coin-coin en direction des passants !

Assister à un match de base-ball

Boston Red Sox *(dans le Fenway Park ; plan d'ensemble A3)* **:** *billetterie à l'angle de Brookline et Yawkey Way (gate A) pour acheter les tickets en avance ; et* *à l'angle de Brookline et Landsdowne (gate E) pour le match du jour 2h avt le début. Rens et achat des billets : ☎ 1-800-RED-SOX-9 (10h-17h). • redsox.com • Ⓜ Kenmore. Tickets 12-75 $, voire plus.* Les Red Sox de Boston jouent dans le plus vieux et le plus populaire des stades de base-ball. Assez difficile d'obtenir des tickets, le plus sûr est d'en réserver à l'avance sur Internet. On peut aussi simplement visiter le stade et marcher sur son mythique gazon lors de visites guidées *(tlj, ttes les heures 9h-16h pdt saison de base-ball, avr-début oct ; 12 $; réduc).*

Concerts et autres spectacles

L'été, une incroyable diversité de concerts, festivals et fêtes se déroulent à Boston. Procurez-vous le *Boston Phoenix* qui paraît tous les jeudis et est disponible gratuitement dans les boîtes de journaux situées à tous les coins de rue (il existe aussi une version en ligne : • *thephoenix.com/boston/* •). Vous pouvez compléter avec le *Stuff* (• *stuffboston.com* •), l'*Improper Bostonian* (gratuit également ou en ligne • *improper.com* •) ou encore le *Boston Globe Calendar* (supplément du quotidien *Boston Globe*, le jeudi aussi). Vous pouvez aussi aller voir sur • *artsboston.org* •

– ***Tickets de spectacles demi-tarif*** *pour le jour même aux 2 kiosques* BosTix. *☎ 617-723-5181 (message enregistré). Un* BosTix *est situé près de Faneuil Hall (Market Pl), l'autre à Copley Sq (angle de Darmouth et Boylston St). Lun-sam 10h-18h, dim 11h-16h ; fermé lun à Faneuil Hall mais ouv à Copley. ½ tarif sur les places invendues des spectacles du jour. Paiement cash slt.*

– Les groupes les plus prestigieux se produisent à Boston l'été. La ***liste des concerts du mois*** est affichée sur le kiosque à journaux situé juste à la sortie de la station de métro Harvard. On peut acheter les billets dans le kiosque.

– Nombreux ***concerts dans la rue l'été,*** gratuits, principalement à Downtown Crossing *(plan I, C3),* Harvard Square et Faneuil Hall *(plan I, D2),* où il n'est pas rare non plus de voir des pianos à roulettes ou des vibraphones accompagnant des clowns, des magiciens ou tout simplement des chanteurs. À Copley Square *(plan II, B-C3),* concerts de musique classique *(juin-sept jeu à 12h)* et jazz *(juil-août jeu à 17h30).* Sur la Charles River Esplanade (à la station Charles MGH de la Red Line), concerts gratuits *(en sem, de fin juin à mi-sept).* Programme dans les journaux cités ci-dessus. Bref, pas de quoi s'ennuyer, même quand on est fauché.

♩ Pour un plan gratuit, rôdez dans les sous-sols de ***Berklee College of Music*** *(plan II, B3),* le conservatoire de musique : *136 Massachusetts Ave (angle Boylston). ☎ 617-266-7455. • berkleebpc.com • Ⓜ Hynes.* 20 salles différentes pour tous les goûts, du bluegrass au free jazz. Au *Berklee Performance Center* (même adresse), profs et étudiants donnent des concerts de jazz gratuits ou pour un prix modique *(10 $; slt 2 $ pour qui séjourne à l'AJ officielle...). Box Office tlj sf dim 10h-18h.*

♩ Enfin, pour nos amis mélomanes, comment ne pas évoquer le ***Boston Symphony Hall*** *(plan II, B4)* ***:*** *301 Massachusetts Ave, dans Fenway. Rens et résas au Symphony Charge : ☎ 617-266-1200 ou 1-888-266-1200. • bso.org • Ⓜ Symphony. On peut réserver via Internet (frais : 5 $ par ticket). Tickets entre 30 et 120 $. Plusieurs moyens de se procurer des tickets à prix réduit. Au Box Office du 301 Massachusetts Ave (à l'entrée du BSH), 9 $ (un seul billet/pers !) le jour même* (rush tickets) *les mar, jeu et ven à partir de 17h pour le concert de 20h ; à 10h le ven pour la représentation de 13h30. On peut aussi assister à une répétition ouverte au public (souvent à 10h30, parfois à 19h30) ; cela a lieu de 1 à 4 fois/mois et les tickets – 20 $ – peuvent être réservés à l'avance.* Le Symphony Hall jouit d'une des meilleures acoustiques du monde et possède deux formations mondialement réputées : le *Boston Symphony Orchestra* et le *Boston Pops* au répertoire gai, léger, inspiré des comédies musicales de Broadway et des musiques de film. Le *Boston Symphony Orchestra* joue à Boston d'octobre à avril. Le *BSO* prend ses quartiers d'été de Tanglewood à Lenox (dans les Berkshires) et joue en plein air. Grandiose !

Les ***Boston Pops*** sont très prisés par les Bostoniens *(tlj sf lun mai-juil)* ; il faut dire que l'atmosphère y est vraiment unique, très décontractée. Le public applaudit quand cela lui chante, sans retenue, et acclame les standards. Les Pops donnent des concerts gratuits *(1re sem de juil)* dans la *Hatch Shell*, sur Charles River Esplanade. Bain de foule garanti, surtout le 4 juillet, mais quelle ambiance !

Un dernier truc : ***Shakespeare on the Common.*** *☎ 617-426-0863.* • *commshakes.org* • Chaque année, pendant environ 2 semaines *(de fin juil à mi-août)*, une pièce de Shakespeare est jouée plusieurs soirs par semaine dans le jardin du *Boston Common (en 2011, All's Well that Ends Well). Mar-sam à 20h, dim à 19h.* Des milliers de Bostoniens s'installent sur la pelouse, munis d'un pique-nique et de couvertures. Vraiment sympa et c'est gratuit !

BOSTON

Achats

Vêtements et accessoires

Helen's Leather *(plan I, C2, **230**) : 110 Charles St. ☎ 617-742-2077.* Ⓜ *Charles/MGH. Tlj 10h (12h jeu et dim)-18h (20h jeu).* Jolie petite boutique spécialisée dans les vêtements, chaussures et accessoires western de qualité. Assez anachronique au cœur de Beacon Hill, mais superbe choix de santiags pour les fans (fabriquées au Nouveau-Mexique ou au Texas), vestes en cuir frangées, chemises Rockmount, Stetson et autres ceinturons. Bons conseils, en prime.

Abercrombie & Fitch *(plan I, D2, **231**) : 1 Faneuil Sq. ☎ 617-722-0021.* Ⓜ *Government Center ou State. Lun-sam 10h-20h, dim 11h-19h.* Cette marque *casual*, connue pour ses sweats douillets à capuche, T-shirts et autres chemises à carreaux traitées vintage, est la coqueluche de la jeunesse dorée française. Toutes les boutiques sont sur le même principe : éclairages ultra-tamisés, musique assourdissante façon boîte de nuit et sent-bon maison vaporisé à tout-va pour l'ambiance olfactive.

Designer Shoe Warehouse *(DSW ; plan I, C3, **232**) : 385 Washington St. ☎ 617-556-0052.* Ⓜ *Downtown Crossing. Lun-sam 10h-21h, dim 11h-19h.* Sur 2 niveaux, des centaines et des centaines de chaussures de marque à 25 ou 50 % de leur prix initial : *DKNY, Ugg, New Balance...* (entre autres) sont exposées ici et là, non par marque mais par genre (un étage homme et un étage femme).

Livres

Borders *(plan I, C-D2, **233**) : 1024 School St. ☎ 617-557-7188.* Ⓜ *State (sortie de l'Orange Line en face de la librairie), Park St ou Government Center. Lun-ven 7h-21h, sam 8h-21h, dim 10h-20h.* Grande chaîne de librairies américaine, mais celle-ci est très agréable. Immense bâtiment en verre sur 2 étages, qui vend bouquins, CD et magazines. À mi-étage sur le côté, un café pour se détendre.

Brattle Book Shop *(plan I, C3, **234**) : 9 W St. ☎ 1-800-447-9595.* • *brattlebookshop.com* • Ⓜ *Park St. Lun-sam 9h-17h30.* Cette librairie spécialisée dans les livres anciens existe depuis 1825. L'endroit rêvé pour chercher un bouquin épuisé, une bonne occase, une première édition et même une rareté... Le petit parking attenant est couvert de *murals* sur le thème des livres et des écrivains.

➤ DANS LES ENVIRONS DE BOSTON

HARVARD SQUARE ET CAMBRIDGE

Séparée de Boston par la Charles River et d'accès facile par le métro (Red Line du « T »), Cambridge n'en est pas moins une entité administrative indépendante de plus de 100 000 habitants. Son nom provient bien sûr de la célèbre cité universitaire anglaise. On y trouve également sièges et centres de recherche de nombreuses sociétés de haute technologie (informatique, biotechnologies notamment) qui profitent de la proximité des universités dont les très fameux *Harvard University* et *Massachusetts Institute of Technology (MIT)*. Cambridge est une étape obligée de votre passage à Boston. Autour des belles pelouses du campus de Harvard, une fourmillante vie étudiante et tout ce qui va avec : restos pas chers, cafés, bars, *bookstores,* disques d'occasion, boutiques originales, etc. Pour ne rien gâcher, des musées qui valent le détour et de la musique live dans la rue. Vous pouvez aussi vous balader sur les belles avenues bordées de demeures coloniales et le long de la Charles River, où de nombreux rameurs s'entraînent quand le temps le permet. La ville est organisée autour de places *(squares),* dont les principales s'égrènent autour de la ligne de métro : *Kendall Square, Harvard Square, Charles Square.*

UN PONT À TAILLE HUMAINE

À la fin des années 1950, plusieurs étudiants du MIT se servirent d'un de leurs copains, Oliver R. Smoot, pour mesurer la longueur du Harvard Bridge qui sépare Boston de Cambridge. Ils l'ont donc allongé un paquet de fois sur le pont, pour arriver à la conclusion que le Harvard Bridge mesurait très exactement 364,4 Smoots et une oreille ! Cette unité de mesure est restée célèbre à Boston, et chaque fois que le pont est rénové, les marques qui servirent de repère sont repeintes.

BOSTON

Adresses utiles

@ Harvard Events and Information Center *(plan III, D1,* ***10****) : 1350 Massachusetts Ave, ds le Holyoke Center.* ☎ *617-495-1573.* Ⓜ *Harvard Sq. Lun-sam 9h-17h.* Agence de réservation surtout axée sur les spectacles. Demander la brochure en français, très bien faite, intitulée *Un tour audioguidé de Harvard Yard* (2 $). Ils proposent un truc très sympa : visiter le campus avec un étudiant. Très souvent, plein d'anecdotes amusantes sur l'histoire du campus et de chacun de ses bâtiments. *Pdt l'année universitaire (début sept-fin mai), visites gratuites (env 1h) lun-sam à 10h, 12h et 14h ; fin juin-fin août, à priori lun-sam à 10h, 11h15, 14h et 15h15 (dim à 13h30 et 15h). Rens sur • harvard.edu/visitors • Quelques écrans pour surfer : 10 mn max.*

Cambridge Information Booth *(plan III, C1,* ***11****) : kiosque sur Harvard Sq, en face de la sortie du métro Harvard Square.* ☎ *617-497-1630. En théorie, tlj 9h-17h.* Infos délivrées par des bénévoles et carte détaillée du campus à 25 cts.

Où manger ?

À Harvard Square et autour

Bon marché

Mr Bartley's Burger Cottage *(plan III, D1-2,* ***90****) : 1246 Massachusetts Ave, entre Plympton et Bow St.* ☎ *617-354-6559.* Ⓜ *Harvard. Tlj sf dim 11h-21h.*

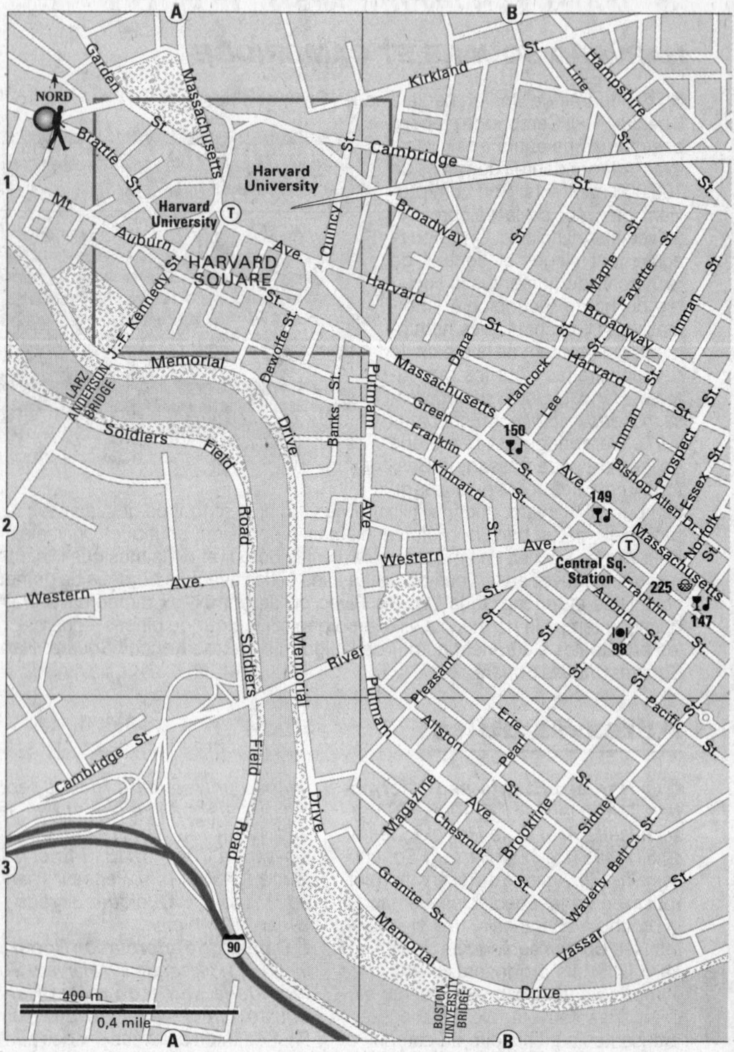

■ **Adresses utiles**

- 10 Harvard Events & Information Center
- 11 Cambridge Information Booth

Où manger ?

- 90 Mr Bartley's Burger Cottage
- 91 Darwin's Ltd
- 92 Border Café
- 93 Hi-Rise Bread Company
- 94 Wagamama
- 95 Redbones Barbecue
- 96 Miracle of Science Bar + Grill
- 97 Mary Chung
- 98 Baraka Café
- 99 Helmand
- 100 Legal Seafoods
- 101 Hungry Mother
- 102 Oleana

Où boire un café, un thé ou un chocolat chaud ? Où manger une glace ?

- 140 Tealuxe
- 141 L. A. Burdick's
- 142 Toscanini's
- 143 Finale

Où boire un verre ? Où sortir ?

- 144 John Harvard's Brew House

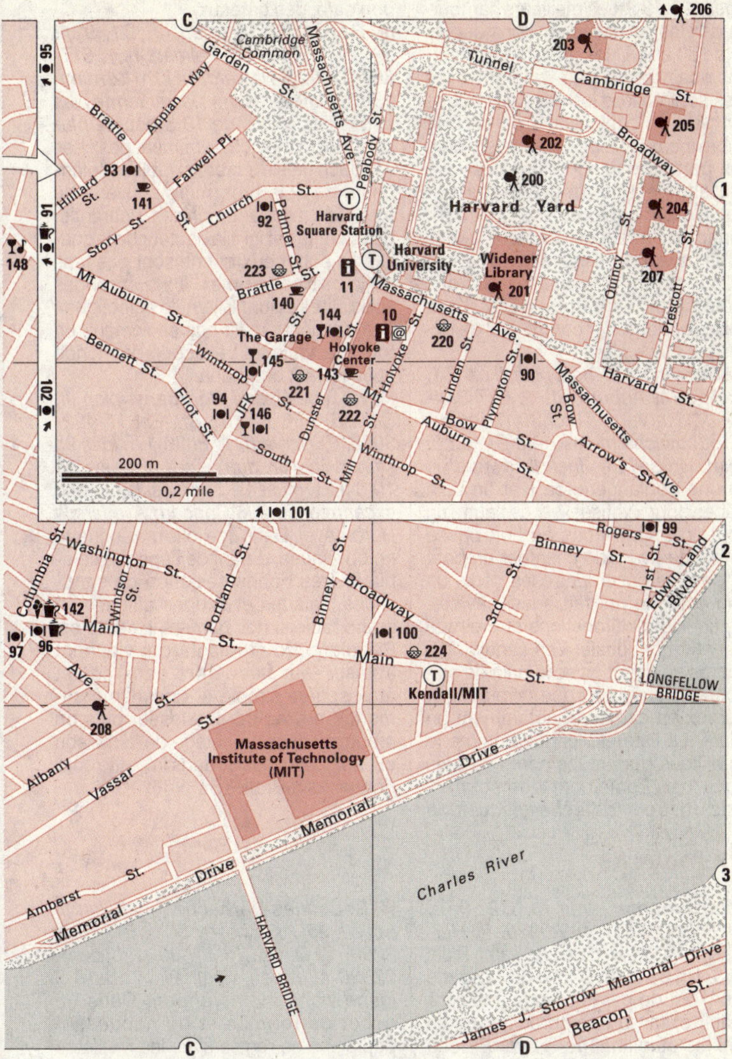

BOSTON – HARVARD SQUARE ET CAMBRIDGE (PLAN III)

145 Grendel's Den
146 Shay's Pub and Wine Bar
147 Middle East Restaurant & Nightclub
148 Ryles Jazz Club
149 Cantab Lounge
150 The People's Republik

À voir

200 Harvard University
201 Harry Elkins Widener Memorial Library
202 Memorial Church
203 Memorial Hall for the Civil War
204 Fogg Art Museum
205 Arthur M. Sackler Museum
206 Museum of Natural History
207 Carpenter Center for the Visual Arts
208 MIT Museum

Achats

220 Leavitt and Peirce
221 The Globe Corner Bookstores
222 Schoenhof's
223 The COOP Harvard
224 The COOP MIT
225 Buckaroo's Mercantile

Burgers 10-13 $. Les meilleurs hamburgers de Boston et ses environs depuis plus de 50 ans. Dans un cadre typiquement ricain et un peu farfelu, où les tables sont collées les unes aux autres pour plus de convivialité, on sert un nombre incroyable de hamburgers délicieux portant des noms rigolos, voire décalés. Le Michelle Obama est « hot & spicy », quant à l'Afghan, « quand tu l'attaques, tu ne le lâches plus » ! La viande, saisie à la demande, fait 2 bons cm d'épaisseur. Si vous n'aimez pas les hamburgers, il y a d'autres options. Par contre, pas de toilettes sur place...

Darwin's Ltd *(hors plan III par C1, **91**) : 148 Mt Auburn St. ☎ 617-354-5233. Ⓜ Harvard. Tlj 6h30 (7h dim)-21h. Sandwichs moins de 8 $ pour la plupart.* Un *deli* très *friendly* avec d'un côté une boulangerie-café et un coin canapés pour « wifiser », et de l'autre un comptoir à sandwichs où l'on passe commande avant de chercher un petit coin pour se poser. Entre les deux, un rayon épicerie qui fait aussi caviste. Bref, un lieu multifonctions et presque une institution locale. Les sandwichs, préparés en direct (avec le pain de son choix), sont aussi frais que savoureux et généreux en garniture, notamment en verdure. La liste est longue comme le bras et tous portent les noms de rues du quartier. Également des soupes, salades, des petits déj énergétiques, du bon café, des gâteaux.

Border Café *(plan III, C1, **92**) : 32 Church St (angle Palmer St). ☎ 617-864-6100. Ⓜ Harvard. Tlj 11h (12h dim)-23h (minuit ven-sam) ; le bar ferme plus tard. Plats moins de 10 $ pour la plupart.* Resto mexicain vraiment pas cher, à la déco gaie et colorée. Tables et planchers de bois brut, murs couverts de fresques, ambiance *chicano* garantie. La quantité est ici à la hauteur de la qualité. Et pour ceux qui ne sont pas fans de la cuisine tex-mex, il y a aussi des spécialités cajun. Clientèle éclectique : des étudiants mais pas seulement, en tout cas toujours beaucoup de monde et un joyeux brouhaha.

Hi-Rise Bread Company *(plan III, C1, **93**) : 56 Brattle St. ☎ 617-492-3003. Ⓜ Harvard. Tlj 8h30-17h (dès 9h sam, 10h-16h dim). Tout à moins de 10 $. CB refusées. Succursale (un peu excentrée) au 208 Concord Ave (angle Huron Ave).* Dans une jolie maisonnette en bois jaune, datant de l'époque coloniale. Très bonne sélection de sandwichs, salades et soupes affichée au grand tableau noir derrière le comptoir. Population d'étudiants qui viennent apaiser leur faim entre deux cours, atmosphère simple et cool. On commande au rez-de-chaussée, puis on monte s'asseoir à l'étage de la maison ou, aux beaux jours, dans la petite cour donnant sur Brattle St.

Prix moyens

Wagamama *(plan III, C2, **94**) : 57 JFK St. ☎ 617-499-0930. Ⓜ Harvard. Tlj 11h30-22h (23h ven-sam). Plats 9-15 $.* Un concept *British* qui essaime aujourd'hui de par le monde (même à Dubai !) et fait de nombreux adeptes parmi les étudiants de Harvard. Déco minimaliste, longues tablées communes en bois et cuisine tout inox ouverte sur la salle. Un esprit de cantoche high-tech pour déguster une batterie de bons petits plats asiatiques servis copieusement : *ramen* (soupe de nouilles), salades, *teriyaki*, nouilles sautées... Si les prix savent rester doux, certains plats sont carrément *spicy* pour des palais sensibles ! Succursale à Faneuil Hall, au cœur de l'animation touristique.

Redbones Barbecue *(hors plan III par C1, **95**) : 55 Chester St. ☎ 617-628-2200. Ⓜ Davis. Tlj 11h30 (12h dim)-22h30 (23h ven-sam). Plats 10-18 $ (sandwichs moins chers).* Dans un décor de formica et de nappes en papier, on se régale avec les meilleurs *barbecue ribs* (façon Middle West) de Boston. Un conseil : l'assiette *Barbeque Belt*, qui est un mix de différentes sortes de viandes. Il y a beaucoup de monde, on fait la queue et c'est bruyant ; mais ne passez pas à côté, ce serait vraiment dommage pour votre culture américaine. Attention : chemises blanches en péril, projections de sauce redoutables !

À Kendall Square et autour du MIT

Bon marché

Miracle of Science Bar + Grill *(plan III, C2, **96**) : 321 Massachusetts Ave (angle State Ave). ☎ 617-868-2866. Ⓜ Central. À deux pas du MIT. Tlj 7h (9h w-e)-minuit (1h pour le bar). Plats env 10 $.* Ici, pas de cornues et d'alambics ni de professeur Nimbus, mais beaucoup d'étudiants qui mettent de l'animation dans ce bar-resto triangulaire au décor de brique et de bois, assez branché. Une poignée de bons petits plats style fusion, pas chers et inscrits sur un grand tableau en ardoise parodiant le tableau périodique des éléments, le nom des burgers et autres *skewers* (kebabs) remplaçant celui des corps chimiques. Bonnes bières pression locales. Pas mal d'ambiance le soir et de bons breakfasts le matin.

Mary Chung *(plan III, C2, **97**) : 464 Massachusetts Ave. ☎ 617-864-1991. Ⓜ Central. Tlj sf mar 11h30-22h (23h ven-sam). Plats 8-12 $. CB refusées.* Dans un décor banal, resto chinois mandarin fréquenté par des étudiants et des *computer geeks* (comprendre informaticiens). Le week-end, c'est en famille que les Chinois s'y pressent pour le *dim sum* (brunch cantonnais). Le service est rapide... quand on ne vous oublie pas ! N'hésitez pas à poser des questions sur le menu qui, comme dans tout bon resto chinois, s'étale sur des kilomètres. Une de leurs spécialités : les *dun dun noodles*, servies avec une délicieuse *peanut chili sauce.*

BOSTON

Prix moyens

Baraka Café *(plan III, B2, **98**) : 80 ½ Pearl. ☎ 617-868-3951. Ⓜ Central (à 10 mn à pied). Tlj sf lun 11h30-15h, 17h30-22h (dim, slt le soir). Plats 15-17 $. CB refusées.* Il faut s'éloigner un peu de « Mass Ave » pour découvrir cette petite adresse confidentielle (une vingtaine de couverts seulement) au décor chaleureux, dirigée par une femme d'origine tunisienne qui a grandi chez les Ch'tis, à Tourcoing. Une forte personnalité qui mitonne avec générosité et talent *mezze*, tagines et couscous. Même les baklavas sont maison. Pas d'alcool, mais la citronnade parfumée à l'eau de rose accompagnera subtilement votre repas. Dépaysement garanti à quelques encablures du MIT.

Très chic

Helmand *(plan III, D2, **99**) : 143 First St. ☎ 617-492-4646. Ⓜ Kendall/MIT ou Lechmere. Tlj 17h-22h (23h ven-sam). Plats 15-20 $.* Salle vaste mais chaleureuse : couleurs vives, odeur de feu émanant de la grande cheminée et fauteuils tout confort. Fine cuisine afghane parfumée, à la cardamome, la coriandre, la cannelle... Sauces succulentes en accompagnement du pain : l'une au yoghourt, l'autre plus pimentée, à la tomate et à la coriandre. Beaucoup d'agneau à la carte, mais aussi du bœuf ou encore des plats végétariens. Tout y est très bon, mais on a une légère préférence pour l'agneau.

Hungry Mother *(hors plan III par C2, **101**) : 233 Cardinal Medeiros Ave (et Binney St). ☎ 617-499-0090. • hungrymothercambridge.com • Ⓜ Kendall/MIT. Tlj sf lun, le soir slt 17h-22h (petite restauration pas chère servie jusqu'à 0h30). Résa conseillée (possible sur Internet). Plats 20-25 $. Addition env 35-40 $, hors boisson.* Ce tout petit resto à l'esprit bobo-bio-écolo est plébiscité pour sa cuisine de marché. De la new-American cuisine comme on dit maintenant. En gros, un savoir-faire à la française, de bons produits locaux en provenance des fermes des alentours, le tout saupoudré d'influences sudistes chères au chef. Un tiercé gagnant. Même les cocktails sont délicieux !

Oleana *(hors plan III par C2,* ***102****) : 134 Hampshire St (entre Elm et Norfolk St).* ☎ *617-661-0505.* • *oleanarestaurant.com* • Ⓜ *Central. Tlj le soir slt, 17h30-22h (23h ven-sam). Résa conseillée (possible sur Internet). Plats 24-26 $. Menu végétarien 40 $. Addition 40-45 $, sans le vin.* Une des tables les plus réputées de Cambridge, dirigée de main de maître par une chef talentueuse qui puise son inspiration dans la cuisine turque et arabe. Étonnants mélanges d'épices, desserts excellents aussi, notamment les crèmes glacées aux parfums méditerranéens. Cadre fort agréable : murs couverts de tapis et cheminée crépitante en hiver, patio avec fontaine et figuier en été.

Legal Seafoods *(plan III, D2,* ***100****) : 5 Cambridge Center.* ☎ *617-864-3400.* Ⓜ *Kendall/MIT. Tlj 11h (7h pour le petit déj en sem et 12h dim)-22h (23h w-e).* Même maison qu'à Boston (voir la rubrique « Où manger ? » plus haut), rien à craindre donc, bien au contraire !

BOSTON

Où boire un café, un thé ou un chocolat chaud ? Où manger une glace ?

Tealuxe *(plan III, C1,* ***140****) : 0 Brattle St.* ☎ *617-441-0077.* Ⓜ *Harvard. Tlj 8h-22h (22h30 ven-sam).* Des étagères de bois jais et une multitude de tiroirs, derrière le comptoir, remplis de boîtes de thé qui embaument délicieusement toute la maison. Le thé est ici décliné dans toutes ses versions : chaud (avec un sablier pour le temps d'infusion précis), glacé ou au tapioca *(bubble)* pour les aventuriers ! Une poignée de places assises mais pas de toilettes : un comble quand on connaît les vertus diurétiques du thé !

L. A. Burdick's *(plan III, C1,* ***141****) : 52 Brattle St.* ☎ *617-491-4340.* Ⓜ *Harvard. Tlj 8h-21h (22h ven-sam).* Ce chocolatier local, qui a fait ses classes en France et en Suisse, sert un chocolat chaud absolument délicieux bien qu'assez lourd. Au choix : *dark, milk* ou *white,* donc plus ou moins corsé. Également des pâtisseries très appétissantes et un choix de cafés et thés. À consommer sur place, dans un parfum entêtant de chocolat, ou à emporter.

Toscanini's *(plan III, C2,* ***142****) : 899 Main St.* ☎ *617-491-5877.* Ⓜ *Central. Tlj 8h-23h.* Le must en matière de glaces à Boston. Tout est fait maison, sur place : le labo est même visible dans la vitrine adjacente. Parfums classiques (noisette) ou associations originales (sésame et *butterscotch* épicé, rien qu'un exemple), tout est réussi. Sympa aussi pour un boire un café dans un cadre Ikéa branché et même pour y prendre le petit déj le week-end, car *Toscanini's* est réputé aussi pour ça.

Finale *(plan III, C1-2,* ***143****) : 30 Dunster St.* ☎ *617-441-9797.* Ⓜ *Harvard. Tlj 11h-23h30.* Une petite chaîne appréciée pour ses bonnes pâtisseries maison, américaines (*cupcakes* et autres) ou d'inspiration française (tartes aux fruits, au citron...). Café serré pour accompagner le tout. Petite terrasse.

Où boire un verre ? Où sortir ?

À Harvard Square

John Harvard's Brew House *(plan III, C1,* ***144****) : 33 Dunster St.* ☎ *617-868-3585.* Ⓜ *Harvard. Tlj 11h30-0h30 (2h jeu-sam, minuit dim).* La première brasserie à obtenir une autorisation pour servir de l'alcool à l'époque des puritains en 1636. C'est le pasteur John Harvard, reconnu pour ses qualités de brasseur, qui lui a donné son nom. Après quelques marches, vaste salle spacieuse en contrebas, remplie d'une clientèle éclectique. Parmi les vitraux du fond, on vous laisse reconnaître Humphrey Bogart et

Richard Nixon. Les bières sont toujours brassées sur place et si vous hésitez, demandez *a sampler* : un échantillon des différentes sortes vendu au prix d'une pinte. Grosse ambiance et bouffe ricaine assortie pour accompagner le tout.

Grendel's Den *(plan III, C1-2,* ***145****) : 89 Winthrop St.* ☎ *617-491-1160.* Ⓜ *Harvard. Tlj 11h30-1h. Plat env 10 $.* Happy hours *tlj 17h-19h30, plus dim-jeu 21h-23h30 (plats à moitié prix avec une conso).* Ce bar est une institution incontournable de Harvard Sq, plébiscité pour sa terrasse donnant sur la petite pelouse. Beaucoup de monde et d'ambiance. Bonne sélection de bières pression et un choix de plats issus du répertoire classique américain, à prix très abordables.

Shay's Pub and Wine Bar *(plan III, C2,* ***146****) : 58 JFK St.* ☎ *617-864-9161.* Ⓜ *Harvard. Tlj 11h (12h dim)-0h45 env.* Un vieux rade de Harvard Square, dans son jus comme on les aime. Les habitués y viennent pour les prix d'avant-guerre et pour la miniterrasse devant, propice au *people watching.* On peut aussi y manger un bout.

Autour du MIT

Middle East Restaurant & Nightclub *(plan III, B2,* ***147****) : 472-480 Massachusetts Ave.* ☎ *617-864-3278.* • *mideastclub.com* • Ⓜ *Central. Tlj 10h-1h (2h jeu-sam).* Cover charge *variable.* Un ensemble de 3 bars-restos qui occupent l'angle d'une rue. 3 ambiances donc, mais même esprit bohème, avec une déco chaleureuse, entre la galerie d'art et le pub alternatif. Ne pas manquer la grande fresque murale près de l'entrée côté Brookline St. Au fil des années, c'est devenu un des meilleurs spots de musique live de Cambridge et de Boston réunis, faisant dans tous les genres, de la danse du ventre au rock alternatif. Le repaire des moins de 25 ans. Belle programmation de groupes (souvent d'avant-garde) tous les soirs vers 22h ; téléphoner ou voir le site internet pour infos. Fait aussi resto proche-oriental, potable mais sans plus.

Ryles Jazz Club *(plan III, B1,* ***148****) : 212 Hampshire St (et Inman Sq).* ☎ *617-876-9330.* • *rylesjazz.com* • Ⓜ *Central (un peu loin du métro). Mar-jeu 19h-1h, ven-sam 19h-2h, dim 10h-15h.* L'une des meilleures boîtes de jazz que l'on connaisse. Des grands noms du jazz s'y produisent, de même que de nombreux musiciens locaux. Concerts tous les soirs sauf dimanche et lundi, pas que du jazz d'ailleurs (world mercredi, latino jeudi). Et on y danse aussi la salsa et le *merengue* à l'étage *(cours de salsa dim ap-m* ; cover *10 $).* Resto de spécialités du Sud sur place (BBQ et autres). Brunch le dimanche au son du jazz, assez populaire.

The People's Republik *(plan III, B2,* ***150****) : 878 Massachusetts Ave.* ☎ *617-491-6969.* Ⓜ *Central. Tlj 12h-1h (2h jeu-sam). Cash slt.* Un bar à thème communiste très 80's, où se donnent rendez-vous... les trotskistes ? Non, les amateurs de fléchettes ! Et oui, il y a 3 cibles, ce qui n'est pas si courant. Clientèle mélangée, de l'étudiant au quadra. Et bonne sélection de bières pression à prix honnêtes, *nostrovia* !

Cantab Lounge *(plan III, B2,* ***149****) : 738 Massachusetts Ave.* ☎ *617-354-2685.* • *cantab-lounge.com* • Ⓜ *Central. Tlj 8h ou 9h-1h (2h jeu-sam). Musique live tlj dès 21h.* Grand bar avec *stage* au rez-de-chaussée et piste de danse au sous-sol. Concerts tous les soirs : folk, blues, bluegrass, jazz-rock, slam... Beaucoup d'ambiance, à condition de ne pas venir trop tôt : 22h minimum, voire 23h en semaine.

À voir autour de Harvard Square

Harvard Square *(plan III, B1)* est une institution aux États-Unis. Le cœur battant de Cambridge s'y trouve, favorisant les rencontres et le brassage des genres. Traversé par « Mass Ave », le Square se veut le quartier général des artistes de rue :

musiciens, chanteurs, jongleurs, clowns, cracheurs de feu, mimes, marionnettistes, porteurs de messages politiques, écologiques ou autres, ils sont tous basés à Harvard Square.
On y voit défiler des milliers de visiteurs flânant dans ses rues et ruelles à l'affût d'un livre, d'un café, d'une bière, d'un objet insolite, ou simplement assis à une terrasse dans l'attente d'une raison de partir. Les étudiants se pressent entre deux cours, les employés font une pause dans un des nombreux petits restos, les touristes se mitraillent devant la statue de John Harvard, des *homeless* sont endormis sur des journaux... Bob Dylan y chantait dans les clubs et Tracy Chapman dans les rues, Joan Baez y a fait ses débuts, de nombreux autres y ont décroché un premier contrat comme Mary Lou Lord, la petite blondinette à la voix cassée, reine du Square au début des années 1990.
Harvard Square est enfin un quartier cosmopolite par excellence, puisqu'au moins 100 nationalités différentes sont représentées parmi les étudiants de l'université.

★★★ ***Harvard University*** *(plan III, D1,* ***200****)* **:** la plus ancienne (1638) et la plus célèbre université du pays, avec le niveau considéré comme le plus élevé au monde, bien que la britannique Cambridge University lui ait ravi officiellement la première place en 2010. Elle a engendré au moins 45 prix Nobel, et huit présidents des États-Unis ont foulé ses bancs, dont George W. Bush (si, si) et Barack Obama qui deviendra même le premier métis rédacteur en chef de la *Harvard Law Review.* Quant au fameux *Harvard Crimson,* c'est un des journaux d'information les plus anciens des États-Unis. Franklin D. Roosevelt et JFK y collaborèrent. La liste de superlatifs est intarissable puisque Harvard University est aussi la plus riche (près de 4 milliards de revenus annuels pour environ 23 000 étudiants) devant Yale, sa grande rivale au niveau sportif. Étudier à Harvard coûte en moyenne 40 000 $ par an, mais les étudiants sans le sou sont subventionnés presque entièrement par l'université. Ce qu'on ne sait pas forcément, c'est que l'admission est conditionnée en bonne partie par les activités parascolaires (le sport, entre autres), car Harvard veut des leaders, des passionnés. En tout cas, les étudiants ont bien de la chance car le cadre est magnifique. Les quelque 400 bâtiments sont disséminés dans la verdure, le cœur historique du campus étant centré autour du *Yard* (la pelouse).

DE FACEMASH À FACEBOOK

C'est dans une chambre d'étudiant de Harvard qu'est né Facebook, en 2004. Son créateur, Marc Zuckerberg, a failli se faire virer de l'université pour avoir hacké les données de Harvard et fait planter son serveur informatique. Le concept de sa première mouture de Facebook (qui s'appelait alors Facemash), c'était de voter pour les filles les plus hot *des résidences universitaires. Les photos mises en ligne furent consultées plus de 22 000 fois dans les 4 premières heures d'existence du site.*

➢ Pour se joindre à une visite gratuite menée par un ou une étudiante, voir plus haut *Harvard Events and Information Center* dans « Adresses utiles » ; souvent très vivant, sans compter les anecdotes amusantes à glaner. En voici d'ailleurs une, la plus connue. En ce qui concerne la célébrissime statue de John Harvard au milieu du campus (sculptée par Daniel Chester French, celui du *Lincoln Memorial* de Washington), l'usage l'a surnommée « la statue des trois mensonges ». Le premier est que J. Harvard ne fonda pas l'université, il se contenta d'assurer son développement. Ensuite, il semblerait que la date soit fausse. Le troisième mensonge réside dans le modèle, qui ne fut pas J. Harvard, mais un étudiant, tout simplement. Bref, le comble de l'ironie pour une université dont le slogan est *Veritas.*

★★ ***Harry Elkins Widener Memorial Library*** *(plan III, D1,* ***201****)* **:** des 80 bibliothèques de Harvard, celle-ci est la plus grande. C'est même la 3e en importance aux États-Unis, et la 4e du monde, avec plus de 3 millions de livres sur au moins 80 km de rayons. La milliardaire qui a fait don de son argent pour faire construire cette bibliothèque a posé deux conditions : la première, qu'on n'en déplace jamais une

UN DESSEIN QUI TOMBE À L'EAU

La bibliothèque de Harvard, la Widener Library, *tire en fait son nom de la milliardaire qui offrit sa fortune pour la faire construire. À quelle condition ? Que tous les étudiants entrant à Harvard possèdent leur brevet de natation. Vous avez dit bizarre ? Pas tellement quand on sait que son fils, Harry Elkins, collectionneur de livres rares, disparut lors du naufrage du* Titanic *en 1912… Heureusement pour les étudiants, ce brevet n'est aujourd'hui plus obligatoire !*

brique (ce qui n'est pas évident quand on veut l'agrandir ; il a fallu déjà construire une passerelle qui passe par une ancienne fenêtre et créer une extension en sous-sol) ; quant à la seconde, on vous laisse découvrir l'encadré. Au 1er étage, une des 200 premières bibles de Gutenberg (il n'en reste que 22 au monde) et la première édition réunissant les œuvres complètes de Shakespeare (1623), sans laquelle au moins 17 pièces n'auraient jamais été connues et auraient disparu. On y trouve aussi des manuscrits de Lamartine, de Marguerite Yourcenar et de Courteline. Malheureusement, ceux qui n'ont pas la chance d'être étudiant à Harvard ne sont pas admis dans la bibliothèque. Les universitaires de partout dans le monde peuvent toutefois faire une demande de recherche sur place.

BOSTON

Memorial Church *(plan III, D1,* ***202****) : en face de la Widener Library. Tlj sf vac 9h-16h (messe à 10h).* Église construite en souvenir des hommes de Harvard morts pendant la Première et la Seconde Guerres mondiales. Des plaques commémoratives portent également les noms des diplômés morts en Corée et au Vietnam.

Memorial Hall for the Civil War *(plan III, D1,* ***203****) : à 500 m de Harvard Sq.* Gros gâteau néogothique qui ressemble à une église en brique et tuiles vernissées, avec gargouilles et campanile. Une partie, le Annenberg Hall, sert de réfectoire pour les *freshmen,* c'est-à-dire les premières années (il paraît qu'on se croirait dans la salle des banquets de *Harry Potter* !), et une autre de théâtre, inspiré d'ailleurs du *Globe Theater* de Shakespeare. On y trouve les noms de tous ceux qui sont morts pour les États de l'Union pendant la guerre civile (uniquement les noms des gens du Nord, bien entendu !), ainsi que quelques vitraux exécutés par les écoles de La Farge et Tiffany. Les marches extérieures forment la scène célèbre des *graduations.*

Harvard Art Museum, section Fogg Art Museum *(plan III, D1,* ***204****) : 32 Quincy St (et Broadway). ☎ 617-495-9400. Ⓜ Harvard. • artmuseums.harvard.edu •* Le plus vieux musée de Harvard s'offre une rénovation complète, il restera donc fermé le temps des travaux jusqu'en 2013 ! Le projet a été confié au célèbre architecte italien Renzo Piano, qui a le vent en poupe ces derniers temps aux États-Unis. Le musée abrite une magnifique collection de toiles des maîtres européens et américains. Heureusement, les plus belles œuvres ont été transportées dans son annexe, le Sackler Museum, juste à côté.

Harvard Art Museum, section Arthur M. Sackler Museum *(plan III, D1,* ***205****) : 485 Broadway (et Quincy St). ☎ 617-495-9400. • artmuseums.harvard.edu • Ⓜ Harvard. Mar-sam 10h-17h. Entrée : 9 $; réduc. Visites guidées mar-ven à 12h15 et 14h, pdt l'année universitaire.*
Avec le lifting du Fogg Art, les musées de Harvard changent de nom et deviennent le Harvard Art Museum. En attendant la réouverture, les principales œuvres du Fogg Art ont été transférées ici, dans cette annexe du grand et superbe musée à plusieurs têtes. L'occasion de voir rassemblé, en quelques salles seulement, un best of des plus grands chefs-d'œuvre des XIXe et XXe s.
Au 1er étage, collection d'art moderne et contemporain. Au 2e étage, intéressantes sections gréco-romaines et d'art oriental : Asie du Sud-Est, Inde, Islam, Perse, Chine, Japon, etc. Entre autres, une rare collection de jades chinois, de fines miniatures persanes et mogholes, ainsi que des estampes japonaises. Le tout se décline en expos thématiques pour faire tourner le fonds.

Au dernier étage, les œuvres venant du Fogg Art. Une ribambelle d'impressionnistes : de Monet, *Pont de Charing Cross, Bateau rouge à Argenteuil, Arrivée du train à la gare Saint-Lazare.* Des œuvres de Renoir, Pissarro, Toulouse-Lautrec, Rousseau, Dufy... on ne sait où donner de la tête. Des pièces exceptionnelles : de Van Gogh, un autoportrait dédié à Paul Gauguin, et une toile très émouvante, *Les Trois Paires de chaussures,* aussi expressive qu'un portrait ; un Picasso de la période bleue : *Mère et enfant.* Voir aussi une sculpture d'Auguste Rodin, *L'Homme qui marche.*
Dans les salles suivantes, les Hollandais : paysages de Ruysdael, *Portrait d'un vieil homme* de Rembrandt, *Leda et le cygne* de Rubens, adorable et lumineuse *Adoration des bergers* d'un certain Adam Colonia. Attribué à Poussin, un curieux *Hannibal traversant les Alpes.* Des œuvres de Delacroix. Parmi les symbolistes, plusieurs superbes Gustave Moreau. Intéressants artistes américains comme John Singer Sargent, un de nos peintres préférés *(Le Petit Déjeuner),* John Singleton Copley, Ellsworth Kelly, Jasper Johns, Jackson Pollock...
Au fond, des peintures religieuses comme des Vierges à l'Enfant.

Museum of Natural History *(hors plan III par D1,* ***206****) : 26 Oxford St et 11 Divinity Ave. ☎ 617-495-3045. • hmnh.harvard.edu • Ⓜ Harvard. Tlj 9h-17h. Entrée : 9 $ (réduc).*
Trois musées en un : collections de géologie et de minéralogie (nombreuses pierres météorites), botanique, et pour finir zoologie avec quelques spectaculaires spécimens de dinosaures. Des collections fascinantes, parmi les plus complètes au monde, présentées de manière un peu désuète, sans gadgets ni effets spéciaux. Le plus extraordinaire, ce sont les fameuses *Fleurs de verre* exposées dans la section botanique. Ces quelque 800 reproductions de végétaux en verre soufflé et peint furent réalisées par deux naturalistes et maîtres verriers allemands, Leopold et Rudolph Blaschka, entre 1886 et 1936. C'était en fait une commande d'un professeur de botanique dans un but pédagogique : ces reproductions, bien plus réalistes que celles de l'époque habituellement en cire ou en papier mâché, lui permettaient de montrer à ses élèves certains spécimens toute l'année. Une collection absolument fascinante, devant laquelle on pourrait passer des heures à détailler ce travail d'une précision inouie.
– Une annexe du musée est constituée par le ***Peabody Museum Of Archeology and Ethnology*** *(accès aux mêmes horaires au 11 Divinity Ave ; même tarif ; • peabody.harvard.edu •).* Le premier musée américain à être consacré à cette discipline en 1866. Il rassemble des millions d'objets en provenance du monde entier, mais sa plus grande richesse concerne les civilisations précolombiennes, et particulièrement les peuplades des *native Americans* qui vivaient sur le territoire avant la conquête de l'Ouest. Superbe collection de totems des tribus des rivages du Pacifique, magnifiques tissages navajos... mais aussi des sections consacrées aux résultats de campagnes de fouilles organisées par l'université de Harvard en Amérique centrale, en Micronésie et en Égypte. Le fonds est tellement riche et pas toujours exploité au point qu'il arrive que des chercheurs tombent sur des pièces de très grande valeur scientifique oubliées depuis 100 ans au fond des réserves !

Carpenter Center for the Visual Arts *(plan III, D1,* ***207****) : 24 Quincy St. ☎ 617-495-3251. Ⓜ Harvard. Tlj 10h-23h (18h dim), mais mieux vaut appeler, car les heures d'ouverture changent. Entrée libre.* Deux galeries : l'une de photos, l'autre d'art moderne. La seule grande réalisation signée Le Corbusier aux États-Unis. Abrite aussi *The Harvard Film Archive.*

À voir côté MIT

MIT Museum *(plan III, C2-3,* ***208****) : 265 Massachusetts Ave, près de Central Sq. ☎ 617-253-5927. • web.mit.edu/museum • Ⓜ Central ou Kendall/MIT. Tlj sf fériés 10h-17h. Entrée : 7,50 $; réduc.* Le célébrissime *Massachusetts Institute of Technology,* un des musts mondiaux dans le domaine de l'ingénierie, présente un petit mais très intéressant musée sur son histoire depuis sa création et sur la place extraordinaire qu'il a prise dans le domaine des sciences et de la recherche. Entre autres, une salle originale, au 1er étage, consacrée au sculpteur Arthur Ganson. L'artiste a inventé des machines toutes plus délirantes les unes que les autres. On est loin de la robotique célébrée dans les autres salles, car ici, les créations sont de fins et fragiles squelettes métalliques en mouvement. Chaînes, roues et engrenages animent les sculptures, avec toujours beaucoup d'humour. D'autres salles consacrées à l'informatique, l'engineering, l'architecture, la photo-micrographie, la photo stroboscopique, et une très bluffante mise en scène d'holographes, etc.

OBJET VOLANT NON IDENTIFIÉ

En 2009 a été expérimentée avec succès la première voiture volante. Quatre anciens du MIT sont à l'origine de cet engin james-bondien à mi-chemin entre une grosse berline et un petit avion, qui a besoin de 500 m pour décoller et dont les ailes peuvent se rétracter en 15 secondes. Son autonomie dans les airs serait d'environ 700 km, largement suffisant pour un petit décollage improvisé en cas de bouchons sur l'autoroute des vacances !

BOSTON

Le Campus du MIT : si l'immense campus du MIT n'a pas l'élégance British d'Harvard, il est surtout remarquable pour certains de ses bâtiments signés par les plus grands architectes du XXe s. Parmi les plus emblématiques, citons la *Baker House* (sur Memorial Drive et Endicott St), une construction en brique du Finnois Alvar Aalto, adepte du fonctionnalisme et de l'architecture organique. Réalisée en 1947, cette résidence pour étudiants a la particularité d'offrir une vue sur la Charles River depuis toutes les chambres. Un peu plus loin (entrée au niveau du 44 Massachusetts Ave et Amherst St), le *Kresge Auditorium* (dôme reposant sur 3 points au lieu de 4) et sa chapelle cylindrique attenante, deux œuvres de jeunesse d'Eero Saarinen, caractéristiques des années 1950. Un peu plus à l'est, après la colonnade néoclassique du célèbre *Great Dome* (le bâtiment le plus photographié du campus dont le dôme fait souvent l'objet de piratages amusants par les étudiants), et coincé au milieu de buildings plus anciens, le nouveau *Green Center* (2007) mérite le coup d'oeil pour son sol de mosaïque multicolore dessiné par l'artiste Sol LeWitt, célèbre pour ses sculptures géométriques. À ne pas confondre avec le *Green Building* tout proche de là, un gratte-ciel tout béton de 21 étages signé Pei, qui accueille le Earth Science Center (1962-1964). À l'extérieur trône un stabile de Calder, *The Big Sail.* On termine cette petite balade architecturale avec Frank Gehry et son improbable *Stata Center* (2004), au 32 Vassar St (et Main St). On dirait presque qu'il est sur le point de s'effondrer !

Pour vous repérer plus facilement dans le dédale complexe des bâtiments (que les étudiants nomment plus volontiers par leurs numéros que par leurs noms), on conseille de consulter la carte interactive et très explicite du campus sur le site • *whereis.mit.edu* • *Des visites guidées du campus, menées par des étudiants, sont aussi organisées lun-ven à 11h et 15h (sf vacances, notamment celles de mi-déc à début janv).*

LE PREMIER E-MAIL

C'est un ancien étudiant du MIT, Ray Tomlinson, qui est considéré comme le père du courrier électronique. Après avoir travaillé pour le gouvernement américain sur la conception du réseau Arpanet (l'ancêtre d'Internet), il parvient, en 1971, à envoyer le tout premier message d'un ordinateur à un autre, dont le message était : QWERTYUIOP, c'est à dire la 1e ligne du clavier américain. Pour séparer le nom de l'utilisateur de celui de l'ordinateur sur lequel se trouve la boîte de réception, il choisit le symbole le moins utilisé du clavier, l'arobase (@), qui se prononce « at » (« chez ») en anglais.

Achats

Leavitt and Peirce *(plan III, D1, **220**) : 1316 Massachusetts Ave. ☎ 617-547-0576. Ⓜ Harvard. Lun-sam 9h-18h (20h jeu), dim 12h-17h30.* Amis collectionneurs, joueurs et fumeurs, cette boutique est pour vous. Vieux rasoirs, accessoires de toilette et de barbier, briquets et couteaux, jeux de cartes et d'échecs, un nombre incroyable de cigares, une trentaine de tabacs différents (en bocaux), de superbes pipes et tout le matériel adéquat pour les entretenir. Décor rigolo : ballons de football américain portant les scores les plus remarquables de Harvard contre Yale et Princeton, photos jaunies des équipes et des matchs Harvard-Yale, trophées des victoires.

The Globe Corner Bookstores *(plan III, C2, **221**) : 90 Mount Auburn St. ☎ 617-497-6277. Ⓜ Harvard. Lun-sam 9h30-21h, dim 11h-19h.* Tout, tout, tout sur le voyage. Des cartes, des atlas, des globes, mais aussi beaucoup, beaucoup de guides (pas de *Guide du routard*, malheureusement !), des récits de voyage... Bref, de quoi rêver un bon moment.

Schoenhof's *(plan III, C2, **222**) : 76A Mount Auburn St. ☎ 617-547-8855. Ⓜ Harvard. Tlj 10h (12h dim)-18h (20h jeu, 17h dim).* Librairie internationale bien approvisionnée. Choix appréciable de livres en français, dont les nouveautés. Pratique pour refaire son stock de bouquins en cas de rupture inopinée au milieu des vacances.

The COOP Harvard *(plan III, C1, **223**) : à l'angle de Palmer et Brattle St. ☎ 617-499-2000. Ⓜ Harvard. Lun-sam 9h-21h, dim 10h-19h. La librairie ferme encore plus tard.* Immense magasin de part et d'autre de la rue. La *Coop,* c'est une coopérative mise en place pour les étudiants (en 1882 !) afin qu'ils trouvent à proximité du campus tout ce dont ils peuvent avoir besoin. Cela va de l'habillement (T-shirts, sweats et autres casquettes aux couleurs de la célèbre université...) aux cahiers, siglés eux aussi, en passant par les ventilos, le linge de maison et les tasses à café. Mais la *Coop,* c'est aussi, sur 4 niveaux, la plus grande librairie de Harvard, très agréable pour fouiner *(entrée au 1400 Massachusetts Ave).*

The COOP MIT *(plan III, D2, **224**) : 3 Cambridge Center. ☎ 617-499-3220. Ⓜ Kendall/MIT. Lun-ven 9h30-18h30, sam 10h-18h. Entrée sur Main St, face à la station de T.* Le même concept que la *COOP Harvard* mais pour les étudiants du MIT (ou les fans !).

Buckaroo's Mercantile *(plan III, B2, **225**) : 5 Brookline St. ☎ 617-492-4792. Ⓜ Central. Tlj 12h-21h (22h jeu-sam, 19h dim).* Amusante boutique d'objets hétéroclites d'inspiration vintage ou chinés dans des brocantes. Articles ménagers, objets publicitaires... Également des créations maison, comme les lunettes de toilettes Elvis incrustées de strass, la classe ! Sympa pour faire un petit cadeau rigolo, original et pas trop cher.

Achats dans les environs

Wrentham Village Premium Outlets *(hors plan d'ensemble par A4) : One Premium Outlets Blvd. ☎ 508-384-0600. Pour y aller, rejoindre de Boston la 95 S jusqu'à l'embranchement avec la 495 ; là, direction 495 N ; sortie 15 puis suivre les panneaux « Wrentham Premium Outlets ». Transport en commun depuis Boston avec* Boston Coach *(☎ 1-877-723-3833). Tlj 10h-21h (18h dim) ; horaires réduits janv-mars.* Pour les fans de shopping, ce *mall* gigantesque situé à 35 miles au sud de Boston ne regroupe que des *outlets,* au total 170 magasins d'usine qui vendent des fins de série à prix réduit de 25 à 65 %. On y trouve des fringues en tout genre, des parfums, du linge de maison, tout ce qu'il faut pour la cuisine, des chaussures, des bijoux, des disques... Tout ça regroupé sous des marques comme *American Apparel, Converse, Brooks Brothers, Lucky*

Brand, Levi's, Banana Republic, Gap, Reebok, Ugg, Ralph Lauren... Sur place, un *food court* pour recharger les batteries. Procurez-vous le *Shopper's* pour profiter de remises supplémentaires en détachant les coupons.

SALEM

30 000 hab.

Peu de cités américaines traînent une réputation aussi contrastée. À 26 km au nord de Boston, Salem évoque pour la plupart le tragique épisode de la chasse aux sorcières, notamment à travers la pièce *Les Sorcières de Salem* qu'Arthur Miller (le mari de Marilyn) a écrite en 1953.
En revanche, on ignore souvent la splendeur maritime que la ville connut aux XVIIIe et XIXe s. C'est durant la période post-révolutionnaire, à l'apogée des échanges commerciaux avec l'Afrique, les Antilles, la Russie, l'Inde, Sumatra et la Chine, que Salem s'est considérablement enrichie. Les navires partaient chargés de poisson séché, coton, beurre, bœuf, tabac et rhum des colonies, que des marins échangeaient contre des denrées de luxe, comme le thé, le café, le sucre, les épices et les soieries. C'est à cette époque glorieuse et aux prospères armateurs de Salem que l'on doit les splendides collections du Peabody Essex Museum.
Salem est le port de mer ensorcelant de l'Est où l'on vit l'histoire à chaque pas et qui propose une concentration particulièrement exceptionnelle de sites historiques, musées, activités culturelles, restos et boutiques. De nombreux hôtels et auberges parsèment également la côte et l'arrière-pays, offrant des hébergements de toutes catégories. Ne pas manquer non plus le *McIntyre Historic District,* le secteur où vivaient les riches marchands, sur Chestnut St notamment, qui présente mieux que nulle part ailleurs l'architecture *Colonial Revival.* Il s'agit de la première forme d'architecture typiquement « états-unienne ». Le *Colonial Revival* s'est démarqué peu à peu de ses origines anglaises après la guerre d'Indépendance.

LES SORCIÈRES ET LE CHAMPIGNON

Tout commence en 1689, lorsque le pasteur Samuel Paris s'installe à Salem avec sa femme, sa fille et sa nièce, ainsi que leur servante Tituba, ramenée de la Barbade. Les petites filles, en mal de distractions, passent leur temps à écouter les histoires de vaudou racontées par Tituba. Bientôt, elles ont d'étranges comportements (malaises, convulsions, regard fixe) et prennent des « postures indécentes »... Différents médecins sont consultés, mais aucun ne constate de symptômes connus et l'un d'eux finit par suggérer au pasteur qu'elles ont été ensorcelées ! De quoi choquer la communauté puritaine ! Les enfants, inconscientes du vent de panique que leur comportement va soulever, dénoncent illico presto leur pauvre servante noire. Immédiatement, la confusion éclate, et tout le monde est accusé de sorcellerie ; les arrestations se succèdent et, après quelques semaines, plus de 60 personnes se retrouvent en prison. On va même jusqu'à tuer deux chiens suspectés d'être des sorciers ! En septembre 1692, 20 hommes et femmes jugés par le tribunal local sont exécutés. Les autres doivent attendre. Devant l'ampleur des événements, la Cour suprême de l'État poursuit le dossier en janvier 1693 et finit par acquitter tous les accusés. Au mois de mai, le gouverneur ordonne la remise en liberté de plus de 150 accusés et met ainsi un terme à 7 mois d'hystérie collective. Tout ça à cause des divagations de deux fillettes affabulatrices... mais peut-être pas sans une autre cause.
Car cet épisode a tellement frappé les esprits que de nombreux historiens se sont penchés sur cette énigme. Avec, à chaque fois, la même question lancinante :

SALEM

« Comment deux filles de famille puritaine ont-elles pu avoir simultanément des comportements aussi insensés ? ».
Près de 300 ans après, une psychologue du comportement à l'Institut polytechnique de New York s'est intéressée aux similitudes entre les symptômes des filles de Salem et ceux de malades qui ont ingéré les spores d'un parasite infectant les grains de seigle : l'ergot. L'ergot de seigle se développe dans les grains lorsque ceux-ci mûrissent et leur donne une écorce violacée qui rappelle l'ergot du coq, d'où le nom donné à la maladie : l'ergotisme, bien connu en Europe sous le nom de « mal des ardents » ou encore « feu de Saint-Antoine ».
L'ergot de seigle ne se développe que lorsqu'il fait chaud et pluvieux, pendant le printemps ou l'été. Ces conditions étaient précisément réunies pendant l'été 1692 qui a précédé l'affaire, le journal intime d'un habitant de Salem en atteste. L'absorption de ce champignon par le système digestif provoque de violents spasmes musculaires et des hallucinations. La chercheuse new-yorkaise avait cependant besoin d'une confirmation plus récente, et c'est dans le village de Pont-Saint-Esprit, dans le Gard, en France, que ses soupçons ont été confirmés. En effet, le village a été victime de la dernière attaque connue de l'ergot, en 1951. Et c'est grâce aux descriptions du comportement anormal de chiens infectés qu'elle a pu renforcer sa théorie et démontrer que les jeunes filles étaient malades.
Des études scientifiques ont été menées depuis et ont montré que l'ergot est un alcaloïde, dérivé naturel de l'acide lysergique, qui atteint le système nerveux central et provoque les symptômes que d'autres autrefois, faute de connaissances, ont assimilés à l'ensorcellement. Remarque intéressante, cet acide lysergique si démoniaque porte un autre nom : le LSD !
Pour revenir à la ville de Salem, sachez qu'en mémoire de ces « sorcières » pendues en 1692, plus de 1 000 adeptes célèbrent *Samhain,* le Nouvel An des sorcières, qui a lieu chaque année le 1er novembre dans le cimetière de Salem. Et aujourd'hui, Salem se complaît en exploitant ce douloureux passé pour répandre des sorcières à tous les coins de rue, business oblige. On ne compte plus les boutiques de souvenirs grand-guignolesques, les musées de cire, les attractions médiocres ou les *night tours* dans le cimetière, qui profitent de cette notoriété frelatée et qui atteint son paroxysme pendant la période d'Halloween. Néanmoins, il paraîtrait que 10 % des habitants pratiquent des rites de sorcellerie. Alors, ne riez pas trop vite devant les boutiques de balais, citrouilles et autres chapeaux pointus (turlututu), vous pourriez le regretter... à jamais !
À visiter aussi, le village tout proche de Danvers. C'est ici que les « sorcières » habitaient. On peut y voir leurs tombes, de même qu'un monument érigé à la mémoire de leur innocence.

SALEM

LA PIÈCE DE MILLER

Arthur Miller s'est inspiré des événements entourant le procès en sorcellerie qui s'est tenu à Salem en 1692. Il utilise l'événement historique pour en faire une allégorie du maccarthysme, cette traque des intellectuels soupçonnés de sympathies pour le communisme pendant la guerre froide. Il faut dire qu'il avait lui-même été mis sur la sellette en 1956 par le tristement célèbre *Comité sur les activités antiaméricaines.*
La première de sa pièce est jouée à Broadway, le 22 janvier 1953. Les premières critiques sont défavorables, mais un an plus tard, une nouvelle mise en scène remporte un grand succès, et la pièce devient un classique. Aujourd'hui, celle-ci est souvent au programme des lycées et universités. Elle a été adaptée au cinéma deux fois, en 1957 par Jean-Paul Sartre, avec Simone Signoret et Yves Montand, et presque 40 ans après par Miller lui-même, avec Daniel Day-Lewis et Winona Ryder. L'adaptation de Miller a remporté une nomination à l'Academy Award. La pièce a également été adaptée en 1961 par Robert Ward sous la forme d'un opéra qui a reçu le prix Pulitzer de la musique.

Comment y aller depuis Boston ?

– Adressez-vous à la compagnie de transports en commun de Boston : *MBTA Commuter Rail Trains. ☎ 617-722-3200 ou 1-800-392-6100. • mbta.com •* Liaisons en bus ou train, entre Boston et Salem, Gloucester ou Rockport.

En bus

➢ Bus n° 450 de la station de métro Haymarket en sem, de la station Wonderland (terminus de la Blue Line) le w-e. Ttes les 30 mn min en sem, ttes les heures le w-e. Env 50 mn de trajet. Autre possibilité avec le n° 455, au départ de Haymarket aussi (le dim de Wonderland), ttes les heures env (ttes les 30 mn le sam). Compter de 50 mn à 1h15 de trajet.

En train

➢ De North Station, compter 25 mn pour Salem, 1h pour Gloucester et 1h10 pour Rockport (voir plus loin). Trains en sem, ttes les 30 mn mat et soir aux heures de pointe et ttes les heures le reste de la journée ; le w-e, trains ttes les 2 à 3h.

En voiture

➢ Par la I 93 North direction Concord, puis la I 95 North. À la sortie 37 A, suivre la route 128 toujours vers le nord (direction Gloucester), sortie 26 Peabody/Salem. Compter 45 mn de trajet.
➢ Autre route beaucoup plus lente mais plus agréable : la 1 A jusqu'à Lynn puis la 129 N.

En ferry

➢ Depuis le Long Wharf à Boston (à côté de l'aquarium, *plan Boston I, D2*), liaison avec le catamaran *Nathaniel Bowditch* vers Salem, en 45 mn, départ ttes les 2h dans les 2 sens. Arrivée à Salem, au quai de Blaney St (à l'est du centre-ville, 3 rues plus loin que *The House of the Seven Gables*). *Rens : The Salem Ferry. ☎ 978-741-0220. • salemferry.com • Prix : 19 $ aller-retour ; réduc.*

Adresse utile

ℹ ***National Park Service Regional Visitor Center :*** *2 New Liberty St. ☎ 978-740-1650. • salem.org • Dans une ancienne armurerie, face à l'immense parking visiteurs. Tlj 9h-17h.* Un tas d'infos sur toute la région, des brochures et une présentation multimédia de l'héritage historique de la Nouvelle-Angleterre *(film ttes les heures, en français avec des écouteurs, durée : 30 mn).*

Où dormir ?

Si vous souhaitez passer la nuit à Salem, sachez que les réservations pour la fin octobre (fête de Halloween) se font des mois à l'avance, avec des prix qui se majorent de 50 % et un minimum de 4-5 nuits souvent.

Amelia Payson House : *16 Winter St. ☎ 520-744-2365. • ameliapaysonhouse.com • Mai-oct slt. Doubles 135-175 $ selon saison, petit déj compris.* Pas loin du parc central (Salem Common), un *B & B* dans une grande maison bleue en style *Greek Revival.* Déco élégante un peu chargée et très rétro. Murs roses ou bleus, épais rideaux, meubles anciens, lits à baldaquin, petites atten-

SALEM

tions et fruits frais au petit déj. Hospitalité exemplaire mais comme souvent dans les *B & B*, réservé aux plus de 14 ans...

Où manger ? Où boire un verre ?

The Lyceum : *43 Church St. ☎ 978-745-7665. Tlj 11h30-15h, 17h30-22h. Brunch dim 11h-15h. Plats 10-15 $ le midi et 17-30 $ le soir. Petits plats à 1 $ le jeudi soir au bar (sf plein été).* C'est dans ces murs qu'Alexander Graham Bell organisa la première conversation téléphonique dans les années 1870. C'est ici aussi que Hawthorne, Emerson et Thoreau donnèrent autrefois des cours, et c'est aujourd'hui un vrai bon resto au cadre historique très agréable, assez classe. Atmosphère tamisée de club anglais. Bonne cuisine, assez sophistiquée, faite avec des produits de qualité.

Beer Works : *278 Derby St (rue parallèle au port, au sud de la ville). ☎ 978-745-BEER. Tlj 11h-23h. Plat 11-12 $.* Ce resto-bar appartient à une chaîne assez populaire qui brasse sa propre bière. Des brunes, *ale* ou *dark*, des bières parfumées à la *blueberry* et même à la citrouille pour Halloween, et certaines avec un arrière-goût (mais vraiment arrière très lointain) de chocolat. Légères ou plus épaisses, il y en a pour tous les goûts (demandez un *sampler* pour en goûter plusieurs). Pour accompagner les bières, on sert d'énormes burgers, dans une salle tout aussi énorme, avec des écrans plats partout, musique forte et brouhaha ambiant. Pour une immersion complète dans la culture ricaine.

SALEM

À voir. À faire

Prenez, pourquoi pas, le trolley pour un tour de ville qui vous balade tout au long des sites historiques, ou bien suivez au sol le trait rouge de l'*Heritage Trail,* jusqu'à la Maison aux sept pignons *(House of the Seven Gables),* qui inspira Nathaniel Hawthorne, auteur du roman du même nom.

Peabody Essex Museum (PEM) : *E India Sq. ☎ 978-745-9500 ou 1-866-745-1876.* • *pem.org* • *Mar-dim 10h-17h (ouv les lun fériés). Entrée : 15 $; réduc. Le billet ne comprend pas la visite de la Yin Yu Tang House (5 $ de plus, et résa d'un créneau horaire de visite) et de maisons historiques des environs.*
Fondé en 1799 par des armateurs de la *East India Maritime Company,* et riche de plus d'un million d'objets, le PEM a subi un grand lifting en 2003. Son atrium lumineux reprend la forme d'un bateau à voiles. Cette nouvelle architecture met magnifiquement en valeur ses exceptionnelles collections, divisées en six sections. Scénographie bien pensée, présentation aérée, espaces *« chat & relax »* avec coins canapés, fauteuils et livres d'art à disposition des visiteurs. Peu de monde en prime (les touristes se ruant en majorité vers les attractions liées aux sorcières). On ressort de là avec l'impression d'avoir voyagé dans le monde entier. Bref, une visite indispensable !

Rez-de-chaussée (ground level)

– ***Art et histoire maritime*** (à gauche) **:** un vaste département couvrant les périodes du XVIIe au XIXe s. Maquettes de bateaux *(RMS Queen Elizabeth),* figures de proue, reconstitution du salon Empire de la *barge de Cléopâtre,* le premier yacht américain de haute mer de 1816, des instruments de navigation, des affiches publicitaires de compagnies maritimes... La pêche à la baleine avec dents de cachalot sculptées et gravées (dont John Kennedy était très amateur) et exceptionnelle collection de peintures de marine... On y trouve aussi le récit de la guerre sur mer entre Angleterre et États-Unis.

– ***Art américain :*** où s'exaltent les valeurs familiales et les vertus domestiques de l'Amérique profonde, à travers mobilier, peintures, sculptures et arts décoratifs. Intéressante confrontation de portraits masculins de différentes époques. Égale-

ment de beaux portraits de John Singer Sargent, Gilbert Stuart et John Singleton Copley *(Sarah Erving Waldo).*
– ***Yin Yu Tang Chinese House :*** *billet séparé à prendre à l'avance pour visiter dans un créneau horaire précis ; audioguide en anglais compris.* Une authentique maison du XVIIIe s (dynastie Qing) d'un marchand du sud-est de la Chine, cédée par le gouvernement chinois et entièrement remontée ici à Salem, avec tous ses meubles ! Huit générations de la même famille y habitèrent. À ne pas manquer.
– ***Art maritime*** encore, avec des confrontations intéressantes de modes d'expression artistiques (gravures, sculptures, tissages peintures, art naïf...) sur un même thème. Comme les évocations des voyages lointains et les naufrages célèbres : celui de l'*Astrolabe* de Dumont d'Urville, la mort du capitaine Cook dans le Pacifique, la fin du *Titanic,* un tsunami en 1846, ou les éruptions volcaniques. Belle collection de barbotines et un magnifique Norman Rockwell.
La section d'arts asiatiques (Chine, Corée, Japon, Inde) est la plus grande collection au monde paraît-il...
– ***Art coréen :*** jarre en porcelaine avec motifs de phénix, soies peintes.
– ***Asian Export, China :*** une collection passionnante, qui s'étend d'ailleurs sur 3 niveaux. Tous les objets ont été confectionnés pour être exportés à l'Ouest.
À l'étage (level 2)
– ***Art traditionnel du Pacifique*** (20 000 objets en réserve !) ***:*** collier en cheveux et dents de baleine d'Hawaii, coiffe en fibres de coco et minidents de marsouin des Marquises.
– ***Art de l'Inde :*** belles pièces des royaumes himalayens, Tibet, Népal et Bhoutan. Palanquin de bois laqué, trône du Rajasthan, nombreux masques Bhuta.
– ***Arts décoratifs américans :*** arts populaires et textiles, mobilier, vaisselle.
– ***Art natif américain :*** peau de buffle peinte.
– ***Art du Japon :*** magnifiques paravents laqués et boîtes de scribe finement ouvragées, palanquin, étonnante tête d'homme sculptée dans une racine de bambou et un rosaire spécial groupe !
– ***Asian Export, China :*** étonnante vue de Canton en 1800 gravée dans l'ivoire (unique au monde), panier décoratif en ivoire, travaillé comme de la dentelle (une prouesse technique), lit nuptial *(moon bed).* Cette section se prolonge encore au level 3, avec des objets d'Inde et du Japon.
De nombreuses salles intermédiaires, notamment au 2e étage *(level 3),* accueillent des expos temporaires qui permettent de faire tourner un fonds inépuisable qui s'enrichit régulièrement, le musée continuant de faire des acquisitions de pièces anciennes mais aussi contemporaines.
En face du musée, la Phillips Library a conservé les *Real Witchcraft Papers,* en fait les minutes des procès en sorcellerie.

|●| Café dans l'atrium et aussi un adorable petit resto niché dans la verdure *(Garden Restaurant, en saison slt, 11h30-14h30 ; plats 13-18 $ env).*

Salem Witch Museum : *Washington Sq. ☎ 978-744-1692. • salemwitchmuseum.com • Tlj 10h-17h (19h juil-août). Entrée : 8,50 $; réduc. Représentations ttes les 30 mn. Audioguide en français.* Dans un imposant bâtiment qui ressemble à une église fortifiée, pas loin du Peabody Essex Museum. Spectacle son et lumière d'environ 30 mn retraçant la tristement célèbre histoire des sorcières de Salem. Très bien fait, passionnant même, à condition de comprendre l'anglais. Sinon, brochures en français. Exposition exclusivement consacrée aux sorcières et à leur histoire, présentée sous forme de petits films.

The Witch House : *310 1/2 Essex St. ☎ 978-744-8815. • salemweb.com/witchhouse • Mai-début nov, tlj 10h-17h (plus tard en oct ; se renseigner). Entrée : 8,25 $ (visite guidée de 30 mn ttes les heures : 10,25 $) ; réduc.* C'est la maison du juge qui a ordonné la pendaison des « sorcières ». Construite en 1642, c'est l'une des plus vieilles des États-Unis. On peut y voir quelques pièces restaurées et meublées

SALEM

d'époque, dont la chambre où eut lieu le jugement préliminaire. Le clou de la visite : un chandelier de fer forgé, datant du XVIIe s et qui dessine sur le mur une drôle d'ombre chinoise en forme de sorcière !

The House of the Seven Gables : *115 Derby St. ☎ 978-744-0991. • 7gables.org • Juste à côté du Derby Wharf. Juil-oct, 10h-19h (23h w-e d'oct) ; nov-juin, 10h-17h ; fermé 1re quinzaine de janv. Entrée : 12,50 $; réduc. Visite guidée obligatoire.* La curieuse maison aux sept pignons, qui inspira Nathaniel Hawthorne pour son roman du même nom, a été construite en 1668 par le capitaine John Turner qui voulait en mettre plein la vue à ses voisins. À l'intérieur, dédale de pièces restaurées évoquant les personnages de l'œuvre, ainsi qu'un escalier secret. Le site regroupe plusieurs maisons dont la maison natale de l'écrivain. Celle-ci fut déménagée d'un seul tenant sur une plate-forme depuis Union St en 1958. On raconte que Nathaniel Hawthorne rajouta un « w » à son nom pour qu'on ne remarque pas qu'il était un descendant du juge Hathorne qui présida le tribunal lors des procès faits aux « sorcières ». Des jardins, très jolie vue sur le port de Salem.

Juste en face de la maison, une mignonne boutique de bonbons (la plus ancienne des États-Unis, les Américains sont très friands de ce genre de superlatif), *Ye Olde Pepper Companie.*

Salem Maritime National Historical Site : *174 Derby St. ☎ 978-740-1660. Tlj 9h-17h (18h l'été). Gratuit.* Les vestiges restaurés de ce qui fut le port de Salem. Des 50 quais d'origine, il ne reste aujourd'hui que le Derby Wharf. Maisons de marchands, entrepôts et magasins et maison des douanes. On peut y voir la reconstitution d'un trois-mâts marchand de la *East India Maritime Company,* le *Friendship,* qui fut capturé par les Anglais en 1812 *(visite tlj 10h-17h ; 5 $).*

➤ DANS LES ENVIRONS DE SALEM

Marblehead : *de Salem, prendre la 114 E au bout de Washington St. De Boston, prendre la 1 A qui longe la côte. À la sortie de Lynn, jetez un œil à la presqu'île de Nahant (qui vaut le détour si vous avez le temps). Cette route traverse également Swampscott et son joli front de mer. Le bus n° 441/448 assure la liaison entre Haymarket (via Central Sq à Cambridge) et Marblehead. Un autre bus effectue le parcours entre Boston (Downtown Crossing) et Marblehead : le n° 442/449.*

Adorable village de bord de mer, bien qu'il soit bondé l'été. Une des communes dont les maisons sont les plus chères aux États-Unis. Mignonnettes maisons coloniales peintes aux couleurs acidulées (bleu ciel, jaune paille, rose dragée). Concentration de tous les yacht-clubs les plus chic de la région. De magnifiques voiliers dans le port. Un endroit superbe.

Poussez jusqu'au *Marblehead Neck,* où sont regroupées de somptueuses villas avec plage privée, mouillage à même le portail... À l'extrémité est de cette presqu'île, très belle vue du *Chandler Hovey Park.* Ne pas manquer non plus d'aller jusqu'à *Peach Point,* pointe nord-est de Marblehead. C'est une résidence privée superbe. Pas le droit d'y pénétrer, seulement celui d'admirer et de rêver : on y aperçoit de belles maisons (certaines très modernes) au bord de l'eau, avec mouillages privés, bien protégées des regards indiscrets.

*Un **kiosque d'informations** dépendant de la chambre de commerce est à votre disposition au 62 Pleasant St. ☎ 781-631-2868. • marbleheadchamber.org • Mai-oct, lun-ven 12h-17h, w-e 10h-18h.*

The Landing : *81 Front St. ☎ 781-639-1266. Tlj midi et soir. Cuisine jusqu'à 21h. Env 15 $ min le déj et 25-30 $ le dîner.* Très belle situation sur le port, avec une terrasse abritée et chauffée au-dessus de l'eau. Salle à manger claire, au décor sobrement élégant. Au déjeuner, sandwichs sympas, rouleaux *(wraps)* végétariens et bons hamburgers. Le soir, le poisson est roi. Toujours très frais, bien préparé, vous pouvez y aller les yeux fermés.

CAPE ANN

80 000 hab.

À un peu plus de 30 miles au nord de Boston s'avance dans l'océan la presqu'île de Cape Ann, baptisée ainsi par le roi Charles Ier d'Angleterre au début du XVIIe s. L'exploration en mer n'était pas le passe-temps favori de ce roi, mais plutôt celui d'un de ses capitaines, du nom de John Smith, qui reporta les contours de la presqu'île sur une carte. Plus modeste que Cape Cod quant à son étendue dans l'océan, Cape Ann reste l'une des destinations préférées des Bostoniens, qui viennent se détendre sur la côte et visiter les galeries d'artistes, essentiellement regroupées à Gloucester, sur E Main St, et à Rockport.

Comment y aller depuis Boston ?

En voiture

➢ Depuis Boston, route 93 en direction du nord, puis route 1 North. À la sortie 44, prendre la route 95 East/North, puis la route 128 jusqu'à Gloucester. Pour les moins pressés, prendre à partir de Salem la 127 qui longe la côte.
➢ Pour rejoindre Rockport de Gloucester, continuer sur la 127 ou la 127 A (cette dernière longe la côte), c'est à 10 mn env.

En train et en bus

MBTA Commuter Rail Trains : *☎ 617-222-3200 ou 1-800-392-6100.* • *mbta.com* • De North Station, départs en train et en bus pour Cape Ann.

Transports locaux

Cape Ann Transit Authority (CATA) : *☎ 978-283-7916.* • *canntran.com* • Plusieurs bus circulent sur la presqu'île de Cape Ann tlj de la semaine. Bon service. On peut stationner à 1 mile du centre de Gloucester et prendre un bus touristique qui s'y rend.

Adresses utiles

Gloucester Welcoming Center : *sur Stage Fort Park, près de la route 127 (entrée sud de la ville, fléché). ☎ 978-281-8865 ou 1-800-649-6839.* • *gloucesterma.com* • *Mai-oct, tlj 9h-18h.* Nombreuses infos utiles, dont les dates des festivals et les événements marins de l'été. Prendre le dépliant intitulé *Gloucester Maritime Trail,* qui présente les itinéraires historiques des 4 quartiers intéressants de la ville. Une jolie plage (Half Moon Beach), un peu cachée, est à proximité du *Welcoming Center.*

■ ***Cape Ann Chamber of Commerce :*** *33 Commercial St, à Gloucester. ☎ 978-283-1601 ou 1-800-321-0133.* • *capeannvacations.com* •

■ ***Rockport Chamber of Commerce :*** *3 Whistlestop Mall. ☎ 978-546-6575.* • *rockportusa.com* • *Lun-ven 10h-17h. Autre kiosque d'infos saisonnier, sur la route 127, juste au sud de la ville. De mi-mai à mi-oct, tlj 11h-17h.*

GLOUCESTER

Le plus vieux port des États-Unis. Il vivait déjà de la pêche en 1623. D'émouvantes statues symbolisent la ville et commémorent les nombreux pêcheurs morts en mer au cours de l'histoire (plus de 10 000 !) et leurs familles délaissées. La plus emblématique, *The Man at the Wheel* (l'homme au gouvernail), se trouve dans le prolongement de Main St, à la sortie ouest de la ville, route principale. Le film *The Perfect Storm* de Wolfgang Petersen, avec George Clooney, est inspiré de la vie des pêcheurs de Gloucester.

Au premier abord, la ville ne laisse pas beaucoup paraître de son charme. Il faut se promener du côté de Harbor Loop, par exemple, pour mesurer l'activité de ce grand port. Mais surtout, ne pas manquer de visiter le quartier est, et la presqu'île *Rocky Neck* en face de E Main St. Au début du XIXe s, de nombreux artistes américains célèbres vinrent à Rocky Neck chercher l'inspiration, et beaucoup s'y installèrent. Aujourd'hui encore, peintres et photographes investissent les lieux. Ainsi, *The Painter's Path*, comme on l'appelle ici, est jalonné de galeries d'art (vernissages en juin et août). De mignons petits restos viennent compléter le tableau. Ceux situés au bout de Rocky Neck Ave sont construits sur pilotis et offrent une jolie vue sur le port de plaisance, là où l'on admire les plus belles maisons en bois colorées, baignant presque toutes dans l'eau. Endroit idéal pour l'apéro au soleil.

Accommodations of Rocky Neck : *43 Rocky Neck Ave. ☎ 978-283-1625. Sur la presqu'île de Rocky Neck en contournant tte la ville par l'est. Ouv de mi-avr à fin oct. Doubles 90-130 $. Pas de petit déj.* Charmante petite maison de pêcheur très sobre, construite sur pilotis au-dessus du port de plaisance. Un ponton privé, et une galerie en bois donnant sur la mer, avec une vue magnifique sur les bateaux et les demeures en bois qui émaillent la côte. Chambres aux grandes fenêtres bien orientées, pour un réveil plutôt sympa, avec douche et kitchenette. Confort simple, même un peu vieillot, mais adorable. Accueil super du couple qui tient la maison.

Bass Rocks Ocean Inn : *107 Atlantic Rd. ☎ 978-283-7600 ou 1-800-528-1234. Fax : 978-281-6489. Chambre de confort standard env 200 $, petit déj inclus, min 2 nuits.* Situation idéale en bordure de l'océan. Chambres face au grand large, celles du rez-de-chaussée avec un tapis de pelouse devant les baies vitrées, et les mouettes en fond sonore. Parfait pour dormir la fenêtre ouverte. Piscine chauffée, billard, terrasse d'observation. Petit déj-buffet un peu riquiqui. *Afternoon tea.* Location de vélos.

Sailor Stan's : *resto adorablement situé en entrant sur la presqu'île de Rocky Neck, dans une petite maison vert et jaune à l'angle de Wonson St et Rocky Neck Ave. ☎ 978-281-4470. Tlj sf lun 7h-15h. Petit déj et sandwich américain ou mexicain le midi env 5-8 $.* Petite adresse très routarde, entre la cabane de pêcheur en bois et le traditionnel *diner.* D'un côté, le bar et ses tabourets hauts ; de l'autre, les quelques tables. Joli intérieur coloré, décoré de peintures. Nous sommes dans le quartier des artistes ! Très chaleureux. Petits déj corrects. Devant, une mignonne terrasse.

Lattitude 43 : *25 Rogers St. ☎ 978-281-0223. Sur la route principale qui longe le port, en centre-ville. Tlj 11h30-minuit. Pas de résa. Plats 15-20 $.* Un resto avec vue sur le port, divisé en 2 parties, un côté japonais, un autre plus traditionnel avec la *seafood* en vedette. Très bonne *seafood casserole,* mélange de différents poissons, assez finement cuisinés. Vue sur le port et les chalutiers assez sympa.

Cape Ann Historical Museum : *27 Pleasant St, à Gloucester. ☎ 978-283-0455. Tlj sf lun 10h-17h (dim 13h-16h). Fermé fév. Entrée : 8 $.* Petit musée éclectique qui retrace certains aspects de l'histoire de la petite cité. On peut y voir, en vrac, des meubles *Chippendale,* des pièces d'art chinois, une jolie vue de la concession commerciale de Canton au XIXe s, une *Vue du Havre* d'Eugène Boudin, des pièces d'orfèvrerie signées Paul Revere, une tunique rouge de soldat britannique, une ribambelle de barques et bateaux de pêche, mais aucun raton laveur...

La plage de Manchester-by-the-Sea *(Singing Sand Beach)* **:** sur la route 127, en venant de Salem. Jolie plage de sable fin (qui « chante » sous les pieds), que l'on peut atteindre après 10 mn de marche.

ROCKPORT

À 5 miles au nord de Gloucester, port de pêche pittoresque à découvrir à pied. En arrivant sur le port, dirigez-vous vers la pointe *Bearskin Neck*. D'anciennes maisons de pêcheurs en bois réaménagées en galeries d'art, en boutiques d'artisanat et en restos bordent d'adorables ruelles fleuries. Balade très agréable en fin de journée, après la plage. Attention, le stationnement n'est vraiment pas évident.

L'INCORRUPTIBLE D'AVANT-GARDE

La vente d'alcool fut interdite dans la ville depuis 1850, date à laquelle Hennah Jumper, une épouse de Rockport battue par son mari ivre, investit par vengeance tous les bars de la ville pour y faire scandale. Cette interdiction a été levée (en 2005 !) par vote des habitants, mais la consommation d'alcool n'est autorisée que dans les restos qui ont la licence, et uniquement comme accompagnement d'un repas. Ouf !

The Fish Shack Restaurant : *21 Dock Sq. ☎ 978-546-6667. À deux pas de l'entrée de Bearskin Neck. Tlj 11h-21h.* Homard-frites pas cher (19 $), poisson frais cuisiné de toutes sortes (environ 16 $) et des petits plats pas très raffinés mais vraiment pas chers. Salle charmante, pleine d'ambiance, avec vue sur l'eau. Aux murs, déco marine de très bon goût : filets à homards, bouées de toutes les couleurs... Bon accueil.

My Place by the Sea : *68 Bearskin Neck. ☎ 978-546-9667. Au bout de la jetée. Tlj midi et soir. Resto de poisson dans la catégorie « Chic », mais on peut s'en sortir pour 35 $.* Situation idéale pour un dîner romantique face à la baie et au soleil couchant. Terrasses en teck sur 2 niveaux. Courte carte aux plats plutôt inventifs, style *New American. Clam chowder* crémeux à souhait. Poissons en sauce bien tournés et homard dans toutes les positions. Les desserts font la part belle au chocolat. Côté vins, quelques crus néo-zélandais qui ont bien fait de faire le voyage. Service stylé, limite ampoulé.

Halibut Point State Park : *à l'extrémité nord-est de Cape Ann. En sortant de Rockport, continuer sur la 127 (vers le nord-est) et tourner à droite dans Gott Ave ; le parking est un peu plus loin sur la droite. Tlj 8h-21h. Prix : 2 $.* Cette réserve naturelle s'étend sur le site d'une ancienne carrière de granit. Depuis qu'elle n'est plus en activité, elle a été remplie d'eau, créant ainsi un charmant petit lac entouré de falaises qui tombent à pic (les murs de la carrière). Il est interdit de s'y baigner, mais le tout forme un joli paysage, avec la mer au second plan. De ces *quarries* (carrières), des petits sentiers partent dans toutes les directions. Continuer au moins jusqu'à la mer, qui offre un spectacle impressionnant par gros temps.

ROUTE 127, NORD DE LA PRESQU'ÎLE

Terminez votre visite de Cape Ann en longeant la route 127 au nord, d'est en ouest. La côte est très découpée et on découvre çà et là de très jolis petits ports et mouillages privés.

Crane Beach : *si vous venez de Cape Ann, prenez la 128 N ; prenez cette route pdt un petit moment, et avt Gloucester, bifurquez à droite sur la 133 W jusqu'à Ipswich ; ensuite, c'est indiqué : tournez à droite dans Northgate Rd qui vous emmène jusqu'à une plage peu connue des Bostoniens. La plage Crane et ses alentours appartiennent à une réserve naturelle (ouv 8h-coucher du soleil), l'entrée est donc payante. Prix selon saison : l'été, 22 $ le w-e et 15 $ en sem ; hors saison, c'est plutôt 7 $. À pied, c'est 2 $. Rens au ☎ 978-356-4351, car les tarifs changent souvent.* Le meilleur moyen d'explorer les alentours est de prendre le *Pine Hollow Trail* (à droite quand on arrive sur le parking), un sentier de 45 mn environ. Attention cependant aux moustiques et aux *black flies* (petites mouches noires qui vous dévorent), surtout en juin et juillet. On se balade dans une partie du *Crane Wildlife Refuge,* une réserve naturelle pour la sauvegarde et le développement d'oiseaux de toutes espèces. Dans les dunes, des espaces sont réservés à cet effet. Les amateurs de plage seront enchantés de découvrir cette grande étendue de sable blanc de 6 km entourée de dunes recouvertes de pins et d'arbustes. Magnifique !

Woodman's of Essex : *sur la route 133 entre Cape Ann et Ipswich, à Essex, au 121 Main St (entre Eastern Ave et Martin St). ☎ 1-800-649-1773. Env 10-20 $.* Empereur et « découvreur » de la palourde frite (il y a près d'un siècle), *Woodman's* sert des fruits de mer principalement frits (néanmoins de bonne qualité), sur des tables de bois dans un resto tout en bois, entre la route et la mer. On commande au comptoir et on reçoit un numéro qui sera appelé. Service rapide. Assiettes de carton, couverts en plastique. La star gastronomique locale, ce sont les *Ipswich clams,* des palourdes apparemment surdouées servies avec oignons frits et *French fries.* Moins cher ici que dans un « vrai » resto. Clientèle mélangée de touristes et de cols bleus à midi, venus se taper un homard entre deux chantiers. On en sort satisfait comme un pêcheur qui en a plein les filets. Une adresse fétiche des Bostoniens, toujours nostalgiques des *good old days.*

NEWBURYPORT ET PLUM ISLAND

Situé à 61 km au nord de Boston, Newburyport est l'un des plus vieux ports des États-Unis, à l'origine peuplé par les Indiens pawtucket. Les émigrants européens s'y installèrent et établirent le port en 1635. La petite ville devint rapidement un important et prospère port de pêche et de commerce, qui se reconvertit en port militaire pendant la révolution : ses bateaux attaquaient les navires britanniques.
Caleb Cushing, enfant du pays, premier maire de la ville, élu du Congrès et fin diplomate, négocia au milieu du XVIIIe s le premier traité d'échange entre les États-Unis et l'empire de Chine. Les marins de Newburyport commerçaient jusqu'en Asie. La ville connut pourtant son déclin à partir de cette période. Reste aujourd'hui un joli port, assez petit, face à la large embouchure de la Merrimack River, où mouillent des navires de plaisance. La campagne est parsemée de douillettes maisons, toutes arborant fièrement la bannière étoilée, et à l'est de la ville, l'île de Plum Island est l'un des plus importants lieux de migration des oiseaux du pays.

Comment y aller ?

En train

Gare ferroviaire de Newburyport : *25 Boston Way; route 1 (angle de Parker St). Rens horaires : ☎ 1-800-392-6100. • mbta.com •*
➢ ***De Boston North Station :*** compter env 1h, 12 trains directs/j. en sem (6h30-21h30), et des trains via Salem ou Beverly. Le w-e, 6 trains directs (9h30-22h15).

En voiture

➢ ***Depuis Boston :*** route 93 en direction du nord, puis route 1 North et 95 North. Sortie 57, puis route 113 East. Une fois dans la ville, prendre en face d'une place avec un petit lac la Green St qui descend vers le port.

Adresses utiles

Newburyport Chamber of Commerce : *38R Merrimac St (sur le port, à côté du parking). ☎ 978-462-6680. • newburyportchamber.org • Tlj sf w-e 9h-17h.* Très bonnes infos sur la ville et la presqu'île de Plum Island. Plan de la ville. Accueil très gentil.

Un kiosque d'information *sur la même place mais côté opposé du parking, dans un petit bungalow en bois. Tlj en saison touristique 9h-17h.* Super accueil, là aussi. Même genre d'infos sur la ville et la région. Donne des brochures et des explications sur les activités à faire autour de la ville.

Où dormir ?

Prix moyens

Beachway Motel : *82 Beach Rd, à Salisbury. ☎ 978-465-0336. Depuis le port dans le centre de Newburyport, prendre le pont au-dessus de la rivière, puis 1re à droite, et tt au bout, au feu, à droite ; le motel est env 200 m plus loin. Double 70 $.* Motel classique, aux chambres réparties autour du parking. Doubles simplement meublées, sans grand charme, propres, avec douche, TV, clim'. Intéressant, une piscine ouverte l'été.

Coup de folie

Blue, the Inn on the Beach : *20 Fordham Way. ☎ 978-465-7171. • blueinn.com • Suivre Merrimac St puis Water St le long de la rivière, vers l'est ; continuer tt droit jusqu'à la presqu'île de Plum Island, l'hôtel est dans sa partie sud. Doubles à partir de 345 $ en hte saison (195 $ hors saison). Petit déj inclus.* L'hôtel le plus chic et élégant de Plum Island, superbement situé les pieds dans le sable, face à la mer. Ensemble de jolies maisons blanches en bois, parfaitement intégrées dans le paysage. Les plus belles chambres s'ouvrent sur de grands balcons avec vue sur l'océan. D'autres à l'arrière, moins chères mais sans la vue, forcément. Toutes sont décorées avec une grande sobriété : murs blancs, mobilier et canapés itou, cheminée. Le petit déj (malheureusement assez quelconque) est livré à l'heure de votre choix dans un panier devant votre porte. On allait oublier les 2 Jacuzzis en plein air, pour faire trempette au son du distrayant murmure des vagues. Un lieu d'un romantisme fou.

Où manger ? Où boire un verre ?

Fowle's : *17 State St. ☎ 978-463-8855. Rue perpendiculaire à la Merrimac St qui longe la rivière et le port. Tlj 7h-15h (16h le w-e) ; petit déj jusqu'à 11h (12h le w-e).* Un café-resto installé dans une papeterie qui vend aussi des cigares. Salle tout en longueur avec des boxes en bois d'un côté et le bar de l'autre. Une adresse dans le plus pur style américain, que l'on recommande chaleureusement à l'heure du breakfast, notamment pour ses bonnes viennoiseries.

La ville de Newburyport regorge d'ailleurs de bonnes adresses pour le petit déj, comme ***Stella's,*** juste à côté de *Fowle's*, dans une coquette maison située au 25 Middle St. Atmosphère rétro surannée à souhait avec ses tables rondes joliment dressées, ses bouquets de fleurs et ses couleurs pastel.

The Plum Island Grille : *Sunset Blvd. ☎ 978-463-2290. Prendre la direction Plum Island par Water St (rue qui longe le port vers l'est), tt droit, après le pont bruyant, resto au carrefour sui-*

vant. L'été tlj, jeu-dim en hiver. Midi et soir. Repas 25-35 $. Dans une maison à bardeaux inspirée des typiques cabanes à *seafood*, voici un très bon resto de poisson, bien plus intéressant que les adresses du port de Newburyport. La carte fait la part belle aux poissons frais accompagnés de sauces légères aux fruits de saison. Très original aussi, le haddock en croûte de homard et de pistache, servi avec un velouté d'asperge. Quelques viandes tendres enfin, comme des *ribs*, et d'excellents desserts.

The Grog : *13 Middle St. ☎ 978-465-8008. Tlj sf lun. Par la Merrimac St qui longe la rivière vers l'est, remonter State St, puis 2e à gauche.* Le pub où tout le village se retrouve au sous-sol pour assister aux fréquents concerts rock. Ambiance vraiment entraînante et bon enfant.

À voir. À faire

Plum Island : *du centre de Newburyport, suivre Merrimac St puis Water St, qui longent la rivière vers l'est ; continuer toujours tt droit jusqu'au bout.* Plum Island est une île très étroite qui s'étend sur 13,6 km. Sa partie nord (accès gratuit) abrite de splendides demeures presque toutes construites en bord de mer. À la pointe nord, surveillée par un ancien phare depuis 1787, les vagues de l'océan Atlantique se jettent dans l'embouchure de la rivière Merrimack. Sur toute la façade est de l'île s'étend une belle et longue plage de sable fin. Très agréable de s'y promener ; les plus courageux tenteront même une vivifante baignade dans les rouleaux.
La partie sud de l'île est une réserve ornithologique entretenue par le *Parker River National Wildlife Refuge. Accès à la réserve par la route qui va vers le sud de l'île. Tlj sf avr-juin (nidification des sternes), de l'aube au crépuscule. Entrée : 5 $ par voiture ; 2 $ pour les piétons ou cyclistes. ☎ 978-465-5753.* Entre l'océan et la Parker River, cette étroite bande de terre est bordée de marais, tourbières, dunes et belles plages de sable blanc. Son nom lui vient des *Beach-Plum,* nom donné aux buissons qui recouvrent l'île. C'est en effet un riche milieu naturel où ont été recensées 800 espèces de plantes et d'animaux, dont quelque 300 sortes d'oiseaux qui s'arrêtent ici pendant leurs migrations. Très jolie balade le soir, mais attention aux mouches dévoreuses, les *black flies.* Manches longues conseillées, même si leurs piqûres ne sont pas bien méchantes. L'étroite route en terre traverse l'île jusqu'à la superbe pointe de Sandy Point State Reservation. Tout du long, petites aires de stationnement où l'on peut s'arrêter, admirer le paysage, atteindre la plage ou encore faire une petite marche si un *trail* est aménagé à cet endroit.

➢ **Plum Island Kayak :** *38R Merrimac St, sur le port, juste derrière la Chamber of Commerce. ☎ 978-462-5510. • plumislandkayak.com • Compter 45-55 $ pour un tour de 3h avec moniteur.* Une équipe sérieuse et super sympa organise des promenades en kayak soit sur la rivière, soit en mer, selon l'importance des marées. On pilote son propre kayak. Il est très fréquent de voir des otaries se faire dorer et paresser sur des rochers au soleil. Sortie le matin, ou le soir au coucher du soleil. Emporter à boire et une barre de céréales pour grignoter. On ne dirait pas, mais ça creuse, et ça crève !

– ***Observation des baleines :*** les *Whale Watch Companies* sont sur le port.

PLYMOUTH

Débarqués du *Mayflower* en 1620, les 102 passagers de ce navire ne savaient pas encore qu'ils entreraient dans l'histoire comme les fondateurs de la plus vieille colonie des États-Unis. S'il faut chercher le berceau historique du pays, on le trouve ici, à une quarantaine de miles au sud de Boston. Plymouth n'est pas le plus ancien site de colonisation des États-Unis, mais il s'agit bien du

plus ancien village, car contrairement aux autres colons qui les précédèrent, les passagers du *Mayflower* s'établirent dans leur port d'arrivée et fondèrent une ville qui, de 1620 à nos jours, fut toujours habitée. Ils durent cohabiter avec les Indiens wampanoag qui peuplaient la région.
Plymouth se visite sur la route de Cape Cod. Si son intérêt historique et culturel est indéniable, la ville n'est pas une étape gastronomique. Les quelques restos autour du port *(Town Wharf)* proposent une *seafood* quelconque et se valent tous.

Comment y aller ?

En voiture

➢ ***Depuis Boston :*** route 93 South, puis route 3 South, jusqu'à la sortie 6, arrivant presque en centre-ville.

En train

➢ ***De Boston South Station :*** 3 trains/j. (dans les 2 sens). Trajet : 1h. Arrivée à Cordage Park, dans le nord de Plymouth.

En bus

➢ ***Plymouth and Brockton Bus :*** ☎ *508-746-0378.* Sur la ligne Boston (South Station)-Provincetown. Jusqu'à 18 bus/j. Arrivée route 3, à l'intersection avec Long Point Road (route principale venant de Boston, à l'ouest du centre-ville).

En ferry

➢ ***Provincetown Ferry :*** ☎ *508-747-2400.* Liaison avec Provincetown slt, depuis State Pier (à côté du *Mayflower II*) à 10h. Retour vers 18h.

Adresse utile

ℹ ***Visitor Center :*** *170 Water St.* ☎ *508-747-7533 (ou 7525).* • *visit-plymouth.com* • *Face au port, à côté du rond-point. Tlj, l'été 8h-20h, sinon 9h-17h.* Toutes les infos nécessaires sur les différentes attractions et sites touristiques de la ville.

Où dormir ? Où manger ? Où déguster une glace ?

🏠 ***By the Sea Bed and Breakfast :*** *22 Winslow St (angle avec Water St).* ☎ *508-830-9643 ou 1-800-593-9688.* • *bytheseabedandbreakfast.com* • *Doubles 130-190 $ selon saison, 2 nuits min. Presque en face du* Mayflower II, *et donc face à la mer en centre-ville.* Pour ceux qui désirent rester un peu à Plymouth, cette maison en bardeaux, richement fleurie, occupe un terrain superbe face à la mer. 3 suites seulement, dont une avec 9 fenêtres, rien que ça, pour être sûr de ne rien manquer du port. Une autre dispose d'un petit porche privé, adorable. Quant à la dernière, véritable petit appartement, elle a même une cuisine. Toutes sont décorées de meubles anciens, dans un style rétro en diable (lit à baldaquin, napperons sous les lampes, dentelles aux fenêtres), mais avec le confort d'aujourd'hui : TV câblée, AC et bains privés dans chacune. Porche extérieur en bois pour se relaxer et prendre le petit déj face à la mer.

Les restaurants de poisson du port, pas exceptionnels, auront le mérite de caler les grosses faims. Le ***Weathervane*** *(6 Town Wharf ; ☎ 508-746-4195 ; tlj 11h-23h)* propose une *seafood* honnête et classique. Calamars frits, haddock grillé, praires en soupe, homard.

***Shinnetti's Too** : angle de Water St et Chilton St, sur la promenade le long de la mer, en plein centre-ville. Tlj 10h-21h.* Un joli glacier à l'ancienne, où on se régale de *sundaes,* de glaces crémeuses à souhait, dégoulinantes de caramel, de coulis de chocolat, enrobées de noisettes et même de bonbons. Rien de diététiquement correct, mais tous les psys vous le diront, il n'y a pas de mal à se faire du bien.

À voir

***Le Mayflower II** : immanquable, sur le quai, amarré en plein centre-ville au sud du nouveau port. • plimoth.org • Fin mars-nov, tlj 9h-17h. Entrée : 10 $; 7 $ 6-12 ans. Ticket combiné avec* Plimoth Plantation, *respectivement 28 $ et 18 $.* Ce magnifique trois-mâts est la réplique à l'échelle du *Mayflower,* le fameux navire qui débarqua les premiers colons à Plymouth en 1620. Avant l'entrée dans le bateau, intéressante expo retraçant la construction, en Angleterre, de cette réplique et sa symbolique traversée (en 55 jours, en 1957) du Plymouth anglais au Plymouth américain.

***Plymouth Rock** : à droite du* Mayflower II *quand on regarde la mer, sous un impressionnant (et plutôt démesuré) portique à colonnes.* C'est ici que se trouve le fameux rocher sur lequel est gravée la date de 1620. L'inscription n'est pas originale, elle fut rajoutée bien plus tard. Le rocher marque le lieu où les colons sont supposés avoir débarqué et sur lequel le premier d'entre eux aurait posé le pied. C'est un objet de vénération à travers les États-Unis, et avant qu'il ne soit protégé, des morceaux étaient pillés comme une relique. Jamais un rocher ne fut autant rudoyé et convoité ! Quand, en 1774, les premiers révolutionnaires tentèrent de le déplacer pour le porter vers un monument célébrant la liberté, il se brisa en deux. Aussitôt, la symbolique s'empara de l'événement : la casse du rocher augurait de l'inévitable séparation avec l'Empire britannique.

***Plimoth Plantation** : à 4 km du centre-ville (indiqué), par Main St, toujours tt droit, vers le sud, en laissant la mer à sa gauche. ☎ 508-746-1622. • plimoth.org • Fin mars-nov, tlj 9h-17h (ticket en vente jusqu'à 16h30). Bonne doc à l'entrée, en anglais. Entrée : 24 $; 14 $ 6-12 ans ; gratuit en dessous. Ticket combiné avec le* Mayflower II, *respectivement 28 $ et 18 $.*

Avant de commencer la visite, un film de 15 mn présente le site. Bien fait, il n'occulte pas les relations conflictuelles entre les premiers colons et les Indiens vivant dans cette région depuis 12 000 ans. Plimoth Plantation est la reconstitution du village tel qu'il était en 1627, quelques années après l'établissement de la colonie.

En réalité, Plymouth n'a pas été fondé à cet emplacement précis, mais autour de l'actuelle Leyden St (autrefois First St), une rue perpendiculaire à la mer, à gauche du mouillage du *Mayflower II.* On visite donc une réplique déplacée de ce village de pionniers. Sur le même site, reconstitution aussi d'un village d'Indiens wampanoag vivant dans la région avant les colons. Très intéressant donc de comparer les deux habitats. Mais l'originalité de ce village, c'est que le mode de vie des habitants, aussi bien les Indiens que les colons, est mis en scène par des acteurs en costumes, qui occupent les différentes maisons. Si on les sollicite, ils n'hésitent pas à raconter leurs petites histoires de tous les jours et décrivent leur vie exactement comme si on était au XVIIe s.

***Pilgrim Fathers Statue** (statue des père fondateurs) : à l'écart du centre-ville sur la route de Boston. Demandez un plan au Visitor Center. Gratuit.* Il s'agit d'une immense statue, sur une colline au centre d'un parc, perchée sur un socle, achevée en 1889, dont la construction interrompue par la guerre de sécession commença en 1859. Sur le socle, les noms des passagers du *Mayflower.* Quatre petites statues à ses pieds, représentant la Morale, l'Éducation, la Loi et la Liberté, celle-ci assise sur un lion et serrant une chaîne brisée. Le lion symbolisant l'Angleterre... La statue en elle-même est une femme enroulée dans un drap, un pied sur Plymouth Rock, pointant un doigt vers le ciel et portant une bible dans l'autre main. Ça ne vous rappelle rien ? La *statue de la Liberté* ! Certains à Plymouth pensent que leur statue aurait inspiré Bartholdi, qui réalisa sa célèbre statue à la même époque. Pour le moment, aucun élément ne permet de l'affirmer, même si les deux œuvres sont des sœurs jumelles.

CAPE COD

Ce curieux bras replié, qui s'avance dans l'océan et offre près de 500 km de littoral vierge, est la destination favorite des Bostoniens dès les premiers beaux jours. Si l'affluence touristique a parfois laissé des marques indélébiles, comme cette route 28 entre Hyannis et Chatham, dénaturée par sa succession de motels impersonnels, de fast-foods et autres supermarchés, Cape Cod a néanmoins gardé son authenticité : villages traditionnels aux maisons grises à bardeaux surnommées « boîtes à sel » et adorables ports de pêche, longues plages de sable blanc bordées de hautes dunes et marais peuplés d'oiseaux (une centaine d'espèces endémiques d'Amérique du Nord sont concentrées dans ce petit territoire !), falaises vertigineuses, tourbières à canneberges (grosses airelles locales)... Sans oublier la faune marine que l'on peut observer au large du cap, en particulier les baleines (à bosse, rorqual et autres cétacés), qui ont fait des eaux froides de l'océan Atlantique leur zone de reproduction chaque année, d'avril à octobre. Et pour les amateurs de « historic roads », ne manquez pas de parcourir la route 6 A de Sandwich à Orleans, qui est restée charmante et bucolique, ambiance *Petite maison dans la prairie...*

UN PEU D'HISTOIRE

Apparu au cours de la dernière glaciation il y a quelque 10 000 ans, Cape Cod fut découvert en 1602 par l'explorateur Gosnold, en même temps que les îles de Martha's Vineyard et Nantucket. Frappé par la quantité de morues qui pullulaient au large des côtes, celui-ci baptisa l'endroit tout naturellement Cape Cod (*cod* signifiant « morue », vous l'aurez compris !).
En 1620, ce sont les pères pèlerins *(pilgrims)* du *Mayflower* qui accostèrent à Provincetown, croyant tomber sur la Virginie. Les colons commencèrent alors à fonder les villes du cap, chassant de leurs terres les Indiens wampanoag. Les ressources principales étaient l'agriculture, puis la pêche à la baleine et le commerce transatlantique.
À partir de la fin du XIXe s, Cape Cod attira de nombreux écrivains et artistes en quête de solitude et d'inspiration, parmi lesquels John Dos Passos, Tennessee Williams, Sinclair Lewis et, enfin, le peintre Edward Hopper qui s'installa à Truro, fasciné par la lumière du cap.

Arriver – Quitter

En voiture

➢ ***De Boston :*** autoroute 3 *(Southeast Expressway)* jusqu'au Sagamore Bridge ou Bourne Bridge, selon sa destination sur Cape Cod. Si l'on va vers Falmouth ou

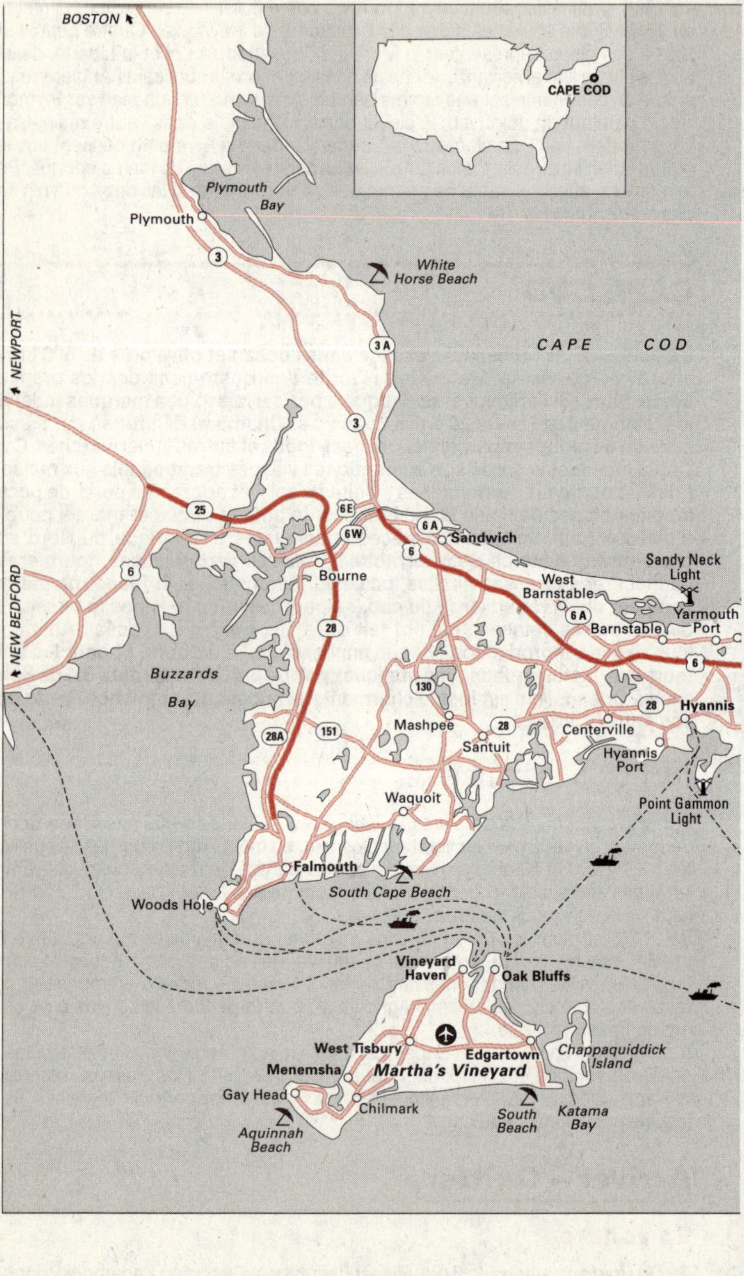
BOSTON
Plymouth Bay
Plymouth
White Horse Beach
CAPE COD
CAPE COD
NEWPORT
NEW BEDFORD
Sandwich
Bourne
Sandy Neck Light
West Barnstable
Barnstable
Yarmouth Port
Buzzards Bay
Hyannis
Mashpee
Santuit
Centerville
Hyannis Port
Waquoit
Point Gammon Light
Falmouth
South Cape Beach
Woods Hole
Vineyard Haven
Oak Bluffs
West Tisbury
Edgartown
Chappaquiddick Island
Menemsha
Martha's Vineyard
Gay Head
Chilmark
South Beach
Katama Bay
Aquinnah Beach
3
3A
25
6E
6W
6A
6
28
130
151
28A

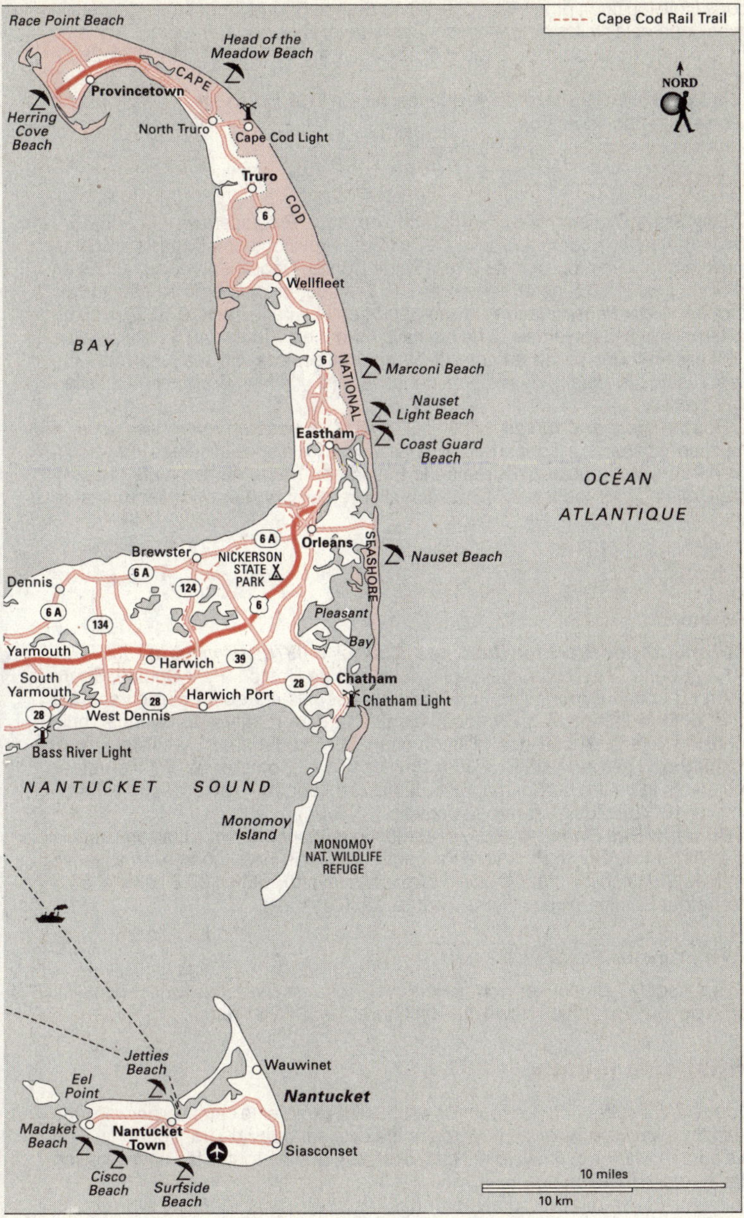

CAPE COD ET LES ÎLES

Woods Hole (au sud), prendre la route 28 de Bourne Bridge. Pour se rendre vers le Lower Cape et les villes de Sandwich, Barnstable, Hyannis, Yarmouth, Dennis ou vers la pointe nord, prendre la route 6 de Sagamore Bridge. Environ 1h30-2h de route.

➢ ***De New York :*** I 95 jusqu'à Providence, puis la I 195 E. Ensuite, suivre le même itinéraire que depuis Boston.

En bateau

Bay State Cruise : *☎ 617-748-1428 ; en été, à Provincetown : ☎ 508-487-9284.* • *mafastferry.com* • Liaisons de Boston à Provincetown. Départs à Boston depuis le quai ouest du port du *World Trade Center.* Depuis l'aéroport, accès en bus *Silver Line* (1,50 $/pers), en taxi (env 15 $ la course) ou même en bateau-taxi (indiqué « *Water transportation* » à l'aéroport ; env 7 mn de trajet et 10 $/pers). En fast-ferry (1h30), 3 traversées/j. de fin mai à mi-oct env. Tarifs : 49 $ l'aller/adulte, 79 $ l'aller-retour ; réduc enfants (3-12 ans) et seniors. En ferry normal (3h), 1 liaison/sem slt, le sam, de fin juin à début sept (sf j. fériés). Compter 44 $ l'aller-retour ; réduc.

Boston Harbor Cruises : *☎ 617-227-4321.* • *bostonharborcruises.com* • Début juin-fin sept, 2 à 3 départs/j. dans les 2 sens (3 liaisons assurées le w-e) ; fin sept-début oct, 1 bateau/j. Durée de la traversée : 1h30. Mêmes tarifs que *Bay State Cruise*. Dans les 2 cas, 12 $/vélo (aller-retour) ; gratuit pour les moins de 3 ans.

En bus

De Boston

Plymouth and Brockton Bus Line : *☎ 508-746-0378 à Plymouth ou 508-771-6191 à Hyannis.* • *p-b.com* • Liaisons au départ de Boston (Park Square, South Station ou Logan Airport) vers Provincetown. Les bus marquent plusieurs arrêts sur la route (notamment à Plymouth) jusqu'à la gare routière de Hyannis, puis connexion vers la plupart des villes du cap : Orleans, Eastham, Wellfleet, Truro. Env 3h45 de l'aéroport de Boston à Provincetown. Compter 52 $ l'aller-retour depuis/vers le centre de Boston, 63 $ depuis/vers Logan Airport ; réduc enfants. Compter 10 $ de plus (aller-retour) par vélo.

Bonanza Bus Lines : *☎ 401-751-8800* • *peterpanbus.com* • Liaisons depuis Logan Airport ou South Park vers Falmouth et Woods Hole (connexion avec les ferries de *Steamship Authority* pour Martha's Vineyard). Tarifs : 30 $ l'aller et 55 $ l'aller-retour Boston-Woods Hole. Compter 2h30 de trajet.

De New York *(via Providence)*

Bus jusqu'à Falmouth et Woods Hole avec *Bonanza Bus Lines* (voir ci-dessus). Env 6h de route pour faire New York-Hyannis et 100 $ l'aller-retour.

Transports locaux

– Un site à consulter pour les routards souhaitant explorer le cap avec les moyens du bord : • *smartguide.org* • Il regroupe les divers modes de transports au Cap mais aussi à Martha's Vineyard et Nantucket, et combine toutes les options selon votre itinéraire (bateau, bus, vélo, etc.).

– En saison (de mi-mai à fin septembre), des bus municipaux sillonnent la presqu'île et chaque petite ville (pas donné toutefois, à l'image du coût de la vie ici). Procurez-vous l'indispensable brochure *The Breeze* dans n'importe quel office de tourisme. *Infos : ☎ 508-385-1430 ou 1-800-352-7155.* • *thebreeze.info* • Plus de détails aussi dans nos rubriques « Arriver – Quitter ».

Infos utiles

– Procurez-vous la brochure gratuite *The Official Guide, Cape Cod,* éditée par la *Chamber of Commerce* de Hyannis. Ultra-complète, notamment pour connaître les nombreuses activités et manifestations en saison.
– Si vous ne disposez que de peu de temps pour explorer la région, on vous conseille de consacrer au moins 2 jours au cap et respectivement 1 ou 2 jours à Nantucket et Martha's Vineyard. Quelques étapes incontournables sur le cap : la petite ville historique de Sandwich, le port de Woods Hole (à Falmouth), Chatham, le National Seashore, le phare de Truro (peint par Hopper) et Provincetown.
– Pour les habitants du cap, la meilleure saison est le mois de septembre. L'occasion d'admirer les premières couleurs d'automne et d'explorer la région sans la foule. En mai-juin, vous pourrez aussi profiter des lieux en évitant la cohue estivale. Alors qu'en juillet-août (et les week-ends de fête nationale), le cap est pris d'assaut par un flot de touristes et les prix grimpent en flèche.
– Les baleines peuvent être observées au large du cap d'avril à octobre environ.
– Toute cette région est chère. Concernant l'hébergement, on trouve cependant des AJ et des campings vraiment extra, magnifiquement situés, pour un prix intéressant. Sinon, on recommande quelques *guesthouses* à des prix raisonnables. Mais sachez que la rubrique « Bon marché » de Cape Cod (et des deux îles) correspond plutôt à une rubrique « Prix moyens » dans le reste du guide. Les tarifs indiqués dans ces pages sont ceux de la haute saison (fin juin-début septembre). Côté nourriture, on conseille aux budgets serrés de se rabattre sur les snacks, épiceries ou supermarchés, particulièrement sur les îles de Martha's Vineyard et Nantucket, encore plus onéreuses que le cap.

SANDWICH

Première ville après le pont de Sagamore, à l'entrée de Cape Cod. Un parfum d'Angleterre dans cette petite bourgade historique qui doit sa renommée à une célèbre fabrique de verre (et non à ce que son nom laisserait penser). C'est la plus vieille ville du cap, fondée en 1637. Une étape agréable sur la jolie route 6 A.

Adresse et infos utiles

Sandwich Chamber of Commerce : *4 Water St (route 130). En face du* Dunbar Tea Shop. *Lun-sam 10h-16h ; dim 13h-16h.* ☎ *508-833-97-55.* • *sandwichchamber.com* • Infos utiles classiques, cartes, activités, manifestations, etc.

– ***Manifestation :*** petit clin d'œil à son nom, la ville célèbre chaque année en juillet la *sandwichfest,* avec concours du meilleur sandwich, foire et concerts !

Où dormir dans les environs ?

Campings

Peters Pond Park : *185 Cotuit Rd (pas loin de la 130 S).* ☎ *508-477-1775.* • *peterspond.com* • *Ouv de mi-avr à mi-oct. Résa conseillée. En été, à partir de 35 $ la nuit pour une tente, 2 adultes et 2 enfants (sans électricité), jusqu'à 48 $ pour un emplacement face au lac ; compter 30-40 $ hors saison.* Cabins *(2 pers max) disponibles à la nuit hors saison (à partir de 40 $), à la sem slt en été ; 5 cottages également (125 $, 2 nuits min). Wifi.* Près de 400 emplacements, pour la plupart ombragés, autour d'un lac. Les meilleures places sont celles situées sur la péninsule. Douches payantes, laverie, épicerie, snack. Pas mal de choses à faire avec la proximité du lac (location de bateaux, pêche, etc.), qui abrite 2 plages. Sur place, terrains de volley et de basket.

Shawme-Crowell State Forest : *42 Main St (route 130). Proche du pont de Sagamore. ☎ 508-888-0351. • reserveamerica.com • Ouv tte l'année (nov-mars, w-e slt). Tente 14 $/nuit. Yourtes 30-40 $.* Dans un environnement boisé et assez sauvage, un vaste camping très organisé, avec près de 300 emplacements répartis dans la forêt. Départ de nombreux sentiers de randonnées pédestres et équestres. On est en pleine nature.

De prix moyens à chic

Pine Grove Cottages : *358 route 6 A. ☎ 508-888-8179. • pinegrovecottages.com • À 2 miles à l'est de Sandwich. Ouv mai-oct. En hte saison, selon confort et capacité, loc à la nuit 65-135 $; à partir de 400 $/sem. Draps et serviettes fournis.* Dans un environnement boisé, 10 *cottages* très propres avec cuisine équipée et salle de bains. Les *deluxe cottages* sont vraiment spacieux. Préférez ceux qui sont les plus éloignés de la route, même si la nuit, la circulation tourne au ralenti. Pas de clim' mais des ventilos efficaces. Petite piscine, jeux pour enfants et barbecue. Accueil très serviable des proprios. Un vrai petit chez-soi à un prix ultra-raisonnable pour Cape Cod.

Spring Garden Inn : *578 route 6 A. ☎ 508-888-0710 ou 1-866-345-5641. • springgarden.com • À 5 miles à l'est du centre. Fermé janv-mars. Env 105-115 $ selon confort ; gratuit jusqu'à 12 ans.* Un des plus charmants motels de la 6 A. Au premier abord, un classique motel de bord de route. Mais de l'autre côté, une vue à peine soupçonnable sur les marais et la rivière. Seulement une dizaine de chambres confortables, avec clim', TV et frigo. Les plus grandes disposent d'une cuisine. Préférer celles avec petit balcon, à l'étage, plus lumineuses. On profite du jardin pour buller dans un hamac ou piquer une tête dans la piscine. Tables de pique-nique et barbecue à disposition. Accueil adorable, gentiment farfelu, et bon petit déj sans chichis, avec parfois de fondants *homemade* muffins. Hmm ! Et la très belle plage de Sandy Neck est à seulement 1 mile.

Où manger ?

Dunbar Tea Shop : *1 Water St, route 130 S. ☎ 508-833-2485. Tlj 11h-17h. Compter un bon 15 $ pour un plat et un dessert, 16 $ env pour un* afternoon tea. Ravissant petit salon de thé donnant sur une terrasse fleurie. Tables dans le jardin l'été. Cuisine très *British style,* comme la clientèle, qui semble être de la génération du *Mayflower* ! Déco intérieure dans le même esprit, murs boisés et collection de théières... Quelques plats et la soupe du jour chaque midi, et surtout, une savoureuse sélection de desserts maison. L'*afternoon tea* comprend thé, *scones,* mini-sandwichs et minipâtisseries, servis sur un présentoir. Une adresse hors du temps.

The Bee-Hive Tavern : *406 route 6 A. ☎ 508-833-1184. À 2 bons miles de Sandwich. Ouv lun-sam midi et soir, tte la journée pour la carte du pub ; brunch dim 9h15-11h. Compter 10-15 $ le midi et 20 $ le soir.* Taverne un peu sombre mais chaleureuse, avec ses boxes en bois et sa partie pub aux plafonds couverts de ruches *(beehives)* et de guirlandes lumineuses. La clientèle locale et les touristes de passage y viennent pour manger de bonnes soupes maison, de copieux plats du jour et frites croustillantes, des sandwichs, *roll-up* et des salades. Gardez une place pour les desserts maison, fameux... Animé, bon et pas cher.

À voir. À faire

Heritage Museums and Gardens : *67 Grove St (angle Pine St).* ☎ *508-888-3300.* • *heritagemuseumsandgardens.org* • *Avr-oct, tlj 10h-17h ; nov-déc, ven-dim slt 10h-16h ; fermé janv-mars. Entrée : 12 $; réduc.* Ensemble de trois musées répartis dans un immense parc aux pelouses méticuleusement entretenues. Une navette électrique promène les visiteurs d'un musée à l'autre. Le plus spectaculaire est l'*Automobile Museum,* qui rassemble une superbe collection de voitures anciennes (Lincoln, Corvette, Rolls Royce...). Les enfants auront leur minute de gloire en s'installant au volant d'une Ford de 1913 ! À l'*History Museum,* on remarquera la collection de soldats de plomb, avant d'enfourcher l'un des chevaux du carrousel (1912), exposé dans l'*Art Museum.* En passant d'un musée à l'autre, on croise le moulin, source d'inspiration des peintres locaux, avant de faire une halte au bord du lac. Ne pas manquer d'arpenter en famille le *Hidden Hollow,* sentier ludique de découverte, parsemé de sculptures et d'instruments de musique en bois... Également un labyrinthe végétal. Dans les jardins à l'anglaise, plus d'une centaine de variétés de rhododendrons. En juin, lorsqu'ils sont en fleur, c'est superbe ! Promenade bucolique assurée et pique-nique très agréable.

Sandwich Glass Museum : *129 Main St (entre River St et Water St).* ☎ *508-888-0251.* • *sandwichglassmuseum.org* • *Tlj (sf lun-mar en fév-mars) 9h30-17h (16h fév-mars). Fermé janv. Entrée : 5 $; réduc enfants 6-14 ans.* Beau musée qui illustre l'importance du verre à Sandwich. En 1825 s'installe dans la ville la première fabrique de verre, qui marque le début d'un succès et d'un noble savoir-faire. Même si la qualité du sable de Sandwich révèle des impuretés, les marais et le bois qui abondent sont deux atouts majeurs. Pendant plus de 60 ans, l'industrie verrière apporte à la ville une certaine renommée et fournit du travail à 500 personnes. D'intéressantes pièces sont ici présentées, comme des vases, des lampes, des carafes ou des chandeliers de couleurs variées. Arrêtez-vous sur la vitrine qui montre le cheminement de la lumière. Pendant que l'histoire est racontée (en anglais), l'éclairage évolue avec le temps. Réussi. Ne manquez pas non plus la démonstration de soufflage du verre *(ttes les heures, 10h-16h30).* On sort par la boutique.

Hoxie House : *18 Water St, sur la route 130 S (sud de Main St, à l'intersection avec School St).* ☎ *508-888-1173. De mi-juin à mi-oct, 10h (13h dim)-17h. Entrée : 5 $ (donne également accès au* Dexter Mill, *mêmes horaires).* Datant de 1630, c'est la plus vieille « boîte à sel » du village. Mobilier d'époque et jolie reconstitution qui donne une bonne idée de son apparence au XVIIe s. Et pourquoi pas envisager une pause pique-nique sur le petit quai en bois au bord du lac ?

Dexter Grist Mill : *Shawme Pond, Water St (route 130).* ☎ *508-888-5144. Mêmes horaires que* Hoxie House *et billet combiné.* Bucolique moulin du XVIIe s, au bord du lac Shawme. Restauré en 1961, il est toujours en activité. La farine de maïs est encore moulue par la force hydraulique, conditionnée sur place et vendue dans tout le pays !

Le boardwalk et sa plage : *à 5 mn du centre. De Main St, prendre Jarves St ; au bout de la rue, tourner à gauche. Parking payant pour la journée. Mais pour faire un petit plouf, c'est gratuit.* Prendre le long quai en bois, le *boardwalk,* qui traverse les marais. Au bout, dunes de sable blanc donnant sur l'océan.

Cape Cod Canal Visitor Center : *60 Ed Moffitt Dr.* ☎ *508-833-9678.* • *capecodcanal.us* • *De fin juin à mi-oct, tlj 10h-17h ; mai-juin, slt mer et dim.* Pour découvrir les activités qui gravitent autour du canal. Nombreuses docs et infos, expos interactives et animations (gratuites) assurées par les *US Army Corps of Engineers.*

FALMOUTH

Deuxième plus grande de Cape Cod ; 40 000 personnes y habitent l'hiver et la population double l'été. Pas grand-chose à voir cependant, à part les quelques demeures rutilantes du XIXe s, entourées de jardins soigneusement entretenus, situées autour du parc communal. Le paysage de Falmouth se résume aujourd'hui à un alignement de motels, restos et boutiques impersonnels. Cependant, le village de ***Woods Hole,*** assez animé le soir, offre une halte agréable avec ses bonnes adresses le long de Water Street et son petit port actif.

Adresses et infos utiles

Falmouth Chamber of Commerce : *20 Academy Lane (donne sur Main St). ☎ 508-548-8500. • falmouthchamber.com • Tte l'année lun-ven 9h-17h, sam 10h-16h, dim 11h-15h.*

Trolleys : de fin mai à début sept, des bus desservent Falmouth et Woods Hole. Départs ttes les 30 mn en saison, tlj 9h30-18h30. *Infos : ☎ 1-800-352-7155. Trajet : 1 $;* pass *pour un jour : 3 $.*

➢ ***Départs pour l'île de Martha's Vineyard*** du port de Woods Hole ou de Falmouth. Voir la rubrique « Arriver – Quitter » de Martha's Vineyard.

Où dormir ?

À Woods Hole

Woods Hole Inn : *28 Water St. ☎ 508-495-0248. • woodsholeinn.com • Tte l'année. Selon chambre et saison, 130-265 $, petit déj et collation inclus. Wifi.* Dans le registre « Chic », une belle adresse au cœur de ce petit port animé. Maison traditionnelle datant de 1878, entièrement rénovée. Seulement 9 chambres, plus ou moins spacieuses. Déco soignée dans les tons clairs, objets chinés, beau parquet et salles de bains modernes. La meilleure chambre profite de la vue sur le port, une autre est idéale pour un couple avec 2 enfants. Beaucoup de cachet dans l'ensemble et plein de petites attentions : parking gratuit (pas négligeable ici), cookies maison (à volonté !)... Le petit déj, servi dans une jolie salle aux grandes baies vitrées, est concocté à base de produits frais, que l'on retrouve à la carte du snack au rez-de-chaussée (ah, les tacos au homard !).

À Falmouth

Tides Motel : *267 Clinton Ave (sur le port). ☎ 508-548-3126. • tidesmotelcapecod.com • Ouv de mi-mai à mi-oct. Doubles 170 $ (180 $ avec cuisine) fin juin-début sept ; 110-140 $ selon j. de la sem en mai et sept-oct. Attention : 2 ou 3 nuits min selon saison. Parking.* Superbe situation pour ce motel à bardeaux gris : d'un côté, la plage ; de l'autre, le port et les bateaux. Une trentaine de chambres basiques côté déco mais propres et bien équipées (frigo et cafetière, kitchenette pour la plupart). Toutes sont pourvues d'une petite terrasse ou d'un balcon. Demandez-en une avec vue directe sur la mer, on frôle presque l'eau de l'orteil depuis la chaise longue de sa terrasse ! En prime, l'accueil est sympathique. Un bon rapport qualité-prix.

InnSeason Resorts : *3 adresses à Falmouth.* ***HarborWalk*** *(26 Robbins Rd ; ☎ 508-548-4300), face au port de plaisance ;* ***Captain's Quarters*** *(☎ 508-548-1010), sur Heights Beach ; et* ***Surfside*** *(☎ 508-548-0313), juste en face d'une petite plage de sable fin. • innseason.com • Tte l'année. Selon hôtel, confort et j. de la sem, 70-290 $ (!) pour 2.* Ensemble d'établissements offrant toutes les possibilités, de la chambre de motel – tout confort – aux suites avec 2 chambres et cuisine équipée. Piscines. Le *Surfside* et le *Captain's Quarters* profitent de leur situation, les pieds dans l'eau ; le *HarborWalk* est plus loin des plages mais moins cher, et la vue sur les bateaux n'est pas désagréable. En prime, le *Raw Bar*, juste à côté, offre un bon point de chute pour s'offrir un verre et un plat de fruits de mer.

Où manger ?

À Falmouth

Betsy's Diner : *457 Main St. ☎ 508-540-0060. Tlj 6h-20h (14h dim). Env 6-8 $ pour le petit déj ou un hamburger, 10-15 $ pour un repas complet.* Un authentique parfum d'Amérique que ce *diner* à la déco 50's. Tout est là : juke-box, chromes, formica, vieilles pubs aux murs... En outre, cela reste un des endroits les moins chers de la ville, donc forcément populaire. Petit déj servi toute la journée. Sinon, choix habituel de hamburgers, salades, *deli-style sandwiches, fish and chips*, etc. Un gros néon affiche à l'entrée « Eat Heavy », c'est pas pour rien... Il y a même une balance à la sortie pour constater les dégâts !

Country Fare : *319 Main St (en face de la bibliothèque). ☎ 508-548-9020. Lun-sam 7h-14h ; dim 8h-13h. Compter 8-10 $.* Toujours plein de monde dans ce resto familial qui sert les meilleurs petits déj du coin. La salle est décorée de phares en tout genre, et un bar rouge s'étire le long du mur. Tout l'éventail du *breakfast* américain : *pancakes*, omelettes variées, *eggs Benedict*, délicieux muffins servis chauds. Pour la pause déjeuner, large choix de sandwichs, hamburgers et *specials* du jour.

La Cucina Sul Mare : *237 Main St. ☎ 508-548-5600. Tte l'année, midi et soir. En saison, tlj 11h30-14h, 17h-22h. Pâtes 10-14 $ au déj. Plus cher le soir.* Resto italien pimpant, en plein centre-ville. Les trompe-l'œil aux murs, qui représentent des fenêtres débordant de fleurs, nous consolent de ne pas pouvoir profiter d'une terrasse ! Tant pis pour la bronzette, car l'adresse tient à sa réputation et soigne ses plats : les lasagnes, dégoulinantes de fromage, sont réussies, les sandwichs frais et les salades copieuses. Le soir, carte plus élaborée et plus chère, avec de fameuses pâtes aux fruits de mer, des plats de poulet ou agneau sautés aux légumes et des desserts maison.

À Woods Hole

Pie in the Sky Bakery & Café : *10 Water St. ☎ 508-540-5475. En été, tlj 5h-23h min, jusqu'à 21h le reste de l'année. Compter max 10 $. Sur place ou à emporter.* Une bonne petite adresse alternative, sorte de cabane néobaba avec juste quelques tables et une terrasse. Fait office de boulangerie bio et sert toutes sortes de cafés (organiques), *smoothies* (à se damner), pâtisseries joufflues, sandwichs frais et originaux, soupes et salades à base de produits locaux. Accueil jeune et ambiance décontractée. C'est là que se joue l'animation de Woods Hole.

Phusion Grille : *71 Water St. ☎ 508-457-3100. Ouv de mi-mai à mi-oct. Lun-sam midi et soir, brunch dim 9h-14h. Env 20-30 $. Concerts le w-e en été.* On a un faible pour la terrasse filante avec vue sur le port. La salle est aussi avenante, avec son plancher et ses tables bien mises. Dans l'assiette, essentiellement du poisson mais aussi de bons plats de viande, que relèvent souvent herbes et épices (cumin, gingembre...). Personnel accueillant et service efficace. Un bon plan pour le déjeuner, avec une formule du jour à prix raisonnable.

HYANNIS

Centre commercial et de transport de Cape Cod, Hyannis est une ville davantage tournée vers son port (c'est de là que la plupart des bateaux partent pour Martha's

Vineyard et Nantucket) que vers la mer. Les habitants du cap y viennent pour faire leurs courses, voir un médecin ou faire un tour au *mall.* L'animation se concentre sur Main St, qui aligne restos, bars et boutiques. Mais le plus joli coin, c'est bien sûr *Hyannis Port,* où se trouve la fameuse résidence de vacances du clan Kennedy.

Adresses utiles

Cape Cod Chamber of Commerce : 5 Shoot Flying Hill Rd. ☎ 508-362-3225. • capecodchamber.org • *Dans une rue adjacente à la route 132, presque à l'angle de la 6. Éloigné de Hyannis. De mi-mai à fin oct, lun-sam 10h-17h ; mai-oct, dim 10h-14h.* Infos générales sur le cap et documentation classique.

Pour la ville de Hyannis, un ***point d'information*** *se situe dans le* J.F.K. Museum. ☎ *508-775-2201.* • *hyannis.com* • *Lun-sam 9h-17h ; dim 12h-17h. Horaires réduits hors saison.*

@ **Internet :** à la bibliothèque, à côté du *musée. Horaires variables (mar et mer jusqu'à 20h) ; fermé le w-e. Accès libre pdt 15 mn.*

Où dormir ?

Seacoast Inn : *33 Ocean St.* ☎ *508-775-3828 ou 1-800-466-4100.* • *seacoastcapecod.com* • *Ouv mai-oct. En hte saison, doubles env 120-150 $, petit déj inclus.* Motel de taille raisonnable, bien situé, en plein centre et à 10 mn à pied des ferries pour Nantucket et Martha's Vineyard. Chambres fonctionnelles et propres, toutes avec bains et cuisine. Ensemble fort bien tenu. Pas le grand charme, mais l'accueil est avenant et les prix raisonnables.

Captain Gosnold Village : *230 Gosnold St.* ☎ *508-775-9111.* • *captaingosnold.com* • *Tte l'année. Quelques chambres de motel 70-130 € selon saison. En cottage, à partir de 180 $ pour 2 de mi-juin à début sept, 280 $ pour 4 pers ; moitié moins à la mi-saison. 3 nuits min en été.* Idéalement situé, tout près de Hyannis Port et de la plage, dans un joli coin résidentiel, un ensemble de charmants *cottages* en bois aux volets roses, disséminés dans un grand parc fleuri. Chaque *cottage* (pour 2 à 6 personnes) est bien séparé des autres et dispose d'une vraie cuisine équipée, d'une terrasse avec mobilier de jardin et barbecue. Tous très propres et confortables, mais pas forcément arrangés de la même manière car ils appartiennent à des proprios différents. L'ensemble est vraiment coquet. Linge fourni (sauf les serviettes de plage) et ménage fait tous les jours (sauf dimanche). Piscine et aire de jeux pour les enfants. Une excellente adresse pour les familles et les groupes d'amis.

Où manger ?

Prix moyens

Schooner's : *372 Main St.* ☎ *508-778-7588. Tlj 17h-21h30 env. Déj lun-sam 11h30-14h30. Env 10-18 $ le midi, à partir de 20-25 $ le soir.* Adresse populaire, idéale pour une halte déjeuner. Grande salle assez impersonnelle, préférer les tables en terrasse sur la rue. Copieuses salades à toutes les sauces (la *Caesar* est un must, tout comme la *lobster salad plate*), sandwichs frais et bien garnis, frites croustillantes, *wraps* et menus enfants. Le soir, carte plus élaborée avec un large choix de fruits de mer et des spécialités italiennes. Service efficace.

Brazilian Grill : *680 Main St.* ☎ *508-771-0109. Tte l'année, 11h30-22h. Le midi en sem, 17 $ la formule* rodizio *à volonté et* salad bar *; le w-e et le soir, 26 $.* Moins cher pour le *salad bar* uniquement. Authentique *churrascaria* brésilienne où l'on ne boude pas son plai-

CAPE COD

sir. Dans un joyeux brouhaha, les serveurs font le tour des tables avec une douzaine de délicieuses viandes grillées différentes qu'ils vous apportent au fur et à mesure, tandis que vous vous servez les accompagnements au buffet, aussi varié que bon et copieux. Évidemment, la *caipirinha* est gouleyante... Grand choix de vins également. Le samedi soir, c'est *feijoada.* Gage de qualité, la communauté brésilienne du cap apprécie les lieux.

Où manger une glace dans les environs ?

Four Seas Ice Cream : *360 S Main St, à Centerville. ☎ 508-775-1394. Depuis le centre de Hyannis, accès par Pine St jusqu'au carrefour avec South Main St. De mi-mai à mi-sept, 9h-22h. Env 3 $ le cornet.* Facile à repérer, l'adresse est connue et il y a du monde à toute heure. Dans une petite maison en bois blanc, le plus vieux glacier du cap et le fournisseur officiel de la famille Kennedy ! Excellentes glaces aux fruits frais, *frappes* épais et crémeux à souhait, *sundaes, smoothies...* Sur place ou à emporter.

À voir. À faire

Kennedy Compound : *à Hyannis Port. Pour jouer les paparazzis, voici l'itinéraire pour y parvenir : rejoindre Ocean Ave en direction de Hyannis Port Beach. Au stop, à l'angle d'Ocean et Marston Ave, prendre Hyannis Ave. Puis tourner à gauche dans Iyanough Ave, ensuite à droite dans Wachusett Ave et, enfin, au 2e stop, à gauche dans Scudder Ave. Vous y êtes : le Kennedy Compound est situé à l'angle sud-est de Scudder et Irving Ave (côté mer). Le parking est à gauche de la jetée, face à la mer. Pour voir la propriété, marcher env 200 m à droite sur la plage.*
La propriété compte en fait plusieurs maisons, dont la plus connue (et la plus accessible) est celle des parents de John : Joseph et Rose. Contrairement aux idées reçues, l'imposante demeure blanche à colonnades n'a rien à voir avec les Kennedy ; il faut encore continuer le long de la plage pour découvrir la fameuse grande maison blanche aux trois pignons. Une palissade en bois pas très haute sépare la plage de la propriété mais une pancarte « no trespassing » dissuadera les plus audacieux d'aller au-delà. En revanche, rien n'empêche un coup d'œil rapide. La maison de JFK, en retrait de celle de ses parents, est beaucoup moins visible.

John F. Kennedy Hyannis Museum : *397 Main St. ☎ 508-790-3077. • jfkhyannismuseum.org • Fin mai-fin oct, tlj 9h (12h dim)-17h ; de mi-avr à fin mai, tlj 10h (12h dim)-16h ; horaires réduits le reste de l'année. Entrée : 5 $; réduc.* La ville se devait de consacrer un musée à son président chéri qui passa tant de vacances ici. Bon, soyons francs, il ne vaut pas celui des environs de Boston. La visite se résume à quelque 80 photos du clan Kennedy, à un arbre généalogique de cette incroyable famille et à un petit film d'intro un peu gnangnan. Néanmoins, dans la première salle, les photos du *Kennedy Compound* vu du ciel vous donnent une bonne idée de la topographie des lieux. Pas mal pour un repérage !

➢ ***Tour de la ville en trolley :*** *se prend derrière le* JFK Museum. *En été, tlj 11h-19h. Billets en vente sur place : 10 $; réduc.* Balade touristique en tramway, avec plusieurs haltes dans la ville.

➢ ***Walkway to the sea :*** début de cette promenade paysagée à travers pelouses et espaces verts sur *Main Street* (à côté de la poste et du JFK Museum). Elle évite surtout la bruyante Ocean St pour se rendre sur le port et à la mer, en 1 mile.

Cape Cod Maritime Museum : *135 South St. ☎ 508-775-1723. • capecodmaritimemuseum.org • Ouv de mi-mars à mi-déc, tlj sf lun 10h (12h dim)-16h. Entrée : 5 $; réduc.* Un hommage à l'histoire maritime du cap. Petite expo présentant maquettes et vestiges trouvés aux abords du cap, notamment une épave du

Sparrow Hawk, datant du XVIIe s. Ateliers pour les enfants. Et surtout, la possibilité d'excursions à bord du *Sarah,* entièrement construit au musée, réplique d'un bateau du XIXe s.

Cape Cod Potato Chips : *100 Breed's Hill Rd. ☎ 1-888-881-2447. • capecodchips.com • Sur la route 6, prendre la sortie 6 et tourner à droite sur la route 132. Au 6e feu à gauche, sur Independence Dr, puis 2e à droite. Lun-ven 9h-17h.* On peut visiter gratuitement l'usine qui fabrique ces fameuses chips locales, dont on voit les emballages illustrés d'un phare rouge et blanc un peu partout dans la région. La visite, rapide, nous montre le processus industriel de fabrication des chips. Imposantes machines ! On termine évidemment à la *gift shop,* où sont vendues toutes les saveurs. Sympa avec des enfants un jour de pluie.

– ***Observation des baleines :*** *avec la compagnie* ***Whale Watcher Cruises,*** *au départ du port de Barnstable. ☎ 508-362-6088 ou 1-800-287-0374. • whales.net • Compter env 45 $/adulte ; réduc enfants et seniors. En saison, 2 à 3 départs/j., 1 seul en sept-oct ; compter env 3h30-4h.* Il n'est pas nécessaire d'aller jusqu'à Provincetown pour partir observer ces mammifères marins. En revanche, au départ d'Hyannis, le trajet est un peu plus long. Les bateaux vont tous au même endroit. Voir plus loin, à « Provincetown », le chapitre concerné.

➢ ***Départs pour Martha's Vineyard et Nantucket*** du port de Hyannis. Voir les rubriques « Arriver – Quitter » de ces deux îles.

CHATHAM

Mignonne bourgade côtière, classe et paisible. L'une des villes les plus anciennes du cap, fondée à l'origine par une petite communauté agricole, en 1712. C'est aujourd'hui un petit port de pêche tranquille, dominé par un des innombrables phares de Cape Cod. En contrebas, jolie plage publique aux bancs de sable blanc. Belles boutiques et demeures historiques le long de Main St. C'est là que Mary Higgins-Clark situe son roman *Souviens-toi.* Une étape agréable et vivante sur la côte sud, avec aussi de belles adresses.

Adresses utiles

Chatham Chamber of Commerce : *dans la Captain Bassett House, 2377 Main St, à l'intersection de la 28 S et de la 137. ☎ 508-945-5199 et 1-800-715-5567. • chathaminfo.com • De mi-mai à mi-oct, tlj 10h (12h dim)-17h ; horaires restreints le reste de l'année.*
Également un ***kiosque d'infos*** *dans le centre, 533 Main St.*

@ **Eldredge Public Library :** *564 Main St. ☎ 508-945-5170. Lun, mer et ven-sam 10h-17h ; mar et jeu 13h-21h. Il est préférable de réserver son tour. Accès gratuit.* Les adresses disposant de wifi gratuit sont recensées dans la brochure de la ville disponible à la *Chamber of Commerce.*

Où dormir ?

De bon marché à prix moyens

Bow Roof House : *59 Queen Anne Rd. ☎ 508-945-1346. Tte l'année. Doubles env 100-110 $, petit déj inclus.* Voici 2 siècles que cette ancienne demeure est sur pied. Du caractère, pas d'artifices et des prix très raisonnables pour Cape Cod, il n'en fallait pas plus pour nous faire apprécier cette maison de capitaine. 6 grandes chambres aux meubles rustiques, toutes avec salle de bains. Accueil charmant d'une vieille dame volubile et de son fils. Petit déj servi dans la salle à manger. Possibilité d'apporter ses repas et de s'attabler sur la terrasse ombragée.

Surfside Motor Inn : *25 Holway St. ☎ 508-945-9757. • ssinnchat@aol.com • Tte l'année. Doubles env 120-155 $ en saison, petit déj inclus. Familiales env 235-250 $ (min 2 nuits le w-e en été).* Une vraie trouvaille que cet hôtel familial établi à Chatham depuis 1944. Bien situé, à 100 m de *Lighthouse Beach* et un peu plus de 5 mn à pied du centre. Une grande maison de caractère au charme désuet, rustique et accueillante. Diverses chambres avec ou sans vue sur l'océan, toutes avec salle de bains. Les familiales (5-6 personnes) disposent d'une cuisine. L'ensemble est un peu vieillot côté déco mais vraiment propre et confortable. Petit déj simple variant tous les jours. Surtout, l'accueil est d'une rare gentillesse. On s'y sent vraiment en famille. Et les prix restent démocratiques.

Un peu plus chic

Chatham Guest Rooms : *1409 Main St, West Chatham. ☎ 508-945-1660. • chathamguestrooms.com • Tte l'année. En saison, doubles env 125-165 $, petit déj inclus.* Un vrai coup de cœur pour cette adresse établie dans une maison de 1770. Un peu à l'écart du centre, certes, mais c'est bien là un moindre mal au regard du charme, de l'accueil et de l'excellent rapport qualité-prix. C'est d'abord une petite boutique d'antiquités, spécialisée dans les cartes anciennes. À l'étage, 2 chambres d'hôtes superbement restaurées, vastes, cosy, ultra-confortables, l'une d'entre elles disposant d'une vraie cuisine à l'américaine, sous les combles. *Very romantic !* Une autre chambre donne de plain-pied sur le jardin à l'anglaise, amoureusement entretenu par le proprio. L'accueil est assuré par Danielle Jeanloz, d'origine suisse (francophone), qui saura vous conseiller les meilleures adresses et activités de la région. Petit déj mémorable avec gâteaux maison et savoureux produits locaux. Bref, réservez !

Où manger ?

De bon marché à prix moyens

Marion's Pie Shop : *2022 Main St (route 28). ☎ 508-432-9439. Assez loin du centre. Tlj sf lun 8h-18h (16h dim et 17h hors saison).* Une adresse irrésistible à tout moment, et dès le petit déj. Délicieuses tourtes *(pies)* salées ou sucrées au poulet, aux fruits de mer, aux légumes, aux fruits... Également des soupes, salades et autres petites douceurs (muffins, *rolls*...) à la fraîcheur garantie. Parfait pour un pique-nique ou à déguster sur les quelques chaises dehors.

Chatham Cookware Café : *524 Main St. ☎ 508-945-1250. En saison, tlj 10h-16h.* Petite adresse agréable pour prendre un petit déj : *breakfast sandwich, bagels,* muffins maison, croissants, etc. Bien aussi pour le pique-nique, avec des sandwichs frais préparés à la demande et tout un choix de garnitures. Vente de boissons variées et produits locaux (confitures, miel, biscuits, etc.). À manger sur place, dans un cadre agréable, ou à emporter.

Celestino's Café & Bakery : *513 Main St. ☎ 508-945-9700. Tlj 9h-22h. Compter env 12-18 $; le soir, plats env 25-35 $.* Un café au cadre chic et avenant, rafraîchi par les ventilos du plafond. Une bonne adresse pour le petit déj (savoureuses omelettes, crêpes et gaufres), bien aussi le midi avec de bons sandwichs, salades et quelques plats chauds comme la soupe du jour, le *mixed grill* ou le poulet marsala. Assiettes joliment présentées et produits ultra-frais. Les portions pourraient être plus généreuses... mais vous aurez ainsi gardé de la place pour un des desserts maison, *cupcake, cheesecake* et autres bombes caloriques ! Vente de pain frais.

🍽 ***Carmine's :*** *595 Main St. ☎ 508-945-5300. Tlj 10h-18h ou 19h (23h en été). Compter moins de 5 $ la part de pizza, 15-20 $ pour une entière (énorme !).* Parts de pizzas et tourtes *(pies)* de toutes sortes pour une pause rapide et économique. Sur place ou à emporter.

De prix moyens à chic

🍽 ***Chatham Squire :*** *487 Main St. ☎ 508-945-0945. Tlj midi et soir jusqu'à 1h. Compter 15-20 $ le midi, env 30 $ le soir.* Dans une mignonne maison à bardeaux sont réunis une taverne et un resto qui proposent les mêmes menus. Du hamburger aux *clams*, on trouve de tout, pas trop cher et plutôt bien cuisiné. On s'attardera sur la taverne, aux murs recouverts de plaques d'immatriculation, l'endroit le plus animé de la rue. Un *sports bar* en forme de U où chacun lève son verre. Une adresse ultra-populaire au cap, qui mêle allègrement habitués et touristes de passage.

🍽 ***Impudent Oyster :*** *15 Chatham Bars Ave. ☎ 508-945-3545. Tlj midi et soir jusqu'à 22h30. Compter 20-25 $ le midi et 40 $ le soir.* Grande salle tout en bois sur 2 niveaux et comptoir au fond, où se retrouvent les habitants de Chatham. C'est l'occasion de déguster d'excellents plats de poisson ou fruits de mer, préparés ici avec soin, dans un esprit « fusion » mêlant épices, herbes et légumes frais. Une nouvelle cuisine américaine, en somme, servie copieusement. À la carte, on retrouve le classique *lobster* grillé (30 $ le soir) et toute une variété de poissons (*cod*, sole, espadon), *clams* (palourdes), Saint-Jacques et crevettes préparées à la créole, à l'italienne... Service efficace et accueil au diapason. Une valeur sûre, à prix encore raisonnables le midi.

CAPE COD

Où s'offrir une bonne glace ?

🍦 ***Buffy's Ice Cream :*** *456 Main St. ☎ 508-945-5990. En plein centre. Tlj en saison, 9h-18h. À partir de 4,50 $.* Un repaire historique pour les amateurs de crèmes glacées. Tellement de parfums et de possibilités qu'on ne sait que choisir ! Cornets, milk-shakes, *flurrys, sundaes, frozen yogurt, smoothies*, etc. Et toute la variété de *toppings*. La *lemonade* maison est aussi célèbre dans tout Cape Cod !

À voir. À faire

➢ 🚶 ***Monomoy Island :*** on peut s'y rendre en bateau au départ de Chatham. Amis ornithologues, cette île-réserve naturelle ne compte pas moins de 300 espèces d'oiseaux migrateurs. Des tours sont organisés pour aller observer les oiseaux et les phoques qui séjournent là toute l'année *(compter env 30-35 $)*. Excursion de 1h30 à 2h30 jusqu'à la pointe sud de l'île. Pensez à prendre appareils photo et jumelles. Infos et résa (impérative) à la *Chamber of Commerce* ou directement sur le port, auprès des compagnies :

■ ***Monomoy Island Ferry :*** *☎ 508-237-0420. • monomoyislandferry.com •* Organise aussi des sorties à la journée, balades à pied, sorties pêche et ornithologiques.

■ ***Beachcomber :*** *☎ 508-945-5265. • sealwatch.com • Téléphoner pour connaître les horaires.*

■ ***Monomoy Island Excursions :*** *☎ 508-430-7772. • monomoysealcruise.com •* Balade en mer de 2h30 env. On contourne l'île de Monomoy. Également des sorties (de 30 mn) au coucher du soleil.

ORLEANS

Le nom de cette petite ville viendrait des échanges qu'il y eut avec les Français pendant la Révolution.

Adresses utiles

Orleans Chamber of Commerce : *44 Main St. ☎ 508-255-1386. • orleanscapecod.org • Lun-ven 10h-15h.*

Autre **point d'infos** *un peu à l'écart du centre : 8 Eldredge Park Way. Mai-oct, lun-sam 9h-17h, dim 11h-15h.*

Où dormir ?

Camping

Roland C. Nickerson State Park : *route 6 A, à la sortie de Brewster en allant vers Orleans. ☎ 508-896-3491. • mass.gov/dcr/parks/southeast/nick.htm • ♿ Ouv mai-oct. Résa indispensable l'été. Env 17 $ (2 tentes max). Yourtes 4-6 pers 30-40 $ (loc à la sem en hte saison). Douches chaudes gratuites. Pour les non-campeurs, accès libre dans le parc tlj 8h-20h l'été. Kiosque d'informations et petite boutique vendant du matériel de camping.* Un parc naturel protégé qui donnerait envie de camper aux plus réticents ! Immense espace de forêt et de lacs avec pas moins de 400 emplacements aménagés pour les campeurs. Également 6 yourtes (les enfants adorent !). Plein d'activités possibles organisées par les *rangers* : randonnées, vélo (le *Cape Cod Rail Trail* passe par ici), canotage ou baignade dans les lacs, et même ski de fond et patin à glace en hiver (mais, là, on n'y campe plus !).

De prix moyens à chic

The Nauset House Inn : *143 Beach Rd, à East Orleans (à 0,5 mile de Nauset Beach). ☎ 508-255-2195 ou 1-800-771-5508. • nausethouseinn.com • Ouv avr-oct. Doubles 90-185 $ avec ou sans sdb, petit déj, vin et en-cas compris. Min 2 nuits le w-e en été.* Dans une belle demeure typique de la Nouvelle-Angleterre, 16 chambres coquettes, toutes décorées différemment avec un goût très sûr. 6 d'entre elles avec salles de bains communes (une pour 2 chambres), les plus chères avec lit *king size,* grande salle de bains, salon et balcon donnant sur le joli jardin. Dans un cadre verdoyant, ce *B & B* garantit un repos total. Bon et copieux petit déj servi dans la salle à manger conviviale. Une excellente adresse de charme, pas guindée pour autant.

The Cove : *13 S Orleans Rd ; sur la route 28, non loin du croisement avec la 6 A. ☎ 508-255-1203 ou 1-800-343-2233. • thecoveorleans.com • Tte l'année. Selon niveau de confort, env 140-200 $ de fin juin à début sept (2 nuits min) ; env 70-110 $ en basse saison.* Un motel classique, surtout valable pour sa situation, au bord d'un des nombreux lacs de Cape Cod. La couleur vert grisé des bâtiments est en harmonie avec le paysage, parfaitement reposant. Certaines chambres disposent d'un coin cuisine avec micro-ondes et quelques-unes ont vue sur le lac (les n°s 20 à 25) ; ce sont celles-ci que nous vous recommandons, même si elles sont plus chères. Petite piscine. Bon accueil.

Où manger ?

Village Farm Market : *199 Main St, sur la route de Nauset Beach. ☎ 508-255-1949. Tlj fin mars-nov ; en saison, 6h-20h (18h dim).* Grosse épicerie aux allures de ranch (ne manque que Jolly Jumper au tableau !), vendant tout ce qu'il faut pour se bricoler un pique-nique avant d'aller à Nauset Beach. Sandwichs frais (7 $), pâtisseries, *salad bar,* coin boucherie, fruits, légumes...

Joe's Beach Road Bar and Grille : *Beach Rd (non loin de Nauset Beach).* ☎ *508-255-0212. Tte l'année, tlj à partir de 16h pour un cocktail, 17h pour dîner. Plats 10-25 $.* Ambiance conviviale dans les 2 salles de cette adresse populaire à Cape Cod : à droite, ambiance cosy avec gros fauteuils et tapis ; de l'autre côté, la grange, plus rustique mais élégante avec sa cheminée et ses chaises en cuir le long du bar. La carte est longue comme le bras. Portions copieuses et qualité extra pour des plats allant des classiques cheeseburgers, pizzas, soupes et salades aux *pork ribs,* en passant par les steaks et autres *fish & chips.* Au fait, gardez un peu de place pour leur crème brûlée, réputée. Un excellent rapport qualité-prix. Concerts live le week-end en saison et ambiance conviviale assurée.

À voir. À faire à Orleans et dans les environs

Nauset Beach : *de mi-juin à début sept, parking payant 7h-17h : 15 $ (à ce prix, on a aussi les* pipi room *et la douche, ouf !). À ne pas confondre avec Nauset Light Beach, plus au nord.* Face à l'Atlantique, une des plus belles plages de Cape Cod. Son nom vient d'un mot indien wampanoag. Longue de 14 km et bordée par une immense dune de sable blanc, elle est vraiment splendide. Elle appartient d'ailleurs au *Cape Cod National Seashore* (on y arrive...).

➢ **Cape Cod Rail Trail :** circuit de cyclotourisme qui s'étend sur 22 miles le long d'une ancienne voie ferrée, de Dennis à Wellfleet, et traverse le Nickerson State Park. La piste (bitumée) serpente entre marais, *cranberry bogs,* lacs, forêts...

French Cable Museum : *à l'angle de la route 28 et de Cove Rd.* ☎ *508-240-1735. Juil-août, lun-sam 13h-16h ; juin et sept, slt ven-dim.* Les premières communications entre l'Europe et Cape Cod datent de 1879. Pour la petite histoire, le nom de la station provient des liens établis avec la France pendant la Première Guerre mondiale. On y voit câbles et instruments de l'époque.

Cape Cod Museum of Natural History : *869 route 6 A, à* **Brewster.** ☎ *508-896-3867.* • *ccmnh.org* • *Juin-sept, tlj 9h30-16h ; oct-mars, mer-dim (à partir de jeu en fév-mars) 11h-15h ; avr-mai, mer-dim 11h-15h. Entrée : 8 $; réduc 3-12 ans et seniors.* La visite de cet écomusée instructif et original s'impose, surtout si vous êtes en famille. On commence par la partie musée, où les enfants prendront plaisir à découvrir la faune et la flore du cap. Ateliers interactifs, oiseaux naturalisés, aquariums, etc. Puis on enchaîne avec la partie pratique... dans la nature ! Des petits sentiers de balade *(walking trails)* permettent d'observer in situ les paysages typiques de Cape Cod, les marais, les dunes et l'océan. Baignade possible sur une belle plage de sable fin. Des visites guidées sont organisées, mais on peut aussi se promener librement, le nez au vent. D'ailleurs, l'accès aux sentiers est gratuit.

EASTHAM

Ce serait sur la plage d'Eastham que les pères pèlerins du *Mayflower* auraient rencontré les indigènes pour la première fois. L'activité principale de la ville a longtemps été tournée vers le sel. Aujourd'hui, Eastham est une ville de passage sans charme, ni centre-ville homogène. Les locaux ont beau vous assurer que la ville recèle des coins cachés absolument *lovely*, nous, on n'a retenu que cet alignement de motels le long de la route 6. On vous conseille de filer sur Provincetown pour passer la nuit.

Adresses utiles

Visitor Information Center : *sur la route 6, sur la droite en venant d'Orleans ; pas très loin de Fort Hill. ☎ 508-255-3444. • easthamchamber.com • Tlj 10h-16h de mi-mai à mi-oct ; horaires restreints hors juil-août.* Possibilité de réserver des *B & B* traditionnels (notamment *Fort Hill B & B* ou *By the Way*).

@ **Internet :** *à la bibliothèque* (library), *190 Samoset Rd. ☎ 508-240-5950. Mar-sam 10h-16h (20h mar et jeu). Fermé dim-lun. Accès gratuit.*

Location de vélos : Idle Times, *4550 route 6, au niveau de Brackett Rd. ☎ 508-255-8281. • idletimesbikes.com • Ouv 9h-17h (19h juin-août). Compter 18 $ pour un vélo à la journée (8h) et 22 $ pour 24h.* Loue aussi des tandems, vélos et accessoires pour enfants, casques, etc. 3 autres adresses sur le cap, notamment à Orleans.

Où dormir ? Où manger sur la route de Provincetown ?

Mid Cap Hostel : *75 Goody Hallet Dr. ☎ 508-255-2785. • usahostels.org • Sur la route 6, après la sortie 12, continuer jusqu'au rond-point d'Orleans, faire trois quarts de tour et prendre Rock Harbor Rd, puis la 1re à droite sur Bridge Rd et encore à droite (panneau* Hostelling international*). Ouv fin mai-fin sept. 32 $ (sem)-35 $ (w-e) la nuit en dortoir, petit déj inclus (3 $ de moins pour les membres). Double env 125 $. Internet.* L'originalité de cette AJ, c'est que les dortoirs sont répartis dans de petits bungalows en bois pour 5 personnes, en pleine nature. Pas de chauffage (prévoir un bon duvet à la mi-saison). L'ensemble est rustique, voire rudimentaire, mais c'est convivial et c'est ce qu'il y a de moins cher dans le coin ! Grande cuisine ouverte sur la salle commune (jeux et livres), barbecue et tables à l'extérieur.

Friendly Fisherman : *4580 route 6, N Eastham. ☎ 508-255-6770. Ouv de fin mai à mi-oct, lun-jeu 11h30-21h, ven-sam 11h30-21h30. Fermé dim. Env 15 $ l'assiette de fruits de mer frits, 18 $ le* lobster roll. Au bord de la route, cadre sans chichis avec quelques tables de pique-nique sous un auvent. C'est pourtant « the place to go » pour manger un *lobster roll*, ces fameux hot-dogs garnis de homard, servis ici ultra-copieusement. Également des calamars frits ou du crabe, accompagnés de frites croustillantes. C'est aussi un *fishmarket* réputé dans le coin, où l'on peut se procurer les produits de la pêche locale, mais aussi du pain frais, des fruits et *pies* maison. On en a plein les doigts mais on repart ravi de cette gargote de pêcheurs, vraiment *friendly* !

The Beachcomber of Wellfleet : *sur Cahoom Hollow Beach, tt au bout de Cahoom Hollow Rd. ☎ 508-349-6055. Sur la route 6, en direction de Provincetown, tourner à droite après le resto* PJ's, *à l'entrée de Wellfleet. Parking gratuit pour ceux qui viennent déjeuner ici (le montant du ticket – 15 $ – est un avoir sur l'addition). Resto ouv fin mai-début sept, tlj 12h-1h. Env 15-20 $ l'assiette de fruits de mer ; salades et sandwichs 7-16 $.* LE vrai resto de plage. À l'intérieur, une grande salle à la déco bien ricaine, avec de grandes tablées. Dehors, une vaste terrasse en bois qui fait tout l'attrait de cette adresse puisqu'on est en bord de plage, face à l'océan. La qualité de la cuisine est très satisfaisante. Pas mal de choix, dont une version « marine » du hamburger, où le steak est remplacé par du thon. Le soir en saison, c'est l'effervescence quand le *Beachcomber* se transforme en bar-discothèque, avec musique live ou DJ, soirées rock, reggae...

À voir. À faire

Eastham Windmill : *sur Windmill Green, en lisière de la route 6, en face de la caserne de pompiers. Tlj en été, 10h-17h.* Ce moulin du XVIIe s est le dernier en activité sur le cap.

➢ ***Bicycle trail :*** 2 pistes cyclables traversent Eastham : le *Cape Cod Rail Trail* du nord au sud (de Dennis à Wellfleet) et le *Nauset Bike Trail* (du *Salt Pond Visitor Center à Coast Guard Beach,* voir plus loin), qui offre de beaux aperçus sur les marais salés.

CAPE COD NATIONAL SEASHORE

Déclaré zone protégée en 1961 grâce à l'appui du président Kennedy, le *Cape Cod National Seashore,* qui s'étend d'Eastham à Provincetown, est un petit bout de Bretagne échoué de l'autre côté de l'Atlantique : paysage intact d'une beauté sauvage, patchwork de landes battues par les vents, immenses plages de sable blanc et une végétation couverte de *cranberry bogs* (airelles). Le meilleur du cap.

Adresses utiles

Le site internet des parcs nationaux est très complet et fournit toutes les infos pratiques : • *nps.gov/caco* • Sur place, deux *Visitor Centers* gèrent le *Cape Cod National Seashore,* au sud et au nord de la réserve :

Salt Pond Visitor Center : *sur la route 6, après le* Visitor Information Center *d'Eastham.* ☎ *508-255-3421. Tte l'année, tlj 9h-16h30, plus tard en saison.* Gère la partie sud du *Cape Cod National Seashore.* Infos, livres et cartes diverses. Très bons conseils donnés par les *rangers.* Pas mal d'activités proposées. Également un petit espace muséographique sur les thèmes de l'environnement.

Province Lands Visitor Center : *Race Point Rd, à 1 bon mile du centre de Provincetown.* ☎ *508-487-1256. Début mai-fin oct, tlj 9h-17h.* Gère la partie nord de la réserve, de North Truro à Provincetown. Il propose le même programme d'activités que celui de Salt Pond : canoë, pêche, randonnées, marches sur les dunes de sable. Film de 10 mn toutes les heures (4 films différents). Grimper au point d'observation, qui offre une vue à 360° sur les dunes et l'océan.

Les plages

Les plus belles du cap sont ici. Savoir que de fin juin à fin août et les week-ends de fin mai à fin octobre, l'accès aux plages et donc aux parkings est payant en journée (et cher). Compter 3 $ pour les piétons, cyclistes et motards, 15 $ pour une voiture. Les plages sont accessibles jusqu'à minuit. Elles sont toutes surveillées (en été) et équipées de douches, eau potable et toilettes.

Coast Guard Beach : *à Eastham. La plus proche du* Salt Pond Visitor Center, *au bout de Doane Rd.* Considérée comme l'une des plus belles plages des États-Unis. En raison de l'affluence, de mi-juin jusqu'au Labor Day, le parking n'est plus autorisé à proximité directe de la plage (système de navettes depuis le parking de Little Creek).

Nauset Light Beach : *à 1 mile au nord de Coast Gard Beach ; de la route 6, à North Eastham, suivre les panneaux (Ocean View Dr).* Une des plages décrites dans *Cape Cod* de Thoreau : son sable blanc, ses hautes dunes et son phare rouge et blanc en retrait de la mer. À quelques minutes à pied de là, vous pourrez jeter un œil aux *Three Sisters Lighthouses,* trois petits phares en bois entièrement restaurés.

Marconi Beach : *à 6 miles au nord du* Salt Pond Visitor Center *; par la route 6 jusqu'à Wellfleet, puis suivre les panneaux.* Une belle plage sauvage. Plate-forme d'observation pour une vue panoramique sur les marais et l'océan, depuis Eastham jusqu'à Truro. La plage fut baptisée en hommage au célèbre inventeur italien Marconi, qui réalisa la première liaison radiophonique entre les États-Unis et l'Angleterre, en 1901.

Head of the Meadow Beach : *en poursuivant 6 miles au nord la route 6, prendre la sortie Cape Cod Light / Highland Rd, puis à droite (panneau marron et blanc) sur 2 miles.* Une autre belle plage, surveillée en été.

Race Point Beach : *la plus au nord du cap. Prendre la route 6 jusqu'à Provincetown, puis suivre Race Point Rd jusqu'au bout.* On peut aussi rejoindre **Herring Cove Beach** par la célèbre Province Lands Rd, qui serpente à travers les dunes.

Randonnées

Avant toute chose, procurez-vous la feuille ***Self-guiding Trails*** dans l'un des *Visitor Centers* (voir « Adresses utiles »), qui recense une petite douzaine de circuits pédestres au départ d'Eastham, de Wellfleet, Truro et Provincetown, celle sur les 3 circuits à vélo ***(Bicyclee Trails),*** ainsi qu'une carte détaillée du cap indiquant tous les sentiers de randonnée et les pistes cyclables. De plus, un petit fascicule est en général mis à disposition à chaque début de promenade sur l'itinéraire et ses points d'intérêt. Demander également l'***Activity Guide*** édité par le *Cape Cod National Seashore,* programme des activités proposées par les *rangers* : promenades guidées à pied (gratuites) ou en canoë ; leçons de pêche (petite contribution), etc. Vous voilà armé.
Voici quelques idées de balades parmi les circuits proposés dans la brochure :

➢ ***Nauset Marsh Trail :*** *accès par le* Salt Pond Visitor Center. Cette promenade de 1,6 km environ longe le *Salt Pond* et offre de très belles vues sur les marais. On peut poursuivre un sentier sur 1 mile jusqu'à l'aire de pique-nique de Doane et la *Coast Guard Beach*.

➢ ***Fort Hill Trail :*** *peu après Orleans, dans Eastham, indiqué depuis la route 6. Compter 1h de marche.* Ce *trail* croise le *Red Maple Swamp Trail.* Ici aussi, superbes vues des marais de Nauset. Promenade très belle en automne, quand les érables prennent leurs couleurs dorées. Petit tour également apprécié des ornithologues.

➢ ***Great Island Trail :*** *pour accéder au parking, du* Salt Pond Visitor Center *à Eastham, prendre la 6 E sur un peu plus de 8 miles, puis tourner à gauche en direction du « Wellfleet Center and Harbor ». Après avoir passé le port* (harbor), *continuer sur 2,5 miles env, jusqu'au Great Island Trail Parking.* La randonnée se situe du côté de la baie de Cape Cod et s'étend sur toute la presqu'île à l'ouest de Wellfleet. C'est la plus longue du parc. Balade très sauvage de 13 km (env 4h, arrêts compris) où l'on marche aussi bien le long des marais que sur la plage ou dans la forêt. Prévoir de l'eau et un chapeau. Le but, c'est d'atteindre le *Jeremy Point,* accessible à marée basse. Variante dans le parcours. Très beaux paysages et calme assuré.

➢ ***Atlantic White Cedar Swamp Trail :*** *au départ du parking du Marconi Station Site (South Wellfleet).* Une promenade facile et courte (30 mn environ) qui sillonne à travers les pins, les cèdres blancs et les marais. On y croise des tas de petits écureuils et le parcours est vraiment très agréable.

➢ D'autres sentiers faciles *(env 30 mn)* autour de North Truro et une balade de 1h dans ***Beech Forest,*** à proximité de Provincetown.

TRURO

Un hameau de quelques maisons disséminées en pleine nature, d'un côté ou de l'autre de la route 6. Son intégration au *National Seashore* en 1960 a permis de conserver un environnement sauvage.

Où dormir ?

Auberge de jeunesse

Truro Hostel : *au bout de North Pamet Rd. ☎ 508-349-3889 ou 888-901-2086 (hors saison). • usahostels.org • Par la route 6 en venant d'Eastham, accès à droite direction « Pamets Road – Truro Center », puis tt de suite à gauche, suivre la N Pamet Rd. Le bus qui relie Hyannis à Provincetown peut vous déposer à env 1 mile de l'AJ, à la poste de Truro exactement. Ouv fin juin-début sept (check-in 8h-22h). Résa indispensable. Nuitée env 38 $ en sem, 42 $ le w-e (3 $ de moins pour les membres d'HI. Petit déj inclus. Internet.* Ancienne *coastguard* perchée en haut des dunes, en pleine nature. Beaucoup de cachet dans cette maison en bois traditionnelle offrant un magnifique panorama sur la mer. C'est de l'un des dortoirs des filles, au 1er étage, que l'on a la plus jolie vue ! Garçons et filles séparés, mais il y a aussi un dortoir mixte. Grande cuisine à l'américaine, vieux poêle et ambiance conviviale. La plage, très sauvage (l'accès y est d'ailleurs très difficile), n'est qu'à 200 m. Idéal pour un séjour loin du monde.

À voir

Cape Cod Lighthouse : *à North Truro, peu avt Provincetown (bien indiqué). ☎ 508-487-1121. • trurohistorical.org • capecodlight.org • De mi-mai à mi-oct, tlj 10h-17h30. Entrée : 4 $.* Le plus vieux phare (datant de 1797) et aussi le plus emblématique de Cape Cod. Celui-ci fut d'ailleurs peint par Edward Hopper, accolé à la maison grise. De là-haut, belle vue sur la baie de Cape Cod d'un côté, sur l'océan Atlantique de l'autre. Terrain de golf au pied du phare. Tout proche, le ***Highland House Museum,*** une vaste maison de 1907, qui présente une collection hétéroclite collectée par l'association historique de Truro. Meubles victoriens, ustensiles, jouets anciens, maquettes, etc.

PHARE AWAY

Le phare n'est plus en haut de la falaise : comme il menaçait de s'effondrer dans la mer à cause de l'érosion, il a été déplacé de 130 m en arrière en 1990. Une vidéo explique les moyens déployés pour la mise en œuvre de ce chantier. Mais si la mer continue à gagner du terrain, il n'est pas exclu que l'opération doive être renouvelée. Les experts estiment toutefois que le phare peut désormais garder la tête hors de l'eau pendant deux siècles !

PROVINCETOWN

Provincetown (P-Town pour les intimes) est une ville à part sur le cap. Elle est connue et fréquentée depuis plus d'un siècle par les artistes, gays, excentriques et marginaux de tout poil. Il y règne une atmosphère particulière : toute la population se promène à vélo et cohabite dans une ambiance bon enfant. On est loin des premières colonies de pêcheurs, notamment portugaises, qui, dès le XVIIe s, faisaient recette grâce à la chasse à la baleine. Une industrie florissante qui, jusqu'au début du XIXe s, a aussi largement profité à la contrebande et aux brigandages. À la fin du XIXe s, sous la houlette de Charles W. Hawthorne, qui créa *The Cape Cod School of Art,* de nombreux artistes vinrent à Provincetown, dont Mark Rothko et Jackson Pollock pour ne citer qu'eux. Depuis, poètes, peintres, sculpteurs et autres curieux ne se lassent pas de la lumière insaisissable de Provincetown. À tel point que l'été, la population passe de 3 500 à 50 000 habitants ! Ajoutez à cela de jolies maisons blanches aux volets bigarrés, aux jardins très soignés, un petit port pittoresque, quelques belles plages alentour, une pléthore de galeries d'art, de restos et de magasins sur Commercial St (certains interdits aux moins de 21 ans...), et le drapeau arc-en-ciel, symbole de la communauté gay, qui flotte un peu partout. Pour un peu, on se croirait à Key West. Avec l'été – chaleur oblige – les beaux mâles n'hésitent pas à rouler ostensiblement des mécaniques sous leur marcel XXS. Avis tout de même aux familles en voyage sur le cap : le soir, autour des bars animés de Commercial St, on se croirait en pleine *Gay Pride,* tendance cuir et harnais ! Un conseil pour ceux qui veulent éviter la frénésie du plein été : préférez les mois de mai, juin et septembre.

Arriver – Quitter

En bus

Liaisons avec Hyannis, Boston ou New York : avec Plymouth & Brockton. ☎ *508-746-0378. À Provincetown, billets en vente au* Whale Watch Store, *309 Commercial St.* • *p-b.com* • *Prix du trajet : 35 $ jusqu'à Logan Airport ; 10 $ de plus si vous transportez votre vélo entre Provincetown et Boston, et 5 $ si vous montez à un autre arrêt.* Cette compagnie rallie Boston (Logan Airport, Park Sq et South Station) et New York avec une connexion obligatoire à Hyannis, et dessert sur le parcours la plupart des villes du cap. L'arrêt des bus est sur McMillan Wharf (derrière la chambre de commerce). Environ 4h pour faire le trajet Provincetown-Boston Logan Airport.

En ferry

➢ ***Liaisons avec Boston :*** avec *Bay State Cruise Company.* ☎ *617-748-1428 et 1-877-783-3779.* • *baystatecruises.com* • Avec le *Provincetown Fast ferry,* 3 départs/j. de fin mai à mi-oct (1h30 de traversée). Compter 50 $/adulte, 6 $/vélo ; réduc enfants (3-12 ans) et seniors. Le *Provincetown II* assure 1 liaison aller-retour le sam slt (sf j. fériés), de fin juin à début sept. C'est moins cher (22 $/adulte et gratuit pour les enfants !) mais très long (au moins 8h de traversée).

Adresses utiles

Provincetown Chamber of Commerce *(plan zoom)* ***:*** *307 Commercial St, sur Lopes Square.* ☎ *508-487-3424.* • *ptownchamber.com* • *Juil-août, 9h-17h ; mai-juin et sept, 10h-16h. Fermé dim en avr, nov et déc. Janv-mars, ouv 3-4 j./sem.* Pas mal de documentation. Possibilité de les appeler pour connaître les disponibilités des hôtels le jour même.

✉ ***Post Office :*** *plan zoom.*

@ ***Public Library*** *(plan zoom)* ***:*** *à l'angle de Commercial et Center St. Tlj en été, horaires variables. Accès Internet gratuit pdt 30 mn, sur résa, selon affluence.*

Circuler à Provincetown

– ***À pied*** d'abord. La ville est certes étendue mais parfaitement plate et agréable à parcourir en flânant tranquillement.

CAPE COD

– Sinon, ***le vélo*** est le moyen de transport le plus adapté. Oubliez de toute façon la voiture en ville, ça bouchonne en permanence l'été. Vous trouverez de nombreux loueurs, qui pratiquent tous plus ou moins les mêmes prix : env 20 $ la journée. Ajouter 2 $ pour le garder 24h. Un peu moins cher à la mi-saison.

■ ***Arnold's*** *(plan zoom,* ***3****) : 329 Commercial St ; juste à côté de McMillan Wharf.* ☎ *508-487-0844. Mai-oct, tlj 9h-18h.* Loue aussi des poussettes 3 roues adaptées aux sentiers de rando.

■ ***Ptown Bikes*** *(plan A2,* ***4****) : 42 Bradford St.* ☎ *508-487-8735.* ● *ptownbikes.com* ● *De mi-mai à mi-sept, tlj 9h-18h (10h-17h à la mi-saison).* Selon saison, compter 19-22 $ les 24h pour un VTT.

■ ***Gale Force Bikes*** *(plan A2,* ***5****) : 144 Bradford St Extension (angle de West Vine).* ☎ *508-487-4849.* ● *galeforcebikes.com* ● *Mai-oct, tlj 8h-20h.* Prix intéressants : 16 $ les 24h. La location inclut casque, cadenas et carte détaillée.

Shuttle : ☎ *508-385-1430 ou 1-800-352-7155.* ● *thebreeze.info* ● Bus municipaux en service tte l'année, reliant d'un côté Herring Cove Beach (et le Cape Cod National Seashore) et de l'autre North Truro (et le Highland Light). Les bus s'arrêtent n'importe où en route. *Possibilité d'acheter les billets à bord et aussi d'embarquer son vélo. Compter 2 $ le trajet ou 4 $ la journée ; réduc.* Fin juin-début sept, départs tlj, ttes les 30 mn ou ttes les heures, 7h-minuit.

– ***Difficile de se garer à Provincetown*** (contrairement aux autres villes du cap) ; les automobilistes devront se rabattre sur les parkings payants (très chers !) du centre. Évitez le grand parking du port, qui est hors de prix et préférez celui situé derrière le *Pilgrim Monument (plan zoom).* Et pour une durée de stationnement inférieure à 10h, il est plus avantageux de se garer un peu à l'extérieur, où le stationnement est calculé au quart d'heure *(0,25 $).* Un parking est situé au bout de Winslow St *(plan A1),* un autre au bout de Commercial St, près du restaurant *Red Inn (plan A2).*

Où dormir ?

AUBERGE DE JEUNESSE

The Outermost Hostel *(plan A1,* ***11****) : 28 Winslow St.* ☎ *508-487-4378.* ● *outermosthostel.com* ● *Ouv mai-oct. En saison, compter 33 $ la nuit.* À 5 mn à pied du centre (derrière le *Pilgrim Monument*), cette AJ indépendante dispose de 5 bungalows en bois très basiques, avec minuscule salle de bains, pouvant accueillir 4 à 6 personnes... De l'extérieur, on a du mal à le croire ! Pas de salle commune, juste une toute petite cuisine déglinguée, quelques tables à l'extérieur, sur l'herbe, pour prendre ses repas ou bouquiner. On vous l'indique car c'est l'adresse la moins chère de Provincetown.

GUESTHOUSES

Sur Commercial St et dans les petites rues avoisinantes, on trouve des dizaines de *guesthouses, Inns* et *B & B.* Certains sont vraiment ravissants, mais les prix sont souvent très élevés. Pourtant, en cherchant bien, on peut dégoter quelques petites adresses qui ne grèveront pas le budget des routards. Nos deux premières adresses font partie des meilleurs rapports qualité-prix.

Prix moyens

The Cape-Codder *(plan B1,* ***12****) : 570 Commercial St.* ☎ *508-487-0131.* ● *capecodderguests.com* ● *Dans la rue principale mais un peu excentré (à*

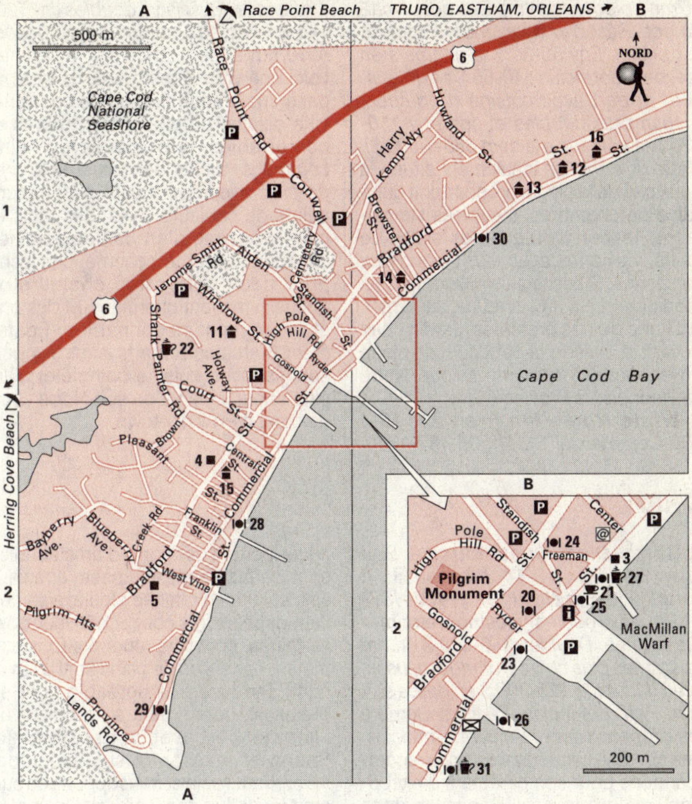

PROVINCETOWN

■ **Adresses utiles**

- ℹ Provincetown Chamber of Commerce
- @ Internet (Public Library)
- 3 Arnold's
- 4 Ptown Bikes
- 5 Gale Force Bikes

Où dormir ?

- 11 The Outermost Hostel
- 12 The Cape-Codder
- 13 White Horse Inn
- 14 Carpe Diem Guesthouse & Spa
- 15 The Bradford House & Motel
- 16 Surfside Hotel & Suites

Où manger ?

- 20 The Mayflower – Family Dining
- 21 Provincetown Portuguese Bakery
- 22 Charch
- 23 George's Pizza
- 24 Napi's
- 25 Lobster Pot
- 26 Ross Grill
- 27 Café Edwige
- 28 Lorraine's
- 29 The Red Inn
- 30 Angel Foods
- 31 Bubala's

15 mn à pied du centre). Ouv début mai-fin oct. Réserver à l'avance, l'adresse est prisée. Env 55-80 $ la nuit/pers en été, petit déj inclus ; 40-65 $ à la mi-saison. Appart avec cuisine tt équipée, 2 chambres doubles et sdb env 110-170 $ la nuit (loc à la sem 660-1 000 $). Cette *guesthouse* idéalement située, à deux pas de la plage, propose une quinzaine de chambres, meublées simplement. Toutes partagent les salles de bains, vieillottes avec leur baignoire à l'ancienne. C'est ce qui explique les prix modiques. La n° 16, avec vue sur la mer, est l'une de nos préférées. Jardin fleuri devant la maison et petit coin de plage privée. Accueil fort sympathique. Notre meilleur plan à Provincetown.

☗ ***White Horse Inn*** *(plan B1,* ***13****) : 500 Commercial St.* ☎ *508-487-1790. Tte l'année. En saison, doubles env 120-145 $ avec sdb commune ou privée.* À 10 mn à pied du centre, au calme, voici une vraie *guesthouse* de charme dans une grande maison de capitaine. Une dizaine de chambres propres et confortables, la plupart avec bains communs, toutes décorées de bric et de broc avec des meubles de récup' peints de couleurs vives, des tapis et plein d'œuvres d'art contemporaines aux murs. Un côté bohème, pas léché pour deux sous, très chaleureux. Accueil vraiment charmant. Et des prix étonnamment raisonnables. Également 6 studios-apparts pour 3-4 personnes (avec cuisine complète) mais plus chers, cela va de soi. Notre coup de cœur à Provincetown.

Chic

CAPE COD

☗ ***Carpe Diem Guesthouse & Spa*** *(plan B1,* ***14****) : 12-14 Johnson St, à l'angle de Bradford.* ☎ *1-800-487-0132. • carpediemguesthouse.com • Tte l'année. Doubles 250-500 $ en hte saison (les plus chères, ultra-luxueuses, avec Jacuzzi) ; 125-300 $ en basse saison. Petit déj inclus. Parking.* Derrière les drapeaux arc-en-ciel et... français, une adresse luxueuse que nous recommandons pour son caractère d'exception, malgré le prix. Réparties dans plusieurs maisons, 19 chambres magnifiques portent des noms d'artistes. Elles sont parfaitement équipées, spacieuses, et la déco raffinée n'enlève en rien l'atmosphère très cosy : cheminée pour certaines, coussins rebondis tous azimuts... Les salles de bains sont à l'avenant. Terrasse très agréable pour se prélasser, notamment au moment de l'*happy hour*, avec vin et fromage. Sauna et massages sur demande. Accueil adorable et francophone de surcroît (pour l'un des 2 hôtes). Une petite folie pour épicuriens fortunés.

MOTELS & HÔTELS

☗ ***The Bradford House & Motel*** *(plan A2,* ***15****) : 41 Braford St.* ☎ *508-487-0173. • thebradfordhousemotel.com • Hôtel ouv tte l'année, motel slt de mi-avr à fin oct. Selon saison, doubles env 95-185 $ dans la partie motel, 105-250 $ dans la partie hôtel.* Penthouse *et* cottage *pour 4 pers 225-325 $. Parking.* Jolie maison blanche traditionnelle, à deux pas du *Pilgrim Monument* et seulement 5 mn à pied du centre. Tarifs encore raisonnables pour la ville. Les chambres de motel disposent de tout le confort. Déco tendance marine avec pas mal de bois et des touches de couleur bleu et blanc. Pas un charme fou, mais c'est nickel. Les chambres de la maison ont plus de cachet. Un bon plan pour les familles, le *cottage* ou, mieux, le *penthouse*, joliment décoré, avec cuisine tout équipée, salon et salle de bains.

☗ ***Surfside Hotel & Suites*** *(plan B1,* ***16****) : 543 Commercial St.* ☎ *508-487-1726. • surfsideinn.cc • Un peu excentré, à 10 mn à pied du centre. Ouv début mai-fin oct. Doubles 230-290 $ en saison, petit déj inclus ; 120-150 $ à la mi-saison. Parking. Internet.* Une bonne alternative entre nos adresses « Bon marché » et les *guesthouses* hors de prix du centre-ville. Partie motel très classique avec des chambres petites mais impeccables et tout confort (TV, sèche-cheveux, etc.). Déco sobre et assez moderne. Éviter seulement celles donnant sur le parking. Le must : toute une aile de l'hôtel située face à la mer, avec des chambres donnant directement sur la petite plage privée. Autres atouts : une vraie piscine (en plein air), le petit déj (basique) inclus et un poste avec accès Internet gratuit. Accueil très serviable. Un bon rapport qualité-prix, en particulier hors juillet-août.

Où manger ?

Spécial petit déjeuner

Provincetown Portuguese Bakery *(plan zoom, **21**) : 299 Commercial St. ☎ 508-487-1803. Mars-oct, tlj 7h-23h. Compter moins de 10 $ pour un copieux petit déj.* Une boulangerie améliorée qui sert à toute heure des douceurs lusitaniennes. Les fameux *pasteis de nata* (petits flans) sont irrésistibles, mais les *pasteis de torres* (à l'amande) les valent aussi bien ! Également quelques bouchées salées, type feuilletés ou *bolhinos de bacalhau* (beignets à la morue). Cadre de cafétéria on ne peut plus banal. On peut emporter le tout pour le déguster sur la plage ou face aux bateaux.

Charch *(plan A1, **22**) : 73 Shank Painter Rd. ☎ 508-487-1530. Tlj 8h-14h. Compter 10-12 $ le petit déj.* Authentique *diner* à l'écart du centre et de l'animation, idéal pour s'offrir un petit déj complet après une nuit festive. Cadre typique, 2 salles aux murs colorés, tabourets chromés, tables en formica et banquettes en skaï. Toute la variété de *pancakes, eggs* et autres *wraps* bien cuisinés, frais et copieux. Bons sandwichs et *today's specials* inscrits à l'ardoise. Une adresse populaire à P-Town, mêlant jeunes et vieux, gays et hétéros.

Café Edwige *(plan zoom, **27**) : 333 Commercial St (Freeman St). ☎ 508-487-2008. Mai-oct, tlj jusqu'à 13h pour le petit déj (le w-e slt à la mi-saison). Compter 15-18 $ le petit déj. Le soir, les prix s'envolent !* Ouvert depuis 1974, le *Café Edwige* est une institution de Provincetown. Salle à manger chaleureuse et fleurie au 1er étage d'une petite maison en bois. Probablement le meilleur petit déj de la ville, en tout cas le plus élaboré : omelettes en tout genre accompagnées d'une salade de mesclun, *pancakes*, mais aussi assiettes de tofu, *granola*... Pensez aussi aux quelques tables à l'extérieur, bien agréables aux beaux jours.

Bubala's *(plan zoom, **31**) : 183 Commercial St. ☎ 508-487-0773. Tlj 11h-1h.* Une des terrasses prisées de Provincetown. Il faut dire qu'elle est vaste, ombragée grâce aux grands parasols jaunes et bien isolée de la rue. Agréable d'y prendre un verre en profitant de l'animation de Commercial St. Côté cuisine, tous les classiques yankees à prix raisonnables, très corrects et servis copieusement. Bien aussi pour s'offrir un petit déj complet avec jus d'orange frais.

Bon marché

The Mayflower – Family Dining *(plan zoom, **20**) : 300 Commercial St. ☎ 508-487-0121. Avr-oct, tlj 11h30 (12h dim)-22h. Plats env 6-20 $.* Voilà un nom qui colle parfaitement à l'atmosphère de cette adresse qui résiste au temps. La déco vieillotte et l'ambiance populaire en font l'un des derniers bastions non « paillettisés » de la rue. On retrouve ici l'ambiance des traditionnels *diners* avec une carte idoine, déclinant salades, pizzas, hamburgers et sandwichs sous toutes leurs formes. Ce sont probablement les moins chers de la ville. Également quelques plats italiens et portugais, steaks et *seafood* bon marché (14 $ le *lobster roll*).

Angel Foods *(plan B1, **30**) : 467 Commercial St. ☎ 508-487-6666. Tlj 7h-20h.* Jolie épicerie fine proposant légumes et fruits frais, vins, fromages, pâtisseries, confitures... On peut y concocter son propre sandwich (6,95 $) avec 4 ingrédients au choix ou opter pour les sandwichs maison (7,50 $), aux parfums méditerranéens (olives, feta, tomates séchées, herbes aromatiques...). Le tout à emporter pour un pique-nique sur la plage. Un peu excentré et pas vraiment donné mais d'excellente qualité et moins cher qu'un resto « assis ».

George's Pizza *(plan zoom,* ***23****) : 275 Commercial St.* ☎ *508-487-3744. En juil-août, tlj 11h-2h du mat ; jusqu'à 23h hors saison. Pizzas 8-17 $ env.* Pizzas correctes (en parts ou entières, à manger sur place ou à emporter), mais aussi bons plats de pâtes, sandwichs et salades. On commande à la caisse. La salle est sombre et quelconque, mais la terrasse donnant sur la plage est agréable. Populaire et sans chichis.

Prix moyens

Napi's *(plan zoom,* ***24****) : 7 Freeman St.* ☎ *508-487-1145. Tte l'année, tlj pour le dîner ; également au déj sept-avr. Plats 15-25 $. Parking gratuit.* Cadre extérieur assez chargé, avec une myriade de guirlandes lumineuses accrochées un peu partout. C'est Noël toute l'année ! Les 2 salles sont chaleureuses et décorées d'œuvres d'art hétéroclites. Côté cuisine, cette adresse reste un de nos meilleurs souvenirs dans la région. C'est d'ailleurs LA valeur sûre de P-Town, fréquentée par tous les gens du coin. Longue carte de spécialités aux influences méditerranéennes : poulet cuisiné de différentes façons (dont le *chicken Rancho Verde*), grillades, poissons, plats végétariens... Assiettes appétissantes, saveurs fines et parfumées. Bonne sélection de cocktails également.

Lobster Pot *(plan zoom,* ***25****) : 321 Commercial St.* ☎ *508-487-0842. Mars-nov, tlj 11h30-21h ou 22h selon affluence. Soupes 5-7 $, entrées env 10-12 $ et plats 25-30 $.* Est-ce le homard en guise d'enseigne qui attire si bien les chalands ? C'est, en tout cas, par grappes et sans hésitation que les amateurs de fruits de mer s'y engouffrent. Située juste en face du port, sur 2 étages, cette « usine à *seafood* » est une institution de Provincetown, toujours bondée. Après avoir franchi le *checkpoint*, on patiente le long des cuisines en pleine activité ou autour du grand bar circulaire. En été, les jours de forte affluence, il faudra attendre un certain temps avant qu'une table se libère, en particulier si vous souhaitez profiter de la vue derrière les baies vitrées ! Le parcours est long, mais on sert ici une *seafood* fraîche et de qualité.

Ross' Grill *(plan zoom,* ***26****) : 237 Commercial Wharf (au fond du petit centre commercial* Whaler's Wharf, *au 1er étage).* ☎ *508-487-8878. Avr-déc, tlj sf mar-mer, midi et soir jusqu'à 21h30. Compter 15 $ pour le déj et env 25 $ le soir.* La salle est agréable et pas sophistiquée avec ses beaux volumes et sa formidable vue sur le port. Cuisine de brasserie simple et bonne : hamburger accompagné d'excellentes frites, plats de viande, poissons et fruits de mer... Une carte restreinte mais à prix raisonnables... pour P-Town ! On vous conseille vivement la terrasse pour apprécier au mieux l'une des nombreuses références de vins servis au verre.

Chic

Café Edwige *(plan zoom,* ***27****) : 333 Commercial St (Freeman St). Dîner 18h-22h. Voir aussi plus haut la rubrique « Spécial petit déjeuner ». Compter env 30 $ le plat.* Le soir, *Edwige at Night* devient l'une des tables les plus réputées de Provincetown et propose une carte *world cuisine*. Cadre romantique mais décontracté, service attentionné, plats originaux, raffinés et joliment présentés. Difficile de se tromper.

Lorraine's *(plan A2,* ***28****) : 133 Commercial St.* ☎ *508-487-6074. Tlj le soir slt. Bar à margarita ouv 18h-1h. Plats 20-25 $.* Une petite institution. La célèbre Lorraine, d'origine mexicaine, propose des spécialités variées allant du Yucatán à La Paz, sans oublier une petite embardée du côté de l'Espagne (paella). On est servi dans une salle chaleureuse aux murs lambrissés d'acajou. Reste que la qualité n'est pas toujours au rendez-vous et que les portions sont un peu chiches. On peut se contenter d'y prendre un verre avec quelques tacos et un plat de *quesadilla*. Pour les amateurs, pas moins d'une petite centaine de tequilas, servies en cocktail ou brut de décoffrage !

Très chic

The Red Inn *(plan A2, **29**) : 15 Commercial St. ☎ 508-487-7334. Résa vivement conseillée. Compter min 40 $ le soir et 15-20 $ pour le brunch (jeu-dim).* Pour ceux qui sont prêts à y mettre le prix, voici sans conteste la meilleure table de Provincetown, plébiscitée par les locaux comme par les critiques gastronomiques. Située à l'extrémité de la rue principale, à l'endroit même où les *Pilgrim Fathers* ont débarqué du *Mayflower,* cette auberge toute rouge bénéficie d'une situation extraordinaire sur la baie, le phare de Long Point et le port. De la salle de resto, très romantique et élégante avec sa cheminée, son parquet à grosses lattes et ses poutres au plafond, la vue est fantastique. On y sert une cuisine de la Nouvelle-Angleterre revue au goût du jour, légère et raffinée. Les poissons et fruits de mer sont bien sûr à l'honneur, mais les carnivores y trouveront leur bonheur.

Où boire un verre ? Où sortir ?

Le soir, surtout le week-end en été, la ville prend des allures de *Gay Pride* endiablée, et l'ambiance est chaude et festive le long de Commercial St ! De nombreux spectacles et shows homos sont proposés par des *drag queens* (compter 15-25 $). Ceux du *Post Office* ou du *Crown and Anchor* figurent parmi les plus connus. Pour connaître le programme des spectacles, procurez-vous l'hebdo gratuit *Provincetown Magazine,* disponible entre autres à l'office de tourisme. Pour le reste vous pourrez déambuler le long de Commercial St et prendre un verre en terrasse, dans un des nombreux resto-bars animés. Fiez-vous à votre flair et à l'affluence...

CAPE COD

À voir. À faire

Pilgrim Monument *(plan zoom) : High Pole Hill. ☎ 508-487-1310. • pilgrim-monument.org • Avr-oct, tlj 9h-17h (19h fin mai-début sept). Entrée : 7 $; réduc.* Inspirée de l'architecture italienne du XIVe s, cette tour de granit centenaire, haute de 77 m, commémore l'arrivée du *Mayflower* à Provincetown en 1620. Du haut des 116 marches, beau panorama sur le cap.

– En redescendant, arrêtez-vous au **Provincetown Museum** *(entrée comprise avec la tour).* Un coup de projecteur rapide sur les enfants du pays, dont l'explorateur Donald MacMillan, une section sur l'histoire maritime et le voyage des *Pilgrims,* avec quelques souvenirs et une belle reconstitution du *Mayflower.* La partie contemporaine est consacrée à la scène théâtrale contemporaine de Provincetown.

Provincetown Art Association and Museum *(**PAAM** ; plan B1) : 460 Commercial St. ☎ 508-487-1750. • paam.org • De fin mai à fin sept, lun-jeu 11h-20h, ven 11h-22h, w-e 11h-17h ; le reste de l'année, slt jeu-dim 12h-17h. Entrée : 7 $.* Ce musée fondé en 1914 par des artistes et des personnalités locales expose, dans un espace aéré, les œuvres d'artistes contemporains de la région, peintures, photos et sculptures. Des œuvres souvent intéressantes.

➢ **Piste cyclable de Province Lands :** 13 km de parcours au milieu des dunes, autour de petits étangs, traversant les *cranberry bogs* entre Herring Cove Beach et

Race Point Beach (là où est situé le *Province Lands Visitor Center,* voir plus haut « Cape Cod National Seashore »). Superbe !

➢ **Balades en mer pour observer les baleines :** *avec la compagnie* **Dolphin Fleet,** *qui possède une flotte de 4 bateaux. Infos et billets en vente sur le Mac Millan Wharf, à côté de la Chamber of Commerce, au Fisherman's Wharf, ainsi qu'au* Whale Watchers Store, *305 Commercial St (boutique de souvenirs).* ☎ *508-240-3636 ou 1-800-826-9300.* • *whalewatch.com* • *Tlj 8h-20h30 en saison. Sorties tlj début avr-fin oct ; 2 à 4 fois/j. hors saison, jusqu'à 9 sorties/j. en juil-août. Tarif : env 40 $ l'excursion de 3-4h ; réduc enfants (5-12 ans). Départs du Mac Millan Wharf. Pensez à récupérer, avt, des coupons de réduc (2 $) dans les hôtels et* B & B, *ainsi que dans les brochures gratuites de la ville (réduc aussi en réservant en ligne).*
– ***À savoir :*** si les baleines se font timides le jour de l'excursion, on vous offre un billet pour un autre jour. Un conseil aussi : évitez de prendre le premier départ de la journée, vers 9h ; il y a certes beaucoup moins de monde, mais cette première sortie permet souvent le repérage des baleines... pour les sorties suivantes ! En été, la dernière sortie (vers 17h) permet de profiter du coucher du soleil.
Une expérience mémorable, d'autant que c'est l'un des trois meilleurs endroits au monde pour observer cet impressionnant mammifère. Les baleines « à bosse » *(humpback whales),* qui séjournent d'avril à octobre dans les eaux de la Nouvelle-Angleterre, sont les plus ludiques et joyeuses de toutes les espèces. Dans *Moby Dick,* Herman Melville s'extasie d'ailleurs sur leur tempérament joueur. Le saut est l'une des figures les plus courantes : la baleine sort comme une fusée, le corps souvent entièrement hors de l'eau et les nageoires tendues comme un avion (beau splash au retour). Ça, c'est pour la baraka, autrement dit pas tous les jours... Un spectacle saisissant pour les plus chanceux, voir les baleines se nourrir : en faisant des bulles (ouvrez l'œil !), elles capturent les poissons, et elles éjectent alors la tête à la verticale, gueule grande ouverte. Le lot de consolation, déjà très émouvant : admirer le dos de la baleine se dérouler majestueusement à la surface de l'eau, avant de voir la queue se soulever dans un dernier élan. Outre la baleine à bosse, qui peut atteindre 18 m de long, d'autres espèces évoluent dans la baie de Cape Cod : le rorqual commun *(Fin whale), Minke whale...* Pendant la traversée, un commentateur naturaliste vous rebattra les oreilles des mœurs des cétacés. Difficile de se soustraire à la cacophonie des haut-parleurs, mais l'approche est pédagogique et assez intéressante. En outre, le silence est respecté à l'approche des baleines. Et la magie reste intacte.

L'OR DU LARGE

La baleine n'en finit pas de faire recette ! Après avoir engraissé ceux qui lui faisaient la peau jusqu'à la moitié du XIXe s, elle participe à nouveau, depuis plus de 30 ans, à l'essor économique de Provincetown et de la région. Les harpons ont été remplacés par des jumelles et des appareils photo. Les recherches génétiques se multiplient. Aujourd'hui, les bateaux se succèdent devant les baleines, et les touristes ne se lassent pas d'admirer leur prodigieux ballet.

Manifestations

– ***Provincetown International Film Festival :*** *ts les ans, pdt 5 j. en juin, du 15 au 19 en 2011.* • *ptownfilmfest.org* • Créé en 1999, un festival de films indépendants, documentaires et courts métrages, américains et internationaux. Dans l'esprit cosmopolite et avant-garde de la ville, le « Filmmaker on the Edge Award » est décerné chaque année au cinéaste le plus « innovant », tels que John Waters (la 1re année), Gus Van Sant, Greg Araki, Todd Solondz ou Kevin Smith *(Clerks)* en 2010.

– **Bear week :** *ts les ans, pdt 1 sem en juil, du 9 au 17 en 2011.* • *ptownbears.org* • L'occasion de célébrer une partie de la communauté gay, les *bears* (ours) donc, ces messieurs arborant grosse barbe, cuir et harnais... En clair, si on devait identifier la communauté gay de Cape Cod à un *Village People,* il s'agirait à coup sûr du motard ! Au programme, une semaine de fête dans la rue et les bars de Commercial St (strictement réservés aux plus de 21 ans !). Les *pool parties* sont aussi très prisées.

– **Carnaval :** *ts les ans, pdt 1 sem à la mi-août, dans tte la ville.* • *ptown.org* • Le carnaval gay et lesbien de Provincetown s'articule chaque année autour d'un thème différent. Le point culminant est la grande parade dans Commercial St. Ambiance festive assurée.

– **Women's Week :** *ts les ans, pdt 10 j. en oct, dans tte la ville.* • *womeninnkeepers.com* • La communauté lesbienne est à l'honneur, avec diverses animations et festivités dans toute la ville, théâtre, spectacles, expos et soirées.

MARTHA'S VINEYARD

Nombreuses sont les personnalités qui ont succombé aux charmes du « Vineyard », comme on dit ici : William Styron, Spike Lee, Steven Spielberg, Bill Clinton, Barack Obama (qui y a passé ses premières vacances présidentielles) et surtout Jackie Kennedy, qui possédait une propriété près de Gay Head. Il faut dire que l'île ne manque pas d'attraits avec ses petits villages pimpants et fleuris, ses plages de sable blanc sur fond de mer bleu océan et ses paysages enchanteurs. En outre, il y a moins de milliardaires qu'à Nantucket, voilà pourquoi c'est moins léché, plus convivial.

LES RAISINS DE LA DISCORDE

Les premiers habitants de l'île furent les Amérindiens wampanoag, qui prénommaient alors l'île Noepe, « la terre parmi les courants ». En 1602, l'explorateur anglais Bartolomew Gosnold débarqua sur l'île et la baptisa Martha's Vineyard, en hommage à sa fille morte en bas âge et à sa belle-mère, toutes deux prénommées Martha, ainsi qu'à l'abondance de raisin sauvage. Ceci dit, il n'y a plus une seule vigne sur l'île...

Arriver – Quitter

En bateau

➢ Avec la compagnie ***The Steamship Authority,*** départ du car-ferry de *Woods Hole* (sud-ouest du cap) et arrivée à *Vineyard Haven* ou *Oak Bluffs* 45 mn plus tard. *Fonctionne tte l'année. Compter 8 $/adulte l'aller (réduc enfants 5-12 ans), 3 $/vélo. Pour embarquer sa voiture sur le ferry, compter env 68-78 $ l'aller selon le type de véhicule ; résa indispensable.* De fin mai à mi-oct, 14 liaisons/j. dans les 2 sens, 6h-21h45 env. Fréquences réduites le reste de l'année. Se présenter 30 mn avt l'heure de départ.

➢ La compagnie ***The Island Queen*** transporte seulement des passagers. Départ du cap sur le port de *Falmouth,* arrivée à *Oak Bluffs. Prix de la traversée (45 mn) : 18 $ l'aller-retour (réduc), 6 $/vélo. CB refusées.* Les ferries fonctionnent de fin mai à mi-oct avec 7 à 9 départs/j. en plein été. Se présenter au moins 30 mn avt l'heure d'embarquement.

➢ La compagnie ***Hy-Line Cruises*** propose des liaisons saisonnières au départ de *Hyannis* jusqu'à *Oak Bluffs* (passagers seulement) :

– *En ferry traditionnel : c'est cher, env 43 $ l'aller-retour (plus 12 $/vélo), mais gratuit pour les enfants jusqu'à 12 ans.* Fin mai-début oct, 1 bateau/j., le matin de Hyannis et l'ap-m de Oak Bluffs. Compter un peu plus d'1h30 de traversée.
– *En ferry rapide (High-speed ferry) : encore plus cher mais... plus rapide (55 mn). Env 70 $/adulte l'aller-retour ; 48 $/enfant (5-12 ans).* De mai à fin oct, 2 à 5 départs/j. Résa vivement recommandée en hte saison.
– *Hy-Line Cruises* est la seule compagnie qui propose 1 liaison directe entre *Martha's Vineyard (Oak Bluffs)* et *Nantucket,* de mi-juin à mi-sept slt. *Traversée en ferry rapide (1h10) : 35 $/adulte, 6 $/vélo ; réduc enfants.* À noter : la règlementation interdit d'effectuer l'aller-retour dans la journée entre les 2 îles.
– Si vous souhaitez laisser votre voiture à Hyannis ou Falmouth pour visiter l'île à pied ou à vélo, il y a plusieurs parkings près du port *(compter 15-17 $/j. l'été).*

Steamship Authority : *infos et résas au ☎ 508-477-8600 ou 508-693-9130.* • *steamshipauthority.com* •
The Island Queen : *☎ 508-548-4800.* • *islandqueen.com* •
Hy-Line Cruises : *☎ 508-778-2600 (à Hyannis) ou 1-800-492-8082.* • *hylinecruises.com* •

En avion

➢ La compagnie ***Cape Air*** assure des liaisons tte l'année entre le petit aéroport de *Martha's Vineyard* (à West Tisbury) et *Boston* (connexion avec toutes les grandes compagnies). *Infos et résas : ☎ 508-771-6944 ou 1-866-227-3247.* • *fly capeair.com* • En juil-août, jusqu'à 7 liaisons/j. Compter env 130 $/pers, taxes incluses.

Comment se déplacer sur l'île ?

À vélo

L'île mesure grosso modo 30 x 15 km. Le moyen le plus agréable pour la découvrir est bien sûr le vélo, mais, à moins de s'appeler Lance Armstrong, il est difficile d'en faire le tour en une seule journée. On trouve des dizaines de boutiques de location sur l'île, ouvertes généralement d'avril à octobre. Les *Visitor Centers* distribuent aussi des cartes gratuites détaillant les circuits à vélo. La location à la journée tourne autour de 20 $. À partir de 2 jours de location, les loueurs peuvent vous apporter votre vélo où vous le désirez, renseignez-vous. Pour les adresses, voir plus loin dans les villes concernées.

En scooter ou en voiture

Le mieux, si l'on ne reste qu'un jour sur place, est de louer un scooter. On trouve des loueurs un peu partout, notamment près de l'arrivée des ferries à Oak Bluffs et Vineyard Haven. Il est possible de grappiller quelques dollars en négociant avec les vendeurs. Une voiture peut être pratique si vous séjournez plusieurs jours, et bien sûr en famille. Les plus fortunés loueront une jeep, idéale pour sillonner Martha's Vineyard dans ses moindres recoins. En haute saison, compter à partir de 70 $ la location d'une voiture à la journée et 160 $ pour un 4x4.

En bus

Martha's Vineyard Transit Authority (VTA) : *☎ 508-693-9440.* • *vineyardtransit.com* • Regroupe tous les transports en bus de Martha's Vineyard. Nombreux arrêts sur toute l'île et notamment au port de débarquement des ferries.
De mi-mai à mi-oct, une douzaine de ***bus municipaux blancs*** desservent *Edgartown, Vineyard Haven, Oak Bluffs, West Tisbury, Chilmark, Menemsha et Aquinnah.* Ils fonctionnent de 7h à minuit env et s'arrêtent là où vous le souhaitez. Certaines

lignes fonctionnent même toute l'année. Procurez-vous une *System Route map,* avec les horaires et le parcours. Le prix de la course est de 1 $ par ville, mais si vous allez de Vineyard Haven à Edgartown par exemple, vous paierez 3 $, car le bus passe obligatoirement par Oak Bluffs. Prévoir de la monnaie. Il existe aussi des *passes* : 7 $ pour la journée ou 15 $ pour 3 jours. À savoir, tous les bus sont munis de racks à vélos.

En taxi

Tarif des courses fixé à l'avance. Procurez-vous le *Visitors Guide* de Martha's Vineyard, où tous les taxis sont référencés.

OAK BLUFFS

Petite ville connue pour ses 300 *gingerbread cottages,* adorables maisons peintes de couleurs vives et ornées de frises ajourées, de pignons tarabiscotés et de flèches gothiques. Ce sont les méthodistes qui firent construire ce *campground* au milieu du XIXe s. Et pour l'anecdote, c'est aux alentours d'Oak Bluffs que les Obama ont passé leurs vacances d'été, en août 2009, dans la *Blue Heron Farm.*

Adresses utiles

Visitor Information Center : *sur Circuit Ave, au niveau de Lake Ave. ☎ 508-693-4266. Petit kiosque ouv de mi-mai à mi-oct, lun-sam 9h-17h.* Infos sur la ville, les événements (concerts, tours guidés...).

■ ***Location de vélos : Anderson's Bike Rentals,*** *23 Circuit Ave Extension. ☎ 508-693-9346. • andersonsbikerentals.com • À gauche en sortant du débarcadère. Mai-oct, tlj 9h-18h ; le reste de l'année, sur résa. Tarifs intéressants : env 18 $/j. et 75 $/sem.*

■ ***Location de scooters et voitures : Sun'n'Fun,*** *26 Lake Ave (face à la station Shell). ☎ 508-693-5457. • sunnunrentals.com • Tlj en saison.* Scooters mais aussi vélos, voitures et jeeps. Sur résa, transfert gratuit depuis le débarcadère du ferry ou l'aéroport. Également ***Kings Rentals*** *(11 Circuit Ave Extension ; ☎ 508-693-1887) ; ou* ***Island Hoppers,*** *130 Circuit Ave Extension. ☎ 508-696-9147. En sortant du débarcadère à droite.* Scooters, voitures et jeeps.

Où dormir ?

Prix moyens

Nashua House : *30 Kennebec Ave (en face d'Offshore Ale Co). ☎ 508-693-0043 ou 1-888-343-0043. • nashuahouse.com • Tte l'année. Doubles à partir de 130-150 $ en hte saison.* Walk-in rates : *en se présentant le mat sans résa, les prix baissent env de 20 $. Pas de petit déj. Wifi.* Au cœur de la ville, dans une jolie maison ancienne typique d'Oak Bluffs. Une quinzaine de chambres pas bien grandes mais fraîches côté déco, malgré la moquette un peu usée. Elles se partagent 5 salles de bains, très propres. Accueil sympathique. Un bon rapport qualité-prix.

Surfside Motel : *7 Oak Bluffs Ave. ☎ 508-693-2500 ou 1-800-537-3007. • mvsurfside.com • Tte l'année. De mi-juin à début sept, env 165 $ en sem et 205 $ le w-e ; à la mi-saison, env 95-140 $ avec sdb.* Motel aux prestations de qualité, situé juste à côté du ferry. Chambres spacieuses et bien équipées, réparties sur 2 niveaux. Celles à l'arrière donnent sur un bout de jardin fleuri. Sans charme, mais pratique et encore abordable pour l'île.

Madison Inn : *18 Kennebec Ave (à*

MARTHA'S VINEYARD

côté des ferries). ☎ *508-693-2760 ou 1-800-564-2760.* • *madisoninnmv.com* • *Ouv mai-oct. Env 180-210 $ en hte saison ; 150 $ le reste du temps. Tarifs de dernière minute, comme à l'hôtel* Nashua House *(mêmes proprios). Wifi.* Une quinzaine de chambres coquettes et confortables avec clim', écran plat et petite salle de bains privée. Déco personnalisée et soignée. Accueil très aimable. Un bon rapport qualité-prix.

Chic

Isabelle's Beach House : *83 Seaview Ave.* ☎ *508-693-3955.* • *isabellesbeachhouse.com* • *Ouv de mai à mi-oct. Doubles avec sdb 150-175 $, jusqu'à 275-300 $ en juil-août.* Situation idéale pour cette adresse de charme tenue par une Québécoise. Juste en face de la plage, une maison datant de 1900, soigneusement rénovée. La plupart des 9 chambres bénéficient de la vue sur la mer. Salles de bains privées, confort irréprochable. Seuls les murs lambrissés rappellent l'ancienne déco ; l'ensemble est clair, coquet, spacieux, vraiment agréable. Grande terrasse à l'avant pour prendre un verre ou savourer le copieux petit déj. Seul bémol : à l'exception d'une belle chambre familiale au rez-de-chaussée, les « petits » enfants ne sont pas les bienvenus. Une excellente adresse, malgré tout.

Où manger ? Où boire un verre ?

Bon marché

Slice of Life : *50 Circuit Ave.* ☎ *508-693-3838. Tte l'année ; en saison, tlj 8h-22h env. Compter 10-20 $ selon votre appétit. Vente à emporter.* Une belle « tranche de vie » que cette adresse au cœur de l'animation. Quelques tables dans une jolie véranda et une petite salle chaleureuse en diable, avec parquet et tables de bistrot. La maison embaume du fumet des petits plats et snacks concoctés avec les produits des fermes locales. Salades originales, fraîches et goûteuses (copieuse *slice salad*), pizzas au feu de bois à la pâte fine et croustillante, bons paninis aux légumes grillés, sandwichs variés, soupes, etc. Bien aussi pour le petit déj, avec tous les classiques aux bons œufs frais, ou encore pour une pause sucrée, car les muffins, *crumbles* et autres *homemade* cookies sont aussi fameux ! Bon accueil, cela va sans dire. Un coup de cœur à Martha's Vineyard.

Nancy's : *29 Lake Ave ; en face de la mer.* ☎ *508-693-0006. Tlj de mai à mi-sept, midi et soir jusqu'à 22h env. Compter 10-15 $. Plus cher pour la* seafood. Le plus vieux resto sur le port d'Oak Bluffs. On vous conseille la partie snack, en bas, à la jolie déco de bois clair ; le resto, à l'étage, est plus cher et convenu. On commande au comptoir des portions de frites, *fried seafood, lobster roll,* burgers, etc., à grignoter ensuite en terrasse, à l'ombre des paillotes, en profitant de la vue extra. Ambiance très animée certains soirs en été.

Linda Jean's : *25 Circuit Ave.* ☎ *508-693-4093. Tlj du petit déj au dîner jusqu'à 20h. Presque tt est à moins de 10 $ (sf la* seafood*).* Toujours un monde fou dans ce resto familial genre cafétéria améliorée, qui sert à moindre prix de copieux breakfasts, sandwichs, salades, soupes, hamburgers... Bref, les classiques américains ! Une valeur sûre à Oak Bluffs, très populaire.

Sharky's Cantina : *31 Circuit Ave.* ☎ *508-693-7501. Tlj 11h-1h. Plats env 10-15 $, formules* specials *20 $.* Encore une adresse populaire dans le coin, mais c'est une effervescence toute latine qui anime cette *cantina*, à mi-chemin entre le resto et le bar. Le succès est tel qu'ils ont ouvert une autre adresse à Edgartown, avec une petite expo dédiée aux requins (pardi !), qui vaut aussi le coup d'œil. Ici, à l'heure de pointe (celle de l'apéro), on joue des coudes au bar avant d'obtenir l'une des différentes versions de *margarita.* Au menu, la litanie habituelle des spécialités mexicaines à petits prix. Très correct, mais on vient surtout pour l'ambiance. Musique live le week-end.

De prix moyens à plus chic

Coop de Ville : *Dockside Marketplace. ☎ 508-693-3420. Sur le port, près du débarcadère inter-îles de la compagnie* Hy-Line Cruises. *Mai-oct, tlj 11h-22h. Repas env 15-25 $.* Sur cette petite terrasse carrée, protégée par une tente, on vient humer l'air du large et manger un morceau (sandwichs, *chicken wings, seafood,* huîtres de Martha's Vineyard) en écoutant de la musique. On se sent un peu à l'étroit ici... c'est fait pour ! Le soir en saison, ambiance garantie autour d'une bière fraîche ou d'une bonne *margarita.* L'adresse idéale pour s'offrir un verre et un snack en fin de journée.

Offshore Ale Co : *Kennebec Ave. ☎ 508-693-2626. Tlj 11h30-22h. Compter env 10 $ au déj, 20-25 $ le soir. Pizzas env 15 $ servies jusqu'à 23h30.* Combles apparents, bateaux suspendus, cuves en mezzanine, et sur chaque table, un pot rempli de cacahuètes vous attend. La tradition veut qu'on en jette les épluchures par terre, qui recouvrent le sol et forment un joli parterre... Cette brasserie a du caractère ! On y sert également une bonne nourriture de pub, des hamburgers et des pizzas cuites au feu de bois. Le *shell fish* est aussi réputé. Côté boisson, ne pas rater la production locale : sur les 40 bières fabriquées ici, une quinzaine est proposée à la carte. Musique live le week-end en saison.

À voir. À faire

Il faut absolument se promener dans le ***campground des méthodistes,*** installés au XIXᵉ s à Oak Bluffs, à Trinity Park, derrière Lake Ave. Des maisons de toutes les couleurs sont parsemées autour du « Tabernacle », une grande halle avec vitraux et poutres métalliques aménagée en église. Plus loin, ne manquez pas de jeter un coup d'œil à l'adorable placette, nommée *Wesleyant Grove.* Un vrai décor d'*Alice au pays des merveilles* : festival de couleurs et de fleurs, décorations exubérantes des maisons.

– Chaque année depuis plus de 100 ans, pendant une nuit à la mi-août, vous pouvez assister à la ***Grand Illumination.*** Toutes les maisons du *campground* sont alors ornées de centaines de lampions. Un spectacle féerique qui attire jusqu'à 30 000 visiteurs !

ILLUSTRES VISITEURS

Barack Obama n'est pas le premier président des États-Unis à avoir succombé aux charmes de Martha's Vineyard. Outre Bill Clinton et sa famille, le président Ulysse S. Grant rendit visite à l'évêque Gilbert Haven dans sa résidence de vacances en août... 1874 ! Il séjournera dans un de ces fameux gingerbread cottages, *situé dans Clinton Ave (au nº 10), autour du* Methodist Campground.

Flying Horses Carrousel : *près du kiosque d'infos, dans une maison en bois rouge. Tlj en été, 8h-20h ; slt le w-e à la mi-saison. Payant.* Voici le plus vieux manège des États-Unis (il date de 1876). Les Américains sont friands de ce genre de superlatif ! Il fut d'abord installé à Coney Island, dans l'État de New York, avant d'être déplacé à Martha's Vineyard, en 1884. Détails insolites : la crinière des chevaux est constituée de vrais crins, et leurs yeux de verre abritent des petites figurines d'animaux en porcelaine.

➤ ***African-American Heritage Trail :*** *sur résa, visite guidée (1h) au départ de Oak Bluffs : 28 $/adulte ; tour complet (4h) : 42 $; réduc. Infos :* ☎ *508-693-4361.* • *mvheritagetrail.org* • Une visite guidée consacrée à l'histoire des Noirs-Américains sur l'île, du début du XVIIIe s à nos jours. Tour des différents lieux historiques de l'île, notamment la maison du capitaine William Martin. On apprend aussi que la religion méthodiste aurait été introduite à Martha's Vineyard par John Saunders, ancien esclave de Virginie qui s'installa sur l'île avec sa femme en 1787.

VINEYARD HAVEN

Fondée au milieu du XVIIe s, elle fait partie de la commune de Tisbury. Son port actif permet de rallier le cap toute l'année.

Adresses utiles

Tourist Information Center : *petit kiosque au* Steamship Authority Terminal, *sur le port, à droite en sortant du débarcadère. Juil-août, tlj 8h-20h ; de mi-mai à fin juin et de sept à mi-oct, slt ven-dim.*

■ ***Martha's Vineyard Haven Chamber of Commerce :*** *Beach St ; en face de la caserne des pompiers.* ☎ *508-693-0085.* • *mvy.com* • *Lun-ven 9h-17h, sam 10h-16h.* Diverses informations, cartes, etc.

■ ***Location de vélos : Martha's Bike Rentals,*** *4 Lagoon Pond, proche de la poste et de la* Black Dog Bakery. ☎ *508-693-6593.* • *marthasbikerentals.com* • *Ouv avr-oct, tlj 9h-17h30.*

■ ***Location de scooters et voitures : AA Island Auto Rentals,*** *Beach et Water St.* ☎ *1-800-627-6333.* • *mvautorental.com* • ***Adventure Rentals,*** *19 Beach Rd.* ☎ *508-693-1959.* • *islandadventuresmv.com* • ***Budget,*** *36 Water St.* ☎ *508-693-1911.* ***Hertz,*** *29 Water St.* ☎ *508-693-4196.*

■ ***Librairie : Bunch of Grapes Bookstore,*** *44 Main St.* ☎ *508-693-22-91. Tlj 9h-18h (21h de mi-juin à sept).* Grande et belle librairie pourvue d'un bon rayon tourisme (guides et cartes).

Où dormir ?

Mansion House : *9 Main St.* ☎ *508-693-2200 ou 1-800-332-4112.* • *mvmansionhouse.com* • *En plein centre. Tte l'année. Compter 100-130 $ hors saison ; jusqu'à 300-390 $ en juil-août. Internet, wifi.* Immense bâtisse d'architecture traditionnelle, datant de 1791. L'ensemble a été fort bien restauré. Vastes chambres tout confort avec AC, TV écran plat, salle de bains moderne, coin cuisine (frigo et micro-ondes) ; cheminée et petit balcon pour les plus luxueuses. Le must : une piscine intérieure assez grande pour faire ses longueurs, une salle de fitness et un vrai spa (soins et massages). Resto-bar attenant, tout en boiseries, où est servi le petit déj varié. Accueil et services irréprochables. Une adresse chic et classique au cœur de Vineyard Haven.

Où camper dans les environs ?

Martha's Vineyard Family Campground : *569 Edgartown Rd.* ☎ *508-693-3772.* • *campmvfc.com* • *À un peu plus de 1 mile du centre-ville. Pour s'y rendre, prendre le bus VTA à Vineyard Haven, en direction d'Edgartown, et demander l'arrêt au chauffeur. Ouv de mi-mai à mi-oct. Compter 50 $ la nuit pour 2 avec tente ; 15 $/pers supplémentaire.* Cabins *(bungalows en bois) pour 4-6 pers, 130-150 $ la nuit.* Le seul camping de l'île, entouré de forêt et bien aménagé. Douches chaudes, tables de pique-nique, machines à laver, jeux pour enfants, terrain de volley, location de vélos. Au-dessus de la réception, billard, ping-pong et jeux vidéo. Agréable et très familial.

Où manger ? Où boire un verre ?

L'alcool a longtemps été prohibé à Vineyard Haven, qui est restée une *dry town* jusqu'en... 2010. À l'instar de ceux d'Oak Bluffs et Edgartown (des *wet towns*), les clients des restos et bars de la ville ont désormais le droit de siroter une bière fraîche ou une *margarita,* à condition toutefois d'y prendre un repas.

Art Cliff Diner : *39 Beach Rd. ☎ 508-693-1224. Tlj sf mer 7h-14h. Fermé en janv-fév. Petit déj env 10 $, déj moins de 15 $.* Typique *diner* bien dans son jus, qui fait le plein depuis 1943. En saison, il n'est pas rare de devoir patienter une petite demi-heure avant de dégoter une table ! La carte rassemble tous les standards de la cuisine américaine : grosses salades, soupes, *fish and chips, specials of the day.* Copieux et appétissant. Petit déj très prisé et servi jusqu'à 14h : omelettes, *eggs Benedict,* et des crêpes toute fines, nappées de délicieuses myrtilles *(blueberries),* comme on n'en fait qu'ici... Indéniablement, un endroit qui a du caractère.

The Black Dog Tavern : *Beach St Extension, tt près du débarcadère du ferry (en arrivant à gauche). ☎ 508-693-9223. Tlj 7h-22h. Pas de résa, et souvent beaucoup de monde. Compter 12 $ pour le petit déj, 15-20 $ le midi et 30-40 $ le soir. « The place for breakfast ! »* Une carte longue comme le bras d'œufs cuisinés de toutes les manières possibles et imaginables, *French toast* et *pancakes* divers, et encore des tas de *specials.* Chaleureuse salle en bois sombre et patiné, avec sa grande cheminée, ses vieilles gravures de bateaux et quelques tables donnant sur le port (jolie vue). Les tables avec les bancs le long des fenêtres et vue directe sur la plage sont les plus agréables. La ***Black Dog Bakery,*** sur Beach Rd, fait office de *deli* et dispense de bons petits déj snacks et autres sandwichs frais à emporter.

Où s'offrir une douceur ?

Sweet E's Cupcakes : *18 Main St. ☎ 508-693-6400. En saison, tlj 11h-21h.* Petite boutique à l'ancienne, qui propose toute une sélection de *cupcakes.* Ces fameux gâteaux au glaçage multicolore sont présentés ici sur de belles étagères rétro, véritables petites œuvres d'art en sucre...

Beetlebung Coffee House : *32 Beach St. ☎ 508-696-7122. En saison, tlj 7h-20h.* Un bonne adresse pour prendre un vrai espresso accompagné d'un *breakfast sandwich* ou d'un *chocolate cookie.* On peut aussi surfer sur Internet, acheter quelques bons produits locaux et pourquoi pas un des T-shirts au design original créés par le patron de ce petit café.

Où grignoter dans les environs ?

Scottish Bakehouse : *977 State Rd. À 2 miles du centre de Vineyard Haven, sur la route de West Tisbury, à droite. Tlj 6h30-18h30. Pâtisseries env 2,50-4 $; compter 12 $ pour le déj.* À la carte : excellentes formules pour le breakfast et le déjeuner, bons sandwichs, plats du jour et tourtes à la viande, mais aussi pléthore de gourmandises : *shortbreads* (sablés), viennoiseries (ah, les croissants aux amandes !), *brownies,* tartes aux *blueberries, scones* et autres guets-apens. Quelques tables pour pique-niquer sur place. Une adresse très réputée.

MENEMSHA

Nous ne sommes pas les seuls à avoir été séduits par ce petit village de pêcheurs et ses « boîtes à sel » (maisons à bardeaux) mignonnes comme tout. Steven Spielberg *himself* y planta dans les années 1970 le décor de son film culte *Les Dents de la mer.* L'activité maritime y est toujours présente, et le commerce de la pêche géré depuis plusieurs générations par les Larsen, une famille d'origine scandinave, issue d'anciens pêcheurs à la baleine. Un conseil : allez-y au coucher du soleil, la lumière y est vraiment extraordinaire. L'occasion aussi de s'offrir un bon plat de fruits de mer ou poissons frits dans une ambiance authentique.

Où manger ?

The Galley : *N Country Rd, sur le port.* ☎ *508-645-9819. De mi-mai à mi-oct, tlj 11h-15h (20h sam) ; comptoir de glaces jusqu'à 21h. Pas plus de 10 $.* Des snacks de toutes sortes pour un prix défiant toute concurrence (le *lobster roll* doit être le sandwich le plus cher). On commande au guichet côté « rue » et on peut ensuite s'installer sur la terrasse, face au port. Les habitants de Menemsha y viennent surtout pour ses crèmes glacées, fameuses.

Menemsha Fish Market : *juste à côté de* The Galley. ☎ *508-645-3501. Petit supermarché ouv de mi-mai à mi-sept 8h-19h (21h juil-août).* Dans une minuscule maison grise, vous pourrez vous fabriquer votre propre pique-nique, avec des produits de première fraîcheur. L'adresse est réputée pour ses *lobster rolls* et sa bisque de homard.

The Bite : *29 Basin Rd.* ☎ *508-645-9239. De mi-mai à fin oct, 11h-19h.* Une petite bicoque en bois fréquentée par les habitués. À peine à l'écart du petit port, c'est ici qu'on s'arrête pour prendre un plat de *fried seafood.* Pas de langouste ici, mais le meilleur *fish & chips* du coin ! Accueil adorable. À noter pour les enfants, on concocte aussi des *chicken nuggets* maison. 2 tables de pique-nique. Le mieux est de manger le tout les pieds dans le sable, sur la plage à 200 m de là.

Larsen's Fish Market : *poissonnier situé sur la route qui va vers la plage, le long du port.* ☎ *508-645-2680. Mai-fin oct, 9h-19h. Prévoir 15-20 $.* Notre meilleure adresse pour déguster un homard, pêché quelques heures auparavant. Nez à nez avec les chalutiers, on le mange à la bonne franquette, assis sur des cageots. Spécialité de *clam chowder* (soupe de palourde) et *steamed crab* (crabe vapeur) également. Prix du marché.

À voir dans les environs

Gay Head Cliffs : falaise érodée aux tons ocre et gris, formée il y a 10 000 ans. Elle est dominée par un superbe phare en brique rouge. Possibilité de monter en haut du phare pour assister au coucher du soleil *(le w-e de fin juin à mi-sept ; 3 $).* Le territoire est désormais préservé et la petite ville d'Aquinnah, anciennement baptisée Gay Head, abrite la communauté d'Indiens wampanoag la plus importante de l'île. Snacks et boutiques d'artisanat. Belle plage en contrebas *(Moshup Beach).* On peut se garer sur le parking des *cliffs* (payant en été : 15 $), puis y aller à pied (10 mn).

WEST TISBURY

Une petite halte sur la route de Menemsha ou d'Edgartown. Ne serait-ce que pour jeter un œil au ***Alley's General Store*** *(lun-sam 7h-19h, dim 7h-18h),* authentique épicerie-bazar datant de 1858, toujours en activité ! Le *general store* dans toute sa splendeur, avec une garde section bazar (ustensiles de cuisine, bricolage, vaisselle, etc.), des souvenirs, cartes postales, plusieurs rayons épicerie (de quoi faire ses provisions pour le pique-nique), un coin *deli* avec café, sandwichs frais, salades et gâteaux à emporter. Un peu plus loin sur State Rd (la route principale), ***The Grange*** accueille chaque mercredi et samedi un *farmer's market* très animé, sympa pour faire le plein de bons produits locaux. Les jeudi et dimanche, place au marché des artisans. Et tant que vous y êtes, vous pouvez visiter gratuitement la ***Field Gallery*** (presque en face du *Alley's General Store*), qui expose en plein air des sculptures contemporaines, avec quelques œuvres assez insolites.

Où dormir dans les environs ?

Hi-Martha's Vineyard : *Edgartown, West Tisbury Rd. ☎ 508-693-2665 ou 1-888-901-2087. • capecodhostels.org • Depuis Vineyard Haven, accès en bus n° 3 puis n° 6 en direction de West Tisbury ; depuis Oak Bluffs, bus n° 13 puis n° 6. Demandez au chauffeur de vous déposer devant. Le meilleur plan : y aller à vélo depuis Edgartown, par la piste cyclable ! Ouv de mi-mai à fin oct. Résa conseillée l'été. Env 32-39 $ la nuit (3 $ de plus pour les non-membres d'Hostelling International), petit déj inclus. 4 chambres privées 75-150 $. Internet.* Très agréable AJ dans une grande et belle maison en pleine nature, à la lisière de la forêt (*Bike Path* juste derrière). Un avantage, sa situation privilégiée au centre de l'île ; un inconvénient, la plage n'est pas tout près ! Dortoirs de grosse capacité (jusqu'à 20 personnes) et sanitaires très propres. Préférer les lits du bas par forte chaleur, il y fait plus frais. Agréable pièce commune avec jeux de société, livres et grande cuisine en bois. Terrain de volley, barbecue. Accueil très chaleureux.

EDGARTOWN

La plus bourgeoise des six villes de l'île, et la plus ancienne, fondée en 1642. Superbes maisons traditionnelles datant de l'âge d'or de la pêche à la baleine. Ici, elles sont toutes blanches, contrairement au reste de l'île où le gris domine. Atmosphère très chic, très « Ralph Lauren ».

Adresses utiles

Information Center : *dans un magasin de souvenirs qui fait aussi office de poste, sur Church St, devant l'arrêt des bus. Tlj sf dim 9h-18h.*

Location de vélos : RW Cutler Bicycle Rentals, *1 Main St ; tt près du port. ☎ 508-627-2763. • edgartownbikerentals.com • Avr-oct, tlj 9h-18h.* Bons matériel et services, mais tarifs assez élevés : à partir de 25 $/j. pour un vélo adulte.

Ferry pour Chappaquiddick Island : *avec* ***Chappy Ferry,*** *sur le port. ☎ 508-627-9427. • chappyferry.com • Fonctionne tte l'année : de fin mai à mi-oct, 7h-minuit ; horaires restreints le reste de l'année. On paie sur le ferry : 4 $/pers aller-retour et 6 $/vélo.*

@ ***Internet :*** *au* ***Tropical Bakery and Internet Café,*** *266 Upper Main St.* À l'entrée de la ville en venant d'Oak Bluffs, sur la droite, juste à côté de *Sharky's Cantina*. En face, grand ***supermarché Stop & Shop.***

Où dormir ?

Edgartown est la ville la plus chère pour se loger à Martha's Vineyard. Ce n'est déjà pas bon marché ailleurs, mais là, on atteint des sommets. On vous indique deux adresses pratiquant des tarifs un peu plus raisonnables.

Edgartown Inn : *56 N Water St. ☎ 508-627-4794. • edgartowninn.com • Ouv avr-oct. En été, doubles 125 $ avec sdb commune, 175-300 $ avec sdb privée. Hors saison, compter 75-250 $ selon le type de chambre.* Superbe *guesthouse* dans une élégante maison de capitaine, datant de 1798. Pièces communes et chambres pleines de charme : mobilier d'époque, livres anciens, canapés *Chesterfield* et tableaux aux murs. Vous pourrez prendre votre petit déj dans la jolie salle à manger, décorée de bric et de broc, et pour quelques dollars de plus, goûter aux fameux *pancakes* maison. Un patio-jardin agréable est ouvert aux hôtes. Les chambres les plus économiques sont de l'autre côté du patio, dans la *Garden House*. Une excellente adresse.

Edgartown Commons : *20 Pease Point Way. ☎ 508-627-4671 ou 1-800-439-4671. • edgartowncommons.com • Quelques studios pour 2 env 100-195 $ selon saison ; apparts pour 4 pers 120-235 $. Parking.* Dans le style motel mais beaucoup plus charmant, un ensemble de petits bungalows en bois à l'atmosphère marine, en retrait du port. Tous les studios et appartements disposent d'une salle de bains, d'une cuisine et d'un coin salon arrangé avec goût. Jolie piscine, pelouses, aire de jeux pour les enfants. Intéressant pour ceux qui tiennent à leur indépendance.

Où manger ? Où boire un verre ?

The Newes from America : *23 Kelley St (et N Water St). ☎ 508-627-7900. Tlj 11h30-23h. Compter 15 $.* Dans une vieille taverne du XVIIIe s, un pub bien patiné, tout en brique et bois sombre. On peut y descendre une bière brassée maison, mais aussi y manger une bonne petite bouffe locale, servie généreusement : délicieuse *Caesar salad, clam chowder, Reuben sandwich, fish and chips*. Une ambiance chaleureuse, pas du tout guindée, et des prix très abordables.

Among the Flowers : *Mayhew Lane (près du port). ☎ 508-627-3233. Mai-oct, tlj pour le petit déj et le déj, ainsi que pour le dîner en juil-août. Compter 10 $ pour le petit déj, 15 $ max pour le déj.* Une adresse fraîche et pas sophistiquée. Peu de tables à l'intérieur, mais terrasse extérieure agréable aux beaux jours, fermée et chauffée en cas de frimas. À midi, les couverts en plastique remplacent la vaisselle en porcelaine. Pas grave, pour manger un sandwich et des frites... Également des crêpes, salades, soupes, omelettes... Desserts et glaces pour les bouches en sucre, café espresso. À consommer sur place ou à emporter. C'est nettement plus cher et moins informel le soir.

Seafood Shanty : *31 Dock St ; au bout de Kelley St. ☎ 508-627-8622. Tlj de mi-mai à mi-oct. Plats 10-18 $ le midi, env 20-30 $ le soir.* Directement sur le port. Situation idéale pour profiter de la vue sur les bateaux, en particulier depuis la grande terrasse sur le toit *(roof top bar & dining)*. Carte variée de fruits de mer, *of course*, mais aussi les traditionnels sandwichs, *Ceasar salad, fried chicken*, etc. Avis aux amateurs : la maison propose aussi une vraie carte de sushis (fraîcheur garantie). Toutefois, la cuisine reste assez banale et pas vraiment donnée. On peut donc se contenter d'y prendre un verre en fin de journée, sur la terrasse.

The Wharf : *Lower Main St (en descendant, sur la gauche, près du port). ☎ 508-627-9966. Tlj 12h30-22h. Env 10-15 $ le midi ; le soir, plats (viande et* seafood*) env 25-30 $. À côté, un pub ouv tlj jusqu'à 1h.* Resto familial assez traditionnel, tout en bois, proposant une carte variée à prix corrects mais sans grande finesse : hamburgers, sandwichs, salades, poissons et fruits de mer. Bonne ambiance au pub le soir.

À voir. À faire

Farm Institute : *14 Aero Ave. ☎ 508-627-7007. • farminstitute.org • Depuis Edgartown, suivre la direction South Beach et Katama Rd ; à la patte d'oie, prendre* *à gauche. Tlj 9h-17h. Résa très conseillée. Visites libres (Livestock Quest) ou guidées en été, à 10h30, 12h30 et 14h. Compter 5 $/adulte, 10 $/famille. Également une boutique de bons produits fermiers : tlj 9h-16h en saison.* Ferme pédagogique (à but non lucratif) particulièrement adaptée aux enfants de 2 à 14 ans. Une belle réussite et un moyen ludique de se familiariser avec les travaux champêtres et agricoles par le biais d'ateliers d'un à plusieurs jours. Les enfants ne sont pas peu fiers d'endosser le rôle du fermier, de partir traire les vaches, de ramasser les œufs, d'entretenir le potager ou de cueillir fruits et légumes bio cultivés ici. Tous les animaux de la ferme sont présents, des cochons aux lapins en passant par les poules. Programme pour les adultes également. Accueil très compétent et amical de toute l'équipe.

***Cape Poge Wildlife Refuge and Wasque Reservation :** Dike Rd, au sud-est de Chappaquiddick Island. ☎ 508-693-7689 et 3599 (résas). • thetrustees.org • Accès de fin mai à mi-oct, 9h-17h. Tarif : 3 $; réduc. Tours organisés accompagnés par un guide naturaliste avec* Natural History Tours. *Prévoir 35 $/adulte ; 18 $/enfant. Durée : 2h30. D'autres formules sont proposées (kayak, pêche...).* Bord de mer sauvage et isolé, entouré de dunes. Près de la moitié de la récolte des coquilles Saint-Jacques du Massachusetts se fait là, à côté du *Cape Poge Lighthouse.* Endroit rêvé pour échapper à la foule estivale. Les excursions sont assurées par des guides érudits et passionnés, une belle occasion de découvrir la faune et la flore spécifiques à l'île. Ne pas manquer notamment la sortie en kayak le long des falaises, superbe !

***Felix Neck Wildlife Sanctuary :** 100 Felix Neck Dr, entrée sur Vineyard Haven Rd. ☎ 508-627-4850. • massaudubon.org •* Nature Center *tlj juin-août, lun-sam 9h-16h et dim 10h-15h ; sept-mai, horaires restreints. Entrée : 4 $; réduc.* Près de 10 km de chemins de promenades accessibles de l'aube au coucher du soleil. Ces sentiers *(trails)* parfaitement balisés traversent la forêt, rencontrent des petits lacs, des plages, prairies et marais... On y croise, selon les saisons, des papillons, des tortues, et bien sûr de nombreux oiseaux. En saison, le centre organise des sorties nocturnes en kayak et des randonnées accompagnées.

LES PLAGES

La plupart sont superbes mais malheureusement souvent privées et donc accessibles uniquement aux propriétaires ou aux locataires. Cependant, selon la loi, tout le monde a le droit de pêcher sur n'importe quelle plage entre les limites (sur le sable) de la marée basse et de la marée haute. Alors, tous à vos épuisettes et vos cannes à pêche pour aller explorer les plages des nantis ! Et rassurez-vous, l'île est aussi parsemée de belles plages publiques. Parmi nos préférées :

Katama Beach *(ou South Beach)* ***:** proche d'Edgartown.* Près de 5 km de long. Sable blanc et dunes hautes. Superbe, mais pas idéale avec des enfants, car le courant peut être fort et les vagues assez hautes. En conséquence, très prisée des surfeurs !

East Beach *(Cape Poge Wildlife Refuge and Wasque Reservation)* ***:** sur Chappaquiddick Island. Accès en ferry d'Edgartown.* Plage magnifique dans une zone protégée : très belles dunes, cèdres, marais... et peu de monde.

Aquinnah Beach : elle s'étale sur 8 km et est appelée, du nord au sud, *Aquinnah, Moshup, Philbin,* puis *Zack's Cliff.* Pas mal de falaises du côté d'Aquinnah. Plus on descend vers le sud, plus la plage s'élargit. *Philbin* et *Zack's* sont des plages réservées aux résidents, mais si vous passez en restant au bord de l'eau, vous ne devriez pas rencontrer de problème.

Lobsterville Beach : *pas loin de Gay Head Cliffs.* Plage populaire et familiale car l'eau y est très bonne et peu profonde. Difficile de stationner (parking réservé aux résidents sur Lobsterville Rd), mieux vaut s'y rendre à vélo. Prisé aussi pour la pêche, le lieu abrite une colonie d'oiseaux marins.

Long Point Beach (Wildlife Refuge) : Waldron's Bottom Rd, West Tisbury. Petit droit d'accès en été. Splendide plage isolée d'où vous pourrez emprunter les chemins de rando de *Tisbury Great Pond.* Les petits bassins sont propices bien à la baignade avec des enfants.

NANTUCKET

15 000 hab.

Des landes superbement désolées, parsemées de maisons de bois, de majestueuses plages bordées de dunes balayées par les vents, un port enveloppé dans une brume grisâtre... « The little grey Lady of the Sea » a l'âme d'une sauvageonne. Située à 2h des côtes de Cape Cod – son nom signifie « île lointaine » en indien wampanoag –, elle ne se donne pas à tout le monde. Quand Martha's Vineyard dévoile ses charmes et vous les jette en pleine figure, Nantucket la puritaine s'apprivoise doucement, timidement. Quand la première attire les stars du show-biz, la seconde accueille la haute bourgeoisie bostonienne, les amoureux de la mer et du calme et les nostalgiques de *Moby Dick.*

Toute l'histoire de Nantucket est liée à la pêche à la baleine, qui joua un rôle prépondérant dans l'essor économique de l'île. Les baleiniers rentraient chargés de barils de graisse, laquelle assura pendant plus d'un siècle l'éclairage des grandes villes européennes. La production était telle qu'à l'âge d'or de la pêche à la baleine, Nantucket atteignit le premier rang mondial. Les riches capitaines se firent construire de luxueuses maisons que l'on peut toujours voir dans Main Street et les rues avoisinantes.

Dès la seconde moitié du XIXe s, le déclin commença : le terrible incendie de 1846 et l'apparition du pétrole comme nouveau mode d'éclairage mirent un terme à l'activité baleinière qui avait contribué à la réputation de Nantucket. Aujourd'hui, les artisans continuent de façonner avec fierté et respect des traditions les célèbres paniers, petites œuvres d'art en rotin finement tressé, ornés de *scrimshaw* (dents de baleine gravées et sculptées), jadis fabriqués par les marins.

LES FAMEUSES « BOÎTES À SEL »

Vous serez sans doute frappé par l'harmonie architecturale de l'île. Toutes les maisons sont à bardeaux, c'est-à-dire recouvertes de petites lattes de cèdre rectangulaires. Au départ, le bois est beige, puis il se patine avec le temps, prenant ces jolis tons gris plus ou moins foncés, plus ou moins délavés. D'où ce surnom de « boîtes à sel ». Les bardeaux doivent être changés tous les 30 ans. Autre curiosité que l'on retrouve dans beaucoup de maisons en bois bordant la côte du Massachusets, les *Widow's walks,* ces petites passerelles (ou plates-formes) en bois construites sur le toit des maison.

WIDOW'S WALK

Vous remarquerez ces petites plates-formes sur le toit des grandes maisons en bois d'architecture XIXe, parfois surmontées d'une coupole. Appelées Widow's walks, *« promenades de la veuve », en référence aux femmes de marin qui pouvaient ainsi observer l'horizon en attendant le retour – parfois incertain – de leur mari. Et au-delà de sa fonction de tour d'observation, la plate-forme, souvent construite autour du conduit de la cheminée, permet d'accéder facilement au toit en cas d'incendie.*

Arriver – Quitter

En ferry

➢ La compagnie ***Steamship Authority*** effectue la traversée toute l'année entre ***Hyannis*** et Nantucket Town. Départs du South St Dock :
– *En ferry traditionnel (pour les voitures également) :* compter 33 $ l'aller-retour/pers (réduc enfants 5-12 ans), 12 $/vélo. Embarquer sa voiture coûte très cher (résa obligatoire), et les tarifs changent selon les saisons : 260 $ aller-retour en hiver, juqu'à 430 $ en avr-oct. 3 à 5 traversées/j. selon saison ; de fin mai à mi-oct, dernier départ à 19h15 de Hyannis, 20h30 de Nantucket.
– *En ferry express (passagers slt) :* l'aller-retour coûte 65 $; réduc. Fonctionne de mi-mai à mi-oct slt, 5 fois/j. Durée du trajet : 1h.
➢ Mêmes prestations avec ***Hy-Line Cruises,*** mais le *regular ferry* fonctionne slt de fin mai à mi-oct. Départs de l'Ocean St Dock. Pas de transport de voiture avec cette compagnie. Deux tarifs différents selon la durée du trajet : env 43 $ l'aller-retour en 1h50 de traversée (1 à 3 départs/j.), ou 75 $ pour le ferry rapide qui met 1h. Ce dernier est en service tte l'année et effectue jusqu'à 6 trajets/j. de fin juin à début sept. Dans les deux cas, compter 12 $ de plus par vélo.
On peut laisser sa voiture à Hyannis pour visiter l'île à pied ou à vélo, il y a plusieurs parkings près du port (compter 15-17 $/j. en été).
➢ *Hy-Line Cruises* est la seule compagnie qui assure la liaison entre ***Martha's Vineyard*** et Nantucket. De mi-juin à mi-sept, avec 1 traversée/j. en ferry rapide (1h10). Compter 35 $ l'aller simple ; réduc.

■ ***Steamship Authority :*** *infos et résas au ☎ 508-495-3278 et 508-228-3274 (à Nantucket, n° gratuit). • steamshipauthority.com •*

■ ***Hy-Line Cruises :*** *☎ 508-778-2600 à Hyannis pour les résas ou 1-800-492-8082. • hylinecruises.com •*

➢ Au départ de Harwich Port, à Chatham, avec ***Freedom Cruise Line.*** *☎ 508-432-8999. • nantucketislandferry.com •* Env 70 $ l'aller-retour et 12 $/vélo pour 1h20 de traversée. Fonctionne de fin mai à début oct. Jusqu'à 3 départs/j. en juil-août. Parking gratuit si vous faites l'aller-retour dans la journée ; sinon, comptez 15 $/j.

En avion

➢ Vols depuis ***Boston*** ou ***New York.*** Parmi les différentes compagnies, ***Cape Air*** assure des vols réguliers toute l'année. Jusqu'à 10 liaisons/j. en juil-août. *Infos et résas : ☎ 508-771-6944 ou 1-866-227-3247. • flycapeair.com •*

Comment se déplacer sur l'île ?

– Un site internet très pratique regroupe toutes les infos et les plans détaillés du réseau de bus *(Shuttle),* des pistes cyclables et sentiers pédestres : *• wheelssheelsandpedals.com •*
➢ ***À vélo,*** bien sûr. L'île ne mesure que 22 x 6 km : on peut en faire le tour dans la journée, même si on n'est pas un pro de la petite reine. Vu le nombre de pistes cyclables (une dizaine), ce serait dommage de s'en priver. Attention, certains sites, comme Great Point et Eel Point, ne sont accessibles qu'à pied ou en 4x4. On vous indique des loueurs plus loin.
➢ ***En bus avec NRTA Shuttle :*** *☎ 508-228-7025. • shuttlenantucket.com • Le trajet coûte 1 ou 2 $ selon destination ; gratuit pour les enfants jusqu'à 6 ans.* Pass à *7 $ pour 1 j., 12 $ pour 3 j., 20 $ pour la sem.* Fonctionne de mi-mai à fin oct, tlj 7h-23h30. Plusieurs destinations : *Siasconset, Madaket, Mid-Island Loop, Miacomet Loop,* l'aéroport et les plages comme *Jetties Beach* ou *Surfside Beach.* Pour

Surfside et Jetties Beach, de mi-juin à début sept, liaisons ttes les 30-40 mn env, 10h-18h. Pour l'aéroport, de fin juin à début sept, ttes les 20 mn env, 10h-18h. Pour Siasconset, liaisons plus fréquentes en juil-août slt. Les bus se prennent en ville, au croisement de Washington et Salem St (parallèle à Main St) ; pour Madaket et Jetties Beach, sur Broad St. D'autres arrêts le long du parcours. Transport des vélos autorisé. Se procurer le dépliant avec les horaires précis et le plan des lignes dans les *Visitor Centers* ou directement dans les bus.

➢ ***En taxi :*** *☎ 508-325-5508, 508-228-6610 ou 508-228-9410, par exemple (liste exhaustive au* Visitor Center*).* Tarif des courses fixé à l'avance.

NANTUCKET TOWN

Fière de ses racines et de la richesse de son patrimoine architectural, épargnée par les promoteurs immobiliers, la « capitale » de l'île a conservé son aspect d'autrefois. Le port, bien que très rénové, est vraiment charmant. Quel régal de se promener dans les pittoresques Main St, Center St et Broad St, jalonnées de maisons de capitaines aux bardeaux blancs et aux jardins coquets, témoignages encore vivants de la prospérité de Nantucket au XIXe s ! Main St fut pavée en 1837 avec les galets qui servaient de lest dans les bateaux, afin de décharger plus facilement les barils de graisse de baleine. À vélo, ça secoue sec ! À la tombée de la nuit, il arrive que le port s'embrume, un moment magique et étrange...

Adresses utiles

NANTUCKET

■ ***Nantucket Visitor Services and Information Bureau :*** *25 Federal St. ☎ 508-228-0925. • nantucket-ma.gov/visitor • Tlj 9h-17h (18h juin-oct).* Ils peuvent vous aider à trouver un logement en fonction des disponibilités des hôtels et des *B & B* de l'île. Sur Straight Wharf, un kiosque sert d'antenne l'été.

■ ***Nantucket Island Chamber of Commerce :*** *10 Main St, presque à l'angle (au 1er étage). ☎ 508-228-1700. • nantucketchamber.org • Lun-ven 9h-17h.* Pléthore de brochures, dont *The Official Guide,* très complet, *Nantucket Jr,* un magazine spécifique aux enfants, ainsi qu'une excellente carte de l'île, avec index des rues.

■ ***Location de vélos :*** dans les 3 adresses qui suivent, livraison gratuite du vélo/scooter/véhicule à votre hébergement pour toute location à partir de 2-3 jours.

– ***Young's Bicycle Shop :*** *Steamboat Wharf. ☎ 508-228-1151. • youngsbicycleshop.com • À deux pas du débarcadère. En été, tlj 8h-18h ; le reste de l'année, tlj 9h-17h (16h dim). Fermé 6 sem après Noël. Compter 25 $/j. pour un vélo (30 $ pour 24h).* Demander une carte des pistes cyclables de l'île (1 $). Également des voitures (100 $ les 24h) et des jeeps (le double).

– ***Nantucket Bike Shop :*** *Steamboat Wharf. ☎ 508-228-1999. Près du débarcadère. Autre kiosque sur Straight Wharf (même tél). Avr-oct, tlj 9h-17h (8h-18h l'été). Mêmes tarifs que* Young's. Également des scooters (74 $/j.). Vélos et 2 roues de bonne qualité.

– ***Cooks Cycle shop :*** *6 S Beach St. ☎ 508-228-0800. En été, tlj 9h-17h.* À slt 50 m des loueurs précédents. Un peu moins cher. À noter : la boutique fait aussi office de bonne petite cafétéria (tlj 7h30-17h), avec un large choix de petits déj, *wraps,* salades, etc.

Où dormir ?

Le camping est interdit sur l'île (protection du site oblige).

■ ***The Nesbitt Inn :*** *21 Broad St. ☎ 508-228-0156. • nesbittinn@comcast.net • Fermé de mi-janv à début mai. Min 2 nuits le w-e. Compter 125-*

170 $ pour 2 en hte saison (sdb commune ou privée), petit déj continental inclus. Cottage *pour 5 pers (avec cuisine) 240 $.* Dans une belle maison victorienne toute blanche, à quelques enjambées du port et du centre, probablement le *B & B* le moins cher de l'île, offrant 14 jolies chambres doubles, meublées à l'ancienne. Lavabo dans chacune et bains à l'étage. Petit bout de terrasse sur la rue, où il fait bon buller en fin de journée. Atmosphère conviviale, un brin bohème. Une adresse bien tenue, à réserver longtemps à l'avance.

The Carriage House : *5 Ray's Court.* ☎ *508-228-0326.* • *carriagehousenantucket.com* • *Ouv de mi-mai à fin oct. Doubles avec sdb 100-200 $ en été, 70-120 $ à la mi-saison ; petit déj inclus.* Dans une jolie rue au calme, à seulement 5 mn à pied du centre. Une belle maison victorienne datant de 1865, tenue par Haziel Jackson et sa femme Tomomi. 7 chambres coquettes et confortables, toutes avec salle de bains. Atmosphère cosy et agréable, coin salon bibliothèque et petit patio. Le copieux petit déj maison est un must. Accueil charmant des proprios.

Brant Point Inn : *6N Beach St.* ☎ *508-228-5442.* • *brantpointinn.com* • *À moins de 500 m du centre de Nantucket Town. Tte l'année. Selon confort et période, env 195-365 $ en hte saison, 125-195 $ le reste de l'année, petit déj inclus. Parking. Wifi.* L'adresse ne se distingue pas par ses tarifs, qui sont dans la moyenne de l'île, mais plutôt par l'accueil de Thea et Peter, qui bichonnent leurs hôtes depuis plus de 20 ans. Les 19 chambres, réparties dans 2 maisons, sont vraiment charmantes et confortables avec leur coin salon (et frigo). Certaines disposent d'une petite cuisine. Belle vue sur la verdure. Patio fleuri où il fait bon prendre son petit déj. Rien de clinquant ici, mais plutôt une atmosphère cosy et familiale.

Où dormir dans les environs ?

Hostelling International : *31 Western Ave.* ☎ *508-228-0433 ou 1-888-901-2084.* • *capecodhostels.org* • *À 3,5 miles de Nantucket Town. Pour s'y rendre, prendre le bus en direction de Surfside Beach (de mi-juin à début sept slt, dernier départ à 17h30). Ouv de fin mai à mi-sept. Check-in 15h-22h. En été, résa conseillée à l'avance. Nuitée 29-39 $/pers en dortoir selon saison (3 $ de plus pour les non-membres), petit déj (basique) inclus. Chambre privée (jusqu'à 5 pers) env 180 $ pour 2. Internet.* Idéalement située, dans un bel environnement à deux pas de la plage, cette grande maison rouge et grise fut en 1874 le premier centre de sauvetage en mer de l'île. Dortoirs non mixtes, de grosse capacité (16 et 23 lits). Également un dortoir mixte. Grande cuisine, coin salon, tables de pique-nique dans le jardin et un filet de volley. Sur demande, location de vélos (on vous les apporte à l'auberge). Une bonne adresse, propre et très conviviale.

Où manger ?

La concentration de restos gourmets à Nantucket est l'une des plus denses des États-Unis. Ces restos sont aussi parmi les plus coûteux, cela va de soi. Les plats principaux y avoisinent souvent les 40-50 $. Pour le routard lambda, il est donc difficile de se nourrir à prix raisonnable. Enfin, on a tout de même réussi à vous dégoter quelques adresses... À noter, à la mi-saison, les restos ne servent pas tous les soirs, seulement du vendredi au dimanche.

De bon marché à prix moyens

Grand Union Family Markets : *9 Salem St, tt près du débarcadère. Tlj 7h-21h (19h dim) ; ferme parfois plus tard l'été.* Grand supermarché très bien approvisionné.

Nantucket Pharmacy : *45 Main St. Tlj 7h30-18h ou 19h (22h30 en été).* Possibilité de manger bon marché au comptoir de cette ancienne pharmacie-drugstore. Vous y trouverez des petits déj, sandwichs, *bagels*, *smoothies* et boissons à prix très raisonnables. Ambiance animée dans un cadre authentique. À consommer sur place ou à emporter.

Cowboy's Meat Market & Deli : *7 Bayberry Court. ☎ 508-228-8766. À l'écart du centre, en direction de Siasconset par Orange St. Tte l'année. Lun-ven 9h-18h, sam 9h-17h, dim 11h-16h. Compter 10 $.* Le royaume des viandards ! Les pros du barbecue peuvent s'y procurer au rayon boucherie toute la variété de viandes garanties sans hormones ni antibiotiotiques. Les autres se contenteront des burgers, sandwichs et *wraps* au choix, préparés à la demande. *Lunch specials* (plats chauds et soupe du jour) servis de 11h à 14h en saison. Également une grande sélection de vins. De quoi faire un vrai pique-nique de cowboy. À consommer sur place, en terrasse, ou à emporter.

Prix moyens

Even Keel Café : *40 Main St. ☎ 508-228-1979. Tte l'année, tlj 7h-21h env ; brunch dim 7h-15h.* Un café animé et très populaire, au cœur de Nantucket. La salle est souvent pleine comme un œuf et assez bruyante, mais on apprécie les 2 tables à l'avant, derrière les bow-windows, et surtout la vaste terrasse à l'arrière, fraîche et ombragée. Tous les classiques à la carte, à prix raisonnables le midi, moins intéressants au dîner. Petits déj complets, pizzas, bons burgers et *lobster roll* (17 $) servis avec des frites bien croustillantes. Service efficace et atmosphère familiale.

Fog Island Café : *7 S Water St (et Cambridge). ☎ 508-228-1818. Ouv slt mat et midi, tlj. Fermé en hiver. Compter 10 $ le petit déj (7h-12h, 13h dim), env 15 $ le midi (lun-sam 11h-14h).* À deux pas du débarcadère, la cafet' à l'américaine, animée et toujours prisée. Large éventail d'omelettes, de salades, sandwichs, hamburgers... Même les végétariens y trouveront leur compte. Cuisine assez banale pour le prix, mais l'ambiance est conviviale.

Cambridge Street : *12 Cambridge St (New S Rd). ☎ 508-228-7109. Dîner servi tlj 17h-22h. Plats env 10-15 $.* Un pub animé à la déco assez psychédélique, tableaux d'artistes en herbe aux murs, DJ le soir en saison (bonne musique funk et électro) et beaucoup d'étudiants autour du comptoir, venus écluser une bonne bière locale ou un verre de chardonnay. La bonne surprise, c'est la cuisine goûteuse, originale et préparée à base de produits frais. On retrouve les classiques sandwichs, pizzas, burgers et salades, revisités avec une pointe d'exotisme, mêlant épices et accompagnements variés (le *humous* est fameux). En prime, service efficace et accueil très sympa.

Sayle's Seafood : *99 Washington St Ext. ☎ 508-228-4599. Lun-sam 10h-20h ; dim 12h (10h en été)-20h. On paie au poids. Env 15 $ le homard de taille moyenne.* On en pince pour cette gargote à l'écart du centre-ville, séparée de la mer par la route. Une adresse à la bonne franquette, bien connue pour la fraîcheur de ses homards, qu'on voit s'ébattre dans des viviers. On passe sa commande au comptoir avant d'emporter sa barquette en alu pour un pique-nique royal. Également quelques tables dehors pour une dégustation sur place. Évidemment, on vient surtout pour le homard, mais les fruits de mer frits et les soupes *(lobster bisque, clam chowder)* sont plus économiques. Beaucoup de turn-over.

The Brotherhood of Thieves : *23 Broad St. ☎ 508-228-2551. Tlj 11h30-1h du mat. Le midi, compter 15 $ le plat ; le soir, env 25 $.* 3 salles, 3 ambiances (mais cuisine unique !)... Au sous-sol, grande salle rustique aux murs de brique et aux poutres apparentes, façon taverne ; c'était déjà un repaire de loups de mer en 1840. Sombre, sonore mais convivial. À l'étage, enfilade de plusieurs salles à la déco marine. Également une terrasse (le *patio*) très agréable l'été. À la carte, les classiques de la cuisine locale, des hamburgers aux *chicken wings*, en passant par les salades et les soupes. Au dîner, plats plus élaborés avec poisson et fruits de mer du jour, et le classique steak-frites à 27 $! Mention spéciale justement pour les frites tire-bouchonnées, croustillantes à souhait. En guise de digestif, vous pourrez goûter à la spécialité maison : plusieurs sortes de *Irish coffee* ou un grog au cidre et au rhum...

Chic

Centre Street Bistro : *29 Centre St (entre Chestnut et India St). ☎ 508-228-8470. Tte l'année. Petit déj servi le w-e slt, 8h-13h ; déj mer-ven et lun, 11h30-14h ; dîner mer-lun 17h30-22h. Compter 10 $ pour le petit déj ; plats 10-15 $ le midi (sandwichs,* rolls, *etc.) et env 25-30 $ le soir.* Une adresse confidentielle, prisée des *Nantucketers*. Une salle de poche aux murs orangés et une terrasse à peine plus grande au fond d'un centre commercial riquiqui, une ambiance feutrée le soir et une cuisine... mémorable ! Carte courte, d'inspiration méditerranéenne ou asiatique, et assiettes élégamment présentées. Délicieux et d'un excellent rapport qualité-prix pour l'île.

Black Eyed Susan's : *10 India St. ☎ 508-325-0308. Mai-oct, tlj sf dim soir pour le dîner (18h-22h) ; petit déj sam-dim 7h-13h. Résa conseillée. Compter 10-15 $ pour le petit déj, 25-30 $ le soir pour 1 plat. CB refusées.* Ici aussi, on fait dans la nouvelle cuisine américaine tendance *world food*, tout en saveurs. Également de bons plats de pâtes, moins chers (délicieux *clams linguine*), et d'excellent petits déj. Tout est préparé devant vous, dans une cuisine ouverte sur la petite salle à la déco sobre et chaleureuse. Petite terrasse en plein air, bien agréable. Ambiance assez branchée en soirée mais pas guindée pour autant. Seul inconvénient, c'est toujours bondé, alors mieux vaut passer avant pour réserver. Un coup de cœur à Nantucket.

Où boire un bon jus de fruits ? Où manger une bonne glace ?

The Juice Bar : *12 Broad St, à l'angle de South Water St. ☎ 508-228-5779. Tlj en saison 10h-23h30.* Passage obligé pour siroter un bon jus de fruits frais ou un *smoothie* et surtout pour déguster une *homemade ice cream* (à emporter seulement) à fondre de plaisir. Sans oublier de savoureux *sundaes*... Très populaire à toute heure !

Où boire un verre ?

The Bean : *29 Centre St (entre India et Chestnut St). ☎ 508-228-6215. Tlj tte l'année 7h-22h (20h dim).* À l'entrée d'un minicentre commercial qui abrite aussi le *Centre Street Bistro* (voir « Où manger ? »). Voici une bonne petite adresse pas chère pour boire un café (un vrai !) dans une ambiance *easygoing* tendance baba, et grignoter un petit gâteau ou un cookie maison. Les locaux apprécient le grand choix de cafés fraîchement moulus, les tisanes et thés variés, à siroter sur un coin de table en lisant le journal. Petite salle de poche très chaleureuse où il ne manque rien pour se sentir comme à la maison ! Aux beaux jours, quelques tables en terrasse sur la rue tranquille. Vente à emporter.

Cambridge Street : *12 Cambridge St (New S Rd). ☎ 508-228-7109. Voir plus haut « Où manger ? ».* Un bon plan aussi pour s'offrir un verre dans une atmosphère jeune et sans chichis, à mille lieux des adresses chic et huppées de l'île.

🍷 ***The Rose & Crown :** 23 S Water St. ☎ 508-228-2595.* Un pub incontournable à Nantucket, à deux pas du port et au cœur de l'animation. Les habitués et touristes de passage y affluent en été pour boire une bonne bière ou un verre de vin en fin de journée. Pour garder le cap, le menu propose en outre de bons sandwichs, burgers et fruits de mer frits, à prix raisonnables. Tous les soirs en saison, à partir de 22h, l'ambiance s'échauffe avec soirées DJ, karakoé le jeudi ou concerts live.

🍷 ***Ropewalk :** 1 Straight Wharf. ☎ 508-228-8886. Ouv de mai à mi-oct, tlj 7h-22h pour le resto ; 11h-22h pour le* raw bar. C'est le seul resto de Nantucket directement sur le port. Comme la cuisine est correcte sans être exceptionnelle (seuls les prix le sont !), on vous recommande davantage d'y boire un verre en terrasse, à quelques mètres de l'eau, afin de profiter de la vue.

À voir

– Il est possible d'acheter un ***pass** (20 $/adulte ; réduc)* qui permet de visiter le *Whaling Museum* et les demeures historiques appartenant à la *Nantucket Historical Association : Hadwen House, Oldest House* (la plus vieille maison de l'île, datant de 1686), *Old Mill* et *Quaker Meeting House.* Le *pass* s'achète dans n'importe quel site agréé. Vous pouvez également participer aux ***Guided Walking Tours,*** balade guidée et visites des sites historiques de Nantucket Town. *Env 1h30. Départ du Whaling Museum 1 à 2 fois/j. de fin mai à mi-oct ; 10 $/pers, réduc. Infos et résas : ☎ 508-228-1894. • nha.org •*

> **L'ARGENT A DE L'ODEUR**
>
> *Pendant l'âge d'or de Nantucket, entre 1700 et 1830, l'île est considérée comme la capitale mondiale de la pêche à la baleine. Ce sont les pêcheurs qui ont leur maison le plus près du port, dans l'effervescence et la puanteur dues aux activités liées au commerce des cétacés (fabrique de chandelles essentiellement). Plus on grimpe dans la hiérarchie sociale, plus les habitations sont éloignées du port et de ses nuisances. Après les officiers, les capitaines et les propriétaires sont au sommet de la colline. Ce sont leurs maisons qu'on observe sur Main Street.*

NANTUCKET

👁👁 ***Whaling Museum :** 13 Broad St. ☎ 508-228-1894. De mi-mai à mi-oct, tlj 10h-17h ; de mi-oct à fin déc, jeu-lun 11h-16h. Le reste de l'année, dim-lun slt 13h-16h. Entrée : 17 $; réduc.* Ce musée, implanté dans une ancienne fabrique de cire, est consacré à l'âge d'or de la pêche à la baleine. Accueil imposant d'un squelette de cétacé, découvert sur une plage de Siasconset, entouré d'outils utilisés pour la chasse à la baleine. Énorme presse en bois qui servait à extraire la graisse pour en faire des bougies. À l'étage, des peintures d'artistes locaux. Également des maquettes, quelques portraits de capitaines et une exceptionnelle collection de *scrimshaws* (couteaux de baleiniers faits dans de l'os ou des dents de baleine). Vidéos. Depuis la terrasse, sur le toit, belle vue sur le port. La visite est instructive, mais inutile de noyer le poisson, ça reste trop cher... Jolie boutique de souvenirs.

👁 ***Hadwen House :** 96 Main St. ☎ 508-228-1894. Fin mai-juin, tlj 12h-16h ; juil-début sept, tlj 12h-17h ; de début sept à mi-oct, jeu-lun 10h-16h. En été, visites guidées payantes ttes les 30 mn.* Luxueuse demeure ayant appartenu à un riche marchand de chandelles au milieu du XIXe s. Façade néoclassique typique de cette période de prospérité. C'est ce M. Hadwen qui détenait la fabrique de cire située à l'emplacement du *Whaling Museum.* Visite rapide et parsemée d'anecdotes, et très beau jardin à l'anglaise.

👁 ***Old Mill :** 50 Prospect St, à l'angle de West York St. Mêmes horaires que la* Hadwen House. *Visites guidées et activités pour les enfants en été.* Construit en 1746, c'est le plus vieux moulin en activité des États-Unis ! La farine de maïs est encore moulue à la force du vent.

First Congregational Church : *62 Centre St. ☎ 508-228-0950. De fin avr à mi-juin, le w-e 10h-14h ; de mi-juin à mi-oct, lun-sam 10h-16h. Donation : 5 $.* Très beau point de vue sur l'ensemble de l'île depuis le sommet du clocher, très hitckcockien.

À voir dans les environs

➢ ***Balades à vélo :*** certainement le meilleur moyen de visiter Nantucket ! Une dizaine de pistes bitumées sillonnent l'île d'est en ouest. Le *Polpis Bike Path* (env 8 miles) permet notamment de rallier Siasconset en traversant de superbes paysages. Quelques petites dénivelées et des passages venteux, mais rien de bien méchant. Et il existe aussi des petits sentiers de 2-3 km sur terrain plat, accessibles à toute la famille. Toutes les infos sur le site : • *wheelsheelsandpedals.com* •

Siasconset : *situé à 7 miles de Nantucket,* « Sconset », comme l'appellent les locaux, est un adorable village où il faut absolument aller se promener. Le plus simple pour y accéder, c'est le vélo, mais il existe également des bus (voir plus haut « Comment se déplacer sur l'île ? »). Les maisons construites ici servaient d'abris aux pêcheurs et chasseurs de baleines qui habitaient seuls sur l'île pendant que leurs familles vivaient sur le continent. Quand femmes et enfants ont rejoint les hommes, ces *shanties* (baraques) ont été agrandies. À la fin du XIXe s, Sconset devint un lieu de villégiature très recherché du gratin new-yorkais et autres artistes de la côte Est. De grosses propriétés apparurent. Mais pas de fausse note, rien n'est venu enlever à ce village son unité. L'été, toutes les maisons aux jardins parfaitement entretenus croulent sous les fleurs, c'est magnifique ! Il faut déambuler dans les petites ruelles autour du centre du village pour apprécier le calme qui règne ici. Beaucoup de maisons ont vue sur la grande plage de sable blanc, également très jolie et pas tellement bondée.

Si vous êtes là seulement pour la journée, possibilité de vous bricoler un pique-nique au ***Sconset Market,*** sur la place du village *(de mi-mai à début oct, tlj 8h-19h et jusqu'à 22h en plein été).* On trouve dans cette petite épicerie des sandwichs tout prêts, mais aussi tout ce qu'il faut pour préparer soi-même son casse-croûte. Cafés, *bagels,* salades de fruits, cookies et brownies sont également en vente au comptoir.

Wauwinet : *au nord de l'île ; accessible par le Polpis Bike Path, puis par la Wauwinet Rd. À l'entrée de ce « village », vous devez laisser vos vélos et voitures sur le parking.* Ce coin est en effet protégé et seuls les 4x4 avec un permis spécial peuvent le traverser *(il s'achète à la cahute sur le parking ; 125 $/voiture !).* Quand on marche sur cette bande de sable, entouré par l'océan Atlantique d'un côté et le port de l'autre, on passe devant de superbes maisons, toutes les pieds dans le sable et avec vue imprenable sur la mer. Partout autour, des fleurs sauvages roses et blanches poussent à même le sable. Pour aller sur la plage privée, pas de problème, mais comme chaque proprio a son petit bout de plage, il faut marcher jusqu'à la dernière maison (environ 1,5 mile après le parking) et se poser seulement après. Pas beaucoup de monde sur cette immense et magnifique étendue de sable blanc, et on ne s'en plaint pas !

➢ Il est possible de partir de là à pied pour accéder au ***Great Point Lighthouse.*** C'est une balade de 11 miles (17,7 km) aller-retour, en partant du village. Prévoir donc une bonne journée de marche, car tout le parcours est dans le sable. Les moins courageux opteront pour un tour en jeep accompagné par un guide naturaliste, qui conduit jusqu'en haut du phare pour une vue spectaculaire *(résas au ☎ 508-228-6799 ; de mi-mai à mi-oct ; compter 50 $; réduc).* Avec un peu de chance, vous y verrez des phoques...

Jetties Beach : facilement accessible à vélo ou en bus (en été), c'est la plage la plus proche de la ville. Beaucoup de monde l'été. Cabines, jeux pour enfants, terrains de tennis, location de planches à voile et kayaks de mer, etc. Si elle reste jolie, elle est vraiment un peu trop fréquentée en été.

Children's Beach : une plage aménagée sur le port, accessible à pied depuis le centre. Comme son nom l'indique, idéale avec des enfants : parc, jeux, tables de pique-nique, etc. Animations et ciné en plein air le vendredi soir en saison, concerts le dimanche.

Surfside Beach : accès en bus (en été slt) ou par le *Surfside Bike Path* (2,2 miles). Superbe plage de sable blanc s'étendant sur plusieurs miles, très populaire parmi les jeunes (l'AJ se trouve ici ; voir « Où dormir ? »).

Dionis Beach : à environ 3 miles (4,8 km) de Nantucket, cette plage est la seule de l'île à être bordée de dunes. Elle est très agréable pour s'y baigner en famille (la mer est calme) ou pour y ramasser des coquillages.

Cisco Beach et Madaket Beach : deux autres belles plages sur la côte sud-ouest, fréquentées cette fois par les surfeurs. Baignade sportive donc, et belles vagues. Celle de Madaket est aussi très populaire pour ses couchers de soleil.

Festival

– ***Festival de la Jonquille :*** *3 j. le dernier w-e d'avr.* Organisé par la *Chamber of Commerce.* Au programme, diverses animations et un défilé de vieilles voitures décorées de fleurs, qui sillonne l'île jusqu'à Siasconset. Pourquoi des jonquilles plus que des tulipes ? Parce que leurs bulbes sont épargnés par les biches et les lapins !

NEWPORT

30 000 hab.

Deuxième ville du Rhode Island (le plus petit des États américains), Newport, située à 1h30 de Boston, mérite bien une petite escapade d'une journée ou plus. Newport, c'est au premier abord une ville guindée, destinée aux *wealthy people.* Architecture et décors sont soignés, parfois un peu surfaits. Mais en déambulant dans les rues, comment ne pas être charmé par ce vieux port aux couleurs vives ? Les quais, bien que truffés de restos, cafés et autres nécessités touristiques, donnent à cette ville une sympathique ambiance de petit port. Et les *mansions* méritent une visite.

UN PEU D'HISTOIRE

La ville de Providence (capitale de l'État) est fondée en 1636 par Roger Williams, un pasteur qui fut exilé du Massachusetts à cause de ses opinions novatrices. Il est ensuite rejoint par un groupe de Bostoniens qui ont probablement aussi souffert du manque de tolérance religieuse de la part des puritains.
Suite à une embrouille politique entre deux des « grands » de la

UNE DÉCOUVERTE COLOSSALE

En 1524, Giovanni Da Verrazano, explorateur italien, découvre l'île nommée « Aquidneck » par les Indiens. Il est tellement ébloui par sa luminosité qu'il la compare à Rhodes (Grèce). Un siècle plus tard, l'île où Newport est construite est rebaptisée « Rhode Island » et donne son nom à l'État.

récente Providence, William Coddington s'installe au sud de la baie avec un groupe de disciples : Newport est né. Attirés par l'ouverture d'esprit des habitants du Rhode Island, quakers, baptistes, juifs et autres minorités religieuses s'installent bientôt dans cet État. Au XVIIIe s, Newport devient un grand port. La ville prospère notamment grâce au commerce triangulaire.
La guerre d'Indépendance et l'occupation anglaise réduisent Newport en miettes. Jamais par la suite la ville ne retrouvera sa splendeur commerciale. Mais ce qui la sauve, c'est qu'elle est aussi, dès le XVIIIe s, un lieu de villégiature très prisé d'abord des riches planteurs du Sud, puis de toute la jet-set de la côte Est (Newport est idéalement situé, entre Boston et New York).
Les richissimes familles américaines recrutent la crème des architectes américains pour se faire construire, à la fin du XIXe s, des *mansions* (manoirs) au luxe incroyable et dont le style est largement emprunté à l'Europe. L'été, tout ce beau monde se retrouve à Newport. Les dames organisent bals, tournois de bridge et réceptions caritatives. On met sur l'océan des maquettes de bateau grandeur nature pour donner à la mer un air de port ; on dîne au champagne et au caviar avec chiens et autres animaux domestiques... La Première Guerre mondiale annonce la fin de cette période de faste. Des charges financières trop lourdes obligent la plupart des héritiers à vendre. C'est ainsi que la *Preservation Society of Newport County* a pu racheter un bon nombre de ces propriétés pour les ouvrir ensuite au public.

UN PEU DE SPORT

Quels sports pouvaient bien pratiquer ces nantis de Newportais ? Golf, polo, tennis et voile, pardi ! C'est d'ailleurs ici que se tinrent les premiers championnats de tennis américain sur herbe et de golf amateur (respectivement en 1881, sur les terrains du Newport Casino, devenu depuis le *Tennis Hall of Fame,* et ensuite en 1894).
Mais la renommée internationale de Newport est surtout due à la voile. Entre 1930 et 1983, la ville accueille les régates de l'*America's Cup.* Cette compétition internationale naît en 1851, quand le *New York Yacht Club* fait traverser l'Atlantique à sa goélette *America* pour défier les Britanniques dans la *Hundred Guineas Cup.* Les Américains gagnent. Ils rapportent aux États-Unis cette coupe en argent qui porte depuis le nom de « coupe de l'America ». Elle y reste jusqu'en 1983, date à laquelle les Australiens s'emparent du trophée.
Aujourd'hui, Newport est toujours la destination d'une course célèbre (bien qu'un peu éclipsée en France par le *Vendée Globe Challenge* et la *Route du Rhum*) : la *Transat anglaise en solitaire,* qui part de Plymouth (Angleterre).

Arriver – Quitter

En bus

Bonanza Bus : ☎ *1-888-751-8800.* ● *peterpanbus.com* ● Env 8 bus/j. aller-retour entre Boston et Newport. Durée du trajet : 1h35.
– À Boston : South Station Bus Terminal, 700 Atlantic Ave. ☎ *1-888-751-8800.* Ⓜ *South Station (Red Line). Compter 50 $ l'aller-retour, peut-être moins si vous le faites dans la même journée.*
– À Newport : Gateway Center, 23 America's Cup Ave. ☎ *401-846-1820.*

En voiture

➢ De Boston Downtown, prendre la 1 S *(JFK Expressway)* jusqu'à la 495 W. Après quelques kilomètres, bifurquer sur l'autoroute 24 S qui devient la 114 avant d'arriver à Newport. Cette route est plus rapide et moins encombrée que celle, plus évidente, qui passe par l'I 95 et le magnifique pont en dos d'âne de Newport *(péage de 2 $)*.

Transports

À vélo ou en scooter

■ ***Ten Speed Spokes :*** *18 Elm St, pas loin du* Newport Gateway Visitor Center, *sur l'America's Cup Ave.* ☎ *401-847-5609.* • *tenspeedspokes.com* • *En été, lun-ven 10h-18h, sam 10h-17h, dim 12h-17h ; en hiver, tlj sf dim 10h-18h (17h sam). Juste à côté de la gare des* diner-trains. *Loc de vélos à la journée : 35 $.* Le moyen de transport idéal à Newport, très encombré par les voitures l'été.

■ ***Scooter World :*** *9 Christie's landing.* ☎ *401-619-1349.* • *scooterworldri@yahoo.com* • *scooterworld.sports.officelive.com* • *Tlj 9h-19h. Loc de scooters et de drôles de véhicules à 3 roues : 30 $ la 1re heure, puis 10 $/h ou 100 $/j. (50 $/h, puis 35 $ à partir de la 2e heure pour le fameux « 3-roues »). Loc de vélo : 7 $/h ou 30 $/j. (le cycliste doit avoir plus de 18 ans).* Ces moyens de locomotion sont très pratiques pour découvrir Newport.

En bus

Possibilité d'acheter des *passes* à la journée au *Visitor Center (env 5 $/adulte ou 10 $/famille ; sinon, 2 $ le ticket à l'unité)* pour avoir accès à la navette touristique qui circule dans Newport. Départs fréquents du *Visitor Center.* Une carte du parcours est disponible.

Adresse utile

ℹ ***Visitor Center :*** *23 America's Cup Ave, au terminal de bus.* ☎ *401-845-9123 ou 1-800-976-5122.* • *gonewport.com* • *Tlj 9h-17h (18h ven-sam). Fermé à* Thanksgiving *et à Noël.* Brochures variées et personnel accueillant. Lignes téléphoniques directes avec des hôtels et des *B & B.*

NEWPORT

Où dormir ?

Compte tenu des prix exagérés de l'hébergement, on conseille plutôt d'y passer seulement la journée. Si vous tenez à dormir sur place, une adresse nous a paru assez originale pour la citer :

▲ ***Jailhouse Inn :*** *13 Malborough St (entre le stade et Farewell St).* ☎ *401-847-4638 ou 1-800-427-9444.* • *jailhouse.com* • *Doubles 130-175 $ en sem selon saison et 210-250 $ le w-e, petit déj compris.* Comme son nom l'indique, le bâtiment de 1772 a servi de prison municipale jusqu'en 1886. Il en subsiste une réception au guichet grillagé, mais qu'on se rassure, les chambres n'ont rien d'une cellule avec bat-flanc et tinette. Confort moelleux et service aux petits oignons sont assurés par le tenancier plutôt jovial. Petit déj continental avec fruits et viennoiseries, thé et cookies l'après-midi.

– Autrement, il y a aussi la solution des *B & B* : voir • *10bestnewportinns.com* • ou • *newportinns.com* • qui proposent de très agréables adresses.

Où manger ?

Les quais, anciens entrepôts transformés en restos et boutiques, et Thames St, sont les deux artères vivantes de la ville. Bien sûr, c'est touristique, mais on y trouve sans problème de quoi se restaurer dans des endroits agréables, à des prix raisonnables.

Corner Café : *110 Broadway, en face du City Hall et à côté du poste de police. ☎ 401-846-0606. Tlj 6h45-14h45 (slt petit déj et déj, donc). Env 10 $.* Un petit café bien agréable, tenu par des Irlandais, avec tables de bois, poêle au milieu, banquettes couvertes de petits coussins pour s'asseoir en rond. Cuisine simple à avaler sur le pouce : omelettes, sandwichs, salades, hamburgers à prix raisonnables et servis avec célérité.

Coffee Grinder : *au bout du Bannister's Wharf. Slt en saison, pdt la journée. Env 10 $.* Ah, qu'il est bon de se prendre un petit café accompagné d'un *brownie* ou autre douceur dans cette échoppe ! Sandwichs et quiches sont également en vente. Peu de chaises à l'intérieur, quelques grandes chaises de paquebot dehors. Un peu cher, mais c'est directement devant la marina.

The Sea Fare's American Café : *America's Cup Ave, dans l'enceinte du Brick Market (près du magasin* Dansk*). ☎ 401-849-9188. En été, tlj 11h-22h (23h ven-sam) ; le reste de l'année, ferme 1h plus tôt. Env 8-13 $ le déj et 18 $ le dîner.* On vous conseille de vous installer dehors, car la salle n'est pas très sympa. À l'extérieur, en revanche, ça fait un peu construction de bric et de broc, mais l'ensemble est coloré et gai. Sandwichs, hamburgers, salades et bonne sélection de pizzas grillées. Malgré tout, c'est un peu attrape-touristes.

Brick Alley Pub and Restaurant : *140 Thames St. ☎ 401-849-6334. Tlj 11h30-1h (service jusqu'à 22h en sem et 23h w-e).* Sunday brunch *très couru. Env 10-15 $.* Grand auvent vert et jaune. Et sur le toit, un véhicule de pompiers ! Menu typique d'un pub américain dans ce bar-resto populaire de Newport. Sandwichs, hamburgers, soupes, plats mexicains, *seafood,* poisson et plats de pâtes. La combinaison *all you can eat* (salade + soupe + pain) à 10 $ est un bon choix. Grande terrasse derrière.

Black Pearl : *Bannister's Wharf, qui est le quai le plus agréable de Newport. ☎ 401-846-5264. Tlj 11h30-22h. Env 7 $ une soupe ou un sandwich (8 $ un sandwich-frites), 15 $ un plat.* 2 grandes pièces chaleureuses aux plafonds bas, où certaines tables ont vue sur les bassins. La star du menu, c'est le délicieux et réputé *clam chowder,* crémeux comme on l'aime. Grand choix de sandwichs, d'œufs, de salades, mais aussi des plats de poisson et de viande. Une grande terrasse est plantée en plein milieu du *wharf,* très prisée quand les beaux jours arrivent.

The White Horse Tavern : *angle de Malborough et Farewell. ☎ 401-849-3600. Très cher le soir (50 $) mais abordable pour le déj (super sandwichs à 15 $).* La maison existe depuis plus de 3 siècles (1673), ce qui est un âge très respectable au Nouveau Monde. Ce serait d'ailleurs la plus ancienne taverne encore en activité. Le décor et l'ambiance en attestent : poutres vénérables, escaliers vermoulus, planchers qui craquent, éclairage à la bougie qui projette des ombres dansantes sur les murs vert sombre avec des gravures anciennes. Le soir, on a du mal à distinguer le couteau de la fourchette. Côté assiettes, la bonne surprise est au rendez-vous : le chef connaît son boulot et sa cuisine *New American* mérite le respect. Belles pièces de viande, de gibier en saison, homards, soles, etc. Bon, le décor, la notoriété, la qualité entrent en ligne de compte pour l'addition, mais si on s'abstient de choisir les mets les plus chers, ce n'est pas trop le coup d'arquebuse.

Où boire un verre ? Où sortir ?

One Pelham East : *270 Thames St. ☎ 401-847-9460.* De tous les clubs et bars du front de mer, celui-ci remporte haut la main nos suffrages. *Live-bands* de rock tous les soirs et ambiance d'enfer.

À voir

The mansions (les manoirs)

Ils furent bâtis au tournant des XIXe et XXe s (le *Gilded Age*) par les représentants des plus riches familles américaines qui avaient fait fortune dans les chemins de fer, la banque ou les mines après la guerre civile. Les Astor, Vanderbilt et autres Belmont rivalisèrent à coups de millions de dollars pour se faire construire de véritables demeures princières en s'inspirant des châteaux français ou des palais italiens. Rien n'était trop beau pour épater la galerie : marbres fins, boiseries exotiques luxueuses, tapisseries, mobilier extravagant, bronzes, albâtres, dorures, vitraux et œuvres d'art achetées à prix d'or à Florence, Paris ou Londres... Ils reflètent par leur démesure l'orgueil d'une génération de parvenus qui espéraient par leur argent s'acheter un vernis aristocratique. Le comble est qu'ils n'y passaient que quelques semaines au cœur de l'été pour échapper à la chaleur new-yorkaise et que 10 mois sur 12, les demeures étaient inoccupées. C'est d'ailleurs le coût prohibitif de leur entretien qui leur fit renoncer progressivement à y séjourner. Ces demeures comptent parmi les plus surprenantes des États-Unis. Elles combinent l'élégance européenne et les avancées techniques américaines (ces propriétés avaient l'électricité, le gaz, l'eau courante...).

■ ***Preservation Society of Newport County :*** *424 Bellevue Ave.* ☎ *401-847-1000.* • *newportmansions.org* • Infos sur les tours organisés, les horaires et directions, les prix... par téléphone ou sur leur site internet.

Manoirs en général ouv tlj 10h (9h pour The Breakers*)-17h ; dernière admission à 16h ; de petites modifications d'horaires ont lieu en cours d'année. Ts fermés à* Thanksgiving *et les 24-25 déc.* L'été et les jours fériés, l'affluence frise la démence ; mieux vaut faire la visite des manoirs les plus populaires le matin. Parkings gratuits. Pas d'endroit pour se restaurer dans les manoirs. 11 lieux au total sont ouverts au public. Les visites, d'environ 1h, en anglais seulement, sont obligatoirement guidées (sauf pour *Marble House, The Breakers* et *The Elms,* qui procurent des audioguides) et le guide est inclus dans le prix. *Le coût de la visite pour une demeure est de 14 $/adulte (19 $ pour* The Breakers*) ; réduc pour les 6-17 ans ; gratuit moins de 6 ans. Il existe aussi des tickets combinés : 31 $ pour 5 propriétés au choix (sf* Hunter House*).* Nous décrivons les plus grandes et célèbres.

🍷🍷 ***Marble House :*** construite entre 1888 et 1892 pour la famille de William Vanderbilt (petit-fils de Cornelius, celui qui établit la fortune de la famille dans les bateaux à vapeur). La décoration de cette propriété est, dit-on, un mélange du Parthénon et du Petit Trianon de Versailles. Ne partez pas en courant, elle vaut le détour. 11 millions de dollars de l'époque furent engloutis dans sa construction, dont 7 pour le marbre. Le résultat n'est pas des plus léger ! Dans l'entrée, belles tapisseries des Gobelins. Dans la salle de bal, marbres, miroirs et lustres en cristal à vous donner le vertige ! À l'étage, une étonnante pièce de recueillement de style gothique. La salle à manger est tout de marbre rose d'Algérie. Autour de la table, les chaises en bronze Louis XIV sont tellement lourdes que les maîtres de maison devaient prévoir, quand ils recevaient, un valet de pied par invité pour bouger la chaise ! Le jardin donne directement sur la mer.

🍷🍷🍷 ***The Breakers :*** Cornelius Vanderbilt II, autre petit-fils du Cornelius cité ci-dessus, se fit construire en 1885 cet opulent *cottage* de plus de 70 pièces. Vu de l'extérieur, *The Breakers* rappelle la Renaissance italienne par ses arcades, ses colonnes cannelées, ses corniches et l'utilisation de pierre et marbre. À l'intérieur, marbres précieux, ornements de bois, plâtres dorés, mosaïques et plafonds peints. À noter : la grande salle au décor théâtral autour de laquelle s'ordonnent les pièces de façon géométrique. La salle à manger est également remarquable, dans son décor d'albâtre rouge et de dorures. Les pièces du rez-de-chaussée donnent sur des terrasses avec vue sur la mer. L'argent ne faisant pas le bonheur, Cornelius mourut à 56 ans d'une crise cardiaque. Pourtant, on le disait plus riche que le Trésor américain. On peut aussi visiter les écuries.

Astor's Beechwood : *entrée : 15 $; réduc. Fermé janv.* Notre préféré. Non pas pour l'architecture, le mobilier ou la magnificence, mais pour l'ambiance. La visite des pièces, qui n'ont rien de fabuleux, se fait en compagnie de jeunes acteurs qui jouent le rôle des membres de la famille Astor, de leurs invités et des domestiques. C'est drôle, enlevé, bien joué, et les saynètes varient d'une visite à l'autre. On se retrouve en fin de course dans la cuisine où un cuisinier-acteur prépare le frichti des invités. On peut même assister à un *Murder Mystery* (avec supplément).

Rosecliff : *visite début avr-début oct.* En 1891, Herman Oelrichs, fille d'un riche immigrant irlandais, s'installe à Newport avec son mari. Ils achètent le domaine de Rosecliff, surnommé ainsi pour sa roseraie, et décident de le transformer en une imitation du Grand Trianon de Versailles, histoire d'impressionner la galerie. On s'y croirait presque ! Notez sur les murs extérieurs l'utilisation de terre cuite émaillée blanc cassé, qui imite la pierre. À l'intérieur se trouve la plus grande salle de bal de Newport, qui servit d'ailleurs de décor pour quelques scènes de *Gatsby le Magnifique.* Vous y apprendrez qu'un chef français, exaspéré de trop travailler, fit une petite révolte récompensée par une expulsion instantanée.

The Elms : en 1898, Edward Berwind se fait construire une maison sur le modèle du château d'Asnières édifié au XVIIIe s. Edward souhaite rivaliser avec les belles demeures de Newport et espère ainsi s'intégrer à la société newportaise, qui le considère comme un parvenu, lui qui fait fortune avec le charbon. Aux Elms, les proportions des pièces sont impressionnantes, notamment celles du hall et de la salle de bal. C'est le style classique qui domine ici : jardin d'hiver pour les plantes tropicales, salon de réception Louis XVI...

Château-sur-Mer : avant l'arrivée des Vanderbilt à Newport, cette demeure de style Second Empire était la plus imposante de la ville. À force de restructuration et d'arrangements successifs, cette maison rassemble toutes les tendances en vogue dans la société newportaise de l'époque. À l'intérieur, quelques effets décoratifs, comme les boiseries de chêne très travaillées du hall. Dans le salon victorien, mobilier et objets orientaux, européens et américains. Rien que ça ! La bibliothèque et la salle à manger sont, elles, de style Renaissance. Ironie du sort, ce Château-sur-Mer ne donne pas sur l'eau.

Dans le Newport historique

Tous les styles architecturaux qu'ont connus les États-Unis entre les XVIIe et XIXe s sont représentés à Newport. Il y a tout d'abord les imitations des châteaux français et des palais italiens décrits ci-dessus. Ensuite, le style colonial, présent dans des bâtiments tels que la *Quaker Meeting House* ou la *Trinity Church.* Enfin, le style georgien que l'on retrouve dans la *Touro Synagogue* ou dans le *Brick Market.*

■ **Newport Historical Society :** *82 Touro St. ☎ 401-846-0813. • newporthistorical.org • Mar-ven 9h-16h30. Ils organisent même des tours entre mi-mai et mi-oct. Abrite aussi un petit musée : avr-sept, ven-sam 10h-16h, dim 13h-16h ; oct, slt sam 10h-12h30 ; fermé le reste de l'année.* Toutes les infos nécessaires à la visite de la ville. L'histoire de la ville à travers les époques. Pas palpitant.

Trinity Church : *en face du Queen Ann Sq. ☎ 401-846-0660. De mai à mi-juin et sept-oct, en sem 10h-13h ; de mi-juin à août, tlj 10h-16h ; le reste de l'année, sur rdv.* La chaire à 3 étages vaut le coup d'œil.

Touro Synagogue : *85 Touro St, à 7-8 mn de marche du* Visitor Center. ☎ *401-847-4794.* • *tourosynagogue.org* • *Visites guidées obligatoires. Horaires variables selon saison. Fermé pdt fêtes juives. Entrée : 12 $.* Bâtie en 1759, c'est la première synagogue construite aux États-Unis, et la première de l'époque coloniale. Son architecture intérieure, qui contraste avec la simplicité de l'extérieur, est marquée par le chiffre sacré 12 : 12 colonnes soutiennent les tribunes, 12 autres le plafond...

Museum of Newport History : *127 Thames St, tt près du Brick Market.* ☎ *401-841-8770. Tlj sf mar 10h-17h (13h dim). Donation suggérée.* Toute l'histoire navale de la ville, le commerce maritime et la vie quotidienne des premiers colons. Collection d'argenterie. On y souligne l'importance du fait religieux. On y apprend qu'en plus de la pêche, la ville a vécu de l'exportation de bougies faites à partir de la graisse de baleine.

International Tennis Hall of Fame : *194 Bellevue Ave, avt d'arriver aux* mansions. ☎ *401-849-3990 ou 1-800-457-1144.* • *tennisfame.com* • *Tlj sf* Thanksgiving *et Noël 9h30-17h. Entrée : 11 $; réduc.* Un musée dédié au tennis, dans l'ancien casino du country-club victorien entouré d'un gazon plus tendre qu'en Angleterre. Le Hall of Fame consacre les plus grands joueurs de l'histoire de ce sport. Le musée est bien ficelé et très complet, les amateurs pourront y passer des heures. Tous les grands champions ont leur petite vitrine. On y apprend par exemple que pour les Américains, la plus grande joueuse de tennis de tous les temps est une Française : non, pas Amélie Mauresmo, mais bien Suzanne Lenglen, dans les années 1930. Elle est morte de leucémie à 39 ans. Cerise sur le gâteau : on peut même y jouer *(env 35 $/h par pers ; résas au* ☎ *401-849-4777).*

Fort Adams : *Fort Adams State Park.* ☎ *401-841-0707.* • *fortadams.org* • *De mi-mai à oct, tlj sf j. de grosse pluie 10h-16h. Entrée : 10 $; réduc.* Le plus vaste complexe de défense côtière des États-Unis fut en activité de 1824 à 1950. Il abritait une garnison de 2 400 soldats. On peut visiter les casemates aménagées en petit musée, découvrir les quartiers des officiers et se promener sur les murailles pour observer l'évolution des voiliers lors des régates.

Pour les mordus de voile, c'est aussi dans le complexe du Fort Adams State Park que vous pourrez visiter le petit ***musée du Yachting*** *(tlj 10h-17h, de mi-mai à fin oct ; entrée : 5 $).* Photos et trophées de l'*Admiral's Cup,* quelques spécimens de 12 m racés, taillés pour la course, et un *Hall of Fame* des grands navigateurs solitaires. 33 portraits de fameux marins ; Isabelle Autissier, Alain Colas, Alain Gerbault, Bernard Moitessier et Éric Tabarly ne sont pas oubliés.

À faire

➢ **Cliff Walk :** sentier de 3,5 miles entre la mer d'un côté et les *mansions* de l'autre. Il commence au *Chanler Hotel,* près de la route 138 A, juste à l'ouest d'Easton Beach, et passe devant les Breakers, Rosecliff et Marble House. Au XIXe s, pour avoir la paix, les propriétaires des *mansions* ont essayé de faire fermer ce chemin. Cependant, les pêcheurs se sont rebellés, et l'État leur a donné raison. La deuxième partie, non pavée, est moins fréquentée mais tout aussi sympa. Gratuite, cette balade est l'une des activités les plus populaires ici.

Les plages : les plages publiques se situent sur le côté est de l'île, le long de *Memorial Blvd.* Elles n'ont rien de sensationnel, mais un peu d'air frais ne peut pas faire de mal après tant de culture américaine ! Attention, les parkings sont payants en été. Renseignez-vous à l'office du tourisme.
– *Easton's Beach,* nommée aussi *First Beach* : la plus grande.
– *Sachuest Beach* ou *Second Beach,* à l'est d'Easton's. C'est la plus sympa des trois.
– *Third Beach,* surtout fréquentée par les fanas de planche à voile.

– Il existe d'autres plages le long d'Ocean Ave. Souvent minuscules et la plupart du temps privées. Une fait exception : *Gooseberry Beach*. Elle est en effet publique, mais attention, même les piétons doivent payer pour y accéder.
– D'autres plages se trouvent à Narragansett, en passant par la « Scenic Route 1 A », au sud-ouest de Newport.

– ***Assister à un match de base-ball :*** très bon niveau de jeu dans un petit stade historique des années 1920 d'une capacité de 3 000 places, peint en vert bouteille, devant le *Visitor Center*. De juin à août, les *Newport Seagulls (☎ 401-845-6832, • newportgulls.com •)*, composés de l'élite collégiale de la région, jouent contre leurs rivaux de la New England Collegiate Baseball League. Les billets coûtent une poignée de dollars. Atmosphère familiale et *all American*. L'occasion de vivre l'esprit bon enfant mais âprement compétitif de l'américanité.

Festivals

– ***Newport Music Festival :*** *ts les ans, les 2e et 3e sem de juil. Rens au ☎ 401-846-1133. • newportmusic.org •* Des concerts de musique classique sont donnés dans les grands *mansions* comme Rosecliff, The Breakers, The Elms...
– ***Newport Jazz Festival*** *(JVC Jazz Festival) : 3 j. à la mi-août. Rens au ☎ 401-847-3700.* Né en 1954, ce festival annuel est renommé dans le monde de la musique. Les concerts sont donnés au Fort Adams State Park.
– ***Newport Folk Festival :*** *ts les ans, pdt le 2e w-e d'août. Rens au ☎ 401-847-3700 ou 401-848-5055. • newportfolkfest.net •* Les concerts sont donnés au Fort Adams State Park. Bob Dylan y fit scandale parmi les puristes en électrifiant sa guitare en 1965.

MYSTIC SEAPORT MUSEUM

Mystic n'a plus rien à voir avec la ville portuaire qu'elle a été ; ce n'est plus qu'un joli village de Nouvelle-Angleterre parmi tant d'autres. Mais la popularité du Mystic Seaport Museum (un million de visiteurs par an) en fait le lieu touristique majeur du Connecticut.

UN PEU D'HISTOIRE

Colonisée au XVIIe s, Mystic s'est développée le long du fleuve du même nom. Profitant du boom de l'économie maritime américaine et de la construction navale, la paisible bourgade portuaire prospère rapidement. On assemble là les fameux *clippers* (navires à grande vitesse qui transportaient des marchandises) dont la marine américaine est si fière. À la même époque, Mystic est aussi un haut lieu de la chasse à la baleine et abrite dans son port près d'une vingtaine de baleiniers. Deux siècles plus tard, Mystic est n° 1 aux États-Unis, ses chantiers navals comptant parmi les plus importants du pays.
Au début du XXe s, finis la pêche à la morue et l'éclairage à l'huile de baleine. Place aux loisirs et à la voile. Les chantiers de la région se reconvertissent dans la construction de navires de plaisance et, depuis la Seconde Guerre mondiale, de vaisseaux de guerre pour la *Navy* !

Arriver – Quitter

➢ ***En train :*** les trains d'*Amtrak* entre Boston et New York s'arrêtent à New London, à 15 mn en taxi de Mystic.

➢ ***En voiture :*** compter 2h de Boston (100 miles) et 1h de Newport. De l'une ou l'autre de ces villes, il faut rejoindre la 95 S et sortir à l'*exit* 90. De là, prendre la route 27 (appelée aussi Greenmanville Ave), puis suivre les indications.

Adresse utile

Mystic & Shoreline Visitor Information Center : *route 27, juste au sud de la 95 ; sur la gauche (bien fléché) dans le Olde Mystick Village.* ☎ *860-536-1641.* • *mysticinfo.com* • *Lun-sam 9h-18h ; dim 10h-17h.* Très pro. Bon système d'assistance pour trouver un hébergement. Allez-y avant de passer au musée, vous économiserez 2 $ sur l'entrée.

Où manger ?

Seamen's Inne Restaurant & Pub : *c'est le resto du Mystic Seaport Museum (mêmes horaires que le musée). Env 12 $ le plantureux sandwich au homard.* En salle, dans le pub ou sur la terrasse, on y sert des *clam chowders* et autres incontournables plats régionaux à prix raisonnables. Assez bruyant, surtout quand les groupes scolaires débarquent.

À voir

Mystic Seaport Museum : *75 Greenmanville Ave (route 27).* ☎ *860-572-0711 ou 888-973-2767.* • *mysticseaport.org* • *Avr-oct, tlj 9h-17h ; nov-mars, jeu-dim 10h-16h. Fermé à Noël. Entrée : 24 $; réduc ; gratuit moins de 6 ans. Petit dépliant en français.*
Ce musée en plein air, qui s'étend sur près de 7 ha, regroupe environ 60 bâtiments maritimes originaux. La visite se concentre autour des quais, le long desquels sont amarrés navires et bateaux de pêche d'époque. Quand on commence la visite par la gauche, on se dit qu'il faut être un expert en charpenterie navale pour apprécier les hangars où l'on retape les carcasses de rafiots avec leurs scies stridentes pour équarrir les troncs et en faire de solides planches. Puis on se met à déambuler dans les rues adjacentes, et on découvre la voilerie, la corderie, la banque, l'imprimerie, le forgeron, etc. Bref, tout ce qui faisait la vie d'une petite ville portuaire au XIXe s. Une sorte de voyage dans le temps qui devient vraiment intéressant. On évolue au milieu d'une communauté de gens qui ont travaillé, souffert et œuvré à la construction d'une puissance navale, qui va entrer d'abord en rivalité avec celle des Britanniques dans le but de protéger les routes commerciales et les navires d'émigrants. Les expositions du Mystic Seaport illustrent cette ambition. La principale, *Voyages : Stories of America and the Sea,* est un hymne à la gloire de la marine américaine, tant militaire que marchande. Du *Mayflower* aux transatlantiques, des clippers cap-horniers aux *Liberty-ships,* des premiers vaisseaux cuirassés de la guerre civile aux porte-avions et sous-marins nucléaires, la puissance navale américaine (ébranlée en 1941 par Pearl Harbor mais victorieuse ensuite) a imposé sa présence sur (et sous) toutes les mers du monde pour faire régner la *Pax Americana.* Qu'on l'accepte ou non, c'est indéniablement dans des lieux comme Mystic que cette volonté a pris son essor.
Trois voiliers importants se visitent :
– le ***Charles W. Morgan*** : construit en 1841, classé Monument historique, c'est le seul survivant de la flotte baleinière américaine du XIXe s. On remarquera le quartier des officiers et les sections de la cale où l'on faisait fondre la graisse de baleine... Dans un baraquement, des photos peu ragoûtantes de dépeçage de baleines.
– Le ***Joseph-Conrad*** : construit en 1882 à Copenhague pour servir de bateau-école, il fut ensuite racheté par un Australien, puis par des Américains. Le Mystic

Seaport se l'offrit dans les années 1940 et lui redonna sa vocation initiale. La complexité des cordages et voilures est remarquable.
– Le ***L.A. Dunton*** : construit en 1921 et classé Monument historique également. Cette goélette (de type *Gloucester Fishing*) est aussi l'un des derniers modèles en activité de ces bateaux de pêche des années 1920 qui naviguaient entre la Nouvelle-Angleterre et les bancs de Terre-Neuve. Le quartier des officiers se visite, et un guide montre comment on pêchait et salait la morue.

➢ Possibilité de se balader sur la Mystic River à bord du mignon ***bateau à vapeur Sabino,*** de mi-mai à mi-octobre, pendant 30 mn. Départs prévus toutes les heures 10h30-15h30. Ajouter 5,50 $ au prix de la visite du musée. La dernière excursion de la journée (16h30) dure 1h30 et coûte 12 $. Construit dans le Maine en 1908, ce bateau a été en activité pendant une cinquantaine d'années.

– On peut aussi faire un tour au ***Henry B. du Pont Preservation Shipyard.*** C'est le chantier naval du musée *(lun-ven 9h-15h).* On y restaure là tous types de bateaux appartenant au Mystic Seaport. Une plate-forme au 1er étage permet d'observer les artisans au travail.

AUTOUR DES GRANDS LACS

LES CHUTES DU NIAGARA (NIAGARA FALLS)

La mainmise des magnats du tourisme est omniprésente : tout est aménagé pour permettre aux « toutous » d'admirer les chutes de tous les points de vue, américains et canadiens. D'en haut, tours panoramiques et hélicoptères ; d'en bas, bateaux et passages sous les chutes. Il faut dire que c'est la capitale de la lune de miel (et également des noces d'or...). Rares sont les sites naturels qui ont subi une telle exploitation commerciale. Motels, fast-foods, affreuses tours « champignonnesques » avec restaurants tournants (pour la vue), enseignes clignotantes à tout-va, magasins de souvenirs kitsch, la liste est longue...

Du côté américain, la ville de Niagara n'a aucun intérêt. C'est franchement tristounet, genre grosse bourgade sinistrée à l'urbanisme très étendu. Les panneaux *For Sale* fleurissent un peu partout. Dans certains quartiers, la plupart des maisons tombent en ruine quand elles ne sont pas carrément murées. Limite glauque.

De l'autre côté de la *Niagara River,* l'ambiance est toute différente : les Canadiens ont bâti un véritable mini-Las Vegas et ce sont eux qui récoltent le jackpot. Normal, c'est du Canada qu'on a la plus belle vue sur les chutes : de face, et bien plus impressionnante que de l'autre côté. Jetons-nous à l'eau (!) en risquant d'énoncer une évidence : l'essentiel à Niagara, c'est quand même les chutes. Et en faisant abstraction de toute l'artillerie touristique qui les environne, on n'est pas déçu : elles sont grandioses !

La haute saison s'étend de mi-mai à fin octobre. Pendant cette période, pour en profiter pleinement, préférez les visites tôt le matin. Loin des ruées de touristes, vous apprécierez toute la majesté du lieu. Sinon, venez en hiver : vous éviterez la foule, vous ferez des économies car les prix des hébergements fondent comme neige au soleil, et le spectacle des chutes prises dans la glace est exceptionnel.

UN PEU DE GÉOGRAPHIE

Les chutes du Niagara sont situées sur la rivière... Niagara, qui relie entre eux les deux Grands Lacs Érié et Ontario, marquant la frontière entre les États-Unis et le Canada. Trois ponts relient les villes jumelles de Niagara Falls ; eh oui, elles portent le même nom de part et d'autre de la frontière.

Si les chutes du Niagara sont les plus connues dans le monde, ce n'est pas pour leur hauteur (une cinquantaine de mètres au plus) mais plutôt pour leur largeur (675 m pour le Fer à cheval, la plus grande) et surtout pour leur puissance et leur bouillonnement surréaliste. Leur débit dépasse les 2 800 m^3 par seconde ! Pour limiter l'érosion de la couche calcaire, responsable du recul régulier des chutes (elles sont aujourd'hui à une dizaine de kilomètres de leur position d'origine), leur puissance est utilisée comme source d'énergie. Plus de la moitié du débit de la rivière est ainsi détourné dans de gigantesques tunnels situés assez loin en amont des chutes. L'eau passe ensuite dans des turbines hydroélectriques, approvisionnant en électricité les communes environnantes côtés canadien et américain.

UN PEU D'HISTOIRE

Il y a bien longtemps, les chutes se nourrissaient uniquement de quelques vierges indiennes que les Iroquois sacrifiaient à Niagara, « le Grand Tonnerre des eaux ». Elles coulaient alors des jours heureux, jusqu'à ce que le jésuite français, Louis Hennepin, vienne y mouiller sa soutane en 1678 ; il trouva les lieux sublimes et effrayants. Tocqueville ne put s'empêcher – à son tour – d'y jeter un coup d'œil. « Dépêche-toi d'y aller. Ils ne tarderont pas à en faire une horreur », écrivait-il à un ami vers 1805. Comme c'était bien vu ! Dès 1825, les auberges, hôtels de fortune et animations en tout genre se succédèrent au fil des décennies pour arriver à ce que sont les *Falls* aujourd'hui.

C'est en fait Joseph Bonaparte, le frère de l'autre, qui est, en partie, responsable de la mode de « la lune de miel » aux chutes. Intrigué par le récit que Chateaubriand en fit (dans *Atala*), il décida, en 1803, accompagné de sa jeune épouse, d'effectuer le voyage en diligence depuis la Louisiane. Une fois rentré, il en fit une telle description aux notables et personnalités du coin que ceux-ci se mirent en tête de l'imiter. La mode était lancée.

Pendant l'entre-deux-guerres, le développement des automobiles accéléra l'engouement des jeunes mariés. Enfin, en 1953, Marilyn Monroe vint y tourner *Niagara,* de Henry Hathaway, ce qui permit à la *Fox* de dire : « *Niagara,* le film où deux Merveilles du monde se partagent la vedette. » Aujourd'hui, des dizaines d'attractions, toutes aussi décadentes les unes que les autres, viennent prouver au visiteur qu'il « s'amuse » follement. Le soir, on illumine les chutes, qui passent par toutes les couleurs de l'arc-en-ciel. Complètement psychédélique.

HISTOIRE D'EAU

Le 29 mars 1848 restera une date-clé dans les annales de Niagara Falls. Ce jour-là, les chutes s'arrêtèrent de couler ! Les gens se précipitèrent évidemment en masse pour assister à ce spectacle insolite et improbable, certains en profitèrent même pour traverser, en toute sécurité, la rivière Niagara. L'explication de ce phénomène étrange était, en fait, très rationnelle : un gros bloc de glace s'était formé en amont, empêchant ainsi l'eau de descendre la rivière normalement. Deux jours après, la glace avait fondu, et les chutes retrouvaient leur panache.

DÉFIER LES CHUTES

Les festivités démarrent dès 1827. Des hôteliers n'hésitent pas à envoyer à la mort, enfermés dans des tonneaux ou des rafiots de fortune, de véritables arches de Noé : bisons, ours, renards, chiens, aigles et ratons laveurs. Toute la faune locale y passe. Puis c'est au tour des humains d'effectuer plongeons et descentes en tonneaux, bouées... Beaucoup y laissent leur vie. En 1859, le Français Jean-François Gravelet, dit Blondin, fut le premier casse-cou à défier les rapides de la Niagara River. Il les traversa d'abord sur un filin tendu entre les rives américaine et canadienne avec son imprésario perché sur ses épaules. Il fallait que le manager ait sacrément confiance en son poulain ! En 1901, ce fut Annie Edson Taylor, une institutrice du Michigan, qui réalisa la première descente des chutes... dans un tonneau. Elle en sortit quasiment indemne. À noter que personne n'a jamais survécu aux chutes américaines, à cause des nombreux rochers, du manque de profondeur et du faible courant. Celles du Fer à cheval (côté canadien) sont moins rocheuses et le fort courant a tendance à projeter les gens loin des chutes, ce qui explique qu'il y ait eu une poignée de survivants parmi les cascadeurs. Depuis 1950, toutes ces prouesses sont déclarées illégales côté américain et canadien.

Arriver – Quitter

Côté américain

En avion

✈ ***Greater Buffalo International Airport*** *(hors plan par B3)* **:** ☎ *716-630-6000.* • *buffaloairport.com* • Point Info (brochures, plans) au sous-sol. De là, on peut prendre le train ou un autre avion pour New York, un *super shuttle* ou un taxi pour Washington. *Southwest Airlines* (☎ *1-800-435-9792).* Un vol direct vers ces 2 dernières villes coûte cependant très cher.

De l'aéroport de Buffalo vers Niagara Falls

➢ ***En navette :*** pour aller aux chutes directement depuis l'aéroport, prendre la navette *Niagara Falls ITA Shuttle Service* (☎ *1-800-551-9369).* Tlj 7h-18h30. Env 40 $/pers aller (50 $ si vous allez côté canadien) ; gratuit moins de 6 ans. Compter 45 mn env.

Adresses utiles (côté américain)

- @ Internet
- 1 Visitor Center
- 4 Gare Amtrak
- 5 Gare ferroviaire
- 6 Bank of America

(côté canadien)

- 2 Niagara Falls Tourism
- 3 Ontario Travel Information Centre
- 7 Scotia Bank

Où dormir ? (côté américain)

- 10 Niagara Falls KOA
- 11 HI Niagara Falls
- 12 YMCA
- 14 Elizabeth House Bed & Breakfast
- 15 Rainbow House Inn
- 16 Super 8 Motel
- 18 Howard Johnson at the Falls
- 21 The Red Coach Inn

(côté canadien)

- 22 Niagara Falls KOA
- 23 Backpackers International Hostel
- 24 ACBB Hostel Niagara
- 25 Bedham Hall
- 26 Glen Mhor Guesthouse
- 27 Chestnut Inn
- 28 HI-Niagara Falls
- 29 Fairway Motor Inn
- 30 Days Inn Suites by the Falls
- 31 Niagara Inn Bed & Breakfast
- 32 Old Stone Inn

Où manger ? (côté américain)

- 21 The Red Coach Inn
- 42 Pete's Market House
- 43 Buffet du Casino Seneca Niagara

(côté canadien)

- 44 Buffet du Fallsview Casino Resort
- 45 The Keg Fallsview
- 46 Simon's Restaurant

Où boire un verre ? (côté canadien)

- 47 Players

À voir. À faire (côté américain)

- 50 Prospect Point Observation Tower
- 51 Maid of the Mist
- 52 Cave of the Winds et Terrapin Point
- 53 Wax Museum

(côté canadien)

- 60 Table Rock et Journey behind the Falls
- 61 White Water Walk
- 62 Skylon Tower
- 63 Whirlpool Aero Car et Whirlpool Jet Boat Tours
- 64 Maid of the Mist

Achats

- 70 Fashion Outlets (côté américain)
- 71 Canada One Factory Outlets (côté canadien)

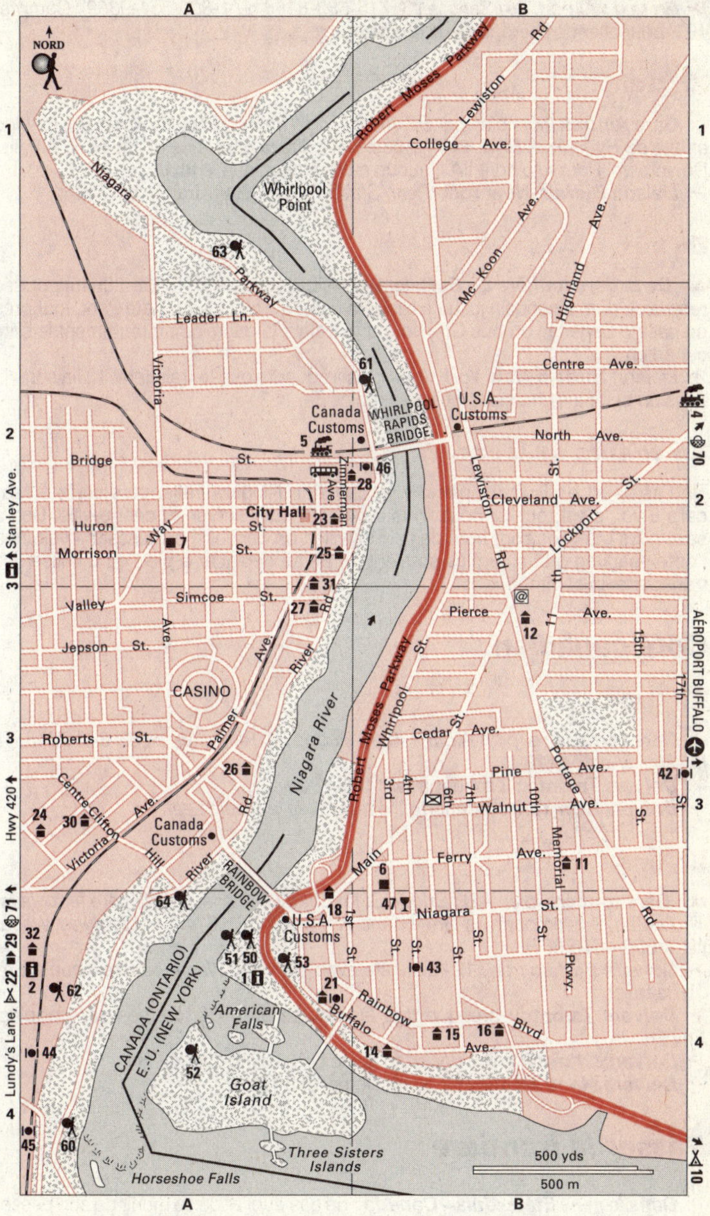

LES CHUTES DU NIAGARA (NIAGARA FALLS)

➢ ***En taxi :*** *Airport Taxi Service (☎ 716-633-8294 ou 1-800-551-9369).* Compter 40 $ pour aller de l'aéroport aux chutes.

En train

Gare Amtrak *(hors plan par B2,* ***4****)* ***:*** *à l'angle de 27th St et Lockport Rd, un bloc à l'est de Hyde Park Blvd. ☎ 716-683-8440.* De la gare, bus n° 52 jusqu'à Falls/ Downtown. Pour rejoindre l'AJ, aucun autre moyen que le taxi.
➢ ***Liaison Buffalo-New York*** *(Penn Station)* ***:*** 3 trajets/j. Trajet : env 9h.

En bus

De la gare routière de Buffalo, 2 possibilités : bus n° 40 (5h-23h45) pour se rendre du côté américain jusqu'à Niagara Falls (à 3 blocks du State Park, tout près du casino *Seneca*), ou bus *Greyhound* (6 trajets/j.) qui rejoint directement le côté canadien.
➢ ***Liaison Buffalo-New York :*** bus plus fréquents que le train (env 12 liaisons/j.) mais un peu plus chers. Compter au moins 8h.

En voiture de location

De l'aéroport de Buffalo, prendre la direction Niagara Falls, puis sortir à Niagara Blvd ; c'est tout au bout. Plus de 40 mn pour arriver au centre-ville. Bon à savoir, les parkings sont hors de prix en ville ; on conseille de laisser sa voiture à l'hôtel (parking gratuit le plus souvent) et de se déplacer à pied ou d'utiliser les transports en commun.

Côté canadien

En train

Gare ferroviaire *(plan A2,* ***5****)* ***:*** *4267 Bridge St. Rens : ☎ 1-888-842-7245. Tlj 6h-20h, w-e 8h-20h.*
➢ ***De/vers Toronto :*** 3 à 4 départs/j. Trajet : env 2h.
➢ ***De/vers New York :*** 1 départ/j., le mat, avec le *Maple Leaf.*

En bus

Gare routière *(plan A2)* ***:*** *Bridge St (et Erie Ave), en face de la gare ferroviaire. Tlj 7h-22h30.* Compagnies *Greyhound (☎ 1-800-661-8747)* et *Trentway Wagar (☎ 1-800-461-7661).*
➢ ***De/vers Buffalo :*** env 12 liaisons/j. avec *Trentway Wagar* ou *Greyhound.* Env 1h de trajet.
➢ ***De/vers Toronto :*** presque ttes les heures 5h-0h30, mêmes compagnies. Env 2h.
➢ ***De/vers Ottawa :*** env 6 départs/j. avec *Greyhound.* Durée : 8h.
➢ ***De/vers Montréal :*** env 12 bus/j. Durée : 9 à 12h.

Passer la frontière

➢ ***Dans le sens États-Unis – Canada :*** ne pas oublier de se munir de son passeport pour passer du côté canadien de Niagara Falls.
Péage de 3,25 $Ca à chaque passage.
➢ ***Dans le sens Canada – États-Unis :*** droit de douane de 6 $ par personne (valable 3 mois).

Adresses et infos utiles

On le répète, pensez à prendre votre passeport si vous traversez le pont pour passer du côté canadien (lire ci-dessus).

Côté américain

Visitor Center *(plan A4, **1**) : au Niagara Reservation State Park.* ☎ *716-278-1796.* • *niagarafallsstatepark.com* • *Tlj 7h15-22h15 en hte saison (horaires restreints sinon).* Toutes les infos sur les chutes et leurs attractions. Vente de *pass*, cafétéria et point de départ pour visiter à pied les chutes, à quelques minutes de là. On peut également prendre à gauche de la cafétéria un trolley (vert) pour aller à *Cave of the Winds* sur Goat Island. *Tlj 9h15-21h45 en saison. Env 2 $; réduc.* Propose aussi un film *IMAX* de 40 mn sur l'histoire des Niagara Falls.

Poste *(plan B3) : 615 Main St. Tlj sf dim et j. fériés 8h30-17h (14h sam).*

Bank of America *(plan B3, **6**) : 418 3rd St. Distributeur acceptant* Visa et MasterCard.

@ Internet *(plan B3) : à la **Public Library** (bibliothèque) sur Main St, en face de la YMCA. Tlj sf w-e 9h-21h (17h jeu-ven).* Connexions gratuites (maximum 2h s'il y a du monde). Passeport exigé.

Hôpital *: 621 10th St et Pine Ave.* ☎ *716-278-4000.* Urgences 24h/24.

Côté canadien

Niagara Falls Tourism *(plan A4, **2**) : 5400 Robinson St, près de la* Skylon Tower. ☎ *905-356-6061 ou 1-800-563-2557.* • *niagarafallstourism.com* • *En été, tlj 8h (10h w-e)-18h. En hiver, sem 8h-17h, w-e 10h-18h.* Le plus grand bureau officiel d'informations touristiques.

Ontario Travel Information Centre *(hors plan par A2, **3**) : 5355 Stanley Ave (et Roberts St).* ☎ *905-357-3221.* • *ontariotravel.net* • *Juil-août, tlj 8h-20h ; ferme plus tôt le reste de l'année.* Baraque en tôle jaune et vert. Nombreuses brochures et informations utiles à dispo.

Scotia Bank *(plan A2, **7**) : à l'angle de Morrison St et Victoria Ave.* Un des rares distributeurs acceptant la carte *Visa*.

Falls Shuttle *(bus locaux) : rens au* ☎ *905-356-1179. De mi-mai à mi-oct, 9h-2h env. Ticket à l'unité 3,50 $Ca,* pass *journée 6 $Ca ; réduc.* Desservent les principaux centres d'intérêt des chutes et aussi *Lundy's Lane* (la route des motels et de l'*outlet*).

Où dormir ?

À Niagara Falls, côté américain

– On rappelle que ***les deux villes de la frontière portent le même nom : Niagara Falls.***
– Si vous pouvez, ***séjournez plutôt du côté canadien,*** bien plus animé. Côté américain, c'est vraiment tristounet…
– ***Les prix des hôtels sont très fluctuants*** selon la saison, le taux de remplissage, etc. Les tarifs les moins chers sont en semaine (les hôteliers ayant tendance à se lâcher les vendredi et samedi), et en hiver bien sûr. Si vous venez un week-end d'août, attendez-vous à payer bonbon. Les *B & B,* eux, pratiquent généralement des prix similaires toute l'année, la semaine comme le week-end.
– Procurez-vous le *USA Niagara Guide.* En dernière page, il y a une foule de ***coupons de réduction,*** souvent soumis cela dit, à des conditions particulières (hors

vacances, par exemple). Un conseil : toujours demander s'il reste des chambres avant de présenter le coupon.
– Pas de problème de ***stationnement*** à Niagara Falls, presque tous les hôtels ont des parkings privés et gratuits.

CAMPING

⛺ ***Niagara Falls KOA*** *(hors plan par B4,* ***10****) : 2570 Grand Island Blvd (sur Grand Island, sortie 19 de la Hwy 190).* ☎ *716-773-7583 ou 1-800-KOA-0787. À 7,5 miles des chutes et à proximité de quelques plages. Prévoir 50 cts pour se rendre sur l'île. Entre 25 et 30 $ pour une tente à 2.* Camping familial avec piscines chauffées. Pas très arboré mais bien équipé et petit étang pour la pêche. Minigolf, canoë. Location de bungalows pour une ambiance « ma cabane au Canada » (ou presque).

AUBERGES DE JEUNESSE

HI Niagara Falls *(plan B3,* ***11****) : 1101 Ferry Ave.* ☎ *716-282-3700. • hihostels.com • Pas très loin de la station* Greyhound. *Accueil 8h-10h, 16h-22h ; fermé en théorie début déc-début fév. Résa impérative. Lit en dortoir 22 $ et double env 70 $. Petit déj sur demande. Internet.* Une AJ non dénuée de charme, dans une belle maison datant de 1850 environ. Les boiseries en chêne sont d'époque. Chambres simples mais très propres. Accueil familial et très sympa de Jun, originaire de Shanghai, qui est également prof de chinois. Jolie petite cuisine et coin salon avec vidéos à dispo. Laverie.

YMCA *(plan B3,* ***12****) : 1317 Portage Rd (et Pierce Ave).* ☎ *716-285-8491. • hostelworld.com • À 2 miles des chutes, juste à côté de la* Public Library. *Navette gratuite au départ des gares routière et* Amtrak. *La nuit, prendre le bus n° 54 au départ de Main St. Doubles 50 $ en sem, 60 $ le w-e.* Ici, pas de dortoirs, mais des chambres privées, simples ou doubles, avec sanitaires communs. Confort vraiment rudimentaire, propreté aléatoire. Intéressera tout particulièrement les sportifs invétérés puisque l'on y trouve les nombreuses installations propres aux « waï » : piscine, Jacuzzi, sauna, squash, basket, musculation... Pas de cuisine sur place, mais une cafétéria pas chère à deux pas. Accueil un peu bourru.

BED & BREAKFAST

Nombreux *B & B* dans la zone pavillonnaire. Pas très faciles à trouver, ils n'ont aucune enseigne et, de plus, pas toujours de numéro de rue. Mieux vaut réserver et passer un coup de fil avant, pour s'assurer que les proprios sont présents.

Elizabeth House Bed & Breakfast *(plan B4,* ***14****) : 327 Buffalo Ave.* ☎ *716-285-1109. • elizabethhousebandb.com • Doubles avec sdb 90-135 $. CB acceptées.* À deux pas des chutes, dans un quartier calme et résidentiel. Un très joli *B & B* (belles boiseries) proposant 4 chambres, dont 2 avec bains privés. Agréable jardin, véranda. Un luxe élégant pour une adresse offrant un bon rapport qualité-prix. Que demander de plus ?

Rainbow House Inn *(plan B4,* ***15****) : 423 Rainbow Blvd S.* ☎ *716-282-1135 ou 1-800-724-3536. • rainbowchapel.com • rainbowhousebb.com • Résa conseillée. Compter 65-145 $ selon saison et taille de la chambre.* Maison en bois datant du XIXe s, peinte en bleu et blanc et toute fleurie, agréable et au calme. 4 chambres, pas très grandes, avec bains, ventilo et AC. Chacune porte un nom représentatif de sa déco : la chambre « jardin », la « bord de mer », la « campagnarde » et la suite « lune de miel », de style victorien, avec terrasse, balancelle et *king-size bed, of course.* Le tout est franchement kitsch, mais convient bien à la fonction de la maison : les cérémonies de mariage !

MOTELS

Howard Johnson at the Falls *(plan A3-4, **18**) : 454 Main St.* ☎ *716-285-5261 ou 1-800-282-5261.* • *hojoniagarafalls.com* • *Doubles 60-150 $ et suites 90-200 $, petit déj compris. Wifi.* Immeuble assez récent sur 4 étages. Chambres vastes, de bon standing, avec cafetière. Les suites sont en plus équipées de frigo, micro-ondes et Jacuzzi. Piscine couverte, sauna. Accueil souriant et vraiment pro. Bon rapport qualité-prix, mais sachez tout de même qu'un hélicoptère décolle régulièrement tout à côté en saison (pas la nuit, heureusement !).

Super 8 Motel *(plan B4, **16**) : 795 Rainbow Blvd.* ☎ *716-284-9778.* • *super8.com* • *Doubles 70-150 $ selon saison, petit déj continental compris. Wifi.* À une intersection, dans un no man's land. Cela dit, tout l'hôtel a été rénové récemment. Les chambres sont très spacieuses, on évitera juste celles donnant sur la route, plus bruyantes. Rien à redire côté propreté, en revanche. Piscine intérieure et petit resto. Bon accueil.

HÔTEL

De chic à très chic

The Red Coach Inn *(plan A4, **21**) : 2 Buffalo Ave.* ☎ *716-282-1459 ou 1-866-719-2070.* • *redcoach.com* • *Doubles 100-200 $ selon saison, apparts 140-400 $.* C'est l'hôtel historique de Niagara Falls, au style très *British.* Incontestablement la plus belle auberge des chutes. Pour ceux qui voudraient casser leur petit cochon, des suites, et même des doubles suites fabuleuses (de vrais appartements avec 2 chambres, 2 salles de bains, cuisine complète, etc.), ainsi que des petites chambres à prix presque raisonnables. Toutes sont meublées « avec style » comme on dit, décorées à foison et très bien équipées : moquettes moelleuses, lit à baldaquin et cheminées dans les suites, Jacuzzi privatif. Bref, on a l'impression d'être un lord dans son *cottage* à la campagne. Accueil distingué, comme il se doit. Fait aussi resto, dans un cadre somptueux (voir « Où manger ? »).

Côté canadien

On le répète (des fois que vous ne suiviez pas !), si vous avez un véhicule, nous vous conseillons de loger côté canadien car les prix y sont moins élevés et surtout l'ambiance est bien plus animée. Début 2011 : 1 $Ca = 0,75 €.

CAMPING

Niagara Falls KOA *(hors plan par A4, **22**) : 8625 Lundy's Lane.* ☎ *905-356-2267 ou 1-800-562-6478.* • *niagarakoa.net* • *En retrait de la ville, à 3 miles des chutes. En saison, bus ttes les 30 mn 9h-2h. Dès 43 $Ca sur la base d'une tente pour 2 (sans services). Env 80 $Ca pour un bungalow pour 4. Emplacements RV's aussi.* Spacieux et bien équipé. Épicerie, snack-bar, aires de jeux, piscines intérieure et extérieure, laverie. Malheureusement, un peu bruyant à cause de la route toute proche. Ambiance familiale, avec animations à thème.

AUBERGES DE JEUNESSE

HI-Niagara Falls *(plan A-B2, **28**) : 4549 Cataract Ave.* ☎ *905-357-0770.* • *hostellingniagara.com* • *Près de la rivière Niagara, à env 3 km des chutes,* *tout proche (à pied) de la gare ferroviaire et de celle des bus. Ouv 24h/24. En été, résa par tél conseillée. Nuit en dortoir 21-25 $Ca (25-29 $Ca pour les non-membres), petit déj inclus. Double 64 $Ca (59 $Ca pour les non-membres). Parking gratuit. Internet, wifi.* Petit immeuble en brique peint en bleu et orange, avec une grande terrasse en bois devant. À l'intérieur, la déco ludique aux couleurs vives confirme l'ambiance : jeune et dynamique. En sous-sol, grande salle commune avec salon TV, bibliothèque, billard (et laverie). Possibilité de se bricoler son frichti dans la cuisine, sinon, il y a aussi 2 *diners* à côté (notamment *Simon's,* voir « Où manger à Niagara Falls ? »). Nombreuses infos, activités (jardinage, randonnées, location de vélos, karaoké...).

Backpackers International Hostel *(plan A2,* ***23****) : 4219 Huron St, angle Zimmerman Ave. ☎ 905-357-4266 ou 1-800-891-7022. • backpackers.ca • Tarifs (taxes incluses) : env 25 $Ca en dortoir et doubles selon confort 55-75 $Ca, petit déj inclus (délicieux muffins). Internet.* Proche de l'*Hostelling International,* dans cette zone un peu éloignée des animations du centre. Grande et belle maison victorienne surmontée d'une tourelle, qui fut autrefois la première clinique de Niagara Falls. Charlie et Lucille, les chaleureux proprios québécois, ont réhabilité les lieux en conservant leur cachet. Dortoirs de 4 ou 6 lits ou bien chambres privées avec salle de bains partagée. Cuisine commune, salle de TV et lecture. Une bonne adresse.

ACBB Hostel Niagara *(plan A3,* ***24****) : 5741 McGrail Ave. ☎ 905-354-6425. • hostelniagara.ca • Tarifs (taxes incluses) : 20-30 $Ca en dortoir, doubles avec sdb partagée 60-65 $Ca, petit déj végétarien inclus. CB refusées. Parking gratuit. Internet, wifi.* Cette récente AJ est tenue par un sacré bonhomme qui ne manque pas d'idées pour aménager ce petit immeuble situé en plein centre de Niagara Falls (un vrai plus par rapport à ses 2 consœurs). Le credo de Patrick : réserver un accueil aux petits oignons pour chacun de ses hôtes et se mettre en quatre pour leur concocter un séjour sur mesure. Super petit déj avec fruits et muffins maison. Atmosphère chaleureuse, comme à la maison !

MOTELS

Fairway Motor Inn *(hors plan par A4,* ***29****) : 5958 Fallsview Blvd, presque à l'angle de Ferry St. ☎ 905-357-3005. • fairwaymotorinn.net • Doubles 60-100 $Ca. Plus cher le w-e. Petit déj continental compris mai-oct. Wifi.* Petit ensemble sur 2 étages, en forme de U. On gare sa voiture devant sa porte comme dans les films. Chambres avec AC, téléphone, frigo, propres et bien tenues. Piscine. Le meilleur rapport qualité-prix compte tenu de son emplacement.

Days Inn Suites by the Falls *(plan A3,* ***30****) : 5068 Centre St. ☎ 905-357-2550 ou 1-866-706-7666. • daysbythefalls.com • Prix très variables selon saison et type de chambre (simple ou suite avec Jacuzzi) : 55-250 $Ca pour 2, petit déj continental inclus. Parking gratuit. Wifi.* Dans le prolongement de Clifton Hill, en plein centre, avec ses avantages (restos, boutiques, attractions) et ses inconvénients (bruit, passage). Sur les 6 établissements de la chaîne à Niagara Falls, c'est le plus beau *Days Inn,* tout neuf et tenu de main de maître. Chambres spacieuses tout confort, avec machine à café, frigo, les suites avec micro-ondes en plus. Piscine couverte chauffée, Jacuzzi, centre de musculation. Laverie à pièces. Excellent accueil. Pile-poil en plein centre, ça vaut le coup.

– Nombreux autres motels sur Lundy's Lane *(hors plan par A3),* accessibles par le *Falls Shuttle* qui fonctionne de 9h à 2h. Plus on s'éloigne des chutes, moins c'est cher.

BED & BREAKFAST

Sur River Rd, qui longe les gorges de Niagara River, nombreux panneaux « Tourist Home ». Voici quelques adresses (résa conseillée).

De prix moyens à chic

Chestnut Inn *(plan A3, **27**) : 4983 River Rd. ☎ 905-374-7623. • chest nutinnbb.com • Doubles 100-120 $Ca selon saison, copieux petit déj compris. Internet, wifi.* Grande maison blanche récente, tout en bois. Les chambres, très bien tenues, sont peintes de couleurs différentes (bleu, rose, gris...) et élégantes avec leur lit à baldaquin et le beau parquet vernis. Chacune possède sa salle de bains et son petit balcon privé, quand ce n'est pas carrément une grande terrasse (comme la *Blue Room* et le *Loft*). Le *French toast* servi le matin au breakfast vous laissera un tel souvenir que vous repartirez avec la recette. Un excellent rapport qualité-prix.

Niagara Inn Bed & Breakfast *(plan A2-3, **31**) : 4300 Simcoe St. ☎ 905-353-8522 ou 1-877-353-8522. • niaga rainn.com • Doubles 85-115 $Ca, petit déj copieux inclus. Parking gratuit. Wifi.* Établissement *gay-friendly.* Maison de bois de style victorien, peinte en vert. David, un ancien danseur, a voulu offrir une atmosphère alliant style et élégance. La maison est décorée de meubles anciens, de souvenirs de voyages et possède un très beau parquet d'époque (on laisse ses chaussures à l'entrée, siou plaît). Les chambres, toutes avec salle de bains privée, ont beaucoup de charme. Superbe *White Room,* d'inspiration asiatique avec son lit indonésien, ses estampes et son kimono au mur. Si la maison est pleine, David possède plusieurs autres *B & B* dans le coin.

Glen Mhor Guesthouse *(plan A3, **26**) : 5381 River Rd. ☎ 905-354-2600. • glenmhor.com • Doubles avec petit déj 80-120 $Ca. Parking privé à l'arrière. Wifi.* Gentil *B & B* avec vue plongeante sur la gorge... de la rivière Niagara (toujours elle !). 4 chambres coquettes et personnalisées, avec bains privés. Superbe patio où le petit déj est servi le matin. Les proprios viennent vous chercher gratuitement à la gare et vous y reconduisent si nécessaire. Ils peuvent aussi vous louer des vélos (pour vous balader, hein, pas pour aller à la gare).

De plus chic à très chic

Bedham Hall *(plan A2, **25**) : 4835 River Rd. ☎ 905-374-8515. • be dhamhall.com • À côté de l'église. Doubles 95-160 $Ca, copieux petit déj compris. Enfants de moins de 16 ans non admis.* Superbe maison victorienne du XIXe s à 1 mile des chutes (20 mn de marche). La patronne, Heather, une Anglaise cool et marrante qui a travaillé dans le cognac chez Rémy Martin, tient à l'atmosphère *British* de son *B & B.* Rien d'étonnant à ce que les 4 immenses chambres à 1 lit (*queen* ou *king-size*), toutes avec cheminée et 3 avec Jacuzzi (pour ceux qui ont encore envie d'eau), portent les noms des bicoques de Sa Majesté The Queen : Windsor, Buckingham... Une magnifique adresse.

Old Stone Inn *(plan A4, **32**) : 5425 Robinson St. ☎ 905-357-1234. • old stoneinn.on.ca • Doubles 120-230 $Ca en saison. Petit déj inclus si résa via Internet. Wifi.* L'hôtel chic et historique de la ville, dans un vieux moulin, très restauré certes, mais avec goût et élégance, dans un esprit ancien. Beau *lobby,* bien sombre, avec de beaux meubles et salle à manger cossue, tout en pierre apparente et planches de bois (resto réputé). Les chambres sont aussi raffinées : portes noires, mobilier de style, lits bien douillets et cheminée, voire Jacuzzi dans les plus chères. Demander à en voir plusieurs avant de faire votre choix (les « standard » sont un peu petites). Piscines extérieure et intérieure. Un îlot de charme au beau milieu des attractions disneylandisées des chutes.

Où manger ?

Une bonne question ! Les restos recommandables ne sont pas nombreux à Niagara, de part et d'autre de la frontière d'ailleurs. En dehors des deux casinos (côté américain et canadien), qui proposent des buffets à volonté et qui ont l'avantage de servir tard le soir, on a quand même réussi à dégoter une poignée d'adresses comme on les aime bien.

Côté américain, Niagara Falls City

Bon marché

🍴 ***Pete's Market House*** *(plan B3,* ***42****) : 1701 Pine Ave (à l'angle de 17th St).* ☎ *716-282-7225. Tlj midi et soir jusqu'à 20h30 (21h30 le w-e). Le midi, formules généreusement servies env 8 $. CB refusées.* L'Amérique, la vraie. Dans la partie bar, le dessus du comptoir est placardé d'écussons de police des différents États. Les soirs de match (hockey, foot, base-ball ou basket), les gens du coin s'y retrouvent autour d'une mousse. La salle à manger est au fond. On y sert un *N.Y. strip steak* accompagné de vraies frites (faites avec de vraies pommes de terre !) et du poisson frais le vendredi. Pas la grande classe, mais de l'authentique.

Prix moyens

🍴 ***Buffet du Casino Seneca Niagara*** *(plan B4,* ***43****) : 310 4th St.* ☎ *716-299-1100 ou 1-877-873-6322. Lun-ven 11h-21h30, sam-dim 9h-22h. Petit déj 10 $, déj 14 $ et dîner 19 $ (23 $ ven-dim), boissons incluses (2 $ de moins avec la carte de joueur du casino). Gratuit enfants moins de 5 ans. Parking gratuit.* Disons-le franchement, on préfère de loin le cadre et la vue de son alter ego canadien (lire ci-dessous). Mais pour les affamés qui ne passeraient pas la frontière, ce buffet à volonté reste un bon plan dans cette catégorie de prix.

Chic

🍴 ***The Red Coach Inn*** *(plan A4,* ***21****) : 2 Buffalo Ave.* ☎ *716-282-1459 ou 1-866-719-2070. Tlj midi et soir jusque vers 22h env. Plats 17-27 $ (mais il y a toujours le burger à 10 $!). Moins cher le midi.* Une authentique auberge anglaise avec poutres et vitraux, l'adresse historique de Niagara Falls côté américain. Dans la salle à manger, au-dessus de l'énorme cheminée, une fresque représente l'arrivée en carrosse rouge (le *Red Coach*) du marquis de La Fayette aux chutes du Niagara en 1825. Les petites alcôves (chacune aux armoiries d'un animal) raviront les couples en quête d'intimité. Cuisine *world fusion* variée, avec de bonnes viandes notamment, mais un peu surcotée. Grand choix de vins, certains d'Ontario. Bons cocktails, pas trop chers pour l'endroit. Après le repas, profitez-en pour faire une balade digestive sur *Goat Island*, que contournent les rapides.

Côté américain, Buffalo

🍴 ***Anchor Bar*** *(plan A3) : 1047 Main St, pas loin du centre de Buffalo.* ☎ *716-886-8920. Env 6 $.* Sur la façade en brique rouge est écrit « Home of the Original » doublé d'un buffle ailé. C'est ici que furent inventés les *chicken wings* grillés et pimentés. *Buffalo + chicken wings = Buffalo wings* (fallait trouver !). Cadre pas tout à fait Midwest crapuleux mais assez sombre : véhicules de toutes sortes (moto, poussette, etc.), foultitude de plaques minéralogiques... Portions très généreuses (*small pizzas* énormes). La sauce qui accompagne les *wings,* inventée par le proprio Franck, est une « *world famous sauce* », rien que ça. Pour preuve, elle est commercialisée dans les supermarchés. *Live jazz* les vendredi et samedi soir. Bon rapport quantité-prix.

Côté canadien

Si vous avez un véhicule, vous pouvez vous aventurer au Canada à la faveur d'un repas (pensez à vous munir de votre passeport). Cette traversée vous coûtera quand même 3,25 $Ca dans le sens États-Unis – Canada et 6 $Ca par personne de douane dans le sens retour.

Bon marché

Simon's Restaurant *(plan B2,* ***46****) : 4116 Bridge St. ☎ 905-356-5310. Tlj 5h30-19h (14h slt dim). Hamburgers et plats dès 6 $Ca.* La preuve vivante que le tourisme de masse n'a pas encore tout détruit. Ce resto-épicerie né en 1901 (toujours tenu par la même famille) est un bric-à-brac indescriptible, avec des piles de vieux journaux, des cartons entassés, des bibelots accumulés, des plaques d'immatriculation et tout un tas de bordel un peu partout. La vitrine est un vrai poème ! On se croirait plus dans une brocante que dans un resto. Les petits pépés du coin viennent y prendre un petit déj ou s'enfiler un kawa, les camionneurs font leur loto, et les ouvriers se tapent sur l'épaule en commentant l'actualité. Un endroit hors du temps où, malgré les apparences, tout est à sa place. Une institution de Niagara Falls.

Buffet du Fallsview Casino Resort *(plan A4,* ***44****) : 6380 Fallsview Blvd. ☎ 1-888-325-5788. Tlj 8h-23h. Petit déj 10 $Ca, déj 12 $Ca, dîner 20 $Ca. Boissons (sf alcool) et taxes incluses, mais 2 $Ca de majoration si on n'a pas la carte de joueur. Se munir de son passeport. Parking sous le casino (env 5 $Ca).* Dans le *Casino Resort,* suivre les flèches « Casino » puis « Grand Buffet », via les machines à sous (pas bête !). Buffet à volonté, très varié et bien présenté, avec vue panoramique sur les chutes américaines. Essayez d'avoir une table contre la baie, c'est magique. Si vous êtes toujours en train de boulotter au bout de 1h30, on vous poussera gentiment vers la sortie... C'est qu'il y a du monde qui attend. De loin notre meilleur plan resto.

The Keg Fallsview *(plan A4,* ***45****) : au 9e étage de l'hôtel* Embassy Suites, *6700 Fallsview Blvd. ☎ 905-374-5170. Tlj 12h-23h (minuit ven-sam). Résa conseillée le w-e. Plats 24-35 $Ca, quelques options moins chères. Parking gratuit avec l'addition du resto.* D'accord, c'est une chaîne (de *steakhouses,* haut de gamme), mais les viandes y sont excellentes (elles peuvent, vous nous direz !), et le cadre est hors pair, puisque la majorité des tables ont vue sur les chutes. On domine littéralement *Horseshoe Falls.* L'adresse de rêve pour les *honeymooners,* exception faite du bruit ambiant. Sympa aussi pour boire un cocktail en profitant du spectacle.

Où boire un verre ?

Pas grand-chose en soirée, c'est assez désert. Mais si vous avez soif, pourquoi pas le :

Players *(plan B4,* ***47****) : 328 Niagara St. Tlj 11h (12h dim)-2h.* Ce *sports bar* typique est un des rares endroits un peu animés le soir du côté américain. Les murs sont placardés de tout et n'importe quoi : trophées, photos de clients, portraits de sportifs, miroirs publicitaires vantant des marques de bières... Le tableau ne serait pas complet sans le jeu de fléchettes, les juke-boxes et bien sûr la dizaine d'écrans branchés au-dessus du comptoir, devant lesquels sont agglutinées quelques panses bien rebondies.

À voir. À faire

Les chutes du Niagara : mieux vaut le savoir, elles sont bien plus belles (et commercialisées) du côté canadien où on les voit toutes de face. Toutes, car il y a en fait trois chutes proprement dites : côté américain, *American Falls* (la grande) et *Bridal Veil Falls* (« chute du Voile de la mariée », la petite à droite), et côté canadien, *Horseshoe Falls* (« chute du Fer à cheval » – nom dû à la forme de cette cataracte). Les Américains, moins chanceux (sur ce coup-là en tout cas !), ne les voient que de côté.

EAUX SECOURS !

Pendant l'été 1960, un garçonnet de 7 ans, Roger Woodward, tomba du bateau de son oncle, en amont de la rivière. Projeté au-dessus des Horseshoe Falls, il fut miraculeusement sauvé par une bouée de sauvetage lancée par l'équipe du Maid of the Mist *qui naviguait alors tout près des chutes. Cette incroyable histoire fut relatée partout dans le monde et Roger reste encore aujourd'hui le seul humain à avoir survécu à un saut dans les chutes du Niagara.*

Pour voir l'essentiel côté américain, 2 ou 3h suffisent, mais il serait vraiment dommage de manquer la vue depuis l'Ontario.

Du côté américain

Les chutes du Niagara font partie d'un *State Park*, avec des espaces verts où l'on peut s'allonger tout en profitant du spectacle et du bruit caractéristique. *Parking payant (cher).*

Prospect Point Observation Tower *(plan A4,* ***50****) : env 1 $; gratuit avec l'attraction Maid of The Mist.* C'est une plate-forme reposant sur une tour de 86 m de haut. Pour ceux qui ne passeraient pas du côté canadien (dommage pour eux, bien sûr), le point de vue vaut le coup. C'est un bon moyen de s'approcher un peu plus des chutes pour vraiment pas cher. Le billet inclut aussi une petite balade *(Craw's Nest)* le long de l'*American Fall.* Attention, ça mouille, mais on vous propose d'enfiler un ciré bleu déjà utilisé si vous ne voulez pas être trempé. L'ascenseur pour descendre à *Maid of the Mist* part de cette tour.

Maid of the Mist *(plan A4,* ***51****) : pdt la belle saison slt. En plein été, tlj, ttes les 15 mn, 10h-20h ; intersaison, départs moins fréquents et horaires raccourcis. Env 13,50 $; réduc. Pas de résa.* L'une des plus vieilles attractions touristiques d'Amérique du Nord et la meilleure de Niagara. Elle a accueilli de nombreuses célébrités et têtes couronnées. Rapport qualité-prix, c'est sensationnel, puisque le bateau emmène les passagers presque dans les chutes. On vous donne un ciré bleu (recyclable éventuellement en déguisement de schtroumpf), et c'est parti pour une séance de brumisateur. Essayez de vous mettre à l'avant du bateau, pour être aux premières loges quand il s'avance littéralement dans le fer à cheval. La balade existe aussi du côté canadien, mais il y a beaucoup plus de monde.

Cave of the Winds *(plan A4,* ***52****) : sur Goat Island. ☎ 716-278-1730. Mai-oct slt. Visites dès 9h, jusqu'à 17h, 20h, 22h, voire 23h selon mois. Env 11 $; réduc.* La seule attraction que les Canadiens envient aux Américains ! On vous donne un imper jaune et des sandales antidérapantes que vous gardez en souvenir. Vous mettez vos chaussures dans un sac en plastique, puis c'est la descente en ascenseur ; au bout d'un long tunnel humide, on se retrouve au pied des chutes américaines. Le fun consiste à s'en approcher le plus possible pour se faire arroser un max dans un bruit d'enfer. Le *Hurricane Deck* est là pour ça. On est trempé, mais la sensation est unique. Vous ne serez pas seul, autant le préciser. Au retour, une petite halte pour admirer les milliers de mouettes qui ont élu domicile à cet endroit.

Terrapin Point *(plan A4, **52**) : au-dessus de* Cave of the Winds. *Gratuit.* Pour jeter un coup d'œil de près aux chutes canadiennes *(Horseshoe Falls).* Ça mouille, mais quel spectacle ! On les voit de côté, mais on ressent vraiment la force de l'eau et on ne se lasse pas de contempler sa couleur verte, d'étudier comment elle se transforme en chutant.

Wax Museum *(plan A4, **53**) : face au parc. Tlj 9h-23h30. Entrée : env 7 $; réduc ; gratuit moins de 5 ans.* L'intérêt n'est pas dans les personnages de cire fort mal faits (n'est pas Grévin ou Mme Tussaud qui veut), mais dans l'évocation de l'histoire des chutes, depuis la visite de Hennepin et de La Salle. On peut y voir le tonneau de Saylor, des photos de Blondin le « fabulous French aeralist », des affiches et photos de Marilyn lors de son passage pour le film *Niagara.* La présence de sœur Teresa et de Diana est plutôt tirée par les cheveux. Le côté didactique se perd un peu et le tout fait pas mal vieillot quand même. Les chutes méritent mieux.

Du côté canadien

Au risque de se faire encore un peu plus d'ennemis, on préfère voir les chutes du côté canadien plutôt que du côté américain. Tous les soirs de l'année, elles sont illuminées aux couleurs de l'arc-en-ciel. *Feu d'artifice à 22h, ven et dim de mi-mai à août, plus le mer en juil-août.*

Table Rock *(plan A4, **60**) :* immense balcon dominant les chutes (gratuit). Tous les ans, quelque 15 millions de visiteurs venus de toute la planète s'accoudent à la balustrade pour admirer ce spectacle grandiose. Très impressionnant, car on surplombe les *Horseshoe Falls,* en étant tout près du départ de la chute. C'est le volume d'eau qui se déverse qui lui donne sa couleur verte. *Bureau de change sur place.*

Journey behind the Falls *(plan A4, **60**) : guichet dans* Table Rock Center, *tlj dès 9h et jusqu'à 22h en été. Prévoir 12,50 $Ca ; réduc.* Cette fois, on vous file un ciré jaune canari et vous vous retrouvez embarqué dans un ascenseur qui mène à l'entrée de tunnels humides. On a trois vues étroites sur les chutes : deux complètement dessous, et une autre plus éloignée. Seul le fait de réaliser qu'on se trouve derrière les chutes est sensationnel. Sinon, on voit à peine le rideau d'eau, on entend le grondement des flots, c'est tout. Chérot pour ce que c'est.

White Water Walk *(plan B2, **61**) : entrée en face du temple bouddhique. Tlj de mi-avr à nov, 9h ou 10h-20h en été (plus tôt sinon). Env 9 $Ca ; réduc.* Là encore, on descend en ascenseur jusqu'au niveau de la rivière, pour accéder d'abord à une plate-forme d'observation avant de suivre une passerelle en bois qui longe les rapides, parmi les plus dangereux du monde. La vitesse de l'eau atteint plus de 35 km/h et les vagues font entre 3 et 5 m ! C'est ici précisément que Blondin fut le premier à risquer sa vie en traversant la rivière Niagara sur un filin, en 1859.

Skylon Tower *(plan A4, **62**) : tlj 8h-minuit (9h-22h en hiver). Env 13 $Ca ; réduc.* C'est la tour qui ressemble vaguement à la *CN Tower* de Toronto, en modèle réduit. Du haut, superbe vue sur les chutes et les environs. À côté, la ***Minolta Tower,*** plus petite mais plus proche des *Horsehoe Falls.* Pratiquement le même prix et les mêmes horaires.

Whirlpool Aero Car *(plan A1, **63**) : fin avr-fin nov, de 9h ou 10h à 20h en été (plus tôt sinon). Env 12 $Ca ; réduc.* Pour les amateurs de vues aériennes, cet antique téléphérique vous balade pendant 10 mn au-dessus du tourbillon et des rapides de la Niagara River, à quelque 76 m de haut.

Whirlpool Jet Boat Tours *(plan A1, **63**) : départ à côté du* Whirlpool Aero Car. • *whirlpooljet.com • Tlj mai-oct. Tarifs : 57 $Ca ; 48 $Ca pour les 6-13 ans. Enfants de moins de 6 ans non acceptés. Résa nécessaire.* Une attraction chère mais inoubliable ! Pendant 1h, on navigue le long de Niagara River jusqu'au fameux tourbillon (le *Whirlpool*) situé à un bon kilomètre des chutes. Le temps fort de la croisière, c'est la traversée des rapides de *Devil's Hole.* Vous serez entièrement trempé, mais ça fait partie du jeu. Les sandales antidérapantes et le gilet de sauvetage sont fournis, à vous de prévoir une tenue de rechange pour la sortie. Les froussards opteront pour la version soft en *Jet Dome* (bateau couvert pour le même prix), mais honnêtement, c'est moins fun. Départ possible aussi de Niagara-on-the-Lake (côté canadien, toujours) et de Lewiston (en face de Niagara-on-the-Lake mais côté américain).

Maid of the Mist *(plan A3-4, **64**) : • maidofthemist.com • Fin avr-oct slt ; 9h-19h30 en été. Tarifs : 14,50 $Ca ; 8,90 $Ca pour les 6-12 ans.* Cette attraction incontournable existe également du côté américain où, d'ailleurs, il y a beaucoup moins de monde (voir plus haut pour le commentaire).

Achats

Fashion Outlets *(hors plan par B2, **70**) : 1900 Military Rd (côté américain). ☎ 716-297-2022.* Les prix sacrifiés de ce magasin d'usine XXL attirent de nombreux Canadiens le week-end qui viennent y faire des affaires. Nombreuses marques intéressantes.

Canada One Factory Outlets *(hors plan par A4, **71**) : 7500 Lundy's Lane (côté canadien). ☎ 905-356-8989. Tlj 10h-21h (18h sam janv-avr et dim).* L'alter ego du précédent, situé à 10 mn en voiture des chutes (en Ontario, donc). Intéressant, entre autres, pour les jeans *Levi's* (grand choix) et aussi pour la marque canadienne *Roots.*

CHICAGO

3 millions d'hab. (9 millions avec la banlieue)

Pour les plans de Chicago, se reporter au cahier couleur.

L'architecture est l'Art Majeur. Sans architecture propre à notre culture, nous n'aurions pas de civilisation américaine.

Frank Lloyd Wright.

Au cœur du Midwest industrieux, la capitale mondiale de l'architecture moderne a depuis longtemps liquidé sa mauvaise réputation. Alors que nombre de touristes n'inscrivaient pas la ville dans leur itinéraire américain (à tort !), elle a envoyé à la fonction suprême un sénateur métis qui œuvrait comme travailleur social dans les quartiers défavorisés ! Depuis son élection à la Présidence, la cote de popularité de Chicago n'a cessé de grimper. Il faut dire que c'est une ville très agréable et vivante, bénéficiant d'une situation extraordinaire au bord du lac Michigan (si vaste qu'on dirait une mer), et qui se laisse, pour l'essentiel, découvrir à pied.

Son offre culturelle ne cesse de se diversifier avec des festivals de musique (gratuits) donnés dans l'auditorium de Frank Gehry, au cœur du superbe Millennium Park, et les amateurs d'art visitent la nouvelle aile de l'Art Institute dessinée par Renzo Piano. Vous l'aurez compris, les amateurs d'architecture

contemporaine en prendront plein les mirettes avec une *skyline* plus spectaculaire encore que celle de New York.
Chicago est aussi la ville de tous les superlatifs. Elle possède la rue la plus longue du monde (Western Avenue), le plus vaste nœud de communications ferroviaires, le 2e plus gros trafic aérien de la planète (Atlanta lui a piqué la 1re place) et même, sur Clark Avenue, le *McDo* qui réalise le plus gros chiffre d'affaires des États-Unis ! C'est à l'université de Chicago que fut réalisée la première réaction atomique, sous le direction d'Enrico Fermi en 1942, et c'est aussi à Chicago que fut créé *Playboy,* en 1952, par Hugh Heffner ! Ernest Hemingway et Hillary Clinton, l'actuelle secrétaire d'État, y sont nés, et Oprah Winfrey, la très influente productrice et présentatrice de TV, y a installé son Q.G. Pendant longtemps, la *Sears Tower* (achevée en 1974) fut, avec ses 443,17 m, ses 110 étages et ses 100 ascenseurs, la plus haute tour du monde. Même New York faisait pâle figure avec les défuntes *Twin Towers* du *World Trade Center* (412 m). Le record détenu par Chicago ne tient plus, puisque l'Asie a pris sa revanche avec les 458 m des *Petronas Towers* de Kuala Lumpur, la *Taipei 101* à Taiwan, haute de 508 m, et depuis peu les 818 m de la *Burj Dubai* dans les Émirats. Mais Chicago n'a pas dit son dernier mot ! L'extraordinaire et très attendu projet du Catalan Santiago Calatrava, la *Chicago Spire,* devrait sortir bientôt de terre : une tour en forme de spirale qui s'élèvera à 610 m au-dessus du lac Michigan, donc encore plus haut que la future *Freedom Tower* sur le site du *World Trade Center* de New York.
Dans un registre plus léger, saviez-vous que le chewing-gum fut inventé à Chicago ? Que les rollers, la pilule contraceptive et le flipper furent créés ici ? D'ailleurs, à Chicago, plus rien n'étonne : quand on estime qu'une rivière ne coule pas dans le bon sens, eh bien, on inverse son cours ! Après l'épidémie de choléra et de typhoïde provoquée par la forte montée des eaux en 1885, on décida de détourner la rivière pour préserver l'eau potable du lac, en creusant un canal qui s'ouvre sur le Mississippi. Ainsi, la Chicago River ne se déverse plus dans le lac Michigan, mais coule en direction du golfe du Mexique !
Chicago a eu de nombreux surnoms au cours de son histoire. Notamment « Porcopolis » (à cause des abattoirs), mais celui qui lui est resté est « Windy City », non seulement à cause des vents venant du lac, qui, en effet, balayent la ville, mais du fait de son incapacité, malgré les déclarations dithyrambiques des politiciens locaux, d'inaugurer à temps en 1892, l'Exposition de la célébration du 400e anniversaire de l'arrivée de Christophe Colomb sur le continent. Celle-ci fut inaugurée un an plus tard, en 1893 ! Ce surnom, signifiant en fait « qui brasse de l'air », donné par la presse des villes concurrentes, et bien que péjoratif, lui est resté. Il correspond aussi à sa situation climatique. La première signification a, en effet, tendance à s'estomper dans la mémoire collective.
À propos de climat, attention aux températures : outre leurs variations importantes d'un jour à l'autre, elles vont jusqu'à - 35 °C en hiver et + 40 °C en été. Le printemps et l'automne sont les meilleures périodes.

UN PEU D'HISTOIRE

Avant même que la ville ne soit créée, cette région était recouverte par les eaux. Les Indiens appelèrent leur rivière *Checagou,* du nom des oignons sauvages qui poussaient dans cette zone marécageuse.
Cet ancien bivouac, point de contact entre les Indiens, les explorateurs et les missionnaires, entre le Canada et le bassin du Mississippi, devient poste permanent de la traite des fourrures. C'est le coureur des bois Jolliet et le jésuite Marquette qui, en 1673, revenant d'une expédition dans le Mississippi, parviennent au site actuel de Chicago. Ils l'appellent « Prairies » à cause de sa situation au milieu de vastes plaines recouvertes d'herbes hautes et denses. Neuf ans plus tard, Cavelier

de La Salle, un autre explorateur français, prend possession des lieux, au nom du roi de France. Il nomme « Louisiane » ce nouveau territoire qui s'étale du Mississippi jusqu'aux Rocheuses. Vers 1779, Jean-Baptiste Point du Sable, encore un Français, établit un comptoir sur la rive nord de la Chicago River (actuelle Michigan Ave). Il négocie alors les fourrures avec les Indiens locaux, les Potawatomis. Puis il vend le comptoir à John Kenzie, marchand de fourrures à New York. La Louisiane est vendue, elle, par Napoléon au jeune État américain, en 1803. La même année, les Américains construisent Fort Dearborn à l'entrée de la Chicago River. Celui-ci marque alors le début de la conquête de l'Ouest et l'éviction des Indiens potawatomis, par le général « Mad » Anthony Wayne, figure légendaire de la guerre d'Indépendance. Au milieu du XIXe s, la ville devient la plaque tournante du réseau ferroviaire américain, avec la fameuse ligne *Union Pacific* qui permet de rejoindre San Francisco dès 1869. C'est l'époque où affluent quantité d'émigrés irlandais et allemands, à qui les protestants d'origine anglo-saxonne reprochent un penchant notoire pour les réjouissances bruyantes et alcoolisées. En 1855, une « émeute de la bière » oppose la police aux émigrés qui protestent contre une taxation excessive de la bière dans les saloons. C'est le début de l'organisation politique des nouveaux émigrés pour faire valoir leurs droits face à une oligarchie dominante et affairiste. C'est aussi le début du système clientéliste, qui en fera la place forte du parti démocrate, qui maîtrise le mieux le « vote ethnique » des Irlandais, Allemands, Suédois, Tchèques et Polonais, en leur promettant emplois et avantages de toutes sortes.

Pendant la guerre de Sécession, Chicago supplante Saint Louis, trop proche des champs de bataille, mais profite du conflit pour développer des industries mécaniques et métallurgiques. La ville devient ensuite l'un des grands marchés à bestiaux du pays, qui exporte la viande fraîche vers la côte est, grâce à l'invention du wagon réfrigéré.

Elle passe de 400 habitants en 1833 à 300 000 en 1870. Elle atteint un million en 1890, puis 2 millions 20 ans plus tard (aujourd'hui, Chicago approche les 3 millions et, avec sa banlieue, les 9 millions d'habitants). L'incendie géant de 1871 a donné le coup d'envoi définitif à la modernisation de la ville en imposant d'autres normes et matériaux de construction.

La célèbre prohibition, établie de 1919 à 1933 et interdisant la vente de toute boisson contenant plus de 0,5° d'alcool, entraîne l'apparition d'une véritable industrie de distillation illégale et le développement des *speakeasies* (débits de boissons clandestins), dénommés ainsi d'après l'habitude qu'avaient les patrons des tripots de demander à leurs clients de parler doucement lorsqu'ils demandaient de l'alcool, afin de ne pas attirer l'attention de la police. La guerre des gangs pour la possession de ce juteux marché fait des centaines de morts. L'argent coule à flots et, en grande partie, dans les poches des policiers et des politiciens véreux. On voit le chef de la police poser en photo avec Al Capone !

Au cours de l'une des années les plus sanglantes, il n'y eut, sur 1 059 crimes répertoriés, que 25 cas élucidés ! Assassinats et corruption devaient entacher pour longtemps la réputation de Chicago.

En pleine guerre du Vietnam, en 1968, d'importantes manifestations d'étudiants et de pacifistes lors de la Convention nationale démocrate sont violemment réprimées, transformant la ville en camp retranché sillonné par les blindés de la garde nationale. Avec ses 600 arrestations, 1 000 blessés et 1 mort, l'événement marqua toute la génération du *Flower Power*. 4 mois auparavant déjà, le maire Richard Daley, un des « éléphants » du parti démocrate, avait fait durement réprimer les émeutes dans les quartiers noirs, consécutives à l'assassinat de Martin Luther King. Il avait ordonné de « tirer pour tuer tous les incendiaires et mutiler les pillards ».

Actuellement, Chicago est le 2e centre industriel du pays et l'une des plus importantes places financières mondiales (c'est ici que l'on fixe le prix du blé et du soja). Le dynamisme de la ville a donné naissance à une pensée économique ultraconservatrice, dite « école de Chicago » (théories de Milton Friedman basées sur le libéralisme économique total). Surnommés *Chicago Boys,* ses émules

furent, entre autres, conseillers de Pinochet au Chili, où ces théories ont d'ailleurs complètement fait faillite.
Heureusement, Chicago a désormais une autre image. D'abord, celle d'un certain succès du melting-pot. Plus que dans toute autre ville, on sent la volonté des communautés irlandaise, italienne, juive, polonaise (2e ville polonaise au monde), etc., de s'intégrer. Les habitants de Chicago ont également montré leur ouverture d'esprit en plaçant pour la première fois, en 1979, une femme (Jane Byrne) à la tête d'une grande ville, puis en élisant, en 1983, un maire noir (Harold Washington, alors que la communauté noire ne représente que 36 % de la population et qu'elle vote peu). Chicago a aussi élu la première femme noire au Sénat lors des élections, en 1992. Quant au sénateur de l'Illinois Barack Obama, il est entré dans l'histoire en devenant le premier président noir des États-Unis. Sa victoire électorale a été fêtée dans Grant Park en novembre 2008. Depuis l'époque d'Al Capone, l'histoire a tourné bien des pages...

LES ABATTOIRS DE CHICAGO

Chicago doit sa fortune et sa réputation aux énormes abattoirs *(Union Stock Yards),* installés au nord de la ville en 1865. À l'époque, ces abattoirs (les plus grands du monde, bien sûr) traitaient jusqu'à 19 millions de têtes de bétail par an, et faisaient vivre d'innombrables usines de traitement de la viande, où travaillaient plus de 30 000 ouvriers. Les épouvantables conditions de travail à la chaîne qui y régnaient ont été décrites dans le roman *La Jungle* d'Upton Sinclair. Les abattoirs ont fermé définitivement leurs portes en 1971. En l'honneur du sympathique ruminant qui a quand même largement contribué à l'enrichissement de Chicago, on a choisi le bœuf comme symbole de la ville.

D'AL CAPONE À JOHN DILLINGER

Nous avons tous en mémoire la visite de Tintin (dans *Tintin en Amérique*) aux abattoirs de Chicago, et ses déconvenues avec les gangsters locaux. Depuis, les abattoirs ont déménagé et les gangsters ont remisé leurs sulfateuses. Restent quelques souvenirs, dont le « massacre de la Saint-Valentin ». Le 14 février 1929, une dizaine de gangsters irlandais rivaux sont dézingués contre le mur d'un garage par les hommes d'Al Capone, déguisés en flics. Symbole d'un passé honteux, le garage qui s'élevait au 2122 N Clark a été démoli à la fin des années 1960. Le mur, démonté brique par brique (417 briques pour être précis !), a été vendu pièce par pièce au Canada, mais il semblerait que ces briques aient toutes porté la poisse à leurs acquéreurs (maladie, divorce, ruine, et même mort...). On peut, en revanche, visiter le *Metropolitan Hotel,* qui fut l'un des quartiers généraux d'Al Capone. Malgré les soupes populaires que celui-ci organisa lors de la crise en 1929, il reste quand même moins « sympathique » aux yeux des *Chicagoans* que son « homologue » John Dillinger, interprété à l'écran par Johnny Depp, en 2009. Beau gosse, ce dernier incarne pour eux (et surtout pour elles) une sorte de Robin des Bois. Joe est devenu aujourd'hui un « produit » commercialisable.
Au cours des *Untouchable Tours* (lire plus loin « À faire »), vous pourrez visiter, à bord d'un bus et guidé par de faux gangsters, les hauts lieux des faits d'armes de Joe dont le *Biograph Theater* (2433 N Lincoln Ave). Certains voient en Joe un visionnaire et n'ont pas hésité à créer une société au nom évocateur : *« J. Dillinger died for your society »* ! Si Dillinger est mort criblé de balles par les « Incorruptibles », il n'en n'est pas de même d'Al Capone, qui, lui, est décédé dans son lit d'une syphilis non soignée (il avait peur des piqûres !).

CHICAGO ET L'ARCHITECTURE

Un soir de l'année 1871, la vache (celle-ci n'a pas porté fortune...) de M. O'Leary aurait donné un coup de pied dans une lampe à pétrole posée dans son étable.

Ainsi débuta, semble-t-il, le grand incendie qui ravagea pendant 3 jours un tiers de la ville et tout le quartier des affaires ! 300 morts et 18 000 maisons détruites. Les milliers de tonnes de gravats poussés dans le lac formèrent d'ailleurs le remblai de la future voie express *Lake Shore Drive.* Le bois ayant fait faillite, ingénieurs, urbanistes et architectes se penchèrent donc sur les métaux. Ça tombait bien, les aciéries florissantes d'à côté venaient de mettre au point des aciers capables de résister à la traction comme à la compression. Découverte essentielle, car l'armature des buildings avait besoin de répondre à divers problèmes d'importance : le poids des structures, le vent (très fort ici), le soleil qui dilate les façades au sud, pendant que du côté nord elles se rétractent, etc. Cette technique révolutionnaire allait donc permettre la naissance des premiers gratte-ciel. L'incendie de 1871 est donc à l'origine du titre de « capitale mondiale de l'architecture moderne » pour Chicago. Les *Cities Boosters,* que l'on pourrait traduire par « aventuriers fondateurs et promoteurs de villes », déferlèrent sur la cité meurtrie. Tout était à reconstruire. L'urbanisme devait être entièrement repensé. Quatre grands architectes, qui symbolisent l'architecture de Chicago, s'attelèrent à cette tâche : Burnham, Sullivan, Wright et Mies Van der Rohe.

Pour l'Exposition de 1893, Daniel Burnham et son partenaire John Wellborn Root conçurent le plan de restructuration de la ville en imposant un style néoclassique et la protection des rives du lac. C'est à cette époque (1893-1910) que furent réalisés l'*Art Institute,* le *Palace of the Fine Arts* (musée des Sciences et de l'Industrie), la *Public Library,* l'université, ainsi que de nombreux bâtiments publics. William Le Baron Jenney, formé à l'École centrale de Paris, réalisa le premier building à structures métalliques (le *Home Insurance*) en 1885, aujourd'hui disparu. Mais c'est à Louis H. Sullivan, père de l'école de Chicago et ancien élève de l'École des beaux-arts de Paris, que la ville doit vraiment ses premières œuvres d'art. Ce « poète des gratte-ciel », en déclarant que « la forme doit suivre la fonction », ouvrit définitivement la porte à cette fantastique aventure.

Au début, il s'inspira de l'art européen et les bâtiments s'ornèrent d'incroyables façades Renaissance, gothiques, romanes ou antiques. D'autres éminents représentants de l'école de Chicago, William Holabird et Martin Roche (auteurs du célèbre *Tacoma Building,* en 1886), et surtout, l'assistant de Sullivan, Frank Lloyd Wright, ont marqué la ville. Ce dernier, d'esprit plutôt anticonformiste, regrettant le retour au néoclassicisme, voulut ouvrir une nouvelle voie. Pour lui, l'utilisation de techniques et de matériaux nouveaux montrerait vite ses limites si l'on ne repensait pas aussi l'espace intérieur, la place de l'individu dans l'architecture et ses rapports avec la nature. Ses principes s'appliquèrent d'abord et surtout aux maisons individuelles, délaissées alors par son patron Sullivan. Il réalisa ainsi près de 300 maisons dans un style appelé « Prairie », et qui fut par la suite à l'origine de la création de l'école du même nom. Il fit abolir la séparation entre l'intérieur et l'extérieur, les volumes intérieurs devant déterminer la forme extérieure, et non l'inverse. L'intérieur devait également être conçu comme un espace ouvert et fluide, où murs et cloisons devaient disparaître. Quant à l'extérieur, composé de nombreuses fenêtres et vitraux, la ligne horizontale devait y prédominer. Très bien adaptées au Midwest, ces maisons tout en longueur eurent beaucoup de succès. La *Robie House,* probablement le plus bel exemple de *Prairie House,* se visite (lire plus loin « À voir »). Enfin, le dernier du quatuor est Ludwig Mies Van der Rohe (1886-1969), architecte allemand, ancien promoteur du Bauhaus. Fuyant le régime nazi, il vint travailler aux États-Unis à partir de 1937. Il renouvela profondément l'architecture en introduisant massivement, dans les années 1940-1950, les grandes surfaces de verre, planes ou courbes, manifestant un goût raffiné des proportions et des formes simples et rigoureuses. C'est le père de la seconde école de Chicago, qui rejetait les formes lourdes et ornementales de ses prédécesseurs au profit d'une architecture plus sobre et dépouillée, où l'ossature métallique n'était revêtue que d'une simple peau de verre. On lui doit, à Chicago, l'ondulante *Lake Point Tower* et, à New York, le fameux *Seagram.* Mies Van der Rohe aussi fit école, et ses épigones se lancèrent tous dans l'architecture de fer et de verre, donnant aux édifices ces fantastiques effets de verticalité, ces formes élancées à l'assaut du ciel...

CHICAGO, VILLE DU BLUES

Le *Chicago Blues* est une forme de blues qui s'est développée à Chicago par l'ajout d'instruments comme la guitare électrique, la guitare basse, la batterie, le piano, voire des cuivres, à la base instrumentale classique du *Delta Blues,* à savoir guitare acoustique et harmonica.
L'essor du *Chicago Blues* est dû à l'exode rural, lors de la Grande Dépression, des ouvriers noirs et pauvres du Sud des États-Unis vers les villes industrialisées du Nord, et vers Chicago en particulier à partir des années 1920-1930.
Mais le style dit *Chicago Blues* recouvre, en fait, plusieurs genres différents de blues qui se sont successivement développés – tout en coexistant – dans les quartiers noirs jusqu'aux années 1960. Big Bill Bronzy, Sonny Boy Williamson, Howlin' Wolf, Bo Didley, Buddy Guy, Elmore James, Albert King, Freddie King, Muddy Waters et, surtout, John Lee Hooker sont les maillons les plus connus d'une chaîne qui, malgré ses ruptures souvent mises en avant, n'en conserve pas moins une réelle continuité. Quelques clubs en vue de Chicago continuent d'assurer la pérennité du mouvement.

À LA POINTE DE LA LUTTE CONTRE LE CHANGEMENT CLIMATIQUE

Cela mérite d'être souligné : la ville a été membre fondateur du *Chicago Council on Climate Change,* le seul programme de réduction de l'empreinte carbone juridiquement contraignant des USA. Sur la base de cet engagement, le maire Richard M. Daley a réuni en 2007 un groupe de travail pour élaborer le *Chicago Climate Action Plan* destiné à analyser les émissions de gaz à effet de serre (GES) de Chicago et d'identifier des stratégies pour les réduire.
Le groupe de travail a consulté des dizaines d'experts, un comité consultatif de recherche reconnu à l'échelle internationale et de nombreux représentants des entreprises, de la municipalité et des affaires environnementales de la région de Chicago. En 2008, la ville a publié son plan définissant trois objectifs en matière d'émissions de gaz à effet de serre : 25 % de réduction des émissions d'ici 2020, pour aboutir à 80 % de réduction d'ici 2050, tout en menant un programme de préparation aux effets du changement climatique.
Tandis que d'autres villes ont établi des objectifs similaires, Chicago a été la première à identifier les sources de carbone, à calculer l'impact estimé de chacune et à exposer les solutions spécifiques répondant à la recherche. Les stratégies définies visent à augmenter l'efficacité énergétique des bâtiments, à assurer la transition vers des sources d'énergie propres et renouvelables, à améliorer les options de transport et à réduire les déchets et la pollution industrielle.

Arriver - Quitter

En avion

Il y a ***2 aéroports,*** O'Hare et Midway Airport.

✈ ***O'Hare*** *(hors plan couleur I par A2-3)* **:** *le principal, situé à 30 miles (env 40 km) au nord-ouest de Chicago.* La plupart des vols domestiques de *United* y transitent (terminal 1). *Air Canada* (États-Unis/Canada) est au terminal 2. Enfin, tous les vols internationaux arrivent au terminal 5. Pour changer de terminal, il y a un train suspendu *(Airport Transit System).* Pas de consigne (dans aucun terminal).

– ***Infos sur les vols :*** ☎ *773-686-2200.* • *flychicago.com* •

ℹ ***Assistance-Information :*** *au stand de rens, aux niveaux inférieurs des terminaux de vols domestiques. Un autre stand à la sortie du terminal des vols internationaux. Tlj 8h30 (10h w-e)-21h.* Nombreuses brochures.

– Pas de **location de voitures** au terminal 5, mais des téléphones gratuits pour joindre directement les comptoirs situés dans les autres terminaux. Les navettes de tous les loueurs assurent une liaison constante entre les différents terminaux.

■ ***Bureau de change :*** *à la sortie du terminal 5. Tlj 8h-20h.* Distributeur *ATM* à côté.

➢ ***Pour aller dans le centre :*** le meilleur moyen pour aller à Downtown est le *métro (CTA).* Fonctionne 24h/24 ; assez fréquent. Il se prend au niveau inférieur du terminal 3. Compter 45 mn de trajet et 2,25 $. Attention : avoir l'appoint, car il n'y a pas de guichet, seulement des distributeurs qui ne rendent pas la monnaie. Le meilleur plan : prendre la *Blue Line,* descendre à la station Washington, en plein *Loop.* Autres stations intéressantes, point de rencontre de nombreuses lignes : *Clark & Lake* et *Jackson.*

Le *taxi* coûte plus de 35 $ et risque d'être pris dans les interminables embouteillages de l'autoroute (sauf tard le soir). Il y a aussi des *navettes* qui, pour 25 $/pers (prix fixe), desservent ttes les 30 mn les principaux hôtels du centre. *Résas et infos :* ☎ *312-454-7799.*

✈ ***Midway Airport :*** *5700 Cicero Ave, à 20 mn au sud-ouest du centre-ville.* C'est le second aéroport, où atterrissent beaucoup de lignes nationales bon marché.

ℹ ***Informations :*** ☎ *773-838-0600.* • *fly chicago.com* • *Le stand d'infos et les services de loc de véhicules sont regroupés au comptoir principal, à l'entrée centrale.*

➢ ***Pour aller dans le centre :*** prendre le *métro* (*Orange Line,* attention, elle est fermée la nuit ; dernier train de Midway pour le *Loop* vers 1h), sinon le *taxi* (env 35 $). Il y a des bus, mais déconseillés car ils doivent traverser les banlieues peu sûres du sud de Chicago.

En voiture

Nombreuses *toll freeways* (autoroutes à péage). Avoir toujours le plein de ferraille en poche *(pièces de 25 cts)* pour les machines automatiques, qui ne rendent pas toujours la monnaie.

En bus

🚌 ***Greyhound*** *(plan couleur III, I8) : 630 W Harrison St, entre Jefferson et Des Plaines St.* ☎ *1-800-231-2222 ou 312-408-5883. Près du métro Clinton.*

En train

🚆 ***Amtrak*** *(Union Station ; plan couleur III, I8,* ***1****) : S Canal St (et Adams St), à l'ouest du Loop.* ☎ *1-800-872-7245. Gare ouv 5h30-21h30.* Consignes, téléphones publics (rares à Chicago) et *food court.*

■ ***Metra :*** ☎ *312-836-7000.* • *metrarail.com* • Dessert la banlieue de Chicago (O'Hare inclus), au départ de Union Station *(plan couleur III, I8,* ***1****)* et, pour la banlieue sud, de ***Randolph Station*** seulement *(plan couleur III, J-K7,* ***2****).*

Téléphone

Plusieurs indicatifs téléphoniques selon les quartiers :

– le 312 (surtout pour Downtown) ou le 773 pour Chicago City ;

– le 847 pour la banlieue nord et nord-ouest ;
– le 630 pour la banlieue ouest ;
– le 708 pour la banlieue sud ;
suivi du numéro à 7 chiffres.
Pour vous éviter de vous torturer les méninges, nous indiquons systématiquement l'indicatif devant chaque numéro de téléphone, dans le texte.

Les différents quartiers

Chicago se compose de plusieurs grands quartiers. Du nord au sud :
– ***le quartier de Lincoln Park*** *(plan couleur I)* **:** c'est là que se retrouvent les jeunes et les étudiants autour de l'université DePaul. Très animé le soir (voir « Où boire un verre ? Où sortir ? »).
– Au nord, ***Lake View*** entoure ***Roscoe Village,*** quartier de la communauté gay. À la limite nord de Lake View, le stade de Wrigley des *Chicago Cubs* marque l'entrée de ***Wrigleyville.***
– ***Le quartier de Bucktown*** *(plan couleur I)* **:** à l'ouest de la Chicago River. C'est ici que se trouvent la plupart des galeries de peinture, des boutiques design, des revues d'art et des labels de rock indépendant. Un quartier gentiment alternatif. En continuant Milwaukee Ave vers le nord (bus n° 56), on constate que l'endroit est peuplé par la communauté hispanique (surplus militaires, entrepôts, peintures murales, *salones de baile, todo para 1 $,* etc.). Bucktown abrite également une importante communauté ukrainienne.
– ***Magnificent Mile, Old Town, Gold Coast et Near North*** *(plan couleur II)* **:** au nord de la Chicago River, longue série de superbes buildings et d'avenues bordées de commerces de luxe. Le quartier le plus dynamique de la ville.
– ***Le Loop*** *(plan couleur III)* **:** situé au sud de la Chicago River (quartier des affaires et des buildings historiques), délimité par le *El,* le métro aérien. À voir le jour (le soir, c'est mort).
– ***Au sud du Loop*** *(plan couleur III)* **:** Grant Park, les musées scientifiques du Museum Campus, le Prairie Avenue Historic District, Chinatown et Little Italy. Puis fragment de la Black Belt, le quartier défavorisé de Bronzeville. Plus au sud encore, Hyde Park et l'Université, quartier aéré et calme.

Orientation

State St (direction nord-sud) coupe *Madison St* (est-ouest), au point O. C'est à partir de ce point central que commencent l'orientation nord-sud-est-ouest et la numérotation. C'est en quelque sorte le point cardinal de Chicago. De là, il faut savoir qu'un *block* (un pâté de maisons) vaut environ – et en principe – 100 numéros. Ainsi, si l'on veut aller au 825 N Michigan, on sait qu'à l'intersection de Michigan (vertical) et de Madison (horizontal) il faudra compter 8 *blocks* vers le nord. Attention, certains immeubles n'ont pas de numéro ; difficile alors de savoir si l'on va vers le nord ou vers le sud, vers l'est ou vers l'ouest. Une boussole (ou un GPS en voiture) peut être utile, surtout pour les quartiers périphériques avec de grands espaces vides entre les immeubles. Armé de vos cartes, vous pouvez maintenant vous attaquer à cette ville fascinante.

Transports

Le métro et le bus

■ ***Chicago Transit Authority*** *(CTA)* **:** ☎ *312-836-7000.* ● *transitchicago.com* ● Cet organisme gère le réseau de bus et de métro (souterrain et aérien).

– Indispensable pour s'y retrouver : un ***plan des transports en commun,*** à récupérer dans le métro. Le *Downtown Transit* est suffisant pour le centre, le *Bus & Rail Map* inclut les aéroports et la banlieue.
– ***Les billets*** sont grosso modo les mêmes dans le métro et le bus. Les ***billets à l'unité*** sont des cartes magnétiques *(Transit Card),* qui s'achètent dans les stations de métro, mais aussi les *Currency Exchanges* et de nombreux supermarchés. Trajet : 2,25 $ (2 $ bus), 25 cts de plus pour un trajet supplémentaire à effectuer dans les 2h. Possibilité d'acheter aussi son billet directement dans le bus, mais il faut avoir la somme exacte. Attention, la machine accepte les billets mais ne rend pas la monnaie. Évitez donc d'y introduire un billet de 20 $, il sera avalé intégralement.
– On peut aussi acheter ***un carnet de 10 tickets*** à 17,50 $, ou encore des ***cartes magnétiques rechargeables,*** de 2 $ à 100 $.
– Enfin, il existe des ***CTA Passes*** de 1, 3 ou 7 j. (5,75-14 $ et 28 $). En vente dans les *Visitor Centers,* à la gare et dans certains spots touristiques de la ville.

– ***Le métro,*** surnommé le ***El*** ou ***L,*** est assez compliqué. En fait, il y a un réseau aérien et un souterrain. Les deux fonctionnent de tôt le matin à tard le soir (la *Blue Line,* qui dessert l'aéroport O'Hare, circule 24h/24). Le problème, c'est que la densité du réseau n'est pas partout la même, et certains coins ne sont pas du tout desservis. C'est la raison pour laquelle il n'est jamais fait mention, dans les adresses, de la station de métro la plus proche.
– Le système de ***bus*** est plus étendu, avec de nombreux arrêts, mais certaines lignes ne circulent pas le week-end en banlieue. Petit rappel : ne pas oublier de demander la correspondance au chauffeur de bus. Attention, c'est à vous d'ouvrir la porte lorsque vous voulez descendre.
– ***Des trolleys*** (*simple* ou *double deck*) desservent les principaux sites touristiques de la ville : Skydeck Chicago (ex-Sears Tower), Millennium Park, Hancock Building, Museum Campus, etc. Fonctionne sur le principe du *hop & off,* tlj en saison, w-e slt sinon ; ttes les 20-30 mn env. Tarif : 29 $/j. (réduc) ou 45 $ pour 3 j.

La voiture

– ***La circulation*** est relativement fluide, sauf à la sortie des bureaux, vers 18h. Facile de se repérer : les rues de Chicago, longues mais peu nombreuses, sont perpendiculaires les unes aux autres. Les tours les plus hautes servent de points de repère. Pour aller facilement du nord au sud et vice versa, on conseille la « voie sur berge » (Lake Shore Dr), qui passe au milieu d'immenses pelouses avec vue sur le lac et les gratte-ciel.
– ***Se garer*** est une vraie galère, principalement dans le centre. Tous les parkings sont payants et hors de prix ; de 7 à 30 $ pour 12h. Le tarif dans les hôtels monte jusqu'à plus de 50 $ pour 24h. Quant aux parcmètres, ils n'acceptent que les pièces de 25 cts et fonctionnent en général de 9h à 19h. Impossible de prépayer la nuit pour le lendemain matin. Avant de vous garer quelque part, vérifiez scrupuleusement les panneaux d'interdiction de stationnement implantés dans la rue. Il y en a souvent plusieurs, avec des infos complémentaires... S'il y a écrit *Tow Away,* lisez attentivement les indications de jours ou d'heures, car vous risquez la fourrière. Et la ville de Chicago est réputée pour l'enlèvement très rapide des voitures mal garées, même si elles ne gênent en rien la circulation ou les piétons. Si jamais ça vous arrivait, voici les coordonnées de la fourrière : *Street & Sanitation Traffic Services, 400 E Wacker Dr. ☎ 312-746-4954 ou 312-744-7550. À côté du golf, le long de la rivière, sous l'autoroute.* Attention aussi aux rues réservées à ceux qui disposent d'une vignette de résident : se garer sur leurs emplacements protégés coûte facilement 60 $ d'amende, même la nuit !

Adresses utiles

Informations touristiques et culturelles

Visitor Information Center *(plan couleur III, J7) : 77 E Randolph St. ☎ 1-877-244-2246.* • *chicagocultural center.org.* • *Dans le* Chicago Cultural Center, *près de Randolph Station. Horaires d'été : lun-ven 8h-19h (18h ven), sam 9h-18h, dim 10h-18h.* Très nombreuses documentations et brochures que vous pourrez lire tranquillement dans le hall ou à la cafet' à côté. La brochure gratuite la plus complète est l'*Official Visitor Guide Chicago. Gift shop (10h-16h).* Profitez-en pour admirer le dôme du 3e étage en vitrail style Tiffany et son magnifique plafond en mosaïque. Le centre culturel organise également conférences, expositions, concerts, récitals... Pour avoir des infos sur l'agenda culturel : • *chicagometro mix.com* •

Visitor Information Center *(plan couleur II, G5) : 163 E Pearson St (dans le Water Works). Mêmes téléphone et site web que ci-dessus. Lun-ven 8h-19h, sam 9h-18h, dim 10h-18h.* Cafet' pour grignoter un bout.

■ **Alliance française** *(plan couleur II, F5, **10**) : 810 N Dearborn St. ☎ 312-337-1070.* • *afchicago.com* • *À l'angle de Chicago St, pas loin de la Water Tower. Tlj sf dim 9h-21h30 (17h ven ; 15h sam).* Programme culturel destiné surtout aux Français séjournant longtemps à Chicago.

Postes, Internet

✉ **Post Office** *(plan couleur II, F6) : 540 N Dearborn St. Lun-sam 7h30-18h30 (15h sam), dim 9h-14h.*

✉ **Post Office** *(plan couleur III, J8) : à l'angle de S Clark et W Adams St. Lun-ven slt, 7h-18h.*

✉ **Post Office** *(plan couleur I, C2) : 2643 N Clark St et Drummond. Tlj sf dim 8h30 (12h sam)-17h.*

@ **Internet :** une grande partie de Chicago est équipée du wifi, conséquence de quoi on trouve peu de cybercafés. Pour ceux qui n'auraient pas leur ordi avec eux, voici néanmoins quelques accès possibles au Net :

– **Apple Store** *(plan couleur II, G5, **8**) : 679 N Michigan Ave. ☎ 312-981-4104. Lun-sam 10h-21h, dim 11h-18h.* Connexions gratuites sur les nombreux ordinateurs de démonstration.

– **Screenz** *(plan couleur I, C2, **7**) : 2717 N Clark St. ☎ 773-348-9300. Tlj 8h-minuit.* Café-boulangerie à Lincoln Park, dans le quartier qui bouge. Un des rares cybercafés de la ville. Nombreux ordinateurs, mais connexions chères.

– **Chicago Public Library** *(plan couleur III, J8, **4**) : lire plus loin « Divers ».* Accès Internet gratuit.

Consulats

■ **France** *(plan couleur III, J7, **6**) : 205 N Michigan Ave (37e étage). ☎ 312-327-5200. Lun-ven 9h (8h ven)-12h30.* • *con sulfrance-chicago.org* • Le consulat peut, en cas de difficultés financières, vous indiquer la meilleure solution pour que des proches vous fassent parvenir de l'argent, ou encore vous assister juridiquement en cas de problème.

■ **Suisse :** *737 N Michigan Ave, suite 2301. ☎ 312-915-4500 ou 0061. Lun-ven 9h-12h.* • *eda.admin.ch/eda/fr* • On peut entrer par le grand centre commercial *Nieman-Marcus.*

■ **Belgique :** *uniquement un consul honoraire, mieux vaut s'adresser à l'ambassade à Washington.*

■ **Canada :** *180 N Stetson Ave. ☎ 312-616-1860.* • *chicago.gc.ca* •

Divers

■ **Location de vélos :**

– **Bike and Roll Chicago :** *☎ 312-729-1000 ou 1-888-BIKE.WAY.* • *bikechica go.com* • *Vélo de base : 10 $/h, 35 $/j.*

Rollers : 10 $/h, 35 $/j. Également des sièges pour enfants, des tandems ou des segways. Petite réduc en réservant en ligne.
Et différents endroits le long du lac pour louer sa petite reine :
– ***Millennium Park*** *: 239 E Randolph St. Tte l'année ; fermé w-e en hiver.*
– ***Navy Pier*** *: 600 E Grant Ave. Avr-oct.*
– ***Riverwalk*** (nord du Loop) *: 310 E Riverwalk South (Wacker Dr et Columbus St). Fin mai-début sept.*
– ***North Ave Beach*** (Lincoln Park sud) *: 1603 N Lakeshore Dr. Mai-sept.*
– ***Foster Beach*** (Lake View) *: 5200 N Lakeshore Dr. Fin mai-début sept.*
– ***Adler Planetarium*** *: 1300 Lake Shore Dr. Avr-oct.*
– ***DuSable Museum*** *: 740 E 56th Place. Mai-sept.*
Transporter son vélo dans le métro est autorisé, sauf aux heures de pointe en semaine.

■ ***Supermarché Walgreens*** (plan couleur II, G5, **5**) *: 757 N Michigan Ave. ☎ 312-664-4000. Ouv 24h/24.* Supermarché idéalement situé dans Magnificent Mile, à deux pas du John Hancock Building. En plus de l'alimentation et de la pharmacie, plein de services comme le tirage de photos ou la gravure de CD.

■ ***Chicago Public Library*** (plan couleur III, J8, **4**) *: Harold Washington Library Center, 400 S State St. ☎ 312-747-4300. • chicagopubliclibrary.org • Lun-jeu 9h-21h, ven-sam 9h-17h, dim 13h-17h.* C'est le curieux bâtiment à la toiture « Harry Potterienne » éclairé la nuit. Ce temple de la culture organise conférences, débats, récitals, concerts, projections et expos. Accès Internet gratuit au 3e étage, espace wifi. Certains postes sont limités à deux fois 1h d'utilisation par jour. En attendant, vous pouvez lire la presse internationale et française au 7e étage.

■ ***Europa Books*** (plan couleur II, F5, **9**) *: 832 N State St. ☎ 312-335-9677. Près de l'Alliance française. Lun-mer 9h-19h, jeu-dim 10h-20h (18h sam).* Une des rares librairies internationales de la ville. Périodiques, magazines (pas très récents), livres en français (peu nombreux), cartes.

■ ***Borders*** (plan couleur II, G5, **311**) *: 830 N Michigan Ave. En face de la Water Tower, la succursale la mieux située de cette chaîne ultra-connue de librairies.* Large rayon de livres sur la ville, magazines, cartes et coin cafet' bien agréable.

Où dormir ?

Logement très cher. Très peu d'hébergements de moyenne catégorie, on passe direct de l'AJ à l'hôtel de grand standing !
À Chicago, les prix peuvent varier du simple au triple en fonction des disponibilités, de la période (chargée ou non) et de l'heure à laquelle on arrive. En gros, ça change tous les jours ! D'où les fourchettes de prix très larges dans le texte... Le plus simple est de réserver via les sites internet des hôtels, car on peut faire des simulations de prix selon ses dates de voyage. Il n'y a pas de haute et de basse saisons, mais théoriquement, janvier et février sont les mois les moins chers. Si vous êtes motorisé, attention au parking, souvent très cher dans les hôtels *(30-50 $/j.)*.
Comme pour les compagnies d'aviation, les hôteliers confient leurs chambres inoccupées à un bradeur. Au dernier moment, on peut parfois tomber sur un hôtel de luxe pour le prix d'une catégorie « Prix moyens ». Cela dit, c'est souvent pour une période très courte.
– Résa gratuite auprès de ***Hot Rooms*** *: ☎ 1-800-468-3500. • hotrooms.com • Les prix annoncés n'incluent pas la taxe hôtelière locale (env 15 %).*

CHICAGO

Dans le Loop (plan couleur III)

Bon marché

■ ***Hostelling International Chicago*** (plan couleur III, J8, **37**) *: 24 E Congress Pkwy (angle S Wabash Ave). ☎ 312-360-0300. • hichicago.org • Ouv 24h/*

24. Lit en dortoir 29-35 $ pour les membres (3 $ de plus sinon), bon petit déj-buffet et draps compris. Internet, wifi. En plein Loop, une AJ toute moderne et impeccablement tenue, dans un bâtiment historique restauré (et climatisé), proposant 500 lits l'été (250 sinon), en dortoirs de 6 à 12, avec sanitaires *ensuite* ou non (demander les draps dès votre arrivée car il n'y en a pas toujours suffisamment). Cuisine commune, salle à manger d'angle avec vue imprenable sur le *El,* salon TV, billard, ping-pong et baby-foot dans le *lobby,* laverie et consigne. Organisation de visites de la ville. Ambiance bon enfant. Un excellent rapport qualité-situation-prix pour Chicago.

De chic à très chic

Essex Inn *(plan couleur III, J9,* ***46****) : 800 S Michigan Ave.* ☎ *312-939-2800.* • *essexinn.com* • *Doubles env 130-300 $. Internet, wifi.* Hôtel récent, face à Grant Park, bien situé pour les visites du *Field Museum* et de l'*Art Institute.* La déco du *lobby* oscille entre le méga-kitsch et l'ultra-design. Chambres sobres et spacieuses ; et surtout, cerise sur le gâteau après un trek urbain dans le Loop, une belle piscine sur le toit, couverte d'une élégante armature métallique et chauffée, ouvrant sur un jardin et un solarium ! Sauna et fitness également. Resto-grill au rez-de-chaussée. La navette pour l'aéroport part d'en face.

Hôtel Allegro *(plan couleur III, J7,* ***36****) : 171 W Randolph St.* ☎ *312-236-0123. Résas :* ☎ *1-800-643-1500.* • *allegrochicago.com* • *Doubles standard 200-350 $, suites à partir de 400 $! Wifi.* Superbe hôtel design en plein cœur du *Loop,* magnifique *lobby* aux accents néobaroques. On est ici dans le très, très chic, et les prix sont au diapason. Pas de fausse note du côté des chambres : ultra-confortables et tendance, avec une couleur bleue omniprésente pour s'inspirer des cabines de luxe des grands transatlantiques. Équipement complet avec écran plat, lecteur CD, wifi, 2 téléphones (si, si) et plein de chaînes câblées dont des chaînes de yoga ! Jacuzzi dans les suites. Verre de vin offert le soir, pour l'allégresse !

Dans Magnificent Mile, à Near North et Gold Coast (plan couleur II)

De prix moyens à plus chic

Ohio House Motel *(plan couleur II, F5-6,* ***44****) : 600 N La Salle St.* ☎ *312-943-6000 ou 1-866-601-6446.* • *ohiohousemotel.com* • *Double 100 $ (voire moins) ; pour 4 pers 130 $, avec kitchenette complète 160 $. Wifi.* Un motel à l'américaine sur 2 niveaux, où l'on gare sa voiture devant sa chambre, en plein cœur de la ville. Sa situation privilégiée et son parking gratuit (un luxe à Chicago) en font un très bon point de chute pour nos lecteurs motorisés, ainsi que pour les familles. Éviter cependant les chambres donnant sur la rue, plutôt bruyantes. Très bon accueil. *Coffee shop* attenante, et un *McDo* « de luxe » juste en face (voir « Où manger ? Dans Magnificent Mile... »).

Red Roof Inn *(plan couleur II, G5,* ***45****) : 162 E Ontario St.* ☎ *312-787-3580. Résas :* ☎ *1-800-RED-ROOF.* • *redroof.com* • *Fait partie d'une chaîne du groupe* Accor. *Doubles 100-200 $ (même prix pour 4 pers). Wifi.* C'est l'hôtel le moins cher du quartier, et les chambres viennent d'être rénovées. Fonctionnelles, confortables et impeccables, rien à redire vu les prix imbattables pour cet emplacement de rêve, quasiment sur Magnificent Mile. Les familles apprécient beaucoup. Café offert dans le *lobby,* très mode, dans les tons gris, bordeaux et noir.

Best Western River North *(plan couleur II, F6,* ***40****) : 125 W Ohio St.* ☎ *312-467-0800 ou 1-800-727-0800.* • *rivernorthhotel.com* • *Doubles 150-250 $ (on peut y dormir à 4). Wifi.* Un hôtel de chaîne, doté d'une grosse centaine de chambres confortables. On a bien aimé le carrelage noir et blanc des salles de bains (un petit côté ska !). Les plus, ce sont la grande piscine couverte et son solarium avec vue sur les buildings, et le parking gratuit. Une bonne adresse pour les familles notamment, si on fait abstraction de l'environnement pas très folichon. Appels locaux gratuits.

Très chic

Hotel Cass *(Holiday Inn Express ; plan couleur II, F5,* ***43****) : 640 N Wabash Ave. ☎ 312-787-4030 ou 1-800-799-4030. • hotelcass.com • Doubles 120-350 $ (même prix pour 4 pers), petit déj américain inclus. Internet, wifi.* Un coup de cœur pour ce boutique-hôtel membre de la chaîne *Holiday Inn,* fraîchement lifté, situé à deux *blocks* à peine de Magnificent Mile. Décoration vraiment originale, design mais avec des couleurs fortes, des imprimés baroques ou psychédéliques. Les chambres ne sont pas bien grandes mais très confortables, et quelle allure ! Imposantes têtes de lit en damassé vert olive, photos de mode des années 1950 aux murs, papier peint tendance dans les salles de bains. Accueil charmant en prime. Une adresse qui plaira à nos lecteurs urbains branchés.

Affinia Chicago *(plan couleur II, G5,* ***47****) : 166 E Superior St. ☎ 312-787-6000. Résas : 1-866-AFFINIA. • affinia.com • Doubles 150-350 $ (même prix pour 4 pers). Parking 49 $... Wifi.* Au cœur de Magnificent Mile, cet hôtel haut de gamme, récemment relooké lui aussi et fréquenté par une clientèle aisée ou d'« affaires », ne propose que des chambres non-fumeurs, très spacieuses (avec coin salon pour la plupart), offrant pour certaines une belle vue sur la ville. Déco contemporaine, literie d'un confort exceptionnel (plusieurs oreillers au choix), photos de Chicago aux murs, salles de bains design. Sans oublier la trilogie écran plat, lecteur CD-MP3, wifi. Fitness center. Excellents accueil et service. Juste au pied de l'hôtel, un *Gino's East* pour les envies de pizza.

BED & BREAKFAST

Une formule globalement moins onéreuse que les bons hôtels. Le quartier le plus propice est celui de *Gold Coast,* très résidentiel, avec d'adorables maisons victoriennes.

– ***Rens et résas :*** *☎ 312-640-1050 ou 1-800-375-7084. • chicago-bed-breakfast.com • athomeinnchicago.com •*

Flemish House Bed and Breakfast *(plan couleur II, G4,* ***49****) : 68 E Cedar St. ☎ 312-664-9981. • innchicago.com • Doubles 125-175 $ déc-mars, 145-225 $ avr-nov, avec petit déj en kit livré dans la chambre. 2 nuits min exigées le w-e. Internet, wifi.* Dans une rue charmante et tranquille à deux pas du lac, une jolie maison en pierre avec pignon de type flamand, construite en 1890. Tom et Mike, les sympathiques proprios, proposent 4 vastes studios et 3 deux-pièces décorés avec élégance : meubles anciens, gravures, bibelots... Atmosphère douillette et cosy à souhait. Chaque « unité » a son propre coin salon (vrai salon dans les deux-pièces), sa cuisine équipée, sa salle de bains avec entrée indépendante. Adorable petit jardin. Machine à laver à disposition des hôtes. Au fait, Tom, qui est architecte, parle le français.

Gold Coast Guest House Bed and Breakfast *(plan couleur II, F4,* ***50****) : 113 W Elm St. ☎ 312-337-0361. • bbchicago.com • Ne pas se présenter avt 17h30. Doubles 130-230 $. Wifi.* 4 chambres dans une maison ancienne de style victorien (datant de 1873), tout en hauteur. Chacune possède tout le confort : bains, AC, téléphone, TV. Décoration chaleureuse, moquette épaisse, de quoi satisfaire le routard le plus exigeant. Salon commun de lecture, prolongé par un charmant petit jardin. Le petit déj, très copieux, se prend sur la mezzanine face au jardin verdoyant. Accueil très charmant de Sally, qui est aux petits soins et se mettra en quatre pour satisfaire la moindre de vos exigences. Appels locaux gratuits.

À Lincoln Park et Lake View *(plan couleur I)*

Bon marché

Chicago Getaway Hostel *(plan couleur I, B2,* ***30****) : 616 W Arlington Pl. ☎ 773-929-5380 ou 1-800-HOSTEL-5. • getawayhostel.com • Tte l'année. Lits en dortoir dès 30 $ ou chambres 2-5 occupants 66-110 $, un peu plus cher le w-e. Petit déj inclus. Internet, wifi.* Située dans un quartier résidentiel verdoyant, près de l'université DePaul, cette AJ privée récemment rénovée de fond en comble (à la sauce design arty) propose une large gamme de chambres à 2, 3, 4 et 5 lits (avec salle de bains privée ou non), ainsi que des dortoirs (sexes séparés) de 8 lits. Grand salon avec TV, billard, kiosque Internet, cuisine commune et salle à manger. Laverie à pièces. BBQ le week-end aux beaux jours, patio. Saluons le bel effort côté déco, très design arty, et les couleurs flashy jusque dans les sanitaires, ça jette !

De chic à très chic

Majestic Hotel *(plan couleur I, C1,* ***34****) : 528 W Brompton St. ☎ 773-404-3499 ou 1-800-727-5108. • majestic-chicago.com • Doubles 100-230 $. Petit déj,* afternoon tea *avec cookies et journaux inclus.* L'hôtel parfait pour filer des amours clandestines ou pour tourner un film d'espionnage. Style vieille Angleterre : moquette sombre, lumières tamisées, musique classique à la réception. Chambres spacieuses et agréablement meublées. Situé dans une rue arborée et calme, ce qui vous reposera de l'agitation citadine. Moins cher que les grands hôtels du Loop ou de Near North.

City Suites Hotel *(plan couleur I, B1,* ***33****) : 933 W Belmont Ave. ☎ 773-404-3400. • chicagocitysuites.com • Doubles 150-230 $, petit déj continental servi dans le* lobby *et journaux compris. Wifi.* Petit hôtel cosy, entretenu de manière irréprochable. Même style que le *Majestic Hotel* car même proprio, en un peu moins élégant quand même et dans une rue assez animée. Les chambres sont très confortables bien qu'un peu petites. Celles donnant sur la rue sont un poil bruyantes. Un bon hôtel malgré tout.

The Willows Hotel *(plan couleur I, C2,* ***52****) : 555 W Surf St. ☎ 773-528-8400. • willowshotelchicago.com • Doubles standard à partir de 130 $, suites plus onéreuses, petit déj continental compris. Wifi.* Fait partie du même groupe que les 2 précédents. Quartier calme pas loin du lac, mais commerces et restos à proximité. Façade hispano-gothico romane. *Lobby* avec belle cheminée. Les chambres les moins chères ne sont pas très grandes, mais le tout dégage un petit charme de bon aloi qui se veut inspiré de la campagne française. Accès gratuit au *Sport Club* voisin. Un bon plan pour ceux qui cherchent un confort cosy sans trop débourser.

Dans les quartiers périphériques *(plan couleur III)*

International House at the University of Chicago *(hors plan couleur III par K9,* ***53****) : University of Chicago, 1414 E 59th St. ☎ 773-753-2270. • ihouse.uchicago.edu • Résa conseillée, car des étudiants y séjournent à l'année. Nuit 65 $ pour 1 pers, 80 $ pour 2 ; 490 $/sem pour 2. Draps fournis. Internet, wifi.* Juste à côté du *Museum of Science and Industry* et de la *Robie House*, dans l'immense campus de la très réputée *University of Chicago*

CHICAGO

(cadeau de Rockefeller), qui vaut d'ailleurs la peine d'être visitée. On se croirait à Oxford ou à Cambridge ! Dans cet imposant bâtiment néogothique, pas de dortoirs, juste des petites chambres pour 1 ou 2 personnes, un peu monacales mais impeccables, avec sanitaires à chaque étage. Vastes parties communes plaisantes en bois : superbe salon ouvrant sur un patio, salle à manger avec ping-pong, baby-foot et même écran plat... Énorme cuisine commune, cafétéria, machines à laver. Une excellente adresse, empreinte de l'atmosphère particulière des universités anglo-saxonnes.

Où manger une *deep dish pizza* ?

C'est LA spécialité incontournable de Chicago. En fait, l'idée a germé dans l'esprit d'un certain Ric Riccardo en 1943. Il voulait offrir aux GI's qui revenaient d'Italie la possibilité de retrouver dans leur pays la pizza qu'ils avaient goûtée là-bas. C'est ainsi qu'il imagina une recette originale de pizza cuite dans un moule à hauts bords, avec une croûte épaisse et, dans l'ordre, une sauce tomate bien relevée, une garniture généreuse (saucisse, *peperoni,* poivrons, oignons, etc.) et une demi-tonne de fromage dégoulinant par-dessus. Une invention qui fit d'ailleurs la fortune de son resto *Pizzeria Uno.* Depuis, la notoriété de la *deep dish pizza* créée par le père Riccardo a largement dépassé les frontières de sa chaîne de restos, désormais omniprésente sur le sol américain. Et d'autres pizzerias ont ouvert leurs portes.
Au fait, la cuisson de la fameuse pizza est longue ; logique, vu l'épaisseur ! Une fois la commande passée, il vous faudra donc patienter minimum 45 mn à table. Eh oui, la pizza de Chicago se mérite ! Une astuce : on peut parfois passer sa commande avant d'avoir sa table (il y a souvent la queue dans les pizzerias...), ce qui réduit considérablement l'attente une fois assis.
Allez, voici sans plus tarder notre best of. *Enjoy !*

🍴 ***Giordano's*** *(plan couleur II, G5,* ***101****) : 730 N Rush St (angle Superior). ☎ 312-951-0747. Tlj 11h-minuit. Petite pizza (pour 2 pers au moins) env 12-20 $ selon garniture.* Vaste salle avec mezzanine, colonnes et cuisine ouverte où le *pizzaiolo* jongle avec la pâte. Décor vert-blanc-rouge, bien entendu. Efren Boglio et son frère Joseph (aux cuisines) viennent de Turin. Ils ont rapporté dans leurs bagages une recette familiale de *stuffed pizza* (pizza à pâte fourrée) dont le secret est détenu depuis des générations. Un régal ! L'équilibre parfait entre pâte bien croustillante, garniture abondante et fromage fondant. Si vous avez eu les yeux plus gros que le ventre (les portions sont vraiment copieuses), emportez donc le reste avec vous. Une dizaine d'autres adresses en ville.

🍴 ***Lou Malnati's*** *(plan couleur II, F6,* ***102****) : 439 N Wells St. ☎ 312-828-9800. Tlj 11h (12h dim)-23h (minuit ven-sam). Pizzas env 8,50-20 $ selon taille et garniture.* Lou Malnati était l'associé de Ric Riccardo (lire intro ci-dessus) avant de devenir son rival en ouvrant son propre établissement en 1971 ! Ambiance assez calme dans ce resto tout en longueur, décoré avec un attirail frisant la dévotion au base-ball, au hockey et au football. Côté fourneaux, la spécialité (la *Lou*) donne la part belle aux ingrédients frais : épinards, tomates, champignons. Pour une bonne dose de calories mais seulement quelques cents de plus, on peut demander une délicieuse pâte *buttercrust.* Le coup de grâce à vos espoirs de régime est donné par une pizza au chocolat et glace vanille ! L'endroit a, sans doute, moins de caractère que chez *Giordano's,* mais l'addition est un poil plus légère.

🍴 ***Original Gino's East*** *(plan couleur II, G5,* ***67****) : 162 E Superior St. ☎ 312-266-3337. Tlj 11h (12h dim)-21h30 (23h w-e). Petite pizza (pour 2 pers) 12-20 $.* Encore une institution de la *deep dish pizza,* dans un décor marrant, puisque les 2 niveaux du resto sont entièrement couverts de graffitis. Des murs de brique aux balustrades, en passant par les banquettes en bois, il y en a partout, et il n'est pas interdit d'en rajouter ! Les pizzas sont bonnes, rien à dire, et pour ceux qui n'aiment pas trop la croûte, ils servent aussi le modèle à pâte fine (mais pour les puristes, ce n'est pas la vraie pizza de Chicago). Atmosphère rugissante le week-end. *Plusieurs autres adresses, dont au 633 N Wells St (Ontario St).* ☎ *312-988-4200. En face de* Ed Debevic's *(plan couleur II, F5,* ***85****).*

|●| ***Pizzeria Due*** *(plan couleur II, G5,* ***91****) : 619 N Wabash Ave (angle Ontario).* ☎ *312-943-2400. En face du magasin* Bloomingdale's, *de style mauresque, installé dans l'ex-Medinah Temple. Ouv 11h-1h30 (2h30 ven-sam). Pizzas 8-23 $ selon taille.* Ici, les moules à pizzas sont exposés à l'entrée, au-dessus de la caisse. Pratique pour choisir en fonction de sa faim et du nombre de convives. Les gros appétits s'en mettront plein la lampe, les autres demanderont gentiment qu'on leur emballe les restes *(« Could you wrap it up for me, please ? »).* À trois pas de là, chez ***Pizzeria Uno*** *(29 E Ohio et Wabash),* on retrouve les mêmes bonnes pizzas puisque c'est la même maison.

Où manger ?

Dans le Loop et South Loop (plan couleur III)

Spécial petit déjeuner

☕ ***Lou Mitchell's*** *(plan couleur III, I8,* ***62****) : 565 W Jackson St.* ☎ *312-939-3111. Lun-sam 5h30-15h, dim 7h-15h. Plats petit déj 6-9 $. CB refusées.* Vaste *diner* en retrait de Union Station, avec boxes, bar en formica et déco sur le thème de la route 66 (Chicago en est le point de départ). Ici, on sert les voyageurs depuis 1923 ! Le genre d'adresse populaire et familiale, typiquement ricaine, pour prendre son petit déj. Succulentes omelettes servies dans le poêlon et grassouillettes comme il faut, *bagels, pancakes,* confitures maison sur les tables. Hormis les petits déj, servis d'ailleurs toute la journée, on retrouve à la carte les classiques du genre : salades, sandwichs, hamburgers et pâtisseries maison...

☕ ***Corner Bakery*** *(plan couleur III, J7,* ***98****) : 360 N Michigan Ave (et Wacker).* ☎ *312-236-2400. Lun-ven 6h30-20h, w-e 7h-18h. Env 5-10 $.* Une chaîne de boulangeries très prisée des Chicagoans, réputée pour ses *scones,* muffins et autres *bagels* (voir descriptif complet plus loin dans « Dans Magnificent Mile... »). Belle terrasse au bord de la Chicago River, avec vue sur le Wrigley Building et la nouvelle Trump Tower. *Autres succursales dans le Loop, au 140 S Dearborn St et 224 S Michigan Ave (en face de l'*Art Institute*).*

De bon marché à chic

|●| ***17/West at the Berghoff*** *(plan couleur III, J8,* ***95****) : 17 W Adams St.* ☎ *312-427-7399. Tlj sf dim 11h-21h (22h ven-sam). Plats 15-20 $, moins cher le midi.* Un grand classique de Chicago, qui rappelle l'importance de la communauté allemande. La maison *Berghoff* date de 1887. Ce fut d'abord une grande brasserie et le premier établissement à avoir servi de la bière après la prohibition. À l'entrée, un menu avec les prix de 1932 ! Le resto, lui, fut créé en 1898, et vendu en 2006. Mais le décor de boiseries et de vitraux, agrémenté de nombreuses photos du vieux Chicago, a été conservé, et certains plats de Berghoff sont toujours servis (au côté de plats américains), comme le *Sauerbraten* et le *Wiener Schnitzel,* à arroser d'une excellente bière brassée par la maison. Seul le nom du resto a dû être légèrement modifié. Dans une des salles, ne manquez pas le magnifique bar et son long comptoir, surmonté de panneaux de bois peint. Au sous-sol, le ***Berghoff Café,*** un self-service *(lun-ven 11h-14h30)* très fréquenté par les employés du coin, permet de se restaurer rapidement à très bon marché. Soupes du jour à moins de 3 $, pizzas à 5 $

et viandes rôties en sauce avec légumes pour à peine 6 $. Une bonne affaire !

Terzo Piano *(plan couleur III, J8,* ***89****) : 159 E Monroe. ☎ 312-443-8650. Tlj 11h-15h, 17h-21h ; jeu 15h-17h apéritif avec antipasti. Compter 25-30 $.* La cafet' de l'*Art Institute* a bien belle allure avec sa lumière naturelle distillée par les grandes baies vitrées, qui suffit à mettre en valeur le camaïeu de gris et blanc du mobilier design. Défilé de plats à la présentation un poil sophistiquée : salades garnies pleines de saveurs, tourtes aux légumes frais, produits sélectionnés en provenance de producteurs bio, mais les prix restent raisonnables pour la qualité. Vins au verre et service stylé. Terrasse avec vue sur la *skyline.*

Dans Magnificent Mile, à Near North et Gold Coast (plan couleur II)

Spécial petit déjeuner et brunch

Tempo *(plan couleur II, F5,* ***64****) : 6 E Chestnut St (et State St). ☎ 312-943-3929. Ouv 24h/24. Plats petit déj 7-10 $. CB refusées.* Fréquenté par une clientèle très mélangée, ce resto familial est réputé pour ses petits déj hyper copieux, particulièrement les *pancakes,* aériens à souhait, et la longue carte d'omelettes, diablement bonnes elles aussi. Mais le *French toast* (pain perdu) et les *waffles* (gaufres) ne sont pas mal non plus. Bref, difficile de faire son choix ! Le week-end, c'est plein à craquer, préparez-vous à faire la queue... En partant, jetez donc un œil au *Sofitel* juste à côté. Cet original prisme de verre a été dessiné par un architecte français, Jean-Paul Viguier. On y propose au *Café des Architectes* un excellent *brunch (env 24 $).*

Corner Bakery *(plan couleur II, G5,* ***65****) : 676 N St Clair (angle Erie). ☎ 312-266-2570. Lun-ven 6h30-20h, sam 7h-20h, dim 7h-18h. Env 5-10 $. Wifi.* Une chaîne de boulangeries très appréciée des Chicagoans, qui viennent nombreux se régaler de savoureux *scones,* muffins, *bagels* et autres croissants dans un cadre aéré ou sur la grande terrasse aux beaux jours. Idéal pour un petit déj léger et peu onéreux, mais si vous voulez du solide, il y aussi des assiettes complètes à base d'œufs brouillés, ou du *oatmeal (porridge)* à l'ancienne. Bonne sélection de cafés et thés pour faire glisser tout ça. Le midi, ils servent aussi des salades, sandwichs, soupes, pâtes...

The Original Pancake House *(plan couleur II, F4,* ***63****) : 22 E Bellevue Pl. ☎ 312-642-7917. En face du* Sutton Place Hotel. *Tlj 7h-15h (17h w-e).* Pancakes *6-8 $. CB refusées.* Une chaîne où les pancakes n'ont rien d'original, sauf qu'elle n'en produit pas moins d'une quinzaine de sortes, toutes servies copieusement, dont leur spécialité, le gigantesque *apple pancake* ou les *dutch babies,* des *pancakes* creux et cuits au four. Grand choix aussi d'omelettes, de gaufres et de crêpes. Clientèle mélangée, il y a souvent pas mal de monde. Prix encore raisonnables et service attentionné. Petite terrasse.

– Et aussi (lire plus loin) : ***Potbelly Sandwich Works, Whole Foods Market, McDonald's, Frontera Grill*** (pour son brunch du sam).

Très bon marché (sur le pouce)

Potbelly Sandwich Works *(plan couleur II, F6,* ***69****) : 508 N Clark St (entre Grand et Illinois). ☎ 312-644-9131. Lun-ven 7h-19h, w-e 9h-17h. Tt à 3-6 $.* Cette minichaîne est le royaume des sandwichs chauds, préparés et grillés à la demande, avec tout un tas de garnitures différentes et, surtout, des ingrédients de première fraîcheur. Ceux du petit déj valent aussi le coup. Décor *old fashioned* particulièrement réussi en prime : accumulation d'*antiques,* photos jaunies, vieux piano et bouquins... D'autres adresses en ville, donc.

Mr. Beef *(plan couleur II, E-F5, **68**) : 666 N Orleans St. ☎ 312-337-8500. Lun-jeu 8h-19h ; ven 8h-17h ; sam 10h30-15h et 22h-5h. Fermé dim. Env 5-6 $.* Avec la *deep dish pizza*, le *Italian beef sandwich* est une autre spécialité culinaire de Chicago. C'est un petit pain blanc fourré de lamelles de bœuf, puis trempé dans du jus de viande et enveloppé dans du papier. Le piment est en option, comme le fromage. Si vous voulez tenter l'expérience, c'est dans ce petit rade bien populaire qu'il faut venir. Prévoyez un bon paquet de serviettes en papier, parce que ça coule ! Sur les murs, les photos des people qui s'en sont mis plein les doigts avant vous, dont le beau, le grand Paul Newman. Escale de nuit entre samedi et dimanche.

Bon marché

Whole Foods Market *(plan couleur II, F5, **82**) : 30 W Huron St. ☎ 312-932-9600. Tlj 8h-22h. Prix au poids : 8 $ la livre (repas env 10-13 $).* Chaîne de supermarchés presque entièrement bio, qui connaît un succès croissant aux États-Unis. À juste titre, car tout est sacrément bien présenté et les produits, surtout les fruits et légumes, sont de qualité. Le rayon traiteur et *deli*, avec *salad bar* et *hot-bar*, est idéal pour faire le plein de verdure et goûter des saveurs inédites. Le mode d'emploi est simple : on remplit ses barquettes et on paie au poids à la sortie. Pour savourer tout ça, un long comptoir donnant sur la rue et quelques tables, ou alors on embarque le tout !

Boston Blackies *(plan couleur II, G6, **84**) : 164 E Grand Ave. ☎ 312-938-8700. Si vous êtes sur Michigan Ave, descendre les escaliers en face de Nordstrom. Ouv 11h (12h dim)-22h30 (23h ven-sam). Spécialité de hamburgers 7 $.* Salle tout en longueur, comme le bar, avec son comptoir marqueté. Ambiance relativement feutrée, clientèle d'habitués qui discutent le bout de gras en buvant une chopine. Épaisse moquette, ventilo, lumière indirecte, tout un décorum pour déguster d'énormes et fameux hamburgers, épais et cuits à la perfection. Les frites sont en option (un peu énormes à notre goût), mais les prix restent très doux. La devise de la maison : « L'humanité ne peut vivre sans patates » !

Ed Debevic's *(plan couleur II, F5, **85**) : 640 N Wells St. ☎ 312-664-1707. Tlj 11h-21h (23h ven-sam). Plats 8-9 $.* Reconstitution très réussie d'un *diner* des années 1950, avec une déco digne de la série *Happy Days* : cuisine ouverte sur la salle, banquettes de moleskine verte et faux juke-boxes sur les tables, vieux rock en fond sonore et un bœuf en plastique grandeur nature pendant du plafond. Au menu : épais hamburgers servis dans des paniers, salades généreuses, chilis, hot dogs, sandwichs... Si la cuisine ne laisse aucun souvenir impérissable, il faut surtout y aller pour l'ambiance, notamment le week-end, quand les serveurs montent sur le comptoir pour reprendre en chœur des tubes des *sixties*. Une adresse populaire et familiale, que les gamins adorent. *Gift shop* à l'entrée (bien sûr) et parking juste devant (plus cher qu'un hamburger).

McDonald's *(plan couleur II, F5, **66**) : 600 N Clark St. ☎ 312-867-0455. Ouv 24h/24 (fait aussi drive-in). Env 5-10 $. Internet.* Un *McDo* dans le *Routard* ? Que José B. nous pardonne ! Oui, mais pas n'importe lequel. Ce mastodonte de verre, repérable de loin à ses 2 immenses arches jaunes, a ouvert en 2005, pour le 50e anniversaire du tout premier *McDo* de Des Plaines, dans la banlieue de Chicago (lire plus loin dans « À voir. À l'extérieur du centre »). C'est aujourd'hui l'un des plus grands et des plus fréquentés de l'enseigne. L'aménagement intérieur est high-tech. À l'étage, ambiance *lounge* avec canapés de cuir, musique agréable, tables basses et luminaires signés des plus grands noms du design (Mies Van der Rohe and Co). Dans une galerie circulaire donnant sur une toiture-terrasse, des vitrines exposent, par décennie, les objets culte de 1950 à nos jours, dont les célèbres cadeaux *McDo* bien sûr, avec encore des tables pour poser son plateau et engloutir son hamburger. Le fin du fin, le mobilier est adapté à chaque vitrine : Verner Panton pour les 60's, Starck pour les années 2000, etc.

Billy Goat Tavern *(plan couleur II, G6,* ***83****) : 430 N Michigan Ave.* ☎ *312-222-1525. Juste devant l'entrée du magasin* Walgreens, *descendre l'escalier sur le trottoir, puis prendre à droite. Tlj 6h-2h (3h sam). Hamburger env 6 $.* Un resto insolite (en sous-sol) qui a une âme. Dans un environnement de parkings pas vraiment bucolique, voilà la cantine préférée des journalistes du *Chicago Tribune,* situé sur l'avenue. À l'entrée, on lit : « Enter at your own risk. » C'est ce qu'avait dû se dire l'ancien proprio en entrant, un certain jour de 1945, dans le stade où jouaient les Cubs. Il avait l'habitude d'y aller en compagnie de son bouc *(billy goat),* mais un jour, l'animal fut interdit de match par la direction. Furieux, son proprio jeta un sort sur le club : jamais plus il ne gagnerait. Résultat : les Cubs n'ont plus remporté de finale. Des objets souvenirs (comme le ticket d'entrée du bouc !) et des coupures de journaux retracent la belle histoire d'amour entre Gus (c'était le nom du patron) et son bouc. La spécialité de la maison, c'est le *cheezborger* servi dans un emballage de papier et que l'on assaisonne soi-même. Pour le manger, on vous recommande la salle « VIP Billy Goat », plus calme. En tout cas, le bar bien garni en bouteilles a dû arroser quelques fins de bouclages animées.

Foodlife *(plan couleur II, G5,* ***87****) : dans l'immeuble* Water Tower Place *(niveau mezzanine, c'est-à-dire en sous-sol !), 835 N Michigan Ave.* ☎ *312-335-3663. Ouv 11h-21h (19h dim). Plats dès 7 $, repas complet 10-13 $ env.* Un *food court* à l'américaine, avec plein de petits stands pour répondre à des envies différentes : pizzas, BBQ, soupes, plats asiatiques, mexicains, bar à jus de fruits et *smoothies...* À l'entrée, on vous remet une *foodcard* (carte magnétique) qui enregistre la totalité de vos achats. Puis, on va de stand en stand, pour composer son menu et on s'attable ensuite à la place qu'on vous a attribuée. Sodas et thé glacé à volonté. Desserts pantagruéliques. Rapide et plutôt bon dans le genre ; beaucoup de monde le week-end mais bruyant. À côté, le *Food Market* propose un grand choix de salades fraîches et variées à emporter.

Big Bowl *(plan couleur II, F4,* ***88****) : 6 E Cedar St.* ☎ *312-640-8888. Tlj 11h30-23h (22h dim-jeu). Plats 10-13 $, petites portions 4-8 $.* Adresse immanquable à cause du bol géant qui le surplombe. Cette chaîne propose une large palette de plats asiatiques : thaïlandais, chinois et japonais. Décor moderne et dépouillé, d'inspiration japonaise, agréable. Atmosphère branchée. On y déguste dans de volumineux bols-assiettes, des *noodles, pad-thai* et autres currys. Ingrédients frais et légumes bien croquants. Délicieux thé parfumé et *ginger ale* maison. *Takeaway* en fond de salle, où se trouvent les cuisiniers qui opèrent devant vous. Une bonne adresse pour les affamés. 3 autres adresses dans la ville.

Heaven on Seven *(plan couleur II, G5-6,* ***86****) : 600 N Michigan Ave (entrée au coin de Rush et d'Ohio : prendre l'escalator qui mène aux cinémas et s'arrêter au 1er étage).* ☎ *312-280-7774. Dim-jeu 11h-22h (23h ven-sam) et brunch sam-dim 11h-14h.* Entrepôt en bois (sans fenêtres) avec accessoires de mardi gras aux murs et fond de musique zydeco : le décor louisianais est planté ! Un pan de la salle est couvert d'étagères contenant des centaines de petites bouteilles de sauce, qu'on retrouve aussi sur les petites tables carrées. L'occasion de s'initier à la cuisine cajun, pas toujours très fine mais roborative : huîtres frites, *crab cakes,* tomates vertes en friture, *gombo soup, po'boy, jambalaya* et crevettes accommodées sous toutes les formes. Un dessert original : la crème brûlée à la chicorée. Service attentif. *Autre adresse dans le Loop : 111 N Wabash au 7e étage du Garland Bldg.*

The Cheesecake Factory *(plan couleur II, G5,* ***90****) : 875 N Michigan Ave.* ☎ *312-337-1101. Tlj 11h (10h30 sam et 10h dim)-23h30 (0h30 ven-sam, 23h dim). Parts de* cheesecake *dès 7 $.* Au pied de la Hancock Tower aux perspectives rectilignes, ce resto (de chaîne) détonne fortement par ses courbes cuivrées. Le résultat est assez réussi : ambiance *Vingt Mille Lieues sous les mers.* On se croirait dans le vaisseau du capitaine Nemo relooké par Gaudí et Dalí. Comme son nom l'indique, on y sert des *cheeseca-*

kes (une trentaine de variantes bien appétissantes) et également d'autres choses, mais on vient surtout pour s'empiffrer de gâteaux.

De prix moyens à plus chic

Frontera Grill *(plan couleur II, F6, **96**) : 445 N Clark St. ☎ 312-661-1434. Tlj sf dim 11h30-14h30, 17h-22h (23h ven-sam). Brunch sam dès 10h30. Plats 20-30 $ (moins cher le midi). Plats brunch env 10-15 $.* Resto mexicain chic et branché recevant régulièrement les honneurs des critiques gastronomiques. Le cadre est un festival de couleurs. Aux murs, beaucoup de tableaux, de masques sud-américains. Au bar, des marionnettes et des dragons volants. Excellente cuisine tex-mex, fine et parfumée, concoctée à base de produits de qualité, souvent bio, à savourer sur un rythme endiablé de salsa. Une de nos adresses préférées. Le revers de la médaille : comme on n'est pas les seuls *gringos* à adorer ce resto et que la réservation n'est pas possible (sauf groupes), l'attente peut s'avérer très longue. Si la salle est complète, allez voir à côté le ***Topolobampo,*** c'est la même maison (encore plus chic et cher) et un des restos préférés du couple Obama du temps où ils vivaient à Chicago.

Coco Pazzo Café *(plan couleur II, G5, **93**) : 636 N St Clair St. ☎ 312-664-2777. Tlj 11h30-22h30 (23h ven-sam et 22h dim). Plats 15-25 $ (moins cher le midi).* Agréable resto aux inspirations toscanes en plein quartier de shopping. Terrasse sur la rue, salle élégante avec fresques aux murs représentant des célébrités locales à la manière de Modigliani. Carte assez courte mais bien étayée par les solides classiques de la péninsule : pâtes maison, *bruschetta,* pizzas au feu de bois, *foccacia,* légumes grillés. Sans surprise mais de bon rapport qualité-prix. Service un peu compassé.

Brasserie Jo *(plan couleur II, F6, **97**) : 59 W Hubbard St. ☎ 312-595-0800. Tlj 17h (16h dim)-22h (23h ven-sam, 21h dim). Plats 18-24 $, quelques plats à tarif réduit env 10-15 $. Tenue habillée requise le soir.* Joli décor de brasserie parisienne avec luminaires Art déco, colonnes, sol carrelé et tables nappées de blanc. Le rendez-vous des yuppies américains dans un cadre spacieux et classe. Steak-frites, coq au vin, choucroute et bière brassée sur place. Également des plats du jour (pot-au-feu le dimanche) et aussi des croques et des tartes flambées moins chers. Vaste carte de vins français et d'apéros (pastis !). Bières belges bien choisies. Pas donné quand même. On peut aussi se contenter d'un verre autour de l'énorme bar qui domine la salle.

Le Colonial *(plan couleur II, G5, **100**) : 937 N Rush St (angle Oak). ☎ 312-255-0088. Tlj 11h30-15h, 17h-23h30. Plats 18-25 $, moins cher le midi.* S'il est un resto branché à Chicago, en plein « triangle d'or » de la ville, c'est bien *Le Colonial.* Cadre raffiné et romantique évoquant l'Indochine française des années 1920 et 1930 : mobilier en rotin, ventilos, persiennes et plantes vertes. Ambiance feutrée et service classe pour une cuisine vietnamienne bien troussée. Le resto est au rez-de-chaussée, le bar à l'étage (c'est le rendez-vous des yuppies). Souvent plein et très animé.

Kiki's Bistro *(plan couleur II, F5, **99**) : 900 N Franklin St. ☎ 312-335-5454.* Lunch *lun-ven 11h30-14h ; le soir, lun-jeu 17h-22h, ven-sam 17h-minuit ; fermé dim. Résa conseillée le soir. Plats 18-28 $, moins cher le midi. Parking gratuit.* Resto français plutôt sélect, dans une ancienne imprimerie. Décor intérieur en bois et joli parquet, façon auberge de province (la terrasse, ou plutôt son environnement, est moins pittoresque). Le patron, Georges (Kiki de son petit nom), a des faux airs de Jean Gabin. Il est venu s'établir à Chicago lorsque *Maxim's* ouvrait ses portes il y a 45 ans. Quand ce dernier a mis la clé sous le paillasson, il décida d'ouvrir un établissement de la même trempe. C'est désormais l'un des restos préférés des Chicagoans. Le poulet rôti et le gigot d'agneau y sont excellents, la cave est très bien fournie et le service impeccable. Une valeur sûre.

Vong's Thaï Kitchen *(plan couleur II, F6, **105**) : 6 W Hubbard St (coin State). ☎ 312-644-8664. Lun-ven*

11h30-21h30, sam 12h-23h, dim 17h-21h. Façade peu engageante, mais intérieur tout en élégance et raffinement : lumières tamisées, ambiance *lounge,* bar pour patienter quand tout est plein. Cuisine thaïe revisitée US avec une indéniable inventivité, et servie généreusement : salades d'asperges chaudes, *satays,* poulet sauté à l'ail, currys... Le tout timidement dosé en épices et herbes aromatiques. Soufflé aux fruits de la passion en dessert. Bières asiatiques d'importation.

Très chic

🍽 ***Fogo de Chão*** *(plan couleur II, F5,* ***103****) : 661 N La Salle St. ☎ 312-932-9330. Lun-jeu 17h-22h, ven 17h-22h30 ; sam 16h-22h30, dim 16h-21h30. Résa conseillée. Formule à volonté 50 $ le soir, 32,50 $ le midi en sem (boissons en plus).* Une chaîne de *churrascarias* brésiliennes ultra-classe, qui marche du feu de Dieu à Chicago. Les énormes pièces de viande qui rôtissent à l'entrée donnent le ton : mieux vaut avoir l'estomac dans les talons quand on arrive ici ! La salle du resto est gigantesque, avec des murs-fontaines en faïence, d'impressionnants lustres en fer forgé et, au centre, un *salad bar* abondamment garni où l'on peut se servir à foison. Allez-y mollo, car les serveurs, habillés en gauchos, déambulent entre les tables avec de grandes broches chargées de grillades, pour en trancher de solides portions à volonté. Plus d'une dizaine de sortes, toutes succulentes : filet mignon, *picanha, alcatra, cordeiro...* Difficile de résister. Si le prix vous paraît élevé, venez le midi, c'est presque 2 fois moins cher.

🍽 ***Shaw's Crab House*** *(plan couleur II, F6,* ***106****) : 21 E Hubbard St. ☎ 312-527-2722. Tlj sf sam midi 11h30-22h (23h ven-sam) ; brunch dim 10h30-13h30.* Lunch *jusqu'à 16h30 à l'*Oyster Bar. Happy hours *tlj 16h-18h (huîtres à moitié prix).* Live music *mar, jeu et dim 19h-22h. Plats 8-16 $, ½ douzaine d'huîtres 13 $; plateau de fruits de mer 70 $ (pour 4 pers).* À 1 500 km de tout océan, ce *crab house* réputé approvisionne Chicago depuis plus de 50 ans en crabe d'Alaska, huîtres Jefferson, coquilles Saint-Jacques de Nantucket, crabe bleu de Nouvelle-Angleterre, capitaine de Floride ou saumon de rivière... 2 options, la grande salle (bruyante) aux sombres lambris patinés et brassée par la rotation des pales de ventilo, ou l'*Oyster Bar* (tout aussi bourdonnant), où l'on casse les pattes de homard, perché sur de hauts tabourets. Excellents vins pour arroser ces merveilles de la mer. La *Key Lime Pie* en dessert est incontournable. Personnel familier mais sans excès. Addition pas donnée mais justifiée par la qualité.

🍽 ***Gibsons*** *(plan couleur II, F5,* ***104****) : 1024 N Rush St. ☎ 312-266-8990. Tlj sf lun et mar midi 11h-2h. Résa quasi impérative. Tenue habillée le soir. La plupart des plats env 30-40 $ (salade ou soupe comprise), mais hamburgers dès 10 $.* Au cœur du *Golden Triangle.* Grande affluence : c'est presque un privilège de pouvoir dîner dans cette salle à l'ambiance bruissante et animée, dont le cadre évoque une brasserie des années folles. Normal, c'est un endroit à la mode, les nombreux portraits de célébrités vous auront mis la puce à l'oreille... La spécialité de la maison : la viande grillée. Un serveur vient présenter sur un plateau toutes les pièces possibles : filet mignon, *London broil, sirloin, porterhouse steak, Chicago cut...* Portions tendres et copieuses qui raviront les carnivores. Pour les autres, quelques alternatives de la mer comme les *crab cakes.* Impressionnante palette de vins, à tous les prix. Piano-bar dès 17h. Service parfois condescendant.

À Lincoln Park et Lake View (plan couleur I)

Spécial petit déjeuner et brunch

☕ ***Toast*** *(plan couleur I, B3,* ***61****) : 746 W Webster Ave (et Halstead St). ☎ 773-935-5600. Tlj 8h-14h30 (15h30 w-e). Plats petit déj 8-10 $.* Dans un quartier mignon comme tout avec ses maisons *British,* une adresse à retenir pour la qualité de ses petits déj sains et originaux. Les classiques américains (œufs, *pancakes*) y sont revisités avec raffinement et légèreté. Tout est franchement délicieux. Beaucoup de jeunes mamans en semaine, en promenade avec leurs enfants dans le parc tout à côté (ils servent aussi le *lunch*). Le week-end, ça ne désemplit pas, et la salle étant petite, il faut s'armer de patience pour obtenir une table. Succursale à Bucktown (lire plus loin).

***Ann Sather** (plan couleur I, C1, **60**) : 3411 N Broadway. ☎ 773-305-0024. Tlj 7h-15h (16h w-e). Env 8-9 $ (viennoiseries dès 3 $).* Boulangerie suédoise créée il y a plus de 50 ans par Mme Sather, dans ce quartier où ses compatriotes étaient très nombreux. La déco, murs de brique peints, donne un peu l'impression d'être dans une cafet' de musée d'Art moderne. Les *cinnamon buns* (ou *rolls*) frais sont à se damner, les *scones* gigantesques et les *waffles* vous rassasieront pour une bonne partie de la journée. Quant aux amateurs d'*eggs Benedict,* ils seront comblés puisqu'on en sert ici moult variantes. Le petit déj est servi toute la journée, mais il y aussi d'autres options pour le déjeuner. *Succursale pas très loin, au 909 W Belmont Ave.*

Et aussi : ***R.J. Grunts*** pour son brunch-buffet à volonté du dimanche à 13 $ (lire plus loin).

Très bon marché

***Penny's Noodle Shop** (plan couleur I, B2, **72**) : 950 W Diversey. À côté du métro aérien. ☎ 773-281-8448. Également 3400 N Sheffield (plan I, B1). ☎ 773-281-8222. Tlj 11h-22h (22h30 ven-sam). Plats 5-7 $.* Une chaîne sino-thaïlando-nippone dans un décor moderne et minimaliste : tables de bois clair, grosses gaines de ventilation et spots éclairant quelques toiles. Copieux et rapide.

Bon marché

***R.J. Grunts** (plan couleur I, C3, **73**) : 2056 Lincoln Park W (angle Dickens Ave). ☎ 773-929-5363. Tt près de la Chicago Academy of Sciences, au pied d'un énorme immeuble résidentiel. Tlj 11h30 (10h dim)-21h30 (22h30 ven-sam, 21h dim). Brunch-buffet dim 10h-14h (dès 13 $). Plats env 10 $,* salad bar *11 $.* Qu'est-ce qu'un *grunt* ? C'est un grognement, et c'est aussi le bruit que l'on fait en mangeant. Pour nous, ce sera un « hmm » de plaisir. Vous l'avez compris, on aime ce *Grunts*-là (il paraît que Barack Obama aussi). La carte, genre B.D., à la Crumb est géniale (en sortant, prenez-en un exemplaire en souvenir). Quant aux *burgers,* servis avec des chips maison, ce sont parmi les meilleurs de Chicago. Mention spéciale pour le *Hickory Bacon Cheddar Burger.* Le buffet de hors-d'œuvre ultra-frais et soupes est un repas à lui seul. Portions monstrueuses. Le patron a accroché la photo de toutes les serveuses qui ont travaillé ici depuis l'ouverture, en 1971. On regrette que certaines soient parties... Ambiance musicale *seventies.*

***Whole Foods Market** (plan couleur I, B1, **71**) : 3640 N Halsted. ☎ 773-472-0400. Tlj 8h-23h. Prix au poids : 8 $ la livre.* En plein quartier gay. Cette chaîne de supermarchés bio est décrite plus haut (voir « Dans Magnificent Mile... »).

***Chicago Diner** (plan couleur I, B1, **74**) : 3411 N Halsted St. ☎ 773-935-6696. Tlj 11h (10h dim)-22h30 (23h ven-sam). Brunch servi tlj jusqu'à 15h30. Pas de résa (venez tôt...). Plats 9-12 $.* Un *diner* dans... une curieuse petite maison victorienne ! Pas de formica ni de chrome ici, mais des boxes intimes en bois et un mignon patio à l'arrière pour s'essayer à la cuisine végétarienne. Une oasis au cœur du quartier gay.

Salt and Pepper Diner *(plan couleur I, B1, **70**) : 3537 N Clark St. ☎ 773-883-9800. Tlj 7h-22h (minuit ven-sam, 16h dim). Petit déj 5-7 $, sinon plats moins de 10 $.* Tout à côté de Wrigley Fields (le stade des Chicago Cubs), superbe *diner* Art déco, tout en rouge et noir avec acier et alu, des ventilos aux sièges en passant par la façade. Jukebox sorti tout droit des *sixties.* Carte typique : hamburgers, sandwichs, salades, *hash browns* et omelettes. Le petit déj est servi jusqu'à 16h.

Café Ba-Ba-Reeba ! *(plan couleur I, B3, **76**) : 2024 N Halsted St. ☎ 773-935-5000. Sem 17h-22h (minuit ven), w-e 11h-minuit (22h dim). Le bar ferme à 4h. Tapas 5-9 $, plats dès 12 $.* Une incursion ibérique haute en couleur dans ce quartier très *British.* Resto aux multiples salles. 2 bars avec jambons, ails et piments pendus au plafond. Terrasse bâchée à l'extérieur, très agréable l'été. Choix classique de tapas : jambon *serrano* et *pan con tomate, tortilla, empanadas...* et bonne sangria. 9 sortes de paella. Brunch à tapas le dimanche *(11h-15h).* Flamenco en musique de fond. Ambiance *caliente.*

Matsuya *(plan couleur I, B1, **78**) : 3469 N Clark St. ☎ 773-248-2677. Tlj 17h (12h w-e)-22h30. Plats 8-12 $.* En plein Wrigleyville, un resto japonais qui a de nombreux adeptes. Les plats, confectionnés devant le client, sont joliment présentés et copieux. Sushis très réputés, mais il y a d'autres options pour les réfractaires au cru. Service rapide et rapport qualité-prix tout à fait convenable.

De prix moyens à très chic

Red Rooster *(plan couleur I, B3, **75**) : 2100 N Halsted St (et Dickens). ☎ 773-929-7660. Ouv le soir slt, 17h-22h30 (23h30 w-e). Résa conseillée. Plats 14-18 $.* Dans un quartier de maisons en brique très britannique, derrière le *Café Bernard,* un resto français qui se remarque à sa tourelle d'angle et à sa fresque murale inspirée des impressionnistes. C'est le même proprio, mais les prix sont plus doux qu'au *Café Bernard.* Cuisine franchouillarde dans une atmosphère un tantinet élégante mais sans prétention (petite salle en bois, lumière tamisée). Belle carte des vins. Pour les nostalgiques.

À Bucktown *(plan couleur I)* et Logan Square *(hors plan couleur I par A2-3)*

Dans ces quartiers, pas mal d'adresses sont *BYOB,* donc sans licence d'alcool.

Spécial petit déjeuner et brunch

Milk & Honey *(hors plan couleur I par A3, **77**) : 1920 W Division St (entre N Damen et Wolcott). ☎ 773-395-9434. Petit déj en sem 7h30-12h, w-e 8h-14h. Env 6-10 $.* Dans le quartier ukrainien, ambiance décontractée tendance bobo dans ce *local favorite* parquet-murs de brique, connu pour ses petits déj équilibrés à prix raisonnables. Délicieux *granola* maison (leur spécialité), *scones,* muffins et quelques plats plus élaborés : *pancakes,* salades de fruits, *French toast* et, le week-end seulement, *huevos rancheros* du tonnerre. Dès 10h, ils servent aussi des sandwichs qui nous ont paru bien appétissants. Terrasse agréable. Bref, une expérience culinaire réussie, mais il faut faire fi des longues files d'attente et du service un peu expéditif.

Toast *(plan couleur I, B3, **61**) : 2046 N Damen Ave (et Dickens Ave). ☎ 773-772-5600. Tlj 8h-14h30 (15h30 w-e).* Voir descriptif plus haut, « À Lincoln Park... ». Attention, cette adresse est *BYOB* : pas de cocktail pour accompagner son brunch le week-end...

Bon marché

Irazu *(hors plan couleur I par A3, **81**) : 1865 N Milwaukee Ave. ☎ 773-252-5687. Fermé dim. Plat du chef à moins de 12 $. Paiement cash slt.* Sur le coin d'une avenue passante, avec le métro aérien en décor visuel et sonore. Terrasse aux tables de métal, déco quelconque dans un intérieur minuscule. Connaissez-vous la cuisine du Costa Rica ? Eh bien, voici l'occasion d'essayer : *burritos* végétariens ou de poulet, *guacamole* onctueux, riz costaricain avec haricots noirs, portions copieuses arrosées d'une sauce mystérieuse. *Oatmeal shake* à l'ananas. Adresse *BYOB.*

Prix moyens

Feast Restaurant & Bar *(plan couleur I, A3, **107**) : 1616 N Damen. ☎ 773-772-7100. Breakfast et déj lun-ven 11h-15h, sam-dim (brunch) 9h-15h ; dîner lun-sam 17h30-22h (23h ven-sam), 17h-21h dim. Salades 8 $, burgers 16 $.* Rue commerçante animée, grande salle, plancher de bois brut, cuisine apparente, terrasse avec parasols sur le côté, suggestions du jour au tableau noir. Petits déj, soupes, salades, plats légers et frais, bien tournés et créatifs, avec une petite pointe d'Asie. Clientèle de jeunes femmes qui veillent à leur ligne au milieu de leur journée de shopping. Un bel exemple de cette cuisine *new American.* Service un poil longuet.

Chic

Coast Sushi Bar *(plan couleur I, A3, **79**) : 2045 N Damen Ave. ☎ 773-235-5775. Tlj 16h-minuit (22h dim). Résa conseillée. Plateau de sushis/sashimis env 22 $. À la pièce : 2-8 $.* Un sushi-bar ultra-branché, où l'attente est de mise, surtout le week-end. Décor zen, éclairages tamisés, mais atmosphère très bruyante avec tout ce monde. Derrière le comptoir, alignés comme à la parade, les cuistots exécutent leurs gestes à la manière d'automates, avec une dextérité et une rapidité époustouflantes. Les assortiments sur plateaux sont très classiques, mieux vaut choisir plusieurs pièces à la carte et partager, pour goûter des saveurs plus originales. Leur spécialité, ce sont les *maki* et *temaki.* Pour les allergiques au cru, il y a aussi quelques plats « cuisinés ». Pensez à apporter votre bouteille car ici, c'est *BYOB.*

Le Bouchon *(plan couleur I, A3, **80**) : 1958 N Damen St. ☎ 773-862-6600. Tlj sf dim 11h30-14h30 et dès 17h30 le soir. Plats 12-15 $, plus cher le soir ; mar, menu 3 plats 25 $.* Petit bistrot à la parisienne, avec ses tables à touche-touche et des prix étonnamment raisonnables. Carte typiquement française, en accord avec le décor, très « authentique » : tarte à l'oignon, onglet grillé, bœuf bourguignon. Tout est étudié dans le détail pour que ça ressemble à la France. Le proprio a roulé sa bosse un peu partout. Comme c'est dans Bucktown, la clientèle reste assez branchée. Le lundi, ce n'est pas ravioli, mais les bouteilles de vin sont à moitié prix.

Au sud du Loop, à Chinatown et à Little Italy (hors plan couleur III par J9 et I9)

Lao Sze Chuan *(hors plan couleur III par J9, **108**) : 2172 S Archer Ave (Princeton Ave). ☎ 312-326-5040. Tlj 11h-minuit. Repas 20-25 $.* À l'entrée d'un petit centre commercial du quartier chinois. Salle banale, murs mandarine garnis de posters, lampions rouges. On nous l'avait annoncé comme le meilleur chinois de Chicago et on n'avait pas tort. Bondé le week-end, longue attente. Carte longue comme le fleuve Jaune, dans laquelle on a du mal à s'y retrouver. Cuisine authentique du Setchouan, à choisir épicée ou non. Rien ne manque : estomacs ou intestins de porc, langues de canard, liserons à l'ail, poulet aux 3 piments, excellents *dim sum...* mais la grande spécialité c'est le *hot pot* (à partir de 2 personnes). Portions gigantesques, la plupart des convives repartent avec leur *doggy bag.* Pot de thé sur la table et bières chinoises.

Rosebud *(hors plan couleur III par I9, **109**) : 1500 W Taylor St. ☎ 312-942-1117. Tlj 11h-minuit. Plats 15-25 $.* Au cœur de Little Italy, voici le fer de lance historique d'un petit empire culinaire qui a essaimé dans la ville. Salle élégante, murs de brique couverts de gravures, tables nappées de blanc, laissées dans une relative pénombre, serveurs à l'ancienne, parfois un peu abrupts. On se croirait dans un film de Scorsese. Déclinaison presque complète de la cuisine italienne traditionnelle mais sans inventivité : portions de pâtes pas destinées au picoreurs d'assiette, délicieux *gnocchi* aux épinards, *linguine* aux *clams* et honnête tiramisù.

Où boire un verre ? Où sortir ?

Pour programmer leur soirée, on conseille à nos lecteurs de se procurer les journaux hebdomadaires gratuits comme le *Reader,* le *New City* (surtout), le *Culture Club* ou encore *Key (This Week in Chicago)* et *Chicago Welcome.* Le *Reader* est particulièrement complet avec, dans la section 3, les rubriques : « Rock-Pop », « Country-Folk », « Blues-Gospel-Rythm'n blues » et « Jazz ».
Bonne nouvelle, les boîtes de Chicago sont plutôt bon marché, parfois même gratuites. Mauvaise nouvelle pour les plus jeunes d'entre vous : l'entrée est souvent interdite aux moins de 21 ans.

Dans Gold Coast et Old Town *(plan couleur II)*

Butch McGuire's *(plan couleur II, F4, **123**) : 20 W Division St. ☎ 312-337-9080. • butchmcguires.com • Tlj 11h-4h (5h sam). Resto ouv jusqu'à 22h, avec brunch 8h-16h sam et 11h-16h dim. Hamburgers 10-12 $.* Dans ce bastion très marqué « verte Érin », un « bar familial » pas banal. À l'origine, le patron, architecte irlandais, voulut créer un endroit pour réunir tous ses amis. Sa bande de copains a amplement grandi depuis. Il adore les rousses et, bien sûr, les Irish. Déco bien patinée avec des chopes pendues au plafond, des poutres apparentes, une collection de bibelots en cristal et des souvenirs marins. Jeux de fléchettes dans le fond. Le chaleureux *Butch McGuire's* est réputé pour sa décoration de Noël (en place de novembre à février), son *Bloody Mary* et ses *eggs Benedict.* Bonne ambiance.

She-Nannigans *(plan couleur II, F4, **123**) : 16 W Division St. ☎ 312-642-2344. À côté du précédent. Lun-ven 16h-4h, sam 11h-5h, dim 11h-4h.* Un pub irlandais très convivial, sur le thème du sport. Bonnes bières à la pression. Retransmission de matchs sur écran vidéo. Il y a même un coin pour s'entraîner au basket ou faire une partie de billard. Excellente musique rock. Une de nos meilleures adresses.

Mother's *(plan couleur II, F4, **123**) : 26 W Division St. ☎ 312-642-7251. À côté des précédents. Tlj sf dim 20h-4h (5h sam).* Un club qui existe depuis 1968 (le Velvet Underground y a même joué). En sous-sol, immense plateau de danse où se pressent des centaines de jeunes qui viennent se déhancher sur de la musique alternative, progressive, et de la *dance.*

Redhead Piano Bar *(plan couleur II, F5, **117**) : 16 W Ontario. ☎ 312-640-1000. • redheadpianobar.com • Tlj 19h-4h (5h sam). Cocktails 10-12 $, pas de cover charge.* Une formule bien rodée, qui plaît toujours. Un bar bondé où on se fraie un chemin en jouant des coudes vers le piano devant lequel se relayent les chanteurs-pianistes. Des petits papiers circulent sur lesquels on inscrit l'air qu'on désire entendre, et un public plus tout jeune mais bon enfant reprend à tue-tête les standards des variétés des 40 dernières années, on vous fournit la liste. Grosse ambiance le week-end.

Funky Buddha Lounge & Butterfly Social Club (plan couleur II, E6, **127**) *: 722-728 W Grand Ave. ☎ 312-666-1695. • funkybuddha.com • Proche du carrefour Milwaukee/Halsted. Au milieu des nombreux ponts métalliques. Jeu-sam 21h-2h (3h sam) pour le* Lounge *; lun-mer 18h-minuit et jeu-sam 21h-2h pour le* Club. *Âge requis : 21 ans. Compter au moins 20 $ pour les garçons et 12 $ pour les filles le sam. Un peu moins cher les autres soirs, parfois gratuit sur résa.* Fresque Bollywood à l'entrée, assez élégant et sélectif à l'entrée. Des coins canapés intimes, romantico-baroques, sont nichés dans une salle sombre tout en longueur. Musique très variée : funky, acid jazz, cuban jazz, house, hip-hop, soul, groove... ! Une adresse éclectique et relax, vraiment plaisante. Le *Butterfly* est un bar qui fait dans l'écologiquement correct, puisque tout y est recyclable : déco végétale et ambiance « organique » un peu déroutante pour déguster un cocktail au bar sinusoïdal.

Excalibur (plan couleur II, F5, **128**) *: 632 N Dearborn St (angle Ontario). ☎ 312-226-1944. • excaliburchicago.com • Tlj 19h-4h (5h ven-sam). Entrée : env 10 $, supplément certains j. pour l'accès aux autres salles, on se demande pourquoi.* L'un des plus grands clubs de la ville. La boîte est installée dans une sorte de château de style néoroman aux gros moellons, construit en 1892 pour la *Chicago Historical Society.* Une paire de griffons garde l'entrée. Au rez-de-chaussée, 2 ambiances : musiques du moment genre top 50, ou alors techno et *transe.* À l'étage, salsa, *merengue,* house dans un décor moderne à la *Basic Instinct.* Enfin, au sous-sol, un bar à l'ambiance plus tranquille avec billards, jeux électroniques et mini-resto. Il y en a vraiment pour tous les goûts, ce qui y attire beaucoup de touristes du week-end.

À Lincoln Park, Lake View et Wrigleyville (plan couleur I)

Cubby Bear (plan couleur I, B1, **111**) *: 1059 W Addison St (angle de Clark). ☎ 773-327-1662. • cubbybear.com • Au cœur de Wrigleyville, pile en face du stade Wrigley Field. En sem 16h-2h, sam 11h-3h, dim 11h-2h. Concerts de rock le w-e (env 7 $, mais aussi souvent gratuits).* Y aller absolument un soir de victoire des Cubs, l'équipe de base-ball de Chicago : c'est le rendez-vous des supporters. Ambiance très chaude pour y rencontrer des *frat boys,* sportifs scotchés devant les nombreux écrans de TV. D'autres *sports bars* tout autour, mais celui-ci est le must.

The Elbo Room (plan couleur I, B2, **112**) *: 2871 N Lincoln Ave. ☎ 773-549-5549. • elboroomchicago.com • Tlj jusqu'à 2h (3h sam). Concert 20h30-2h env. Entrée slt plus de 21 ans : 5-12 $.* Sorte de cave-parking fréquentée par des musicos. Bar avec 50 sortes de bières du monde. Le programme est affiché à l'extérieur. Au-dessus, il y a un autre bar avec juke-box.

Metro (plan couleur I, B1, **115**) *: 3730 N Clark St. ☎ 773-549-4140. • metrochicago.com • Ouv vers 18h. Shows vers 18h30 (accessible aux moins de 21 ans) et 21h en général. Fermeture variable selon les shows. Entrée : très variable, de gratuit à 55 $ selon la pointure des musiciens. Programme mensuel à l'entrée.* Aux limites du quartier branché, pas loin du célèbre Wrigley Field (le terrain des Chicago Cubs). Ancien théâtre installé dans un superbe immeuble de 1928, il a, de plus, conservé toute sa déco intérieure, sur plusieurs niveaux. Concerts presque tous les soirs. Musique rock, new wave, hard rock, alternative jazz, très bonne acoustique. Le mercredi, c'est punk. Allez faire un tour au bar, il mérite le coup d'œil, ainsi que la faune : look déjanté à la Marilyn Manson, piercing, tatouages, crânes rasés, futal en cuir... À côté, boutique rock : pin's, CD et T-shirts à l'effigie de vos stars préférées.

Rock House (plan couleur I, B2,

114) : 2624 N Lincoln Ave. ☎ 773-871-0205. • rockhousechicago.com • Mar-sam 21h-4h ou 5h. Pas de cover. Du rock pur cuir avec des groupes locaux les vendredi et samedi. Dans une bâtisse colorée, grande salle abritant un bar souvent bondé. Faune pas encore trentenaire. Allez y faire un tour si vous voulez du défoulement.

🍷 ♫ **Berlin** *(plan couleur I, B1,* ***116****) : 954 W Belmont Ave. ☎ 773-348-4975. • berlinchicago.com • À côté du métro aérien (Belmont). Ouv 22h-4h (5h sam). Entrée : 5 $ (jusqu'à 7 $ le w-e). Cover* charge *variable.* Derrière une vitre noire, une des premières boîtes gay de Chicago, connue pour son ouverture d'esprit : les *straight* y sont bienvenus ! Musique alternative : jazz, punk, house, et soirées assez variées avec shows de *drag queens* et DJ le mer. Y passer pour connaître le programme des festivités. Assez petit, donc rapidement bondé. Accueil cool.

🍷 ***Kelly's Pub*** *(plan couleur I, B3,* ***118****) : 949 W Webster Ave. ☎ 773-281-0656. • kellyspub.com • Tt près de l'université DePaul. Tlj 11h-2h (3h sam).* Bar d'étudiants ouvert depuis 1933, le jour qui a suivi l'abolition de la prohibition, et souvent bondé en milieu de semaine. Déco d'inspiration irlandaise, bien sûr. Petite terrasse quasiment sous le métro aérien : parlez fort ! Fait aussi resto avec *specials* à prix plancher.

🍷 ♫ **Katacomb** *(plan couleur I, C3,* ***119****) : 1909 N Lincoln Ave. ☎ 312-573-2288. Même entrée que la pizzeria* Bricks. *Mer-sam jusqu'à 4h (5h sam). Entrée : env 10 $; moitié prix pour les filles ven-sam après 1h.* Bar-*lounge* en sous-sol, dans une espèce de cave aménagée, avec recoins intimes. Dans ces catacombes nouveau genre, plus de sépultures... mais une jeunesse branchée qui discute ou danse sur fond de hip-hop, groove... Musique assez forte. Pas mal d'ambiance.

À Bucktown *(plan couleur I)*

Ancien repaire d'artistes et d'immigrés, Bucktown s'est « gentrifié » (traduire « boboïsé »). Dans les artères principales (Milwaukee, North Damen...) se côtoient créateurs de mode, galeries et magasins de déco branchés. On y trouve aussi de bons plans pour manger ou boire un verre.

♩ **Double Door** *(plan couleur I, A3,* ***120****) : 1572 N Milwaukee Ave. ☎ 773-489-3160. • doubledoor.com • Quasi sous le métro aérien. Ouv dès 20h (slt plus de 21 ans), généralement mar-sam jusqu'à 2h. Shows à 21h. Programme des shows sur la façade ou sur leur site. Entrée : selon groupes (5-22 $ sans boisson), parfois même gratuit.* Du vrai rock alternatif plus que solide. Les Smashing Pumpkins sont passés par ici à leur époque. Si vous voulez voir de vrais Midwesterners aux gros bras et aux cheveux longs, genre ex-fan d'AC-DC ou de David Lee Roth, cet endroit est pour vous. Grande salle sombre, look gothique. Bonne acoustique.

♩ |●| **Subterranean** *(plan couleur I, A3,* ***121****) : 2011 W North Ave (angle Milwaukee). ☎ 773-278-6600. • subt.net • Tlj dès 17h, 18h ou 19h jusqu'à 2h (3h sam), concerts à 22h. Tarifs : 5-10 $ par concert mais souvent gratuit. Env 5 $ pour manger un bout.* Non loin du *Double Door.* Forcément, le *Subterranean* en pâtit un peu. De ce fait, les groupes qui s'y produisent sont de moindre notoriété. Déco intérieure originale : comme une sorte de petit théâtre avec plusieurs galeries. Plusieurs atmosphères et zik variée : hip-hop, rock indépendant, reggae... On peut aussi y dîner : hamburgers, combos et salades.

🍷 **Earwax Café** *(plan couleur I, A3,* ***122****) : 1561 N Milwaukee Ave. ☎ 312-772-4019. Tlj du mat au soir. CB refusées.* Beaucoup de Chicagoans ne jurent que par ce café, soi-disant un des sanctuaires de l'esprit « Village » qui plane sur Bucktown. On vient boire un verre dans un décor coloré genre cirque, avec des loupiotes multicolores un peu partout. Plancher usé, ambiance baba cool avec un fond musical psyché. Petit déj servi toute la journée. Cuisine végétarienne. L'endroit idéal pour refaire le monde.

Où écouter du jazz et du bon blues ?

On dit souvent que New Orleans est la capitale du jazz, et Chicago, celle du blues. C'est vrai. Néanmoins, c'est à Chicago que le jazz a réellement été baptisé. En effet, en 1917, quand les autorités ferment le quartier chaud de Storyville (New Orleans), les musiciens désormais au chômage décident de s'installer à Chicago. Parmi eux, Louis Armstrong.

UNE ORIGINE BIEN CULOTTÉE

Savez-vous quelle est l'origine du terme « jazz » ? Un jour, un ivrogne enthousiaste s'écria pour encourager les musiciens : « Jass it up ! » *En gros : « Vas-y, chauffe ! », avec une certaine connotation sexuelle. Sur les affiches, on découvrit le nom « Stein's Dixie Jass Band ». Mais comme les gamins s'amusaient à arracher les « j », modifiant « jass » en « ass » (cul), on changera le mot en « jazz ».*

■ ***Hot Tix*** commercialise les invendus des places de concerts, théâtres, opéras, jusqu'à 50 % du prix le jour même de la représentation. *Vente en ligne* • *hottix.org* • *ou aux guichets* Hot Tix : *72 E Randolph St (non loin du* Visitor Center*) et 163 E Pearson (dans le* Water Works Visitor Center*). Tlj sf lun 10h-18h, dim 11h-16h.*

Dans le Loop et à Near North
(plans couleur II et III)

♩ |●| ***House of Blues*** *(plan couleur II, F6,* ***147****) : 329 N Dearborn St.* ☎ *312-923-2000.* • *hob.com* • *Ouv 18h-0h30 (1h30 w-e).* Main show *à partir de 21h30. Env 10 $ pour les concerts dans la salle de resto, au rez-de-chaussée. Dès 20 $ pour les grosses pointures dans la salle de concerts, à l'étage.* Vous ne pouvez pas louper ce bâtiment en forme de carapace avec de gros néons bleus, derrière 2 tours en forme d'épi de maïs *(Marina City).* Déco géniale et atypique, genre western australien mâtiné d'opéra viennois. C'est Dan Aykroyd qui possède cette chaîne de boîtes, pas vraiment spécialisées en blues (contrairement à ce que le nom pourrait laisser croire), mais en groovy-jazzy et tout ce qui swingue. Quand les grosses pointures viennent (Chick Corea, Joshua Redman, Aretha Franklin, Groove Collective), s'armer de patience et d'obstination pour obtenir un ticket. Fait aussi resto midi et soir (spécialités de *BBQ* et *soul food*), et *gospel brunch* le dimanche dès 10h (buffet à volonté servi à 9h et 11h, cher). Vraiment une belle adresse, que ne laisse pas présager l'aspect extérieur de sa façade. À recommander, même si c'est très touristique.

♩ ***Buddy Guy's Legends*** *(plan couleur III, J9,* ***150****) : 754 S Wabash Ave (angle 8th St) au sud du Loop.* ☎ *312-427-0333.* • *buddyguy.com* • *À l'arrière de Grant Park. Lun-ven 11h-2h, sam 17h-3h, dim 18h-2h. Entrée : 10 $, 15 $ ven-sam. 21 ans min après 20h.* Programmation de qualité : Bowie, Santana et Eric Clapton, qui sont des potes de Buddy, ont déjà joué ici. La bonne humeur de certains virtuoses est communicative, surtout quand le fameux Buddy se met à faire un bœuf avec ses invités. Notre boîte de blues préférée. Bar-resto à prix raisonnable. Tables de billard.

♩ ***Velvet Lounge*** *(hors plan couleur III par J9,* ***142****) : 67 E Cermak Rd.* ☎ *312-791-9050.* • *velvetlounge.net* • *Fermé dim-mar. Sets à 20h30 mer-jeu et 21h30 ven-sam,* cover *10-12 $ jeu-dim.* Au sud du Loop (y aller en taxi), une petite salle discrète et intime au pied d'un immeuble. Ambiance recueillie pour aficionados d'un jazz de qualité, ce qui se fait de mieux à Chicago selon les spécialistes. Consulter le site pour la programmation.

♩ |●| ***Andy's Jazz Club*** *(plan couleur II,*

*F6, **148**) : 11 E Hubbard St. ☎ 312-642-6805. • andysjazzclub.com • À deux pas de N Michigan. Tlj sf lun 16h-1h (2h ven-sam). Entrée : 5-15 $, le double pour certains événements. Pas de droit d'entrée avt 17h (18h en sem) pour le resto.* Jazz brunch *dim 25 $. Moins de 21 ans autorisés avt 19h à condition d'être accompagnés.* Un resto-boîte de jazz en activité depuis les années 1950, qui va réjouir les couche-tôt : 2 concerts par soirée, à 17h et à 21h dim-jeu, et à 21h30 ven et sam. Quel plaisir de manger une grosse pizza *(12-15 $ env)* tout en écoutant un traditionnel *Round Midnight*, un *Take the « A » Train* ou un *Girl from Ipanema* ! Sur les murs, le *Wall of Fame* avec les photos des musiciens qui ont joué chez *Andy's.* Parmi les plus prestigieux : Buddy Rich, Max Roach et Dizzy Gillespie. Excellent jazz. Ambiance sage et pas trop étouffante. Accueil vraiment chaleureux. Le dimanche, il y a souvent des *special events.*

♩ **Blue Chicago** *(plan couleur II, F5, **152**) : 736 N Clark Ave. ☎ 312-642-6261. • bluechicago.com • Tlj sf lun 20h-1h30 (2h30 sam). Live à partir de 21h. Entrée : env 6 $; valable pour les 2 clubs.* Une salle tout en longueur terminée par un *stage.* Murs en brique, décrépis et ornés de tableaux. Grand bar central autour duquel une clientèle assidue écoute les formations locales de *bluesmen* et en particulier de *bluswomen.* Les proprios tiennent aussi une autre adresse (fermée lundi) où l'on peut battre la mesure : ***Blue Chicago on Clark,*** *au 536 N de ladite rue. ☎ 312-661-0100. Horaires identiques.*

À Halsted Street *(plan couleur I)*

C'est dans le coin d'Halsted que l'on distille l'un des plus beaux « Chicago Blues » de la ville. D'autres ont pris brillamment la relève de Muddy Waters.

♩ **Kingston Mines** *(plan couleur I, B2, **140**) : 2548 N Halsted St. ☎ 773-477-4646. • kingstonmines.com • Presque en face du* B.L.U.E.S. *Dim-jeu 20h-4h ; ven 19h-4h ; sam 19h-5h. Les shows commencent vers 21h30, mais sont précédés d'un set acoustique jeu-sam. Entrée : 12 $ en sem et 15 $ le w-e ; gratuit pour les étudiants dim-jeu.* On peut aussi y dîner. Programme avec photos en vitrine. Créé en 1972, ce bar porte le nom d'une ville du Sud de l'Illinois. Le *Kingston Mines* est sans doute le meilleur bar de blues de Chicago. 2 salles de concert contiguës dans un décor de saloon. Du bon gros blues qui groove. Pour ceux qui aiment le genre « *Tonight, I got the blues but I feel goooood !* ». Grosse ambiance qui met immédiatement à l'aise. Au fait, Mr et Mrs Theblues ont eu une fille, comment s'appelle-t-elle ? Réponse... Agathe (vous aviez trouvé, bien sûr) !

♩ **B.L.U.E.S.** *(plan couleur I, B2, **141**) : 2519 N Halsted St. ☎ 773-528-1012. • chicagobluesbar.com • Ouv jusqu'à 2h (3h sam). 1er concert à 21h30. Entrée : 7 $ en sem, 10-12 $ le w-e.* Petit bâtiment en brique de style victorien, à quelques pas du *Kingston Mines.* Tout en longueur et un peu plus intime que le précédent. Clientèle surtout jeune et étudiante. Si le concert vous a plu, vous pourrez vous procurer les CD au bar. Le dimanche, la *cover charge* du *B.L.U.E.S.* permet d'entrer gratuitement au *Kingston Mines.*

♩ **Lilly's** *(plan couleur I, B2, **143**) : 2513 N Lincoln Ave. ☎ 773-525-2422. Tlj 16h-2h (3h sam).* Live jazz *dès 22h. Entrée variable ; 2-7 $ selon groupes.* Petit cabanon en bois un peu déglingué, peint en vert, avec une muse irlandaise comme enseigne. Mobilier dépareillé et démons grimaçant au-dessus du comptoir. L'endroit a le charme des lieux patinés, c'est une salle intime où trône un vieux piano sur une scène minuscule. Ambiance baba cool.

♩ **The Green Mill** *(hors plan couleur I par B1, **144**) : 4802 N Broadway St. ☎ 773-878-5552. • greenmilljazz.com • Assez loin, dans Uptown (au nord) ; préférable d'y aller en taxi. À l'angle de Lawrence Ave (on repère de loin l'enseigne clignotante). Tlj 12h-4h (5h sam). Show à 21h. Entrée : 4 $ (en sem)-12 $ (w-e). Très raisonnable pour l'endroit.* Une boîte de jazz ouverte depuis 1907 et jadis fréquentée par

Al Capone et ses porte-flingues. Louis Armstrong y a joué. N'hésitez pas à y faire un saut. Déco années 1940 au charme suranné, atmosphère pleine d'entrain au rythme du swing. Un de nos coups de cœur sur Broadway. Le dimanche soir, déclamation de poésie slam.

♩ ***Rosa's Lounge*** *(hors plan couleur I par A3,* ***145****)* ***:*** *3420 W Armitage Ave. ☎ 773-342-0452. • rosaslounge.com • Assez loin sur Armitage (ne pas confondre avec Hermitage, taxi recommandé). Tlj sf dim-lun et mer 20h-2h (3h sam), mais les concerts ne commencent qu'à 21h30 ou 22h sam. Entrée : 5-15 $.* Une boîte de blues, du nom de la patronne qui officie derrière le bar depuis près de 20 ans. Porte avec guitariste à la Matisse et splendides photos en noir et blanc aux murs. Une référence pour les aficionados.

À voir

Il y a profusion de musées à Chicago. Le *CityPass,* valable 9 jours, offre la possibilité d'accéder à 5 attractions réputées pour 69 $ (au lieu de 130 $), ou 59 $ pour les 4-11 ans : *Hancock Observatory* ou *Skydeck Chicago (ex-Sears Tower), Field Museum, Museum of Science and Industry, Adler Planetarium* et *Shedd Aquarium.* Disponible dans tous les musées concernés. À vous de voir si ces attractions vous intéressent.

Chicago gratuit

En dehors de la formule du *CityPass,* il y a moyen de faire des économies en profitant des jours gratuits des musées.
– Lundi : *Chicago History Museum.*
– Mardi : *Museum of Contemporary Art.*
– Jeudi : *Art Institute (17h-20h), Children's Museum (17h-20h pour les moins de 15 ans slt) sur le Navy Pier.*
– Dimanche : *Children's Museum (1er dim du mois slt, et slt aussi pour les moins de 15 ans) ; DuSable Museum.*

Dans le Loop *(plan couleur III)*

Quartier des affaires, situé au sud de Chicago River, bordé à l'est par le lac Michigan, au sud par Congress Pkwy. C'est dans le Loop que fut construit le tout premier gratte-ciel (aujourd'hui démoli) et que vous verrez la plus grosse concentration de buildings historiques. Le quartier bourdonne en semaine d'une activité fébrile qui électrise la ville. Le week-end, c'est plutôt désert et certains buildings sont inaccessibles.
Avant de vous organiser un trek architectural, on vous conseille de relire la rubrique « Chicago et l'architecture » en introduction.

■ ***Chicago Architecture Foundation*** *(plan couleur III, J8,* ***170****)* ***:*** *building Santa Fe, 224 S Michigan Ave. ☎ 312-902-1500. • architecture.org • Lun-ven 9h-17h. Visites guidées à pied dès 16 $ (durée env 2h) ; en bateau 32 $ (avr-nov slt, durée 1h30) ; en bus dès 40 $. Résa à l'avance conseillée (sur place, par téléphone ou via Internet).* Le ***Santa Fe Building*** a été construit en 1904 par Daniel Burnham pour une compagnie de chemins de fer. Sa façade en terre cuite blanche vernissée de 17 étages est animée d'une ondulation de l'encorbellement des fenêtres. Burnham y avait ses bureaux lorsqu'il travailla au fameux plan d'urbanisme de Chicago, en 1909. Normal donc que la *Chicago Architecture Foundation* l'ait choisi pour siège. La fondation propose de nombreuses et très intéressantes visites guidées sur l'architecture de la ville, à pied, en bus ou en bateau. Les plus connues sont les 2 *walking tours* du Loop qui font le tour des buildings anciens, de 1885 à 1935 *(Historic Skyscrapers)* et des plus récents, de 1950 à nos jours *(Modern Skyscrapers).* Ces tours sont en anglais *(tlj à 10h pour le 1er et à 13h pour le 2nd ; mai-sept, départs supplémentaires. Version audioguidée en français disponible tlj pour le même prix).* Des tours des gratte-ciel historiques en français sont organisés une fois par mois le vendredi ou le samedi ; consultez le site pour connaître les dates. Plein d'autres visites guidées thématiques possibles, qui débordent même du périmètre du Loop, notamment pour les circuits en bus. Descriptif complet sur leur site internet.

The « L » (ou « El ») : abréviation de *Elevated,* c'est le métro aérien tout rouillé et bringuebalant qui délimite le quartier des affaires. Édifié en 1893 à l'occasion de la *World Columbian Exposition,* il est aujourd'hui complètement anachronique, avec ses stations rétros et ses quais en chêne massif.
Face aux gratte-ciel modernes, le *L* apporte une dimension supplémentaire au quartier, il en est même devenu son symbole. Il fut pourtant, il n'y a pas longtemps, sauvé de la démolition par quelques amoureux de ce vieux métro qui firent campagne énergiquement pour sa préservation. En effet, certains politiciens et spéculateurs pensaient pouvoir redonner, grâce à sa disparition, une énorme plus-value à leurs édifices ou commerces. À leurs arguments (métro inesthétique et bruyant, structures métalliques rivetées d'un autre âge, etc.), les défenseurs opposèrent, au contraire, toutes ses qualités très positives : rupture originale dans les lignes architecturales, dimension supplémentaire dans l'espace et, argument majeur, le *L* apporte une chaleur, une urbanité qui fait tant défaut à bien des villes américaines. C'est aussi le cadre de certains films. Rappelez-vous, c'est dans le *L* qu'Harrison Ford, dans la dernière version du *Fugitif,* se fait poursuivre par le type de la sécurité au bras en résine. Dans les *Blues Brothers,* Jake et Elwood habitent pile en face. De nombreux plans de la série *Urgences* (*E.R.* en américain) y ont aussi été tournés, même si le reste de la série a été mis en boîte à Los Angeles.
Si vous n'avez pas l'occasion de profiter du *Loop Tour Train* (lire ci-dessus), il faut alors absolument acheter un ticket de métro et faire la « boucle » en *L* par vos propres moyens. Le trajet dure 15 mn à peine, et la vision très différente de celle qu'on a de la rue permet notamment d'admirer certains détails sur les façades que l'on ne verrait pas autrement.

➢ Le départ de notre balade dans le Loop se fait à partir de Michigan Ave à la hauteur de E Congress Pkwy.

Auditorium *(plan couleur III, J8,* ***190****) : 430 S Michigan Ave (angle Congress Pkwy).* ☎ *312-922-2110.* • *auditoriumtheatre.org* • Œuvre de Sullivan. À l'origine, en 1889, cet immeuble en forme de parallélépipède uniforme devait répondre à un programme à fortes contraintes fonctionnelles (théâtre-resto-hôtel). Sullivan n'utilise pas encore l'acier, un an plus tard ce sera fait. Mais ses innovations et la décoration stupéfièrent (il y avait même la clim' !). Après l'avoir visité, le président Harrison s'exclama : « Ça y est, New York va abandonner la partie ! » Possibilité d'entrer librement dans le hall de la Roosevelt University, qui occupe partiellement l'immeuble (côté Michigan Ave), pour admirer le travail sur les piliers et les frises autour des arches et sous le plafond. L'auditorium, où sont toujours données des représentations, se visite *(lun, mer et ven 10h-15h).*

Manhattan Building *(plan couleur III, J8,* ***191****) : angle de Congress Pkwy et S Dearborn St.* Réalisé par William Le Baron Jenney, admirateur de Viollet-le-Duc. Le plus ancien bâtiment à structures métalliques de Chicago (1891) et du monde. Jenney voulut faire de ce building un « palais de la Renaissance ». Il utilisa des fenêtres en saillie pour favoriser la circulation de l'air à une époque où la clim' n'existait pas. À côté, l'***Old Colony Building*** *(plan couleur III, J8,* ***192****)* date de 1894. Avec une silhouette assez élégante, ses angles arrondis permettent de gagner de l'espace intérieur.

Au 343 S Dearborn St, le ***Fisher Building*** *(plan couleur III, J8,* ***193****)*, créé par Burnham en 1896, s'orne d'une délicate déco néogothique. Motifs d'animaux marins en terre cuite et gargouilles en rapport avec le nom du propriétaire...

Metropolitan Correctional Center *(plan couleur III, J8,* ***194****)* ***:*** *angle de Van Buren et de S Federal St.* Ce curieux bâtiment triangulaire érigé en 1975 est une prison. Comme quoi, même les prisons peuvent inspirer les architectes ! On dirait un *Toblerone* géant posé verticalement et criblé de meurtrières. Sa forme triangulaire a permis de réduire considérablement la longueur des couloirs devant être surveillés. Son toit-terrasse est équipé d'un terrain de sport.
Un peu plus loin sur Van Buren, on aperçoit un immeuble tout rouge, repérable de loin, le ***CNA Center,*** parallélipipède typique du style international en vogue dans les années 1960-1970.

Monadnock Building *(plan couleur III, J8,* ***195****)* ***:*** *S Dearborn St (entre Van Buren et W Jackson).* Voici un exemple très intéressant de l'évolution des techniques de construction qui marquent la fin d'une époque et l'avènement d'une autre. La partie la plus ancienne (1891), de 16 étages – 60 m tout de même – réalisée par Burnham et Root (façade gauche), fut construite sur une base trapue faite de murs en maçonnerie de près de 2 m d'épaisseur, pour supporter les charges. C'était, à l'époque, le plus haut bâtiment construit de cette manière. La seconde partie, érigée en 1893 à la suite de l'autre, par Holabird et Roche, tire mieux parti de la technique de la charpente en fer. Architecture habillée de plus de terre cuite, plus légère, ouvertures plus larges. Notez que Holabird a tenu à respecter le style global de l'ensemble et a même été jusqu'à reproduire scrupuleusement la forme des fenêtres. À l'intérieur (restauré en 1980), mosaïque au sol et escaliers de fer forgé. Depuis l'entrée nord, possibilité de voir sous verre le sol de marbre d'origine. Une galerie commerciale longe le bâtiment.

Federal Center and Plaza *(plan couleur III, J8,* ***196****)* ***:*** *219 S Dearborn St.* La seule réalisation de Mies Van der Rohe dans le Loop (1964, mais complétée en 1974), tout en verre et acier, sans ornementation et bien dans la ligne du style international. Trois bâtiments forment l'ensemble du *Federal Center* : le *Dirksen Building,* le *John C. Kluczynski Federal Complex* (230 S Dearborn) de 158 m et 43 étages, et la *Post Office* (superbe réalisation en verre fumé). Sur la *plaza* s'élance, du haut de ses 5 pattes, le *Flamant rouge* de Calder : son revêtement vermillon tranche avec l'austérité du pavement de granit et des noires façades de verre tout autour.
Non loin, sur E Adams St, le *Berghoff,* l'un des tout premiers immeubles reconstruits après le grand incendie (1872) ; voir « Où manger ? Dans le Loop... ».

Marquette Building *(plan couleur III, J8,* ***198****)* ***:*** *140 S Dearborn St (Holabird and Roche, 1895). En face du* Federal Center. Cocorico ! Un monument en l'honneur d'un Français (Jacques Marquette) qui, prêchant la bonne parole parmi les Indiens, a découvert par hasard l'Illinois. Une des plus belles et des plus anciennes façades, au décor de brique et de terre cuite, et aux fenêtres « type Chicago » : grand panneau fixe au centre, avec deux fenêtres à guillotine de chaque côté, emblématiques du *Chicago Style.* Une rénovation lui a rendu son éclat et ses couleurs d'origine. Dans le hall intérieur, des panneaux de bronze, des têtes d'Indiens sculptées dans le bronze surmontent les portes d'ascenseur, et des mosaïques (de Tiffany) évoquent le voyage du père jésuite. Petite expo sur la construction et la rénovation.

Rookery Building *(plan couleur III, J8,* ***197****)* ***:*** *209 S La Salle St (et Quincy).* • *therookerybuilding.com* • *Ouv en sem et sam mat.* Œuvre de Burnham (1888). Notez la technique de pointe de la façade, constituée de briques décorées et de granit rouge à la base. Les piliers sont sculptés d'oiseaux, des corneilles exactement (*rooks* en anglais, d'où le nom de Rookery). Cet immeuble fut conçu à l'origine pour être l'espace de bureaux le plus vaste des États-Unis et fut aussi le premier à être doté d'ascenseurs. L'intérieur (entrée par La Salle) fut aménagé ensuite par Frank L. Wright, en 1905. L'atrium, tout en marbre blanc et fer forgé, se visite, et vaut largement le coup d'œil. Cour intérieure de marbre, dominée par une magnifique verrière métallique et des lustres Art déco surplombant une double cage d'escalier en ferronnerie.

Chicago Board of Trade *(****CBOT*** *; plan couleur III, J8,* ***208****) : 141 W Jackson Blvd. ☎ 312-435-7180. • cbotbuilding.com • Ne se visite plus, mais possibilité d'entrer dans le* lobby *(lun-ven 8h-18h) et de visiter une mini-expo au* Visitor Center, *ouv 8h-16h.*

Le Board of Trade Building (la Bourse de Chicago) est un magnifique bâtiment Art déco de 45 étages, construit en pyramide en 1930 par Holabird and Root. Sur la placette, côté gauche, statues représentant l'Agriculture et l'Industrie. Au sommet, une statue de Cérès, déesse romaine de la Moisson, veille au grain.

C'est dans ce lieu d'une importance économique considérable que se négocient des contrats à terme sur les taux d'intérêt, les indices boursiers, les produits manufacturés, les denrées alimentaires (blé, soja...), les métaux précieux et les devises. Demandez à vos copains de Sup de Co de vous expliquer comment tout ça fonctionne. En fait, les deux bourses ont fusionné en 2006 : celle du *Chicago Board of Trade* et celle du *Chicago Mercantile Exchange,* en continuité avec une histoire boursière de plus de 150 ans, qui débuta avec la viande, le blé, les produits laitiers et les œufs. Le *CMC Group Inc,* formé à la suite de cette fusion, négocie 1,4 milliard de contrats par an, ce qui doit lui permettre de rivaliser avec le *New York Stock Exchange* et de distancer les bourses de Londres et de Francfort.

Le hall d'entrée du CBOT est considéré comme un des plus beaux exemples encore existants du style Art déco. Grandiose ! Pas moins de neuf sortes de marbre sont utilisées et de nombreux éléments décoratifs évoquent l'agriculture. Le maïs est omniprésent, sur les balustrades et les portes d'ascenseurs notamment, et les aigles symbolisent l'esprit de l'Amérique gardant les cultures. Pour conforter l'importance économique du lieu, il a été flanqué, sur La Salle, de deux temples de la finance, érigés dans un style néoclassique sans fantaisie, la *Reserve Bank* et la *Bank of America.*

PAR SOUCI D'ÉCONOMIE

La statue de Cérès du Chicago Board of Trade n'a pas de visage sculpté. En effet, l'artiste n'a pas jugé nécessaire de lui en créer un pour la simple et bonne raison que personne ne l'aurait distingué depuis la rue, étant donné la hauteur à laquelle elle est perchée.

Skydeck Chicago *(ex-****Sears Tower*** *; plan couleur III, I8,* ***207****) : 233 S Wacker Dr. L'entrée du* Skydeck *se trouve sur W Jackson Blvd, billetterie au sous-sol. ☎ 312-876-9696 (infos enregistrées) ou (312) 875-9447. • theskydeck.com • Avr-sept 9h-22h, oct-mars 10h-20h. Entrée : 15,95 $; réduc ; gratuit avec le* CityPass. *Très longue attente (parfois 2h), qu'on peut écourter en achetant un* fast pass *pour 30 $. Film de 8 mn sur la construction, pour patienter. Ensuite, une fois dans l'ascenseur, on ne met que 1 mn pour atteindre le 103e étage !*

L'emblème de Chicago, la *Sears Tower,* a changé de nom : désormais c'est le *Skydeck.* Il faut dire que la firme *Sears,* qui avait rassemblé ses 5 000 employés sur un même lieu, avait déjà quitté l'immeuble depuis 1995. Érigé en 3 ans, à partir de 1974, par Skidmore, Owings et Merrill, c'était (voir l'intro de Chicago) le

COMME UN PAQUET DE CLOPES

La forme en décrochages des différents éléments verticaux de la Sears Tower aurait été inspirée aux architectes par l'observation d'un paquet de cigarettes ouvert, d'où dépassaient les cylindres à différentes hauteurs.

plus haut bâtiment du monde avec ses 110 étages, ses 443 m de haut et 527 m si l'on tient compte de ses deux antennes blanches. Quelques chiffres : l'ensemble pèse 222 500 t (dont 76 000 t d'acier), possède 16 000 fenêtres nettoyées huit fois par an par des robots, 69 000 km de câbles téléphoniques et 100 ascenseurs. Tous les ans est organisée une course à pied pour gravir les 2 232 marches. Le record serait de 13 minutes ! On pourrait construire 52 000 voitures, ou 6 500 bus, rien qu'avec l'armature ! 16 500 personnes y travaillent. Elle est visitée par quelque 1 500 000 touristes par an (soit plus de 4 000 quotidiennement... bon courage pour l'attente !). Plate-forme panoramique au 103e étage avec balcons de Plexiglas (plancher compris) en saillie du bâtiment pour se faire quelques frayeurs. Effet réussi : on serre les fesses ! N'oubliez pas votre appareil photo et soyez patient. Par beau temps, vous ne serez pas déçu du spectacle de la *skyline* au bord du lac. On peut voir plus loin quatre États (Indiana, Wisconsin, Illinois, Michigan) et admirer l'horizon jusqu'à 80 km à la ronde. Le soir, la vue est féerique.

Union Station *(plan couleur III, I8,* ***1****) : 210 S Canal St (entre Adams St et Jackson Blvd). Un peu à l'extérieur du Loop.* Une gare co-los-sale. C'est ici, entre autres, que fut tournée la scène mythique du landau dans *Les Incorruptibles* de Brian De Palma (avec Kevin Costner et Sean Connery), au cours de laquelle le comptable d'Al Capone est arrêté.

Palmer House *(plan couleur III, J8,* ***202****) : 17 E Monroe et State St.* Édifié en 1925. L'édifice porte le nom de Potter Palmer, le prince des marchands de Chicago qui plaçait son argent dans l'immobilier et les impressionnistes (riche collection qu'il légua à l'Art Institute). Il abrite aujourd'hui l'hôtel *Hilton.* Voir absolument l'hyper luxueux *lobby* victorien et sa décoration grandiloquente : statues-chandeliers, mobilier ancien. Le plafond « Beaux-Arts », souligné par un bas-relief rappelant la porcelaine Wedgwood, a été restauré par un artisan florentin qui a travaillé sur celui de la chapelle Sixtine (excusez du peu). Pour ceux qui auraient gagné au Loto, offrez-vous le 24e étage, le *Penthouse* de 11 pièces, rien que pour vous ! Comptez quand même plusieurs milliers de dollars la nuit. Les moins fortunés se contenteront d'une visite gratuite de l'hôtel grâce à l'écran vidéo situé juste à côté de la réception, ou iront prendre un cocktail au *Potter's Lounge,* le superbe bar au fond du *lobby,* ouvert de 16h à 23h.

Carson, Pirie, Scott & Co *(plan couleur III, J7-8,* ***203****) : State et Madison St.* Le chef-d'œuvre de Sullivan et Burnham (1899). Construit avec les techniques de structures d'acier propres aux gratte-ciel, mais cette fois-ci sur un plan horizontal plutôt que vertical. Ce sont surtout les deux niveaux inférieurs de la façade qui sont remarquables, avec cette foisonnante décoration de feuillages entrelacés, l'admirable dentelle de bronze ornant l'arrondi des portes de ce qui fut le grand magasin le plus célèbre de la ville. Sullivan avoua qu'il voulait avant tout séduire les femmes et leur donner l'impression que l'on honorait leur visite de façon princière. Un gros projet de rénovation est en cours. À noter que l'immeuble sert de point de départ à la numérotation des rues de Chicago.

Chase Tower *(plan couleur III, J7-8,* ***200****) : Monroe et Dearborn St.* L'un des ensembles architecturaux les plus remarquables, datant de 1969. Stupéfiante façade incurvée qui se lance à l'assaut des 60 étages. Sur la *plaza,* admirer les *Quatre Saisons* de Chagall (1974), une mosaïque de pierre et de verre pour laquelle il usa de plus de 250 nuances de couleurs.
En face, au 30 W Monroe, s'élève l'***Inland Steel Building*** *(plan couleur III, J7-8,* ***201****),* premier gratte-ciel construit après guerre par Skidmore, Owings et Merrill (1958). Révolutionnaire à l'époque, tant pour ses grandes surfaces de verre que pour son équipement : bureaux open space, parking souterrain et entièrement climatisé (une première à Chicago).

Richard J. Daley Center and Court House *(plan couleur III, J7,* ***204****) : Washington et Dearborn St.* Plus que le bâtiment, qui porte le nom de l'ancien maire,

en acier prérouillé, construit en 1965 (dont Mies Van der Rohe fit pourtant l'éloge), et qui fut en son temps le plus haut de Chicago avec 198 m, c'est la monumentale ***statue de Picasso*** sur la *plaza* qui tient la vedette. Fondue en 1967 dans le même acier que le building, elle déclencha au début une hostilité et des polémiques comparables à celles que suscitèrent la tour Eiffel, le Centre Pompidou et la pyramide du Louvre à Paris. Aujourd'hui, les habitants de Chicago en sont évidemment très fiers : la présence de la bannière étoilée est là pour en témoigner. Même les enfants l'ont adoptée : c'est leur toboggan préféré.
À côté, la flamme du soldat inconnu, dédiée aux combattants du Vietnam. En face du Daley Center, un peu coincée entre le *Brunswick Building* et le *Chicago Temple,* curieux compromis hybride entre église et gratte-ciel, ***Miss Chicago*** *(plan couleur III, J7,* ***205****)* – une œuvre de Miró, aux allures féminines et guerrières (1981). Une curiosité : de l'autre côté de la rue, au coin, le ***McCarthy Building,*** le premier immeuble de l'après-incendie (1872).
À quelques pas, vers le lac (Washington et State St), le ***Reliance,*** une des réalisations les plus audacieuses de Burnham (1891). La façade en terre cuite couleur crème est encore très travaillée, mais les larges surfaces vitrées évoquent déjà les gratte-ciel modernes. C'est maintenant un hôtel. Jetez un coup d'œil à l'intérieur sur les grilles ouvragées des ascenseurs d'époque.

James R. Thompson Center *(plan couleur III, J7,* ***206****) : angle Clark et Randolph St.* Cette grosse soucoupe volante colorée, bâtie en 1985 par Helmut Jahn, annonçait clairement l'architecture du XXIe s. Heureusement qu'on a fait depuis beaucoup mieux que ça ! Édifice très controversé, d'autant que d'insurmontables problèmes se posent pour climatiser tout ça correctement. Puits de lumière très impressionnant, cela dit. À l'intérieur, bureaux des services de l'État de l'Illinois, boutiques et restos. Gagnez le 16e étage pour jouir de la vue aérienne sur le hall (papiers d'identité requis). Devant trône le *Monument à la Bête debout,* une des œuvres majeures (et l'une des dernières) de Dubuffet (1984), en fibre de verre.

333 W Wacker Drive *(plan couleur III, I7,* ***209****) : 333 W Wacker Dr.* Au bord de la Chicago River, dans un décor de ponts suspendus et de métro aérien. Réalisé à la même époque que le *James R. Thompson Center* (ci-dessus) mais beaucoup plus réussi ! Presque aussi large que haute, sa façade incurvée épouse élégamment la courbe de la Chicago River, et sa teinte varie avec les couleurs du ciel et les nuages qui s'y reflètent.
Pour la description des bâtiments de l'autre côté de la rivière, lire plus loin « Au nord du Loop et de la Chicago River ».

Les amoureux de *La Dernière Séance* iront jeter un œil à l'intérieur du ***cinéma Chicago*** sur State St (après Randolph St). Superbe style baroque-rococo, fauteuils d'époque. Une salle comme on n'en fait évidemment plus depuis bien longtemps. Actuellement, elle est utilisée comme salle de concert.

Carbide & Carbone Building *(Hard Rock Hotel ; plan couleur III, J7,* ***210****) : 230 N Michigan Ave (angle W Wacker Drive).* Superbe building Art déco de 153 m de haut, réalisé en 1929 par les fils de Daniel Burnham et aujourd'hui investi par le *Hard Rock Hotel.* Façade en granit noir et décorations à la feuille d'or qui seraient inspirées par une bouteille de champagne. Même si on n'a pas les moyens de s'y payer une nuit, il faut au moins entrer dans le *lobby* ultra-design de marbre noir et de bronze, et s'asseoir dans un des fauteuils signés Pierre Paulin.

Millennium Park *(plan couleur III, J-K-7-8) : dans le prolongement de Grand Park, entre Michigan Ave à l'ouest et Columbus Drive à l'est.* ☎ *312-742-1168.* • *millenniumpark.org* • *Parc ouv tlj 6h-23h. Tours guidés gratuits du parc tlj à 11h30 et 13h de mi-mai à mi-oct ; rdv devant le* Welcome Center *au 201 Randolph St. Visite en 20 mn du jardin sauvage le dim 10h30-13h30. Rdv devant l'entrée du* Lurie Garden.

Construit sur un terrain de 10 ha occupé auparavant par d'anciennes voies ferrées, le Millennium Park a été inauguré en 2004. En un rien de temps, ce musée d'architecture et de sculpture contemporaine à ciel ouvert est devenu un des lieux de promenade favoris des Chicagoans. Le must du parc est incontestablement le ***Cloud Gate*** de l'artiste anglo-indien Anish Kapoor. Surnommé *The Bean,* c'est un haricot géant en inox poli, inspiré par la forme d'une goutte de mercure liquide, dans lequel se reflètent le parc, les gratte-ciel de Chicago, le ciel, les nuages, et vous avec ! Un kaléidoscope fascinant. Le grand jeu des touristes consiste évidemment à photographier leur reflet dans le *Bean.* Passez sous l'arche, vous verrez, c'est marrant.

Un peu plus loin, le ***Jay Pritzker Pavilion,*** l'auditorium en plein air de Frank Gehry, dont on reconnaît aisément la signature architecturale, avec sa toiture ondulante en rubans de métal abritant la scène. La pelouse, qui peut accueillir 7 000 spectateurs, est surplombée d'un treillis de tubes d'acier contenant un ingénieux système sonore, permettant une répartition du son aussi performante que dans une salle de concert classique. Le contraste entre l'acier, le rouge des sièges de l'auditorium et le vert intense de la pelouse est saisissant. Gehry a aussi réalisé la passerelle ***(BP Bridge)*** qui serpente au-dessus du trafic des voitures et offre des vues sur la *skyline* et le lac.

On traverse ensuite le sauvage *Lurie Garden,* un des nombreux espaces verts du parc, pour se diriger vers l'étonnante ***Crown Fountain*** de l'Espagnol Jaume Plensa, à l'angle de Michigan et Monroe : deux tours en brique de verre, érigées face à face, sur lesquelles sont projetés à tour de rôle les visages animés d'un millier d'habitants de Chicago, dont les bouches crachent de l'eau, au grand plaisir des mômes qui se font arroser au milieu de la pataugeoire, tandis que des effets de lumière complètent l'ensemble. À voir le soir, de préférence. Ne fonctionne pas en hiver.

Le Millennium Park n'est pas encore complètement achevé, des projets voient régulièrement le jour, comme la passerelle piétonne (la *Nichols Bridgeway*) dessinée par Renzo Piano et menant directement à la nouvelle aile de l'Art Institute, la ***Modern Wing.***

🎈🎈 Face au lac, ***superbe alignement de buildings*** sur le Michigan (à la hauteur de Monroe ; *plan couleur III, K8*). Prendre du recul pour en admirer l'harmonieuse disposition. À côté de l'édifice de style néogothique s'élève le ***Gage Building*** (1898), avec un étage de plus. L'une des œuvres les plus représentatives de l'art de l'école de Chicago, avec une façade en *terracota* dotée de larges fenêtres dessinée par Sullivan.

Depuis l'escalier de l'*Art Institute,* belle perspective sur la *skyline* au nord du Millennium Park : l'***AON Center*** (1974), longiligne parallélépipède (346 m, 2e en hauteur après la Sears Tower) en granit blanc, le ***Two Prudential Plaza*** (1990) qui culmine à 303 m et se distingue par son sommet en pyramide coiffée d'un mât, ainsi que, à sa gauche, le ***Smurfit-Stone Building*** (1983), facilement reconnaissable à son sommet à 175 m en forme de losange biseauté. À l'arrière de l'ensemble se trouve l'***Aqua Tower*** (2009, 266 m), une tour résidentielle particulièrement réussie avec un jeu d'ondulations dans les balcons, qui évoque les vagues du lac. Son architecte est, chose rare dans ce milieu, une femme : Jeanne Gang.

🎈🎈🎈 ***Art Institute*** *(plan couleur III, J-K8) : 111 S Michigan Ave (angle de Jackson Blvd) ; entrée également par la Modern Wing, E Monroe St, en bordure du Millennium Park. ☎ 312-443-3600. • artic.edu/aic • En sem 10h30-17h (20h jeu, avec entrée libre dès 17h ; 21h jeu-ven juin-août) ; le w-e 10h-17h. Entrée : 18 $; réduc ; gratuit pour les moins de 12 ans. Audioguide 7 $ (slt en anglais et espagnol, hélas !).*

L'un des plus importants musées américains, inauguré en 1893. Dans un style Beaux-Arts, il a été réalisé par le mécène Charles Lawrence Hutchinson. Jusqu'en 1997, la ligne de chemin de fer le séparait du lac, mais le maire Richard M. Daley décida de couvrir les voies. C'est également *THE* musée d'Art de Chicago, particulièrement d'art moderne. Une sorte de « Louvre-Orsay-Pompidou », avec plusieurs sections riches et variées. Plusieurs jours seraient nécessaires pour en faire le tour, donc si vous n'avez que 2-3 heures à lui consacrer, il vous faudra faire des choix. Le plan distribué à l'entrée vous y aidera, il est d'ailleurs indispensable pour se retrouver dans ce labyrinthe de salles.

En 2009, l'Art Institute s'est enrichi d'un nouveau bâtiment, la ***Modern Wing,*** entièrement dédié aux collections d'art contemporain qui se trouvent ainsi bien mieux mises en valeur. Jouxtant le Millennium Park, auquel il est d'ailleurs directement relié par une passerelle d'acier, il est signé Renzo Piano. Si le choix du matériau de façade (du calcaire de l'Indiana) rappelle le style et la robustesse de l'édifice d'origine, la légèreté et la transparence des murs-rideaux s'inscrivent dans la vitalité du Chicago d'aujourd'hui. L'ingénieux brise-soleil flottant au-dessus des galeries et d'une partie de la cour-jardin a été imaginé par Renzo Piano comme un modèle d'architecture durable. Chargé de capter la lumière du jour, il la restitue ensuite dans les galeries supérieures de façon à ce que les œuvres d'art soient éclairées naturellement et sans surexposition.

Dans la Modern Wing, entrée du côté Millennium Park

*– Au 2e étage (*third level, *prendre les ascenseurs sur la gauche, salles 389 à 399) :* ***peinture et sculpture européennes de 1900 à 1950.*** Que des chefs-d'œuvre ! Plusieurs Picasso, dont une superbe *Mère à l'enfant,* composition classique empreinte d'une grande sérénité, reflet de la stabilité affective qu'il connaissait à cette époque (1921) avec sa nouvelle femme Olga, une danseuse russe qui lui avait donné son premier fils, Paolo. De lui encore, un portrait cubiste de Daniel Kahnweiler, le marchand d'art, et *Le Vieil Homme à la guitare* (période bleue, 1903).

Au rayon des surréalistes : *Inventions des Monstres* et *Visions d'éternité* de Dalí, ainsi qu'une de ses fameuses *Vénus à tiroirs,* avec pompons de fourrure. De Max Ernst, *Forêt et soleil,* bien représentatif de sa technique favorite du frottage. Man Ray, Miró, Delvaux, Tanguy, Chirico (et on en passe) sont aussi bien présents.

Côté sculpture : florilège de têtes de Brancusi, Rodin, Lipchitz, Giacometti *(femme-cuillère),* le *Cheval* de Duchamp-Villon, une danseuse de Degas, un *Nu assis* de Matisse et un *ready-made* de Duchamp : le *Porte-chapeau.*

Une curiosité : une peinture de Le Corbusier qui fait furieusement penser à un Picasso. De Chagall, la *Crucifixion blanche,* où le peintre fait une analogie entre la persécution des juifs (on est en 1938, année de la Nuit de cristal) et le martyre du Christ.

Du peintre abstrait Piet Mondrian, une œuvre de jeunesse : *Ferme près de Dordrecht* où, en regardant bien, on trouve déjà les éléments géométriques qui feront plus tard sa renommée.

Puis Klee, Mondrian, Kandinsky, Léger, Bacon, Dubuffet, Braque, Gris, Robert Delaunay, Picabia, Rousseau, Balthus... – impossible de les citer tous – font de cette partie de la *New Wing* un premier spot incontournable.

– On descend d'un étage (*second level,* salles 291 à 299) pour découvrir l'***art contemporain après 1950.*** Les grands noms de la production américaine y sont évidemment représentés en force : Jackson Pollock, Robert Motherwell, Mark Rothko, Jasper Johns, Willem De Kooning, Joseph Cornell, Archile Gorky, Roy Lichtenstein et, bien sûr, Andy Warhol avec un magnifique portrait de *Mao* qui côtoie un *Elvis* en cow-boy, etc. En y regardant bien, on trouvera aussi David Hockney, un des plus inventifs parmi les contemporains, Georg Baselitz et l'inquiétant Francis Bacon. Pour finir, la coqueluche de François Pinault, Jef Koons, nous offre une amusante baigneuse un peu tronquée.

Une très intéressante section Architecture (on est dans la ville qui compte beaucoup en ce domaine) et Design se trouve au même niveau mais de l'autre côté de la galerie centrale (salles 283-286). Maquettes, plans, dessins témoignent de la créativité des architectes chicagoans.

*– Au rez-de-chaussée de la New Wing (*first level, *salles 186-188),* les amateurs seront ravis de parcourir la section photo, où par roulement sont exposés les travaux d'artistes encore peu connus, ainsi que de bien curieuses performances d'art électronique.

La peinture américaine de cette époque est également représentée, même si l'essentiel de la collection se trouve au premier étage *(second level)* du bâtiment d'origine. Également une terrasse de sculptures et le resto le plus chic du musée. De ce niveau, on accède directement au Millennium Park via la passerelle Nichols Bridgeway, également réalisée par Renzo Piano.
Autour du Mc Kinlock Court, niveau rez-de-chaussée (salles 151 à 159), en partant de la *boutique asiatique,* petite déambulation circulaire pour découvrir de très belles collections d'***art islamique et indien*** (miniatures persanes, poteries, faïences, estampes mogholes, châles brodés, poignards laqués, bijoux). Ensuite, une ***section égyptienne, grecque et romaine*** (sarcophages de Fayoun, barque funéraire, cratères, fibules, bronzes, mosaïques de Pompéi), et puis, sans transition, des ***Arts décoratifs*** avec des bijoux coloniaux espagnols, des émaux Renaissance, un énorme retable de la vie du Christ et du mobilier Art nouveau, une chaise de Frank Lloyd Wright. Tout ça se télescope un peu, mais pourquoi pas ?
En continuant tout droit, au-delà, toujours au rez-de-chaussée et autour du Sculpture Court, on aborde l'***art américain avant 1900.*** C'est l'occasion de découvrir, si vous ne les connaissez pas encore, les superbes portraits de John Singleton Copley et surtout ceux de John Singer Sargent, un des plus fameux portraitistes de la haute société à la fin du XIXe s ; les scènes de genre de William Glackens, les paysages de James Whistler, la tendresse des sujets de Mary Cassatt entourés de mobilier et d'objets des XVIIIe et XIXe s. Un de nos coups de cœur : *Averse, rue Bonaparte* de Childe Hassam.
– C'est au niveau supérieur (*second level,* salles 261 à 273) que se trouve logiquement l'***art américain de 1900 à 1950.*** L'Art Institute peut se vanter de posséder deux véritables « icônes » de l'art américain : LE chef-d'œuvre d'Edward Hopper, *Nighthawks* (vous savez, les personnages assis à un comptoir de *diner,* à New York la nuit) interprété par beaucoup comme une symbolisation de la solitude des grandes villes, et le couple de paysans le plus célèbre d'Amérique, *American Gothic,* de Grant Wood. Ce tableau, réalisé à la manière des artistes d'Europe du Nord de la Renaissance, a fait l'objet de nombreuses parodies, notamment sur les étiquettes des produits alimentaires *Paul Newman* et au générique de la série TV *Desperate Housewives.*

FERMIERS MALGRÉ EUX

Les personnages au regard triste, peints de manière très réaliste par Grant Wood dans son American Gothic, *ne sont absolument pas des paysans misérables posant devant leur grange de l'Iowa. En effet, le peintre a demandé à sa sœur et à son dentiste personnel de poser comme modèles.*

De Georgia O'Keefe, vous verrez son plus grand format, des nuages vus d'avion *(Sky above Clouds IV).* Ne pas manquer non plus une composition de Diego Rivera, *Portrait de Marvna,* dans un style cubiste très loin de ses fresques monumentales.
On accède au bâtiment d'origine par les *Alsdorf Galleries* (salles 140-142), situées au 1er niveau. Cette galerie abrite une riche collection d'art indien et de l'Himalaya.

Dans le bâtiment d'origine

Au 1er étage, au même niveau que la monumentale cage d'escalier, la librairie et le Museum Shop, les salles (101 à 109 et 130 à 135) consacrées à l'art d'Extrême-Orient (Chine, Japon, Corée).
*– Au 1er étage (*second level, *salles 201 à 248) :* ***la peinture européenne,*** présentée chronologiquement du Moyen Âge au XIXe s, avec une profusion de chefs-d'œuvre encore une fois : primitifs italiens et flamands, Cranach, Titien, Greco, Rubens. Superbe portrait réalisé par le jeune Rembrandt, *Vieil Homme à la chaîne d'or,* restituant toute la suffisance du personnage. Van Ruysdael, Tiepolo, Guardi, Goya, Reynolds, Turner... on ne sait où donner de la tête. L'école française est loin d'être sous-représentée : Fragonard, Watteau, La Tour, Boucher, Poussin, Gros, Chardin, Hubert Robert, David, Ingres, Delacroix, Millet, Manet, Bazille, Corot, Gustave Moreau... les Américains nous ont tout raflé ; même les peintres pompiers

Bouguereau et Jean-Léon Jérôme sont là ! En complément, petite incursion vers les Arts décoratifs en Europe (1600-1900) : salles 231 à 234.

– Pour terminer en apothéose, dirigez-vous vers les salles 201, 225, 226 et 240 à 243 : c'est ici qu'est exposée la fameuse collection d'***impressionnistes*** et de ***postimpressionnistes,*** absolument extraordinaire, qui fait la gloire de l'Art Institute. Une grande partie des œuvres a été léguée au musée par Bertha Palmer, l'épouse du milliardaire. Tous les plus grands maîtres sont réunis, de Manet à Monet, en passant par Degas, Renoir, Matisse, Gauguin, Cézanne...

Vous verrez, entre autres, l'œuvre maîtresse quasi photographique de Caillebotte, *Paris, un jour de pluie* : on « sent » littéralement l'air de Paris saturé d'humidité ; et aussi *Au Moulin Rouge* de Toulouse-Lautrec, avec des visages éclairés comme des masques de carnaval ; *Un dimanche après-midi à l'île de la Grande Jatte* de Seurat, vrai manifeste de l'art pointilliste ; une déclinaison de cinq *Meules de foin* de Monet, plus quatre vues de *Londres dans le brouillard,* ainsi que deux versions de la plage d'Étretat – l'une à marée haute avec le départ des bateaux et l'autre à marée basse avec les barques échouées sur le sable. On est gâté ! De Van Gogh, l'inoubliable *Chambre à Arles* et un des 24 *Autoportraits.* De Gauguin et Van Gogh encore et, exposés côte à côte, *Arlésiennes* et *Madame Roulin* donnent à penser qu'ils se sont partagé les mêmes tubes de couleur en Arles. Rayon symboliste, une délicate *Nature morte aux fleurs* d'Odilon Redon. Un intéressant Maurice Denis, initiateur du cloisonnisme, et une étonnante commode peinte par Gauguin. Magnifique vitrine avec les caricatures en terre cuite de Daumier.

– *Enfin, au sous-sol (*lower level, *salle 11) :* gardez un peu d'énergie pour découvrir, de vos yeux ébahis, encore un autre des trésors du musée, la galerie des miniatures ***(Thorne Miniature Rooms).*** Elle présente, dans des vitrines, plusieurs dizaines d'aménagements d'intérieurs de différentes époques, par exemple une salle de bains française de la fin du XVIIIe s, un salon californien 1940 ou une salle à manger shaker. Chaque pièce ouvre en prime sur un jardin, une rotonde, un corridor... On passerait des heures à décortiquer chaque détail, la finesse d'une tapisserie, la taille des tasses à thé posées sur un guéridon. Un rêve pour les amateurs de maisons de poupées.

|●| ***Café-resto*** presque à chaque niveau. Sinon, il y a aussi un *Corner Bakery* juste en face du musée, au 224 S Michigan (voir plus haut « Où manger ? Dans Magnificent Mile, à Near North et Gold Coast »).

Museum of Contemporary Photography *(plan couleur III, J8,* ***176****) : Columbia College Chicago, 600 S Michigan Ave. ☎ 312-663-5554. • mocp.org • Tlj 10h (12h dim)-17h (20h jeu). Gratuit.* Dépend de l'université. Au 1er étage, petite galerie de photos, exposant des œuvres d'artistes contemporains tels Irving Penn et Robert Franck. De magnifiques photos très bien mises en valeur. Thèmes variés et expos temporaires.

– Au sud de l'*Art Institute* commence ***Grant Park*** *(plan couleur III, K8)* qui porte ce nom en l'honneur du général et président américain Ulysses S. Grant. Il sert officiellement de point de départ de la ***Route 66.*** La ville créa un premier parc en 1844 pour protéger l'espace le long du lac de l'urbanisation. Avec les gravats du grand incendie de 1871, le terrain s'agrandit sur le lac. Le soir du 4 novembre 2008, Barack Obama y prononça son discours de victoire. En plus d'une entrée du Metra, copiée sur celles de Guimard à Paris, on peut y voir la célèbre ***Buckingham Fountain,*** inspirée, elle, du bassin de Latone à Versailles.

Au sud du Loop *(plan couleur III et hors plan couleur III)*

Field Museum of Natural History *(plan couleur III, K9) : 1400 S Lake Shore Dr. ☎ 312-922-9410. • fieldmuseum.org • Au sud de la ville, sur le Museum*

Campus, en face du lac. Accessible par le bus n° 146. Tlj 9h-17h (dernière entrée à 16h). Entrée : plusieurs formules, avec ou sans les expos temporaires, 15-29 $; presque moitié prix pour les 3-11 ans ; gratuit le 2e lun du mois et avec le CityPass. *Parking très cher : 16 $ pour 4h, 19 $ au-delà ! Évitez le w-e, c'est bondé.*

Ce bel édifice aux allures de temple grec fut construit par l'architecte Daniel Burnham dans les années 1920 et financé par Marshall Field, propriétaire du grand magasin de luxe de la ville. C'est un des plus importants musées d'histoire naturelle et d'ethnologie du monde. Sur 3 niveaux et plus de 4 ha d'expositions permanentes et temporaires sont rassemblés à la fois un musée de l'homme, des sciences, de la nature, des minéraux, de la préhistoire et des civilisations. Une grande partie du musée est consacrée aux dinosaures. Présentation interactive, ludique, qui plaira surtout aux enfants et aux jeunes ados. Beaucoup de bruit lorsque le musée est envahi de groupes scolaires.

Bref, une visite à ne pas manquer à Chicago si vous êtes en famille. Mais on le répète, le musée est immense. Prévoir au moins 4h pour avoir un petit aperçu (en faisant, bien sûr, une sélection des sections à visiter), mais l'idéal est d'y passer la journée en s'octroyant une pause-déjeuner sur place ; il y a un *Corner Bakery* juste derrière l'entrée nord, au rez-de-chaussée, et un *McDo* au sous-sol, avec terrasse.

Au rez-de-chaussée (main level)

Dans le hall, deux impressionnants éléphants empaillés et, la vedette du musée, le plus grand squelette de *Tyrannosaurus rex* (âgé de 67 millions d'années !), à qui il ne manque aucun petit os, prénommé Sue. Ce n'est pourtant pas une femelle, mais il porte le nom de Susan, la femme qui l'a découvert. Le crâne est une réplique : l'original, trop lourd, se trouve à l'étage.

– Si vous disposez de peu de temps, filez tout de suite vers la magnifique galerie d'animaux empaillés, présentés dans leur environnement naturel : marais, sous-bois enneigés, paysages de l'Ouest américain... Pour accentuer l'illusion d'être dans la nature, il y a même des arbres « plantés » entre les vitrines. On chemine le long d'un *nature walk* pour découvrir les animaux de la forêt, puis des colonies d'oiseaux, avant de s'arrêter devant les animaux sauvages : troupeaux de bisons, de zèbres, savane africaine reconstituée.

Changement de décor dans la section *Inside Ancient Egypt,* où l'on peut visiter l'intérieur d'un mastaba, grandeur nature. Le parcours égyptien se poursuit au sous-sol, avec une momie sans ses bandelettes, des sarcophages, les berges du Nil et un village égyptien vers 2450 av. J.-C.

IMMORTEL ?

Depuis la mort de Michael Jackson, ses fans se ruent vers la section égyptienne du Field Museum pour tomber en pâmoison devant un buste datant du Moyen-Empire (1500-1000 av. J.-C.) qui offre quelques ressemblances (il faut le reconnaître) avec le défunt roi de la Pop ; mais de là à le diviniser ?

– Retour au rez-de-chaussée pour la passionnante exposition *The Ancient Americas,* consacrée aux civilisations d'Amérique. Le parcours commence il y a 10 000 ans à Chicago, durant l'âge de glace, lorsque des populations venues d'Asie ont franchi le détroit de Behring, puis on parcourt les siècles, avec les débuts de l'agriculture, la reconstitution d'un *pueblo* vers 1250 av. J.-C., les civilisations précolombiennes, les premières formes de gouvernement, la civilisation maya, l'Empire aztèque, les Incas et, enfin, l'arrivée des Européens, en 1492, qui mirent fin à ces civilisations. Une leçon d'histoire pour toute la famille.

– Et puis une section sur la vie quotidienne des peuples de l'Arctique *(Northwest Coast and Arctic People)* : costumes, coiffes, masques, reconstitutions d'intérieurs, gigantesques totems... ; une habitation typique des *Pawnee,* une tribu nord-américaine établie dans les Grandes Prairies au XVIIe s ; une section sur les Indiens *(North American Indians)* avec encore des costumes, des poupées, des tissus.

– *L'Afrique subsaharienne* n'est pas en reste. On visite un village sénégalais et son marché. Le commerce triangulaire entre l'Europe, les côtes de l'Ouest africain et les colonies américaines apporte un éclairage précis sur le douloureux problème de l'esclavage.

Enfin, superbe et immense *gift shop* (avec évidemment beaucoup de dinosaures), d'où il est difficile de ressortir les mains vides.

Au 1er étage (upper level)

– *Evolving Planet :* c'est dans cette partie du musée, consacrée à l'évolution de la planète depuis 4 milliards d'années, que sont exposés les squelettes de dinosaures ainsi qu'une fabuleuse collection de fossiles. Là encore, prévoir du temps... L'expo se termine devant un écran digital indiquant le nombre d'espèces animales disparues depuis le matin même. En moyenne, plus de 80 par jour...

– *Traveling the Pacific :* immense section remarquable pour ses décors. Les plages du Pacifique presque comme si vous y étiez, un marché tahitien plus vrai que nature, avec ses échoppes de tissus et vanneries, son étal de poisson et son petit bar. Et, bien sûr, des masques impressionnants.

Toujours à cet étage, vous pourrez aussi voir, si vos jambes répondent encore, des minéraux, pierres précieuses et autres météorites, de la botanique, etc. Réouverture de la section *Grainger Hall of Gems* depuis octobre 2009, avec plus de 300 pierres précieuses ou semi-précieuses, taillées ou serties, présentées dans un spectaculaire écrin lumineux.

Au sous-sol (ground level)

– *Underground Adventure :* ici, vous êtes carrément sous terre, au milieu des racines des arbres et en compagnie des vers de terre et autres insectes, grossis bien sûr et en mouvement pour certains ! Décor génial là encore. Le but de cette expérience insolite est de vous sensibiliser à l'importance du sous-sol dans le monde vivant.

– L'exposition *Crown Family PlayLab* est un concentré de tout le musée spécialement conçu pour les 1-4 ans. Dans un environnement coloré, les tout-petits pourront à leur manière découvrir l'esprit des collections du musée : en manipulant des objets, en jouant de la musique, en faisant de la peinture, etc.

Shedd Aquarium *(plan couleur III, K9) : 1200 S Lake Shore Dr. ☎ 312-939-2435. • sheddaquarium.org • Sur le* Museum Campus. *Navette gratuite entre les musées du* Museum Campus, *10h-18h. Ouv 9h-17h (18h w-e et tlj en été, nocturnes estivales jeu jusqu'à 22h). Entrée : 26,95 $; 19,95 $ pour les 3-11 ans ; gratuit avec le* CityPass. *Prévoir une petite laine, il y fait frisquet.*

Situé à côté du Field Museum, il a été aménagé en 1929, en même temps que ce dernier et que l'Adler Planetarium. Deux attractions principales : l'*aquarium* et l'*oceanarium.* Dans le premier, on constate qu'il ne fait pas bon faire trempette sur la barrière de corail. Autour du *reef,* une multitude de petits bassins et aquariums arrangés en étoile (de mer) : grenouilles, requins-léopards, poissons vénéneux, anguilles électriques (600 volt !), piranhas, iguanes, crabes géants, poissons fluo, tortues et même une pieuvre du Pacifique. Les plus grosses bébêtes (y compris un *shark* un peu antipathique) sont dans l'aquarium en sous-sol, qui contient des centaines de poissons. L'été, des plongeurs descendent nourrir les poissons tous les jours à 11h, 14h et 15h.

L'*oceanarium* est une magnifique reconstitution d'un écosystème de la côte nord-ouest du Pacifique. Très bien fait. Il y a des dauphins (et un inévitable show quotidien), des bélugas et des lions de mer ; et du côté de la *polar zone,* des loutres, des manchots, des pingouins et des otaries... À chaque étape, des spécialistes sont là pour fournir toutes les explications. Très belle vue sur la marina et les gratte-ciel.

Possibilité, enfin, d'assister à un spectacle en 4D *(horaires à l'accueil).* Entendez par 4D un film en relief avec, en plus, des effets spéciaux dans la salle : odeurs, bruitages, etc.

Adler Planetarium *(plan couleur III, L9) : 1300 S Lake Shore Dr. ☎ 312-922-7827. • adlerplanetarium.org • Derrière le* Shedd Aquarium. *Tlj 10h-16h (16h30 le* *w-e ; 9h30-18h en été) ; le 1er ven du mois, programme spécial et nocturne jusqu'à 22h. Entrée : 10 $, 17 $ ou 27 $ selon packagè choisi ; 6 $, 15 $ ou 22 $ pour les 3-16 ans ; calendrier des nombreux j. gratuits disponibles sur le site ; gratuit avec le* CityPass. *Audioguide.* Musée sur l'astronomie et l'Univers. Pour les scientifiques ou pour ceux qui sont toujours dans les nuages. À quoi ressemblent les autres planètes ? De quoi sont faites les étoiles ? Sommes-nous seuls dans l'Univers ? L'*Adler Planetarium* apportera une réponse à toutes vos questions galactiques. C'est aussi une belle collection d'instruments de mesure et d'exploration, comme le télescope utilisé par Galilée. Également des projections de films sous un dôme (à peu près toutes les 45 mn) ; le programme change régulièrement, mais ça tourne toujours autour des mêmes thèmes : l'Univers en 3D (avec lunettes), la *Milky Way* (notre galaxie), le Soleil... Superbe vue sur la marina.

Chinatown *(hors plan couleur III par J9) : au sud du Loop, aux abords de Cermack Rd et Wentworth Ave.* C'est une des communautés les plus importantes des États-Unis. L'entrée du quartier se fait sur Wentworth Ave par un portique monumental rouge et vert. Épiceries, boulangeries, herboristeries aux enseignes en idéogrammes mandarins colorent les rues de ce quartier très vivant qui compte environ 10 000 habitants d'origine asiatique. Ils disposent d'un centre culturel *(Pui Tak Center),* installé dans l'ancienne Maison de l'association des marchands dont l'entrée est gardée par des lions de céramique. Des courses de bateaux-dragons animent l'été, et en septembre se déroule un festival de la Lune. Nombreux restaurants, comme il se doit (voir « Où manger » ?).

Little Italy *(hors plan couleur III par I9) : au sud-ouest du Loop, à la hauteur du quartier Printers' Row.* C'est dans ce quartier que se regroupèrent les Italiens venus du Sud de la péninsule et les Siciliens à la fin du XIXe s. L'animation se concentre encore essentiellement le long de Taylor St, avec quelques restos (voir « Où manger ? »), des glaciers, la pâtisserie *Ferrara (au 2210 W Taylor),* connue pour ses fabuleux *cannoli* et, tout au bout, le célèbre *Cook County Hospital* de la série *Urgences.* À noter aussi, la *piazzetta* dédiée au célèbre joueur de base-ball Jo DiMaggio et par ailleurs mari de Marilyn Monroe (une petite année seulement, en 1954).

The Museum of Science and Industry *(hors plan couleur III par K9,* ***182****) : 57th St et Lake Shore Dr. ☎ 773-684-1414. • msichicago.org • Tt au sud de la ville, à l'est de l'université, près du lac, dans le quartier Hyde Park. Accessible par la ligne n° 10 du Metra (station « Museum of Science and Industry »). Tlj 9h30 (11h dim)-16h ; horaires étendus jusqu'à 17h30 en été. Fermé le 25 déc. Entrée : 15 $ (ticket de base) ; 10 $ pour les 3-11 ans. Sous-marin U-505 : 8 $ en plus pour ts. Omnimax et expos temporaires en plus aussi. Calendrier des j. où l'entrée générale (donc pas les expos temporaires) est gratuite (surtout en janv et oct) sur le site internet ; gratuit avec le* CityPass. *Parking 16 $ (attention, l'entrée au bout de 57th St mène directement dedans ; bien veiller à la contourner si on veut l'éviter) ! Plan indispensable pour s'y retrouver.*
Le plus ancien et le plus grand musée du genre. Ce bâtiment monumental, avec son dôme majestueux et sa longue colonnade ionique de 276 colonnes, a été construit par l'équipe de Burnham pour recevoir le *Palace of the Fine Arts* lors de l'Exposition de 1893. Il abrita ensuite le *Field Museum.* Ce n'est qu'en 1930 qu'il fut consacré à l'avancée technologique. Un musée génial, qui plaira à toute la famille et auquel il faut consacrer une journée entière pour tout voir (il y a un *food court* pour manger sur place, niveau *Ground Floor*). Ici, on apprend en s'amusant, tout est ludique, avec toujours cette touche américano-écolo-didactique.
Parmi les temps forts de la visite, vous pourrez descendre dans une mine de charbon et vous en faire expliquer le fonctionnement, vous promener dans une rue pavée des années 1910, la *Yesterday Main Street,* avec son cinéma (dans lequel on peut vraiment entrer), son cabinet de médecin qui ne donne pas envie de tomber malade et la réplique du fameux resto *Berghoff.*
Dans la section *Farm Tech,* vous saurez tout sur l'agriculture moderne, notamment tout ce qu'on peut faire avec du soja : de la peinture aux détergents en passant par

le shampoing et les *pancakes* ! Et puis vous pourrez conduire une moissonneuse-batteuse dans un champ de maïs et aussi apprendre à traire une vache (pas facile !).
La section dédiée aux *Transports* est vraiment spectaculaire. On en a eu déjà un avant-goût dès l'entrée du musée avec le luxueux train *Zéphyr* tout en alu, conçu en 1934, pour présenter un profil aérodynamique. On peut embarquer dans un simulateur de vol (là aussi, ticket à réserver, mais c'est gratuit avec l'entrée au musée), voir l'intérieur d'un *Boeing 727*, monter à bord de la locomotive 999 de 1893, et bien sûr s'extasier devant un certain nombre d'engins volants, parmi lesquels un *Boeing 40B* de 1928 – ancêtre des avions commerciaux d'aujourd'hui –, l'avion des frères Wright, qui effectua le premier vol motorisé, un bombardier en piqué *Stuka* en camouflage de l'*Afrika Korps*, un *Spitfire*, héros de la bataille d'Angleterre, et *Jenny*, un avion d'acrobaties aériennes qui appartenait à une figure légendaire de l'aviation : Bessie Coleman.

FEMME, NOIRE ET PILOTE GRÂCE À LA FRANCE

Née en 1892, dans une famille d'ouvriers agricoles, la petite Bessie Coleman montre très tôt des dispositions pour les maths. En 1915, elle s'inscrit à l'université de Chicago. En 1918, ses frères lui racontent l'implication des femmes dans le conflit européen. Handicapée par la couleur noire de sa peau et sa féminité, elle part en France où elle apprend à piloter et sort major de sa promotion. En 1921, elle se lance aux USA dans une carrière de pilote acrobatique. En 1926, Bessie se tue en tombant du cockpit ouvert de son avion, piloté par son mécanicien. Elle entre alors dans la légende de l'aviation.

Est exposé également le *Spirit of America*, la fusée sur roues, propulsé par un réacteur d'avion et qui battit, en 1964, le record de vitesse sur terre (le premier à plus de 800 km/h) sur le lac Salé, dans l'Utah.
Ne manquez surtout pas la maquette géante de Chicago, où l'on s'amuse à reconnaître les fameux buildings, qui sert de décor à un circuit de train électrique surdimensionné. Le *L* passe au milieu du Loop, et on peut actionner les ponts. On retrouve son âme d'enfant.
Dans une des salles consacrées à la médecine (tout en haut du musée), vous pourrez suivre l'évolution de la vie, d'un embryon de 26 jours jusqu'au terme de la grossesse, à travers une quarantaine de fœtus illustrant cette formidable aventure humaine.
Dans la section qui répertorie les inventions américaines, une vitrine est consacrée aux industriels : Boeing, Estée Lauder, John Deree, Penney...
Difficile de tout détailler, tant le musée est riche. Il y a aussi d'autres sections sur le cirque, l'univers et les planètes, un cinéma Omnimax *(plusieurs séances/j.)*, une mini-usine où l'on peut se faire fabriquer (en payant) un jouet nommé Gravitron... bref, de quoi satisfaire tout le monde, même les tout-petits puisque plusieurs sections leur sont exclusivement dédiées.
Le clou du musée est incontestablement la visite (payante et guidée) du ***U-505***, un impressionnant sous-marin allemand de 77 m de long, datant de la Seconde Guerre mondiale. La raison de sa présence à Chicago mérite d'être racontée.
En 1944, il fut capturé intact par une flottille de destroyers de l'US Navy, au large des côtes africaines, et remorqué secrètement jusqu'aux Bermudes. Fleuron de la technologie sous-marine allemande, il fut examiné sous toutes les coutures (surtout ses codes de transmissions et ses torpilles acoustiques dernier cri) par les services de renseignements. Après la guerre, le sous-marin fut exposé dans plusieurs ports de la côte Est. Le commandant de l'escadre qui l'avait arraisonné, originaire de Chicago, eut alors l'idée de récolter des fonds pour une souscription de 250 000 $ afin de l'exposer dans sa ville. On lui fit donc remonter le cours du fleuve Saint-Laurent et traverser les Grands Lacs jusque sur les rives du Michigan. Restait à accomplir le trajet de 250 m sur la terre ferme jusqu'au musée, opération

qui se révéla un vrai défi technologique, finalement résolu grâce à un treuil et à 42 vérins hydrauliques, pour le faire glisser sur des cylindres d'acier. Finalement, en 1954, le *U-Boot 505* fut présenté au public. C'est le seul sous-marin de ce type existant encore au monde. Présentation un peu mélodramatique pour amener le visiteur à ressentir les conditions de la guerre sous-marine. Lors de cette visite, vous pourrez voir un exemple de la fameuse machine de codage Enigma et écouter les témoignages des acteurs de la capture.
Pour finir, nouvelle section depuis printemps 2010 : *Science Storm*, pour tout savoir sur les tornades et ouragans.

***Frederick C. Robie House** (hors plan couleur III par K9, **184**) **:** 5757 S Woodlawn Ave. ☎ 708-848-1976. • gowright.org • Près de l'*University of Chicago *et du* Museum of Science and Industry. *Visite obligatoirement guidée à priori jeu-lun 11h-14h (ou 15h) ou audioguidée jeu-lun 15h-17h (renseignez-vous avt). Résa conseillée via Internet ou au ☎ 1-800-514-3849. Tarif : 15 $; réduc. Plusieurs autres tours destinés aux passionnés d'architecture et aux enfants. Difficile de se garer dans le coin, parking visiteurs hors de prix.*
Construite en 1909, c'est une des maisons les plus étudiées en cours d'architecture, et le plus bel exemple de *Prairie House* dessinée par l'immense Frank Lloyd Wright. Une récente rénovation vient de lui redonner son éclat (l'intérieur devrait être terminé sous peu). Une visite passionnante conduite par des guides passionnés, pour tous ceux qui s'intéressent à l'architecture. À faire en complément de la visite d'*Oak Park* (lire plus loin « À l'extérieur du centre de Chicago »). La philosophie de Frank Lloyd Wright était d'adapter ses constructions en fonction du site, jusqu'à rendre ses maisons « vivantes », habitées par la nature alentour. Il détestait par-dessus tout la verticalité des maisons victoriennes. D'ailleurs, tout est horizontal dans la Robie House, en harmonie avec les prairies de l'Illinois : le toit, inspiré de ceux des maisons japonaises, et même les briques, toutes fines et d'une longueur inhabituelle, avec un joint dans le même ton pour accentuer encore la ligne.
À l'intérieur, le *living-room* est la pièce maîtresse de la maison. Entièrement vitré et, du coup, totalement ouvert sur l'extérieur, la lumière pénétrant de tous côtés. Les vitraux des fenêtres ont aussi été dessinés par F. L. Wright, comme le mobilier d'ailleurs, et la plupart des éléments décoratifs de la maison.
Pour l'époque, la *Robie House* était extrêmement moderne dans son équipement : il y avait l'électricité (et même des prises spéciales pour passer facilement l'aspirateur), le téléphone et un garage.
Dernière chose, vous remarquerez peut-être que l'architecte qui a réalisé le bâtiment juste en face, le *Charles M. Harper Center*, s'est largement inspiré des lignes horizontales de la *Robie House*.

Chicago University *(hors plan couleur III par K9)* **:** *59th St et University Ave, au sud de la ville, près du* Museum of Science and Industry *et de la* Robie House.
Véritable ville dans la ville, cet immense campus dans le quartier de Hyde Park est délimité du nord au sud entre 56th et 60th St et de l'ouest vers l'est entre Blackstone Ave et Cottage Gr.
L'une des 10 premières universités du pays, qui a produit plus de 80 Prix Nobel. Elle est réputée

L'AMANT AMÉRICAIN DU CASTOR

Nelson Algren a fait des études de journalisme à l'université de Chicago. Ses romans sont un reflet réaliste de la vie américaine. Pratiquant la boxe et vivant d'expédients dans les bas-fonds, il a subi l'hostilité des maisons d'édition et le FBI l'a soupçonné de communisme. En France, il a côtoyé les existentialistes, grâce à Simone de Beauvoir, avec qui il a entretenu une relation amoureuse de 1947 à 1964, échangeant des centaines de lettres d'amour. Simone de Beauvoir est enterrée près de Jean-Paul Sartre, mais avec l'anneau de Nelson Algren au doigt. Algren, lui, est mort dans l'indifférence totale.

pour ses facultés d'économie (ultra-libérale) et de sociologie. Institution privée, fondée en 1890 par les baptistes de la ville, aidés financièrement par John D. Rockefeller, elle s'ordonne autour d'une vaste esplanade de pelouses. Certains bâtiments s'ornent d'une architecture inspirée par des cloîtres médiévaux, ce qui donne au campus un petit côté université anglaise, genre Oxford ou Cambridge.
Sur 59th St, en face de la *Robie House* de Frank Lloyd Wright, notez la *Rockefeller Memorial Chapel* (1928), de style gothique, qui possède un carillon de 72 cloches.

DuSable Museum of African-American History *(hors plan couleur III par K9,* ***183****) : 740 E 56th Pl. ☎ 773-947-0600. • dusablemuseum.org • Tt au sud, juste avt* le Museum of Science and Industry. *Aux abords ouest du Washington Park. Tlj sf lun juin-déc, 10h (12h dim)-17h. Entrée : 10 $; réduc ; gratuit le dim.* Au cœur du quartier historique de Bronzeville, qui fut celui de l'immigration des anciens esclaves venus des États du Sud, un petit musée à taille humaine, facile à visiter, qui porte le nom du tout premier résident de Chicago, un marchand de fourrure d'origine haïtienne. Beaucoup d'expos provisoires développant des thèmes souvent intéressants. Des objets de toutes sortes, quelques peintures murales, des photos, des sculptures, des costumes retraçant l'histoire des Noirs américains. Une petite expo sur l'histoire de l'esclavage, une autre sur le mouvement des *Civil Rights,* avec les figures légendaires de Martin Luther King, d'Angela Davis, des Black Panthers et les slogans passés à l'histoire : *One man, one vote, I am a man...* Et des tableaux d'Henri O. Tanner, Motley Dawson... Enfin, concerts, récitals, conférences.

National Museum of Mexican Art *(hors plan couleur III par I9,* ***181****) : 1852 W 19th St. ☎ 312-738-1503. • nationalmuseumofmexicanart.org • Tlj sf lun 9h30-17h. Gratuit.* Au sud de la ville, dans le quartier de *Pilsen & Little Village*. Plus de 5 000 œuvres relatives à l'histoire du Mexique, essentiellement des XIXe et XXe s : peintures, dessins, sculptures, photos, textiles, art populaire. Il y a même un autoportrait de Frida Kahlo. Expos temporaires très vivantes et colorées. Une petite promenade dans ce quartier permet de découvrir quelques *murals* ornant les façades.

Au nord du Loop et de la Chicago River
(plan couleur II)

Magnificent Mile : *c'est la portion de N Michigan Ave entre Chicago River et Oak St.* L'équivalent de la 5th Ave à New York, avec un alignement de boutiques et grands magasins, agrémenté de jardinets fleuris et un certain nombre de *landmarks* architecturaux (décrits plus loin). À la hauteur du pont, en traversant la Chicago River (côté sud), superbe perspective sur les édifices la bordant, notamment la ***Marina City*** *(plan couleur II, F6,* ***165****).* Construites en 1964, ces tours jumelles cylindriques à alvéoles, surnommées « les épis de maïs », ouvrent leurs balcons-corolles au-dessus de garages en spirales. Des copies « miniatures » ont été réalisées en Île-de-France, à Créteil. Sur sa droite, le gros parallélépipède de 52 étages ***IBM Plaza*** de Mies Van der Rohe (1973) et la flambant neuve ***Trump Tower*** (2008, Skidmore, Owings & Merrill), le 2e plus haut building de Chicago avec 360 m et le plus haut immeuble d'habitation au monde.

Wrigley Building *(plan couleur II, G6,* ***160****) : 410 N Michigan Ave.* Œuvre de Graham (1919-1921), qui réalisa deux immeubles pour le prix d'un, reliés par une passerelle au 14e étage. Dans celui de gauche, tour de la fameuse marque de chewing-gums avec la réplique de la Giralda de Séville et son horloge sur quatre côtés. Le revêtement est constitué de terre cuite blanche de six nuances différentes. L'immeuble chouchou des Chicagoans. À l'époque, ils allèrent même jusqu'à proclamer orgueilleusement que l'endroit deviendrait « aussi célèbre que la place de la Concorde à Paris » (là, ils exagéraient un peu !).

Tribune Tower *(plan couleur II, G6,* ***161****) : 435 N Michigan Ave.* Comme son nom l'indique, ce building abrite le journal de l'Illinois, *Chicago Tribune.* Le summum du pastiche gothique flamboyant (1925). Un gratte-ciel de 141 m construit comme une cathédrale (avec même une parfaite copie de la tour de Beurre de la cathédrale de Rouen), voilà qui n'est pas banal ! D'ailleurs, le portier s'entend demander au moins 10 fois par jour l'heure des messes par des touristes de passage. Sur la place, entre *Tribune Tower* et *Equitable Building,* une réplique géante des fermiers du tableau *American Gothic* de Grant Wood, devenu une icône de l'art américain. Une curiosité amusante : dans la base du building sont incrustés une centaine de pierres et d'éléments décoratifs récupérés (on se demande comment) sur les monuments les plus célèbres de la terre : Parthénon, Colisée, Taj Mahal, Kremlin, Angkor, Grande Muraille de Chine, Notre-Dame de Paris...

Merchandise Mart *(plan couleur II, F6) : sur la Chicago River, à hauteur de Wells St.* Le magasin-entrepôt le plus grand du monde (410 000 m^2) lors de sa construction, en 1930, dans le style Art déco. Les dimensions de sa façade sont, en effet, impressionnantes. Jolies frises de losanges en corniche. Ode de pierre au commerce, devant l'entrée, des piliers en marbre supportent des bustes de bronze : ce sont les grands capitaines du commerce de détail des États-Unis. À l'intérieur, ce sont principalement des show-rooms d'ameublement, sans intérêt pour le visiteur de passage. Le *Merchandise Mart* est à présent dominé par les 60 étages de son voisin tout de verre et d'acier, le ***300 North Lasalle,*** un des derniers-nés des *skyscrapers* (2009), qui culmine à 239 m.

CHICAGO ET LA CHOCOLATERIE

Dans tout le quartier situé au nord de Merchandise Mart, vos narines seront certainement flattées par des effluves sucrés de cacao. Ce n'est pas dû à la pollution, mais aux émanations provenant de l'usine de chocolat Blommer, *installée au 600 W Kinzie St ! On préfère ça.*

AMA Building *(plan couleur II, F6,* ***162****) : 515 N State St (et Grand Ave).* Réalisation du génial architecte japonais Kenzo Tange (1990). En levant la tête, vous remarquerez que ce building à la superbe façade saillante a une case de quatre étages en moins !

Water Tower *(plan couleur II, G5,* ***163****) : 806 N Michigan Ave, angle Pearson. ☎ 312-744-2400. Ouv 10h-18h30 (17h dim). Entrée gratuite.* L'un des rares édifices du centre qui échappèrent au grand incendie de 1871, d'où son importance symbolique. Construit en 1869 dans un style gothico-rococo invraisemblable, sa tour fait quand même 47 m de haut, même si elle a l'air lilliputienne dans l'environnement. Le bâtiment servait à contrôler la distribution de l'eau potable dans la ville. « Le moulin à poivre gothique », comme l'appelait Oscar Wilde. À l'intérieur, une petite galerie de photos axées sur la ville et les habitants de Windy City.
Autour de la *Water Tower,* on trouve très souvent de bons musiciens jouant dans la rue et dans le petit jardin. Sur le trottoir d'en face, c'est la *Chicago Waterworks Pumping Station,* siège actuel du *Visitor Center.* Genre de château fort digne des productions *Walt Disney.* En face de celui-ci, la *Water Tower Place* avec un complexe commercial sur huit niveaux (voir « Où manger ? »).

John Hancock Center Observatory *(plan couleur II, G5,* ***164****) : 875 N Michigan Ave. ☎ 1-888-875-VIEW. ● hancockobservatory.com ● Accès à l'ascenseur au sous-sol. Tlj 9h-23h. Entrée : 15 $; 21 $ avec le Open-Air Skywalk ; réduc ; gratuit avec le* CityPass. Fast pass *à 29 $. Audioguide en français compris.* Tour toute noire, en forme de derrick, érigée en 1969 par Skidmore, Owings & Merrill. Avec ses 96 étages et ses 350 m, le Hancock (Big John pour les intimes) fait partie du top 5 des plus hauts buildings de la ville. De l'observatoire au 94e étage, qu'on rejoint en à peine 40 secondes, panorama époustouflant, surtout au soleil couchant et à la nuit tombée. Ne manquez pas la petite plate-forme où l'on peut se prendre en photo derrière une vitre, une brosse à la main, pour faire croire aux potes qu'on a lavé les carreaux du gratte-ciel !

On peut faire une pause au bar-resto ***Expression*** *(9h-23h)* qui sert d'excellents cafés. Au pied de l'édifice, un petit jardin urbain pour pique-niquer, et la ***Cheesecake Factory*** pour une fringale sucrée (voir « Où manger ? »).

Museum of Contemporary Art – M.C.A. *(plan couleur II, G5,* ***175****)* **:** *220 E Chicago Ave. ☎ 312-280-2660. • mcachicago.org • Tlj sf lun 10h-17h (20h mar). Admission suggérée : 12 $; réduc ; gratuit le mar. Plaquette en français.* Un musée très pointu, dédié aux œuvres et compositions de 1945 à nos jours (collection permanente et expos temporaires). On se sent un peu perdu dans cette réalisation de l'architecte berlinois Joseph Paul Kleihues. En fait, rien n'est disposé au hasard, même si certaines expos peuvent vous sembler vides ou déroutantes. Il s'agit d'un « art réactif et provocateur ». La plupart des expos et des collections sont au 4e étage. Le 2e étage abrite un resto réputé *(Puck's)* avec terrasse et boutiques. À moins d'être très branché art contemporain, vous pouvez garder vos sous.

La plage *(plan couleur II, G4)* **:** à partir d'Oak St s'étend la *Gold Coast* (côte Dorée), un des quartiers résidentiels les plus chers d'Amérique. Et surtout, devant lui s'étale la plage la plus populaire de Chicago : ***Oak St Beach.*** Malgré sa jolie couleur, l'eau du lac est déconseillée à la baignade.

Le Navy Pier *(plan couleur II, H6)* **:** *le long du lac Michigan. • navypier.com •* Après avoir traversé le parc parsemé de sculptures, on arrive sur l'ancien quai, construit en 1916. Le pont et ses bâtiments furent utilisés tour à tour par la marine marchande, puis militaire (1940-1945), ensuite par l'université (1945-1965). Après plusieurs plans de restructuration et d'aménagement, il a été transformé en vaste complexe récréatif avec restos, terrasses, glaciers, *biergarten.* Vous y trouverez tout ce qui peut attirer les petits : manèges et attractions, minigolf, grande roue (45 m de haut), patinoire, cinéma *IMAX*... et un musée dédié aux enfants (ci-après). Le Pier est aussi le point d'embarquement des bateaux d'excursions sur le lac. Beaucoup de monde le week-end et parking prohibitif.

UNE MER D'EAU DOUCE

Avec 57 750 km², 190 km de largeur et 494 km de longueur, le lac Michigan est le seul parmi les Grands Lacs à faire intégralement partie du territoire américain. Ses eaux sont filtrées et alimentent le réseau de distribution d'eau de l'Illinois. La Chicago River, autrefois polluée, ne s'y déverse plus depuis que son cours a été inversé vers le bassin du Mississippi.

Children's Museum : *700 E Grant Ave, sur le Navy Pier. ☎ 312-527-1000. • chicagochildrensmuseum.org • Tlj 10h-17h (20h jeu). Entrée : 10 $; gratuit pour les enfants jeu 17h-20h et le 1er dim du mois.* Expos et activités d'éveil très bien faites, à condition de maîtriser la langue...

– Un peu au sud du *Pier,* en bordure de la Chicago River et du lac, on peut distinguer les fondations circulaires de ce qui devrait (devait ?) devenir la plus haute tour du monde : ***The Spire*** (610 m), gigantesque vrille (comme une mèche de perceuse électrique) imaginée par le prolifique architecte catalan Santiago Calatrava. Sa construction a malheureusement été stoppée fin 2008 à la suite de la crise financière... Et on réfléchit même au recyclage de ce trou béant...

Plus au nord, vers Lincoln Park *(plan couleur I)*

Chicago History Museum *(plan couleur I, C3,* ***170****)* **:** *1601 N Clark St (et N Ave). ☎ 312-642-4600. • chicagohistory.org • Prendre le bus n° 22 ou n° 36 sur Dear-*

born St ; descendre à N Ave ou La Salle St. Lun-sam 9h30-16h30 (20h jeu), dim 12h-17h. Entrée : 14 $; réduc ; gratuit pour les moins de 12 ans et le lun. Audioguide en anglais.

C'est donc l'histoire de Chicago qui est abordée dans ce musée, qui prévoit aussi de consacrer une nouvelle section à l'histoire américaine. Avec 22 millions d'objets et de documents de toutes sortes en réserve, il y a de quoi meubler des dizaines d'expos. Muséographie interactive et ludique donc, avec des quiz, des panneaux à toucher, des animations sonores et visuelles. Avec l'expo permanente *Crossroads of America,* tous les grands événements et symboles de Chicago sont abordés, du tableau dantesque de l'incendie de 1871 (il y a même des biscuits ayant survécu aux flammes !) aux abattoirs, en passant par l'expo de 1893, les gangsters et l'architecture moderne, sans oublier le jazz, le blues, les fameuses équipes sportives *Sox, Cubs and Co,* et même les *macaroni and cheese* de Kraft (nés ici en 1937), un des plats emblématiques de la *junk food* américaine. Au hasard des salles, ne manquez pas la superbe collection de dioramas, datant pour certains des années 1930 et offrant un panorama des visages de Chicago, depuis le commerce des fourrures jusqu'après le grand incendie qui détruisit quelque 18 000 bâtiments ; un des tout premiers wagons du *L* datant de 1893 (dans lequel on peut entrer) ; deux fantastiques plans de Chicago de la seconde moitié du XIXe s, une copie de la déclaration d'Indépendance de 1776, l'évocation de la tragique convention démocrate de 1968 et, sans transition, le lit de mort d'Abraham Lincoln. Panorama certes instructif, mais traitement de l'histoire un peu elliptique qui laisse sur sa faim.

Enfin, comme dans tout bon musée américain, on trouve un coin spécial enfants, où ils pourront s'asseoir dans un hot dog géant, pédaler dans les rues pavées de Chicago, sentir les odeurs caractéristiques de la ville, dont celle du fameux oignon sauvage qui poussait dans le coin, le *checagou* en indien, qui a d'ailleurs donné son nom à la ville... Expos temporaires souvent très intéressantes.

Le musée organise aussi des tours guidés de la ville (voir site internet), à pied, en bus, bateau ou *L*. Également des expos temporaires, une *gift shop* bien sûr, et une cafet'.

Lincoln Park Conservatory *(plan couleur I, C2-3) : 2391 N Stockton Dr (et Fullerton). ☎ 312-742-7736. Au nord de la ville. Tlj 9h-17h. Gratuit.* Dans quatre grandes serres, style palais de verre. Construit entre 1890 et 1895, il abrite entre autres une magnifique collection d'orchidées. Une petite cage de verre héberge des plantes carnivores auxquelles on donne des mouches en pâture.

Lincoln Park Zoo *(plan couleur I, C2-3) : 2001 N Clark St. ☎ 312-742-2000. • lpzoo.org • À côté du Conservatory. Tlj 10h-17h (18h30 le w-e en été et 16h30 nov-mars). Entrée gratuite (mais parking payant : 19 $ pour 3h).* Un des derniers zoos encore gratuits, très fréquenté du coup par les nurses ou filles au pair qui baladent les bambins dans des poussettes grandes comme des limousines. La galerie des grands singes est très prisée, les grimaces et cris stridents ne sont pas toujours du côté où l'on croit. Serre aux papillons et enclos de suricates facétieux. En plus, vous pouvez passer un agréable après-midi dans ce vaste parc : aire de pique-nique, lac avec canoës et ferme modèle.

À l'extérieur du centre de Chicago

Frank Lloyd Wright Home and Studio *: 951 Chicago Ave, à Oak Park. ☎ 708-848-1976. • gowright.org • À l'extrême ouest de la ville. Par la route, 30 mn de voiture. De Michigan Ave, prendre la Congress Parkway, sortie 21 B, puis continuer sur S Harlem Ave, tourner à droite sur Chicago Ave. Pour les non-motorisés, accès par le métro* Green Line *(direction Harlem), station « Oak Park ». Visites tlj 11h-16h (le w-e, ttes les 20 mn). Compter 15 $ (réduc) pour la visite guidée de la maison-studio de l'architecte (env 1h), 25 $ (réduc) avec en plus le tour du quartier avec un guide (places limitées) ou un audioguide en français. Également d'autres visites* *guidées à thème ou pour les familles. Prévoir d'arriver au moins 15 mn avt le début de la visite, voire plus le w-e. Résa conseillée via Internet ou au ☎ 1-800-514-3849.* Entre 1889 et 1909, le grand architecte Frank Lloyd Wright vécut dans cette maison et construisit dans la banlieue résidentielle de Oak Park près de 25 édifices. Ces « Maisons de la Prairie », comme on les a surnommées en raison de leur adaptation aux plaines du Midwest, réunissaient déjà les caractéristiques de l'architecture organique de Wright : plan ouvert sur l'extérieur et intégration parfaite au site naturel grâce aux matériaux et coloris employés.

Frank Lloyd Wright avait 21 ans lorsqu'il dessina les plans de sa maison. Pour l'époque, elle était hyper moderne dans son confort : téléphone, salle de bains avec eau courante, chauffage central et même plafond électrifié alors qu'Edison avait découvert l'électricité à peine 16 ans auparavant... D'ailleurs, il était très fier de son concept et faisait visiter sa demeure à tout le voisinage ! Wright dessinait tout, des murs au mobilier, en passant par les lampes et les cadres des tableaux. On constate d'ailleurs combien les meubles dessinés à l'époque, toujours très fonctionnels et astucieux, sont aujourd'hui encore d'une étonnante modernité.

Après la visite de la maison-atelier, menée par des guides passionnants, les férus d'architecture pourront ensuite se promener dans le quartier, très plaisant et verdoyant par ailleurs, à la découverte des nombreuses maisons dessinées par Wright à cette époque. Vous pourrez facilement faire la différence entre l'architecture victorienne (que Wright détestait par-dessus tout !) et la sienne, inspirée souvent par le Japon. Le plan vendu à la *gift shop* peut être intéressant pour se retrouver dans le dédale des rues, à moins que vous n'optiez pour l'audiotour ou le tour guidé à pied.

– Vous pouvez profiter de votre passage dans cette agréable banlieue résidentielle pour visiter la ***maison natale d'Ernest Hemingway*** *: 339 N Oak Park Ave. ☎ 708-848-2222. • ehfop.org • Le musée dédié au célèbre écrivain est à un bloc de là, au 200 de la même rue. Tlj 13h (10h sam)-17h. Entrée : 10 $; réduc.*

Le cimetière de Graceland : *4001 N Clark St, à Lake View, au nord de la ville (angle Clark St et W Irving Park Rd). ☎ 773-525-1105. • gracelandcemetery.org • Tlj 8h-16h30. Accueil fermé dim.* Les gens célèbres (les *tycoons*) de Chicago y sont enterrés : Marshall Field (le commerçant), Allan Pinkerton (le détective), George Pullman (les trains), Louis Sullivan et Daniel Burnham (les belles façades), Mies Van der Rohe (les buildings), Potter Palmer (le magnat du coton)... Grand cimetière à l'anglo-saxonne, avec les tombes disséminées dans de vertes pelouses et des bosquets d'arbres, le tout dégageant une douce sérénité. Beaucoup de mausolées à l'architecture kitsch ou s'inspirant de l'Antiquité. De l'autre côté d'Irving Park Rd, un ancien cimetière juif dans un cadre boisé romantique.

Baha'i House of Worship : *100 Linden Ave (et Sheridan), à Wilmette. ☎ 847-853-2300. • bahai.us • De Michigan Ave, prendre la Lake Shore Dr au nord et sortir à W Bryn Mawr Ave ; tourner à droite sur Ravenswood Ave ; elle se transforme en N Ridge Ave ; continuer ensuite au nord sur Sheridan Rd. Ouv en été 10h-22h. Auditorium ouv 7h-22h.* À 12 miles au nord de la ville s'élève le principal sanctuaire de cette étonnante religion baha'i, qui rassemble les principes des quatre plus grandes religions. Ressemble à un temple hindou avec son remarquable dôme blanc haut de 57 m, dominant les jardins environnants. Le monument, construit en 1920 par un architecte québécois, est installé dans un quartier résidentiel près du lac.

Wilmette Sailing Beach : *base nautique en front de lac, à deux pas de la Baha'i House. ☎ 847-256-9662. Lun-ven 17h-19h, w-e 9h-17h45. Accès à la plage payant : 7 $. Loc de petits catamarans, style Hobbie Cat. À partir de 35 $/h en sem, 40 $ le w-e.* Assez cher, mais le coin est vraiment paisible.

Le tout premier McDonald's : *400 N Lee St, à Des Plaines, dans la banlieue nord, pas très loin de l'aéroport O'Hare. ☎ 847-297-5022.* Voilà l'endroit où tout a commencé par un beau mois d'avril 1955. Ray Krok ouvre les portes du premier *McDo* dans la banlieue de Chicago. Le bâtiment original a été démoli, mais une réplique a été reconstruite pour accueillir un petit musée (téléphoner pour les horaires). Cela dit, pas la peine de faire autant de route si vous n'avez que ça à voir dans le coin.

À faire

Visites guidées en bus

■ ***Untouchable Tours*** *(plan couleur II, F6) : N Clark St, départ en face du* McDo, *600 N Clark St. ☎ 773-881-1195. • gangstertour.com • Résa obligatoire. En été, 2-7 tours selon les j. ; 1er départ à 10h (9h sam). Compter 2h de visite. Tarif : 28 $; réduc.* 8 acteurs et 1 historien (qui a rédigé le script du tour) vous emmènent sur les traces d'Al Capone, dans un bus qui ressemble plus à un théâtre sur roues qu'à un véritable véhicule. Les guides sont déguisés en gangsters et, mitraillette à la main, vous content les histoires secrètes de la ville d'Al Capone et recensent les coins de rue à éviter pour rester en vie.

■ ***Chicago Trolley Co. :*** *☎ 773-648-5000. • chicagotrolley.com • Fin mai-début sept, tlj 9h-20h (dernier départ à 18h) ; le reste de l'année, 9h-19h (dernier départ à 17h). Billetteries aux 13 arrêts prévus dans le tour. Env 29 $; réduc enfants.* Promenade à travers la ville autour des principaux sites, en trolley rouge ou en *double deck* l'été. Haltes à Skydeck Chicago (ex-Sears Tower), Millennium Park, Art Institute, Field Museum, Navy Pier, Hancock Center... Prévoir 2h de trajet, commenté par le chauffeur (seulement en américain). On peut s'arrêter à chaque station et prendre le bus suivant, environ 20 mn après. Un bon plan pour repérer les monuments et sites.

Balades en bateau sur la rivière et sur le lac

■ ***Chicago Architecture Foundation*** *(plan couleur III, J8,* ***170****) : Michigan Ave et E Wacker Dr. ☎ 312-902-1500. • cruisechicago.com • Mai-nov. Résa conseillée. Env 32 $; durée 1h30.* Croisière architecturale à bord du bateau *First Lady,* menée par des guides spécialisés, qui organisent aussi de passionnantes visites à pied (lire « À voir. Dans le Loop »). La plus chère de toutes mais assurément la plus sérieuse.

■ ***Mercury Chicago Skyline Cruiseline :*** *Michigan Ave et E Wacker Dr. ☎ 312-332-1353. • mercuryskylinecruiseline.com • De mi-mai à sept, tours d'env 1h30 ou 2h. 6 départs de Riverside Gardens : 10h-19h30 (20h30 mer) ; téléphoner pour connaître l'heure exacte du tour. Env 25 $; réduc.*

■ ***Wendella Boats :*** *400 N Michigan Ave, devant le Wrigley Building. ☎ 312-337-1446. • wendellaboats.com • Avr-nov. 22-25 $ selon tour.*

■ ***Shoreline Sightseeing :*** *474 N Lake Shore Dr. ☎ 312-222-9328. • shorelinesightseeing.com • L'été, départ tlj, ttes les 30 mn 10h-23h. Arrêts et billetteries au Navy Pier, et en saison devant le* Shedd Aquarium, l'Adler Planetarium *ou* Buckingham Fountain *(Grant Park). Durée de la balade sur le lac : 30 mn. Tarif : env 15 $; réduc.* D'autres croisières plus longues et plus chères, comme la croisière architecturale (23-27 $).

Assister à un talk-show

Le talk-show est né à Chicago. Pour ceux qui veulent assister aux émissions, trois noms importants, dont certains programmes passent sur le câble en France : ***Oprah Winfrey Show,*** le plus célèbre, au *Harpo Studio (1058 W Washington St, ☎ 312-591-9222)* ; ***Jerry Springer Show,*** *NBC Tower (54 Columbus Dr, ☎ 312-321-5350)* ; et ***Jenny Jones Show,*** aussi à *NBC Tower (même adresse, ☎ 312-836-9485).*

Assister à une manifestation sportive

Avant de programmer votre voyage à Chicago, sachez quand y aller. Pour cela, on rappelle les saisons des principales équipes sportives phares de Chicago. *Résas pour ts les matchs sur • ticketmaster.com •*

Basket : octobre-avril

– ***The Chicago Bulls :*** fondée en 1966, cette équipe mythique a remporté en 1997 son 5ᵉ titre de champion de la NBA. Michael Jordan joua ici jusqu'en 1998, et depuis 2007, c'est au tour de Joachim Noah (le fils de Yannick) de tenter des exploits dans cette équipe. Lorsqu'ils jouent à domicile, c'est au *United Center : 1901 W Madison St. Billetterie : ☎ 312-455-4000 ou 1-800-922-2976. • nba.com/bulls/ •*

Hockey sur glace : octobre-avril

– ***The Chicago Blackhawks :*** *résas au 680 N Luke Shore Dr. ☎ 1-800-745-3000. • chicagoblackhawks.com •*

Base-ball : avril-septembre

– ***The Chicago Cubs :*** soutenus par les habitants de *North Side.* C'est la plus ancienne équipe de base-ball des États-Unis (1876) ; mais elle n'a plus participé aux championnats nationaux depuis 1945. Elle joue au stade *Wrigley Field.* Nombreux *sports bars* autour de Wrigley Field, pour les amateurs de grosse ambiance. Voir aussi les bars *Cubby Bear* et *Metro* dans « Où boire un verre ? Où sortir ? À Lincoln Park... ». *Billetterie : ☎ 1-800-843-2827. • cubs.com •*
– ***The Chicago White Sox :*** équipe soutenue par les habitants de *South Side.* Elle a été à l'origine d'un des plus grands scandales sportifs des États-Unis. En 1919, équipe favorite, elle accepta un pot-de-vin en échange de sa défaite. C'est de cette époque que date le « commissaire au base-ball ». L'équipe joue au *Comiskey Park.* Ça a beau être le terrain de base-ball le plus vieux des États-Unis, c'est tout de même un peu loin, tout au sud, derrière l'*Illinois Institute of Technology.* Accessible par la *Red Line, station : 35th St/Sox. Billetterie : ☎ 312-674-1000. • chicago.whitesox.mlb.com •*

Football américain : septembre-janvier

– ***The Chicago Bears :*** au *Soldier Field.* Construit en 1926, au sud de Grant Park. L'équipe ne s'est qualifiée qu'une seule fois, en 1986, pour le *Super Bowl.* C'est ici que s'est déroulé le match d'ouverture de la Coupe du monde de « foutchebol » en 1994. *Billetterie : ☎ 847-615-2327. • chicagobears.com •*

Fêtes, manifestations et parades

Fêtes et manifestations

– Le grand événement, c'est le ***Ravinia Festival*** *: de fin juin à mi-sept. Pour tt rens : ☎ 312-RAVINIA.* Musique classique, danse, jazz, les plus grands noms sont à l'affiche.
– En été, activités culturelles nombreuses et souvent gratuites : le midi, les jours de semaine, ***concerts gratuits*** au *Cultural Center* ou au *First National Plaza.*
– ***Chicago Blues Festival :*** *début juin, dans Grant Park. ☎ 312-744-3315.*
– ***Grant Park Music Festival :*** *juin-août. ☎ 312-742-6638. • grantparkmusicfestival.com •* Le soir, 3 ou 4 fois par semaine, concert de musique classique. Amusant de voir les Américains pique-niquer en écoutant du Brahms...
– ***Chicago Gospel Festival :*** *mi-juin, dans Grant Park. ☎ 312-744-3315.*
– ***Old Town Art Fair :*** *pdt tt le mois de juin, entre 1900 N Lincoln Ave et 1800 N Orleans Ave.* Foire artistique en plein air.

– ***Taste of Chicago :*** *début juil. Grande fête dans Grant Park, derrière l'*Art Institute. C'est le rassemblement de 80 restos de Chicago, autrement dit la fête de la Grande Bouffe de tous les pays. Beaucoup d'animation de 11h à 21h, concerts gratuits notamment (Stevie Wonder y a joué).
– ***Independence Day :*** *4 juil.*
– ***Grande fête chinoise*** : *mi-juil (généralement), à Chinatown, courses de bateaux-dragons.*
– ***Venetian Night :*** *26 juil, à la hauteur de Grant Park.* Fête de nuit sur le lac.
– ***Fête japonaise :*** *2e et 3e sem d'août, au 435 W Menomonee St.* Très colorée.
– ***Viva Chicago ! :*** *fin août, dans Grant Park.* ☎ *312-744-3315.* Festival de musique latine.
– ***Chicago Jazz Festival :*** *début sept à Grant Park. Il dure 5 nuits et c'est gratuit.* Un des plus grands festivals du monde.
– ***Celtic Fest Chicago :*** *mi-sept, dans Gaelic Park.* Grande fête irlandaise.
– ***Halloween Happening :*** *3e sam d'oct.*
– ***Tree Lighting :*** *dernier ven de nov. Rens : Colleen Coke,* ☎ *642-3570.* Nombreux spectacles : parades de Mickey et saint Nicolas, feux d'artifice.
– ***31 décembre :*** feux d'artifice et éclairage de la Buckingham Fountain dans Grant Park.

Parades

Très nombreuses parades, pratiquement chaque minorité a la sienne. Voici les principales :
– ***Chinese New Year Parade :*** *début fév, dans Wentworth et Cermak.*
– ***Saint Patrick's Day Parade :*** *mi-mars, dans le Loop, sur Columbus Dr (entre Balbo et Monroe).* C'est la journée des Irlandais.
– ***Chicago's Memorial Day Parade :*** *dernier sam de mai. Au même endroit que les Irlandais, sur Columbus Dr.*
– ***Chicago Gay Pride Parade :*** *dernier dim de juin, sur Halsted et Belmont.*
– ***Mexican Independence Parade :*** *début sept. La première défile sur 47th St, alors que la seconde défile sur le parcours classique de Columbus Dr.* Ambiance sud-américaine dans les cafés mexicains. Il y a deux parades, car deux organisations différentes.
– ***Von Steuben Day Parade :*** *début sept. La German American Parade défile dans State St.* Les flonflons retentissent dans les restos allemands.
– ***Magnificent Mile Lights Festival :*** *mi-nov, sur Michigan Ave, d'Oak St à Wacker.* C'est aussi la fête de *Tree Lighting,* où les arbres sont illuminés.

Achats

Dans le Loop (plan couleur III)

Chicago Architecture Foundation *(plan couleur III, J8,* ***170****) : building Santa Fe, 224 S Michigan Ave.* ☎ *312-922-3432.* • *architecture.org* • *Tlj 9h-18h30.* Un des plus grands choix de livres d'architecture, affiches, cartes postales, mais aussi pas mal de gadgets design.

Macy's *(plan couleur III, J7,* ***314****) : à l'angle de State St et Washington Ave. Lun-sam 10h-20h, dim 11h-18h. Macy's* a racheté le fameux magasin *Marshall Field and Co,* l'un des plus grands du monde, avec 12 étages de surface de vente. On y trouve de tout, même des déguisements pour chiens. Très beau plafond de Tiffany.

Old Navy *(plan couleur III, J7,* ***315****) : 35 N State St (et Washington).* ☎ *312-551-0522. Lun-sam 9h30-21h, dim 10h-18h.* Chaîne de prêt-à-porter décontracté pour toute la famille, à des prix très raisonnables (c'est la même maison que *Gap* mais moins cher). Leurs tee-shirts imprimés sont vraiment très sympas. Rayon de soldes

permanents.
*Gallery 37 (plan couleur III, J7, **316**) : 66 E Randolph St. ☎ 312-744-8925. Tlj sf dim 10h-18h ; sam 11h-16h. • afterschoolmatters.org* • Une bien curieuse maison que cette galerie. Elle a été créée en 1991 afin d'aider les jeunes à s'insérer dans le monde du travail à travers l'art, sous toutes ses formes. C'est à la fois une école (danse, vidéo, peinture, sculpture, céramique, musique...) et une boutique. Vous pouvez y acheter toutes les œuvres des élèves et des profs qui y sont exposées. Intéressant et insolite.

Dans Magnificent Mile et à Near North
(plan couleur II)

C'est sur Michigan Ave, entre la Chicago River et le John Hancock Building, que sont rassemblées la plupart des marques de vêtements américaines : ***Gap, Levi's, Banana Republic, Ralph Lauren...*** Pour les amateurs, ***Disney Store*** est au 717 N Michigan Ave. Un peu plus au nord, Oak St concentre les boutiques de grand luxe (haute couture...).

***American Girl Place** (plan couleur II, G5, **305**) : 835 N Michigan. ☎ 1-877-2475-223. Tlj 9h-21h (19h dim).* Ce magasin est un paradis pour petites filles, car entièrement dédié au monde des poupées. On commence par élire la sienne, puis on lui choisit vêtements et accessoires, mobilier, avant de la faire coiffer dans un vrai salon de coiffure, de se faire photographier à ses côtés dans un vrai studio et de lui offrir une tasse de thé dans un vrai restaurant. On oubliait, il y a aussi une clinique pour les poupées malades... Au sous-sol, vitrines aménagées comme un musée avec des reconstitutions historiques des poupées de la maison, époque par époque. À prendre impérativement au second degré.
***Apple Store** (plan couleur II, G5, **8**) : 679 N Michigan Ave. ☎ 312-981-4104. Lun-sam 10h-21h, dim 11h-18h.* L'occasion de tester les nouvelles bécanes dans un décor high-tech et de se rapporter le tout dernier iPod. Connexions Internet gratuites sur les ordis de démonstration.
***Filene's Basement** (plan couleur II, G5, **311**) : 830 N Michigan Ave, en face de la Water Tower Place. ☎ 312-482-8918. Tlj 9h (10h dim)-21h (20h sam, 19h dim). Prendre l'escalator.* Une chaîne de dégriffés qui fut créée en 1908 à Boston. Vêtements, chaussures et accessoires pour toute la famille, mais c'est surtout intéressant pour les hommes. La plupart des créateurs américains sont représentés (parfois avec quelques années de retard sur les collections...) : Ralph Lauren, Kenneth Cole, Calvin Klein, DKNY... Pas mal de choix aussi au rayon linge de maison.
***Sports Authority** (plan couleur II, F5, **307**) : 620 N La Salle St. Tlj 9h-21h30 (20h dim).* Le plus grand magasin de sport de la Windy City, sur 8 niveaux, rien que ça. Choix incroyable, dans toutes les disciplines. Le sous-sol est consacré en permanence aux soldes.
***Water Tower Place** (plan couleur II, G5, **313**) : à l'angle de Michigan Ave et de Pearson St.* Gigantesque centre commercial avec cascades amusantes à l'entrée et ascenseurs tout en verre qui desservent les 7 étages de boutiques. Au 67e étage de la tour, on trouve les logements qui furent longtemps les plus chers de la ville. Oprah Winfrey, la grande prêtresse du talk-show, y possède d'ailleurs un appartement. C'est ici que se trouve *Food Life* (voir « Où manger ? »). Il y a aussi un *Macy's*.
***Niketown** (plan couleur II, G5, **312**) : 669 N Michigan. Ouv 10h-20h (18h dim).* Sur 3 niveaux, toutes les dernières créations de la marque (running, basket-ball, base-ball et sportswear). Ambiance décontractée, choix impressionnant d'articles pour toutes les bourses (un peu moins cher qu'en France).
***Anthropologie** (plan couleur II, F4, **309**) : 1120 N State St. ☎ 312-255-1848. Ouv 10h-20h (dim 11h-19h).* Sous une immense charpente en bois, type

entrepôt. Dans le même genre que *Urban Outfitters.* Vêtements féminins hippie-chic façon vintage, bijoux, meubles, objets de déco, bouquins...

À Park West, Wrightwood et Lincoln Park *(plan couleur I)*

Hollywood Mirror *(plan couleur I, B1,* ***300****) : 812 W Belmont Ave.* ☎ *773-404-2044. Tlj 11h-21h30 (22h ven-sam, 19h dim).* Une véritable caverne d'Ali Baba cool, le paradis des néohippies. Hallucinant bric-à-brac de souvenirs et trésors des *sixties* (fringues marrantes, déguisements, un peu de déco, gadgets...). Pas encore trop cher.

Beatnix *(plan couleur I, B1,* ***301****) : 3400 N Halsted St.* ☎ *773-281-6933. Tlj 10h-19h.* Boutique tout en couleur dans le quartier homo. Fantastique collection de fripes et de tenues vintage. Et toute la panoplie des *drag queens* : perruques, boas, *platform shoes* à paillettes, déguisements délirants...

Chicago Comics *(plan couleur I, B1,* ***304****) : 3244 N Clark St.* ☎ *773-528-1983. Tlj 12h (11h sam)-20h (21h ven-sam, 19h dim).* • *chicagocomics.com* • Toutes sortes de B.D. et *comics* pour compléter sa collection (une foule de vintage) ou découvrir quelques ersatz américains de *Fluide glacial.* Vous y trouverez également des B.D. en langue européenne (c'est l'occasion de lire *Tintin* en anglais), et des produits dérivés (figurines, super héros et autres gadgets, genre PEZ).

Strange Cargo *(plan couleur I, B1,* ***302****) : 3448 N Clark St. Tlj 11h30-18h.* • *strangecargo.com* • Gadgets, paires de *Converse,* tee-shirts customisés et autres fringues. Si vous avez toujours rêvé d'avoir un poster des *Drôles de dames* ou de l'équipage de *La croisière s'amuse,* vous devriez pouvoir trouver votre bonheur ici.

À Bucktown *(plan couleur I)*

The T-Shirt Deli *(plan couleur I, A3,* ***303****) : 1739 N Damen St.* ☎ *773-276-6266. Lun-ven 12h-19h, sam 12h-18h, dim 12h-17h.* Dans ce *deli* pas comme les autres, les vitrines réfrigérées ne regorgent pas de pastrami ou de corned-beef, mais de tee-shirts ! Le menu est affiché au-dessus du comptoir, on choisit son modèle, sa couleur, le dessin à appliquer dessus, et on récupère sa commande au fond, emballée comme un hot dog, le paquet de chips est cadeau ! Un peu gadget, mais les prix restent raisonnables.

Dans le Loop *(plan couleur III)*

Garrett Popcorn *(plan couleur III, J7,* ***306****) : 4 E Madison (et State St.)* ☎ *312-263-8087. Lun-sam 10h-20h, dim 11h-22h.* Impossible de ressortir de cette boutique les mains vides ! L'odeur de caramel au beurre est tout simplement irrésistible, et le popcorn de *Garrett* le meilleur que nous ayons eu l'occasion de goûter. On recommande le *Caramel Crisp* avec des noix de pécan, de macadamia ou de cajou. *D'autres adresses en ville, notamment 26 W Randolph St (et Dearborn).*

CHICAGO

➤ DANS LES ENVIRONS DE CHICAGO

Indiana Dunes National Lakeshore : c'est sur ces plages que les Chicagoans échappent à la chaleur de la ville le week-end. Plutôt attractif pour les enfants car, en été, les gardes du parc naturel organisent des activités sur le thème du sanctuaire (écosystème, formation géologique des dunes, etc.). L'escalade (!) du point culminant (le mont Baldy, 42 m) offre également une belle vue sur les gratte-ciel de Chicago.

➢ *Pour s'y rendre : en voiture, prendre la Dan Ryan Express/Interstate 90/94 E, direction Michigan City (env 1h de route). En train, depuis Randolph Station par le Northern Indiana Commuter S Shore Line Eastbound (on reprend son souffle...). 1er train avt 9h, dernier avt 21h. Env 1h de trajet. Infos : ☎ 1-800-356-2079.* C'est plus sûr de louer un vélo à Chicago, car on n'a pas trouvé de loueur sur place et les distances sont assez importantes.

■ ***Indiana Dune State Park :*** *1600 NE, Chesterton, IN 46304-1142.* ☎ *219-926-1952* • *duneland.com* •

■ ***Dorothy Buell Memorial Visitor Center :*** *Indiana Highway 49 & Munson Road, Porter, 46304. Tte l'année, 8h-16h30.*

Des 2 **campings,** *préférer le* ***Dunewood Camp Ground,*** *le plus près de la gare (même tél que* Indiana Dune State Park*).*

Six Flags Great America and Hurricane Harbor : *542 N route 21, à* ***Gurnee*** *(à une bonne douzaine de miles – env 19,5 km – de Chicago).* ☎ *847-249-INFO.* • *sixflags.com* • *Sur la I 94, direction aéroport O'Hare, puis route 132 (Grand Ave). Possibilité d'y aller avec le* Metra. *Attention, pas mal de j. de fermeture en avr, sept et oct. Entrée assez chère : env 55 $; réduc, mais 20 $ de moins en achetant sur Internet, avec l'avantage supplémentaire d'éviter la queue ; ne pas oublier la carte de paiement qui a été utilisée pour la réservation, ainsi qu'une ID. Parking : 15 $.* Un parc d'attractions extraordinaire pour amateurs de sensations fortes. Quelques-unes des attractions *(roller coasters)* les plus vertigineuses du monde. Déconseillé aux femmes enceintes... Le parc est très populaire chez les Américains, il est donc à éviter le week-end pendant les vacances scolaires... sous peine de longues files d'attente. Par temps chaud, essayez les rapides dans une rivière déchaînée ; vous en ressortirez complètement trempé (nous en avons fait les frais !). Le *Vertical Velocity* et le *Déjà Vu* sont équipés de tours de 60 m de haut, qui vous donneront des sueurs froides. Autre attraction surprenante, *Batman the Ride* : on embarque dans une espèce de nacelle futuriste, les pieds pendouillent dans le vide... attention aux loopings !

PHILADELPHIE ET SES ENVIRONS

Pour le plan de Philadelphie, se reporter au cahier couleur.

ABC DE LA PENNSYLVANIE (PA)

- ***Superficie :*** 119 283 km².
- ***Surnom :*** The Keystone (la clef de voûte).
- ***Capitale :*** Harrisburg.
- ***Population :*** 12 810 000 hab.
- ***Densité :*** 103 hab./km²
- ***Fuseau horaire :*** Eastern time.
- ***Adhésion à l'Union :*** 2e État.
- ***Altitude maximum :*** 979 m (mont Davis).

PHILADELPHIE

1,5 million d'hab. (6,2 millions avec les banlieues)

Longtemps restée dans l'ombre de New York et de Washington, *Philly,* comme les Américains l'appellent avec tendresse, se démène aujourd'hui comme une diablesse pour ravir à ses rivales la faveur des touristes. Et il faut avouer qu'elle a de quoi ! Considérée comme l'une des villes les plus sûres des États-Unis, la belle cultive l'histoire à grands coups de briques rouges, de venelles pittoresques et de vieilles demeures caressées par les frondaisons des arbres. Philly respire par elle-même. Son cœur est en bonne santé. Et si les gratte-ciel poussent aujourd'hui comme des champignons au cœur de Downtown, les squares, les allées contribuent à faire d'elle une ville verte où il fait bon vivre. En plus, Philadelphie se targue d'être le berceau de la démocratie américaine, le lieu historique de tous les débats d'idées qui ont conduit à l'indépendance du pays. Les Américains ne s'y trompent pas, ils s'y rendent en famille pour se faire prendre en photo à côté des statues des pères de la nation. Autre chose encore : Philly possède des musées parmi les plus célèbres de l'Union. De quoi satisfaire les amateurs d'art, le jour, évidemment, car pour ce qui est de la nuit, avec une foultitude de cafés, de restos-live et de boîtes de jazz, la capitale de la Pennsylvanie est tout aussi bien capable de séduire ses visiteurs.

UN PEU D'HISTOIRE

Philadelphie tient une place à part dans l'histoire américaine. C'est peut-être la seule ville, avec Boston, que l'on puisse qualifier d'historique sans faire sourire un Européen.

Le berceau de la nation

Les débuts de Philadelphie sont liés à la fondation de la Pennsylvanie : tout commence en 1681, lorsque Charles II d'Angleterre donne tout pouvoir sur la région à William Penn, en remboursement des sommes colossales que la Couronne doit à son père et dont il a hérité. Et pas n'importe quelle région ! La colonie (une des 13 colonies anglaises sur le littoral atlantique de l'Amérique) est un immense domaine de 120 000 km^2, délimité au nord par le lac Érié et la colonie de New York, au sud par le Maryland qui est la propriété de Lord Baltimore (le seul catholique dans cet univers protestant), et à l'ouest enfin par l'Ohio. À ce vaste territoire au climat tempéré, aux forêts giboyeuses et au sol fertile, il faut trouver un nom. Penn propose « Nouvelles-Galles », car les paysages vallonnés et verts lui rappellent cette contrée. Mais le ministre des Colonies d'alors, d'origine galloise, refuse de donner ce nom à une terre peuplée par la secte des quakers. On songe à « Sylvania » (à cause des bois). Finalement, le bon roi Charles, pour honorer la mémoire du père de William, propose « Penn-Sylvania », ce qui signifie « la forêt de Penn ».
Chef de file des quakers anglais persécutés par la religion anglicane officielle et le pouvoir monarchique, William Penn rêve d'une sorte de Terre promise, un Nouveau Monde où les quakers peuvent trouver refuge et vivre en paix, selon leur conscience. La Pennsylvanie est ainsi dotée d'un type de gouvernement radicalement nouveau, fondé sur des idées avant-gardistes pour l'époque : liberté de conscience, pacifisme, souveraineté du peuple, suffrage élargi, non-violence, tolérance. « Il se peut qu'on trouve là-bas ce qui n'a pas été possible ici : l'espace nécessaire à la création d'une Expérience sacrée » *(Holy Experiment)*, affirme Penn. « Dieu m'a donné ce pays à la face du monde. Il le bénira et en fera la semence d'une nation », prophétise-t-il. Pas de soldats, pas d'armes, aucune forteresse dans ce nouvel État non conformiste. L'idée même de légitime défense est proscrite, à cause du cycle de représailles que celle-ci suppose. Et au centre de cette « Expérience sacrée » fondée sur l'égalité et les droits de l'homme : la ville de Philadelphie, « Cité de l'amour fraternel ».
À la fin du XVIIe s, elle a une telle réputation de tolérance qu'elle attire de nombreux immigrants persécutés en Europe : quakers d'Angleterre, on l'a vu, de Hollande et de Suède (quelques-uns, très rares, de France), baptistes irlandais et gallois, mais aussi des mennonites d'Allemagne, de Suisse et d'Alsace. La cité ne compte alors que quelques milliers de familles,vivant d'une façon très simple et austère. En 1702, elle est considérée comme l'égale de New York pour la richesse de ses commerçants.
Penn applique aussi ses principes évangéliques avec les Indiens. Du jamais vu dans l'histoire de l'Amérique (lire la rubrique « Histoire » dans « Hommes, culture et environnement » en début de guide). Au printemps 1701, celui que les autochtones appellent *Onas* (« Plume » en dialecte indien) reçoit dans sa propriété de Pennsbury (à côté de Philadelphie) 4 rois, 40 chefs et des milliers de guerriers indiens, peinturlurés et armés jusqu'aux dents. Il signe avec eux un traité d'amitié reposant sur la confiance mutuelle *(mutual trust)*. Si un Indien de la région est injurié, offensé ou blessé, les Européens doivent voler à son secours. Et vice versa. Résultat : on prétend que pendant 75 ans, il n'y eut pas un seul crime de sang en Pennsylvanie ! Mais le 30 juillet 1718, William Penn s'éteint à l'âge de 72 ans. L'« Expérience sacrée » est menacée. Les relations entre colons et Indiens se durcissent, et Philadelphie glisse lentement vers la normalisation...
Néanmoins, aujourd'hui encore, on continue de l'appeler *The Quaker City.* L'esprit des origines n'a déserté la ville qu'en apparence...

De la Déclaration d'indépendance à la Constitution

De 1766 à 1774, les lois anglaises, instaurant des taxes écrasantes, exacerbent les colons, et c'est tout naturellement à Philadelphie que les « rebelles » se réunissent en congrès pour décréter la rupture des relations commerciales avec l'Angleterre

et fomenter la révolte. De 1774 à 1776, les actions contre les Anglais s'intensifient pour aboutir à la rédaction, par Thomas Jefferson, de la Déclaration d'indépendance, proclamée le 4 juillet 1776. Cette date marque la naissance des États-Unis d'Amérique.
De son côté, Benjamin Franklin vient à Paris en 1778 pour négocier un traité d'amitié et d'alliance avec la France, qui trouve là une revanche inespérée contre la perfide Albion. George Washington prend la tête des troupes constituées de milices et bat les Anglais, dont l'armée est considérée comme la plus puissante du monde. Il devient le premier président des États-Unis. En 1787, c'est encore à Philadelphie qu'est élaborée la première Constitution, qui met en place le système fédéral avec deux chambres indépendantes. La ville devient alors capitale des États-Unis de 1790 à 1800, en attendant la construction de la ville de Washington.

LA CONSTITUTION AMÉRICAINE INSPIRÉE PAR LA CORSE

On le sait peu, mais la Constitution corse de 1755, écrite par Pasquale Paoli et basée sur la séparation des pouvoirs et le suffrage universel, inspira directement les rédacteurs rassemblés autour de Jefferson. En 1776, les insurgés américains montaient à l'assaut au cri de « Viva Paoli ! ». Plusieurs villes américaines portent le nom de Paoli *ou* Corsica *en souvenir de cette constitution novatrice inspirée des Lumières.*

Philadelphie et les Français

Rêve et refuge, telle est la double attirance qu'exerce Philadelphie au fil de son histoire sur les Français. Rêve d'abord, parce que, longtemps avant New York, la *Quaker City* fut la vraie porte d'entrée des États-Unis. C'est ici que les voyageurs de la vieille Europe encaissent pour la première fois le choc du Nouveau Monde. Après avoir traversé l'Atlantique et remonté le fleuve Delaware, ils débarquent, fourbus mais émerveillés. Ainsi la ville voit-elle passer des ribambelles de voyageurs, de curieux, d'esprits libres, d'artistes et d'aventuriers. Parmi eux, Chateaubriand, alors jeune et obscur explorateur breton. Il loge dans un centre d'accueil en compagnie des planteurs chassés de Saint-Domingue, note les jolis visages des quakeresses (!) et aurait été reçu par le général Washington, premier président des États-Unis. Mais ce dernier point est contesté par des historiens de la littérature, qui affirment que Chateaubriand aurait purement et simplement inventé cette entrevue, relatée pourtant avec panache dans les *Mémoires d'outre-tombe...* Moins mythomane mais tout aussi génial dans un genre différent, Tocqueville passe par ici en 1830, lors d'un voyage d'études, et loue la modernité des prisons de Pennsylvanie.
Il y a ceux qui passent et ceux qui restent. De nombreux réfugiés et exilés trouvèrent ici la liberté dont ils étaient privés : huguenots chassés de France après la révocation de l'édit de Nantes (1685), Acadiens expulsés du Canada par les Anglais en 1755, aristocrates menacés de mort par la Révolution, soldats et officiers de l'armée napoléonienne après la défaite de Waterloo (1815), et notamment Joseph Bonaparte, frère de Napoléon et ancien roi d'Espagne. Citons aussi le prince de Talleyrand qui vécut dans une petite maison d'Elfreth's Alley, entre 1794 et 1796, et le futur roi Louis-Philippe qui passa la première année de son exil à Philadelphie, dans une maison située au 322 Spruce St.
D'autres Français firent définitivement souche en Amérique : Stephen Girard (1750-1831), petit capitaine devenu le plus grand armateur américain de son temps ; Joseph-Alexis Bailly, né en 1825, qui fuit après la révolution de 1848 et devint l'un des maîtres-sculpteurs de la ville, spécialisé dans les monuments publics et... funéraires (vous pourrez aussi voir ses statues au *Fine Arts Museum*) ; également Michael Bouvier (1792-1874), qui s'exila après Waterloo et se tourna vers la fabrication de meubles, et dont l'arrière-arrière-petite-fille, Jacqueline Bouvier-Kennedy, devint First Lady des États-Unis. Autre people que les guides de Philly se plaisent à citer

parmi les célébrités locales : Grace Kelly, actrice fétiche d'Alfred Hitchkock, devenue princesse à Monaco. Son frère John a été maire de la ville.
Une des figures les plus attachantes parmi ces exilés français est Antoine Benezet (1713-1784). Né à Saint-Quentin, dans une famille protestante, devenu quaker, il partit pour Philadelphie en 1736 et y resta toute sa vie. Pionnier de l'égalité raciale, il s'insurgea violemment contre l'esclavage, prit la défense des Indiens et fonda l'*African School.* Ses écrits influencèrent Thomas Clarkson, qui fut à l'origine du vote en 1807, par le Parlement britannique, de l'abolition de la traite des Noirs. Une rue de Philadelphie porte encore son nom. Mais qui connaît cet idéaliste en France ?

Arriver – Quitter

En avion

✈ ***Aéroport*** *(hors plan couleur par A3) : situé à 8 miles (env 13 km) au sud-ouest de la ville. Infos : ☎ 215-937-6937 ou 215-937-6800. • phl.org • Dans le terminal, des téléphones sont à la disposition du public : infos en français au ☎ 69-64.* Information Center *à l'Overseas Terminal, ouv tlj.* Philadelphie est devenu depuis peu une des portes d'entrée aux USA pour les vols internationaux depuis l'Europe. On peut y profiter de 120 connexions vers d'autres villes du pays.

Pour rejoindre le centre

Plusieurs solutions pour aller en ville, du moins cher au plus coûteux :
➢ ***En train :*** *prendre l'*Airport Rail Line *(R1 ; Septa) ; rens : • septa.org • Compter 8 $.* Départ de l'aéroport ttes les 30 mn 5h-minuit. Chaque terminal possède une plate-forme de départ. Quatre arrêts en ville : à University City (quartier des universités), à l'Amtrak Railway Station (la gare des trains), à la Suburban Station, puis à Market East dans Downtown (près du quartier historique). Compter 30 mn jusqu'à Market East. Dans le sens du retour, le train est le plus pratique. Départ ttes les 30 mn entre 5h30 et 23h30. On achète son billet directement au contrôleur (prévoir du cash).
➢ ***En bus puis métro :*** *bus n° 68 (N Bound) du* baggage claim *jusqu'à Broad et Pattison. Puis prendre Broad St Line (N Bound) jusqu'au City Hall (Downtown).* La formule la moins intéressante : compter 45 bonnes minutes. Mieux vaut prendre le train.
➢ ***En van :*** à chaque terminal, des vans passent par tous les grands hôtels du centre.
➢ ***En taxi :*** *env 30 $ pour rejoindre le centre-ville en 15 mn (tarif fixe).*

En bus

🚌 ***Greyhound Bus Terminal*** *(plan couleur C2) : à l'angle de Filbert et 10th St. ☎ 215-931-4075. Billetterie ouv tlj 5h10 (6h10 w-e)-22h30.* Nombreux départs dans ttes les directions, de tôt le matin à tard le soir. On peut y acheter des billets directement sur un terminal en français. Attention : Philadelphie est au cœur de la *Megalopolis* américaine, les bus sont donc souvent pris dans des bouchons dans les villes et sur les autoroutes.
🚌 ***Megabus :*** *• megabus.com •* Navettes à prix plancher (certains trajets à 1 $!) vers New York jusqu'à 15 fois/j. en sem 2h40-21h et 6 fois/j. le w-e 7h-20h30. Départ de Kennedy Blvd, à côté de la gare de Union Station, ou de l'Independence Mall, 10 mn plus tard. Trajet en 2h.
🚌 ***Peter Pan Trailways :*** *1001 Filbert St. ☎ 1-800-343-9999. • peterpanbus.com •* Fait partie du groupe *Greyhound* et assure la liaison Philadelphie-New York (24 $, moitié prix via Internet) et Washington.
🚌 ***New Century Travel :*** *55-57 N 11th St (portion souterraine, sous le* Convention Center*). ☎ 215-627-2666. • 2000coach.com •* Dessert les *Chinatowns* de New York *(12 $)* et Washington *(15 $).* Prix imbattables, mais confort spartiate.

En train

Amtrak *(plan couleur A2) : à l'angle de 30th et Market St. ☎ 215-824-1600.* Immense gare, magnifique et propre comme un sou neuf. Liaisons fréquentes, plus pratiques mais beaucoup plus chères que le bus (4 fois), avec New York, Baltimore, Washington et Boston ; aussi des trains *Acela Express* encore plus chers (1re classe slt). Enfin, des trains vers la Floride.

Les différents quartiers

Tout le centre (au sens large) de la ville s'organise dans un grand rectangle bordé à l'est par la Delaware River et à l'ouest par la Schuylkill River. Vous remarquerez que pas mal de rues portent des noms d'arbres.

– ***À l'est*** s'étend l'***Historic District,*** composé de deux quartiers : ***Old City*** (vieilles maisons et anciens bâtiments à usage commercial reconvertis en restos), où se concentre l'essentiel de l'activité nocturne (bars, pubs, restos), et ***Society Hill*** (vieilles demeures en brique et bâtiments religieux), très agréable à visiter de jour, avec une activité nocturne concentrée sur sa frange sud : *South Street.* En outre, Historic District possède un ***waterfront*** sur la Delaware River, actuellement en pleine restructuration immobilière, et une zone de friches industrielles, ***Northern Liberties,*** où l'on consomme de la musique (jazz essentiellement) jusque tard dans la nuit. On l'aura compris, pour les couche-tard, Historic District est l'endroit où résider à Philly.

– ***Au centre,*** de part et d'autre d'un axe est-ouest matérialisé par *Chestnut St* (ininterrompu de part et d'autre de la ville), on trouve respectivement au nord : ***Chinatown,*** dont la colonne vertébrale est *Race St,* et l'activité concentrée entre 11th et 9th, à visiter en fin de journée pour son animation (quelques bons restos) ; et au sud, le quartier bourgeois de ***Washington Square,*** avec pour centre d'intérêt principal la célèbre *Pine St* (antiquaires entre 12th et 9th). À partir de ce quartier, la liaison avec l'Historic District se fait par le Mall où se concentrent les bâtiments historiques liés à la Déclaration d'indépendance.

– ***À l'ouest,*** le Terminal Market marque le début de ***Downtown,*** le quartier des affaires, des institutions, du shopping et des musées. Bordé au sud par le très sélect ***Rittenhouse Square,*** autour duquel on trouvera quand même quelques bonnes adresses pour boire un verre ou écouter de la musique.

– ***Plus à l'ouest et au nord,*** en bordure de la Schuylkill River, la ***Benjamin Franklin Parkway,*** flanquée d'espaces verts, pénètre au cœur de la ville à partir du *Fairmount Park.* On y trouve les plus grands musées d'art de la ville : le Philadelphia Museum of Art, le musée Rodin et, prévue pour 2012, la Barnes Foundation qui déménage de Merion.

– ***De l'autre côté de la Schuylkill River,*** c'est l'***University City*** avec également la gare, le centre hospitalier universitaire et le musée d'Anthropologie.

Bien sûr, la ville ne s'arrête pas là ; les beaux quartiers se diluent, la trame urbaine s'étiole, laissant souvent les laissés-pour-compte se regrouper pour constituer des quartiers désignés impudiquement sous le terme de « ghettos » mais qui ne demandent qu'à être découverts, ne fût-ce que pour les centaines de fresques qui ornent les murs de la ville. Alors si vous sortez du périmètre décrit, la nuit, prenez un taxi, ça fait marcher le commerce...

Adresses utiles

Informations touristiques et culturelles

Independence Visitor Center *(plan couleur D2) : 1 N Independence Mall W, à l'angle de 6th et de Market St, tt près de la Liberty Bell. ☎ 1-800-537-7676.*

• *independencevisitorcenter.com* • *Tlj 8h30-17h (19h en été).* Grande galerie qui sert de centre d'info présentant les principales attractions de la ville et de ses alentours. Foultitude de brochures et coupons de *discount* en tout genre et billets pour l'Independence Hall. Un *CityPass* pour 6 attractions, valable 9 jours, est vendu au prix de 59 $ (39 $ pour les 4-12 ans), mais à vous de voir si toutes vous intéressent (zoo, aquarium...). Cela nous a paru culturellement assez pauvre. Procurez-vous la brochure bisannuelle gratuite *Philadelphia Visitors Guide,* pour être au courant des programmations récentes et des expos temporaires.

ℹ ***New City Hall Visitor Center*** *(plan couleur B2) : dans le* City Hall *(room 121).* ☎ *215-686-3468.* • *independencevisitorcenter.com* • *Lun-ven 9h-17h.*

ℹ ***Pennsylvania Tourism :*** ☎ *1-800-VISIT-PA.* • *visitpa.com* • Plein de renseignements. Réservations d'hôtels et de *B & B.*

ℹ ***Philadelphia Convention & Visitors Bureau :*** • *philadelphiausa.travel/fr* • Infos sur la ville, les activités sportives et culturelles. Rubriques en français.

■ ***Quaker Information Center :*** *1501 Cherry St.* ☎ *215-241-7024.* • *quakerinfo.org* • Pour tout savoir sur les quakers, leur histoire, leur éthique, leur action.

■ ***Alliance française :*** *1420 Walnut St, suite 700.* ☎ *215-735-5283.* • *alliancefrancaisephiladelphia.com* • *Tlj sf w-e 9h-17h.* L'Alliance organise aussi des activités régulières : ciné-club le mardi, club de lecture, un repas mensuel dans un resto de Philly et participe aux événements annuels comme le Mardi gras et le *Bastille Day.*

Consulats

■ ***France*** *(plan couleur B2) : 1650 Market St (1 Liberty Pl), suite 2500.* ☎ *215-851-1474.* Le consulat peut, en cas de difficultés financières, vous indiquer la meilleure solution pour que des proches vous fassent parvenir de l'argent, ou encore vous assister juridiquement en cas de problème.

■ ***Suisse :*** *635 Public Ledger Building Independence Square.* ☎ *215-922-2215.*

Banques, poste, Internet

Distributeurs *(ATM)* un peu partout. De nombreuses banques changent les chèques de voyage.

✉ ***Post Office*** *(plan couleur A2) : poste principale au coin de 30th et Chestnut. Tlj 6h-minuit. Boutique postale et philatélique sur place, lun-ven 7h-22h, w-e 12h-19h. Annexe dans Broad St (près du* City Hall, *à l'intersection avec Chestnut St).*

@ ***ING Direct Café*** *(plan couleur B2) : 1636 Walnut St (angle 17th St).* ☎ *215-731-1410. Tlj 7h-19h en sem, 10h-19h sam et 10h-17h dim.* Bien situé. Une petite dizaine de postes. Boissons chaudes et pâtisseries. *Autre accès Internet dans la pizzeria située au* ***sous-sol de Fat Tuesday*** *dans South St (entre 4th et 5th).*

@ ***Free Library*** *(plan couleur B1) : 1901 Vine St (angle 17th St). Tlj sf dim 9h-21h (17h sam). À la bibliothèque municipale, connexions gratuites.* Durée maximale : 1h/j. Se munir d'une pièce d'identité.

@ ***Free Library Independence Branch*** *(plan couleur C2) : 18 S 7th St (juste en face de l'entrée de l'*Atwater Kent Museum*).* ☎ *215-685-1633. Lun, mer 12h-20h ; mar, jeu, ven 10h-17h. Connexions gratuites là encore.*

Transports en ville

Philadelphie est une ville qui se découvre à pied. Sachez toutefois respecter les consignes imposées par les feux tricolores, sans quoi vous risquez de vous faire tailler un short !

■ ***SEPTA** (Southeastern Pennsylvania Transportation Authority) : infos au ☎ 215-580-7800. • septa.org • Tarif à l'unité pour le métro, le tram ou le bus : 2 $.* Jeton (token) *non remboursable à prix dégressif (1,30 $ si acheté par 2 min).* Pass *à la journée : 5,50 $; ou à la sem : 21 $.* Compagnie de transport qui gère les bus, le métro, le tram et les trains de banlieue. Un plan détaillé des *transit routes* est offert à l'*Independence Hall Visitor Center. Horaires à la gare principale* d'Amtrak *30th St.*
Quelques bus et métros importants :
– *bus n° 38 :* du centre-ville vers Benjamin Franklin Parkway ;
– *bus n° 42 :* du centre-ville vers Civic Center et University City ;
– *deux lignes de métro :* Market-Frankford (d'est en ouest) et Broad St (du nord au sud). Métro vieux, laid mais propre ; il ne faudrait que quelques coups de pinceau pour en faire un décor de boîte destroy. Noter que le métro n'a pas d'escaliers roulants dans Downtown et que les stations sont assez difficiles à repérer.

■ ***Phlash Dowtown Loop :** • phillyphlash.com • Tlj, mai-oct 10h-18h ; 2 $ par trajet : forfait journée 5 $. Réduc.* Vieux bus de couleur violette passant par tous les sites intéressants. Fréquence ttes les 12 mn. Une vingtaine d'arrêts en ville dans un axe Penn's Landing – Philadelphia Museum of Art. On est libre de monter ou de descendre quand on veut. Idéal pour découvrir la ville.

■ ***Taxis : Olde Town,** ☎ 215-338-0838 ; **Liberty Cab,** ☎ 389-8000 ; **Yellow Cab,** ☎ 215-333-3333 ; **Quaker City Cab,** ☎ 215-728-8000.* Pas très cher si vous ne sortez pas du quartier. Plus cher si vous allez à l'aéroport ou si vous êtes coincé dans la circulation. Surveiller le compteur.

■ ***Location de voitures :** ts les loueurs de voitures sont basés dans la gare* Amtrak *30th St.* ***Alamo Rent-a-Car,** ☎ 215-492-3460 ou 1-800-327-9633 ; **Budget,** ☎ 215-492-9442 ou 1-800-527-0700 ; **Dollar,** ☎ 215-365-2700.* En principe, les prix dégringolent à l'approche du week-end. Bon courage dans les embouteillages !

■ ***Stationnement :*** pas évident. Système de parcmètres (prévoyez de la monnaie), ou gratuit avec durée de stationnement limitée à 2h ou 3h selon les zones (gratuit toute la journée de dimanche). Ronde incessante des autorités qui marquent les pneus. Impossible d'y échapper. *• philapark.org •*

■ ***Parking :** env 6 $/h.* La nuit revient à 12-17 $, mais il faut laisser sa voiture après 17h30 et la reprendre avant 7h, sinon chaque heure de sommeil supplémentaire coûtera 6 $! Notre meilleure adresse : *304-310 Race St.* Un parking idéalement placé dans Old Town. Évidemment, ils parlent le français !

Transports touristiques

■ ***Daily Trolley Tours :** avr-nov, tlj 9h30-18h ; déc-mars, 10h-16h ; 25 $ le* pass *valable 24h ; réduc. Départ Market St / 5th St.* Minibus touristique ouvert à tous vents, pour sillonner le centre-ville et les principaux sites touristiques. Durée de la balade : 1h30. La visite de l'*Independence Center* est incluse dans le prix du pass.

■ ***Ride the Ducks :** ☎ 227-DUCK. Tarif : 26 $; enfant 16 $.* Véhicule amphibie qui trace sa route contre vents et marées dans *Society Hill* et fait un plouf dans la Delaware. « Coin-coin » en prime et animation genre Benny Hill mais en plus lourd encore. Réservé à ceux qui trouvent que le ridicule ne tue pas.

■ ***Double-Decker Bus Tours :** ☎ 389-TOUR. Mêmes horaires et même lieu de départ que le Trolley. Tarif : 27 $; réduc.* Autobus à impériale qui fait le tour des principaux centres d'intérêt de la ville en 90 mn. Système *hop-on/hop-off :* on monte et descend quand on veut. La visite est commentée.

■ ***Horse Carriage Tours :** ☎ 215-923-8516. Départ à l'angle Chestnut / 5th St (en face d'Independence Hall), 9h30-15h30 (18h30 w-e) ; nocturne sur rdv. Env 40 $ le tour de 30-35 mn (4 pers).* Une balade en calèche attelée à un percheron. Existe aussi des tours plus longs... ou accompagnés par de vrais amish pour faire plus authentique, mais plus chers.

■ ***Mural Tours :** ☎ 215-389-TOUR. • muralarts.org • Départs avr-nov mer (10h) et w-e à 12h30 devant l'*Independence

Visitor Center. *Tarif : 27 $; réduc.* (Voir plus loin l'article consacré aux *murals*.)

■ ***Riverlink Ferry :*** ☎ *925-LINK.* • *river linkferry.com* • *Tlj juin-août, 9h30-18h, et le w-e en mai et sept ; rotations ttes les heures. Embarquement à Penn's Landing. Traversée : 7 $.* Petit ferry *double deck* genre *houseboat* qui vous conduit, l'été, sur l'autre rive de la Delaware River, dans le New Jersey, le meilleur moyen d'aller visiter le croiseur de bataille *New Jersey*.

Urgences, santé

■ ***Hôpital Universitaire de Pennsylvanie :*** ☎ *215-662-4000.*

■ ***Dental Emergency :*** ☎ *215-925-6050.*

■ ***Centre antipoison :*** ☎ *215-386-2100.*

■ ***Médecin :*** ☎ *610-853-9900.*

Où dormir ?

Trouver un hébergement bon marché à Philadelphie n'est pas une sinécure. La ville est pauvre en hôtels à bas prix ou à prix moyens. Les *B & B* ne sont pas légion non plus. Réserver à l'avance par Internet semble être la solution. Mais attention ! Si vous êtes en voiture, les parkings d'hôtel ne sont pas donnés (25-30 $ la nuit). Les familles opteront pour les motels ou les petits hôtels du New Jersey (de l'autre côté de la Delaware).

En ville, les noctambules coucheront de préférence dans l'*Historic District*, les autres aux environs de Washington Square.

CAMPINGS

▲ ***Timberlane Campground :*** *117 Timberlane Rd, Clarksboro.* ☎ *856-423-6677.* • *timberlanecampground.com* • *À 12 miles de Philly (dans le New Jersey), c'est le camping le plus proche ; pour s'y rendre en voiture : traverser le Walt Whitman Bridge, qui enjambe la Delaware River vers la 295 S, prendre l'exit 1A et continuer jusqu'à l'exit 18A ; suivre la route 667 S (Cohawkin Rd) vers Paulsboro ; faire 800 m et prendre à droite Friendship Rd ; 300 m plus loin, sur la droite, on atteint le Timberlane Campground. De Philly, à pied, prendre le bateau pour traverser la Delaware, puis la ligne de bus n° 401 (Philadelphie-Salem) et descendre à l'arrêt situé à l'intersection entre King Hwy et Cohawkin Rd (ligne Township of East Greenwich) ; ensuite, marcher env 1 mile sur Cohawkin Rd. Ouv tte l'année ; accueil 9h-21h. Résa conseillée. Emplacement 30 $ pour 2 ; un seul bungalow pour 4 pers 55 $.* Bien équipé, calme et arboré, dans un décor de carte postale (la région est superbe). Sanitaires impeccables. Piscine et bassin de pêche. Petite boutique. Bon accueil.

▲ ***Philadelphia West Chester KOA :*** *16559 Embreeville Rd, Coastesville.* ☎ *610-486-0447 (infos) ou 1-800-562-1726 (résas).* • *philadelphiakoa.com* • *À 1h de Philly. Prendre la direction de King of Prussia ; sortie 328A, puis 30 W vers Coatesville, sortie vers la 82 (Coasteville) ; prendre la 82 S en direction de Kennett Sq jusqu'à l'intersection avec la 162 ; ensuite, c'est fléché. Ouv avr-oct. Dès 35 $ l'emplacement (4 adultes ou 1 famille). Forfait de 3 nuits min. Bungalows pour 4 à partir de 65 $. Wifi.* Un camping agréable, noyé dans la verdure au bord d'une rivière (location de canoës). Piscine. Restaurant. Pour ceux qui aiment les vacances au camping. Idéal avec des enfants turbulents. Vous êtes prévenu !

AUBERGES DE JEUNESSE

■ ***Apple Hostel*** *(plan couleur D2,* ***10****) : 32 S Bank St (ruelle derrière le Best Western), côté Chestnut St.* ☎ *215-922-0222 ou 1-877-275-1971-HOST.*

• *appelhostels.com* • Ⓜ *2nd St (ligne bleue). Ouv 8h-10h, 16h30-0h30 (1h ven-sam). Résa impérative. Env 33-37 $ la nuit (plus cher le w-e) et 38-41 $ sans la carte des AJ, taxes et draps inclus. Moins cher en hiver. Internet, wifi.* Lits en dortoirs (étages séparés pour filles et garçons), mais il existe un dortoir pour couples et des chambres privées et semi-privées mixtes *(72-90 $ selon saison et j. de la sem).* Cette AJ officielle est au cœur du quartier historique et près des endroits où sortir. Complètement rénovée, avec des couleurs pimpantes. Possibilité de prendre ses repas à la cuisine du sous-sol, plat de pâtes gratuit le mercredi soir. Excellente ambiance. DVD à dispo et table de billard. Promenade historique guidée de 1h30 le samedi à 16h pour 2 $ seulement et *pub crawl* pour les amateurs.

Hostelling International Chamounix Mansion *(hors plan couleur par A1) : dans le vaste W Fairmount Park, 3250 Chamounix Dr.* ☎ *215-878-3676. Résas :* ☎ *1-800-379-0017.* • *philahostel.org* • *Sans voiture, bus n° 38 et descendre au croisement des routes Ford et Cranston ; suivre Ford Rd, puis à gauche sur Chamounix Dr pdt 1,5 km ; l'AJ est tt au bout de la route (30 mn de marche). En voiture : Hwy 76 W en direction du nord, puis* left line *sortie 339, puis Belmont Ave, et immédiatement à gauche Ford Rd et enfin la 3e à gauche, Chamounix Dr. Ouv 8h-11h, 16h30-minuit. Résa conseillée. Nuitée 23 $ (20 $ avec la carte des AJ). Internet.* Une auberge aménagée dans un ancien manoir du XVIIIe s situé en pleine forêt, assez loin du centre. Bel endroit, ambiance *peace & love.* Environ 80 couchages dans des dortoirs de 4 à 16 lits. Sacs de couchage interdits, draps et couvertures fournis. Garçons et filles séparés, mais les couples peuvent s'arranger en téléphonant à l'avance. L'AJ, calme et bien tenue, possède de superbes salons fort bien meublés, grande TV, large choix de films (en libre accès), cuisine équipée, machine à laver, jardin où l'on peut faire des grillades, salle de jeux, piano, bibliothèque, douche chaude... le tout sur 3 niveaux. Propose des vélos et des tandems pour aller en ville. Excellent point de chute.

International House Philadelphia *(hors plan couleur par A2,* ***11****) : 3701 Chestnut St (en face de la* Tabernacle United Church*).* ☎ *215-387-5125.* • *ihousephilly.org* • *Accessible de mi-mai à fin juillet slt. Résa à l'avance obligatoire. Env 80 $ en* single *(100 $ la double). Internet.* Située au cœur d'University City, une résidence universitaire ultramoderne qui fait également auberge de jeunesse. Les chambres sont petites, mais c'est propre. On partage cuisine et salle de bains. Centre multiculturel, cafétéria. Idéal pour faire des rencontres. Plein de programmes culturels.

MOTELS

Bien qu'ils soient généralement excentrés, les *Motel 6* • *motel6.com* • de la chaîne *Accor* sont confortables, très propres, avec des chambres à 2 grands lits équipées de bains. Les prix indiqués ci-dessous sont ceux d'une chambre double ; à peine plus chers pour 4 ; gratuit pour les moins de 17 ans, appels locaux et café également. Déco basique mais suffisante. C'est, avec les auberges de jeunesse, l'une des solutions les moins chères pour loger à Philadelphie. Les indications de direction ci-dessous sont plus faciles à comprendre avec le plan d'accès du petit fascicule édité par cette chaîne d'hôtels, la moins chère aux États-Unis. *Résas :* ☎ *1-800-466-8356.*

Motel 6 Mount Laurel : *2798 route 73 N, Maple Shade, New Jersey (juste en face du* Burger King*).* ☎ *856-235-3550. À 12 miles (19,3 km) à l'est de Philly. Sortie 4 sur la New Jersey Turnpike, 36B sur la 295, puis 73 vers le nord-ouest et ensuite, Nixon Dr à droite ; après 2 feux, prendre la suivante à droite. Env 47-66 $ selon période (plus cher le w-e).* Un grand motel sur 2 bâtiments comportant 3 niveaux. Réserver une chambre dans celui de l'arrière (plus près de la piscine et plus loin de la route 73). Mieux pour les groupes que pour les individuels.

Motel 6 Philadelphia Airport : *43 Industrial Hwy, Service Rd 291,*

Essington. ☎ *610-521-6650. À 11 miles (17,7 km) du centre. Sortie 9A (Wanamaker Ave) sur la 95, puis au sud jusqu'au 1er feu ; à gauche sur la 291, c'est après le resto* Denny's. *Chambres env 60-75 $.*

BED & BREAKFAST

Une formule intéressante pour loger à Philly. Dommage qu'il n'y en ait pas beaucoup ! Néanmoins, ne pas compter faire des économies : les *B & B* ne sont pas meilleur marché que les hôtels. En revanche, le *breakfast* est inclus *(of course !).* Comme d'habitude, les prix sont donnés hors taxes (ajouter 14 %) et hors pourboires. À noter que le terme *B & B* est souvent usurpé, car certains établissements possèdent jusqu'à une douzaine de chambres, voire plus. Avant de réserver, bien se faire préciser s'ils prennent les cartes de paiement, et lesquelles. Deux associations susceptibles de vous dénicher une adresse en plein centre :

■ ***Bed & Breakfast Center City :*** ☎ *215-735-1137 ou 1-800-354-8401 (tlj 9h-21h).* C'est le propriétaire de *La Réserve* qui répond (voir adresse plus loin).

■ ***A Bed & Breakfast Connection of Philadelphia :*** ☎ *1-800-448-3619 (répond slt lun-ven 9h-17h, mais on peut toujours réserver sur Internet).* • *bnbphiladelphia.com* • *Doubles 80-300 $.* Maisons dans le centre, dans le secteur universitaire et les environs de la ville.

De prix moyens à chic

🏠 ***The Thomas Bond House Bed & Breakfast*** *(plan couleur D2,* ***16****) : 129 S 2nd St.* ☎ *215-923-8523 ou 1-800-845-BOND.* • *thomasbondhousebandb.com* • *Résa conseillée. Doubles 115-135 $ selon confort, suites 155-190 $; petit déj inclus. CB acceptées. Wifi.* En plein cœur du site historique, une demeure de 1769 comportant 8 chambres et 4 suites. Ameublement dans le style XIXe s (un associé de Franklin y a résidé) ; beaucoup de goût, de classe, de charme. Chambres étagées sur 4 niveaux ; chacune possède sa touche d'originalité : la n° 304 *(James S. Cox)* a des murs rouges, la n° 204 *(Benjamin Eldridge)* un mobilier Chippendale, la n° 401 *(Benjamin Franklin)* et la n° 402 *(Robert Fulton)* donnent toutes les deux sur la Delaware River. La suite n° 201 *(Thomas Bond Jr),* très grande, possède 5 fenêtres, une cheminée qui fonctionne, un Jacuzzi et un lit à baldaquin venu des plantations du Sud. Bon accueil.

🏠 ***La Réserve – The Grand Dame of Philadelphia's Bed & Breakfast*** *(plan couleur B3,* ***14****) : 1804 Pine St.* ☎ *215-735-1137 ou 888-405-8567.* • *lareservebandb.com* • *Dans le centre, à proximité du quartier des affaires, à 3 blocs au sud du Rittenhouse Sq, en suivant 18th St. Résa conseillée. Doubles 90-165 $ selon période, studios et suites 120-180 $ (réduc en cas de longue durée). Prix négociables. CB acceptées. Parking quasi impossible dans la rue, mais plusieurs parkings publics à proximité (compter 20 $ pour 24h). Wifi.* Shery dirige cette maison en brique du milieu du XIXe s, haute de 4 étages, décorée avec du goût et des meubles anciens. Élégant salon avec piano *Steinway* et portraits de Louis XVI et Marie-Antoinette. Une douzaine de belles chambres spacieuses, confortables et climatisées, chacune aménagée avec un caractère particulier ; ainsi, on peut trouver son bonheur dans la « chambre du Marquis », sobre et colorée de bleu lavande, ou préférer se réfugier dans la suite « la Grande Dame », ravissante et romantique avec sa cheminée. Copieux petit déj. Une très bonne adresse.

🏠 ***Alexander Inn*** *(plan couleur C3,* ***17****) : Spruce St (et 12th St).* ☎ *923-3535.* • *alexanderinn.com* • *Résa fortement conseillée (voire 3 ou 4 sem avt en saison). Doubles 130-170 $, petit déj-buffet inclus. Wifi.* Une très belle boutique-hôtel d'une cinquantaine de chambres sur 7 étages, située dans un quartier on ne peut plus tranquille. Belle déco, sobre, agréable à l'œil et sans fioritures, mais pour certaines chambres, lits pas très grands, en revanche. L'aménagement a été conçu par des designers apparemment influencés par le *Modern Art*. Le rapport qualité-prix est plus que correct. Une bonne adresse.

🏠 ***Rittenhouse 1715** (plan couleur B3, **13**) : 1715 Rittenhouse Square St. ☎ 877-791-6500 (gratuit) ou 215-546-6500. • rittenhouse1715.com • Chambres 250-305 $. Suites plus chères. Wifi.* Un petit nid douillet à proximité du square du même nom. Meublées d'antiquités, les chambres toutes personnalisées, au mobilier Louis XV ou Chippendale, raviront les amateurs de beaux intérieurs stylés, à condition de pouvoir se permettre cette petite folie, bien sûr. TV plasma, lecteur de DVD et service de *wine & cheese* en fin d'après-midi. Clim' non réglable plutôt réfrigérante, hélas.

HÔTELS

Chic

🏠 ***Penn's View Hotel** (plan couleur D2, **18**) : 14 Front St (angle Market St). ☎ 215-922-7600 ou 1-800-331-7634. • pennsviewhotel.com • Résa fortement conseillée. Chambres 120-220 $ selon confort et/ou période, copieux petit déj inclus. Wifi. Parking à proximité pour 21 $/j.* Dans une ancienne *warehouse* datant de 1829, une adresse de charme aux chambres meublées dans un style Chippendale plutôt fleuri. Certaines ont une petite terrasse. Épaisses moquettes, parquet, tapis d'Orient, murs de brique apparente... chaque chambre possède son propre décor. Bar et restaurant *(ouv le soir)* de cuisine nord-italienne, décoré d'une magnifique fresque ; belle carte des vins. Salle de fitness. Accueil souriant. Un bémol : la proximité de la voie express qui longe le *waterfront*, mais isolation bien conçue.

🏠 ***Best Western Center City** (plan couleur A1, **21**) : 501 N 22nd St. ☎ 215-568-8300. Résa conseillée. Doubles 110-140 $ selon période. Petit déj en plus. Parking privé gratuit.* Un hôtel genre barre de HLM, un peu vieillissant, aux chambres standard, mais qui présente l'intérêt d'être à deux pas des principaux musées d'art de Philly. Un peu loin du centre animé toutefois. Grande piscine et billard. Supermarché bio *Whole Foods Market* à proximité si on veut éviter le resto attenant. Accueil aimable.

🏠 ***Holiday Inn – Historic District** (plan couleur D2, **20**) : 400 Arch St. (entrée sur 4th St). ☎ 215-923-8660 ou 1-800-911-617. • holidayinn.com • Doubles à partir de 130 $ par Internet.* Un hôtel de chaîne plutôt convenable et très bien situé, proposant 2 grands lits dans chaque chambre. Confort standard, mais service au lance-pierre. Petite piscine. Pour le petit déj, évitez celui de l'hôtel, il y a un *Starbucks* à deux pas sur Arch St.

🏠 ***Latham Hotel** (plan couleur B2, **19**) : 135 S 17th St (angle Walnut). ☎ 215-563-7474 ou 1-877-528-4261. • latham hotel.com • Résa conseillée. Double env 130 $ selon période, gros discount le w-e. Parking 30 $. Wifi.* Une boutique-hôtel dans un bâtiment historique niché en plein cœur de la ville. Meubles anciens, et dans les chambres de style victorien (de qualité inégale, même parfois vieillottes), l'équipement complet et le confort auquel on est en droit de s'attendre dans ce genre d'adresse. Literie parfois fatiguée et entretien aléatoire. Salle de fitness. À retenir pour sa situation, ses promos alléchantes, mais sans garantie de satisfaction complète. Accueil un peu réservé.

Coup de folie

🏠 ***The Rittenhouse** (plan couleur B2-3, **12**) : 210 West Rittenhouse Sq. ☎ 215-546-9000 ou 1-800-635-1042. • ritten househotel.com •* Un hôtel indépendant pour goûter à ce qui se fait de mieux en matière d'hôtellerie aux USA. Pas donné, bien sûr, mais une telle excellence dans le service a son prix, et puis, en allant sur leur site, on peut repérer des offres finalement pas si onéreuses que cela (env 265 $) si l'on est en famille, par exemple. La plupart des chambres surplombent les frondaisons du parc. Les petites attentions délicates, le sourire permanent et la gentillesse institutionnalisée depuis le *bellboy* jusqu'au directeur rendent enchanteur un séjour au *Rittenhouse.* Rien n'y manque, pas besoin d'égrener la liste des équipements. Citons seulement le spa, la piscine, les restaurants, la salle de sports... le rêve, quoi ! D'ailleurs, les people comme Bruce Willis, Jack Nicholson, Oprah Winfrey ou Mick Jagger ne jurent que par le *Rittenhouse* lorsqu'ils sont de passage à Philly.

Où manger ?

Avis aux gourmets, Philly est devenue un des hauts lieux gastronomiques des États-Unis ! On y trouve de jeunes chefs talentueux et créatifs, proposant de vraies bonnes tables, souvent dans un cadre élégant et raffiné. Prévoir un budget repas, donc, car l'offre est large : italiens, indiens, mexicains, japonais, thaïs, afghans, chinois, péruviens, turcs, éthiopiens, libanais, marocains, français... et américains, bien sûr ! Ceux qui préfèrent dépenser dans les musées ou en faisant du shopping pourront toujours se rabattre sur les petites roulottes en alu que l'on trouve à tous les carrefours. On y vend des hot dogs, des *hoagies,* des sandwichs et de succulentes salades de fruits pour trois fois rien.

Si le *BYOB (Bring Your Own Beverage),* qui consiste à apporter sa propre bibine au resto, est encore d'actualité dans le pays, aujourd'hui, la majorité des restaurants de Philly servent de l'alcool. Mais attention, seulement aux plus de 21 ans, et pas d'exception pour les étrangers !

Dans Historic District (Old City, Society Hill et South Street)

Tout se passe grosso modo dans le rectangle délimité du nord au sud par Race St et Chestnut, et d'ouest en est par 4th St et 2nd St. Cette dernière étant l'épine dorsale qui permet de remonter jusqu'à Northern Liberties. En revanche, pour rejoindre South St, descendre de préférence 3rd St.

L'animation commence pendant les *happy hours* (entre 17h et 19h), où les *early birds* pourront dîner en avance à prix réduit. Jusqu'à environ 21h-22h, les restos sont pleins ; ensuite, ils se vident et les bars se remplissent (principe d'Archimède), la soirée finissant vers 2h du mat. En semaine, ça peut être calme (façon de parler), mais le vendredi et le samedi, la rue ne désemplit pas. Penser à réserver. Pas de crainte à avoir la nuit dans ce périmètre, en dépit d'un éclairage public très faible qui rappelle les films où les mauvais garçons et les marins en goguette tenaient le haut du pavé.

Spécial petit déjeuner

Café Olé *(plan couleur D2,* ***51****) : 147 N 3*rd *St (entre Cherry et Race). ☎ 215-627-2140. Tlj sf dim 7h30-21h.* Dans le quartier historique, un lieu agréable pour siroter un café fraîchement moulu, déguster de bons muffins et cookies (à moitié prix après 18h) ou grignoter de belles salades israéliennes. Voir la fresque sur le mur extérieur. Pour les lève-(très) tard, petit déj servi jusqu'à 16h.

Mrs K's *(plan couleur D2,* ***64****) : 325 Chestnut St. ☎ 627-7991. Ouv 6h-23h. Env 8 $ le* breakfast *(servi jusqu'à 12h), plats env 10 $.* Grande cafet' très clean au décor *sixties* : tabourets en moleskine fixés devant de grands comptoirs en U. Les employés du coin et les travailleurs de l'aube prennent le bar d'assaut ou s'attablent en terrasse l'été depuis des lustres pour le petit déj ou pour casser la graine le midi.

Longue carte de sandwichs, omelettes, hamburgers, *hoagies*, salades, plats chauds et froids, y compris une sélection de plats light.

De prix moyens à plus chic

DiNardo's *(plan couleur D2,* ***39****) : 312 Race St. ☎ 215-925-5115. Tlj sf dim midi 11h-22h (23h ven-sam et 21h dim). Plats 8-12 $ le midi, 17-32 $ le soir (copieux). On s'en sort pour 30 $. Parking juste à côté.* La Rome des fruits de mer, le temple du crabe, dont vous serrerez d'ailleurs les pinces en ouvrant les portes rouges. Vraiment un lieu très populaire, avec une déco originale, un poil kitsch, où le hameçon est roi. La carte a de quoi harponner l'amateur : crabe bleu à la vapeur ou sauté à l'ail, *Pescatore* (crevettes, coquilles Saint-Jacques, *clams* et moules sur un lit de *linguine*) ou bien huîtres-frites, *Alaskan crab legs* (énormes pattes de crabe), salades aux fruits de mer, etc. Délicieux *Seafood Imperial.* Et quelques grillades pour ceux à qui les fruits de mer donnent de l'urticaire...

Kabul Restaurant *(plan couleur D2,* ***54****) : 106 Chestnut St. ☎ 215-922-3376. Lun-jeu 16h-22h, ven-sam 16h-23h, dim 15h-22h. Repas 20-25 $.* Une petite communauté afghane a élu domicile à Philly. Quelques adresses y ont fleuri. Le *Kabul* émerge parmi celles-ci pour son excellente cuisine à prix raisonnables. Salle couverte d'épais tapis, costumes pachtounes, tables éclairées à la bougie. Assiettes parfumées à choisir parmi les différents *pilav,* brochette de bœuf ou d'agneau. Adresse *BYOB,* on apporte donc sa boisson alcoolisée ou on se contente de thé. Service attentif.

Continental Martini Bar *(plan couleur D2,* ***31****) : 138 Market St (angle de 2nd St). ☎ 215-923-6069. Tlj 11h30-15h30, 17h-23h (minuit jeu-ven-sam). Brunch w-e 10h-16h. Bar jusqu'à 2h. Repas env 30 $.* Déco chromée *sixties,* personnel avenant. Chaude ambiance, riante et décontractée au bar ou dans les boxes, quelques tables dehors pour observer l'animation de la rue. Derrière le bar, on devine le chef à l'action : cuisine exotique et relevée (« global tapas », comme on dit de nos jours), salade de calamars au gingembre, *crab cake* au citron, tofu pané aux nouilles chinoises. Excellente banana-split en dessert. Bon rapport qualité-prix.

Jones *(plan couleur C2,* ***45****) : 700 Chestnut St. ☎ 215-223-5663. • jones-restaurant.com • Tlj 11h30-minuit (1h ven-sam, 23h dim) ; brunch sam-dim 10h-15h. Résa conseillée. Plats principaux 13-22 $.* Un des quelques restos *trendy* de Steven Starr, qui, pas loin de se prendre pour Midas, a le don de transformer en or tout ce qu'il touche. Déco design, avec un clin d'œil aux *seventies.* Brique apparente, caressée par un éclairage subtil distillé par les persiennes, fauteuils et tabourets en skaï vert, grande photo de pin-up derrière le bar. Musique forte qui agite gentiment la clientèle. Dans les assiettes, on retrouve des plats traditionnels, *Thanksgiving Dinner, Maryland crab cakes...* et aussi des mets plus inventifs. Un endroit branché tout en restant abordable.

Chic

Fork *(plan couleur D2,* ***60****) : 306 Market St (entre 3rd et 4th St). ☎ 215-625-9425. Tlj 11h30-14h30, 17h-22h30 ; brunch dim 11h-15h. Plats 14-24 $.* Éclairage intime et chaleureux pour un décor intelligemment minimaliste. Bar central de pierre brute, tables noires presque de bistrot, chaises confortables de couleur grise... La cuisine est au fond de la salle, ouverte aux regards. Table raffinée, gastronomique, mélange de saveurs très réussi. Petits pains délicieux pour accompagner les plats. La carte des vins est internationale ; bon vin de Californie. Service détendu mais distingué, et piano en fond sonore. Pour les pauses express, on trouve juste à côté **Fork etc.,** qui fait traiteur-salon de thé et propose d'adorables paniers pique-nique. On peut aussi y prendre un copieux petit déj à la grande table commune.

🍽 🍸 ***Cuba Libre*** *(plan couleur D2,* ***44****) : 10 S 2nd St.* ☎ *215-627-0666. Tlj 11h30-15h30, 16h-23h ; brunch dim 10h30-14h30. Résa fortement conseillée. Plats 15-25 $ le midi, 18-30 $ le soir.* Dès le seuil franchi, c'est La Havane dans les années 1950. Très beau patio, carrelage coloré et murs chatoyants. Terrasse avec ferronneries et ventilateurs qui hachent les conversations bruyantes des convives, palmiers. À la carte, des spécialités d'inspiration cubaine, forcément : *malanga, churrasco...* Copieuses portions avec une touche d'originalité. Essayez le *ceviche* de sushi, fameux ! L'endroit est aussi réputé pour ses *mojitos*, les meilleurs de la ville, à siroter au bar au rythme d'une musique cubaine. *Viva Fidel-phia !*

🍽 🍸 ***Amada*** *(plan couleur D2,* ***32****) : 217-219 Chestnut St.* ☎ *215-625-2450. Tlj 11h30-22h (minuit ven-sam). Résa quasi obligatoire le w-e. Assortiment de 3 tapas (pour 2) 45-65 $. Plats 12-20 $; salade moins de 10 $. Moins cher le midi.* Un restaurant *Tinto, Jamon y Queso* comme on les aime ! Grande salle aux multiples recoins. Bar en marbre derrière lequel s'active un personnel en noir. Brouhaha permanent, musique groove. Mis à part le côté « désenfumé », on s'y croirait (la *pata negra* est quand même sous cellophane !). Dans l'assiette, en dépit de la générosité des portions, véritable feu d'artifice de saveurs. José Garces revisite les tapas traditionnelles : poivrons farcis au crabe et amandes grillées, salade de serrano aux figues, marinade d'anchois... Quant aux desserts, n'en parlons pas : *Ola de chocolate, crema catalana* parfumée à la lavande, sorbets. Préférer le bar, on est mieux assis.

Très chic

🍽 ***Buddakan*** *(plan couleur D2,* ***38****) : 325 Chestnut St.* ☎ *215-574-9440. Lunch lun-ven 11h30-14h30 ; dîner lun-jeu 17h-22h, ven-sam 17h-minuit et dim 16h-22h. Résa quasi obligatoire le w-e. Addition 30-50 $.* Un des endroits *trendy* de Philly. Grande salle haute sous plafond décorée à l'orientale tendance zen. Préférer la mezzanine, moins assourdissante. Un bouddha monumental genre bodybuildé veille sur l'assemblée jacassante. Ambiance cantine scolaire. Beaucoup de groupes venus ensemble. Dans l'assiette, cuisine asiatique haut de gamme : salade de riz au crabe, tartare de thon rouge, porc au gingembre et toute une gamme de plats au wok. En sachant surfer sur la carte, on s'en sort pas trop mal. Attention, c'est très copieux. Et succulent.

🍽 ***City Tavern*** *(plan couleur D2,* ***42****) : 138 S 2nd St.* ☎ *215-413-1443. Tlj dès 11h30, le soir 16h (15h dim)-22h. Plats 10-20 $ le midi, 22-30 $ le soir ; dîner env 50 $ (hors boisson car les vins sont chers).* Un des restos les plus touristiques de la ville. Les célébrités qui y dînèrent ne se comptent plus. Excellente reconstitution datant de 1976 d'une taverne qui abritait ici, en 1774, les réunions des membres du First Continental Congress. Le banquet de la Constitutional Convention s'y tint en 1787. Le *City Tavern* comprend différents salons et une terrasse donnant sur un beau jardin ombragé. L'atmosphère est recréée par le mobilier de style colonial, la vaisselle et le personnel en costumes d'époque. Le chef-proprio Walter Staib, reconnu comme ambassadeur culinaire de Philadelphie, a réintroduit des recettes appréciées de John Adams et de Jefferson, comme la soupe poivrée des Antilles ou le canard rôti au chutney de pêche ; sans oublier la mousse au chocolat de Martha Washington, la première First Lady. Pour ceux qui pensent que c'était mieux avant.

Un peu plus au sud, vers l'Italian Market

Sur South St, et un peu plus au sud encore, donc, cette agglomération de grands comptoirs populaires (pas de salle à manger) nourrit en continu jeunes en goguette, affamés et paumés du petit matin. Attention : ne pas venir ici en robe du soir et ne pas s'offusquer du jargon musclé des Italo-Américains.

Bon marché

|●| ***Sabrina's Café*** *(plan couleur C3, **36**) : 910 Christian St (entre 9th et 10th St). ☎ 215-574-1599. Mar-sam 8h-22h, dim-lun 8h-16h. Salades, burgers, sandwichs, omelettes, tt à moins de 10 $.* À une encablure d'*Italian Market*, une petite adresse éclectique et bien sympathique, qui sert à toute heure une ribambelle d'en-cas inventifs joliment composés avec des produits bien frais. Les amateurs de crêpes seront à la fête. Intérieur sans recherche, mais on s'y sent bien. Immense tableau des suggestions du jour. Quelques tables dehors. Staff coloré et souriant.

|●| ***Jim's Steak*** *(plan couleur D3, **30**) : South St, à l'angle de 4th St. ☎ 215-928-1991. Lun-jeu 10h-1h, ven-sam 10h-3h, dim 11h-22h. Env 7 $ pour un sandwich énorme.* Immanquable façade en céramique noire et argentée, jolies compositions de néon. On fait la queue devant depuis 1939 pour déguster le fameux *Philly cheese steak* qu'un cuisinier prépare sous vos yeux (la recette n'a jamais changé). La manière dont il fait valser les ingrédients entre les tranches de pain est impressionnante. Le *cheese steak* est la spécialité de la ville. Agrémentés d'oignon, de fromage type *provolone*, de tomate, de salade, ils sont à déguster en *takeaway* ou sur place. Choix de *pepper steak* aussi, *mushroom steak*, *hoagies* (dont un *Italian special* avec salami, *capocolla*, *provolone cheese*, etc.). Une institution qu'on adore.

|●| ***Pat's King of Steaks*** *(hors plan couleur par C3, **43**) : 9th St (angle avec Wharton et Passyunk). ☎ 215-468-1546. 5 rues au sud de Christian St. Ouv 24h/24.* Cheese steak *7,50 $.* Un petit tour dans l'Amérique populaire avec ses légendes de réussites à la force du poignet. Une institution en activité depuis 1930. Tellement célèbre qu'elle a sa rubrique sur Wikipedia ! Spécialiste du *steak sandwich* avec de la vraie baguette. Une quinzaine de variétés de hamburger. Trottoir aménagé pour manger debout.

|●| ***Geno's*** *(hors plan couleur par C3, **43**) : 1219 S 9th St. ☎ 215-389-0659.* Steak sandwich *env 7 $ et café à 75 cents, qui dit mieux ?* À peine moins célèbre que son voisin Pat's juste en face, *Geno's*, le roi du néon, affiche lumineusement sa façade en céramique orange. Véritable plongeon dans l'Amérique des *sixties*. Tables dehors. Litanie de photos de vedettes locales et nationales : catcheurs, tatoués, *bikers* fans de Harley, Donna Summer, Nancy Sinatra, Oprah Winfrey, Nicholas Cage, Rocky Marciano, Clinton en campagne, Elton John, etc. *Steak sandwich*, *provolone cheese steak*, *Italian hoagie* et même une *pizza steak*.

Prix moyens

|●| ***Dmitri's*** *(plan couleur D3, **37**) : 795 3rd St (et Catharine St). ☎ 215-625-0556. Lun-jeu 17h30-22h ; ven-sam 17h30-23h ; dim 17h-22h. Repas env 30 $. CB refusées.* Assez excentré mais c'est, paraît-il, le meilleur endroit de la ville pour manger des oursins. Pour faire court, disons que c'est de la *seafood* haut de gamme, à la grecque, dans une petite salle bruyante et tumultueuse. Spécialité de poulpe grillé. Pas de résa, donc difficile d'obtenir une table si l'on ne se pointe pas de bonne heure (vers 19h). *BYOB* (apporter son vin ou sa bière).

|●| ***La Fourno Trattoria*** *(plan couleur C3, **59**) : 636 S St. ☎ 215-333-9151. Tlj 11h30 (12h30 dim)-23h. Pizzas (à composer soi-même) 6-10 $; autres plats 12-18 $.* Décor simple autour d'un four et d'un comptoir, arrière-salle avec des tables garnies de nappes blanches. Large choix de pizzas et *calzone*, de pâtes, de *seafood* et de poulet. En dessert, *home made cannoli*, une spécialité sicilienne très populaire aux États-Unis : c'est un petit cornet de pâte sucrée craquante, fourrée de ricotta et de chocolat.

|●| ***Ralph's Italian Restaurant*** *(plan couleur C3, **58**) : 760 S 9th St. ☎ 215-627-6011. Tlj 11h45-21h45 (22h45 ven-sam). Repas complet env 30 $. CB refusées, mais il y a un* ATM *à l'intérieur.*

Ouvert depuis 1900 et tenu par la même famille depuis 5 générations. Une institution, donc souvent décorée par des *Best of Philly* ; les Philadelphiens s'y pressent avant même l'ouverture. Décor agréable auquel on prête peu attention, car l'important est dans l'assiette : ici, on a l'art de composer les sauces. Le jambon et le fromage sont importés, le tour de main est local. Carte typique : *scaloppine* de veau au marsala ou à la *pizzaiola,* et *pasta,* bien sûr. Service classe et décontracté.

Dans Downtown

C'est là que vous trouverez les restaurants les plus prestigieux, notamment sur Walnut St. Les plus tranquilles aussi, pour ceux qui privilégient le tête-à-tête à l'ambiance musicale. À ne pas manquer : le *Reading Terminal Market.* Jamais un étalage aussi important de produits frais ne vous donnera autant l'envie de casser la croûte ! Allez-y affamé, c'est préférable ! Les amateurs d'exotisme iront humer les bonnes odeurs de Chinatown.

Spécial petit déjeuner

Au Bon Pain *(plan couleur A2,* ***49****) : juste avt le 2005 Market St (dans la cour intérieure du Commerce Sq).* ☎ *215-563-0577. Lun-ven 7h-18h. Plats 10-15 $.* Spécialiste du *catering* « à la française » (un peu sucré quand même !), *Au Bon Pain* est une chaîne appréciée, idéale pour le petit déj ou un déjeuner léger. À l'intérieur sur des tables en faux granit l'hiver, ou en terrasse sous les gleditschias l'été. Appétissant buffet de plats chauds, soupières fumantes et large choix de salades préparées en barquettes. Affriolants desserts.

Corner Bakery *(plan couleur B2,* ***48****) : 1701 JFK St (à l'angle avec 17th St).* ☎ *215-569-2533. Lun-ven 7h-17h, sam 8h-14h ; fermé dim. Env 10 $.* Une autre chaîne à mi-chemin entre la boulangerie et la cafet'. *Baked French toasts, oatmeal,* cookies, muffins, salades, sandwichs. *Corner Bakery,* c'est l'ami du petit ou du grand déjeuner.

Et bien évidemment, tous les *Starbucks Coffee* disséminés un peu partout en ville depuis que les Américains ont cessé de boire du jus de chaussette.

Et aussi : ***Little Pete's, Yonny's Restaurant*** *(voir plus loin).*

Bon marché

Little Pete's *(plan couleur B2-3,* ***41****) : 219 S 17th & Chancellor St, un bloc à l'est de Rittenhouse Sq.* ☎ *215-545-5508. Ouv 24h/24. Moins de 15 $.* Depuis plus de 30 ans, ce *diner* typique est l'endroit idéal pour lier connaissance. Comptoir en formica au centre duquel on sert avec générosité une cuisine gréco-américaine bon marché. Un peu grasse toutefois. Une clientèle éclectique s'y retrouve chaque jour : du *golden boy, laptop* sous le bras, au retraité entré écluser un maxi-coke avant de reprendre sa route. À découvrir.

Phô 75 *(plan couleur C2,* ***55****) : 1022 Race St.* ☎ *215-925-1231. Tlj 11h-23h. Compter env 10 $. CB refusées.* Les vrais routards savent tous qu'une bonne soupe vietnamienne peut constituer un repas sain, copieux et délicieux sans avoir à allonger les billets. Cette gargote sans allure – linoleum élimé, tables de formica, néons blafards et chaises sans date – est plébiscitée par les habitués de Chinatown. L'essentiel est dans le bol, à choisir en deux tailles. Le tout servi en un temps record. À engloutir avec une limonade ou un thé (pas d'alcool). Seul bémol : parfois une musique tango musette complètement hors-cadre.

Reading Terminal Market *(plan couleur C2,* ***63****) : à l'angle d'Arch et*

12th St (à deux pas du terminal bus 2000). • *readingterminalmarket.org* • *Lun-sam 8h-18h, dim 9h-16h. De tt et à ts les prix. Parking 4 $.* On conseille vraiment d'aller dans ce vaste marché du mercredi au samedi : ce sont les jours où les amish tiennent leur stand (au fond, quand on entre par 12th St). On les distingue par leur tenue : robe pastel sobre, tablier et coiffe blanche pour les femmes, chapeau de paille et collier de barbe pour les hommes. Une excellente occasion de tester leur cuisine : bretzels, plat de saucisses, purée maison, yaourts et pâtisseries. Sinon, les comptoirs où les cols bleus qui bossent dans le coin et les yuppies se serrent pour manger hamburgers et salades ne manquent point. Au milieu du *market,* quelques tables autour des cuisines thaïe, mexicaine, italienne, etc. Un indice qui ne trompe pas : les files d'attente devant *le Deli Dutch Eating Place.* On débusque les gourmands aux rayons cookies, chez *Flying Monkey, Famous 4th Street Company* ; pour les gâteaux et *pies,* aller chez *Beiler's.*

|●| ***Vietnam*** *(plan couleur C2, **57**) : 221 N 11th St. ☎ 215-592-1163. À la limite ouest de Chinatown. Tlj 11h-21h30 (22h30 w-e). Plats 8-14 $.* À ne pas confondre avec le *Vietnam Palace* juste en face. Joli resto sur 2 étages, très classe, décoré à la façon d'un bistrot de Hanoï. Atmosphère joviale et bruyante. À la carte, vaste choix de spécialités typiques : soupes, nouilles, plats végétariens, *seafood.* Bel échantillonnage de cocktails polynésiens. Ce resto asiatique est l'une des références à Philadelphie. Excellent rapport qualité-prix et service attentionné.

|●| ***Yonny's Restaurant*** *(plan couleur B2, **33**) : 1531 Cherry St (angle de Mole). ☎ 215-665-0407. Lun-ven 7h-15h. Repas complet 9-15 $. Formule déj 7 $ (5 $ pour un copieux petit déj).* On croit rêver : dans une charmante ruelle plantée de ginkgos, une toute petite maisonnette, en brique rouge et aux volets verts... en marge du quartier financier. Chaleur et authenticité dans ce décor de bois, chargé d'affiches, de bibelots, d'objets familiers et de vieux cadres jaunis. Salades, sandwichs, steak, soupes, cookies maison et gâteaux, à déguster à l'intérieur ou sur la microterrasse.

De prix moyens à plus chic

|●| ***Caribou Café*** *(plan couleur C2, **47**) : 1126 Walnut St. ☎ 215-625-9535. Tlj midi et soir jusqu'à 22h30 (23h30 ven-sam).* Sunday brunch *11h30-15h30. Le midi, menu 16 $; le soir, 29 $.* Tenu par un Champenois, installé ici depuis un bon bout de temps, qui a contribué à populariser l'*espresso* et le cappuccino à Philadelphie. Salle au grand volume et élégant décor de brasserie française Belle Époque : bois sombre, affiches anciennes, box, comptoir et mezzanine. Excellente musique *swingy,* genre jazz années 1930-1940 des Andrews Sisters. La carte va de la soupe à l'oignon aux œufs en meurette, en passant par la choucroute, le tartare, les escargots et le confit de canard ! Carte de bières de garde, certaines à plus de 20 $! Bon accueil. Le chef a aussi ouvert un autre bistrot, *Zinc,* au 246 S 11th St.

|●| ***Pietro's Coal Oven Pizza*** *(plan couleur B2, **34**) : 1714 Walnut St (entre 17th et 18th St). ☎ 215-735-8090. Tlj 11h-22h (23h w-e). Pizzas 13,50-16,50 $ (on peut les partager) ; pâtes fraîches 9,50-17 $.* Spécialités de pizzas italo-américaines cuites dans un four au charbon de bois, très copieuses. Vraiment pas cher pour le coin. On a adoré le *petto di pollo al limone.* Café moyen, mais grand choix de bières tant à la pression qu'en bouteilles. L'été, le patron met des tables sur le trottoir.

|●| ***Tai Lake*** *(plan couleur C2, **52**) : 134 N 10th St (entre Cherry et Race). ☎ 215-922-0698. Tlj 16h-3h (une aubaine pour les oiseaux de nuit).* Au cœur de Chinatown, un resto plus chinois que thaï. Salle banale mais remplie à toute heure, ce qui est toujours bon signe. Viviers à l'entrée, où poissons et crustacés attendent le client. S'il faut une demi-heure pour éplucher la carte, il en faut une autre pour arriver au bout des plats gargantuesques (un plat suffit amplement pour 2). Le choix est aussi

vaste que la mer de Chine d'où proviennent sans doute les ailerons de requin dans la soupe ou les concombres de mer frits. Solides assiettes de nouilles, crevettes sautées, liseron d'eau à l'ail, langues de canard sautées au basilic, pudding au tapioca... toute la richesse de la cuisine asiatique à prix raisonnable.

I●I *El Vez* *(plan couleur C2,* ***56****) : 121 S 13th St (et Samson).* ☎ *215-928-9800. Tlj 11h30-15h, 17h-23h (minuit ven-sam ; 22h dim). Repas env 35 $.* Ambiance électrique dans ce resto-bar mexicain. On se laisse agiter au son de la salsa autour du grand bar circulaire central, surmonté d'un deux-roues rutilant. Pour le repas, on essaiera une ambiance un peu moins bruyante sur de grands sofas jaunes en cuir capitonné. Attention, quelques cactus dans la carte, avis aux cartes de crédit sensibles ! Pour commencer la soirée sur les chapeaux de roue !

I●I *Parc Restaurant* *(plan couleur B2-3,* ***53****) : 225 S 18th St.* ☎ *215-545-2262.* ● *parc-restaurant.com* ● *Lun-ven 7h30-23h (minuit ven), sam 10h-minuit, dim 10h-22h. Résa conseillée le soir. Gamme de prix très large. Moins cher, bien sûr, le midi que le soir.* En bordure du Rittenhouse Square, ce café-brasserie à la parisienne est la dernière création de l'incontournable Starr, qui ouvre adresse sur adresse. Tout y est pour que le décor fasse illusion : banquettes de cuir rouge, miroirs vieillis, lambris, rideaux de dentelle, cuivres rutilants et grand bar en L. Déclinaison de plats bien de chez nous : tartare, moules-frites, confit de canard, baguettes croquantes, bouillabaisse (le ven) et excellentes bières d'importation. Rien de dépaysant pour nous, mais les Philadelphiens l'ont pris d'assaut dès l'ouverture et viennent régulièrement y prendre un petit déj ou un brunch.

Encore plus chic

I●I *Continental Midtown* *(plan couleur B2,* ***62****) : 1801 Chestnut St (à l'angle de 18th St).* ☎ *215-567-1800. Tlj 11h30-15h30, 17h-23h (1h pour le bar). Salades et sandwichs 7-11 $, plats et tapas 11-20 $.* Encore une création de Steven Starr, le magnat des restos branchés. Immanquable, avec son olive géante accrochée sur la façade vermillon, sa déco design, ses banquettes turquoise, ses murs en polychromie et ses fauteuils-cages suspendus au plafond. Insoupçonnable, le *rooftop bar* aménagé sur le toit pour profiter du ciel étoilé et de la faune moderne et branchée. Énormes salades, musique lounge, service jeune. Pas surprenant que l'endroit soit à la mode, malgré une clim' réfrigérante.

I●I *Sansom Street Oyster House* *(plan couleur B2,* ***35****) : 1516 Sansom St.* ☎ *215-567-7683. Lun-sam 11h30-23h (happy hours 17h-19h). Env 20-30 $ avec un dessert. Le midi,* special lunch *à divers prix.* Dans une petite rue, à l'écart de la circulation. Cadre chaleureux d'une vieille institution (1947). Beaucoup de classe sans prétention, on adore. Spécialiste des produits de la mer. Belle collection d'assiettes à huîtres aux murs. Aux *happy hours,* les esseulé(e)s du quartier se retrouvent au bar devant une douzaine de fines et une mousse. Les huîtres arrivent de Nouvelle-Écosse, du Maine, du New Jersey, de Virginie... On les sert dans de la glace. En faisant attention, on peut naviguer sur la carte sans se retrouver en cale sèche ! Évitez les salades, pauvrettes.

I●I *McCormick & Schmick's* *(plan couleur B2,* ***50****) : 1 S Broad St, juste à côté du City Hall.* ☎ *215-568-6888. Lun-ven 11h30-23h (minuit ven-sam), dim 16h-22h. Compter 35-50 $.* Happy hours *à prix cassés en sem 15h30-18h, et après 21h30.* Une chaîne qui a fondé sa réputation sur la qualité de ses fruits de mer. Un décor à mi-chemin entre l'époque victorienne et l'Art déco, sombre, avec de quoi s'isoler pour un dîner en tête-à-tête. Large choix de *seafood* et de poisson grillé ou à l'étouffée. Grillades et salades. Remarquable carte des vins, belle carte de cocktails.

I●I *Tinto* *(plan couleur B2,* ***65****) : 114 S 20th St (et Sansom St).* ☎ *215-665-9150. Tlj 17h-22h (minuit ven-*

sam). Brunch dim 10h30-14h30. Tapas 6-15 $. Bar à tapas assez classe. Murs couverts de casiers de vins, entrée garnie de tire-bouchons. On peut s'installer au bar si une table libre est trop longue à attendre. Tapas d'inspiration basque, d'un raffinement gustatif assez exceptionnel : *jamón serrano, queso de cabra, chorizo, tortilla,* anchois, bœuf de Kobe, figues lardées... à chaque bouchée, on pousse des « oh » et des « ah » d'admiration. Hélas, tout cela a son prix, et l'addition peut monter assez vite... Excellents vins ibériques et basques, et aussi sangria bien agréable. Personnel aux petits oignons.

Très chic

|●| ***Butcher & Singer*** *(plan couleur B2,* ***61****) : 1500 Walnut St.* ☎ *215-732-4444. Lunch lun-ven 11h30-14h30 ; dîner 17h-22h (23h ven-sam, 16h-21h dim). Burgers dès 10 $ le midi, mais le soir, ça grimpe rapidement, surtout si on commande un énorme steak, un homard thermidor ou un plateau de fruits de mer. Sinon, carte à prix diversifiés.* Repris par Starr, le *wonder-boy* de la restauration de Philly, ce *steakhouse* élégant se veut un hommage aux années paillettes 1930-1950 de Hollywood. Grands volumes, colonnes de marbre, amusante fresque représentant une galerie de convives canins endimanchés devisant joyeusement en sirotant des cocktails, banquettes semi-circulaires capitonnées, élégante cuisine donnant sur la salle surmontée d'une grande tête de bœuf. C'était à l'origine une banque (on a gardé le nom), avant de devenir un resto. On y tourna une scène de *Sixième Sens,* avec Bruce Willis. C'est désormais une des adresses sophistiquées de la ville. Le service est hyper attentionné sans être compassé.

Dans le quartier des universités

|●| ***White Dog Café*** *(hors plan couleur par A2,* ***46****) : 3420 Sansom St.* ☎ *215-386-9224. Lun-sam 11h30-14h30, 17h30-22h ; dim slt 17h30-22h. Plats le midi 9-15 $, le soir 20-30 $.* Plusieurs salles et un bar. *Piano Parlor* pour les lecteurs jazzy. Cadre chaleureux : bois vernis, dentelles, nappes à carreaux, petits objets familiers, photos. Terrasse agréable aux beaux jours. Clientèle puisée largement dans l'université toute proche. Intime et bruyant à la fois. Excellente cuisine créative, élaborée à partir de produits frais, souvent bio. Sensibilité écolo assez développée d'ailleurs, puisque la maison s'est associée à la campagne de sauvegarde de l'espadon et l'a retiré de la carte. Grand choix : délicieux guacamole, salades composées copieuses (souvent originales), etc. Une de nos adresses préférées. Musique live en été. Plusieurs terrasses accueillantes dans la même rue.

Dans le quartier des musées *(plan couleur A1)*

|●| ***Water Works Restaurant & Lounge*** *(plan couleur A1,* ***40****) : 640 Waterworks Dr, au bord de la Schuylkill River, derrière l'*Art Museum. ☎ *215-236-9000. Lunch mar-sam 11h30-14h30, dîner mar-dim 17h-22h (23h ven-sam et 21h dim). Résa conseillée le w-e pour le brunch. Menu 25 $ et brunch 40 $. Les tenues négligées ne sont pas appréciées.* Les berges du réservoir qui alimente la ville en eau offrent une des plus jolies vues des environs. Bonne raison pour venir profiter de la terrasse où l'on sert une cuisine bien balancée aux allures méditerranéennes. Carte des eaux longue comme un fleuve tranquille. On profitera de l'occasion pour visiter le ***petit musée*** gratuit qui explique la construction des pompes et du réseau de distribution d'eau qui remonte au début du XIXe s.

Où déguster une bonne glace ?

Capogiro (*plan couleur C2, **66***) *: 119 S 13th St, (et Sansom). ☎ 215-351-0900. Lun-ven 7h30-23h30 (1h ven) ; sam 8h-1h ; dim 10h-23h30. Succursale au 117 S 20th St, près de Rittenhouse Sq. Compter 4,50-7 $ pour 2-4 boules.* Dans un décor tout bleu, 27 sortes de glaces qui changent tous les jours, proposées dans un éventail de 300 variétés différentes. On peut goûter avant de faire son choix. Service encore plus souriant depuis qu'ils ont régalé Michelle Obama et ses filles.

Où boire un verre ? Où sortir ? Où écouter de la musique ?

Le quartier des universités mis à part (relativement pauvre en endroits pour couche-tard), l'essentiel de la vie nocturne se passe à l'est dans Old City. South Street s'octroit la faveur des yuppies et des plus jeunes mais ne présente pas beaucoup d'intérêt d'un point de vue musical. *Northern Liberties*, en revanche, ravira les vrais oiseaux de nuit.

En ce qui concerne les différentes programmations, se procurer les deux grands hebdos gratuits de la ville : le *City Paper* et le *Philadelphia Weekly*. Bourrés d'infos sur la vie culturelle et nocturne, les concerts, etc. Disponibles dans quasiment tous les bars et certains restos, parfois dans la rue et quelques lieux publics. Chercher également sur les sites internet des différents établissements.

Dans Old City (plan couleur C-D2)

National Mechanic's (*plan couleur D2, **86***) *: 22 S 3rd St. • nationalmechanics.com • Mar-dim 11h-2h ; lun 17h-2h. Brunch sam-dim 11h-15h30.* Impossible de manquer les colonnades grecques de cette ancienne banque du début du XIXe s (la *National Mechanic's Bank*). Intérieur brique nue et bois verni. Quelques appliques en forme de lévriers veillent sur les consommateurs rivés au bar (moins de 30 ans). Dans la salle, on peut aussi manger : assiette sans prétention mais bien servie. Une quinzaine de bières pression et une vingtaine en bouteille. Musique rock, parfois groove-funky. DJ tous les soirs à partir de 22h.

The Khyber (*plan couleur D2, **72***) *: 56 S 2nd St. ☎ 215-238-5888. • thekhyber.com • Ouv ts les soirs. En sem,* happy hours *17h-19h. Env 1-10 $ l'entrée selon spectacle.* Très fréquenté. Assez sombre. Comptoir bois et beau décor sculpté derrière, tout le long du mur. Beau choix de bières. Petite salle de concert. Musique plutôt hard. Shows commençant entre 21h et 22h. Prix des plats variant en fonction de la taille de l'assiette. D'autres bars animés sur 2nd St jusqu'à Market.

Paddy's Pub (*plan couleur D2, **74***) *: 228 Race St (entre 2nd et 3rd St). Tlj 11h-2h.* Rien d'extraordinaire, juste un petit *local bar,* avec une bonne atmosphère. On aime bien aussi, sur le mur latéral, la belle fresque figurant le quartier en effet loupe, une des plus réussies du centre-ville. Petit verre de bière pression locale à 2 $.

Sugar Mom's (*plan couleur D2, **75***) *: 225 Church St (près de Christ Church, repérer la cheminée rouge au fond de la placette). Tlj 12h-2h.* Au sous-sol d'une ancienne raffinerie de sucre. Atmosphère sombre, plafond bas et déco en provenance directe des années 1970. Prévoir piercing ou tatouage pour s'accorder avec le style de la clientèle, plutôt déjantée. *Playmates* de *Playboy* ou *Penthouse* dans les toilettes masculines. Nostalgie ?

Dans le quartier de South Street (plan couleur C-D3)

Ici, les adresses bon marché pour boire un verre ou casser une petite graine sont au coude à coude : on y trouve pizzas, falafels, *Philly sandwiches* ou hot dogs. South Street, c'est l'animation version 18-25, voire carrément *teen*. Ça chauffe aussi, parfois, comme en témoigne le nombre de véhicules de police prêts à intervenir (contrairement à Old City). En fin de semaine, la rue ne désemplit pas. C'est l'endroit idéal pour faire du shopping à bas prix (les magasins ferment vers 21h) : fringues, bijoux, *tatoos*, bimbeloterie de tous les coins du monde. Tout se passe entre 10th St et le *waterfront*.

♩ ***Theater of Living Arts** (**TLA** ; plan couleur D3, **82**) : 334 S St. ☎ 215-922-1011. • livenation.com • Concerts et shows 20-40 $.* Programmation sur leur site internet ou en se rendant sur place. Billetterie pour des concerts dans tous le pays. Un des endroits les plus réputés pour son atmosphère électrique.

Dans Downtown

♩ |●| ***Chrisjazz Café** (plan couleur B2, **80**) : 1421 Sansom St. ☎ 215-568-3131. • chrisjazzcafe.com • Tlj sf dim 11h (18h sam)-2h. Résa fortement conseillée pour manger.* Cover charge *10-20 $ selon programme. Dîner env 20-25 $.* Ouvert depuis 20 ans, cet établissement sans prétention reçoit plus de 450 groupes de jazz par an ! Le live débute vers 20h-21h. Pat Martino, Jimmy Bruno, Bootsie Barnes, Hoppin John Orchestra et The Lars Halle Jazz Orchestra s'y produisent régulièrement. Ici, on ne joue pas le tape-à-l'œil. Priorité à la musique et aux papilles. Côté cuisine, pas de soucis, Mark De Ninno est un ancien du *Bec Fin* (la table gastronomique de Philly). Il propose une cuisine continentale aux accents du Sud. Autant dire que l'assiette suit la musique. En journée, sandwich, frites et soda pour 5 $, le tout agrémenté d'un solo de sax. Une bonne adresse.

🍸 |●| ***Dr Watson Pub** (plan couleur C2-3, **88**) : 216 S 11th St. ☎ 215-922-3427. Tlj 10h-2h. Carte 8-18 $; déj 15 $; dîner 30 $.* Créé au début des années 1970, ce pub connut très tôt un vif succès en raison de la proximité de l'hôpital Jefferson dont il est devenu le point de ralliement pour les internes. Intérieur typiquement britannique. Billard. Chaude ambiance. Jazz tous les vendredi et samedi sans *cover charge* ou blues à l'étage. Propose également une carte bien fournie (viandes et *seafood*). Organisent même une nuit du steak ! *Happy hours* tardives (23h-1h30) pour ceux qui aiment dessiner des *shamrock* dans la mousse tard dans la nuit.

🍸 |●| ***McGillin's Olde Ale House** (plan couleur C2, **73**) : 1310 Drury St. ☎ 215-735-5562. Tlj 11h-2h (minuit dim). Carte 8-12 $.* Situé dans une ruelle sordide parallèle à Chestnut, ce pub, ouvert en 1860, est l'un des plus vieux de la ville. Style rustique, décoré de caricatures, photos. Au-dessus du bar, les vieilles licences obtenues année après année. Animé, très bruyant (hein, kestudi ?) et, malgré le grand espace, souvent plein comme un œuf. Clientèle guillerette, genre étudiants ou jeunes cadres. Une vingtaine de bières *on tap* (pression). Tous les soirs, un *special*, genre 5-6 $ le *pitcher* de *Coors* ou 2 tacos pour le prix d'un, etc. On y fête la Saint-Patrick comme il se doit, sans négliger pour autant les *octoberfesten* arrosées de flots de bière.

🍸 ♩ ***Fergie's Pub** (plan couleur C2, **81**) : 1214 Samson St (entre 12th et 13th St, fresque sur le pignon). ☎ 215-928-8118. • fergies.com • Tlj 11h-2h (17h w-e). Carte 9-15 $.* Pub irlandais traditionnel. Vaut surtout pour la qualité de sa programmation : rock, blues et *jam sessions* le lundi. Samedi ou dimanche, musique irlandaise live à 16h. C'est là que les *golden boys* viennent s'en jeter un derrière la cravate après le boulot. Ambiance chaleureuse, avec possibilité de petite restauration sans prétention : *fish and chips*, sandwichs, hamburgers, salades, etc. Une partie du décor est issue du précédent resto allemand, et l'inscription : « Si tu bois, tu meurs, si tu ne bois pas, tu meurs quand même, alors bois ! » demeure au-dessus du comptoir en sage gardienne du savoir-vivre.

Trocadero Theatre *(plan couleur C2,* ***76****) : 1003 Arch St (angle avec 10th St, en bordure de Chinatown, repérer l'arche monumentale). ☎ 215-922-688. • thetroc.com • Billetterie tlj sf dim 11h30-18h (17h sam). Fermé de mi-juil à mi-août.* Escalier bien décrépi pour y arriver. Public plutôt rock, cuir et tatoué. Derrière s'ouvre un ancien théâtre. Atmosphère *rough* garantie pour de super concerts purs et durs.

À Penn's Landing (plan couleur D3)

Moshulu *(plan couleur D3,* ***79****) : 401 S Columbus Blvd. ☎ 215-923-2500. Bar ouv lun-ven 5h30-22h, sam-dim 11h30-20h30. Brunch dim env 35 $.* Magnifique quatre-mâts blanc et noir de 1904, qui a bourlingué sur toutes les mers du monde. Pour se payer le plaisir d'un cocktail sur le pont ou dans l'atmosphère feutrée du luxueux bar, dans une ambiance des mers du Sud.

Dans le quartier de Northern Liberties (plan couleur C-D1)

THE quartier des musicos. Jazz, blues, rock, punk, cajun, soul, groove, rap, bref, de quoi satisfaire toutes les envies ! S'y rendre en remontant 2nd St. Pas de problème jusqu'à Ortlieb. Plus au nord, ou vers l'ouest (sur Poplar St), mieux vaut prendre un taxi. Pas mal d'adresses sont autant de lieux où prendre un verre et écouter de la musique que d'endroits où casser la graine.

North Third Restaurant (N3Rd *; plan couleur D1,* ***84****) : 831 N 3rd & Brown St. ☎ 215-413-3666. Tlj sf dim 16h-2h ; brunch sam-dim 10h-15h30. Carte 10-19 $, on mange pour 25 $.* Ambiance *red light*, dragons et farfadets. Un aigle royal plonge au-dessus du bar. Musique groove, projection vidéo, ciné *Fancy Pants* le mardi. Ici, ça clignote dans tous les coins. Ambiance jeune et décontractée. Bondé pendant les *happy hours*. Bonne cuisine moyen-orientale avec quelques touches mexicaines ou chinoises, voire italiennes. Quelques tables dehors aux beaux jours. Bref, inclassable. Une bonne étape si vous faites à pied la longue route vers le nord.

Ortlieb's Jazzhaus *(plan couleur D1,* ***83****) : 847 N 3rd St. ☎ 215-922-1035. • ortliebsjazzhaus.com • Tlj sf lun 17h-1h (2h w-e).* Cover charge *pour les concerts 3 $ en sem et 10 $ le w-e. Les bus nos 5 et 57 stoppent à côté.* Prévoir un taxi pour rentrer après la soirée. Dans un quartier qui semble désert, la meilleure boîte de jazz de la ville. C'est probablement l'environnement qui donne une telle énergie au jazz local. Passé la porte, salle tout en longueur, décor de bois sombre, belle tête de buffle naturalisée, atmosphère tamisée, long bar. Remarquable programmation et public d'aficionados fidèles. Sets de 20h (au plus tôt) à 1h30 (au plus tard). Super *jam sessions* le mardi soir. En profiter pour y dîner. Cuisine cajun honorable et à prix modérés.

Finnigan's Wake *(plan couleur D1,* ***77****) : angle de 3rd St et Spring Garden St. ☎ 215-574-9240. • finnigans.com • Ouv 11h-2h. Après 19h : 5 $ l'entrée.* Magnifique *mural* en façade. Le long cortège des jeunes qui prétendent y entrer le week-end est impressionnant. Il faut dire que côté musique irish, ça pulse ! Parfois, des petits groupes s'y produisent. À l'intérieur, c'est presque l'émeute. En semaine, c'est plus calme. Décor axé sur l'élaboration de la bière, dans le bon temps. On peut également y prendre son *lunch*. Beau choix de bières : *Yuengling, Saint Pauli Girl, O'Douhls* et, bien sûr, *Harp* et *Guinness*.

Silk City *(plan couleur D1, **71**) : angle de 5th et Spring Garden St. ☎ 215-592-8838. • silkcityphilly.com • Tlj 16h-2h ; brunch sam-dim 10h-16h. Carte 6-17 $; on mange pour 25 $.* Ce *diner* est une véritable pièce de collection. Cadre alu, formica, néons rouge et bleu. Un petit côté *Arizona Dream*. Mark Bee, le sympathique proprio a su faire de l'endroit un lieu hyper fréquenté. On s'y bouscule aux *happy hours (17h-19h)*. Le soir, le *lounge* attenant à la roulotte refuse du monde. On y sert une cuisine américaine correcte, copieuse et à prix raisonnable. DJ les jeudi et vendredi. Bonne musique. Un bel endroit pour commencer sa nuit.

700 *(plan couleur D1, **78**) : 700 N 2nd St. ☎ 215-413-3181. Lun-sam 16h-2h.* Musique rock pure et dure. Bar étroit, on fait vite connaissance. Concerts quasiment tous les soirs. *Never a cover !*

Johnny Brenda's *(hors plan couleur par D1, **85**) : 1201 N Frankford Ave (très au nord, dans le quartier des pêcheurs). ☎ 215-739-9684. • johnny brendas.com • Tlj 11h-1h (voire plus si affinités). Entrée 7-13 $ selon programmation.* Ouvert en 1967 par John Imbrenda, un caïd du ring natif de Philly, ce temple du rock, lové dans un bâtiment du XIXe s, a été entièrement réaménagé. Il ravira tous les amateurs du genre (4 300 watts de sono, ça vous dit rien ?). Tout d'abord, pas question d'y aller autrement qu'en taxi. Des groupes comme The Walkmen, Clinic, Vetiver, Mazarin ou Dr Dog ont fait leurs classes ici. Autant dire que ça déménage ! On peut aussi y manger de 11h à 23h et y faire une partie de billard.

Dans le quartier des universités
(hors plan couleur par A2)

Mad Mex *(hors plan couleur par A2, **87**) : 3401 Walnut St, derrière le* White Dog. *☎ 215-382-2221. Tlj 11h30-1h (2h le w-e).* Un bar-resto tout en cascade dans une rue tranquille. Intérieur bois patiné par les coudes des clients. Boxes de couleurs vives. Derrière le bar, des masques scrutent l'assemblée rieuse. Ici, on parle fort et on lève haut le coude. En cas de petite faim, carte avec des *enchiladas*, des *fajitas* et autres *tacos* farcis de *chipotle*. Des coups à vous donner la pépie ! Ici, la *Corona* scelle les retrouvailles entre potes après une compo. En musique, bien sûr. Souvent réservé pour des *parties*. Marche tard dans la nuit.

À voir

Les différents quartiers à visiter

Malgré la trame orthogonale des rues, qui pourrait laisser penser à une ville sans âme, Philly est une ville qui vit. La raison ? À l'exception de Downtown et de ses tours de verre qui chatouillent les nuages, la majorité des habitants travaillent dans le quartier où ils résident. La ville est une juxtaposition de pâtés de maisons divers et variés qu'il faut découvrir à pied. Le *waterfront*, avec *Penn's Landing* pour pivot, est un terme usurpé (ne pas s'attendre à la Croisette) et ne présente qu'un intérêt limité en raison de la proximité de la voie express qui le longe.

Old City

C'est l'Amérique des pères de la nation et des premiers colons, avec ses vieilles maisons de brique et ses escaliers métalliques accrochés aux façades. Ruelles étroites, phagocytées par le végétal. Ici, la rue résonne encore des cris des dockers de Penn's Landing, du temps où Philly accueillait en masse les voyageurs du vieux continent. L'été, ce sont les terrasses où il fait bon déguster un café qui font l'animation. Le soir, le quartier donne toute sa dimension. Tous les premiers vendredis du mois, les galeries d'art proposent des vernissages où se pressent les amateurs d'art contemporain.

South Street

C'est le quartier jeune de Philadelphie. Les devantures des magasins sont toutes plus colorées les unes que les autres. South St, c'est la faune *teen,* oreillettes fichées sur les tempes, *iPod* en guise de sautoir pectoral, bitume en lambeaux, trottoirs mal joints, et les branches des arbres qui caressent les façades. À ne pas manquer : les *Philadelphia's Magic Gardens* d'Isaiah Zagar (voir plus loin). C'est également la rue idéale pour le shopping.

Italian Market

Un marché de rue qui s'articule de part et d'autre de 9th St, entre Christian St et Wharton St. Mais inexorablement, l'animation semble s'essouffler. Elle glisse vers le nord, South St d'abord, puis Chestnut St, là où la brique connaît une seconde jeunesse à l'ombre des arbres centenaires.

Downtown et French Quarter

C'est le quartier des gens pressés, des boutiques de luxe et des principaux musées. Tout s'articule autour du City Hall. Les principaux centres d'intérêt sont Walnut St (entre 20th et 15th St) pour le shopping haut de gamme ; Pine St pour ses antiquaires et ses créateurs (entre 12th et 9th) ; et Sansom St pour les joailliers. À ne pas manquer : Terminal Market.

Museum Row

Au départ de Logan Square, le Benjamin Franklin Parkway part vers le nord-ouest en direction de Fermont Park et les rives de la Schuylkill River. Les bus touristiques sillonnent la large artère de bas en haut pour alimenter en visiteurs les principaux musées qui la bordent.

Northern Liberties

Parcourir le quartier en voiture. On y découvre d'étonnants contrastes entre les friches industrielles et les constructions proprettes des nouveaux riches. C'est d'ici qu'est parti le mouvement des *murals* qui ont essaimé dans toute la ville. C'est le territoire des noctambules.

University City

Pas de meilleur endroit pour aller se promener, car la trame urbaine est fragmentée par une multitude de voies d'accès et autres bretelles (notamment autour de la gare *Amtrak*).

Petits clins d'œil à la France

Au fil de vos balades, ouvrez l'œil sur les quelques monuments, sites ou œuvres qui suivent, car leurs auteurs se sont inspirés de modèles typiquement français. Petits clins d'œil à Paris dans la plus authentique des vieilles villes américaines.
– ***Le City Hall :*** construit entre 1871 et 1901. Magnifiques façades de style néo-Renaissance française (on en parle plus haut).
– ***Academy of Music :*** l'opéra de Philadelphie (1857) a été conçu par Napoléon Le Brun, architecte français.
– ***Benjamin Franklin Parkway :*** les « Champs-Élysées » de la ville. Grande avenue dessinée par le *distinguished Frenchman* Jacques Gréber (1882-1962), jalonnée de musées (voir plus loin « Autour de Logan Square et Museum Row »).

– ***La statue de Jeanne d'Arc :*** là, on croit rêver. Jeanne, ici ? Au bord de la Benjamin Franklin Parkway ! C'est vrai qu'elle ne supportait pas la tutelle anglaise, comme les soldats de la Liberté...
– **Rodin Museum :** c'est le sculpteur français le plus connu aux États-Unis. Le musée a été dessiné par l'architecte français Paul Gret (1876-1945). Voir sa description plus loin dans « Autour de Logan Square et Museum Row ».
– ***The Free Library of Philadelphia, The Municipal Court :*** copies américaines de l'hôtel *Crillon* de la place de la Concorde à Paris.
– **Rittenhouse Square :** les créateurs de cet îlot de verdure, en plein quartier des affaires, ont pris comme modèle le parc Monceau à Paris. On dirait un morceau d'Europe parachuté en Amérique. Ce *square* est le cœur du *French Quarter,* quartier de restos et boutiques chic *Frenchy,* créé par des promoteurs touristiques philadelphiens.

Independence National Historical Park *(plan couleur C-D2)*

Toutes les racines de la ville et une partie de l'histoire des États-Unis sont là, rassemblées sur 17 ha. La visite de ce quartier historique, composé d'édifices en brique du XVIIIe s superbement restaurés, se fait à pied, le nez en l'air. C'est là que l'on retrouve tous les grands noms de la jeune nation, au gré des commentaires des guides-*rangers*.
– *La plupart des monuments du parc sont ouv 9h-17h, et la* ***visite est généralement gratuite*** *(sf mention contraire).*
– Le périmètre d'*Independence Square,* « le mile carré le plus historique des States ! », est très surveillé par les *rangers* (c'est un parc national) en raison de la valeur symbolique de ces sites pour les Américains. Il réunit les Old City Hall, Independence Hall, Congress Hall et Museum of the Philosophical Society. Compter parfois 45 mn de queue l'été, quand l'Amérique débarque en famille pour venir se ressourcer auprès des vieilles pierres.

DEATH ON A 4th JULY

Simple coïncidence ou date fatidique ? Trois des cinq premiers présidents des USA sont morts un 4 juillet, jour de la fête nationale : James Monroe en 1831, et les deux autres, Thomas Jefferson et John Adams, le même jour de la même année (1826)... pile-poil pour le 50e anniversaire de la Déclaration d'indépendance.

Pour ttes infos, plans, brochures, CityPass, *etc. :* ***Independence Visitor Center*** *(plan couleur D2) : 1 N Independence Mall W, à l'angle de 6th et Market St, tt près de la Liberty Bell. Tlj 8h30-17h (19h juil-début sept).* C'est là que l'on prend les billets (avec heure prédéterminée) pour l'*Independence Hall.* • *independencevisitorcenter.com* •

Independence Hall *(plan couleur D2) : visite guidée gratuite ttes les 15 mn, mais nécessité de retirer son billet au* Visitor Center *(coordonnées ci-dessus) avt midi de préférence. En fin de sem et pdt les vac, prévoir une attente de 15 à 45 mn. Venir tôt.* Construite entre 1732 et 1756, la State House of Pennsylvania, rebaptisée Independence Hall, est le lieu (dans l'Assembly Room) où furent adoptées la Déclaration d'indépendance en 1776 et, 11 ans plus tard, la Constitution américaine. Visite assez moutonnière, ne présentant qu'un intérêt limité pour les non-Américains. La chaise présidentielle, utilisée par Washington, fit l'objet d'un mot d'humour et d'espoir de sa part. Sur le dossier du siège, un bas-relief représentant le soleil en forme de visage est ciselé dans le bois. Le président s'était toujours demandé s'il s'agissait d'un soleil levant ou couchant. À l'issue des travaux de la Convention et de la signature de la nouvelle Constitution, il déclara sans équivoque que ce soleil se levait. La chaise prit donc le nom de *Rising Sun Chair.*

Old City Hall *(plan couleur D2)* **:** édifice qui abrita la mairie de 1791 à 1800. Reconstitution de la salle où siégea la Cour suprême à cette époque.

Congress Hall *(plan couleur D2)* **:** bâtiment où se réunit le Congrès des États-Unis de 1790 à 1800, alors que Philadelphie était la capitale. On y établit le *Bill of Rights.* À l'époque, le pays comptait seulement 13 États. À l'étage, belle salle du Sénat. Dans une pièce, deux grandes toiles de Louis XVI et de Marie-Antoinette, données par Valéry Giscard d'Estaing en 1976 pour le bicentenaire de la Déclaration d'indépendance. Au XVIIIe s, les portraits des souverains français trônaient déjà dans cette pièce. Pendant la Révolution française, un drap noir fut placé sur les toiles après leur exécution, en signe de deuil. Cette solidarité envers le roi s'explique par le traité d'amitié qu'avaient signé les deux pays en 1778.

Liberty Bell Center *(plan couleur D2)* **:** en face de l'Independence Hall, au sommet duquel elle a jadis sonné l'indépendance des colonies du Nouveau Monde. La foule se presse pour voir cette grosse cloche de 940 kilos, symbole de la liberté et gardée en permanence par un *ranger.* Destinée à la toute nouvelle *State House of Pennsylvania,* la plus célèbre cloche des États-Unis, forgée à Londres, fut expédiée à Philly en 1752. Mais avant sa mise en place, une fêlure fut décelée, et elle dut être refondue avant d'être installée. Elle sonna la première fois à l'occasion de la Déclaration d'indépendance le 8 juillet 1776, puis fut utilisée par la suite pour rameuter les citoyens à l'occasion d'événements majeurs. Malheureusement, elle se fissura de nouveau en 1835, lors des funérailles de John Marshall, l'un des signataires de la Déclaration d'indépendance. Historiquement, elle n'a pas une grande importance, mais pour les Américains, elle a acquis une importance symbolique considérable.

RING THE BELLS

En 1950, le gouvernement américain a décidé de faire fondre en Savoie, par la fonderie Paccard, 54 répliques de cette fameuse cloche en taille réelle, pour en placer une devant le capitole de chacun des États, plus une pour Washington, ainsi que d'autres pour des personnalités, et une pour Annecy, siège de la fonderie. Depuis cette date, si un Américain veut entendre le son de sa Liberty Bell, *il lui suffit de se rendre dans la capitale de son État et de la faire sonner.*

Second Bank of the United States *(plan couleur D2) : Chestnut St. • nps.gov/inde • Ouv 9h-17h.* Exemple typique du style *Greek Revival* qui primait au début du XIXe s. À l'intérieur, galerie de 185 portraits des pères de la nation et de leurs successeurs au XIXe s. Une sorte de *Who's Who* sur toiles. On y voit Thomas Jefferson, George Washington, John Dickinson, Benjamin Franklin, John Adams et tous leurs acolytes. À côté de chaque portrait, un bref historique. Remarquer l'unique portrait de Jefferson où il apparaît tel qu'il était : roux. Les toiles sont de bonne qualité et des guides sont à disposition pour répondre aux questions. Une grande partie de ces portraits sont dus aux pinceaux de Charles Wilson Peale, de son frère et de leurs fils, une vraie dynastie de portraitistes. Ne pas rater la pièce, à gauche, consacrée à la *Cosmopolitan City.* On y voit quelques Français célèbres : La Fayette (vieux), de retour en Amérique, et Volney. Et d'autres moins connus, comme le chevalier de La Luzerne, Conrad Alexandre Gérard (premier ambassadeur de France en Amérique) et Ternant. Ce dernier fut président d'une société charitable destinée à aider financièrement les Français indigents de Philadelphie (des réfugiés, en fait). Dans la *Military Gallery,* superbes portraits de La Fayette (jeune, cette fois-ci) et de Rochambeau.

National Liberty Museum *(plan couleur D2,* ***101****) : 321 Chestnut St. ☎ 215-925-2800. • libertymuseum.org • Tlj (sf lun oct-mai) 10h-17h. Entrée : 7 $; réduc. Ticket familial (2+2) 15 $.*
Contrairement à ce à quoi on pourrait s'attendre avec un nom pareil, ce musée n'est pas une pierre de plus apportée au monument du patriotisme national. Bien

au contraire : l'idée est plutôt de célébrer la diversité et l'ouverture d'esprit. Le combat pour la liberté ne s'est pas arrêté un certain 4 juillet 1776 ; il se déroule tous les jours et passe par la tolérance, le respect de l'autre et le refus de la violence. Quant aux thèmes, ils sont essentiellement illustrés à l'aide d'œuvres réalisées en verre ; le choix de ce matériau reflète à la fois la pureté et la fragilité de la liberté.
Dès l'entrée, avec la présence des Prix Nobel de la paix Jimmy Carter et Élie Wiesel, l'évocation de Martin Luther King et d'Harvey Milk, la messe est dite. Avant de monter l'escalier, une vidéo muette passe en boucle les images du *Nine-Eleven*. Le symbole est violent. La beauté des images est saisissante. Surtout en fin de vidéo (elle ne dure que quelques minutes) quand une voix d'enfant entonne *a capella* le *God Bless America*.
Plus haut, un jeu d'échecs représentant juifs et catholiques en situation de dialogue plutôt que de conflit, affirme le choix idéologique de l'endroit.
On y apprend plein de chose sur les États-Unis actuels. La pièce la plus monumentale est la *Flamme de la Liberté,* colonne vertébrale autour de laquelle s'articulent les trois étages d'exposition. Les galeries, présentant de nombreuses œuvres insolites (quelques-unes interactives), sont consacrées à la tolérance religieuse, à la lutte contre la tyrannie, à l'influence néfaste des jeux vidéo, du heavy metal et de la manière de diffuser la violence à travers les *news,* la vente libre des armes, à la reconnaissance de l'apport des immigrés, aux héros quotidiens (dont un mur couvert par les portraits des pompiers et policiers qui ont péri dans les *Twin Towers*). À noter aussi que c'est ici que l'on trouve le seul tableau réunissant les 43 présidents américains, parmi lesquels le « Grand » et le « Petit » George. Barack Obama a été ajouté à côté de Kennedy.
Plus loin, et pour des raisons de symétrie sans doute, la liste des tyrans et ennemis de l'Amérique encore en vie équilibre celle des défunts. On y retrouve Kadhafi, Bashar al-Assad et le roi Fahd (pourtant un allié de l'Amérique). Au dernier niveau, la tente d'Abraham montre l'attachement des États-Unis à la religion. Ceux qui s'intéressent aux Indiens déploreront la minuscule référence au peuple natif. On insiste plutôt sur les religions du Livre. Bref, un temple du politiquement et religieusement correct, prônant une certaine idée de la vie et de la liberté.

National Constitution Center *(plan couleur D2,* ***102****) : 525 Arch St (sur la portion nord de l'Independence Mall).* ☎ *215-923-0004.* • *constitutioncenter.org* • *Lun-ven 9h30-17h, sam 9h30-18h et dim 12h-17h. Entrée : 12 $; réduc.*
Le grand hall d'accueil est tapissé des drapeaux des 50 États. L'objectif de ce centre ultra-moderne est de favoriser la compréhension de la fameuse Constitution américaine et de montrer sa pertinence dans la vie quotidienne des citoyens. L'exposition permanente vedette se nomme *The Story of We the People,* en référence aux trois premiers mots de la Constitution américaine qui, même si elle ne fait que quatre pages, pèse incontestablement sur l'histoire du monde contemporain. L'expo transporte les visiteurs dans la Philadelphie de 1787, année de la signature de la Constitution.
Le temple de la liberté version US vaut surtout pour le méga-show *(Freedom Rising)* donné en gros toutes les heures. Au centre d'un amphithéâtre plongé dans l'obscurité, on vous explique à qui et à quoi les citoyens américains doivent leur liberté. Une sorte d'éducation civique multimédia théâtralisée.
Au rez-de-chaussée, on trouve un petit musée présentant des pièces provenant des archives nationales. Sorte de *teasing* rappelant aux visiteurs locaux que leur pays est souvent à l'origine des grandes avancées de l'humanité. Dans ce registre, on peut admirer la première missive expédiée par air au cours d'une traversée du *Channel* en ballon à air chaud en 1785. Côté technique, la première ampoule électrique de Thomas Edison, en 1878, côtoie le premier respirateur artificiel utilisé entre 1940 et 1950, alors qu'une importante épidémie de polio frappait la ville. Plus loin encore, une vidéo de la mission *Apollo VIII,* comme si vous y étiez. Le tout à la gloire du pays, évidemment. À l'étage, la galerie des célébrités ne désemplit pas. On y trouve tout le gratin des politiques en bronze et sur pied. Le must, c'est de se faire photographier avec le doigt de Benjamin Franklin dans le nez, ou, plus drôle

encore, celui de Pierce Butler dans l'oreille ! À l'époque des signatures, les Américains n'étaient pas si grands que ça. À part peut-être le gouverneur Morris, mais il avait une jambe de bois...

À l'étage encore, l'*American National Tree* présente en cercle l'histoire des 100 célébrités et événements qui ont eu une influence sur la Constitution : on y (re)découvre entre autres, que si Lyndon Johnson a été le président qui a autorisé l'escalade au Vietnam, c'est aussi lui qui a soutenu le *mouvement des Droits civiques* et fait appliquer des programmes de lutte contre la pauvreté et d'assistance médicale. *Nine-Eleven* en 2001, l'ouragan Katrina en 2005 et la crise des *subprimes* de 2008 sont abordés avec objectivité, de même que les débats de société, comme le mariage des homos. Le dernier à fermer la marche de cette galerie de portraits est, bien sûr, Barack Obama. Plutôt très intéressant pour ceux qui sont férus d'histoire américaine et qui disposent d'un peu de temps pour tout lire.

En partant, ne pas manquer, au rez-de-chaussée, de se faire photographier dans le billet de 10 $!

À noter que des expos temporaires y sont aussi organisées, parfois aussi étonnantes – dans ce lieu voué aux institutions républicaines – que celle présentée en 2009 sur *Lady Diana.*

African American Museum *(plan couleur C2,* **105***)* ***:*** *à l'angle de 7th et Arch St. ☎ 215-574-0380 ou 0381.* • *aampmuseum.org* • *Tlj sf lun 10h (12h dim)-17h. Entrée : 10 $; réduc.* Est-ce une manière de se donner bonne conscience ou une réelle volonté de réhabilitation de la communauté noire ? Nous, nous optons pour la première hypothèse, compte tenu des faibles moyens mis en œuvre (essentiellement des photos). On notera que la grande partie du musée (outre l'expo photo) est consacrée au rôle joué par les différentes Églises dans le dialogue avec l'Afrique, mettant en exergue la nécessité d'établir un dialogue avec la mort ! Comme si l'Afrique ne se résumait qu'à ça ! Bref, un florilège de clichés (fort réussis, au demeurant) et d'idées toutes faites. Intéressant néanmoins pour comprendre le regard porté par l'Amérique sur le continent africain. Mais il y a certainement mieux à faire à Philly !

Atwater Kent Museum *(plan couleur C2)* ***:*** *15 S 7th St. ☎ 215-685-4830.* • *philadelphiahistory.org* • *Tlj sf lun-mar 9h-17h (20h le 1er ven du mois). Entrée : 5 $; réduc ; gratuit le 1er ven du mois 17h-20h. Fermé pour rénovations, réouverture courant 2011.*

Atwater Kent fonda, au début du XXe s, à Philadelphie, une fabrique de postes de radio qui devint en 1922 la plus importante au monde. En 1927, plus d'un million de foyers américains en possédaient au moins un. L'élégant édifice abritant aujourd'hui le musée, œuvre du célèbre architecte John Havilland (en 1826), fut pourtant menacé de destruction (Henry Ford se proposait de racheter la façade). Notre homme de radio racheta alors l'immeuble en 1938, sous trois conditions : qu'il soit transformé en musée d'histoire de la ville, qu'il porte son nom et qu'il soit gratuit (ce qui est presque encore le cas). Il abrite donc des dizaines de milliers d'objets se rapportant à Philadelphie. Vieilles enseignes, objets domestiques, posters, lithos, jouets, etc. Présentation par roulements. La visite du musée est vite faite.

Au rez-de-chaussée : une expo d'anciens postes de radio et un plan de la ville géant collé à même le sol, qui permet de se rendre compte de l'étendue de celle-ci. Intéressant pour se repérer.

À l'étage, belle scénographie. On y trouve pêle-mêle les éléments qui marquèrent l'histoire de la cité. Noter l'expo consacrée au *Old Penitentiary* : la clé de la prison de Walnut, des crécelles destinées à ameuter la direction en cas d'évasion, ainsi qu'un grappin fabriqué avec les draps des détenus. Également une salle consacrée à des lithographies montrant l'évolution de la ville. Au centre de la pièce, une réplique miniature de la charrette-pompe-à-bras utilisée par les premiers *firemen.* Le must du musée étant la superbe collection de *cover pages* de Norman Rockwell, déménagée du journal *Saturday Evening Post.* Fraîcheur et humour sont au rendez-vous. Noter l'attitude très expressive des personnages.

Les autres lieux historiques dans Old City

Old Post Office *(plan couleur D2) : 316 Market St.* C'est la seule poste « coloniale » des États-Unis et la seule où ne flotte pas le drapeau américain (because il n'existait pas encore à l'époque !). Cadre comme autrefois. On peut envoyer des courriers cachetés à la signature de Franklin. Vous noterez d'ailleurs le mot *Free* qui se glisse entre le prénom Benjamin et son nom, rappelant la lutte qu'il mena pour l'indépendance et aussi contre l'esclavagisme. Tout petit Musée postal au 1er étage *(lun-sam 9h-17h).* Maquettes, planches, photos de vieilles voitures, etc. Documents sur le *Pony Express* qui délivra une quarantaine de lettres en Californie. L'acheminement du courrier à cheval sur de telles distances coûtait en fait très cher, car il fallait changer de monture tous les 10 miles ; aussi, l'expérience ne dura-t-elle que 18 mois. En 1861, le télégraphe sonna le glas du parcours équestre.

Franklin Court *(plan couleur D2) : Market St (et 3rd St).* Grande et belle demeure toute de brique vêtue. Cet ensemble faisait autrefois partie de la demeure de Benjamin Franklin. La maison elle-même fut détruite (on peut voir son plan au sol) et l'on bâtit la vieille poste. Petite imprimerie (B. Franklin fut aussi journaliste et imprimeur). Visite libre, où l'on découvre les nombreuses activités de cet étonnant personnage dont la ville a fait son héros. Autodidacte, il fut assurément un des esprits les plus fins de son époque. Écrivain, philosophe, inventeur, diplomate, il fut aussi bien en avance sur son temps et fonda le premier hôpital public du pays et la première compagnie de pompiers. Au fond de la cour, en sous-sol, un musée modeste avec des reproductions d'objets que Franklin l'inventeur mit au point, dont son *harmonica.* Projection d'un intéressant film de 20 mn (sous-titré en anglais) retraçant sa vie peu ordinaire. Petit musée de l'Imprimerie. Encore quelques anecdotes concernant ce diable d'homme : il a écrit un essai sur les flatulences, intitulé « lettre à l'Académie Royale » mais plus connu sous le titre : *Fart Proudly (Péter avec fierté).* Il aurait préféré que le symbole des USA ne soit pas l'aigle mais la dinde qui, pour lui, est un oiseau avec un caractère « plus moral » que l'aigle.

Free Quaker Meeting House *(plan couleur D2, **100**) : à l'angle d'Arch St et de 5th St.* Cette secte religieuse puritaine, qui prônait l'égalité pour tous et rejetait tout dogme et toute liturgie établie, a suivi William Penn vers la *Terre promise,* où ils espéraient pouvoir vivre de l'amour fraternel. Si, au départ, ils se qualifiaient eux-mêmes de *Société des Amis,* la traduction de quakers est « trembleurs ». De fait, pacifistes et tolérants, ils ne tremblaient que devant Dieu. Le terrain de cette demeure historique, construite en 1804, où les quakers se réunissaient, fut concédé par William Penn lui-même (bel exemple de continuité). Ces quakers-là, contrairement à d'autres, prirent fait et cause pour la révolution. Pas de décor, cadre et atmosphère très austères, comme il se doit. Rien de bien spécial, donc, à part ce surprenant tête-à-tête avec un quaker plus vrai que nature, en costume d'époque, qui se fera un plaisir de renseigner son monde ou de se laisser prendre en photo. Rencontre assez surréaliste, surtout si on tombe nez à nez avec lui.

DE LA GRAINE DE PHILANTHROPE

Si peu de monde sait que Richard Nixon était issu d'une famille quaker (il a mal tourné) et que les quakers sont à la base d'organisations comme Amnesty International, Greenpeace *et* Oxfam, *chacun a vu un jour une tête de bon quaker sur les paquets de céréales de la marque* Quaker Oats, *qui se veut l'héritière des valeurs d'intégrité et d'honnêteté des fermiers de Pennsylvanie.*

Christ Church *(plan couleur D2, **108**) : 2nd St (près de Market St). • oldchristchurch.org • Lun-sam 9h-17h, dim 13h-17h.* La plus ancienne église de Philadelphie, datant de 1727. Architecture coloniale georgienne. De nombreux révolutionnaires y prièrent. William Penn y a été baptisé. Le banc n° 58 est celui où ont prié

Washington et John Adams, et le n° 70 celui de la famille Franklin. Non loin, à l'intersection de 5th et Arch St, le *cimetière* de Christ Church abrite la tombe de Benjamin Franklin *(entrée : 2 $)*.

Si vous aimez les histoires au coin du feu, ne manquez pas de vous asseoir à l'un des bancs portant le libellé ***Once upon a Nation.*** Des bénévoles y racontent (en anglais), tous les jours de juin à septembre, la petite et la grande histoire de Philadelphie. Plans et renseignements à l'*Independence Visitor Center* ou sur • *onceuponanation.org* •

Autre façon de retracer l'aventure de l'indépendance américaine : une balade nocturne dans le quartier historique en son et lumière : ***Lights of Liberty Show.*** *Plusieurs tours guidés mars-oct, jeu-sam soir, à partir du coucher du soleil. Billets à l'angle de Chestnut St et 6th St (à l'ouest du* Liberty Bell Center*). Pas donné : 19,50 $ par adulte.*

Elfreth's Alley *(plan couleur D2,* ***107****) : juste à l'est de 2nd St (entre Arch et Race St).* La rue résidentielle la plus ancienne des États-Unis, bordée d'une trentaine de maisons de brique encore habitées, construites entre 1728 et 1836. Remarquer l'usure des emmarchements en granit sur les perrons. Poussez dans la petite impasse de Bladen's Court pour voir la pompe à eau d'origine. Ce quartier était à l'époque le centre commercial de la ville. Artisans et riches marchands y demeuraient, comme le forgeron Jeremiah Elfreth...
Petit ***musée*** sur l'histoire de la rue, situé au milieu de la rue *(mars-oct, mar-sam 10h-17h, dim 12h-17h ; le reste de l'année, jeu-dim, mêmes heures).*

Penn's Landing, Society Hill et South Street *(plan couleur D2-3)*

À l'extrémité est de Chestnut St, du nom du lieu où William Penn débarqua en 1682. Traversé par la voie express de l'Interstate 95, ce n'est pas vraiment un quartier, puisque son seul intérêt réside dans la présence du Musée maritime et ses bateaux amarrés le long du quai de la Delaware River. Society Hill, en revanche, ravira les trekkeurs urbains sachant musarder le nez au vent au milieu des rues aux croquignolettes maisons de brique. South Street attirera les fans de shopping et les amateurs d'insolite.

Independence Seaport Museum *(plan couleur D2,* ***111****) : 211 S Columbus Blvd par Walnut St. ☎ 215-413-8855. • phillyseaport.org • Tlj 10h-17h. Entrée : 12 $; réduc ; gratuit dim avt midi.* Musée interactif très bien fait, qui couvre tous les domaines de la marine et de sa contribution au développement de Philadelphie : commerce outre-mer, en particulier avec la Chine, apportant à Philly du thé, de la soie, de la porcelaine et de l'opium. Immigration en provenance essentiellement de Brême et Hambourg ; instruments de navigation, construction des embarcations de navigation fluviale, maquettes de marine à voile et de cargos modernes, exploration sous-marine, tableaux de différentes époques illustrant la croissance du port, maquette du *Benjamin Franklin Bridge.* Avant de le visiter, on s'intéressera à l'histoire passionnante du croiseur *Olympia* et de son équipage actif aux Philippines pendant la guerre hispano-américaine.
Le billet comprend la visite de vaisseaux amarrés à l'extérieur (dernière entrée à 16h30) : un sous-marin de la Seconde Guerre mondiale, le *Becuna,* et l'*Olympia* dont la carrière a été évoquée à l'intérieur.
– Pour ceux que l'histoire navale intéresse, le croiseur de bataille que l'on aperçoit sur l'autre rive de la rivière Delaware dans le port de Camden est le ***USS New Jersey,*** qui a combattu dans la guerre du Pacifique et a servi pendant les guerres de Corée, du Vietnam et même du Liban. • *battleshipnewjersey.org* •

Philadelphia's Magic Gardens *(plan couleur C3,* ***112****) : 1020 South St. • philadelphiasmagicgardens.org • Tlj 11h-18h (20h ven-sam). Entrée : 5 $; réduc. Tour guidé : 8 $.* Un lieu insolite et original à coup sûr, dû au gentil délire d'un mosaïciste un peu allumé, Isaiah Zagar, mélange de Gaudí et du Facteur Cheval, qui a organisé depuis 1994 quasiment tout un pâté de maisons en un labyrinthe incroyable, tapissé de matériaux de récupération (bouts de porcelaine, vaisselle, tessons de bouteilles, éclats de verre, roues de vélos...) et rempli d'objets hétéroclites. C'est déroutant, coloré à souhait et festif. L'espace sert à présent à la tenue d'événements musicaux publics ou de fêtes privées (c'est donc parfois fermé au public). Isaiah Zagar a aussi considérablement contribué à la réalisation de fresques dans le quartier.

Autour de City Hall, Downtown (plan couleur B2-3)

City Hall *(plan couleur B2) : visite de la tour, départ ttes les 15 mn par groupe de 5, lun-ven 9h30-16h30. Env 5 $. Prendre l'ascenseur côté nord jusqu'au niveau 7, ensuite c'est fléché. Salle d'expo au niveau 9. Visite guidée de l'intérieur : Conservation Hall, Caucus Room, etc. : lun-ven 10h-16h30. Rdv devant le City Hall Visitor Center, salle 121. Env 10 $.*
Construction en style Second Empire de la fin du XIXe s (largement inspirée du Louvre), la plus grande mairie du pays et longtemps l'édifice le plus haut de la ville... Jusqu'en 1987, une règle tacite voulait qu'aucun bâtiment ne dépasse la statue de William Penn (la construction du *One Liberty Place* y mit fin). La statue de 27 t représentant William Penn est l'œuvre d'Alexander Calder. C'est la plus grande sculpture du monde au sommet d'un édifice. L'artiste a poussé la perfection jusqu'à faire figurer un texte sur la charte qu'il tient à la main (à vos jumelles !). Vous remarquerez que William Penn regarde vers le nord-est, direction vers laquelle il pensait que la ville allait se développer ; manque de pot, elle s'étendit à l'opposé ! Les cadrans de l'horloge mesurent 8 m de diamètre, l'aiguille des minutes 4,5 m et celle des heures 3,8 m. Avec ces dimensions, elle dépasse la très célèbre *Big Ben* du Parlement anglais. Baptisée « Big George » en l'honneur de qui on sait, l'horloge fut mise en service le jour du Nouvel An 1899. Elle était éclairée à l'origine par 552 ampoules à incandescence, et s'éteignait tous les soirs à 20h57 pour se rallumer à 21h précises, si bien que pendant des années, les Philadelphiens n'eurent aucune excuse pour ne pas mettre leur montre à l'heure. Il leur suffisait de guetter le rallumage du cadran.
Du haut de la tour, magnifique vue sur la Franklin Parkway et le musée des Beaux-Arts, le *Masonic Temple,* la Delaware et le *Benjamin Franklin Bridge,* le building de l'hôtel *Loews,* Broad St où l'on voit en quelques blocs les buildings disparaître pour faire place aux quartiers résidentiels. La visite des espaces intérieurs permet d'avoir un aperçu sur le fonctionnement des trois instances qui s'y réunissent (exécutif, judiciaire et législatif). En outre, ils ont été entièrement restaurés.
En face du City Hall, à l'angle de Market St et 15th, Claes Oldenburg, le sculpteur d'origine suédoise, a planté en 1976 une surprenante ***pince à linge*** de 15 m de haut. On se perd encore en conjectures sur les raisons de ce choix, et la discussion reste ouverte. La présence d'œuvres d'art dans de nombreux endroits publics provient d'une loi locale qui impose de consacrer 1 % du coût de toute nouvelle construction à l'art.

Masonic Temple *(temple maçonnique ; plan B2) : 1 N Broad St (juste en face du City Hall). ☎ 215-988-1900. • pagrandlodge.org • Fermé sam en juil-août, dim-lun tte l'année (attention ! les horaires changent souvent, vérifier sur le site internet ou téléphoner). Visites guidées slt. Entrée : 9 $; réduc. Traductions en français disponibles.* Le monument le plus surprenant et le plus kitsch de Philadelphie. Par sa taille, c'est le plus grand temple maçonnique du monde. Inauguré en 1873, il ressemble à une imposante cathédrale, à mi-chemin entre l'architecture stalinienne et le gothique flamboyant (mais version béton). Aucune élégance, donc. Et à l'intérieur, c'est pire encore, ils devraient louer des lunettes de soleil ! La salle normande (romande en fait, on aime les anagrammes chez les francs-maçons) est à la limite du kitsch et du rococo : tout en dorures, en miroirs, en carrelage lustré à la limite du supportable. Le clou du spectacle, c'est la salle égyptienne : Hollywood à la sauce maçonnique ! Une visite à ne pas manquer, surtout pour méditer sur leur devise : « La raison guidée par la conscience ».

*** Pennsylvania Academy of the Fine Arts** (plan couleur B2, **106**) **:** à l'angle de Broad et Cherry St, en plein centre. ☎ 215-972-7600. • pafa.org • Tlj sf lun 10h (11h dim)-17h. Entrée : 10 $ (gratuit pour les moins de 12 ans) ; réduc ; un peu plus cher pdt les expos temporaires. Tours guidés à 11h30 et 12h30 en sem, 13h et 14h le mer et le w-e.*

Musée consacré à l'art américain. Fondée en 1805 sous le mandat du président Jefferson, ce fut la première académie d'art du pays. Elle en est maintenant à son troisième emplacement.

Le ***Landmark Historic Building*** vaut le coup d'œil pour le bâtiment en lui-même. Architecture intéressante, dite *High Victorian gothic,* datant de 1876 (le bâtiment a été construit pour le centenaire de la Révolution). Façade particulièrement ornementée. À l'intérieur, décor éclectique peuplé de grandes colonnes vaguement mauresques. Rassemble une intéressante collection de peintures et sculptures américaines des XVIIIe et XIXe s. Le musée est très « aérien », et les toiles sont fort bien mises en valeur. À l'étage, imposantes huiles sur toile de plus de 30 m^2 de Benjamin West (1738-1820). Plus loin, noter un marbre de facture orientaliste intitulé *Le Fils prodige* de Joseph Mozier (1812-1870), puis *Le Paradis perdu* de Joseph Alexis Bailly. Quelques chefs-d'œuvre de l'école des paysagistes de l'Hudson River : Thomas Cole s'est lui-même représenté en train de peindre les sommets du mont Holyoke.

Un buste, *Front of Male Torso,* de 1880, et un portrait du poète Walt Whitman que tous les collégiens américains connaissent par cœur. Sans oublier Mary Cassatt qui fut elle-même une élève de l'académie : *Young Thomas and his Mother* atteste de son talent de coloriste. Une salle (la 8) est consacrée à la famille Peale ; ils furent huit à vivre de leurs pinceaux. Un seul tableau d'Edward Hopper en revanche *(Apartment Houses).*

Dans une architecture plus moderne qui s'y prête mieux, les œuvres contemporaines sont exposées au ***Samuel M.V. Hamilton Building,*** à deux pas du premier, même rue, même trottoir. Le fonds permanent du musée tourne sans arrêt. Si vous avez de la chance, vous pourrez y voir une bichromie *Maroon over Red* de Rothko.

Comcast Center *(plan couleur B2)* ***:*** *1701 J.-F. Kennedy Blvd.* Le plus haut bâtiment de Philadelphie, qui a un peu l'allure d'un décapsuleur géant, a été inauguré en 2008 et culmine à 297 m de haut. Ce qui le place en 15e position aux USA. Il a détrôné le ***One Liberty Place*** et ses deux tours qui se sont nettement inspirées du *Chrysler Building* de New York. Le *Comcast* appartient à une compagnie de télécommunications qui en a fait la vitrine de son activité en aménageant une étonnante surface de près de 200 m^2 à l'intérieur de l'atrium, composée de panneaux LED déclinant 10 millions de pixels *(Comcast Experience).* L'écran géant est appelé à devenir une véritable attraction touristique. L'installation diffuse de 8h à 21h des milliers d'heures de programmes, tous plus esthétiquement fabuleux les uns que les autres : couchers de lune, balades en hélico pendant l'été indien, match de basket où un joueur passe d'un panneau à l'autre, c'est indescriptible et fascinant.... Ne manquez pas cette innovation technologique du futur.

Au sous-sol, ***food court*** envahi quand les cols bleus viennent commander le lunch qu'ils avaleront ensuite en vitesse dans leur bureau.

– Au centre de ce quartier d'affaires, on trouve quelques sites remarquables : sur ***JFK Plaza,*** jetez un coup d'œil sur la façade Art déco en marbre noir et rose de l'entrée du *Suburban Pennsylvania Railroad.* Au milieu de la place, un des emblèmes de la ville, le ***LOVE*** en lettres rouges de Robert Indiana, installé là pour le bicentenaire de la Déclaration d'indépendance, en 1976.

Reading Terminal Market *(plan couleur C2,* ***63****)* ***:*** *à l'angle d'Arch et 12th St* (voir plus haut « Où manger ? Dans Downtown » et plus loin « Les marchés »).

Autour de Logan Square et Museum Row *(plan couleur A1, B1-2)*

L'artère principale qui les dessert est la ***Benjamin Franklin Parkway,*** surnommée *Parkway's Cultural Corridor* (« l'allée des musées »). Un petit nom qui sera encore plus justifié lorsque s'ouvrira la nouvelle structure destinée à accueillir la ***fondation Barnes*** (prévue pour le printemps 2012).

La cathédrale Saints-Pierre-et-Paul *(plan couleur B2,* ***109*****) :** grande église avec colonnes carrées, plafonds à caissons dorés et coupole, ce monument rose de style classique un peu lourd vaut surtout le coup d'œil pour les œuvres d'art qu'il recèle. À gauche de l'entrée, statue commémorative de Katharine Drexel, qui œuvra pour les enfants noirs et les Indiens. Beaux vitraux jouant sur les nuances en bleu et vert : baptême du Christ (en entrant à droite) ; dans le chœur, vie de saint Pierre (crucifixion la tête en bas, remise des clés du paradis, la pêche miraculeuse) et de saint Paul (chemin de Damas, prédication et martyre), encadrant la Cène et la multiplication des pains. Au-dessus de l'entrée, crucifixion, avec Marie et Jean. À droite dans la nef, remarquable Cène en haut-relief de bronze. Bref, rien que du beau monde.

The Franklin Institute Science Center *(plan couleur A-B2)* **:** *à côté de Logan Sq, près de 20th St. ☎ 215-448-1200 ou 1208. • 2.fi.edu • Tlj 9h30-17h ; séances* IMAX *ttes les heures 10h-17h (21h mer et ven-sam). Entrée : 15 $ (21 $ avec l'*IMAX*) ; réduc.* Derrières ses imposantes colonnades grecques, un « palais de la Découverte » ultramoderne sur trois niveaux. Énorme statue de Franklin dans l'atrium. Présentation vivante et interactive de tous les domaines scientifiques et technologiques (optique, mécanique, espace, électricité), aussi bien que des domaines naturels et biologiques (le corps humain, la terre, l'énergie, les maladies...). Plein d'expériences à réaliser pour les enfants, et même un tour en *Skybike,* un vélo-funambule (rassurez-vous, il y a un filet !). Sans oublier le planétarium (spectacle laser) et un cinéma *IMAX.* Le musée accueille aussi les grandes expos qui parcourent le monde. Voir la programmation sur Internet. On peut également manger sur place. Si, après la visite du dernier étage consacré au sport, vos bambins ont encore la bougeotte, faites-leur faire un tour au ***Please Touch Museum,*** où ils auront le monde à portée de main. Le musée se trouve sur ***Memorial Hall,*** à Fairmont Park.

Academy of Natural Sciences *(plan couleur B2)* **:** *au sud de Logan Sq, près de 19th St. ☎ 215-299-1000. • ansp.org • Tlj 10h-16h30 (17h le w-e). Entrée : 12 $; réduc.* Un des plus vieux musées du genre au monde, puisqu'il fut inauguré en 1812. Hall des dinosaures avec un T-Rex complet, serre aux papillons dans un environnement de forêt tropicale, dioramas de la vie sauvage, minéraux et fossiles. Un département permet de voir des animaux vivants : oiseaux et petits mammifères. Tout cela se veut bien didactique.

Rodin Museum *(plan couleur A1)* **:** *Benjamin Franklin Parkway (près de 22nd St). ☎ 215-763-8100 ou 215-787-5476. • rodinmuseum.org • Tlj sf lun 10h-17h. Donation de 5 $ suggérée. Audioguide 5 $.* Avec ses 128 œuvres, c'est la plus grande collection de l'artiste réunie dans un musée hors de France. On y trouve aussi bien *Saint Jean-Baptiste prêchant,* un bel *Adam,* un plâtre du *Nu de Balzac,* la *Porte de l'Enfer* que les célèbres *Bourgeois de Calais.* Plusieurs œuvres de Rodin exposées dans le *World Trade Center*

BALZAC EN ROBE DE CHAMBRE

Commandée en 1891 par la Société des gens de lettres sous l'impulsion de Zola, alors président, la statue de Balzac, qui pourtant compte parmi les œuvres les plus appréciées de Rodin, donna lieu à une vive polémique. D'abord refusée par ses commanditaires qui s'empressèrent de solliciter Falguière afin qu'il en réalise une autre de son côté, la statue du père de La Comédie humaine *(en robe de chambre, ça ne se faisait pas à l'époque) ne fut exposée que bien longtemps après sa première présentation. Et encore, Rodin l'avait sculpté nu !*

ont disparu à jamais suite aux attentats du 11 septembre 2001. Paris mis à part, c'est ici, peut-être plus qu'ailleurs, que vous prendrez la dimension de son œuvre. Dès l'entrée, figé sous un platane face à la circulation, c'est le célèbre *Penseur* qui accueille les visiteurs (61 bronzes furent coulés à partir du moule original). Rodin disait de lui : « Mon penseur ne pense pas uniquement avec son cerveau, il pense aussi avec tous les muscles de ses bras, de son dos, de ses jambes, avec son poing serré et ses doigts crochus. » Ensuite vient la *Porte de l'Enfer,* une œuvre magistrale que Rodin n'aura jamais la chance de voir en bronze de son vivant. Il entama son exécution, meurtri par l'idée qu'on ait pu le suspecter de moulage pour *L'Âge d'airain.* La *Porte de l'Enfer* va être son exutoire, il tentera de démontrer qu'il est capable de reproduire ses œuvres en miniature tout en respectant la finesse des détails. Elle est vraisemblablement inachevée.
Le musée en lui-même n'est pas très grand. Il s'articule autour d'une grande salle où l'éclairage zénithal met admirablement bien les œuvres en valeur. Pas d'éclairage parasite, les bronzes restituent toute leur puissance. Une énergie incroyable s'en dégage, car il s'agit le plus souvent de modèles sur pied. Les célèbres *Bourgeois de Calais* occupent l'espace central. L'artiste réalisa plus d'une centaine de croquis de tête, de bras, de main, avant de trouver la combinaison qui lui paraissait la plus parfaite pour cette sculpture. D'ailleurs, il n'hésita pas à se servir de cette étude pour d'autres œuvres. Amusez-vous à trouver des points communs entre elles !
Dans la petite salle du fond, petite œuvre de Camille Claudel (une qu'elle n'a pas cassée), et le *Martyr,* une femme, pouce dans son poing serré. Juste en face, la tête de *Victor Hugo,* ainsi que *Balzac,* un pas en avant. Admirez l'arrogance qui se dégage du personnage, et la manière dont l'artiste a su relater la fierté de l'homme, son déterminisme, sa fécondité. « C'était la création elle-même qui se servait de la forme de Balzac pour apparaître », affirmait Rainer Maria Rilke en parlant de cette statue.
Quelques œuvres magistrales également, comme le masque de *l'Homme au nez cassé,* refusé lors de sa présentation au Salon en 1864. Jugée trop réaliste, la tête de Bibi ne sera acceptée que 11 ans plus tard.
À voir aussi, *La Cathédrale, Adam et son ombre,* les bustes de George Bernard Shaw et Gustav Mahler, et une foultitude d'œuvres qui témoignent du génie de l'artiste et de sa maîtrise de la matière.

***Philadelphia Museum of Art** (plan couleur A1) : 26th St (et Benjamin Franklin Parkway). ☎ 215-684-7600. • philamuseum.org • Tlj sf lun 10h-17h (20h45 ven mais le 1st floor est alors fermé pdt la nocturne). Entrée : 16 $; réduc ; gratuit le 1er dim du mois. Audioguide en français (compter 3h).*
Le Louvre de Philadelphie. Musée incontournable pour la qualité des œuvres exposées, à ne pas manquer donc. Un résumé de l'histoire artistique d'une grande partie du monde avec ses collections européenne, asiatique et américaine. Le choix des pièces – peinture, sculpture, arts décoratifs ou religieux – est exceptionnel. En plus de ça, la plupart des toiles et sculptures exposées sont associées à des objets ou meubles de leur époque. Ce qui donne encore plus de puissance aux œuvres. Voici quelques points de repère, histoire de vous mettre l'eau à la bouche (sous réserve, évidemment, que les œuvres en question n'aient pas quitté le bercail, comme souvent dans ce genre d'institution).

Rez-de-chaussée (ground floor)

Zone plus facilement accessible par l'entrée ouest (côté parc) : cafet', resto, boutique du musée où vous pourrez également trouver le catalogue de la fondation Barnes, si vous n'avez malheureusement pas réservé à temps pour la visiter. Salles destinées aux expos d'estampes, gravures et photos.

1er niveau

On y trouve les collections américaines, européennes (de 1850 à 1900), ainsi que l'art moderne et l'art contemporain. Aussi les salles réservées aux événements spéciaux.

– ***Art américain :*** à gauche de l'East Entrance. Mobilier, art du verre et belle argenterie. Salle consacrée le plus souvent aux expos temporaires. À noter que dans cette partie du musée, notamment celle dédiée aux impressionnistes américains, les toiles sont nettement mieux mises en valeur que dans la partie nord. Œuvres de Thomas Eakins, portraitiste américain dont les visages expriment une douce mélancolie.
– ***Art européen :*** superbe collection de toiles impressionnistes. Certaines comptent parmi les plus célèbres du monde. Une version des *Tournesols* de Van Gogh, par exemple... Suivez le guide.
Corot d'abord, dont la *Chevrière de Terni* à la lumière si italienne ; Whistler, Millet, Boudin. Belle marine de Courbet et le fameux *Combat du Kearsarge et de l'Alabama* au large de Cherbourg, que Manet peignit en direct. Après, festival Degas, Gauguin, Cézanne et ses célèbres *Baigneuses,* Pissarro, Sisley, Renoir... Pas moins de 13 Monet, dont un des *Pont d'Argenteuil* et le *Sheltered Path* (le *Sentier de l'Abri*) à la luminosité si intense.
Chevaux à l'abreuvoir, un Delacroix plein de vigueur et aux couleurs somptueuses, l'*Île Lacroix,* un étonnant Pissarro (qu'il encadra lui-même), puis un beau Toulouse-Lautrec et le *Portrait de Madame Augustine Roulin* de Van Gogh. Sur le plan technique, saluons l'atmosphère bien rendue et la diffusion de la lumière du *London Wharf with Carriage at Night* de J. A. Grimshaw. Fourmillantes *Source de vie* et *Quatre Saisons* du peintre belge naturaliste Léon Frédéric. Dans la rotonde, *Deux Jeunes Filles* de Renoir et le *Pont japonais à Giverny* de Monet. Petite pièce discrète cachant presque d'intéressants Vuillard et Bonnard. Splendide *Pont-Neuf* de Pissarro et deux lumineux Douanier Rousseau.
– ***Art moderne :*** on y trouve Pollock, Braque, Picasso (dont certaines œuvres de 1906 encore figuratives et aussi l'*Autoportrait*), le *Man in a Café* de Juan Gris, à la remarquable déconstruction, puis Chagall, Matisse, Léger... Magnifique *Horse, Pipe and Red Flower* de Miró. Puis Magritte, Dalí et Tanguy, un surréaliste breton qui termina son existence aux États-Unis. Et encore Max Beckmann, Kandinsky, Klee, Willem De Kooning...
– ***Peinture américaine contemporaine :*** Mark Rothko, Roy Lichtenstein, Kline, Motherwell, la *Chaise électrique* d'Andy Warhol, Franck Stella, Rauschenberg, *Painting with 2 Balls* de Jasper Johns, puis Orozco et une « provoc » de Jeff Wall... Ne pas manquer la salle dédiée à Cy Twombly, vif et lumineux, dans le style de Basquiat. Autre salle où l'on a ingénieusement associé Mondrian et Brancusi.
Marcel Duchamp, naturalisé américain, est magnifiquement représenté. Peintre et sculpteur, fer de lance du mouvement « ready-made », Duchamp a réalisé un grand classique, exposé ici, et nommé *La Mariée mise à nu par ses célibataires, même,* œuvre connue de tous les élèves en histoire de l'art. Cette pièce singulière, comportant une large partie vitrée, fut brisée lors du transport ; on appela Duchamp pour l'en informer. Il fit le déplacement et trouva la fêlure du verre remarquable, faisant admirablement partie de l'œuvre. Ah, sacré Marcel ! De lui encore, l'un de ses célèbres urinoirs, ses boîtes et le portrait du *Docteur Dumouchel.* Quelques collègues : Jacques Villon (son frère), Kupka...

2e niveau

L'un des grands attraits de ce musée est sa scénographie, qui procure une visite immersive : la plupart des toiles du 2e niveau sont exposées dans des salles consacrées au pays d'origine des peintres : salons anglais, français, Renaissance, etc. Ces intérieurs authentiques ont tous été acquis en Europe, démontés, puis remontés à Philadelphie. Une galerie extérieure permet un éclairage indirect, complété par un jeu de lumière très harmonieux. Délirante collection d'armures de tous les genres et de toutes les formes. Remarquez les trois petites armures pour enfants, très rares. Puis, dans une aile, on découvre une incroyable section d'art médiéval et de la toute première Renaissance. Voir le très beau portail roman de l'abbaye de Saint-Laurent (près de Cosne-sur-Loire) et la reconstitution du cloître de Saint-Michel-de-Cuxa (Pyrénées-Orientales). D'autres reconstitutions (genre très apprécié en Amérique) dans la partie asiatique : le palais d'un mandarin chinois, un temple hindou et une maison de thé japonaise.

– ***Art européen du XIIe au XVIIIe s :*** immenses tapisseries sur des cartons de Rubens, primitifs religieux, dyptique de Van der Weyden, retables anversois, meubles gothiques, *Cupidon* de Cranach, reliquaires, etc. Superbe meuble à deux corps, chef-d'œuvre de la sculpture bourguignonne (1570), beau plat en majolique de Nicola de Urbino, représentant un combat à cheval aux couleurs époustouflantes (1523). Fascinantes œuvres de Limoges et autres objets d'art, admirable retable de 1535 avec scènes de la Passion, etc. École hollandaise : les deux Bruegel (le Jeune et l'Ancien) ; *Prométhée* de Rubens, l'une des grandes pièces du musée ; paysages de Ruisdael. École française du XVIIe s : Poussin, Simon Vouet. Salles consacrées à Gainsborough, une autre à Romney. Écoles française et italienne du XVIIIe s : Canaletto, Tiepolo, Coypel, Natoire, Hubert Robert et ses éternelles ruines...

Ne pas louper la *collection Johnson,* une salle étonnante où reposent une centaine d'œuvres de toutes les époques et de tous les styles. Le donateur, riche avocat de Philadelphie, insista pour que les pièces soient exposées exactement comme chez lui. Ça donne à la fois un gentil désordre et une atmosphère particulière. Il a dû gagner pas mal de procès pour s'acheter tout ça !

On sort de là gonflé à bloc. On en oublierait presque qu'ici, le visiteur, complètement saturé de Rodin (il y en a partout dans le musée), n'a qu'une chose en tête en sortant : aller se faire prendre en photo à côté du bronze à l'effigie de Stallone. On a les maîtres qu'on peut !

– Tout près du *Philadelphia Museum of Art,* à l'angle de Pennsylvania et Fairmount, une extension s'est ouverte dans le superbe ***Perelman Building*** *(plan couleur A1 ; mêmes horaires ; entrée : 10 $),* Art déco pur jus, avec une entrée monumentale surmontée de pélicans dorés, destinée à recevoir d'intéressantes expos temporaires. De plus, l'endroit se veut un véritable lieu de vie, mettant à la disposition du public une bibliothèque et une librairie spécialisées dans le domaine des arts, un café contemporain avec une terrasse agréable, ainsi que des espaces dédiés aux arts visuels.

ROCKY N'A PAS SA PLACE AU MUSÉE

Au pied de l'imposant escalier devant le musée se trouve une statue en bronze représentant Sylvester Stallone, les bras levés dans une posture victorieuse empruntée à son rôle dans le film Rocky. *Offerte par l'acteur lui-même, la statue a fait un long séjour dans les réserves avant d'être placée, en 2006, au bas de l'escalier, sous la pression du conseil municipal de la ville, et ce malgré l'opposition virulente des conservateurs du musée. Dans* Rocky 3, *Stallone gravit les marches du musée en courant, et certains prétendent que cette scène a fait plus pour l'image de la ville que quiconque depuis Franklin !*

🏛🏛 ***Eastern State Penitentiary*** *(plan couleur A1,* ***110****)* **:** *2027 Fairmount Ave.* ☎ *215-236-3300.* • *easternstate.org* • *Pour s'y rendre : le Phlash ou les bus Septa n°s 48, 43, 33, 32 et 7. Avr-nov, tlj 10h-17h (20h mer juin-août). Entrée : 13 $; réduc. Enfants de moins de 7 ans non admis. Tour guidé et audioguide en anglais.* Cette prison construite en 1820 revêt un intérêt archélogico-social évident. Ce fut à l'époque le bâtiment public le plus cher des jeunes États-Unis et, longtemps, la prison la plus célèbre du pays. La décision de construire un établissement pénitentiaire modèle vient du lobbying d'une association quaker, la *Société philadelphienne pour le soulagement de la misère dans les prisons publiques,* pour qui tout prisonnier était amendable s'il se trouvait placé dans l'isolement le plus total. Car la solitude constituait assurément le meilleur moment pour se tourner vers Dieu... Elle servit aussi de modèle à près de 300 autres pénitenciers dans le monde, comme celui de Fresnes en France. Alexis de Tocqueville et le marquis de La Fayette vinrent la visiter.

À l'extérieur, les hauts murs de pierre percés de créneaux et de meurtrières impressionnent. À l'intérieur, l'immense bâtiment en forme de roue contient une tour cen-

trale et sept ailes disposées de manière circulaire. Le gardien de faction au milieu pouvait donc, d'un seul regard circulaire, surveiller les couloirs sur lesquels donnaient les cellules des prisonniers. Chaque cellule était équipée de toilettes avec chasse d'eau, alors que la Maison-Blanche n'en possédait pas encore. Mais la condition carcérale n'en était pas pour autant idyllique : de nombreuses tentatives d'évasion s'y déroulèrent.
Désaffectée depuis 1971 et dans un état d'abandon avancé qui n'est pas sans charme, elle attire en tout cas les amateurs d'insolite. Certains ont cru voir passer les ombres de fameux locataires, comme Al Capone dont l'intérieur de la cellule a été reconstitué, ou Willie Sutton qui se déguisait en convoyeur de fonds pour braquer les banques. Le soir d'Halloween, le bâtiment fait le plein !

Le Mural Arts Program (MAP)

À Philly, on a pris l'habitude de ne plus contingenter l'art dans les murs des musées. Les artistes ont pris possession de l'espace public et embellissent les rues (surtout dans les quartiers populaires) tout en contribuant à fédérer les habitants autour de projets communs.
Le succès a été tel que récemment, l'ambassade des USA à Paris a proposé de faire profiter les banlieues de la capitale de l'expérience réussie à Philadelphie. Se basant sur les méthodes expérimentées à Philadelphie avec l'aide de muralistes venus les conseiller, les villes de Bagnolet et de Bondy ont inauguré, en 2009, de nouvelles fresques sur les murs de leur cité ; Villiers-le-Bel leur a emboîté le pas.

Une expérience artistique et humaine...

Initié par la ville de Philadelphie, ce programme a débuté en 1984 sous la forme d'une lutte antigraffitis, en proposant des projets plus constructifs à de jeunes tagueurs au talent certain mais un peu nuisible. L'idée a grandi jusqu'à devenir un projet artistique dont l'envergure dépasse à présent de loin les projets municipaux habituels. Pour lancer et suivre ce programme, la ville a fait appel à ***Jane Golden,*** une artiste muraliste qui a réussi à convaincre les grapheurs d'utiliser leur énergie pour créer de véritables fresques. En luttant contre l'exclusion sociale de jeunes marginaux et des anciens prisonniers, l'expérience a aussi aidé ceux-ci à développer leur talent artistique, tout en leur permettant d'embellir leurs quartiers et de prendre part à la vie de la communauté. En 1996, la ville a officiellement reconnu le programme MAP, qui s'est constitué en association sans but lucratif. Sa mission consiste à développer des actions éducatives pour les jeunes et à redynamiser les quartiers au travers de l'art.
Le programme a rencontré un tel succès que près de 3 000 *murals* ont déjà été peints sur les murs de la ville. Dans chaque quartier, vous pouvez admirer les murs des immeubles transformés, illustrés de héros populaires, de paysages fantastiques ou de scènes d'espoir. Ces *murals* ont fini par devenir un élément apprécié et protégé du paysage urbain. Le programme MAP travaille avec plus de 100 communautés pour réaliser des *murals* qui reflètent la culture et l'état d'esprit des quartiers de Philadelphie. C'est une grande source de fierté et de motivation pour les habitants, qui les font découvrir aux visiteurs chaque année. Employant plus de 300 artistes chaque année, le MAP est l'un des plus gros employeurs du secteur artistique.

Les visites

➢ Afin de mieux répondre aux questions du public, le MAP a développé un programme de ***visites guidées en trolley :*** *avr-nov.* ☎ *215-389-8687.* • *muralarts.org* • *Compter 23 $/pers (réduc). Départ de l'*Independence Visitor Center. Ces visites dévoilent l'envers du décor de la réalisation d'un *mural*. Riches en anecdotes, elles permettent de comprendre la complexité de la performance artistique et d'apprécier Philadelphie comme une galerie d'art en plein air.

➢ La visite peut également se faire individuellement à pied, à vélo ou en voiture, à l'aide d'un plan disponible à l'*Independence Visitor Center* ou téléchargeable sur le site.

Autour de Rittenhouse Square *(plan couleur B2-3)*

Du nom de David Rittenhouse, un ancien président de l'*American Philosophical Society,* Rittenhouse Square constitue le centre d'un quartier *trendy* regorgeant de restos, bars, boutiques et hôtels élégants. On peut y flâner pour un shopping intensif, ou tout simplement s'installer à une terrasse qui borde le joli parc carré planté de hauts arbres, donnant au coin un petit air new-yorkais, même si certains l'appellent ***French Quarter.***

☞ ***Mütter Museum*** *(plan couleur A2,* ***104****) : 19 S 22nd St (entre Chestnut et Market).* ☎ *215-563-3737.* • *muttermuseum.org* • *Tlj 10h-17h. Entrée : 14 $; réduc.* Situé dans le *College of Physicians* fondé en 1787. Ça n'intéressera pas seulement les étudiants en médecine, mais aussi les curieux, les pervers, les âmes peu sensibles raffolant des horreurs médicales, des maladies de peau insoutenables, des tumeurs ignobles, des erreurs de la nature.

Le *Mütter Museum* se veut une fenêtre ouverte sur la médecine du passé. On y trouve plus de 20 000 instruments médicaux (ou de torture ?), des planches et illustrations diverses, des modèles de frères siamois... Toutes les maladies les plus abominables y sont répertoriées, et à force de voir autant d'atrocités, finalement, on se réjouit de se trouver en bonne santé ! Impressionnant alignement de 139 crânes humains rassemblés par un anatomiste viennois, Joseph Hyrtl. Ne pas manquer la boutique. Là, on tombe carrément dans le mauvais goût. Il y a quelques farces et attrapes à faire pâlir Dracula lui-même. Ils auraient dû prévoir une visite nocturne à la lampe de poche... sensations garanties !

Dans le quartier de l'Université *(hors plan couleur par A2)*

☞☞ ***University Museum of Archeology and Anthropology :*** *3260 South St.* ☎ *215-898-4000.* • *museum.upenn.edu* • *En voiture, se garer sur le parking de l'hôpital. En train, descendre à University City Station ; c'est à deux pas. Tlj sf lun 10h-17h (20h mer) ; dim 13h-17h (sf pdt vac scol). Entrée : 10 $; réduc ; gratuit après 15h30 en sem et 16h le dim.*

Construit sur les bases d'une ancienne banque (la *Schuylkill West Bank*), bâtie alors que Philly commençait à se développer vers l'ouest à la fin du XIXe s, ce musée, classé Monument historique, abrite d'étonnantes et très rares collections d'objets du monde. Dans un style *Victorian revival,* enrichi d'ornements, statuaires et autres objets provenant du musée lui-même, il se développe sur trois niveaux avec, pour clé de voûte du système, une nef romane dans laquelle sont exposés les objets en provenance de Chine. Il est quelquefois difficile de s'orienter. Ne pas oublier son plan. Dernière chose : toutes les salles ne sont pas climatisées ; il y fait parfois chaud l'été.

1er niveau (first floor)

Cheminement assez confus (tout dépend par où l'on rentre) pour accéder à la salle consacrée à la Basse-Égypte, dans laquelle un sphinx en granit rose de la XIXe dynastie (Ramsès II) occupe le devant de la scène (environ 12 t). Superbe tête de Thouthmôsis III. L'ensemble est bien mis en valeur par les éclairages. On regrette la faible place accordée à l'islam. Belles mosaïques persanes, toutefois.

2e niveau (second floor)
On commence par l'Afrique. Nombreux objets de la vie quotidienne, le plus souvent d'une rare élégance : vannerie, instruments de musique. Fétiches, masques, objets cultuels. Étonnants cimiers nsikpe (région limitrophe Nigéria-Cameroun). La Polynésie est également très bien représentée, avec de nombreux objets en bois sculptés comme des proues d'embarcations, et des portraits de Maoris tatoués de pied en cap. Intéressants sceptres gravés (Toki tikiti) des *Cook Islands.*
Dans la salle consacrée aux « natifs » de la Mésoamérique, en plus des stèles mayas, des masques de jade de Tehotihuacán, on regardera l'animation vidéo mettant en scène le parcours du Soleil pour comprendre l'importance de celui-ci dans la vie des Indiens. On poursuit vers une très belle exposition consacrée aux Inuits et aux habitants de l'Alaska, dans laquelle on apprend tout sur leur mode de vie dans un climat rigoureux. Toujours avec une foultitude d'objets, notamment ceux servant à la chasse, les techniques du kayaking et des chapeaux en forme de tête de corbeau.
3e niveau (third floor)
Il est dédié à l'Asie. Très belle collection de bouddhas et autres divinités de l'Inde et du Siam. Dans la nef romane, les collections chinoises sont admirablement mises en situation. L'éclairage zénithal joue beaucoup. Au centre, une boule de cristal de la dynastie Qing (1644-1912). Dans la toute petite pièce attenante à l'expo sur la Haute-Égypte, une copie de la célébrissime *pierre de Rosette* qui se trouve au British Museum. Plus loin, un jeu vidéo permet d'explorer la tombe de Toutankhamon. Fascinante collection de momies. Dans la section gréco-romaine : tombes étrusques, superbes cratères bichromes, cuirasses et casques de hoplites en bronze. Une visite à ne pas manquer pour tous les amateurs d'art et de belles choses.

Les marchés

Vous ne rêvez pas ! Philadelphie compte deux grands marchés, hauts en couleur. Ne manquez ni l'un ni l'autre.

🏛🏛 ***Reading Terminal Market*** *(plan couleur C2,* ***63****) : à l'angle d'Arch et 12th St. ☎ 215-922-2317. • readingterminalmarket.org • Tlj sf dim 8h-18h, mais préférable d'y aller mer-sam, car les amish y tiennent leurs stands.* Sous un énorme marché couvert établi ici depuis 1893, les amish (voir plus loin, dans « Pennsylvania Dutch Country », le commentaire les concernant) viennent ici proposer leurs bons produits fermiers dans leurs échoppes. Facilement reconnaissables, les hommes arborent une longue barbe sans moustache, et sont coiffés « à la Jeanne d'Arc », mèche coupée droit rabattue sur le front. Les femmes portent une robe unie, et leurs cheveux, séparés par le milieu, sont retenus en un chignon serré, maintenu par une coiffe de tulle blanc. Beaucoup vivent dans la région de Hatville. Goûtez leurs *bretzels,* préparés sous vos yeux. Spécialité aussi de *custard pudding, pickles* et confitures. Les yaourts et les jus de fruits frais sont excellents. Aller au marché le matin et y déjeuner (voir plus haut « Où manger ? Dans Downtown »).

🏛🏛 ***Italian Market*** *(plan couleur C3) : sur 9th St (entre Wharton et Christian St). • phillyitalianmarket.com • Mar-sam 9h-17h ; dim 9h-14h.* Pas vraiment un marché couvert, mais une rue avec les étals sur les trottoirs. Ça fait vraiment chaud au cœur de voir en Amérique des cageots de légumes, de la viande sanguinolente, du pain tout chaud, et de sentir des odeurs de fromage ou d'huile d'olive. D'ailleurs, pour un casse-croûte, aller au n° 930, *The House of Cheese Di Bruno's Bros* (400 sortes de fromages). On retrouve là les accents de toutes les minorités italienne et asiatique. À l'angle de 9th et Washington St, on pourrait tourner un film style années 1930-1940 chez *Giordano,* le marchand de légumes, sans modifier quoi que ce soit. Quelques scènes du film *Rocky* se passent dans les entrepôts des boucheries du quartier. Y aller le matin, de préférence le samedi.

Achats

IMPORTANT : il n'y a pas de taxes en Pennsylvanie pour les vêtements et les chaussures. Profitez-en ! Faire son shopping en ville, dans les petites boutiques, de préférence. Ce n'est pas le choix qui manque ! Les mastodontes, genre *King of Prussia* (plus grand centre commercial des États-Unis) sont carrément des villes entières et ne présentent que peu d'intérêt.

Daffy's *(plan couleur B2)* **:** *17th St et Chestnut.* Un grand magasin ne proposant que des vêtements soldés ou fins de série (40 à 60 % de réduc). De bonnes affaires, à condition de bien fouiner.

The Gallery *(plan couleur C2)* **:** *Market St et 9th St.* Assez populaire. Certaines des 150 boutiques sont intéressantes, surtout pour une clientèle jeune. Et il y a un *K-Mart,* pour les fauchés en mal de nécessités de la vie routarde.

Fat Jack's *(plan couleur B2)* **:** *2006 Sansom St.* Une boutique qui ravira les fans de *comics.* Tous âges, tous styles, y compris manga, et quelques rares B.D. européennes. Revues neuves, produits dérivés et collectors.

Borders *(plan couleur B2)* **:** *1 S Broad St.* Une librairie de chaîne très bien achalandée, possédant une agréable petite cafet' à l'étage, où se retrouvent les étudiants du coin. Wifi.

Aka Music *(plan couleur D2)* **:** *27 N 2nd St.* Magasin tout en longueur en face de *Christ Church.* Le temple du disque. Foultitude de CD et DVD musicaux ; grand rayon de vinyles. Neuf et occase.

Franklin Mills : *à 35 mn au nord-est de Philadelphie (exit 35 sur l'Interstate 95).* Du centre, des navettes sont assurées par la *Philadelphia Trolley Works.* Au total, 200 boutiques proposant des rabais de 20 à 70 % : *Ralph Lauren, Levi's, Kenneth Cole, DKNY...* Sur place, restos et bowling.

➤ DANS LES PROCHES ENVIRONS DE PHILADELPHIE

Le comté de Chester : *à env 1h à l'ouest de Philly. Prendre la direction de* King of Prussia *(HY76) ; sortie 328A, puis 30 W vers Coatesville, sortie vers la 82. À Coatesville, prendre la 82 South en direction de Kennett Sq, puis se perdre sur les petites routes en direction du Sud. Pour rentrer, rattraper la HY 476 ou la HY 95.* Le Chester County est très agréable à parcourir en voiture. Il est quadrillé de petites routes toutes plus charmantes les unes que les autres. C'est l'Amérique des campagnes : petites maisons en bois de couleur vive, boîtes aux lettres tunnel, rocking-chair sous l'auvent, pelouse rasée comme la tête d'un *GI,* drapeau américain et pick-up devant la porte du garage. Bref, l'Amérique aisée. Ici, les *gentlewomen farmers* chevauchent des tondeuses à gazon larges comme des autobus. Derrières les haies de petites barrières blanches, des *trucks* finissent de rouiller sous les appentis. Un peu partout, des églises transpercent la campagne, et les liserons géants, jetés sur la frondaison des arbres, confèrent à la région un charme sans pareil. Une balade qui ravira tous les amoureux de paysage.

Barnes Foundation : *jusqu'à la mi-2011 slt,* *au 300 N Latch's Lane, à* **Merion.** ☎ *610-667-0290.* • *barnesfoundation.org* • *À 20 mn en voiture de Philadelphie. Pour y aller, prendre la 76 W (direction opposée à celle de l'aéroport), sortie n° 339 (attention : par la voie de gauche), puis la 1 vers le sud (City Ave) ; après 2 petits miles, dans une agglomération, tourner à droite dans Old Lancaster Rd, puis à gauche dans N Latchs Lane ; c'est au 300, sur la gauche. En transports en commun, bus n° 44 du centre-ville ou train R5.* ***ATTENTION : les infos suivantes ne seront plus valables après juillet 2011 (en principe), date théorique à laquelle la fondation Barnes ferme ses portes pour préparer son transfert vers le centre de Philadelphie où elle rouvrira au printemps 2012.*** *Horaires d'ouverture à Merion (seront peut-être étendus, à vérifier) : juin-août, slt mer-dim*

9h30-17h ; sept-mai, slt jeu-sam 9h30-17h. RÉSA IMPÉRATIVE 1 À 2 MOIS À L'AVANCE, par tél ou Internet. Prix : 15 $ (+ 2 $ si paiement par CB). Parking : 10 $. Possibilité de visites guidées de la collection ou de l'arboretum (sans résa, à voir sur place) ; sinon, audioguide à 7 $ (malheureusement, pas en français). Bien se présenter à l'heure prévue lors du rdv. Mesures de sécurité drastiques : aucun sac à main autorisé dans les salles, ts les effets personnels, y compris les vestes, manteaux... doivent être déposés dans des casiers au sous-sol, et pas de photos, bien sûr.

Après des années d'âpres négociations, c'est chose faite : la célèbre fondation Barnes va déménager sur Benjamin Franklin Parkway, juste à côté du Musée Rodin, dans un bâtiment design, dont la conception intérieure sera calquée sur le modèle originel. Le tout dessiné par les architectes new-yorkais Tod Williams et Billie Tsien. Le chantier est en cours, l'inauguration prévue pour le printemps 2012. Ce transfert fait évidemment couler beaucoup d'encre dans le monde artistique. Pour mieux comprendre cette polémique, rappelons l'histoire de ce musée incroyable né de la passion d'une personnalité hors du commun.

Qui était donc cet Albert Barnes ? Un jeune homme brillant qui se dirigea, après ses études de médecine, vers la recherche pharmaceutique. Il fit ainsi fortune en mettant au point, en 1902, l'*Argyrol,* un antiseptique oculaire, détrôné depuis 1960 par l'arrivée de la pénicilline. Devenu riche, Barnes prit le temps de vivre. Il s'intéressa à la peinture, surtout au postimpressionnisme. Il avait de l'argent donc, mais surtout un goût très sûr, puisqu'il investit seulement 13 millions de dollars, ce qui n'est pas si considérable par rapport à la valeur de sa collection. Au total, tenez-vous bien : 181 Renoir, 69 Cézanne (presque tous des chefs-d'œuvre, dont une version des *Joueurs de cartes*), 60 Matisse (dont *Luxe, calme et volupté*), 46 Picasso, et puis, en veux-tu, en voilà, des Modigliani, Soutine, Monet, Manet, Van Gogh, le Douanier Rousseau ou Degas. Sans compter les Greco, Titien et l'art africain !

En 1929, juste avant le krach boursier, il vendit sa société pour se consacrer à sa fondation qu'il installa à Merion dans un bâtiment néo-classique comprenant aussi une école d'art et d'horticulture (toujours en activité). Rejeté par *l'establishment,* le bon Docteur Barnes (qui avait un foutu caractère !) n'en autorise l'accès qu'aux ouvriers, aux pauvres en général et aux Noirs, et envoie paître la bourgeoisie locale et les critiques d'art de l'époque. Étant lui-même issu d'un milieu modeste (fils de boucher), il avait une véritable compassion pour la classe ouvrière, et animait des groupes d'éducation artistique avec son personnel. D'une grande générosité, il offrit des centaines d'œuvres à des amis ou à des employés, ce qui explique pourquoi on ne les voit pas toutes aujourd'hui.

Seul Barnes décidait de l'accrochage des toiles. Il ne tenait compte d'aucune chronologie ou d'école. Et pourtant, rien n'était fait au hasard. Ce type de muséographie était totalement révolutionnaire à l'époque. Barnes refusait tout académisme : il s'amusait ! On peut dire sans hésiter que visiter la collection Barnes, c'est s'obliger à regarder les œuvres d'un œil différent. Des millions de dollars tapissent les murs, alors on se met à chercher une cohérence à l'installation, une logique à la mise en scène. On fouille parmi les Cézanne, les Degas, les Renoir... On croit y deviner un sésame capable de percer le mystère, mais non !

MERCI POUR L'ERREUR !

En 1930, le milliardaire Barnes fait venir Matisse à Philadelphie pour lui demander de réaliser sur place un monumental panneau décoratif (13 m x 3 m), La Danse. *Matisse est subjugué par les lieux, par la disposition des tableaux. Mais sa première mouture ne le convainc pas, il l'abandonne et recommence. Cette* Danse 1 *sera oubliée 60 ans dans le grenier des héritiers... La 2e version n'est guère plus concluante, à cause d'une erreur de mesure... et se retrouvera par chance exposée au Musée d'Art Moderne de la Ville de Paris. La 3e tentative est la bonne.*

Pourtant, des clés, il n'en manque pas, car il les collectionnait aussi ! Elles sont là, partout, avec les serrures, les fermoirs, les gonds, les charnières, les crapaudines... Comme si Barnes avait eu le désir ou la malice de faire exploser toutes les caisses qui emprisonnaient les peintures. Parfois, ça s'éclaire un peu. On tente de faire une correspondance entre sa remarquable collection d'art africain et Modigliani. Picasso apporte de l'eau au moulin, Soutine aussi. Puis, tout à coup, l'hypothèse s'effondre à la vue d'un Dürer, d'un Courbet, d'un Toulouse-Lautrec. Et puis Renoir, encore et toujours. Ce qui frappe, c'est la densité de tableaux accrochés aux murs, les uns au-dessus des autres, et la symétrie quasi parfaite dans la disposition.
Le testament d'Albert Barnes (mort en 1951 d'un accident de voiture, après avoir grillé un feu rouge) est à l'image du personnage : complètement fou. Aucune modification ne peut bouleverser son accrochage sacro-saint, l'agencement des galeries doit strictement rester le même que lors de son vivant. Barnes avait tout « blindé » et confié le contrôle de sa collection à la *Lincoln University,* une université noire de la région, car il considérait sa fondation comme une institution éducative et non comme un musée.
Après bien des crises et des rebondissements, en 1990, le président de la Fondation proposa de vendre 15 tableaux – en violation complète avec le testament d'Albert Barnes – pour compenser les énormes problèmes financiers notamment dus aux restrictions des visites imposées par les riverains de Merion (qui trouvaient le va-et-vient des visiteurs nuisible à leur tranquillité et en avaient donc limité le nombre à 400 par jour !). Une exposition d'anthologie, qui passa par le musée d'Orsay en 1994, rapporta aussi quelque 17 millions de dollars. Mais l'institution, qui ne survivait que grâce à trois fondations philanthropiques (dont la *fondation Getty*) ayant injecté des millions de dollars, était malgré tout au bord de la faillite. Contre vents et marées, le déménagement de la collection fut finalement décidé en 2007.
Le transfert de la collection en plein centre de Philadelphie, à proximité directe des grands musées d'art de la ville, devrait lui permettre de faire sans restriction le plein de visiteurs et d'assurer ainsi sa rentabilité. Si la commission artistique de Philadelphie a confirmé que la configuration des pièces de la demeure actuelle avait été bien respectée (mêmes dimensions et même mode d'accrochage), les puristes restent sceptiques sur le bien-fondé de ce démantèlement, qui risque, selon eux, d'ôter beaucoup de son âme à cette collection unique au monde et indissociable de son site. Le Docteur Barnes, qui de son vivant décidait qui pouvait visiter son « sanctuaire », doit se mordre les doigts d'avoir oublié de spécifier dans son testament l'emplacement de sa collection... Elle va se retrouver à côté du musée des Beaux-Arts qu'il haïssait tant...

PENNSYLVANIA DUTCH COUNTRY

Pour comprendre l'histoire des minorités de cette région qui intriguent tant les touristes, il faut remonter au début du XVIe s en Europe, parmi les nouveaux courants religieux chrétiens opprimés par les catholiques ou les protestants, et qui trouvèrent leur salut en quittant le vieux continent.
Quand William Penn reçut plein pouvoir sur ce nouveau territoire, qui s'appellera la Pennsylvanie, des mains du roi Charles II d'Angleterre, il souhaita que ces colonies soient le refuge des persécutés, ainsi que le berceau de la tolérance religieuse. Les premiers réfugiés mennonites débarquèrent rapidement, en 1683, deux ans seulement après William Penn, et s'établirent d'abord à Germantown, aujourd'hui faubourg de Philadelphie. Mennonites, frères moraves et amish s'installèrent peu à peu dans la région. Ces derniers arrivèrent au début du XVIIIe s, provenant de Suisse, d'Alsace et du Palatinat.
Tous ces immigrants sont connus sous le nom de *Pennsylvania Dutch* (*Dutch,* ici, est une déformation du mot *Deutsch,* qui signifie « Allemand »), mais ils

regroupent un nombre incroyable de sous-minorités religieuses, qui ont toutes en commun l'application stricte de la Bible, une grande simplicité dans le mode de vie, le refus de la modernité, ainsi que l'usage du dialecte germanique (que les Alsaciens parlent encore).
Aujourd'hui, les anabaptistes se divisent en trois familles : les *brethren,* les *mennonites* et les *amish.* La majorité des brethren et des mennonites sont habillés comme les Américains classiques.

MON DIEU !

Après la Réforme de Luther en 1517, de nombreux courants sectaires apparurent au sein de la nouvelle religion dissidente, le protestantisme. Ainsi, les anabaptistes ne baptisaient que les adultes et menaient une vie très simple, conforme aux enseignements des premiers chrétiens. Menno Simons (1496-1561), ancien prêtre catholique hollandais, fut leur leader. Mais la plupart moururent persécutés. Parmi les mennonites restants, un jeune fermier alsacien, Jacob Amman, créa une nouvelle branche, appliquant encore plus strictement les préceptes de la Bible. La scission avec les mennonites intervint à la fin du XVIIe s : les disciples de cette nouvelle doctrine furent appelés amish.

LES AMISH

Mennonites purs et durs, les amish comptent plus de 27 000 âmes dans le comté de Lancaster, surtout à l'est. Ils ont été popularisés par le film de Peter Weir, *Witness,* en 1985.
Quand on traverse cette région en voiture, on croise souvent ces petites carrioles noires que conduisent de drôles de personnages : l'homme est barbu mais se rase la moustache (car celle-ci évoque la triste image des soldats moustachus qui les persécutaient naguère dans la vieille Europe), il porte un chapeau de paille ou noir et une chemise simple. La femme est vêtue d'une robe également très sobre, qui peut être de couleur (en général terne) mais toujours unie (tissus imprimés et bijoux interdits). Ses cheveux, jamais lâchés, jamais coupés, sont maintenus en chignon dans un bonnet à l'ancienne, plus ou moins enveloppant en fonction de l'âge. Certains sous-groupes refusent également les boutons, parce qu'ils évoquent les capotes militaires et sont symbole d'orgueil.
Non, ce ne sont pas des comédiens, mais des personnes vivant selon leur conscience, des non-conformistes, séparés du monde (mais – ô combien ! – entourés par la culture américaine...), dont la différence spirituelle avec le protestantisme officiel doit être visible au travers du costume ancien, de l'apparence physique, du mode de vie. Avec les quelques communautés amish que l'on trouve également dans l'Ohio et dans l'Indiana, mais aussi avec certains groupes mennonites des plaines centrales canadiennes et au Belize, ils sont donc parmi les derniers dans le monde à montrer ainsi leur différence (à ne pas confondre avec les moines qui vivent derrière des murs).
Les amish ont refusé tout changement depuis leur arrivée, et suivent pas à pas les préceptes de la Bible. Tout est dédié à la communauté, et chaque règle de vie est inscrite dans l'*Ordnung,* une sorte de code de bonne conduite amish. L'un des principes pour accepter ou non une innovation est que celle-ci ne doit pas « faciliter la vie », rendre les travaux moins pénibles. Si c'est son unique but, ce n'est pas un progrès acceptable. L'évolution est donc lente, et la tradition bien ancrée. Ainsi, la possession de voitures est interdite, bien qu'il soit accepté qu'un amish monte à bord d'un véhicule appartenant à un « étranger ». L'électricité est proscrite, les tracteurs aussi, mais pas le moteur permettant d'entraîner la faucheuse. S'il y avait néanmoins utilisation de tracteur, il n'y a pas de pneus en caoutchouc, car c'est un élément de confort et un symbole de vitesse et de progrès. L'énergie produite sur place par un générateur diesel est acceptée (notamment pour réfrigérer le lait). Télé, radio et téléphone sont bannis. Une seule concession : un téléphone extérieur (commun à plusieurs fermes) pour les urgences (mais pas de conversations privées).

Toutefois, des nuances importantes existent dans le mode de vie amish. Certaines familles, tout en arborant le costume traditionnel et une façon de vivre simple, voire austère, possèdent quand même l'électricité, une voiture, un certain confort avec machines et outils modernes, et même un téléphone portable. Elles appartiennent souvent au groupe des *Beachy amish* ou amish-mennonites. Ceux-ci ont des missions dans 60 pays et font du prosélytisme, alors que les amish n'en font pas. Il y a quelques cas de personnes devenant amish, mais c'est long et rare ! Il faut apprendre le métier d'agriculteur, entre autres...
La plus fermée des communautés américaines parle en famille un « dialecte allemand » (que l'on parlait dans la région du Palatinat au XVIIe s), mais beaucoup de parents souhaitent que leurs enfants apprennent l'anglais, puisque la survie des amish dépend malgré tout du rapport commercial qu'ils ont avec les non-amish. Dans les écoles amish, l'anglais est donc utilisé prioritairement ; mais dans les offices religieux, c'est le « haut allemand » *(hochdeutsch)* qui domine : les amish purs et durs sont donc trilingues.
La Cour suprême des États-Unis les a exemptés de l'école obligatoire au-delà de 14 ans. Avant cet âge, la classe unique est la règle. Ils apprennent à lire (utile pour lire les Saintes Écritures), à écrire, à compter. Le système éducatif repose sur l'apprentissage de la vie en communauté et rejette la compétition. Les surdoués sont traités comme des enfants normaux, et à l'inverse, les moins doués sont très entourés. Concernant les enfants handicapés, c'est un signe de bénédiction pour un foyer, qui a ainsi été choisi par Dieu pour assumer la lourde tâche de les élever.
Très pieux, les amish se réunissent chaque dimanche pour l'office (et ne travaillent pas ce jour-là). Les enfants sont baptisés tard, entre 16 et 20 ans. Les méthodes de travail (artisanat, agriculture) sont les mêmes qu'au XVIIIe s, ce qui leur donne une réputation de grande expérience. Est-ce un hasard si, avec des méthodes ancestrales, les fermiers amish parviennent à des rendements supérieurs aux autres producteurs, suréquipés en matériel ? La région de Lancaster arrive, grâce aux amish, au tout 1er rang de l'État de Pennsylvanie pour leur spécialité, la production de lait (et au 7e rang américain), mais aussi pour les veaux, les porcs ou encore les volailles et œufs (6e rang national). La réussite de cette minorité à l'esprit éminemment communautaire et à la discipline de fer est un véritable pied de nez à la société américaine contemporaine.
Généralement, les amish paient des impôts mais refusent de profiter de la Sécurité sociale et des services publics mis à leur disposition comme dans le reste du pays. Cela a mené la Cour suprême à les exempter de cotisations sociales, dans les années 1980.
Autres règles de vie essentielles : le pacifisme et la non-violence. Les amish, là encore, appliquent à la lettre deux préceptes bibliques connus : « Tu ne tueras point » et « Si ton ennemi te frappe sur la joue gauche, tends-lui ta joue droite ! ». Objecteurs de conscience, ils ne peuvent servir dans l'armée, refusent de prêter serment et ne se défendent pas en cas d'attaque. Mais si un routard se fait agresser par des malfrats, ils voleront à son secours.
Toute rose, la vie des amish ? Pas forcément. Des scissions continuent à naître dans les différents groupes, dues à l'interprétation toujours délicate des textes concernant l'intégration de la modernité au mode de vie. Les jeunes gens, confrontés malgré tout à la vie extérieure, ont parfois bien du mal à suivre les préceptes interdisant les rapports sexuels avant le mariage, et des défections sont à noter parmi eux.

LA CUISINE AMISH

Il ne faut pas manquer le tourisme culinaire, tout aussi dépaysant. La cuisine du pays des amish mêle les influences de la Suisse germanique, de la vallée du Rhin, de l'Alsace. Elle est plutôt simple, bonne et très copieuse. Attention, la plupart des restos dans les villages ne servent plus après 20h. Nombreux plats très originaux ; en voici quelques-uns :

- *Seven sweets and seven sours :* hors-d'œuvre ou dessert. Chou, citrouille, cornichon, miel, fromage, cannelle, pêche, pomme, coing, muscade, rhubarbe, épicés et marinés.
- *Fleisch und Käs :* entrée ; pâté à la viande.
- *Buddboi :* plat complet ; ragoût de pâtes, poulet, oignon, céleri.
- *Schnitz und Knepp :* boulettes avec pommes séchées et jambon.
- *Shoo fly pie :* dessert ; tourte à la mélasse, gingembre, muscade.
- *Schnitz pie :* dans le même genre avec des fruits secs.

Ne négligez pas non plus les autres spécialités très allemandes :
- *Lebanon* est la capitale de la charcuterie (avec sa célèbre saucisse *Bologna*).
- On trouve des usines de *bretzels,* et même un musée du Bretzel. Vous pouvez façonner le vôtre à l'usine de Lititz, tout près de la route 501 !
- Achetez de l'*apple butter* : compote de pommes aux épices, en pots comme la confiture.
- le chocolat *Hershey* : distribué dans tous les États-Unis, ce célèbre chocolat est produit dans la petite ville de Hershey.

Arriver – Quitter

En train

Lancaster est la gare la plus proche (compter une bonne heure de trajet de/vers Philadelphie). Voir aussi plus loin la rubrique « Adresses utiles » de Lancaster.

En voiture

➢ ***De Philadelphie :*** 2 routes possibles.
La route *historique* qu'empruntèrent naguère les communautés amish pour se rendre dans le comté de Lancaster, mais nous ne la conseillons pas. Elle part de Market St, traverse la rivière Schuylkill, le quartier universitaire, puis des quartiers pauvres (totalement déglingués, véritable ghetto noir). Elle se prolonge par la Hwy 30 et c'est théoriquement tout droit. Mais là, on vous le dit, c'est de la théorie ! Quasiment pas de panneaux, énormément de feux rouges, importantes fourchettes sans indications (sans compter les travaux). Résultat, on perd rapidement ses repères et, à un moment donné, on se perd tout court. En outre, du point de vue du paysage, intérêt très limité ! Bref, préférer les conseils qui suivent.
L'autre route consiste à sortir de Philadelphie par la *Schuylkill Expressway* n° 76, puis la Hwy 202 qui rejoint la route 30 en direction de Lancaster. De là, la 30 commence vraiment à être matérialisée. Approche autoroutière peu poétique certes, mais sûre et rationnelle. En revanche, si l'on va à Lancaster directement, il vaut mieux suivre la 76 jusqu'à la 222 S. Sur la carte, ça paraît plus long, mais c'est nettement plus court en temps !
Entre Philadelphie et Lancaster, il y a plus de 70 miles, soit env 1h30 de route. On peut faire l'aller-retour dans la journée, mais c'est quand même un peu juste...
➢ ***De Washington et Baltimore :*** prendre l'I 95 N, puis l'I 83 N pour la 30 E qui mène à Lancaster. Env 2h30 de Washington (plus de 120 miles) et 1h30 de Baltimore (env 80 miles).

Conseils fondamentaux

- ***Savoir-vivre :*** austères mais très courtois, les amish ne s'offusquent pas trop des regards. En revanche, ils n'apprécient pas qu'on les photographie, car ils considèrent que toute photo dans laquelle ils peuvent se reconnaître viole le précepte de la Bible : « *Thou shalt not make unto thyself a graven image.* » Même si vous leur demandez la permission, ils refuseront poliment. Essayez de les comprendre et de respecter leurs valeurs. Il faut dire que depuis le film *Witness,* ils en voient débar-

quer du monde ! Et pas forcément la crème : il y a eu, paraît-il, des incidents avec des Américains qui frappaient des amish pour vérifier s'ils étaient réellement non violents ! Alors, soyez intelligent, rangez votre appareil photo ou votre caméra, et contentez-vous de regarder.
– ***Circulation :*** laisser systématiquement la priorité aux *buggies* (carrioles), on ne sait pas sur quelle distance un cheval peut bien freiner, surtout quand il est au trot. Et puis, pour ne pas effrayer les équidés, évitez de klaxonner et doublez-les avec une distance plus large qu'à l'accoutumée... Queues-de-poisson proscrites !

La visite

– Tout d'abord, passer au *Visitors Bureau* pour se munir d'un plan de la région (bien fait et complet, avec, notamment, les ponts couverts que l'on peut traverser) et prendre la documentation sur les différentes activités.
– Si vous êtes à pied, nombreuses possibilités de balades organisées. Des tours en bus partent de presque tous les villages, restos, magasins et du *Visitors Bureau...* Vous pouvez même vous faire promener une demi-heure en *buggy,* la charrette locale, qui ressemble un peu à une chaise à porteurs avec des roues. Se renseigner au *Visitors Bureau.* Le problème quand on n'a pas de voiture, c'est que cet office de tourisme n'est lui-même pas desservi par une ligne de bus régulière, depuis le centre-ville de Lancaster, par exemple. D'une manière générale, les transports en commun sont peu développés dans la région, mieux vaut donc louer un véhicule...
– En voiture, suivez les tout petits chemins à votre fantaisie. Laissez-vous prendre par le charme de ces paysages champêtres balisés par de hauts silos, aux maisons de couleurs discrètes et variées, roulez lentement, personne ne vous klaxonnera derrière (surtout pas les *buggies*), et... observez bien.
Vous pouvez aussi acheter au *Visitors Bureau* un CD qui vous conduira lentement dans la campagne, en 2h environ, avec beaucoup d'explications (en anglais uniquement). On se le procure aussi sur la route 30, près de Lancaster, au *Dutch Wonderland.*

LES AMOUREUX DES PONTS COUVERTS

*Il existe une trentaine de ponts couverts carrossables dans la campagne autour de Lancaster. La plupart ont été construits au milieu du XIX*e *s et la toiture permet de protéger des intempéries le tablier en bois. Ils sont poétiquement nommés les* kissing bridges. *Il y en a un, par exemple, entre Intercourse (qui signifie coït) et Paradise, sur Belmont Road, mais heureusement pour les puritains, la route continue vers Fertility !*

– *Avertissement :* depuis une vingtaine d'années, le comté de Lancaster connaît un développement touristique et commercial sans pareil (important effet du film *Witness* !). Si on se contente de se balader sur la 30, la 340 et les routes qui leur sont perpendiculaires, on ne rencontrera que d'énormes centres commerciaux avec magasins d'usine *(factory outlets),* à peu près toutes les chaînes de fast-foods, des fermes touristiques, des parcs d'attractions kitsch, des salles de spectacles géantes, des cohortes de bus : déception assurée car le coin s'est transformé en « Amishland » ! Situé à peu de distance de Philadelphie, il est devenu l'une des excursions les plus populaires des groupes et des agences. Force est de constater qu'il a perdu de ce fait beaucoup de son naturel. Quel choc, quel contraste avec le mode de vie des amish ! Impossible d'imaginer que la communauté ne soit pas touchée par ce phénomène commercial et que cela n'affecte pas son mode de vie. Des familles avisées ont d'ailleurs ouvert leur propre business pour profiter de la manne, contribuant à la dégradation de leur culture et de son environnement. Il faut donc quitter les sentiers battus pour retrouver plus de vérité et de naturel. En particulier, intéressantes routes pour se balader à vélo (carte disponible au *Visitors Bureau*) au nord de *Bird-in-Hand,* ou bien dans le secteur de *Lititz, Ephrata* et *Brownstown.* Routes secondaires tranquilles, ponts couverts, jolis reliefs, villages à peu près intacts.

Si vous voulez rapporter quelques souvenirs, on vous conseille la boutique de l'*Amish Village* (adresse plus loin), où ils vendent notamment des livres de photos très bien faits sur les amish. Cela dit, même dans ces bouquins-là, on ne voit pratiquement jamais leur visage, uniquement leur dos... C'est l'esprit qui compte, n'est-ce pas ?

Et puis si vous êtes là au bon moment, ne manquez pas les *mud sales,* des ventes aux enchères qui se tiennent au printemps, en extérieur, dans des champs pleins de boue... d'où le nom ! Une douzaine d'*auctions* sont organisées chaque année, en particulier à Gordonville. Elles sont très populaires chez les amish, qui viennent en nombre pour vendre et acheter *buggies,* quilts, bétail, meubles et toutes sortes d'objets. Il y a embouteillage de carrioles, et il ne faut pas oublier ses bottes !

Adresses utiles

Pennsylvania Dutch Visitors Bureau *(plan comté de Lancaster, A1,* **1***) : 501 Greenfield Rd, Lancaster.* ☎ *717-299-0470.* • *padutchcountry.com* • *À l'est de Lancaster, au bord de la Hwy 30. En venant de Philadelphie via Paradise, prendre la 1re sortie sur la droite après l'intersection de la route 30 et de la route 340. Venant de l'ouest, sur la 30, sortie Greenfield, puis à droite prendre le pont et vous y êtes. Lun-sam 9h-18h (10h-16h en hiver), dim 10h-16h.* Efficace et compétent. Abondante documentation sur les hôtels, les motels, les *B & B* et les activités culturelles. Demander la carte de la région (bien faite) et les différentes brochures utiles. Présentation d'un diaporama d'environ 10 mn, en anglais.

The Mennonite Information Center *(plan comté de Lancaster, B2,* **2***) : 2209 Millstream Rd, à Lancaster.* ☎ *717-299-0954.* • *mennoniteinfoctr.com* • *Sur la gauche de la route 30 quand on vient de Philadelphie, à la hauteur des 2 hôtels* Econolodge *(South et North). Lun-sam 8h-17h (8h30-16h30 en hiver). Fermé le 1er janv, pour* Thanksgiving *et le j. de Noël.* Explications des mœurs locales et présentation d'un film de 15 mn sur les différences entre mennonites et amish, gratuit (un autre, d'une demi-heure, est payant). Propose des visites guidées payantes en car, mais aussi des *step-on guides* : un guide amish ou mennonite monte dans votre voiture et vous donne des explications pendant la balade, qui dure au moins 2h *(tte l'année, tlj sf dim ; compter env 45 $ les 2h pour une voiture de 1 à 7 pers ; possibilité de demander des heures en plus, moyennant supplément).* Sur place également, infos sur l'hébergement dans la région (notamment les *B & B* tenus par des amish ou des mennonites). Par ailleurs, une pièce expose une reproduction de l'arche de l'Alliance d'Israël *(Biblical Tabernacle)* : visite guidée (récit historique biblique) et payante.

LANCASTER

56 350 hab. (507 800 pour tout le comté)

Fondée au début du XVIIIe s, la capitale du Lancaster County est la ville intérieure américaine la plus ancienne. Son Central Market (1730) est d'ailleurs le plus vieux encore en activité aujourd'hui. La ville fut même capitale du pays l'espace d'une journée, lorsque, en 1777, le Congrès, fuyant l'occupation de Philadelphie par les troupes anglaises, s'y réfugia et y tint réunion ; le lendemain, il partit à York. Lancaster fut aussi capitale de l'État de Pennsylvanie, en 1777-1778 et de 1799 à 1812. C'est aujourd'hui une ville agréable, qui se visite en quelques heures.

– Attention, si vous arrivez par l'est (par la 462, route de Philadelphie), aucune pancarte n'indique le *downtown.* La King St menant à Penn Square étant à sens unique, c'est un peu la confusion. Contournement nécessaire par Orange St. Pour rejoindre Penn Square et le Central Market, tourner à gauche sur Prince St, puis à nouveau à gauche sur King St.

Adresses utiles

Downtown Lancaster Visitor Center *(plan A3,* ***20****) : au rdc du Center Museum, sur Penn Sq, S West King St. ☎ 717-735-0823. Lun-sam 9h-18h (16h30 de nov à mi-mai), dim 10h-15h. Balades guidées, à pied, d'env 1h30 (payantes), pour découvrir l'histoire de la ville : avr-oct, tlj à 13h (jeu-sam, un tour à 10h également) ; rens au ☎ 392-1776.*

Poste *(plan A2) : sur Chestnut St, face au bureau de police. Lun-ven 7h30-16h30, sam 9h-12h.*

@ **Square One Coffee** *(plan B2) : 145 N Duke St. ☎ 717-392-3354. Tlj 7h (9h w-e)-23h.* Genre de *Starbucks Coffee* en plus alternatif (et plus authentique, car ce n'est pas une chaîne !). Quelques postes Internet au fond de la salle et wifi gratuit. Bonne musique d'ambiance, expos d'artistes locaux et possibilité d'y prendre le petit déj pour pas cher.

Terminal Capitol Trailways *(hors plan par A1) : 53 McGovern Ave. ☎ 1-800-333-8444. • capitoltrailways.com •* 2 liaisons/j. avec Philadelphie. Compter 2h de route, mais le train est plus confortable, pour une fois. Autres destinations : Washington (en 3h via Baltimore), ou encore des trajets non directs pour Baltimore (1 liaison/j., en 2h via York), Pittsburgh, Saint Louis, Buffalo (Niagara).

Gare Amtrak *(hors plan par A1) : 53 McGovern Ave. ☎ 1-800-USA-RAIL. • amtrak.com •* Tlj 6h-21h env : 10 liaisons pour Philadelphie, 9 liaisons pour New York, 1 pour Chicago, 1 pour Pittsburgh et env 10 pour Harrisburg. Le w-e, fréquence moins importante.

Location de voitures : c'est la solution la plus pratique une fois sur place, car le réseau de bus locaux est très peu développé (et le dimanche, il n'y a pas du tout de circulation sur les lignes !).

– **Hertz** *(hors plan par B2) : 625 East Orange St. ☎ 717-396-0000. Lun-ven 8h-18h, sam 8h-16h.*

– **Avis** *(hors plan par A1) : 1466 Manheim Pike. ☎ 717-394-3963. Lun-ven 8h-18h (17h lun et mer), sam 13h-17h.*

Où dormir ?

Tous les *motels* sont rassemblés quelques kilomètres avant l'entrée de la ville, en venant de l'est, sur la 30 (ou route 462, surnommée à juste titre la *Motel Road*). La plupart sont toutefois aussi chers que d'autres adresses plus charmantes dans le comté de Lancaster (voir ce chapitre plus loin). En basse et moyenne saisons, pas de problème pour dénicher une chambre. En revanche, de juin à mi-septembre, les prix montent et il n'est pas évident de trouver de la place, à Lancaster comme dans le comté... Mieux vaut réserver !

Lancaster Arts Hotel *(hors plan par A1,* ***11****) : 300 Harrisburg Ave. ☎ 717-299-3000. • lancasterartshotel.com • À env 1 mile du centre. Suivre Queen St vers le nord, puis tourner à gauche sur James St et ensuite à droite sur Harrisburg Ave : l'hôtel est sur la gauche. Selon standing, chambres 180-200 $ et suites 240-350 $, avec petit déj. Au resto, plat 25 $ ou* small plate *env 9 $. Parking gratuit. Internet.* Cet ancien entrepôt de tabac a été reconverti en un hôtel non-fumeurs (ironie de l'histoire), chic et confortable, au style postindustriel arty très réussi. Murs de brique, portes et ascenseur en acier brut, tableaux contemporains, mobilier design... La déco est épurée mais soignée. L'établissement abrite une soixantaine de chambres et suites, mais aussi un

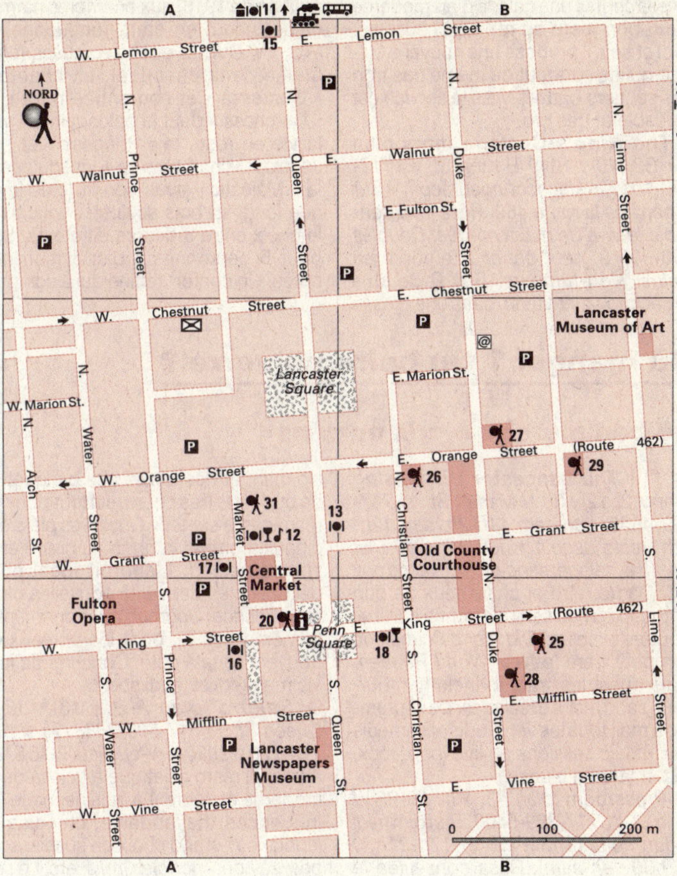

LANCASTER

■ Adresses utiles

- @ Square One Coffee
- **20** Downtown Lancaster Visitor Center

Où dormir ?

- **10** The King's Cottage
- **11** Lancaster Arts Hotel

Où manger ? Où boire un verre ?

- **12** The Lancaster Dispensing
- **13** Sakura
- **14** Lancaster Brewing Company
- **15** Belvedere
- **16** Pressroom
- **17** Carr's
- **18** Annie Bailey's Irish Pub and Restaurant

À voir

- **20** The Heritage Center Museum
- **25** The Demuth Museum et Demuth Tobacco Shop
- **26** First Reformed United Church of Christ
- **27** Saint James Episcopal Church
- **28** Trinity Lutheran Church
- **29** First Presbyterian Church
- **31** Lancaster Quilt and Textile Museum

fitness center, une galerie d'art moderne et un bon resto au rez-de-chaussée : midi et soir, il propose une nouvelle cuisine qui ne sort tout de même pas trop des sentiers battus. Mais le service est agréable et très pro.

The King's Cottage *(hors plan par B3,* ***10****) : 1049 E King St. ☎ 717-397-1017. • kingscottagebb.com • Sur le bord de la route 462. Résa indispensable le w-e de mai à mi-déc. Doubles 160-305 $, petit déj et* afternoon tea *inclus. Non-fumeurs.* B & B de luxe impeccablement tenu, dans une grosse maison de 1913, aux chambres harmonieuses tout en étant fonctionnelles (AC, TV, DVD...) et chaleureuses (cheminée dans chacune). La chambre « Contessa » et son entrée privée, la « Dutchess » dont le baldaquin fait voir la vie en rose, la « Princess » et son Jacuzzi (3 chambres en sont équipées), la « Majestic » avec son lit (plus large que long) en bois sculpté... vous avez le choix entre 8 décors différents. Spa pour 6 personnes à disposition des hôtes. Un confort raffiné qui a son prix.

Où manger ? Où boire un verre ?

De bon marché à prix moyens

The Lancaster Dispensing *(plan A2,* ***12****) : 33 N Market St. ☎ 717-299-4602. Lun-sam 11h-2h, dim 12h-22h ; resto jusqu'à minuit (21h dim). Plat env 13 $, salade, sandwich ou tacos env 7 $.* Cadre rétro et chaleureux de pub victorien où l'on sert une bonne cuisine. Goûter l'excellent *Old World Reuben* ou son petit frère le *New World Reuben.* Mais aussi les traditionnels hamburgers, sandwichs et salades. De septembre à mai, tous les vendredis et samedis soir, *music sessions* en live (pop, rock, folk, rhythm'n'blues...).

Pressroom *(plan A3,* ***16****) : 26-28 W King St. ☎ 717-399-5400. Tlj sf dim midi et lun soir, 11h30-15h et 17h-21h30 (22h30 ven-sam). Résa conseillée le w-e. Le midi, env 10 $ pour une salade, un sandwich, une pizza ou une viande grillée. Le soir, également des plats plus élaborés à env 25 $.* Bel aménagement très *British style,* avec un bar impressionnant et des boxes aux banquettes de cuir vert. Très couru, surtout pour les mariages le samedi. Quelques plats originaux, comme la pizza au crabe et la *spinach salad.* L'endroit idéal pour découvrir les dernières nouvelles dans l'*Intelligencer Journal,* qui appartient à la même famille, dont les bureaux se trouvent juste à côté. Concerts de jazz les mercredi et jeudi soir.

Sakura *(plan A-B2,* ***13****) : 33 N Queen St. ☎ 717-509-2838. Tlj sf dim 11h-22h (22h30 le w-e). Plats 9-16 $.* Un agréable resto asiatique à la jolie déco moderne et sobre. La cuisine marie les influences thaïlandaise, chinoise et japonaise : grand choix de sushis, soupes, salades, *noodles, rolls,* etc. Le service est rapide et affable, les portions généreuses (en particulier pour les plateaux, ou *boxes,* d'un bon rapport qualité-prix).

Chic

Lancaster Brewing Company *(hors plan par B1,* ***14****) : 302 N Plum St, à l'intersection avec Walnut. ☎ 717-391-6258. Tlj 11h30-minuit (2h w-e) ; resto jusqu'à 22h (22h30 w-e). Plat env 18 $, salade, sandwich et pizza env 9 $.* Un grand bâtiment quelconque, tout en brique, avec parking. À l'intérieur, de gigantesques cuves où d'excellentes bières locales sont brassées selon la loi de pureté allemande *Reinheitsgebot,* datant de 1516, qui n'autorise que 4 ingrédients : du malt, du houblon, de l'eau et de la levure. On est tenté de vouloir les goûter toutes : *Hop Hog, Amish Four Grain, Milk Stout, Strawberry Wheat Beer,* et aussi les bières du mois... Ça tombe bien, il y a un plateau dégustation. Hips ! Côté resto : sandwichs, salades, grillades et pizzas.

Annie Bailey's Irish Pub and Restaurant (plan B3, **18**) : *28-30 E King St. ☎ 717-393-4000. Tlj 11h-2h ; resto jusqu'à 22h (minuit ven-sam). Plats 12-20 $, mais aussi salade et sandwich env 10 $.* Pierre, bois, vieux objets chinés, affiches irlandaises aux murs et immense comptoir à l'entrée... ce vaste pub met tout de suite dans l'ambiance, conviviale et décontractée. Même tonalité à la carte, qui combine classiques américains et spécialités irlandaises (*shepherd's pie, fish & chips,* saucisse du pays et *Irish brunch* le dimanche). Un conseil : contentez-vous des plats en version *small,* car c'est copieux ! Côté bar, large sélection de bières (une douzaine à la pression et une quarantaine en bouteille), sans oublier les whiskeys irlandais. Concerts le week-end.

Très chic

Oui, on peut bien manger dans le pays amish, et dans sa capitale, la gastronomie a élu domicile. Voici les musts de la cité !

Belvedere (plan A1, **15**) : *402 N Queen St. ☎ 717-394-2422. Lun-ven 11h30-14h, 17h-23h ; sam-dim 17h-minuit. Résa conseillée le w-e. Salade et entrée 10 $, plat env 28 $.* Grande adresse pour Lancastériens distingués, dans un cadre chic et cosy pour un repas intime et romantique. Dans la salle du bas, la belle cheminée à chandeliers focalise le regard, et fait presque oublier la riche décoration intérieure. En haut, c'est un peu plus moderne et la terrasse est très agréable en été. Très souvent plein le soir. Excellent rapport qualité-prix. De la *bruschetta* au *crab dip* en entrée, de l'*Alaskan halibut* au filet mignon avec un vin venant de France ou des États-Unis, vous ferez un tour du monde culinaire. En prime, concerts de jazz les vendredi et samedi soir.

Carr's (plan A2, **17**) : *50 W Grant St. ☎ 717-299-7090. Tlj sf lun 11h30-14h30, 17h30-21h30 (22h ven-sam et 11h30-19h dim pour le brunch). Plats env 12 $ au déj et 17-27 $ au dîner.* Situé sous l'épicerie fine du même nom, une oasis souterraine à l'ambiance chaleureuse et à l'excellent accueil. Cuisine éclectique et moderne, à base de produits bio et locaux : japonaise ou chinoise, mais aussi italienne avec une touche française et un peu d'Amérique, bien sûr ! Bon choix de vins venus d'Europe, d'Afrique du Sud, etc. Un grand moment pour un gourmet.

À voir

The Heritage Center Museum (plan A3, **20**) : *5 W King St. ☎ 717-299-6440. • lancasterheritage.com • Lun-sam 9h-18h, dim 10h-15h. Gratuit.* Installé dans l'ancienne mairie, classée bâtiment historique. Intéressant petit musée ethnographique et historique sur la région. Meubles peints ou sculptés, artisanat amish, objets domestiques, etc. Dans la grande salle de l'étage, fresque d'une ancienne salle de loge maçonnique. En haut également, reconstitution d'une vieille imprimerie. Expos temporaires.

Lancaster Quilt and Textile Museum (plan A2, **31**) : *37 Market St. ☎ 717-299-6440. • lancasterheritage.com • Mar-sam 9h-16h. Entrée : 6 $; réduc.* Collection d'une trentaine de quilts des XIXe et XXe s, réalisés par les femmes amish du comté, en général pendant l'hiver. On apprend, de fil en aiguille, leurs secrets de réalisation : à l'origine, c'est un moyen d'utiliser les chutes de tissus qui restent après avoir cousu des vêtements. Les amish ne se servent que de trois types de motifs (barres, losange dans un carré et contraste entre ombre et couleurs), avec des tissus unis (alors que les mennonites s'autorisent la fantaisie des imprimés !). Et puis l'intérieur du bâtiment, une ancienne banque, vaut lui-même le coup d'œil avec d'impressionnantes hauteurs sous plafond et ses voûtes ouvragées.

✶ Sur ***Penn Square*** *(plan A-B3),* voir la colonne en l'honneur des défenseurs de l'Union pendant la guerre civile (1874), et les plaques rappelant le nombre de morts des différentes guerres, notamment celle du Vietnam (plus de 211 000 victimes) ou la Première Guerre mondiale (plus de 320 000 morts).

✶ ***Central Market*** *(plan A2-3) : mar et ven 6h-16h, sam 6h-14h.* La structure actuelle, de style *Romanesque Revival,* date de 1889, mais le marché, qui existe depuis 1730, a toujours fonctionné au même endroit, ce qui en fait le plus ancien des États-Unis. On disait à l'époque qu'il n'y avait pas un légume frais produit dans l'État qui ne passait par le marché de Lancaster. Les choses n'ont guère changé au niveau du comté !

✶ ***Fulton Opera*** *(plan A3) : 12 N Prince St. ☎ 717-397-7425. • thefulton.org • Visite lun-ven à 11h (venir directement sur place ou appeler pour réserver). Entrée : 7 $; réduc.* Construit en 1852, un des plus anciens théâtres du pays, de style victorien. Mark Twain y tint des conférences en 1872. L'année suivante, Buffalo Bill et son compère Wild Bill Hickok y produisirent leur show, *Scouts des Grandes Plaines,* et en 1907, le fameux W. C. Fields y fit ses débuts.

✶ ***Lancaster Newspapers Museum*** *(plan A3) : 28 S Queen St.* Un petit musée insolite, visible uniquement de la rue : dans de grandes vitrines, toute l'histoire de la fabrication des journaux locaux *Intelligencer Journal, Lancaster New Era* et *Sunday News* ; panneaux, photos, vieilles machines et unes de journaux lors d'événements majeurs. Présentation intéressante et didactique.

✶ ***Old County Courthouse*** *(plan B2-3) : N Duke St (entre King et E Grant St).* Tout à fait dans la tradition architecturale imposante de la justice, avec sa façade monumentale à colonnes, de style néoclassique. L'intérieur ne se visite pas, car le bâtiment abrite toujours bureaux administratifs et salles d'audience.

✶✶ ***The Demuth Museum*** *(plan B3,* ***25****) : 120 E King St. ☎ 717-299-9940. • demuth.org • Tlj sf lun et janv 10h (13h dim)-16h. Entrée gratuite.* Visite de la maison du XVIIIe s et de l'atelier de l'un des plus fameux aquarellistes du pays, Charles Demuth, né en 1883 et mort du diabète en 1935. Il peignit d'abord des fleurs, inspiré par le très beau jardin de sa mère, aujourd'hui reconstitué devant la maison. Il fut un pionnier du *precisionism,* un style géométrico-réaliste, et puisa son inspiration dans le monde industriel. C'est l'un des premiers artistes américains modernes, donc.

✶ ***Demuth Tobacco Shop*** *(plan B3,* ***25****) : 114 E King St. ☎ 717-397-6613. Tlj sf dim 9h-17h (15h sam).* Considérée comme la plus vieille fabrique de cigares du pays ; la même famille s'en occupe depuis 1770. Les fumeurs pourront y acheter de très bons cigares similaires aux havanes (dont l'importation est interdite aux États-Unis), mais aussi des cigares américains de la région ou encore la « feuille de cape du Connecticut », le meilleur cigare au monde selon certains (la nervure centrale n'a pas été ôtée, ce qui confère une petite amertume). Les patrons se feront un plaisir de vous conseiller.

✶ ***Lancaster Museum of Art*** *(plan B2) : 135 N Lime St. ☎ 717-394-3497. • lmapa.org • Tlj sf lun 10h (12h dim)-16h. Gratuit.* Installé dans une élégante demeure de la fin du XIXe s, au milieu d'un petit parc. Expos temporaires d'artistes contemporains, régionaux notamment, qui peuvent être très intéressantes : peintures, photos, sculptures, etc. Passer au moins jeter un coup d'œil.

✶ Quelques ***églises*** intéressantes : on trouve la ***Saint James Episcopal Church*** *(plan B2,* ***27*** *; 119 N Duke St),* tout en brique, érigée en 1744 par des immigrés anglais, puis reconstruite en 1820. *Lun-ven 8h-17h ; visite guidée certains dim à 12h30 (rens au ☎ 717-397-4858). • stjameslanpa.org •* Dans son cimetière repose le général Edward Hand, qui fut aide de camp de Washington pendant la révolution, et George Ross, l'un des signataires de la Déclaration d'indépendance. Au *31 S Duke St* s'élève la ***Trinity Lutheran Church*** *(plan B3,* ***28****),* fondée en 1766 par les immigrants allemands. *En sem 9h-17h ; visites guidées dim à 9h45 et 12h15 (mai-sept, tour supplémentaire sam à 10h).* L'une des plus imposantes, dotée également d'un bel orgue. La ***First Presbyterian Church*** *(plan B2,* ***29*** *; 140 E Orange St),* était celle du 15e président des États-Unis, James Buchanan, et a été édifiée en 1850 par des chrétiens d'origines écossaise et irlandaise. *Lun-ven 9h-16h, dim 8h-13h.* Enfin, la ***First Reformed United Church of Christ*** *(plan B2,* ***26*** *; 40 E Orange St)* date de 1729 et a été reconstruite en 1852. *Lun-ven 8h-16h (s'adresser au bureau derrière l'église pour que l'on vous ouvre les portes).*

North Museum of Natural History and Science *(hors plan par A1)* ***:*** *400 College Ave. ☎ 717-291-3941. • northmuseum.org • Suivre Lemon St jusqu'au croisement avec College Ave. Tlj sf lun 10h (12h dim)-17h. Entrée : 7 $; 8,50 $ avec le planétarium ; réduc.* Un petit musée avec des collections minéralogiques, oiseaux, reptiles, insectes, fossiles, dinosaures, etc. Mais aussi une section sur la culture indienne locale.

➤ DANS LES ENVIRONS DE LANCASTER

James Buchanan Wheatland *(hors plan par A2)* ***:*** *1120 Marietta Ave. ☎ 717-392-8721. Vers l'ouest par Grant St. Avr-oct, tlj sf dim 10h-16h30 ; nov-déc, ven-sam slt 10h-16h30 ; janv-mars, sur rdv slt. Visite guidée ttes les 30 mn ; dernière visite à 15h30. Entrée : 8 $; réduc.*
Demeure de James Buchanan, 15e président des États-Unis (1857-1861). Il y mourut en 1868. C'est une élégante maison de style *Federal* (1828), présentant encore une partie de l'ameublement original. C'est ici que Buchanan se reposait des contrariétés et vicissitudes de sa fonction. Il dut en avoir pas mal car on était, à l'époque, à la veille de la guerre de Sécession et en plein débat national sur le problème de l'esclavage (où, dit-on, il ne se mouilla pas trop, car il avait lui-même des esclaves, et son vice-président était du Sud). D'ailleurs, il n'arriva pas à maintenir l'union de son parti, les démocrates, qui firent sécession avant l'heure, ce qui permit l'élection d'Abraham Lincoln...

BEAU PARTI... MAIS TROP TARD !

Buchanan fut fiancé à Anne Coleman, la fille d'un des plus riches maîtres de forges du comté de Lancaster, dont il était l'avocat. Mais le père de la jeune femme refusa le mariage, car un juriste, même s'il gagnait très bien sa vie pour l'époque, était trop pauvre à son goût. Anne en mourut de chagrin. James Buchanan ne s'en remit pas non plus et devint ainsi le seul célibataire élu président des États-Unis... Quel manque d'intuition de la part de son ex-futur beau-père ! Ce fut donc la nièce de Buchanan qui endossa le rôle de First Lady puisqu'on ne pouvait pas dire épouse. La première à être surnommée ainsi.

Hans Herr House *(plan comté de Lancaster, A3)* ***:*** *1849 Hans Herr Dr, Willow St, à 6 bons miles (10 km) au sud de Lancaster. ☎ 717-464-4438. • hansherr.org • Avr-déc, tlj sf dim 9h-16h. Dernière visite guidée à 15h15. Congés annuels : 1er janv-fin mars. Entrée : 5 $; réduc.* Ah, la jolie maison que voilà ! On ne se croirait pas du tout aux États-Unis : de gros murs épais en pierre, des petites fenêtres comme dans les chaumières alsaciennes, une très jolie campagne aux alentours. Il s'agit là de la plus ancienne maison mennonite en Amérique et du plus vieux bâtiment du comté de Lancaster. Construite en 1719 par un réfugié mennonite allemand, elle témoigne de l'architecture coloniale germanique en Pennsylvanie au XVIIIe s. À l'intérieur, garni de mobilier ancien, explications sur le quotidien de l'époque, l'histoire des mennonites, etc.

Historic Rock Ford Plantation *(hors plan par B3)* ***:*** *881 Rockford Rd, Lancaster County Central Park, au sud-est de la ville. ☎ 717-392-7223. • rockfordplanta* *tion.org* • *Suivre Prince St vers le sud, puis Strawberry St et continuer tt droit sur Rockford Rd. Avr-oct, mer-dim 11h-15h. Entrée : 7 $.* Demeure georgienne (1794), joliment restaurée, du général Edward Hand, aide de camp de Washington pendant la guerre d'Indépendance. C'est d'ailleurs là qu'il mourut en 1802. Bel ameublement colonial. À côté, le *Kauffman Museum,* installé dans une grange du XVIIIe s, propose une collection ethnographique très variée, allant des vieux meubles aux armes à feu anciennes, en passant par divers objets domestiques, étains, cuivres, etc. L'ensemble est situé dans un environnement bucolique très agréable et charmant.

LE COMTÉ DE LANCASTER

C'est surtout la campagne qui se visite. Le dimanche, jour du Seigneur, on ne travaille pas, bien sûr, mais c'est le jour de sortie ! Circulation intense (si l'on peut dire...) de *buggies* sur les routes, surtout dans l'est, entre la 30 et la 340. Bon à savoir : les prix des hébergements chutent littéralement en hiver (qui est enneigé et parfois « gadouilleux », d'où une baisse de fréquentation des touristes), en dehors de certaines vacances scolaires américaines. À l'inverse, ils sont les plus élevés de juillet à octobre. Entre les deux, ça va presque du simple au double dans certains cas !

– Pas mal de *B & B* (voir au *Pennsylvania Dutch Visitors Bureau* pour les adresses). Toutes les associations de *B & B* que nous indiquons pour Philadelphie ont des hébergements dans le Lancaster County. S'y reporter.

STRASBURG ET ENVIRONS (plan C3)

Charmant village à l'homogénéité architecturale intéressante. Demeures anciennes en bois ou en brique, avec véranda, tout au long de Main St. À côté de l'église luthérienne *Saint Michael* (40 Main St), vieux cimetière aux vénérables tombes sculptées (dont celles de patriotes de la révolution).

Où dormir ? Où manger ?

The Red Caboose *(plan C3, **9**) : 312 Paradise Lane. ☎ 717-687-5000 ou 1-888-687-5005.* • *redcaboosemotel.com* • *Selon saison, 85-105 $ le w-e pour 2 (un peu moins cher en sem) ou 85-130 $/nuit pour 4-6 pers. Petit déj en supplément.* Une adresse assez incroyable : ce n'est pas un hôtel, ni même un motel, mais une quarantaine d'anciennes rames de trains abandonnées par les chemins de fer de Pennsylvanie, rachetées aux enchères, puis réhabilitées. Résultat : perdue dans un décor bucolique, une enfilade bariolée de wagons qui vous transporteront, espérons-le, vers des rêves tout aussi colorés. Et en plus, c'est confortable : salle de bains privée, TV câblée, frigo, micro-ondes, AC et chauffage, etc. Un bon plan, original et pas cher ! Fait aussi « wagon-restaurant ».

Maple Lane Farm Guesthouse *(plan C3, **15**) : 505 Paradise Lane. ☎ 717-687-7479. De Strasburg, prendre la route 896 vers Georgetown ; la* Maple Lane Farm Guesthouse *est à env 2 miles (3,2 km) plus loin, sur la droite après l'intersection de Paradise Lane. Selon saison, 50-65 $ pour 2, env 65 $ pour 3 pers et env 85 $ pour 4, petit déj inclus ; prix négociables pour plusieurs nuits. Non-fumeurs.* Chambres d'hôtes à la ferme dans une très verte campagne peuplée de vaches laitières. Accueil affable par un couple de retraités. 4 chambres confortables, bien tenues et chaleureuses, aux tissus coordonnés et avec clim'. Jardin fleuri et vue étendue sur les environs. Petit déj avec les produits fermiers et même repas amish chez les voisins (sur résa).

Historic Strasburg Inn *(plan C3, **13**) : 1400 Historic Dr, route 896. ☎ 717-687-7691. • historicinnofstrasburg.com • Bien indiqué, sur la route principale reliant la 30 à Strasburg, à moins de 1 mile du village. Doubles 100-140 $ selon saison, sans petit déj. Suites pour 4-6 pers 150-160 $ selon saison et standing. Non-fumeurs.* Grand complexe hôtelier en plein champ, dont l'architecture respecte assez bien l'environnement. On a su recréer efficacement, à l'américaine, un certain charme rural XVIIIe s. Les chambres sont spacieuses, très confortables et bien équipées : AC, TV câblée... 3 suites disposent même d'un Jacuzzi chacune, et sont également équipées de frigo et micro-ondes. Côté détente : salle de fitness, sauna, piscine, Jacuzzi et location de vélos. Fait également resto.

À voir

Cherry Crest Adventure Farm *(plan D3) : 150 Cherry Hill Rd, à l'est de Strasburg, par la 741. ☎ 717-687-6843 ou 866-546-1799. • cherrycrestadventurefarm.com • Horaires compliqués ! Fin mai-juin, sam slt midi-17h ; juil-août, tlj sf dim-lun 10h-17h (sam jusqu'au coucher du soleil) ; sept, ven-sam et j. fériés 10h-17h (sam jusqu'au coucher du soleil) ; oct-début nov, jeu et j. fériés 10h-17h, ven-sam 10h-22h. Dernière entrée pour le labyrinthe 1h30 avt. Tarif : 15 $ pour tte la journée (ou 13 $ sans le labyrinthe) ; réduc.* Un petit parc de loisirs en pleine campagne, avec une trentaine d'activités pour les enfants et leurs parents. L'attraction phare, c'est le gigantesque labyrinthe dessiné dans un champ de maïs. Chaque année il évoque un thème différent : *Lost in space, Le Magicien d'Oz, Witness...* Très bien conçu : au fil de ses pérégrinations, on récupère des indices qui permettent de reconstituer petit à petit le plan de ce dédale infernal. Si vous avez parmi vos amis un certain Poucet ou une dénommée Ariane, n'hésitez pas à leur proposer de vous accompagner !

Railroad Museum of Pennsylvania *(plan C3) : 300 Gap Rd, à l'est de Strasburg, sur la 741. ☎ 717-687-8628. • rrmuseumpa.org • Avr-oct, tlj 9h (12h dim)-17h ; nov-mars, mêmes horaires mais fermé lun ; dernière entrée 30 mn avt. Congés annuels : 1er janv, lun de Pâques,* Thanksgiving *et 25 déc. Entrée : 10 $; réduc.* Un des plus formidables musées du Chemin de fer qu'on connaisse. Il retrace une grande partie de l'histoire des trains de l'État de Pennsylvanie de 1825 à nos jours et, surtout, présente plus de 100 locomotives et wagons. On admire les plus impressionnantes, de véritables monstres, comme la *Lima* (de 1915) ou la *7002* qui battit le record mondial de vitesse en 1905 (127 miles/h, soit un peu plus de 200 km/h). Mais notre coup de cœur, c'est la fascinante *4935* électrique *(GG1)* datant de 1943. Retirée de la circulation en 1983 seulement, pionnière du design industriel : sa superbe forme aérodynamique fut créée par le grand Raymond Loewy *himself* ! Sinon, c'est l'enchantement de se balader entre vieille gare et locaux de la *Western Union* et du télégraphe. Audiovisuel et expo de milliers d'objets et matériels ferroviaires divers, programmes éducatifs, etc. Intéressante boutique, avec notamment un rayon de pièces historiques authentiques, comme les certificats d'actions de compagnies de chemin de fer, les timbres liés au train et les enveloppes timbrées anciennes avec premiers jours d'émission, etc.

Strasburg Rail Road *(plan C3) : route 741 E, en face du Railroad Museum of Pennsylvania. ☎ 717-687-7522. • strasburgrailroad.com • De mi-fév à mi-mars, le w-e slt ; tlj de mi-mars à fin oct ; nov-déc, le w-e et certains j. de la sem. Fermé de janv à mi-fév. Env 13-30 $ en fonction de la classe du wagon ; réduc.* Balade de 45 mn dans un vieux train tiré par une locomotive à vapeur, à travers les champs des fermes amish. Dessert la *Cherry Crest Adventure Farm*. De quoi contenter petits et grands !

National Toy Train Museum *(plan C3) : 300 Paradise Lane, en marge de la 741, à l'est de Strasburg. ☎ 717-687-8976. • nttmuseum.org • Mai-oct, tlj 10h-*

Adresses utiles

- 1 Pennsylvania Dutch Visitors Bureau
- 2 The Mennonite Information Center

Où dormir ?

- 8 Travelers Rest Motel
- 9 The Red Caboose
- 10 Hershey Farm Motor Inn
- 11 Harvest Drive Family Motel
- 12 Best Western Intercourse Village Inn
- 13 Historic Strasburg Inn
- 14 Smucker Farm Guesthouse
- 15 Maple Lane Farm Guesthouse

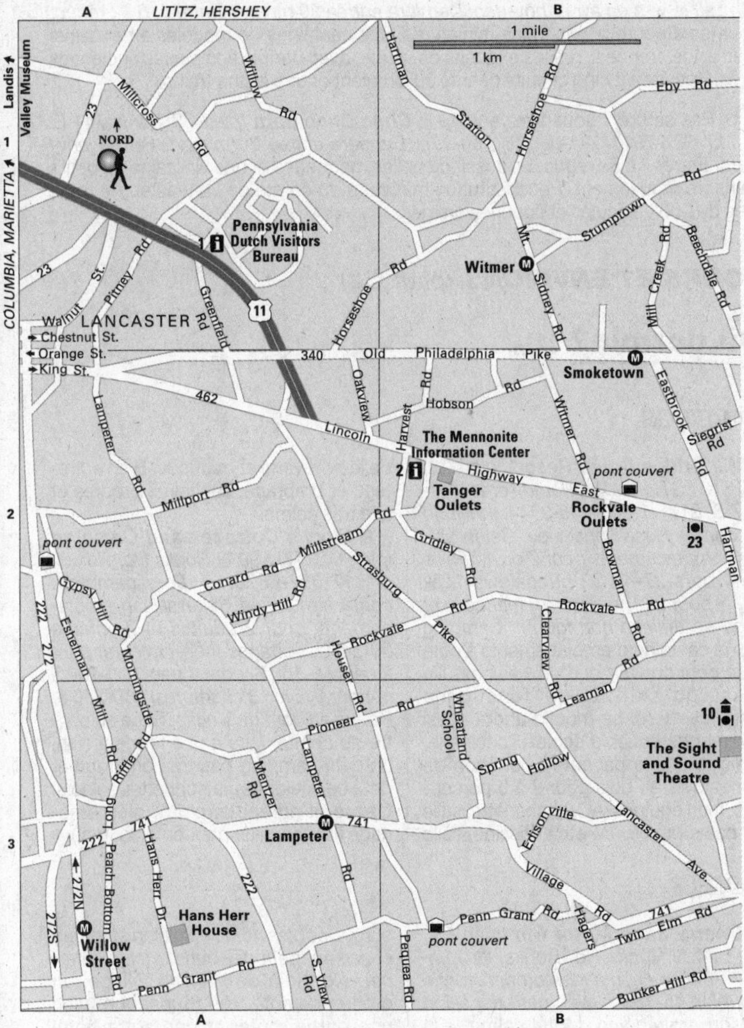

LE COMTÉ DE LANCASTER

16 Eby's Pequea Farm
17 Flory's Cottages and Camping
18 The Inn & Spa at Intercourse Village
19 Cherry Lane Motor Inn
25 The Amish View Inn
26 Mill Bridge Camp Resort

Où manger ?

10 Hershey Farm Restaurant
20 Dienner's Country Restaurant
21 Miller's Smorgasbord
22 Stoltzfus Farm Restaurant
23 Cracker Barrel
24 The Kling House
25 Plain & Fancy Farm

17h ; slt le w-e en avr et nov-déc. Dernière entrée 30 mn avt. Entrée : 6 $; réduc. Pour les amoureux des trains miniatures, des centaines de modèles américains, allemands, français, russes exposés en vitrine, avec parfois des pièces anciennes rares. Également cinq circuits géants où circulent quatre à cinq trains.

Pas saturé ? Vous avez encore la ***Choo Choo Barn*** *(plan C3) sur la 741 E. ☎ 717-687-7911. Avr-déc, tlj 10h-17h. Dernière entrée 30 mn avt. Fermé janv-mars. Entrée : 6 $; réduc.* Là aussi, de belles maquettes et une vingtaine de petits trains en mouvement. Reconstitution miniature du comté de Lancaster. Au total, près de 200 véhicules et figurines animés.

RONKS ET ENVIRONS *(plan C2)*

Où dormir ?

CAMPINGS

Mill Bridge Camp Resort *(plan C2, **26**) : 101 S Ronks Rd, Paradise. ☎ 717-687-8181 ou 1-800-645-2744. • millbridge.com • Résa conseillée. Selon saison, emplacements pour 2 ou 1 famille de 4 pers 37-44 $; bungalows 125-137 $ pour 2 (2 nuits min demandées et linge de maison non fourni).* Camping d'une centaine d'emplacements à côté d'un pont couvert et d'un vieux moulin à eau du XVIIIe s, qui fonctionna jusqu'en 1929. Le moulin abrite aussi une reconstitution d'école à l'ancienne, typique (visite payante). Location de bungalows en bois pour 2 à 6 personnes, bien équipés (AC, kitchenette, salle de bains privée, TV, etc.). Piscine, salle de jeux, laverie et boutique. Bien entretenu et ombragé, sanitaires propres et site très calme.

Flory's Cottages and Camping *(plan C2, **17**) : 99 N Ronks Rd, Ronks. ☎ 717-687-6670. • floryscamping.com • Tte l'année. Selon saison, emplacements pour 2 adultes et 2 enfants 30-34 $; cottages (non-fumeurs) pour 2 pers 89-160 $, pour 4 pers 130-200 $ et pour 6 (avec 3 chambres) 180-260 $. Réduc au bout de 5 nuits.* Situé au centre du comté, face à une ferme amish, un petit camping pas très ombragé et doté de quelques maisonnettes en bois. Calme et agréable, plutôt bien aménagé (laverie, jeux pour enfants, etc.).

MOTELS

Cherry Lane Motor Inn *(plan C2, **19**) : 84 N Ronks Rd, Ronks. ☎ 717-687-7646. • cherrylanemotorinn.com • Doubles 45-109 $ avec petit déj selon saison et standing.* Motel calme, à la sortie du petit village amish de Ronks. Chambres rustiques, déco d'un autre âge, mais moquette épaisse, AC et TV câblée. L'*office* est dans une ancienne maison amish. Salle de jeux pour les enfants, piscine.

Hershey Farm Motor Inn *(plan B3, **10**) : 240 Hartman Bridge Rd (route 896), Ronks. ☎ 717-687-8635 ou 1-800-827-8635. • hersheyfarm.com • À mi-chemin entre la route 30 (à 1,5 mile – 2,5 km – env au sud) et la ville de Strasburg. Doubles 46-170 $ selon standing et saison, petit déj-buffet inclus. Internet.* Non loin de l'Amish Village, un gros ensemble très touristique avec une partie motel et une autre hôtel (plus cher), ainsi qu'un resto (voir plus loin) et une piscine. Chambres spacieuses et confortables (TV câblée, AC, sèche-cheveux, etc.), ouvrant sur la campagne (parfois dotées un balcon). Prix raisonnables vu le confort offert. Tout cela est bien pratique, fonctionnel, mais ce n'est cependant pas là qu'on trouvera l'intimité (point de chute de groupes, car salle de spectacles *Sight & Sound* juste à côté).

Où manger ?

Dienner's Country Restaurant *(plan C2, **20**) : 2855 Lincoln Hwy E (la 30). ☎ 717-687-9571. À côté d'un moulin très flashy. Tlj sf dim 7h-18h (20h ven). Congés annuels : 3 sem de mi-janv à début fév. Petit déj-buffet env 6 $,* lunch-buffet *env 9 $* et dinner-buffet *env 10 $ (un peu plus ven-sam soir) ; gratuit pour les moins de 2 ans ; après, curieux mode de calcul (mais assez juste) : c'est 60 cts (ou 75 cts pour le dîner) par année jusqu'à 12 ans !* Un vrai resto amish, car on y trouve des familles locales en grandes tablées (ce qui prouve la qualité de l'établissement). Excellente cuisine traditionnelle, d'un bon rapport qualité-prix. Notez qu'on y mange de bonne heure et qu'il y a du monde : d'ailleurs, les amish distribuent des boîtiers qui clignotent et bipent quand une table est prête pour vous...

Cracker Barrel *(plan B2, **23**) : à Rockvale Outlets, au bord de la route 30. ☎ 717-290-8100. Tlj 6h-22h (23h w-e). Plat env 8 $.* Il est tard (passé 19h !) et vous avez faim... Que faire ? Aller au centre-ville de Lancaster ou au centre commercial de Rockvale. Outre les habituels fast-foods, on peut manger dans cette chaîne aux accents du Sud (des États-Unis). La déco, constituée de toutes sortes d'ustensiles accrochés çà et là, confère au lieu une ambiance rustique, presque authentique. La cuisine aux saveurs *country* est copieuse et honnête : salades et sandwichs ou poulet, poisson (notamment le vendredi) et grillades accompagnés de légumes au choix. Propose aussi de nombreuses et appétissantes formules pour le petit déj. Ambiance familiale.

Hershey Farm Restaurant *(plan B3, **10**) : 240 Hartman Bridge Rd (Rd 896), Ronks, à 1,5 mile (2,5 km) au sud de la route 30, en allant vers Strasburg, sur la droite. ☎ 717-687-8635 ou 1-800-827-8635. Tlj 7h-20h.* All you can eat *env 17 $ le midi et 20 $ le soir (un peu plus cher le w-e). Sinon, à la carte, plat env 10 $.* Très grand choix, bien sûr, mais certains plats manquent de goût et de caractère. À l'évidence, il paraît difficile de concilier recettes familiales et restauration de masse. La quantité importe plus que la qualité : salades, viande et légumes, buffet de desserts (vous pouvez aussi demander des glaces). Serveuses aimables, ambiance très familiale bien que l'adresse soit un point de chute de groupes de touristes.

Miller's Smorgasbord *(plan C2, **21**) : 2811 Lincoln Hwy E, Ronks. ☎ 717-687-6621. Au carrefour de N Ronks Rd, à 11 km à l'est de Lancaster sur la route 30 avt Soudersburg. Petit déj-buffet ou à la carte tlj 7h30-10h30 (11h30 dim). Repas 12h-21h. Buffet à volonté 22 $ midi et soir. D'autres formules avec choix plus restreints 10-15 $.* Très touristique (d'où l'attente) et d'un standing un peu plus élevé que d'autres *all you can eat* du coin (d'où le prix...). Immense salle à manger avec vue sur la route (très passante) ou sur les champs et les fermes prospères. Vaste buffet plutôt appétissant, au choix très large et avec quelques plats et desserts inhabituels : *sweet and sour ham, pepper jam*, etc.

À voir

The Amish Village *(plan C2) : route 896, à 1 mile env de la route 30, en direction de Strasburg (2 miles au nord de cette ville). ☎ 717-687-8511. Tlj 9h (10h dim)-17h ; janv-fév, w-e slt, 9h-17h. Entrée : env 8 $; réduc.*

Une bonne introduction à la culture et au mode de vie des amish. Il s'agit d'une ferme de 1840, entourée de plusieurs granges et de bâtiments reconstitués à l'ancienne. Visite guidée obligatoire uniquement dans la maison (pendant 20 mn, puis visite libre), avec un assez bon commentaire. On découvre le rez-de-chaussée de la demeure, la cuisine (sans électricité), la pièce commune (peinte en bleu, couleur divine, représentant le ciel) et la chambre à coucher, au 1er étage, meublée à la façon amish avec le vieux lit au confort spartiate, recouvert d'un dessus-de-lit typique en patchwork.

Dans les prés aux alentours, on verra aussi l'école amish, les étables, l'entrepôt, la grange, l'éolienne et la pompe à eau. Au magasin de souvenirs, plein d'objets réalisés par les amish pour les touristes. Là, on s'aperçoit qu'ils ont un extraordinaire sens pratique, en plus de leur rigueur morale !

***The Sight and Sound Theatre** (plan B3) : 300 Hartman Bridge Rd (route 896), à 1 mile au nord de Strasburg. ☎ 800-377-1277. • sight-sound.com • Fermé dim-lun. Billet : 34-54 $ selon shows et j. de la sem.* Auriez-vous imaginé qu'il existe dans le comté de Lancaster un théâtre au milieu des champs qui attire près d'un million de visiteurs par an ? Et pourtant, c'est le cas avec cette salle de spectacles d'allure pharaonique (plus de 2 000 places), dédiée à la diffusion de comédies musicales bibliques, avec une démesure à la Broadway : une cinquantaine de figurants, des animaux dressés, des décors et effets spéciaux saisissants. De nombreux croyants viennent assister aux shows quasi quotidiens (parfois plusieurs par jour), généralement avec d'autres membres de leur paroisse. Presque un pèlerinage ! Vous serez surpris par leur candeur et leur ferveur. Au box-office : l'arche de Noé, le miracle de Noël, Adam et Ève... Un spectacle qui vaut le coup, et l'occasion rêvée pour réviser le catéchisme !

Achats

Assez curieux de constater que le pays amish, quand même symbole de simplicité (voire de rusticité), emblématique aussi du détachement vis-à-vis des choses matérielles, voit se développer ces immenses *factory outlets,* centres commerciaux proposant des marchandises de grandes marques *(Nike, Levi's, Ralph Lauren, Banana Republic...)* à prix défiant toute concurrence. Ainsi, ***Rockvale Outlets*** et ***Tanger Outlet** (plan B2),* vers l'intersection de la 30 et de la 896, abritent plus d'une centaine de magasins et d'immenses parkings.

INTERCOURSE ET ENVIRONS (plan D1-2)

À 10 miles à l'est de Lancaster. S'il est un des plus touristiques de la région (ce qui n'empêche pas qu'on n'y mange plus après 20h), ce village fondé en 1754 a conservé un certain cachet. D'ailleurs, une grande partie du film *Witness* de Peter Weir a été tournée ici, en 1985. Un dépliant touristique, que vous trouverez sur place, donne quelques indications à ce sujet, notamment l'emplacement de la plus célèbre épicerie du comté, *W.L. Zimmerman & Son Grocery,* où le beau Harisson Ford fait ses courses.

Où dormir ?

MOTELS

***Harvest Drive Family Motel** (plan D2, **11**) : 3370 Harvest Dr, Intercourse. ☎ 717-768-7186 ou 1-800-233-0176. • harvestdrive.com • Fléché depuis les routes 340 et 30. Motel contigu à une exploitation agricole. Selon saison, doubles 50-120 $, 54-130 $ pour 4 pers et 64-150 $ pour 6.* Calme, au milieu des champs. Une cinquantaine de chambres simples (mais avec AC, micro-ondes, frigo et TV) donnant sur la campagne environnante, labourée encore par les chevaux de trait des amish. Une terrasse en bois en surplomb, avec chaises longues, permet d'admirer leur labeur ! Jeux pour enfants à l'extérieur. Assez touristique, les cars de groupes s'y arrêtent régulièrement.

***Travelers Rest Motel** (plan D1-2, **8**) : 3701 Old Philadelphia Pike, Intercourse. ☎ 717-768-8731 ou 1-800-626-2021. • bird-in-hand.com/ • Doubles 65-115 $ selon saison,* breakfast *inclus ; gratuit pour 2 enfants.* L'un des nombreux motels, tous semblables, de la région. Bâtiment de plain-pied, avec parking.

Chambres avec TV, AC, frigo et petite salle de bains. Vaste pelouse pour se détendre, face à la route sur laquelle passent de temps en temps des *buggies*. Relativement calme, car en périphérie de la zone hyper touristique. Proximité des commerces d'artisanat d'Intercourse.

Best Western Intercourse Village Inn *(plan D2, **12**) : 9 Queen Rd, Intercourse. ☎ 717-768-3636 ou 1-800-717-6202. • bestwesternintercoursevillageinn.com • Dans le centre du village, à l'intersection des routes 340 et 772. Doubles 70-170 $, petit déj inclus, selon saison et type de chambre. Internet. Non-fumeurs.* Genre de motel à un étage. Architecture évoquant un peu le style rural local. Une quarantaine de chambres confortables (AC, TV câblée, etc.), à la déco classique, plus quelques suites familiales (avec kitchenette). Au cas où vous l'auriez manqué, le film *Witness* est diffusé tous les soirs sur la chaîne TV de l'hôtel. Bon resto (après 20h, on ne sert plus, et c'est fermé le dimanche).

BED & BREAKFAST

Smucker Farm Guesthouse *(plan D1, **14**) : 484 Peters Rd, New Holland. ☎ 717-354-6879. À une douzaine de miles (env 20 km) à l'est de Lancaster. Pour y aller, rejoignez Intercourse puis, à la sortie du village sur la route 340 vers l'est, prenez à gauche la Hollander Rd qui monte au nord vers New Holland ; à la 1re intersection (avec Ridge Rd), poursuivez sur Hollander en tournant à gauche pour continuer jusqu'au croisement de Peters Rd ; c'est alors à droite. Env 70-90 $ pour 2 (selon le type de chambre), 80 $ pour 3 et 90 $ pour 4 pers.* 3 chambres (dont 2 qui partagent la même salle de bains) simples mais impeccables, dans une ferme tenue par des amish ; ils se feront un plaisir de vous raconter leur mode de vie et de vous expliquer leur éthique. Attention : si vous y dormez un dimanche, sachez que pour eux, c'est un jour sacré : ils ne pourront pas accepter d'argent puisqu'ils ne doivent pas travailler. Mais vous pouvez néanmoins déposer vos billets dans un coin avant de saluer vos hôtes et partir. Pas de *Sunday check-in* en principe, sauf si la famille est présente à la ferme, mais on ne pourra pas vous dire le prix de la chambre en ce jour du Seigneur...

Eby's Pequea Farm *(plan D2, **16**) : 459 A Queen Rd, Gordonville. ☎ 717-768-3615. • ebyfarm.com • À un peu plus de 1 mile de la 30 (donc pas de bruit de circulation). Double avec sdb privée 95 $, petit déj inclus ; petit appart familial pour 4 pers, avec kitchenette, 130 $.* Très champêtre : une vraie ferme laitière en pleine campagne, à proximité d'un pont couvert. Accueil chaleureux de la famille Eby. Copieux petit déj, avec de bons produits du coin. Chambres meublées avec goût, baignoire ancienne... Si c'est plein (il n'y a que 2 chambres et 1 appartement), logement tout proche possible chez des parents (à peu près au même prix).

The Inn & Spa at Intercourse Village *(plan D2, **18**) : 3542 Main St (route 340), Intercourse. ☎ 717-768-2626 ou 1-800-664-0949. • theinnandspaatintercoursevillage.com • Doubles 160-200 $ et suites 170-400 $ selon saison et standing. Pas d'enfants en dessous de 18 ans. Non-fumeurs.* Cette superbe demeure victorienne de 1909 à la jolie véranda a été rénovée avec beaucoup de goût et abrite 3 chambres et 9 suites (avec kitchenette et parfois Jacuzzi), toutes différentes, pourvues d'une cheminée et de l'AC. Ameublement et décoration chic, riches et harmonieux dans les moindres détails. Une annexe construite à côté propose des suites adorables, au *country style* modernisé et moins chargé. Copieux *breakfast* gourmet dans une remarquable salle à manger.

Où manger ?

The Kling House *(plan D1, **24**) : à l'angle de Newport Rd et de la 340, Intercourse. ☎ 717-768-2746. Lun-sam, petit déj 8h-11h, déj 11h-16h ;*

pas de dîner servi ici. Petit déj env 8 $; salades, soupes ou sandwichs env 8 $ et plats principaux 12 $. Dans le *Kitchen Kettle Village* (un ensemble de restos et boutiques, voir plus bas), un resto avec une véranda et un intérieur plein de charme : étagères remplies de livres, horloge et tableaux. Même si le village a un petit côté parc d'attractions et que le resto n'est pas le plus authentique de la région, il n'est pas désagréable de s'attabler ici devant des plats traditionnels (bonne *chicken corn soup, reuben, crab cake*, etc.) ou quelques spécialités amish.

Stoltzfus Farm Restaurant *(plan D2,* **22***) : route 772 E, Intercourse, au sud-est de la ville. ☎ 717-768-8156. Avr-oct, tlj sf dim 11h30-20h ; nov, ven-sam 11h30-20h. Fermé déc-mars. Repas env 17 $; 8 $ jusqu'à 12 ans, gratuit jusqu'à 3 ans.* Dans un cadre pas terrible, style cafétéria, une bonne cuisine traditionnelle amish (saucisses du jour, poulet, jambon et pain sont faits maison) servie à volonté. Accueil affable, grandes tablées et atmosphère familiale.

À voir

People's Place Quilt Museum *(plan D2) : 3510 Old Philadelphia Pike, Intercourse. ☎ 1-800-828-8218. • ppquiltmuseum.com • Au 1er étage du magasin* The Old Country Store, *presque en face du* Kitchen Kettle Village. *Tlj sf dim 9h-17h. Entrée libre.* Belle collection d'une vingtaine de quilts anciens des communautés amish et mennonite, qui permet de mieux comprendre la place importante prise par le quilt dans les arts et traditions populaires locaux.

Achats

Kitchen Kettle Village *(plan D1-2) : à l'angle de Newport Rd (772) et de la 340, Intercourse. ☎ 717-768-8261. • kitchenkettle.com • Tlj sf dim 9h-18h (17h en hiver).* Au cœur du village, une trentaine de boutiques touristiques, certes, mais qui valent un coup d'œil : artisanat local, quilts, meubles, bijoux, poterie, maroquinerie, ours en peluche, boîtes à musique, confitures, etc.

The Old Country Store *(plan D2) : 3510 Old Philadelphia Pike, Intercourse. ☎ 1-800-828-8218. Presque en face du* Kitchen Kettle Village. *Tlj sf dim 9h-17h (18h30 juin-août).* C'est dans cette région qu'on peut encore trouver les plus beaux quilts, aux prix les plus abordables, ce qui reste cher toutefois. Dans la boutique, également de l'artisanat local (vaisselle, cadres, linge de maison, jouets en bois), des livres, des confitures et autres conserves en bocaux, etc.

BIRD-IN-HAND (plan C1-2)

Ce petit village d'à peine 300 âmes, fondé en 1734, reçoit chaque jour plus de touristes qu'il ne compte d'habitants ! Son nom très imagé a pour origine l'expression anglaise « a bird in the hand is worth two in the bush » que l'on peut traduire par « un tiens vaut mieux que deux tu l'auras » ! En effet, la légende raconte que deux gardiens de la route principale qui traverse le hameau hésitaient à rentrer à Lancaster pour la nuit. L'un d'eux conseilla de rester sur place, rappelant le dicton « a bird in the hand... ». Ils dormirent donc à l'auberge du village, qui fut baptisée *Bird-in-Hand Inn,* d'où le nom de la localité.

Où dormir ? Où manger ?

The Amish View Inn *(plan C1-2,* **25***) : 3125 Old Philadelphia Pike (route 340). ☎ 1-866-735-1600. • amishviewinn.com • Doubles standard 120-*

215 $ selon saison ; suites pour 2 pers 180-335 $ selon standing et saison. Country breakfast *inclus. Internet.* Dans un petit complexe hôtelier à l'est de Bird-in-Hand. Une cinquantaine de chambres et suites spacieuses, très confortables et bien équipées : beau mobilier, clim', téléphone, TV et lecteur DVD. De larges fenêtres donnent sur la campagne environnante. Les suites offrent le même grand confort, amélioré d'un salon séparé avec une cheminée, d'un Jacuzzi et éventuellement d'une cuisine fonctionnelle. Salle de sport, piscine intérieure, laverie. Copieux petit déj avec œufs brouillés, saucisses, bacon, *oatmeal*, gaufres, etc. Le grand luxe !

Plain & Fancy Farm *(plan C1-2,* ***25****) : 3121 Old Philadelphia Pike (route 340). ☎ 717-768-4400. Dans une zone commerçante et hôtelière à l'est de Bird-in-Hand, à côté de l'Amish View Inn. Tlj 11h30-20h. Congés annuels : janv-fév. Env 18 $ le menu complet ; env 9 $ pour les 4-12 ans. Également des plats à la carte : salade et sandwich 10 $, plat 12 $.* Grande salle rustique avec des fauteuils berceaux. Les entrées (*coleslaw, chow-chow,* maïs...) s'amoncellent vite sur les grandes tables d'hôtes, où l'on fait rapidement connaissance avec ses voisins d'assiette ! Puis arrivent les plats amish traditionnels *(chicken pie, sausage),* suivis des desserts et glaces. Le tout à volonté et globalement assez bon. Atmosphère familiale, même si, là aussi, il y a souvent des groupes.

Achats

Bird-in-Hand Farmer's Market *(plan C2) : 2710 route 340. Marché tte l'année ven-sam 8h30-17h30 ; avr-nov, également mer, plus jeu juil-oct. Boutiques d'artisanat autour, en général ouv tlj sf dim.*

EPHRATA *(hors plan par C1)*

À une petite douzaine de miles au nord-est de Lancaster. On peut s'y rendre directement par la voie rapide 222 (sortie Ephrata, puis route 322) ou bien passer par Lititz (voir plus loin), puis suivre E Main St jusqu'à Rothville, où s'embranche Rothville Rd pour Ephrata.

Où dormir ?

BED & BREAKFAST

À Ephrata

Smithton *(hors plan par C1) : 900 W Main St. ☎ 717-733-6094 ou 1-877-755-4590. • historicsmithtoninn.com • Attention pour le* check-in, *accueil fermé 12h-15h30. Doubles 110-140 $ en sem selon taille et standing, 125-170 $ ven-dim et j. fériés. Non-fumeurs.* « Historic Smithton, since 1763 »... Cela laisse présager une belle et charmante déco rétro. Et en effet, la chambre jaune, la moins chère, est déjà géniale ! Vieux meubles peints dans certaines salles de bains, abat-jour aux dessins variés, beau parquet, cheminées dans toutes les chambres... Atmosphère cosy jusque dans le salon commun, aux toiles de style légèrement naïf.

Twin Pine Manor *(hors plan par C1) : 1934 W Main St. ☎ 717-733-8400 ou 1-888-266-0099. • twinpinemanor.com • Très excentré, derrière un grand concessionnaire automobile dans la zone d'activités de Twin Pine. Attention, d'avr à mi-déc ven-sam slt (plus 2 w-e en fév). Résa indispensable. Doubles 120-225 $ selon standing. Sept-déc, 2 nuits min demandées. Pas d'enfants en dessous de 16 ans.* Bien que moderne, ce manoir mérite son qualificatif : c'est un gigantesque bâtiment d'allure sophistiquée, niché dans un parc avec pelouse impeccable, gloriette, fontaine, etc. Il abrite 8 chambres luxueuses (la plupart avec Jacuzzi et cheminée), 2 salons avec piano, billard et cheminée, une salle de fitness, etc. Dommage cependant que ce soit à côté d'une route très passante et juste derrière une sorte de zone commerciale : on a connu plus bucolique comme environnement !

À Akron

The Bella Vista *(hors plan par C1) : 1216 E Main St. ☎ 717-859-4227 ou 1-888-948-9726. • bellavistabandb.com • Prendre la 272 (qui relie Ephrata et Lancaster), puis, dans Akron, emprunter Main St vers l'est. Doubles 80-125 $ selon standing ; réduc au bout de 4 nuits.* Dans un petit jardin soigné, belle maison avec jolie véranda donnant sur une rue calme. 6 chambres confortables (salle de bains privée, AC) et toutes différentes, meublées avec charme ; l'aménagement a été pensé dans les moindres détails. Superbe chambre blanche avec lit à baldaquin et moquette épaisse. Accueil très sympathique. Dans le jardin, spa à disposition des hôtes. Également location de vélos.

Boxwood Inn *(hors plan par C1) : 1320 Diamond St. ☎ 717-859-3466 ou 1-800-238-3466. • theboxwoodinn.net • Prendre la 272 qui relie Lancaster et Ephrata, puis, dans Akron, emprunter Main St vers l'est et enfin à droite à l'embranchement avec Diamond St. C'est tt près de l'autre* B & B, The Bella Vista. *Doubles 110-235 $ selon standing et j. de la sem.* Une ancienne ferme du XVIIIe s, restaurée avec goût. Magnifique parc arboré et vallonné, arrosé par une petite rivière. Grand calme donc. En prime, le charme d'une maison bourgeoise avec beau living-room à la chaleureuse cheminée, véranda et terrasse. Déco particulièrement soignée des 4 chambres, bien équipées (AC, TV, etc.). Accueil attentionné : délicieux petit déj, gâteaux pour le goûter, infusions en soirée. La jolie petite maison juste à côté est pour 4 personnes, avec de quoi cuisiner simplement, une baignoire à remous et une cheminée.

Où manger ?

Olde Lincoln House *(hors plan par C1) : 1398 W Main St (angle Market St), Ephrata. Tlj sf dim 11h-2h ; resto jusqu'à 22h (22h30 le w-e). Sandwich ou salade env 7 $; plats env 15 $ le midi, 20 $ le soir.* Bar de caractère, très fréquenté et animé mais sans excès, au cadre traditionnel et convivial, où tout est rouge et en bois patiné par les années... pour autant que l'éclairage permette de le voir ! Aux murs, de nombreux portraits de... Lincoln, bien sûr ! On peut y manger d'honnêtes plats traditionnels américains (*crab cakes*, hamburgers, etc.), avec une cuisine un peu plus élaborée pour le dîner.

À voir

Ephrata Cloister *: 632 W Main St (route 322, juste après l'intersection avec la 272). ☎ 717-733-4364. • ephratacloister.org • Tlj (sf lun janv-fév) 9h (12h dim)-17h. 1re visite guidée 1h après l'ouverture, dernière à 16h. Dure 1h dont 15 mn avec une intéressante vidéo. Tarif (avec ou sans visite) : 9 $; réduc. Prendre le plan explicatif pour se repérer, une partie de la visite est libre. Textes en français disponibles.* Ce fut l'une des plus anciennes communautés religieuses du pays. Fondée en 1732 par Conrad Beissel, un prédicateur allemand, elle connut son apogée dans la seconde moitié du XVIIIe s : un peu plus de 100 frères et sœurs et environ 200 membres consacraient alors leur vie à la préparation de leur ascension au paradis. Outre l'agriculture, la communauté avait une importante activité d'imprimerie. Elle édita,

en 1748, pour les mennonites, *Martyrs Mirror,* le plus gros livre jamais publié pendant la période coloniale (1 200 pages). Par ailleurs, plus de 250 blessés de la bataille de Brandywine y furent soignés pendant la révolution. Après la mort de son leader charismatique, en 1768, la communauté périclita rapidement. Vers 1814, ses derniers membres rejoignirent l'Église baptiste du Septième Jour, qui administra l'ensemble jusqu'en 1934, avant que les autorités de l'État ne le transforment en musée.
On peut visiter aujourd'hui une dizaine de bâtiments de style campagnard germanique du XVIIIe s, presque tous d'origine. La maison du fondateur, construite 20 ans avant sa mort (à proximité de l'église, car il avait alors du mal à se déplacer) et celle des sœurs, la *meeting house* (la chapelle) ne sont visibles qu'en suivant la visite guidée. Se visitent librement : le cimetière, « l'amphithéâtre », la boulangerie, l'atelier d'imprimerie, la menuiserie, la petite cuisine et son intéressant matériel pour fabriquer des chandelles, la maison du pharmacien. Au passage, vous noterez les portes basses, pour faire baisser la tête des membres de la communauté en signe d'humilité. À l'entrée du site, l'école (fermée en 1926 mais qui se visite aussi) et la boutique de souvenirs sont d'époque. Un ancien atelier accueille aujourd'hui d'intéressantes expos (photos, costumes, plus gais que ceux des amish).

Historical Society of the Cocalico Valley et ***Theodore R. Sprecher Museum :*** *au 249 W Main St. ☎ 717-733-1616. • cocalicovalleyhs.org • Jeu et sam 10h-16h.* Installés dans une superbe maison victorienne. Beaux meubles anciens, photos du passé, vieux objets d'art, etc.
– Un peu plus loin, ***Eicher Indian Museum and Shop :*** *Ephrata Community Park, 407 Cocalico St. ☎ 717-738-3084. En principe ven-lun 12h-16h. Entrée gratuite.* Au sein d'un agréable parc en bord de rivière, tout près de *Main St* et *Ephrata Cloister,* cette maisonnette en bois construite en 1733 abrite un minuscule musée rendant hommage à une culture liquidée brutalement au XVIIIe s : en effet, en 1764, prélude aux grands massacres du XIXe s, pour assurer l'expansion coloniale, une bande armée (« vigilantes »), appelée Paxton Boys, tua tous les Indiens Conestogas de la région. Ici sont présentés des objets religieux rituels et de l'artisanat indiens (bijoux, vannerie, poterie, etc.) ainsi que des livres et vidéos à propos des *Native American* de tout le pays.

Ne pas manquer le ***Green Dragon Market and Auction :*** *955 N State St, rue perpendiculaire à W Main St. ☎ 717-738-1117. Ts les ven 9h-21h (20h en janv-fév).* Un marché vrai de vrai, des montagnes de viandes, fruits et légumes frais, pâtisseries, produits artisanaux, etc. Avec toujours une vente de bétail.

Belles demeures dans ***Main Street,*** qui s'embranche sur la route 322, vers le sud-est : surtout la partie après le cloître, autour du *Theodore R. Sprecher Museum* et jusqu'au 1er feu uniquement ; après, le style change vite !

À voir dans les environs

Landis Valley Museum *(hors plan par A1) : 2451 Kissel Hill Rd. ☎ 717-569-0401. • landisvalleymuseum.org • Au sud d'Ephrata, env 4 miles avt Lancaster : prendre la route 272, c'est à l'intersection entre Landis Valley Rd et Oregon Pike. Tlj 9h (12h dim)-17h. Fermé le j. de Thanksgiving, les 25 déc et 1er janv. Entrée : 12 $; réduc.* Dans un cadre bucolique, une quinzaine de bâtiments du XIXe s principalement, dont un hôtel victorien, ont été remontés ici et offrent une bonne idée de ce que furent la vie rurale et les activités des Pennsylvanian Dutch dans le temps. Fermes avec les animaux, échoppes, figurants en costume d'époque et objets anciens... c'est une agréable balade dans l'histoire qui est proposée. Quasiment tous les jours, des artisans divers montrent leur travail aux visiteurs.

LITITZ (hors plan par A1)

Pour ceux qui veulent passer un peu plus de temps dans le coin, plusieurs lieux intéressants aussi à Lititz, une bourgade fort agréable sur la 501, à environ 8 miles (moins de 13 km) au nord de Lancaster. Ne pas manquer de se procurer le plan-promenade décrivant une quinzaine de sites et intéressantes demeures à découvrir dans le centre-ville, dont celle du fameux général John Sutter (au 19 E Main St), qui finit sa vie à Lititz et fut enterré en 1880 au *Moravian Cemetery.*

Où dormir ? Où manger ?

General Sutter Inn *(hors plan par A1) : 14 E Main St (intersection de la 501 et de la 772, au centre de Lititz). ☎ 717-626-2115. • generalsutterinn.com • Selon j. de la sem et standing, doubles 70-130 $, suites pour 4-6 pers 114-175 $. Petit déj non inclus ven-sam et j. fériés. Non-fumeurs. Resto tlj sf lun soir. Salade et sandwich env 10 $; plats env 15 $ le midi et 20 $ le soir ; menu 15 $ en tt début de soirée. Wifi.* Existe depuis 1764 ! Cet hôtel de style anglais a su garder en se modernisant son charme incomparable : merveilleuse maison au mobilier adorablement ancien qui donne à l'ensemble un caractère *so lovely !* Notre coup de cœur en lisière du pays amish ! D'autant plus que c'est un excellent rapport qualité-prix. Les 16 très belles chambres sont confortables, coquettes et spacieuses. La salle du petit déj est plutôt de décor « fermier », et le resto dispose d'une agréable terrasse. Menu intéressant avec potage ou salade, un plat au choix, dessert et café ! La soupe se fait crème légère et raffinée, une simple salade est délicieuse, avec sa sauce douce et fine. Les amateurs de poisson comme les carnivores sont comblés... Dans le salon de lecture du 1er étage, voir l'ancêtre du combiné radio-TV, ainsi qu'un stéréoscope en bois (pour voir des photos en 3D). Un livre racontant l'histoire de Sutter est disponible à la réception.

B & B The Alden House *(hors plan par A1) : 62 E Main St. ☎ 717-627-3363 ou 1-800-584-0753. • aldenhouse.com • Doubles env 100-150 $. Non-fumeurs. Enfants à partir de 10 ans.* Maison en brique construite vers 1850, avec petite véranda sur la rue principale du bourg. Adresse de charme à l'intérieur classique et confortable, fauteuils ou canapés dans les chambres lumineuses, mobilier de style (vous aurez peut-être le lit à baldaquin de dentelles), salle à manger en harmonie.

À voir

Lititz Museum : *137 et 145 E Main St. ☎ 717-627-4636. Mai et de nov au sam avt Noël, ven-sam 10h-16h ; juin-oct, tlj sf dim 10h-16h. Entrée : 5 $.* Musée présentant l'histoire de la ville, de l'implantation indienne à son développement au XIXe s. Insolites collections de pièges à souris de toutes sortes, d'éventails, etc. Visite également de l'élégante *Mueller House* de 1792 (façade de pierre), avec son ameublement d'origine.

Lititz Moravian Church and Museum : *Church Sq. ☎ 717-626-8515. Presque en face du Lititz Museum. Office à l'église dim mat. Musée ouv en été slt, ven-sam 10h-12h.* Église construite par des immigrants de Moravie (région à l'est de Prague) en 1787. Communauté qui colonisa la région et fonda Lititz à partir de 1756. Pendant un siècle, dans le village, ne vécurent que des Moraviens et leurs descendants. Les premiers non-Moraviens ne furent admis qu'à partir de 1856. Sur le côté de la place, près de l'église, petit musée contant cette tranche d'histoire.

Enfin, pour les plus gourmands, visite au ***musée Wilbur :*** *48 N Broad St. ☎ 717-626-3249 ou 3242. Lun-sam 10h-17h. Entrée libre.* Succursale (ouverte dans les années 1930) de la fameuse fabrique de bonbons et chocolat, dont la maison mère fut fondée à Philadelphie en 1884. Environ 120 000 t de friandises sont produites ici. Explications sur le processus de fabrication des *candies* et des chocolats. Expos de vieilles pubs, emballages rétro, collection de pots à chocolat, machines anciennes, etc.

LA MALÉDICTION DE L'OR

Les aventures du général Sutter ont été contées par Blaise Cendrars dans L'Or. *Né en 1803 en Allemagne, il s'exile en Amérique pour fuir ses créanciers et faire fortune. Pionnier de la ruée vers l'Ouest, il contribue au rattachement de la Californie aux États-Unis. Il y fonde la Nouvelle Helvétie, empire agricole qui s'effondre avec la découverte de pépites d'or : les chercheurs d'or affluent et saccagent ses terres. Il s'installe alors à Lititz, ville proche de Washington où il se rend souvent pour obtenir du Congrès une compensation à la perte de ses propriétés... en vain.*

Dans le même genre, pour ceux achevant un mémoire sur les traditions culinaires de la Pennsylvanie, possibilité de visiter la ***Sturgis Pretzel House :*** *219 E Main St. ☎ 717-626-4354. Tour guidé ttes les 30 mn, lun-sam 9h-17h (de janv à mi-mars, lun-ven 10h-16h et sam 9h-17h). Fermé 1er janv, jour de* Thanksgiving *et 25 déc. Entrée : 3 $; réduc.* Première fabrique de *bretzels* créée dans le pays. C'est dans cette maison qu'en 1861, un certain Julius Sturgis en lança la première commercialisation. On raconte qu'il avait un jour donné à manger à un vagabond et que celui-ci, pour le remercier, lui aurait révélé la vraie recette du *bretzel.* Vous verrez les vieux fours en brique et, affublé d'un couvre-chef ridicule, vous aurez même l'occasion, pendant la visite, de fabriquer vos propres *bretzels* !

Enfin, Lititz, sur Main St E, recèle de belles façades, dont celle en bois du n° 166. Également sur cette rue, vers *Sturgis Pretzel House,* le *Linden Hall,* la plus ancienne école de filles des États-Unis (1746), toujours en activité et toujours réservée aux demoiselles.

COLUMBIA *(hors plan par A1)*

À l'origine de la création de Columbia, une pionnière, Susanna Wright, arrivée en 1714 en Pennsylvanie de son Lancashire natal (Angleterre). Avec sa famille, elle acheta des terres loin de la civilisation naissante. Pétrie des idées de William Penn et quaker comme lui, elle entretint d'excellents rapports avec les Indiens locaux, tout en développant l'économie de la région, notamment la production de soie. Femme éclairée, elle écrivit des poèmes, étudia les herbes médicinales et entretint une riche correspondance avec des figures intellectuelles de l'époque. Elle reçut même la visite de Benjamin Franklin. Elle mourut ici à 87 ans.

À voir

Wright's Ferry Mansion : *38 S 2nd St. ☎ 717-684-4325. Mai-oct, mar-mer et ven-sam 10h-15h. Entrée : 5 $.* Visite de la belle demeure de Susanna Wright, construite en 1738, de style georgien. L'occasion rare d'admirer un cadre et un décor datant de la première moitié du XVIIIe s. Le plus étonnant quand même, lorsqu'on songe aux conditions rustiques d'installation à cette époque, c'est la richesse et le bon goût de tous ces objets d'art. La maison demeura au sein de la même famille jusqu'en 1922, ce qui explique son bon état de conservation.

The National Watch and Clock Museum : *514 Poplar St. ☎ 717-684-8261. • nawcc.org • Avr-nov, mar-sam 10h-17h, dim 12h-16h, plus lun 10h-17h fin mai-début sept ; déc-mars, mar-sam slt 10h-16h. Entrée : 8 $; réduc.* Un des plus importants musées au monde dans ce domaine. Près de 120 000 montres, pendulettes, horloges, de toutes les époques, toutes les formes et en provenance de nombreux pays d'Europe, du Japon, etc. Beaucoup de pièces rares et particulièrement pittoresques. De quoi mettre les pendules à l'heure !

Columbia Museum of History : *19 N 2nd St. ☎ 717-684-2894. Dim 13h-16h env. En principe, fermé déc-janv. Entrée : 2 $; réduc.* Petit musée d'intérêt local (aux horaires peu souples !) sur l'histoire de la ville. Installé dans l'ancienne *First English Lutheran Church,* fondée en 1804 par des immigrés allemands. Expo d'objets anciens, costumes d'époque, vieilles photos, etc.

First National Bank Museum : *170 Locust St. ☎ 717-684-8864. • bankmuseum.org • Visite guidée slt, sur résa (par téléphone, au plus tard la veille) : 6 $; réduc.* Bâtiment de 1814 qui, avant d'être une banque (puis un musée !), fut aussi taverne, hôtel, bibliothèque publique, etc. Intéressante architecture intérieure, avec un décor de bureau de banque à l'ancienne.

MARIETTA *(hors plan par A1)*

À 4 miles au nord-ouest de Columbia, charmante petite ville bordant la Susquehanna River. Elle posséda jadis une certaine importance industrielle et fut un gros nœud ferroviaire régional. De ce passé prospère subsistent de nombreuses belles demeures victoriennes, au point que la moitié de la ville est classée.

Où dormir ?

Railroad House : *280 W Front, à l'angle avec S Perry. ☎ 717-426-4141. • therailroadhouse.com • Doubles env 120-190 $ selon standing, petit déj inclus ;* cottage *pour 2-4 pers, 180-230 $ avec petit déj.* Quelques chambres coquettes dans une grande demeure de 1820, qui fut un temps taverne pour les gens travaillant sur le canal, autrefois tout proche, puis gare provisoire pendant la construction de la Marietta Station. Bel ameublement victorien, superbe petit déj. Seul hic, le bruit des trains circulant sur la voie ferrée voisine...

À voir

Old Town Hall Museum : *dans l'ancienne mairie de 1847, Waterford Ave et Walnut St. ☎ 717-426-3576. Visite gratuite mais slt sur résa, téléphoner avt.* Le musée d'histoire de la ville, dans un joli bâtiment de brique surmonté d'une tour de l'horloge en bois blanc. Sont présentés divers objets datant de la guerre de Sécession, des outils du XIXe s, de vieilles photos et cartes, etc.

Music Box Museum : *255 W Market St. ☎ 717-426-1154. Mars-déc, ven-sam 10h-16h. Entrée avec visite guidée : 8 $.* Petit musée abrité dans une jolie maison de style fédéral. Très riche collection de boîtes à musique, avec des pièces remarquables.

À voir dans les environs

1852 Herr Family Homestead : *1756 Nissley Rd, Landisville. ☎ 717-898-8822. • herrhomestead.org • Au sein de l'Amos Herr Park, au nord-est de Marietta en direction de Lancaster. Avr-oct, les 1er et 3e w-e de chaque mois 13h-16h. Entrée gratuite.* Visite guidée d'une ancienne ferme du milieu du XIXe s, pour une fois pas amish. Cadre et ameublement qui n'ont quasiment pas changé.

HERSHEY *(hors plan par A1)*

À env 25 miles au nord-ouest de Lancaster se trouve la ville « made in chocolate » d'Hershey. ● *hersheypa.com* ● *Depuis Lancaster, prendre la route 283 W, puis la 743 N.* C'est ici que Milton S. Hershey ouvrit en 1905 la première fabrique de chocolat moderne. Ses ambitions allaient bien au-delà de délecter les petits gourmands : il rêvait de créer une ville modèle pour garantir le bonheur de ses employés. Ainsi, en plus de confortables habitats, apparurent école, parcs, stade, église... Aujourd'hui, une partie des idéaux utopistes d'Hershey est toujours au goût du jour : ainsi, l'école qu'il fonda accueille des orphelins et des enfants en difficulté. Le reste du rêve est devenu plus mercantile : un parc d'attractions *Hershey* régale les amateurs de sensations fortes *(entrée : 50 $; réduc).* Dommage qu'on n'y vogue pas sur des rivières en chocolat, comme dans *Charlie et la Chocolaterie* !

PLUS LOIN À L'OUEST

Harley-Davidson Final Assembly Plant : *1425 Eden Rd, à* ***York.*** ☎ *1-877-883-1450 ou 414-343-7850.* ● *harley-davidson.com* ● *York se situe entre Gettysburg et Lancaster, à 25 miles de cette dernière, par la 30 (sortie Arsenal Rd). Fermé le w-e et à certaines périodes, téléphoner avt d'y aller (parfois ouv sam). Tours guidés de 1h (en anglais slt), en principe à intervalles réguliers 9h-14h. Enfants acceptés à partir de 12 ans.* Implantée ici depuis 1973, c'est l'usine d'assemblage des fameuses motos, la plus grande du groupe avec 3 200 ouvriers. « *Old Harleys never die, they go to museums.* » On visite donc d'abord le musée, puis l'usine à proprement parler, au milieu des chaînes d'assemblage et des chariots élévateurs. Muni de lunettes de protection et d'une radio portable (pour entendre le guide malgré le bruit des machines), on assiste aux différentes étapes de la carrosserie et à l'assemblage final des motos. Enfin, on peut voir les aires de test où des petits veinards sont payés à rouler en Harley toute la journée !

Plus à l'ouest encore, à 55 miles de Lancaster (83 km) et à environ 130 miles de Philadelphie, le champ de bataille historique de **Gettysburg.** ☎ *717-334-1124.* ● *nps.gov/gett* ● *Avr-oct, tlj 6h-22h ; sinon, 6h-19h. Entrée gratuite. À visiter en voiture, en bus, à vélo (au printemps et en été :* ● *gettysbike.com* ●*) ou à cheval* (● *artilleryridge.com* ●). Bataille décisive où, le 3 juillet 1863, les confédérés du général Lee furent battus par les troupes de l'Union du général Meade. L'un des sites de la guerre de Sécession les plus visités... et aussi la bataille la plus meurtrière avec 51 000 victimes. *Visitor Center* et musée *(tlj 8h-18h, voire 19h en été ; fermés 1er janv, le j. de* Thanksgiving *et 25 déc), National Military Park* de 65 km^2, cimetière des héros *(tlj de l'aube au coucher du soleil)*, etc.

WASHINGTON D.C. ET SES ENVIRONS

WASHINGTON D.C.

572 000 hab. (7,6 millions avec les banlieues)

Pour les plans I, II et III de Washington, ainsi que pour le plan du métro, se reporter au cahier couleur.

Pas d'usine, pas de cheminée visible. Washington est une ville propre, car l'administration et la politique y forment l'industrie principale. Quelque 300 000 employés fédéraux, 80 000 lobbyistes et 40 000 avocats ! La plus forte concentration de journalistes au monde !

Les larges avenues, les immeubles d'habitation jamais plus hauts que huit étages (pas de gratte-ciel ici) et les bâtiments officiels en style fédéral font de Washington l'une des belles villes du monde occidental, particulièrement au printemps, quand les cerisiers sont en fleur sur le Mall. L'été y est très chaud (moyenne de 32 °C en juillet !) et humide : c'est quasiment l'Amazonie urbaine. Les musées sont climatisés... mais les nombreux monuments extérieurs ne le sont pas. L'automne a la fraîcheur du printemps, sans ses vagues de petits touristes écoliers. L'idéal est d'y séjourner une petite semaine pour profiter surtout de ses fabuleux musées gratuits, pour se retrouver dans un décor familier pour ceux qui vont souvent au cinéma, et enfin pour approcher à presque les toucher du doigt les lieux fascinants du pouvoir impérial qui a pour ambition d'imposer au monde sa conception de la démocratie et de la liberté. Les Américains ne s'y trompent pas, des écoliers aux retraités, tous viennent nombreux en pèlerinage patriotique dans leur capitale pour parcourir les *Memorials* et se recueillir devant les stèles qui rappellent le prix que payèrent des générations de citoyens pour apporter la *Pax Americana* aux quatre coins du monde. Quelque opinion qu'on ait du fameux *American dream,* on ne peut s'empêcher d'admirer cette foi inébranlable qui, des pères de la nation aux conquérants de la Lune en passant par les pionniers et les émigrés du monde entier, poussa des millions de gens vers de nouveaux territoires à conquérir et de nouveaux défis technologiques à relever...

PLUS QU'UN DESSIN D'ENFANT...

C'est l'architecte parisien Pierre-Charles L'Enfant qui conçut, au XVIIIe s, le plan d'urbanisme de Washington. Il vit très grand pour l'époque, car il affirmait que le projet devait être assez ambitieux pour anticiper sur la croissance attendue de l'Amérique. La guerre anglo-américaine de 1812, qui fit des ravages dans la capitale, enterra ce projet. L'Enfant mourut dans le dénuement et fut inhumé au cimetière des pauvres. La guerre de Sécession et la révolution industrielle ayant dopé la croissance de la ville, il fallut revoir la copie. On exhuma le plan de L'Enfant. Du coup, les restes du génial architecte furent transportés avec les honneurs au cimetière national d'Arlington.

Remarque : préciser Washington D.C. (District of Columbia). Si l'on dit seulement Washington, un Américain croit parfois qu'on parle de l'État et non de la ville. L'État en question est sur la côte pacifique ! Le district fédéral de Columbia, qui a la forme d'un losange adossé au Potomac, a été créé extraterritorialement, si l'on peut dire, avec des terres du Maryland et de la Virginie (laquelle en a d'ailleurs récupéré un morceau à une époque où l'on pensait que cette capitale n'avait pas grand avenir...).

UN PEU D'HISTOIRE

Conçue par les « pères fondateurs », en particulier George Washington et Thomas Jefferson, comme la capitale idéale d'une jeune république qui se voulait parfaite, à l'image de sa toute nouvelle Constitution (1787), la capitale fédérale américaine se crée ex nihilo au tout début du XIXe s. Pierre-Charles L'Enfant, un ingénieur militaire, fils d'un peintre à la cour de France, engagé en 1777 à l'âge de 23 ans aux côtés des insurgés américains pendant la guerre d'Indépendance, en est l'urbaniste émérite.

La croissance de la ville est très modeste au cours des premières décennies. Jusqu'en 1810, il est même question d'abandonner la nouvelle capitale pour installer le gouvernement à Philadelphie ou à New York, autrement plus attirants pour les *congressmen* qui doivent y séjourner.

Washington revêt pourtant une valeur politique, surtout aux yeux des Anglais qui, lors de la guerre de 1814 avec les Américains, ordonnent à leur flotte de remonter le Potomac pour venir mettre le feu aux bâtiments officiels à peine achevés. La catastrophe est totale : le Capitole est quasiment réduit en cendres. Suite à cette guerre, le Congrès décide après hésitation d'en financer la reconstruction. Quant à la résidence présidentielle, noircie par les flammes, elle doit subir un ravalement complet qui lui vaut désormais le nom de « Maison-Blanche ». Washington restera, envers et contre tout, la capitale des États-Unis.

C'est la guerre de Sécession (1861-1865) qui lui confère enfin sa légitimité. À la fin du conflit fratricide, Washington a gagné des habitants, mais aussi une place à part dans le cœur des Américains. Elle est le symbole de l'unité retrouvée.

La croissance de la ville se poursuit alors, aidée par les deux conflits mondiaux qui renforcent sa puissance nationale et internationale, et lui apportent une population qui atteint un sommet historique (près de 900 000 habitants) pendant la Seconde Guerre mondiale. Elle en perd ensuite au profit de la banlieue, située dans les États voisins. Depuis 1957, la majorité de la population est noire, d'où ce surnom *Chocolate City*. C'est aujourd'hui une cité partagée entre son rôle prestigieux de capitale du plus puissant pays du monde, son indéniable attrait touristique et ses problèmes de misère, de racisme, d'insécurité et de corruption.

LA VILLE AUJOURD'HUI

Washington ne fait donc partie d'aucun des États fédérés américains. Administrativement, elle dépend directement de l'État fédéral US et le Congrès fédéral y définit la loi. Cependant, une certaine autogestion locale a été progressivement mise en place.

Cas unique pour une capitale moderne, les habitants de Washington D.C. n'ont pas de représentation dotée de droit de vote auprès du pouvoir législatif national (le Congrès) : ils élisent un représentant n'ayant qu'un rôle d'observateur et n'élisent personne au Sénat.

Depuis 1961, ils ont cependant le droit de vote aux élections présidentielles : grâce au 23e amendement, le district dispose de trois grands électeurs. Certains envisagent même le remplacement de Washington D.C. par un État à part entière, le 51e des États-Unis, qu'on appellerait New Columbia. Bien qu'il ne soit pas représenté au vote du budget fédéral, le district paie les impôts fédéraux, une situation figurée avec humour par la formule *Taxation without representation* que l'on peut lire sur les plaques d'immatriculation des voitures du district.

Longtemps dépendante des activités gouvernementales pour son économie, Washington D.C. est désormais une ville dynamique dans le secteur de l'armement et de l'informatique.

Sur le plan politique, il est important de souligner que le district est un bastion du parti démocrate, puisque ce parti y rafle généralement 80 % des suffrages ; score pour le moins surprenant compte tenu de la composition démographique de la ville, à 65 % noire. Aujourd'hui, une partie de l'agglomération est située dans le Maryland (ville de Bethesda). Du coup, la taxe sur les repas et boissons est de 10 % dans le D.C. et de 6,5 % seulement à Bethesda !

Depuis le 11 septembre 2001, Washington donne l'impression d'être en état de siège permanent. Dans les musées ainsi que dans tous les bâtiments publics, les autorités imposent des contrôles dignes d'un aéroport : portiques de détection, rayons X, fouilles des sacs... Si vous allez au Capitole et dans d'autres endroits dits sensibles, soyez prêt à dégainer votre passeport. C'est un peu énervant, mais il n'y a pas moyen d'y échapper.

Malheureusement aussi, derrière les beaux musées se cachent des drames sociaux inhérents à la pauvreté des banlieues : à Washington, près d'un homme noir (âgé de 18 à 35 ans) sur deux est soit en prison, soit en liberté conditionnelle, soit en attente de procès, soit en cavale... La majorité restante travaille dans les services de gardiennage et de sécurité, les femmes dans les services d'entretien. C'est aussi malheureusement dans cette frange de la population que l'on dénombre le plus d'obèses. Bizarrement aussi, encore peu d'Africains-Américains *(Afro-Americans)* résident dans les quartiers branchés et les zones résidentielles. Le chemin est encore long pour que l'égalité des droits civiques s'inscrive durablement dans la réalité quotidienne.

Arriver – Quitter

En avion

✈ ***Ronald Reagan National Airport :*** *☎ 703-417-8000.* • *mwaa.com* • *Cet aéroport est réservé aux vols en provenance de villes situées à moins de 1 125 miles de Washington.* Il se trouve à quelques kilomètres de la Maison-Blanche et du Capitole, juste de l'autre côté du Potomac. Vous imaginez les mesures de sécurité...

➢ ***Pour aller dans le centre :*** le ***métro*** (ligne bleue ou jaune) met 15-20 mn pour atteindre le centre-ville. C'est la formule la plus simple et la plus économique si vous n'avez pas des tonnes de bagages *(1,65 $ ou 1,95 $ selon période)*. Dans le cas contraire, des ***vans super shuttles,*** sorte de taxis en commun fonctionnant 24h/24 *(☎ 1-800-BLUE-VAN)*, vous déposent où vous voulez en ville pour 15 $. Un ***taxi*** vers le centre coûte env 20 $ (hors frais de bagages).

✈ ***Washington Dulles International Airport :*** *☎ 703-572-2700.* • *mwaa.com* • *À 25 miles (40 km) à l'ouest de Washington D.C. par l'autoroute.* L'aéroport Dulles (prononcer dâ-losse) est le plus fréquenté de la région. La plupart des vols en provenance d'Europe atterrissent ici.

➢ ***Pour rejoindre le centre :***

– ***En navette :*** le plus pratique est le *SuperShuttle* qui vous dépose où vous voulez pour 29 $ (39 $ pour 2). Achat des billets dans le hall du bâtiment au bout à droite (ou au *desk 6,* si fermé) Liaison de 6h à 2h. *Rens :* • *supershuttle.com* • Sinon, le bus de luxe *Washington Flyer Coach Service* va jusqu'à la station de métro W Falls Church (ligne orange). Moins cher : 10 $ le trajet (18 $ l'aller-retour), mais moins commode. *Rens : ☎ 1-888-WASHFLY.* • *washfly.com* •

– ***En bus et métro :*** *suivre les panneaux « Metrobus », descendre au niveau des taxis et des navettes de loueurs de voitures, au panneau « Metrobus » (bleu sur fond*

blanc), ligne 5 A (en rouge). Tarif : 6 $; réduc. Bus ttes les 40 mn tlj 6h-23h (ttes les heures le w-e). Liaison directe en un peu moins de 1h avec les stations de métro Rosslyn (prononcer « râz-leunn ») et L'Enfant Plaza. Ne pas avoir trop de bagages (pas de soute dans le bus).
– ***En taxi :*** *env 65 $ pour rejoindre le centre-ville.* Valable si on est plusieurs.

En bus

Greyhound Terminal *(plan couleur II, H4)* **:** *1005 1st St NE. Derrière Union Station. Pour infos sur les trajets et les prix : ☎ 202-289-5155.* Le quartier n'est pas en très bonne santé, éviter de s'y promener à pied de nuit.

En train

Union Station *(plan couleur II, H4)* **:** *☎ 202-484-7540. Bureau d'information au niveau des quais.* C'est la plus grande gare des États-Unis, elle est superbe. Presque aussi rapide (et même prix) que l'avion pour le trajet Washington-New York (3h de trajet en Acela, le train rapide américain). Dessert New York, Philadelphie, Baltimore. Trains de nuit pour Miami, Chicago et Boston... Beaucoup plus cher que le bus.

Les différents quartiers

– ***Le Mall :*** pas vraiment un quartier, c'est une immense coulée verte, bordée de musées (appartenant pour la plupart à la Smithsonian Institution, et gratuits) et de mémoriaux. De part et d'autre du Mall se font face le Lincoln Memorial et le Capitole, avec au milieu le Washington Monument.
– ***Dupont Circle :*** quartier central et très animé, avec beaucoup de restos, bistrots et terrasses en été, autour de Dupont Circle et sur Connecticut Ave. Le dimanche matin, à la sortie nord du métro Dupont Circle, marché de produits frais en provenance des fermes bio des alentours. On trouve aussi quelques lieux homos, dont la librairie *Lambda Rising (1625 Connecticut Ave NW)*. Au nord-ouest de Dupont Circle, entre Massachusetts et Connecticut Ave s'étend le quartier de ***Kalorama,*** connu pour ses très belles demeures. Massachusetts Ave, surnommée ici *Embassy Row,* aligne plus d'une centaine d'ambassades.
– ***U Street :*** quartier mythique de Duke Ellington, c'est une rue sans charme, mais ses restos ont un caractère et une authenticité inoubliables. Beaucoup d'adresses très branchées (bars, boîtes, galeries). Pour la musique, c'est vraiment là que ça se passe. Entre entrepôts et université, le quartier est encore en mutation... Peut être un peu intimidant le soir, donc !
– ***Adams Morgan :*** délimité par Columbia Rd au nord et Florida Ave au sud, avec 18th St comme axe central. Métro Woodley Park Zoo et 15 mn de marche. Quartier multiethnique et multiculturel, investi par des artistes, intellos et marginaux de tout poil, très apprécié des étudiants. Pléthore de restos exotiques (toutes les cuisines du monde sont représentées), bars, librairies et boutiques. Grosse animation nocturne, très « djeuns ».
– ***Georgetown :*** le quartier historique de Washington, chic et charmant, fréquenté par les *beautiful people.* À côté des maisons d'habitation anciennes, restaurées à grands frais, on trouve des magasins de luxe, des boutiques et des restos (plutôt chic, mais il y a de tout). C'est le coin idéal pour faire du shopping vestimentaire, toutes les grandes marques (les autres aussi) y ont pignon sur rue. Très animé le soir, surtout le week-end. Pas de métro à proximité, il faut compter 15 mn de marche (ou bus M) depuis la station Foggy Bottom.
– ***Old Downtown :*** c'est tout le territoire s'étendant à l'est de 14th St, compris dans un triangle formé par Pennsylvania Ave et New York Ave, et qui connaît, à l'heure actuelle, une seconde jeunesse autour du Metro Center. Les buildings y poussent

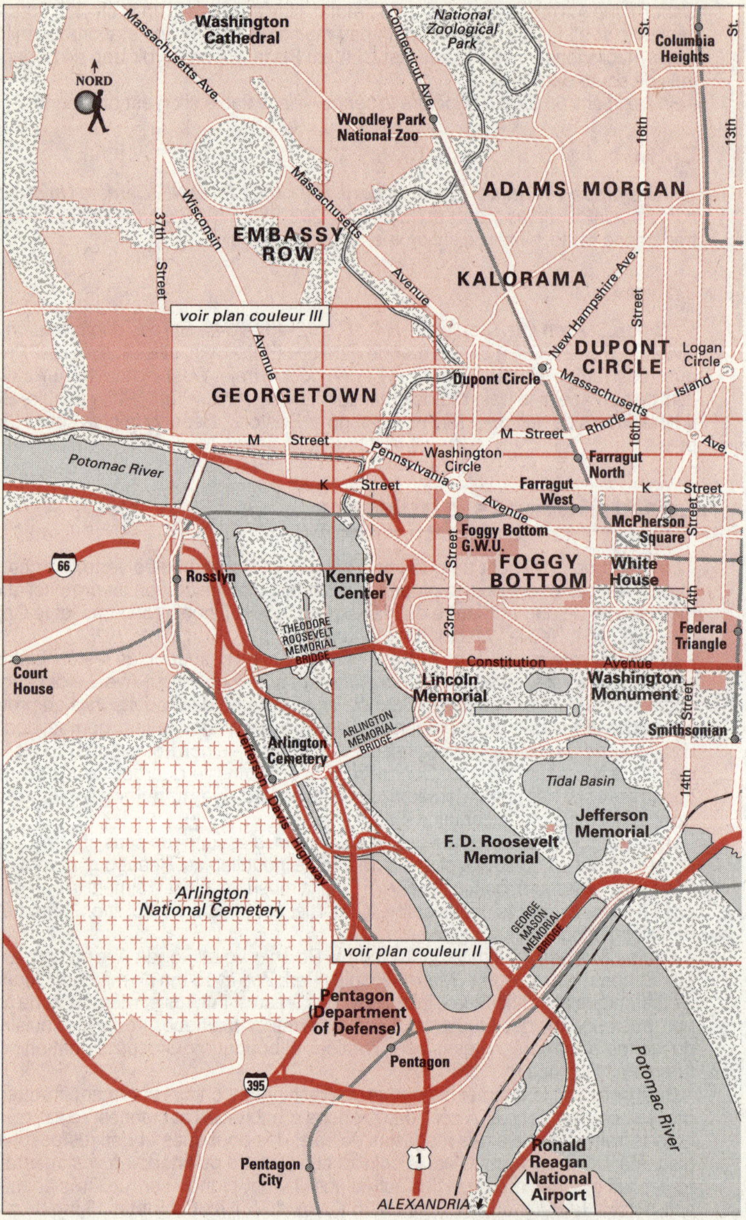
NORD
Washington Cathedral
Massachusetts Ave.
Connecticut Ave.
National Zoological Park
Columbia Heights
Woodley Park National Zoo
Massachusetts Avenue
Wisconsin Avenue
37th Street
EMBASSY ROW
ADAMS MORGAN
KALORAMA
16th Street
13th St.
New Hampshire Ave.
voir plan couleur III
DUPONT CIRCLE
Logan Circle
Dupont Circle
Rhode Island Ave.
GEORGETOWN
M Street
Washington Circle
Farragut North
Potomac River
K Street
Pennsylvania Avenue
Farragut West
McPherson Square
Foggy Bottom G.W.U.
23rd Street
FOGGY BOTTOM
White House
66
Rosslyn
Kennedy Center
14th Street
Federal Triangle
THEODORE ROOSEVELT MEMORIAL BRIDGE
Constitution Avenue
Court House
Lincoln Memorial
Washington Monument
ARLINGTON MEMORIAL BRIDGE
Smithsonian
Jefferson Davis Highway
Arlington Cemetery
Tidal Basin
Jefferson Memorial
F. D. Roosevelt Memorial
Arlington National Cemetery
GEORGE MASON MEMORIAL BRIDGE
voir plan couleur II
Pentagon (Department of Defense)
Pentagon
395
1
Pentagon City
Ronald Reagan National Airport
ALEXANDRIA

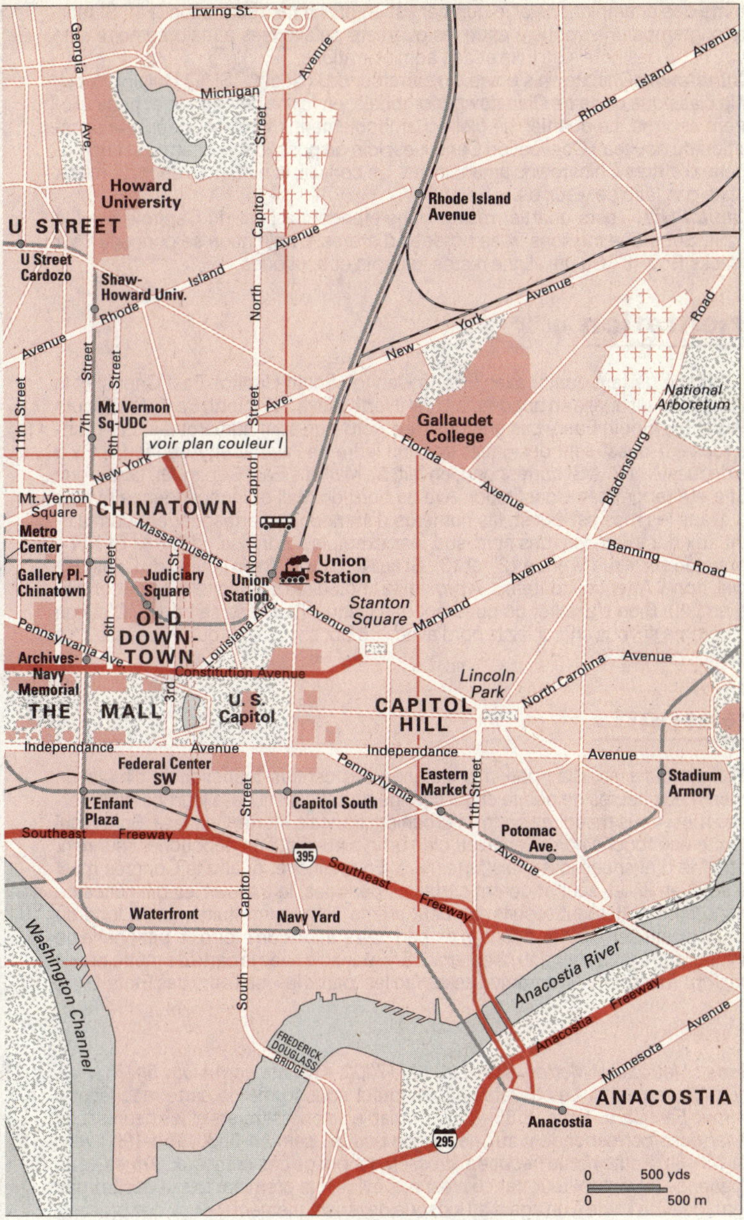

WASHINGTON – PLAN D'ENSEMBLE

comme des champignons et le quartier est en pleine restructuration. 14th St marqua longtemps une frontière entre les quartiers défavorisés à majorité noire et le noyau riche des hôtels de luxe et des administrations.
– ***Chinatown :*** Chinatown s'ouvre, au carrefour de H St et 8th St (Ⓜ Gallery Place), par la classique *porte de Chinatown* triomphale, en forme de pagode et particulièrement énorme. Le quartier, en plein chamboulement immobilier depuis la construction du nouveau Convention Center, est loin de posséder le charme et l'homogénéité d'autres Chinatowns américaines. Un conseil, la nuit, hors de H St, mieux vaut ne pas faire de vieux os.
– ***Capitol Hill :*** vaste quartier résidentiel s'étendant à l'est du Capitole jusqu'à 14th St. Superbes maisons, rues bordées d'arbres. L'animation se concentre sur Barracks Row (8th St) qui aligne restos, bistrots et boutiques.

Orientation

Du Capitole partent quatre axes : North Capitol, South Capitol, East Capitol et le Mall. Ils divisent la ville en quadrants : NW (North West), NE (North East), SW (South West) et SE (South East). Les grandes rues nord-sud sont numérotées. Les grandes rues est-ouest sont désignées par une lettre de l'alphabet. Attention, il n'y a pas de rues A ni B. A St correspond, en fait, au Mall et à East Capitol St, tandis que B St a été renommée Constitution Ave au nord du Mall et Independence Ave au sud. Dans les rues est-ouest, les numéros d'immeubles correspondent normalement aux numéros des rues nord-sud (par exemple, l'adresse « 1209 M St NW » sera située sur la rue M entre 12th et 13th St au Nord du Mall et à l'ouest du Capitole). Facile, non ? Attention toutefois. À proximité immédiate du Capitole, ça se complique un peu. Bien s'assurer du quadrant dans lequel l'adresse se trouve. C'est un peu comme si vous cherchiez le nord avec une boussole alors que vous êtes déjà au pôle Nord !

Transports

Évitez de rouler en ville : parkings éloignés des centres touristiques, circulation démente aux heures de pointe et qui change de sens au fil de la journée dans certaines rues. Vous maudirez parfois l'urbaniste français Pierre-Charles L'Enfant qui a donné une touche européenne au plan urbain (rues qui ne débouchent sur rien, géométrie d'avenues jolie mais farfelue...). En revanche, quand le Congrès n'est pas actif, en juillet-août et durant certaines périodes, le trafic et les difficultés de parking sont nettement réduits, on peut même se garer gratuitement le long du Mall... Il existe des parkings dans la plupart des stations de métro en périphérie de Washington ; pratique et peu cher : env 5 $/j., payable avec la carte de métro et bus *SmarTrip*. Transports en commun assez faciles, parmi les meilleurs des États-Unis.

Le métro

– ***Rens :*** *Metrorail et Metrobus, ☎ 202-637-7000. • wmata.com • Ouv 5h (7h w-e)-minuit (3h ven-sam).* Les tickets se présentent sous forme de carte magnétique nommée *FareCard.* Tarifs : 1,35-4,50 $, variable selon les trajets et les heures. Les *regular fares* correspondent aux heures de pointe : sem 5h-9h30, 15h-19h ; ven-sam 14h-3h. Petite réduc *(reduced fares)* en dehors de ces créneaux. Armez-vous de patience au distributeur, car ce n'est pas évident la première fois (n'hésitez pas à demander de l'aide à un agent au kiosque de renseignements) et gardez précieusement votre « ticket », vous en aurez besoin à la sortie. Également un système d'abonnement illimité à la journée, utilisable après 9h30 en semaine ou toute la journée le week-end (*One Day Pass* à 7,80 $). Abonnement hebdomadaire *(Seven Day Short Trip)* très avantageux à 32,35 $ (ou *Seven Day Fast* à 47 $, couvrant une

aire maximale, mais le premier devrait suffire). Le week-end, possibilité de bénéficier du *Family Tourist Pass.* Intéressant au bout de quelques parcours.
Il existe enfin un système de cartes rechargeables valables dans le métro et le bus, *SmarTrip Cards,* intéressantes si vous restez un certain temps ou comptez faire pas mal de trajets (ils sont facturés un poil moins cher qu'en achetant les tickets à l'unité. La carte s'achète 10 $ (avec un avoir de 5 $ déjà crédité dessus) dans la plupart des stations de métro et dans les drugstores CVS. Elle se recharge ensuite à volonté, sur les machines marquées *Passes/FareCards.*
Il est strictement défendu de boire ou manger dans le métro (pour conserver la propreté notoire du lieu). Amendes encore plus salées qu'un sac de chips jeté par terre.
La taille, la nudité et l'uniformité des stations du *Metrorail* étonnent : vastes voûtes qui abritent les stations, formant une sorte de plafond à caissons brut de décoffrage, murs gris, stations toutes identiques, pas ou peu de publicité. Impressionnant, on dirait un abri antiatomique. Attention, les stations sont éloignées les unes des autres. Apprêtez-vous à marcher !

Le bus

Regular fare à 1,95 $ (avoir l'appoint, les chauffeurs ne rendent pas la monnaie). *Pass* hebdo *(Weekly Pass)* à 15 $. Sinon, voir aussi le système *SmarTrip* ci-dessus. Pour se rendre sans marcher dans les quartiers un peu loin du métro (Georgetown, Adams Morgan, etc.), se procurer, dans une station de métro, un plan complet des lignes de bus.

Le taxi

– ***Yellow Cabs :*** ☎ *202-544-1212 ;* pas de compteur, on paie par zone *(affichées dans le taxi ; tarif de base : 5 $ pour une zone).* Demander le prix au départ, sinon, c'est à la tête du client. Et ce n'est pas donné. Suppléments exigés pour les passagers supplémentaires *(1,50 $)* et les bagages, plus aux heures de pointe. *Pour ttes réclamations concernant un taxi :* ☎ *703-417-0981.*

Adresses et infos utiles

Informations touristiques et culturelles

ℹ ***D.C. Chamber of Commerce Visitor Information Center*** *(plan couleur II, F4,* ***1****) : 1213 K St NW (presque à l'angle de 12th St).* ☎ *1-866-324-7386 ou 202-638-7330.* • *dcchamber.org* • Ⓜ *McPherson Sq. Tlj sf w-e 9h-16h30.* Le principal office du tourisme de la ville.
ℹ ***U.S. Capitol Visitor Center*** *(plan couleur II, H5,* ***2****) : situé sous le Capitole (prendre l'escalier entre la façade est et Union Station).* Ⓜ *Capitol South ou Union Station. Tlj sf dim 8h30-16h30.* Flambant neuf, énorme et décor assez grandiloquent (copies des statues à l'effigie des États, fontaines...). C'est ici que l'on prend les billets pour le Capitole (si on n'a pas réservé sur Internet). Exposition permanente très intéressante, surtout si vous n'avez pas l'occasion de faire la visite. Self-service et boutique, bien sûr.
ℹ ***White House Visitor Center*** *(plan couleur II, F4,* ***3****) : 15th St et Pennsylvania.* ☎ *202-208-1631.* Ⓜ *Federal Triangle. Tlj 7h30-16h.* Excellente documentation. Ce *Visitor Center* constitue à lui seul un petit musée gratuit sur la vie quotidienne à la Maison-Blanche. On vous explique l'importance des animaux pour les présidents et leurs épouses : Dobeuliou avec un dindon (à l'occasion de *Thanksgiving*), les First Ladies avec leurs toutous. Film et panneaux explicatifs historiques et didactiques qui méritent d'être parcourus avec attention. Dans la section intitulée *Formal occasions,* vous pourrez visionner un document étonnant : au son de *la*

Marseillaise, un défilé de « poilus » de 1914-1918, casqués et armés, visitant les couloirs de la Maison-Blanche au pas cadencé ! Brochure en français au bureau d'information.

■ ***Alliance française :*** *2142 Wyoming Ave.* ☎ *202-234-7911.* ● *francedc.org* ● *Tlj sf dim 10h-18h (16h sam).* Pour ceux qui séjournent longtemps sur place. Quelques services à la disposition des Français sur place : wifi gratuit, médiathèque, programme TV5Monde, animations culturelles.

Ambassades et consulats

■ ***France :*** *4101 Reservoir Rd NW (en face de Georgetown University Hospital).* ☎ *202-944-6000. Tlj sf w-e 8h45-12h45. Téléphone en cas d'urgence :* ☎ *202-944-6100.*

■ ***Belgique :*** *3330 Garfield St NW.* ☎ *202-333-6900.* Ⓜ *Woodley Park Zoo, puis 15 mn à pied. Tlj sf w-e 9h30-12h.*

■ ***Suisse :*** *2900 Cathedral Ave NW.* ☎ *202-745-7900.* Ⓜ *Woodley Park Zoo, puis 10 mn à pied. Tlj sf w-e 9h-12h.*

■ ***Canada :*** *501 Pennsylvania Ave NW (au nord du Mall, près du Capitole).* ☎ *202-682-1740. Tlj sf w-e 9h-17h.*

Banques, postes et Internet

Distributeurs *(ATM)* un peu partout.

■ ***American Express :*** *1501 K St NW (et 15th St).* ☎ *202-457-1300.* Ⓜ *Farragut N.* Travellers cheques *volés :* ☎ *1-800-221-7282. En sem 9h-17h30.*

✉ ***Postes :*** *N Capitol St, à côté de Union Station (plan couleur II, H4). En sem 7h-minuit, le w-e 7h-20h. Vers Dupont Circle, au 1921 Florida Ave (à côté du* Hilton*). Lun-ven 9h-17h. Sur Pennsylvania Ave NW, entre 12th et 14th St. Tlj sf dim 8h-17h (14h sam). À Georgetown (plan couleur III, J7-8), 1215 31st St. Mêmes horaires. Et encore sur 14th et T St (vers U St).*

@ ***Martin Luther King Library*** *(plan couleur II, G4,* ***217****) : 901 G St NW.* ☎ *202-727-0321.* ● *dclibrary.org/mlk* ● Ⓜ *Metro Center ou Gallery Pl.* Tlj (horaires sur site internet). Connexions gratuites (demander une carte au *desk*). C'est en prime la seule œuvre à Washington du grand architecte Mies Van der Rohe.

Transports

Tous les loueurs de voitures sont représentés à *Union Station*. C'est ici (ou dans les aéroports) que l'on prend possession des véhicules de location.

Pour restituer un véhicule de location : *prendre North Capitol St en direction du Capitole, puis tournez à gauche dans H St (ça monte) ; en haut de la rampe, tt de suite à droite :* ***Rent-a-Car return.***

Santé, urgences

■ ***Pharmacie ouverte 24h/24*** *(plan couleur I, B3) :* ***CVS Pharmacy,*** *6 Dupont Circle NW (et P St).* ☎ *202-833-5704.* Ⓜ *Dupont Circle.*

■ ***Médecin : Inn-House Doctor.*** ☎ *202-216-9100 (24h/24).* Un service médical d'urgence qui se déplace à l'hôtel en cas de nécessité.

Visites guidées

■ ***Tourmobile Sightseeing :*** ☎ *202-554-5100. Résas :* ☎ *1-888-868-7707.* ● *tourmobile.com* ● *Tlj de mi-juin à sept 9h-18h30 (16h30 slt le reste de l'année). Tarifs : 27 $; 13 $ pour les 3-11 ans.* Un tour en autobus à impériale qui permet, en une journée, de voir tous les sites (y compris le cimetière d'Arlington). Possibilité de monter et descendre à n'importe quel arrêt (le ticket s'achète auprès du conducteur). Plusieurs tours et combinaisons possibles. Les temps d'attente aux arrêts sont variables et peuvent être longs.

■ ***Old Town Trolley Tours :*** *☎ 202-832-9800. • trolleytours.com • Ttes les 30 mn. Tarifs : 35 $; 18 $ pour les 4-12 ans.* De Union Station à la Library of Congress en passant par la Maison-Blanche, Dupont Circle, National Cathedral, Embassy Row, Kennedy Center, le cimetière d'Arlington, le Mall, un circuit de 2h commenté avec humour par des conducteurs-guides passionnés de leur ville. Possibilité de descendre en cours de route et de reprendre le trolley suivant. Également un tour de nuit *(départ tlj à 19h30 de Union Station).*

Où dormir ?

Pour résider à Washington, plusieurs options. Si vous aimez sortir le soir, préférez la proximité d'un quartier animé (Dupont Circle, U St ou Adams Morgan). En revanche, si la visite des musées vous épuise et que vous êtes au lit de bonne heure, Capitol Hill s'avère un bon choix. Dès 18h, après la fermeture des bureaux et des musées, les environs du Mall sont désertés. Le centre est alors un peu déprimant. Une troisième solution consiste à loger à Alexandria (voir plus loin le chapitre consacré à cette ville). Vous n'êtes qu'à 6 stations de métro du Mall. Dans tous les cas, on vous conseille les *B & B,* à condition de réserver suffisamment à l'avance : charme garanti.

Ne pas oublier de rajouter au prix des chambres 14,5 % de taxes, plus 1,50 $ par personne. Attention, comme souvent aux États-Unis, ***le prix des chambres varie au jour le jour.*** Selon la période et le taux d'occupation, ça peut aller du simple au triple dans certains établissements (pas tous heureusement !). Les mois de décembre à février et juillet-août sont les moins chers tandis que le printemps (mars à mai) et septembre-octobre correspondent à la haute saison. De façon générale, les tarifs de week-end sont aussi moins élevés qu'en semaine. ***Les fourchettes de prix dans le texte vont de la basse à la haute saison.***

Camping

Greenbelt Park Campground : *6565 Greenbelt Rd. ☎ 301-344-3948. Résas : ☎ 1-877-444-6777 ou • recreation.gov • Dans le Maryland, à 20 mn de voiture du centre de Washington (si ça roule bien). Du centre, remonter une rue vers le nord pour intercepter la East-West Hwy ; la prendre en direction de l'est jusqu'à la 201, ensuite plein nord pour rattraper la 193, puis à droite (vers l'est), puis encore à droite, l'entrée est en face des bâtiments aux vitres fumées. Sinon, c'est à 3 miles (4,8 km) de la station de métro Greenbelt (terminus nord de la ligne verte). Dans ce cas, suivre la route qui va vers l'est sur 1 mile (vers l'hypermarché), passer au-dessus de l'autoroute, l'entrée est à droite, en face d'un bâtiment aux vitres fumées ; c'est fléché. Bureau des rangers ouv tlj 8h-15h45. Emplacement 16 $.* À la limite du camping sauvage. On plante sa tente en pleine forêt. Sanitaires rudimentaires mais propres. Évitez de vous mettre à côté des scouts (sauf si vous êtes en panne de bière). Pas de boutique.

À Alexandria

Motels

Towne Motel *(hors plan couleur II par F6)* ***:*** *808 N Washington St. ☎ 703-548-3500 ou 877-747-8713. En face de la station* Shell. *En métro (ligne bleue), descendre à Braddock Rd, ensuite 10 mn de marche sur Madison en direction du Potomac. Résa conseillée. Double env 95 $.* Motel typique en U comportant une petite trentaine de chambres sur 2 niveaux. L'ensemble est propre. AC, micro-ondes et frigo dans chaque chambre. Pour un séjour assez bon marché à quelques stations de métro du Mall et des musées de Washington.

Travelodge Motel *(hors plan couleur II par F6) : 700 N Washington St. ☎ 703-836-5100 ou 1-888-515-6375. • travelodge.com • À l'entrée d'Alexandria. En métro (ligne bleue), descendre à Braddock Rd, puis 10 mn de marche sur Madison en direction du Potomac. Doubles 95-110 $, négociable suivant saison.* Motel d'une quarantaine de chambres climatisées fumeurs ou non. Assez propres. Certaines sont communicantes. Bon accueil.

Dans les quartiers animés à proximité de : Adams Morgan, U Street, Dupont Circle (plan couleur I)

Bon marché

Hostelling International Washington D.C. *(plan couleur II, G4, **30**) : 1009 11th St NW (et K St). ☎ 202-737-2333. • hiwashingtondc.org • Ⓜ Metro Center (ligne bleue) ; sortir à 11th et G St, puis remonter 3 blocs. Ouv 24h/24. Résa conseillée. Nuit 29-45 $ (+ 3 $ sans la carte des AJ), petit déj inclus. Internet, wifi.* Édifice propre et rénové, très central. Chambres pour 2 ou 4 pers, ou dortoirs très clean de 8 ou 12 lits avec casiers (draps fournis). Cuisine très bien équipée et grande salle à manger attenante. Spacieuse salle de TV, salon avec billard. Nombreuses animations proposées (soirées pâtes, pizzas... gratuites). Durée maxi du séjour : 14 nuits (prolongation possible s'il y a de la place).

DC Lofty *(plan couleur I, C3, **10**) : 1333 11th St NW (et N St). ☎ 202-506-7106. • dclofty.com • Ⓜ Mount Vernon Sq-UDC (et 10 mn de marche). Lits en dortoir (4-8 pers) 25-45 $. Internet, wifi.* Maison ancienne à la façade décrépie, mais récemment (et joliment) rénovée à l'intérieur : parquet, cheminée et murs de brique conservés jusque dans les dortoirs. Salon avec écran plat, sympathique cuisine commune. Atmosphère tranquille pour cette petite AJ de 40 lits : on laisse ses chaussures à l'entrée siou plaît, on ne mange pas dans sa piaule et on est prié de ne pas faire de bruit après 22h (minuit le week-end) ! Pas de couvre-feu néanmoins. Barbecues de temps en temps.

Washington International Student Center *(plan couleur I, B2, **11**) : 2451 18th St NW. Entrée à peine visible à droite de The Diner. ☎ 202-667-7681 ou 1-800-567-4150. • dchostel.com • Ⓜ Woodley Park Zoo, et 15 mn de marche. Check-in : 8h-23h. Pas de couvre-feu. Résa conseillée. En dortoir, 25 $/pers. Double env 65 $, avec sdb partagée, petit déj (léger) compris. Internet, wifi.* Petite AJ privée au cœur d'Adams Morgan. Dortoirs (genre clapier) et quelques chambres privées. Cuisine et pièce commune. Le tout méga crassou et bordélique. À réserver aux vrais routards qui préfèrent mettre leurs économies dans la mousse des nombreux bars de 18th St plutôt que dans celle des bons matelas.

De prix moyens à chic

Adam's Inn *(plan couleur I, B2, **12**) : 1744 à 1748 Lanier Pl NW. ☎ 202-745-3600 ou 1-800-578-6807. • adamsinn.com • Ⓜ Woodley Park Zoo, puis env 10 mn à pied, ou Columbia Heights (et 15 mn de marche). Bureau ouv 8h (13h dim)-21h. Doubles 130-180 $ avec sdb privée ou non ; quadruples 150-200 $ (vaste appart en sous-sol, sombre mais pas cher : 120-160 $) ; petit déj-buffet compris. Parking 20 $ (à préciser à la résa). Internet, wifi.* Dans une rue résidentielle à deux pas du quartier animé d'Adams Morgan, une adresse pleine de charme à mi-chemin entre l'AJ de luxe et le *B & B*, où l'on se sent immédiatement chez soi. Les chambres, champêtres et mignonnes comme tout, sont réparties dans 3 *townhouses* victoriennes. Ni TV ni téléphone dans les chambres, mais plusieurs salons bien cosy avec canapés moelleux, cheminée, thé et café à volonté, pour favoriser les échanges entre hôtes. Cuisine commune, salle à manger et *lovely* jardinet pour prendre son *breakfast* en été, voire pique-niquer. Possibilité de laver et repasser son linge. Si vous recherchez le calme absolu, demandez une chambre dans le bâtiment où se trouve le bureau (au 1746). Accueil aux petits oignons et encore un bon point : les enfants de tous âges sont acceptés !

Windsor Park Hotel *(plan couleur I, A2, **15**) : 2116 Kalorama Rd NW (près de Connecticut Ave). ☎ 202-483-7700. Résas : ☎ 1-800-247-3064. • windsorparkhotel.com • Ⓜ Woodley Park Zoo, puis petite marche. Doubles 100-210 $ selon période, petit déj inclus. Internet, wifi.* À mi-chemin entre Dupont Circle et Woodley Park (près de Taft Bridge), en face de l'ambassade de Chine. Quartier résidentiel, verdoyant et agréable. Élégant petit immeuble victorien en brique dans une rue calme. Proche du quartier branché et animé d'Adams Morgan (18th St N). Une quarantaine de chambres classiques, propres et fonctionnelles.

Embassy Inn *(plan couleur I, B3, **16**) : 1627 16th St NW. ☎ 202-234-7800 ou 1-800-423-9111. • embassy-inn.com • Ⓜ Dupont Circle. Résa conseillée. Doubles 80-390 $ selon saison (négociable), petit déj inclus ; gratuit enfants jusqu'à 12 ans dans la chambre des parents. Internet, wifi.* Dans un quartier tranquille à quelques blocs de Dupont Circle, un petit hôtel récemment rénové. Une quarantaine de chambres lumineuses, confortables mais sans grand charme, réparties sur 5 niveaux. Thé et café à volonté. Bon accueil.

Windsor Inn *(plan couleur I, B2, **17**) : 1842 16th St NW. ☎ 202-667-0300 ou 1-800-423-9111. • windsor-inn-dc.com • Ⓜ U-Street. Résa conseillée. Doubles 100 $ (voire 80)-390 $ selon période, petit déj inclus ; gratuit enfants jusqu'à 12 ans partageant la chambre des parents. Internet, wifi.* Gentil hôtel d'une petite cinquantaine de chambres qui appartient à la même direction qu'*Embassy Inn*. Le bâtiment a été récemment rénové. Réparties sur 3 niveaux, les chambres sont assez petites mais fonctionnelles. Certainement une des adresses les moins chères de la ville en basse saison. Bon accueil.

Très chic

Akwaaba *(plan couleur I, B3, **18**) : 1708 16th St NW. ☎ 1-877-893-3233 ou 718-455-5958 ou 1-866-466-3855. • akwaaba.com • Ⓜ Dupont Circle. Résa fortement conseillée (aussi via • bedandbreakfast.com •). Doubles 150-265 $ selon saison, nombre de pers et durée du séjour, petit déj copieux inclus.* Un vrai coup de cœur pour ce *B & B* original et de très belle facture, aménagé dans une vieille maison de style victorien à mi-chemin entre Dupont Circle et U Street. Parquet patiné, magnifiques cheminées avec céramique, boiseries, vitraux. Ambiance « Autant en emporte le vent » dans les parties communes. Quant aux 8 chambres, également meublées d'ancien, elles sont toutes personnalisées d'après un auteur afro-américain ou un thème de la littérature, avec les bouquins assortis, bien sûr. Tout simplement magnifique ! Mention spéciale pour la *Romance*, idéale pour les lunes de miel (lit à baldaquin, pétales de roses rouges et livres coquins) et la *Zora Neale Hurston*, immense, avec superbe vue et Jacuzzi pour 2. Dans toutes les chambres, lecteur CD, TV et DVD, peignoirs. Une atmosphère propice au cocooning, doublée d'un excellent accueil (*Akwaaba* signifie « bienvenue » en ghanéen).

Taft Bridge Inn *(plan couleur I, B2, **19**) : 2007 Wyoming Ave NW. ☎ 202-387-2007. • taftbridgeinn.com • Ⓜ Dupont Circle. Résa conseillée. Doubles 135-200 $ avec sdb privée ou non, petit déj inclus. Parking 16 $. Wifi.* Dans le quartier résidentiel de Kalorama, une très élégante demeure de style georgien de la fin du XIXe s, comportant une douzaine de chambres. Dès l'entrée, le salon donne le ton : parquet qui craque, murs rouge brique contrastant avec le noir des boiseries, monumentale cheminée, lustre en cristal et piano. Une atmosphère victorienne de très bon goût, mâtinée de petites touches asiatiques (la proprio, collectionneuse d'art, est japonaise) que l'on retrouve dans les chambres. Murs de couleurs profondes (violet, bleu intense, vert émeraude), lits à colonnes, salles de bains rétro. Celles sans bains sont plus petites et plus simples.

Tabard Inn *(plan couleur I, B3,* ***20****) : 1739 N St NW. ☎ 202-785-1277. • tabardinn.com • Ⓜ Dupont Circle. Doubles 135-160 $ avec sdb partagée ; 180-245 $ avec sdb privée ; petit déj inclus. Env 15 $/pers supplémentaire. Internet, wifi.* Formé par 3 *townhouses*, cet hôtel (le plus vieux de Washington D.C.) ressemble plus à une grande pension de famille. Atmosphère chaleureuse, délicieusement rococo, au charme bohème. On adore ! Salon très club anglais, avec profonds fauteuils, beaux meubles anciens et feu dans la cheminée en hiver. 40 chambres pleines d'âme (chapeau la décoratrice), même les salles de bains sont exquises avec leurs baignoires et lavabos anciens. Accueil délicat. Très bon resto aussi (voir « Où manger ? Très chic »). Bref, une valeur sûre.

Carlyle Suites Hotel *(plan couleur I, B3,* ***21****) : 1731 New Hampshire Ave NW. ☎ 202-234-3200 ou 800-964-5377. • carlylesuites.com • Ⓜ Dupont Circle, à 3 blocs. Doubles 100-260 $.* Le gros plus de cet hôtel au superbe aménagement Art déco : toutes les chambres sont des suites, avec petite cuisine et grand salon, très confortables (literie top de top). On peut donc y loger à 4 et faire sa popote. De celles situées à l'arrière, vue sur le Washington Monument. Salles de bains design dans les tons anthracite et blanc. *Breakfast* servi dans un patio couvert à l'ambiance méditerranéenne.

The Dupont at The Circle *(plan couleur I, B3,* ***22****) : 1604-1606 19th St NW. ☎ 202-332-5251. • dupontatthecircle.com • Doubles 215-295 $, petit déj inclus.* Encore un superbe *B & B* aménagé avec beaucoup de cachet et de personnalité, dans 2 maisons de ville réunies à 2 blocs de Dupont Circle. 6 chambres spacieuses, au confort haut de gamme, toutes uniques évidemment. Atmosphère victorienne, cubaine ou encore marocaine, vous aurez l'embarras du choix. Beau salon dominé par 2 magnifiques cheminées, piano et plein de numéros de *The New Yorker* à dispo. Un peu partout, des photos de famille qui donnent de l'âme aux lieux. Enfants de moins de 12 ans non admis.

Hotel Helix *(plan couleur I, C3,* ***23****) : 1430 Rhode Island Ave NW. ☎ 202-462-9001 ou 800-706-1202. • hotelhelix.com • Ⓜ McPherson Sq (à 4 blocs) ou Dupont Circle (un peu plus loin). Doubles 120-240 $ (également des familiales avec lits superposés enfants). Internet, wifi.* Un faux Magritte orne la façade de brique peinte en gris anthracite. Le ton est donné, ici le design est funky, coloré, voire psychédélique. Du rideau de taffetas mordoré qui coulisse automatiquement quand on franchit l'entrée aux projections lumineuses sur les murs, en passant par les portraits de Barbie et Ken dans certaines chambres, tout fait shebam, pow, blop, wizz ! Jeune et branché (avec de l'humour) et prix pas exorbitants pour un hôtel design. Bar-*lounge* avec terrasse (dégustation de vin en fin d'après-midi), fitness.

Donovan House *(plan couleur II, F4,* ***31****) : 1155 14th St NW. ☎ 202-737-1200 ou 800-383-6900. • thompsonhotels.com • Ⓜ McPherson Sq. Doubles 130-350 $.* Hôtel design dernier cri conçu par le studio Gaïa dans la mouvance de ceux de New York. Bien situé, entre le Mall et Dupont Circle. Lignes épurées, belle harmonie de prune, chocolat et anthracite avec quelques touches de blanc, l'ensemble est vraiment très classe. Dans les chambres, les lits sont entièrement gainés de cuir et les douches incurvées (avec des produits de beauté *Kiehl's*). La cerise sur le gâteau, c'est le *rooftop deck* avec son bar et sa piscine pour des rencontres caliente au sommet ! Accueil pro mais décontracté. Pour nos lecteurs les plus hype.

Woodley Park Guesthouse *(plan couleur I, A1,* ***24****) : 2647 Woodley*

Rd NW (juste en face de l'entrée du Marriott). ☎ *202-667-0218 ou 1-866-667-0218.* • *dcinns.com* • Ⓜ *Woodley Park Zoo. Bureau ouv 7h30-22h (8h-21h le w-e). Doubles 160-260 $. Parking env 18 $. Wifi.* Très agréable demeure entièrement rénovée. Planchers de bois vernis, meubles de caractère. Ni TV ni radio pour la tranquillité. Belles chambres. Les parties communes sont idéales pour lier connaissance. Excellent petit déj avec de vrais croissants. Bon accueil.

🏠 ***Embassy Circle Guesthouse*** *(plan couleur I, A3,* ***25****) : 2224 R St NW.* ☎ *202-232-7744 ou 1-877-232-7744.* • *dcinns.com* • Ⓜ *Dupont Circle. Doubles 220-320 $ selon période (meilleurs tarifs sur Internet).* Au cœur du quartier des ambassades, grande et belle demeure entièrement rénovée, comportant une dizaine de chambres. Parquet, beaux tapis, mobilier victorien, peintures contemporaines aux murs. Chambres vastes, élégantes et lumineuses. Atmosphère classieuse mais chaleureuse. Preuve en est, ces tables d'hôtes improvisées, où chacun participe à la préparation du repas (offert par la maison) ou apporte une boisson à faire découvrir aux autres. Excellent *breakfast* (avec fromage !). Ingrid vous accueille en français. Bref, un *B & B* de luxe.

Dans les quartiers résidentiels, assez loin des centres animés, ou dans Downtown
(plan couleur II)

Bon marché

🏠 ***Hilltop Hostel*** *(hors plan couleur I par C1) : 300 Carroll St NW.* ☎ *202-291-9591.* • *hosteldc.com* • Ⓜ *Takoma (ligne rouge). Ou bus n° 62. Résa conseillée. Nuitée 24 $. Internet.* Très excentré, mais à un jet de pierre du métro. Grande maison ancienne dont 2 étages sont reconvertis en dortoirs et chambres non-fumeurs. Cuisine et salon. Sur l'arrière, une véranda comme dans le vieux Sud. Billard, laverie. Ambiance *backpackers,* idéale pour lier connaissance. Gentil fouillis, mais le charme de l'ancien. En résumé, conviendra aux routards pas trop exigeants sur le confort et la propreté. Bon accueil.

🏠 ***International Guest House*** *(hors plan couleur I par C1) : 1441 Kennedy St NW. À côté du Rock Creek Park.* ☎ *202-726-5808.* • *bedandbreakfast.com* • *Du Greyhound, marcher 5 blocs jusqu'à Union Station, puis métro jusqu'à Metro Center (sortie 11th et G St), puis bus S2 ou S4 (« To Silver Spring ») ; descendre à Kennedy St (30 mn de trajet si tt va bien). Couvre-feu 23h-7h ; fermé dim 10h-15h. Résa conseillée. Nuitée 40 $, petit déj et* evening tea *inclus ; réduc sem. Internet, wifi.* Dans un quartier riche en marge de coins plus défavorisés. Grande maison particulière, tenue par des mennonites : bénédicité au petit déj (8h précises), atmosphère désuète mais familiale et chaleureuse. Pour les routards un peu sages, sans doute le meilleur rapport qualité-prix de D.C. ! 5 chambres de 2 ou 3 lits simples (couples autorisés, quelle audace !), avec bains partagés. Rétro mais impeccable de propreté. Pièce commune avec TV et cuisine (micro-ondes et frigo). Le matin, chacun plante le drapeau de son pays sur la table de petit déj ! Excellent accueil.

🏠 ***William Penn House*** *(plan couleur II, H5,* ***32****) : 515 E Capitol St SE.* ☎ *202-543-5560.* • *williampennhouse.org* • Ⓜ *Eastern Market. Nuitée 40-50 $ en dortoir, petit déj inclus. Couvre-feu à 22h. Wifi.* Fondé en 1966 dans le courant idéologique des quakers, ce centre d'accueil, géré dans un but non lucratif, propose une trentaine de lits. Répartis sur différents niveaux, chaque dortoir (4-10 personnes) possède sa propre salle de bains. Gars et filles séparés, bien sûr ! Très propre et bien tenu. Beau living-room, cheminée, bibliothèque, grande table pour taper le carton le soir ou casser la croûte (micro-ondes et frigo). Un bon plan pour ceux qui privilégient les musées aux sorties nocturnes.

Chic

Hotel Harrington *(plan couleur II, G5, **33**) : 436 11th St et E St NW. ☎ 202-628-8140 ou 1-800-424-8532. • hotel-harrington.com • Ⓜ Metro Center. Doubles 130-180 $; quadruples 145-190 $. Parking 15 $. Wifi.* Enfin un hôtel dont les prix sont (à peu près) fixes ! Construit en 1940 (design d'époque pour l'ascenseur et la boutique, dans l'entrée), grand hôtel un tantinet vieillot de 250 chambres. Atmosphère certes impersonnelle, mais établissement très bien situé, en plein centre du secteur touristique, entre le Capitole et la Maison-Blanche. Chambres avec bains, petit bureau, TV. Resto familial attenant, à prix corrects.

Très chic

Capitol Hill Suites *(plan couleur II, H5, **35**) : 200 C St SE. ☎ 202-543-6000. • capitolhillsuites.com • Ⓜ Capitol South. Résa conseillée. Doubles 110-250 $, petit déj inclus. Internet, wifi.* Juste derrière la *Library of Congress,* un hôtel de standing, bien situé à 10 mn à pied des principaux musées. Environ 150 suites à la déco contemporaine, tout confort, avec kitchenette, mais salle de bains minuscule. Visiblement le rendez-vous des politiques.

The Carriage House *(plan couleur II, H6, **36**) : 612 3rd St SE. ☎ 1-877-893-3233 ou 703-798-1904. • bedandbreakfastdc.com • Ⓜ Capitol South. Résa conseillée. Doubles 125-225 $; quadruples 225-300 $; petit déj inclus. Min 3 j. Wifi.* Dans une maison bourgeoise superbement aménagée. 4 chambres assez grandes et une suite familiale indépendante. Le double vitrage isole bien de la voie express. Intérieur cosy, hyper douillet. Mobilier style Laura Ashley ou asiatique. Prenez la chambre aux miroirs ! On partage le *breakfast* en famille dans une cuisine typiquement américaine. Charmante terrasse (amusez-vous à compter les grenouilles !). Bon accueil.

Maison Orleans B & B *(plan couleur II, H5, **37**) : 414 5th St S. ☎ 202-544-3694. • bbonline.com/dc/maisonorleans • Ⓜ Eastern Market. Résa conseillée. Doubles 140-180 $, petit déj inclus.* À un jet de pierre du jardin d'enfants de Stanton Park. 3 chambres aménagées dans le style créole de La Nouvelle-Orléans, dont une avec salle de bains privée sur le palier. Living-room coquet : moquette, plantes vertes, grands sofas et napperons en dentelle sur les accoudoirs comme chez mamie. Charmante microterrasse avec fauteuils en rotin laqué blanc donnant sur un minuscule jardin. Une maison de poupée, quoi ! Les moins de 16 ans ne sont pas acceptés.

State Plaza Hotel *(plan couleur II, E4, **38**) : 2117 E St NW (repérer le départ de 21st St sur Virginia St). ☎ 202-861-8200 ou 1-800-424-2859. • stateplaza.com • Ⓜ Foggy Bottom. Doubles 110-250 $. Internet, wifi.* Bien situé, entre la Maison-Blanche et Georgetown. Grand hôtel récent, chic, agréable et très confortable. Un petit côté colonial dans la déco. Beaucoup de chambres possèdent une vraie cuisine équipée indépendante. On aime aussi les carrelages vintage dans les salles de bains. Bon bistrot avec terrasse.

Hotel George *(plan couleur II, H4-5, **39**) : 15 E St NW (entre New Jersey Ave et N Capitol St). ☎ 202-347-4200 ou 800-546-7866. • hotelgeorge.com • Ⓜ Union Station. Doubles 170-450 $. Internet, wifi.* Tout près du Capitole, un des premiers hôtels design de Washington, décoré sur le thème de George Washington (toujours lui !). Chambres plutôt sobres mais confortables, bien sûr, avec station iPod, peignoir peau de bête, etc. Service cool et accueillant. Fitness. Le resto, *Bistro Bis,* est le repaire du Tout-Capitol Hill après de longues journées de travail.

À Georgetown

Hotel Monticello *(plan couleur III, J8, **50**) : 1075 Thomas Jefferson St. ☎ 202-337-0900 ou 1-800-388-2410. • monticellohotel.com • Double env 170 $ (un peu moins en basse saison), petit déj inclus. Internet, wifi.* Situé au cœur de Georgetown, dans une ruelle à l'écart de la circulation de M St. Un hôtel d'une quarantaine de chambres, très bien conçues, spacieuses et décorées avec classicisme et élégance. Grandes salles de bains avec peignoir. Kitchenettes. La plupart sont des suites pouvant loger 4 personnes. Leïla, la réceptionniste, est d'origine marocaine. Elle se fera un plaisir de vous recevoir en français.

Où manger ?

À l'instar de Philadelphie, Washington s'honore du titre de capitale gastronomique. Bon, difficile de rivaliser avec New York à notre avis, mais c'est vrai que toutes les cuisines du monde y sont représentées, l'éthiopienne en vedette.
Pour les petits budgets, voici nos chaînes de fast-foods locales préférées, que vous retrouverez un peu partout à D.C. : ***Five Guys*** (fameux burgers) et ***Potbelly Sandwich Works*** pour ses excellents sandwichs préparés à la demande et servis toastés du matin au soir dans un cadre vintage réussi. Enfin, pour les petits déj, ***Corner Bakery,*** originaire de Chicago tout comme *Potbelly.*

Dans le quartier de Dupont Circle

Spécial petit déjeuner et brunch

***Luna Grill & Diner, Kramerbooks & Afterwords Café, Whole Foods Market** et **Tabard Inn** (lire plus loin).*

Bon marché

***Luna Grill & Diner** (plan couleur I, B3, **60**) : 1301 Connecticut Ave NW (angle N St). ☎ 202-835-2280. Ⓜ Dupont Circle. Tlj 8h-23h (minuit ven-sam). Plats 9-15 $.* Un *diner* de quartier, sans prétention mais soucieux de sa qualité. Classiques américains (pâtes, sandwichs, burgers, *meatloaf,* salades) et *specials of the day.* Tout est honnête ou bon, même le pain. Un bon plan pour le petit déj, servi toute la journée. Petite terrasse à l'arrière.

***Whole Foods Market** (plan couleur I, B3, **61**) : 1440 P St (et 15th St). ☎ 202-332-4300. Ⓜ Dupont Circle. Tlj 8h-22h30. Prix au poids, env 8 $ la livre.* À mi-chemin entre Dupont et Logan Circle, cette chaîne de supermarchés bobo-bio, qui fait un carton aux USA, propose un rayon traiteur des plus alléchant. *Salad bar* et bar à soupes, plats chauds sains et originaux (végétariens, latino, asiatiques, indiens...), pâtisseries et salades de fruits. Une poignée de tables en devanture et en terrasse pour consommer son frichti. Également sur place, une petite annexe de *Raku,* un bon resto asiatique de D.C. : sushis, *rolls* et *bentos.*

Prix moyens

***Kramerbooks & Afterwords Café & Grill** (plan couleur I, B3, **62**) : 1517-21 Connecticut Ave NW (à l'angle de Q St). ☎ 202-387-1462. Ⓜ Dupont Circle. Ouv pour le petit déj, le lunch et le dîner, tlj jusqu'à 1h (tte la nuit ven-sam). Majorité des plats 15-18 $.* Avant tout, c'est une grande librairie indépendante particulièrement bien fournie, qui fait aussi bar (pour grignoter *nachitos* et salades) et enfin resto où l'on peut commander très tard le week-end. Cuisine variée, légère et joliment présentée. Bonne sélection de bières pression et excellent cappuccino. Beaucoup de monde le dimanche matin pour le brunch et terrasse à l'arrière recherchée aux beaux jours. Musique live le soir du mercredi au samedi. Une très chouette adresse.

Pizzeria Paradisio *(plan couleur I, B3,* ***63****) : 2003 P St (et 20th St).* ☎ *202-223-1245.* Ⓜ *Dupont Circle. Lun-sam 11h30-23h (minuit ven-sam), dim 12h-22h. Pizzas 10-19 $.* Cette authentique pizzeria bondée et bourdonnante passe pour une des meilleures de D.C. Les *pizze,* servies en 2 tailles (la petite est bien pour une personne), y sont croustillantes à souhait, ni trop fines ni trop épaisses, et garnies comme il faut. Un régal. Salades bien fraîches, panini et *antipasti* également à la carte. Les amateurs de bières apprécieront la belle sélection de pression. Mais la sangria (pas très italien, on vous l'accorde) se boit bien aussi.

Rice *(plan couleur I, C3,* ***64****) : 1608 14th St NW.* ☎ *202-234-2400.* Ⓜ *Dupont Circle ou U St (et 10 mn de marche). Tlj midi et soir jusqu'à 22h30 (23h ven-sam). Plats 14-18 $ (*noodles *env 10 $ le midi).* Petite salle à la déco minimaliste, zen tendance design. Cuisine thaïe adaptée à la sauce internationale, *veggie* ou non, raffinée mais servie copieusement. Pour les desserts, ne pas chercher midi à quatorze heures. Une boule de glace au thé vert fera l'affaire. Le service est efficace mais mériterait d'être plus souriant. Terrasse aux beaux jours.

Chic

Hank's Oyster Bar *(plan couleur I, B3,* ***65****) : 1624 Q St (et 17th St).* ☎ *202-462-4265.* Ⓜ *Dupont Circle. Ouv le soir slt, 17h30-22h (23h mer-sam) et le w-e 11h-15h pour le brunch. Addition env 35-40 $ (on peut s'en tirer pour moins en lisant bien la carte).* Dans un petit coin gay-friendly de D.C., ce bar à huîtres et *seafood* est une vraie perle. Gage de fraîcheur, la carte change quotidiennement selon les arrivages, et navigue entre les huîtres (souvent locales et livrées tous les matins), le poisson du jour ou les *small plates* ; 2 suffisent dans ce cas pour faire un repas. Pas de dessert hormis le carré de chocolat apporté avec l'addition. Ambiance très Nouvelle-Angleterre, avec quelques touches « coquillages et crustacés » dans la déco, sobre et de bon goût. Clientèle plutôt yuppie, mais pas guindée, service *casual* comme on dit ici. Petite terrasse.

Pesce *(plan couleur I, B3,* ***66****) : 2002 P St.* ☎ *202-466-3474.* Ⓜ *Dupont Circle. Tlj sf dim 11h30-14h30, 17h30-22h (22h30 ven-sam). Repas env 40 $ le soir, un peu moins le midi.* Ici aussi, le poisson est à l'honneur, et ça fait une grosse quinzaine d'années que ça dure. Il faut dire que la mer n'est pas loin ! Cuisiné simplement (entier, grillé, rôti), mais c'est ainsi qu'on l'apprécie le mieux. Les cuissons sont maîtrisées, les accompagnements savoureux, et même la présentation de l'assiette est soignée. Une vraie table de chef, sans le côté chichiteux qui va parfois avec. Mieux vaut le savoir quand même, aucune alternative pour les allergiques à l'iode.

Sushi Taro *(plan couleur I, B3,* ***67****) : 1503 17th St NW.* ☎ *202-462-8999.* Ⓜ *Dupont Circle. Midi et soir jusqu'à 22h (22h30 ven-sam) ; fermé dim. Résa conseillée le w-e. Déj 10-17 $ (soupe, petite salade et bol de riz) ; dîner 25-45 $ (plus si gourmand).* Au 1er étage d'un bâtiment en brique (repérer la pharmacie *CVS*). Grande salle claire et plaisante, avec au choix pour s'installer : tables classiques, à la japonaise ou bien au comptoir... Accueil suave, atmosphère *easygoing* où businessmen et étudiants cohabitent. Dégustez-y les sushis et sashimis parmi les plus frais de Washington. Le thon *(maguro),* en particulier, se révèle d'un goût d'une délicatesse extrême, ainsi que le flétan *(halibut),* le saumon, etc. Le soir, plats encore plus élaborés (mais bien sûr plus chers), comme le *jawer steak* (bœuf mariné à l'ail et au gingembre et grillé au charbon de bois), etc. Le tout arrosé de thé ou d'une *Kirin. Kanpaï !*

Très chic

Tabard Inn *(plan couleur I, B3, **20**) : 1739 N St NW. ☎ 202-331-8528. Ⓜ Dupont Circle. Tlj mat, midi et soir. Déj env 20-25 $, dîner 50 $ (hors boisson).* C'est le resto de l'un de nos meilleurs hôtels de charme. Cadre délicieusement suranné. Carte pas très longue mais élaborée chaque jour et bons petits plats de saison bien travaillés. Les légumes, bio et locaux, proviennent en partie de la ferme acquise par l'hôtel. Quant au poisson, il est livré tous les matins. Chips maison, excellents desserts et brunch très couru. Belle sélection de vins du monde entier. Feu dans la cheminée en hiver, adorable patio tout fleuri en été.

Dans le quartier de U Street

Bon marché

Ben's Chili Bowl *(plan couleur I, C2, **68**) : 1213 U St. ☎ 202-667-0909. Ⓜ U St. Lun-jeu 6h-2h, ven 6h-4h, sam 7h-4h, dim 11h-20h. La panse remplie pour moins de 10 $.* Une institution, très populaire dans tout le quartier. Son slogan : « *Our chili will make a hot dog bark !* ». Ouvert depuis 1958, l'ensemble est dans son jus : box gris, plantes vertes, néon et grand comptoir formica à moitié déglingué, *tin ceiling* et vieux ventilo. Aux murs, les photos de clients célèbres : Dizzy Gillespie, Billie Holiday, Bill Cosby... et Barack Obama (qui y a même emmené déjeuner Nico et Carla en 2010). Spécialités de *chili half-smoke, chili dogs et chili burgers.* Petite salle plus tranquille à l'arrière.

Prix moyens

Busboys and Poets *(plan couleur I, C2, **69**) : 2021 14th St NW (angle V St). ☎ 202-387-7638. Ⓜ U St. • busboysandpoets.com • Tlj 8h-minuit (2h ven-sam). Brunch sam-dim. Plats 8-22 $. Wifi.* On adore l'ambiance de cet endroit complètement atypique, à la fois café, resto, librairie engagée, cinéma et salle de concert, créé par un Irakien implanté depuis longtemps à Washington. Un vaste espace multiculturel où l'on vient prendre son petit déj en consultant ses mails, bouquiner tranquillou dans un canapé moelleux ou refaire le monde avec ses potes. Aussi agréable pour y boire un verre que pour y manger. Carte très éclectique, à tous les prix : du panini aux *crab cakes* du Maryland (exquis) en passant par les pizzas, croustillantes comme il faut. Consulter leur site internet pour le programme des animations (*open mic* le mardi, lectures de poésie, signatures, concerts, etc.). Juste en face, on conseille aussi le resto ***Eatonville,*** inspiré de l'auteure afro-américaine Zora Neale Hurston, et qui appartient d'ailleurs au même proprio : décor flamboyant, peintures murales d'artistes locaux et cuisine *soul food.*

Marvin *(plan couleur I, C2, **70**) : 2007 14th St NW. ☎ 202-797-7171. Ⓜ U St. Ouv le soir slt, 17h30-22h45 (23h45 ven-sam, 21h45 dim). Brunch dim 10h30-15h30. Bar-*lounge *17h-1h45 (2h45 ven-sam). Moules-frites 16 $, plats 15-25 $ env.* Un resto belge inspiré de Marvin Gaye, non, ce n'est pas une blague du plat pays ! Après avoir vécu du côté de U St, le chanteur de soul a bien émigré en Belgique au début des 80's, où il écrivit d'ailleurs son dernier tube, *Sexual Healing.* Très beau cadre : parquet, boiseries noires, tables bistrot, éclairages tamisés. Et cuisine américano-belge, donc, fort bien réalisée. Moules savoureuses accommodées de plusieurs façons et frites en cornet, burger revisité avec pain brioché et *Chimay.* Clientèle branchée, mais service décontracté qui ne se la joue pas. Atmosphère bourdonnante, carrément surchauffée à l'étage, sur le toit-terrasse, surtout en fin de semaine.

Chic

Crème *(plan couleur I, C2, **71**) : 1322 U St NW. ☎ 202-234-1884. Ⓜ U St. Tlj 18h-23h et brunch sam 11h-15h, dim 10h-17h. On dîne pour 35 $ (hors boisson).* Un des endroits *trendy* de D.C. (prononcer « crème » à la française). Intérieur design, style scandinave : verre, alu et bois clair. Gentil brouhaha. La clientèle s'amuse, genre dernière escale avant la traversée de la nuit. Côté saveurs, c'est de la bonne nouvelle cuisine américaine : *No bread Crab Cake* avec de vrais morceaux de crabe, émincé de porc caramélisé aux 3 haricots, le tout fort bien réalisé y compris les desserts.

Al Crostino *(plan couleur I, C2, **71**) : 1324 U St NW. ☎ 202-797-0523. Ⓜ U St. Ouv le soir slt, à partir de 17h (la fermeture dépend de l'affluence). Plats 15-18 $, addition env 30 $ (hors boisson).* Cette petite trattoria-bar à vins au décor dépouillé (casier de bouteilles aux murs et basta) sert une des meilleures cuisines italiennes en ville, à des prix raisonnables. Le chef est originaire de la Botte, de Basilicate plus précisément, et ça se sent. À la carte (courte, mais efficace), une *pasta* maison digne de ce nom, travaillée simplement mais avec d'excellents produits : les *mezze lune* (raviolis farcis aux champignons) et les gnocchis au gorgonzola sont des classiques de la maison. Également une poignée de plats de viande et poisson. Un petit conseil : bien demander les prix des *specials,* souvent bien plus chers que les plats de la carte, pour ne pas avoir de mauvaise surprise au moment de l'addition !

Café Saint-Ex *(plan couleur I, C2, **72**) : 1847 14th St NW, au coin de T St. ☎ 202-265-7839. Ⓜ U St. Tlj sf lun midi, 11h-2h (3h ven-sam). Majorité des plats 20-25 $ (mais burger 12 $).* Un resto-bar inspiré par le père du *Petit Prince.* Le cadre Art déco, avec des souvenirs et des trophées de l'aviation du temps des pionniers, vaut le coup d'œil. Le grand-père du proprio fut un pilote de chasse de la Grande Guerre. Dommage, la cuisine est inégale pour le prix. Mieux vaut s'en tenir à des choses simples et pas trop chères pour ne pas être déçu. On peut aussi se contenter d'un verre au bar, détailler le décor ou se prélasser sur la terrasse. Amusant *Flying Pig* au-dessus de l'accueil. En bas, le bar-*lounge Gate 54* permet, dès 22h, de passer un bon moment dans un environnement musical très éclectique (pas de *cover charge*).

Bohemian Caverns – Hominy Restaurant & Lounge *(plan couleur I, C2, **73**) : 2001 11th St NW, à l'angle de U St. ☎ 202-299-0800. • bohemiancaverns.com • Ⓜ U St. Resto ouv 17h-22h (22h30 ven-sam, 21h dim), brunch dim 11h-15h. Cover : 10-20 $ en moyenne. Dîner env 40 $ (hors boisson).* De l'extérieur, l'établissement rappelle un piano à queue. Dès l'entrée, le ton est donné : nombreuses photos du Duke, de Coltrane, d'Armstrong, de Miles Davis... On y joue du jazz de l'époque du Duke mais pas exclusivement. La caverne (en bas) fut active de 1926 à 1968, et fermée après la mort de Martin Luther King. Reconstruite à l'identique en 1997, elle offre chaque soir des concerts (jazz, rap) ou de la poésie. Bonne ambiance, volume sonore raisonnable. Au rez-de-chaussée, resto sage et boisé, avec tables impeccablement nappées. Carte éclectique, mais plutôt sélect. Vendredi et samedi, au 2e étage, night-club avec DJ et parfois *live band.* C'est un endroit chic, sortez vos plus belles fringues.

Dans le quartier d'Adams Morgan

Spécial petit déjeuner

The Diner *(plan couleur I, B2, **75**) : 2453 18th St NW. ☎ 202-232-8800. Ⓜ Woodley Park Zoo. Ouv 24h/24. Plats moins de 10 $ pour la plupart. Ce diner* au décor vintage est l'adresse populaire du coin. On y sert le petit déj à toute heure du jour et de la nuit, ainsi que les grands classiques US, du burger aux *mac & cheese* en passant par les grosses salades et les *daily specials.* Rien de gastronomique, donc, mais du pas cher qui nourrit son homme dans une ambiance typiquement ricaine. Entre la musique ambiante et les conversations des gens intensifiées par le volume de la salle, c'est le brouhaha complet.

Bon marché

|●| ***Amsterdam Falafel Shop*** *(plan couleur I, B2, **76**) : 2425 18th St NW.* ☎ *202-234-1969.* Ⓜ *Woodley Park Zoo. Tlj 11h-minuit au moins (2h30 mar-mer, 3h jeu et 4h ven-sam). Env 5-10 $.* Petit boui-boui en étage, connu pour ses falafels de compétition, servis avec ou sans frites. On choisit d'abord sa taille (*small* ou *regular*), puis ses *toppings* que l'on empile soi-même tant bien que mal. Un tuyau, la version *regular* permet d'en mettre plus ! Le plus dur sera d'engloutir tout ça proprement sans fourchette. C'est simple mais bon, roboratif et peu onéreux. Miniterrasse aux beaux jours.

Prix moyens

|●| ***Afghan Grill*** *(plan couleur I, A2, **77**) : 2309 Calvert St NW.* ☎ *202-234-5095.* Ⓜ *Woodley Park Zoo. Tlj midi et soir jusqu'à 23h. Plats 15-20 $.* Déco élégante, murs orangés, tentures pourpres, pièces de cuivre et photos de ce magnifique pays qu'est l'Afghanistan. Sa cuisine s'apparente à celle du nord de l'Inde mais en plus rustique. En entrée, plats végétariens, marinades avec yogourt, puis grillades et kebabs d'agneau, de bœuf, de poulet, servis avec du riz safrané. En dessert, glace à la cardamome et à l'eau de rose avec pistaches. Service un peu hésitant.

|●| ***Meskerem*** *(plan couleur I, B2, **78**) : 2434 18th St NW.* ☎ *202-462-4100.* Ⓜ *Woodley Park Zoo. Tlj 12h-minuit. Résa obligatoire ven-sam. Addition 20-25 $.* Resto éthiopien très réputé, mais non-amateurs s'abstenir, car on mange avec les mains. Décor et mobilier traditionnels (donc tables basses), atmosphère un tantinet chicos. Prix cependant très raisonnables. Spécialités : le *kitfo* (bœuf en lamelles servi cru avec *mitmita* et beurre), l'*assa watt* (filet de poisson grillé sauce pimentée), le *zilbo* (agneau sauce douce et sucrée), le *meskerem tibbs* (agneau sauté aux oignons et chili vert), et, pour commencer, les *sambussa.* Nombreux plats végétariens et salades.

Chic

|●| 🍷 ***Mezè*** *(plan couleur I, B2, **79**) : 2437 18th St NW.* ☎ *202-797-0017.* Ⓜ *Woodley Park Zoo. Tlj 17h30-1h30 (2h30 ven-sam) ; brunch sam-dim. Résa conseillée. Plats 15-19 $. Formule* Mezè *30 $.* Le week-end, on se bouscule pour avoir une table. Cadre design, clientèle *trendy.* À l'étage, bar et DJ avec piste de danse. Tous les dimanches, cours (gratuits) de danse du ventre dès 22h et les lundis, tango de 19h à 2h. En été, préférer la terrasse sur la rue (moins bruyante). Dans l'assiette : nouvelle cuisine levantine, histoire de vous rappeler la grande bleue du côté d'Antalya. Notre conseil : mettre les voiles en prenant plusieurs entrées (à partager). Boulettes de lentilles, aubergines farcies, poivrons à toutes les sauces, *kofte, kebab,* pommes de terre au yaourt. En dessert, bon *kunefe,* mélange de blé finement concassé, pistaches et fromage blanc, le tout servi dans une crêpe croustillante.

|●| ***Las Canteras*** *(plan couleur I, B2, **80**) : 2307 18th St NW.* ☎ *202-265-1780.* Ⓜ *Woodley Park Zoo. Tlj sf lun 11h-15h, 17h-23h (brunch 11h-16h sam-dim). Résa conseillée. Plats 14-20 $. Menu ven à dim soir env 30 $ (hors boisson).* Très beau restaurant dans les tons rouges, parquet acajou, quelques toiles aux murs et bougies sur les tables. Musique locale en fond

sonore, bien dosée. Idéal pour découvrir la cuisine péruvienne, traditionnelle mais aussi plus actuelle : *ceviche* (poisson mariné), *camarones* sauce coriandre, *lomo saltado* (filet de bœuf cuisiné au vin rouge avec des tomates et une sauce soja)... Le tout accompagné d'un délicieux petit pain de maïs, utile pour apaiser l'attaque des piments. Bons desserts aussi. Service attentionné. À l'étage inférieur, bar latino. L'occasion d'essayer la bière locale, la *Cusquena,* légère ou la *Cristal,* un peu plus corsée, à moins d'opter pour un *pisco sour.* Un bon rapport qualité-prix.

|●| ***Casa Oaxaca*** *(plan couleur I, B2,* ***81****) : 2106 18th St NW.* ☎ *202-387-2272.* Ⓜ *Woodley Park Zoo. Tlj sf mar 11h-15h et 17h-23h. Résa conseillée. Plats 17-21 $. Menu* Early Bird *24 $ (17h-19h mar-jeu).* Un resto mexicain très populaire, vu la foule qui s'y presse dès l'ouverture. Décor dans les vieux rouges, lignes droites, sur 2 niveaux. Une bonne vingtaine de tequilas ; quant aux bières... la clientèle 25-35 ans est visiblement là pour ça. Préférez les tables en haut (moins bruyant). À la carte, *New Mexican cuisine* : fromage du pays flambé servi avec quelques sauterelles et des tortillas maison *(cazuela de chapulines),* filet de bœuf *(filet mignon)* au piment rouge. Très bons *moles* aussi. En dessert, goûter au tiramisù mexicain (au mezcal).

|●| ***Perry's*** *(plan couleur I, B2,* ***82****) : 1811 Columbia Rd NW.* ☎ *202-234-6218.* Ⓜ *Woodley Park Zoo. Au 1er étage. Tlj 17h30-22h30 (23h30 ven-sam). Brunch sam 11h-15h et dim dès 10h30. Repas 30-40 $ (moins cher le midi).* Grande salle à la déco chaleureuse, avec carrelages verts et bois. Clientèle jeune, artiste, un peu frimeuse, pour goûter aux excellents sushis de la maison, à table ou au bar. Beaucoup de choix. Sinon, nombreux plats asiatiques et tapas. L'été, terrasse sur le toit très agréable (avec bar). Pour le brunch du dimanche, se pointer avant l'ouverture (10h30) pour être sûr d'avoir une place. Buffet varié et bien cuisiné, avec sushis et show de *drag queens.*

Dans le quartier de Georgetown

Bon marché

|●| ***Five Guys*** *(plan couleur III, I7,* ***110****) : 1335 Wisconsin Ave NW (et Dumbarton).* ☎ *202-337-0400. Tlj 11h-23h (4h ven-sam). Moins de 10 $ pour un burger-frites avec garniture à volonté.* Un vrai bon fast-food de chaîne (locale), plébiscité pour ses burgers juteux et copieusement garnis. Les Obama sont clients, nous aussi. Le cadre est ici un peu moins impersonnel que dans les autres succursales : murs de brique, tables et comptoir de bois, et lampes Tiffany. Terrasse couverte. Caouètes entières à dispo à l'entrée, pour patienter !

|●| ***Johnny Rockets*** *(plan couleur III, I7-8,* ***111****) : 3131 M St NW.* ☎ *202-333-7994. Tlj 8h30-minuit (2h mer, 3h jeu et 4h ven-sam). Hamburgers 8-9 $.* Une chaîne de *diner* rétro qui vaut le détour. Banquettes en skaï rouge, juke-box sur les tables et affiches publicitaires des *sixties* courant sur les murs. Au menu, burgers, *of course* (corrects), sandwichs, salades et milk-shakes. Un endroit qui vous rappellera quelques *movies* visionnés un *Coca* à la main. Manque plus que la Buick décapotable le long du trottoir.

Prix moyens

|●| 🍷 ***Ching Ching Cha*** *(plan couleur III, I8,* ***112****) : 1063 Wisconsin Ave NW.* ☎ *202-233-8288. Tlj sf lun 11h30-21h (19h dim). Formule 12 $ (hors thé, qui n'est pas donné).* Cette authentique maison de thé est une oasis de zénitude au cœur de Georgetown. Beaux volumes et verrières diffusant une douce lumière. Tables basses et coussins plats ou tables conventionnelles, on a le choix de sa position ! Les amateurs de thé y trouveront forcément leur

bonheur parmi les quelque 70 variétés proposées à la vente et à la dégustation (Chine, Taiwan et Japon). On y sert aussi une cuisine toute simple et légère, sans excès de sauce, mais qui pourra sembler fade à certains. Le poulet au curry accompagné de légumes vapeur originaux devrait contenter tout le monde. Accueil tout en délicatesse.

Pizzeria Paradisio *(plan couleur III, I8, **113**) : 3282 M St NW. ☎ 202-337-1245. Tlj 11h30-23h (minuit ven-sam), dim 12h-22h. Pizzas 10-19 $ env selon garniture et taille.* Succursale de notre adresse à Dupont Circle (voir texte plus haut).

Chic

Martin's Tavern *(plan couleur III, I7, **114**) : 1264 Wisconsin Ave NW. ☎ 202-333-7370. Tlj 11h-23h (minuit ven-sam), sam dès 9h, dim 8h. Plats 15-25 $, mais burgers dès 11 $. Plats brunch (servi tlj jusqu'à 16h) env 10 $.* Un lieu historique, qui ouvrit ses portes le lendemain du jour où la prohibition fut abolie. Depuis 1933, plusieurs présidents fréquentèrent cet incontournable resto de Georgetown. Leurs plats préférés sont d'ailleurs indiqués à l'entrée. Et c'est ici que John Kennedy demanda sa main à Jackie (dans le *booth 3*, si vous voulez rejouer la scène !). Intérieur élégant de pub chic avec boiseries patinées, scènes de chasse, bar en acajou et lampes Tiffany. Cuisine éclectique (pâtes, hamburgers, *seafood, crab cakes*) mais sans génie ; on retiendra quand même les *penne* à la vodka et l'excellente *lemon pie*. Grand choix de *malted whiskeys*, comme il se doit. Petite terrasse.

J. Paul's *(plan couleur III, I8, **115**) : 3218 M St NW. ☎ 202-233-3450. Tlj 11h30-1h30 (2h30 ven-sam). La cuisine ferme un peu plus tôt. Brunch sam-dim 10h30-14h30 (13h30 dim). Plats simples 10-15 $; plus travaillés 20-25 $.* J. Paul's est une vieille institution de Georgetown. Superbe décor : *tin ceiling*, plancher en bois, remarquable bar centenaire en acajou sculpté. Jeter aussi un œil aux portes en fer forgé provenant du *Waldorf Astoria* de New York, au fond de la salle. Cuisine américaine copieuse et variée (BBQ *ribs*, burgers, mais aussi poisson et viande). Bar à huîtres et écailler. Musique rock et blues au bon volume.

Filomena Ristorante *(plan couleur III, I8, **112**) : 1063 Wisconsin Ave NW. ☎ 202-338-8800. Tlj 11h30-23h. Le midi, plats max 12 $; le soir, pâtes 22-30 $.* Élu à plusieurs reprises meilleur restaurant italien de la capitale, *Filomena* mérite surtout l'oscar du meilleur décor ! Chargé à souhait, c'est un summum de kitscherie à l'américaine. Reconstitution d'une petite cuisine rétro à l'entrée et d'une salle à manger familiale en bas, vitrines d'*antiques* avec nounours et Cie, profusion de fleurs, tout est rococo en diable. Côté cuisine, pas de folie, on reste dans le tradi : *pasta* en veux-tu-en-voilà, *antipasti*, poisson et viandes. *Salad bar* inclus avec chaque plat. Folklorique et amusant mais assez touristique quand même.

À l'est du Capitole et dans le quartier de Barrack's Row

Spécial petit déjeuner

Jimmy T's Place *(plan couleur II, H5, **90**) : 501 E Capitol St. ☎ 202-546-3646. Ⓜ Capitol South. Tlj sf lun-mar 6h30-15h, sam-dim 8h-15h.* Breakfast *servi* all day *! Env 5-10 $. Burger-frites moins de 4 $. CB refusées.* Dans l'ancienne pharmacie du quartier, datant de la fin du XIXe s, voici l'adresse familiale par excellence, qui fonctionne de père en fille depuis plus de 30 ans ! Clientèle de fidèles et décor dans son jus, figé pour l'éternité : mobilier en formica, parquet usé par les pas, patiné par les graisses. Cynde pilote ses fourneaux sous l'œil de John, le roi du corned-beef ! Ça fleure bon l'omelette, le bacon frit, le beignet bien grassouillet et la musique bluegrass. Un pur parfum d'Amérique. On adore !

Bon marché

Hawk & Dove *(plan couleur II, H5, **91**) : 329 Pennsylvania Ave SE. ☎ 202-543-3300. Ⓜ Capitol South. Repérer la station* Exxon. *Tlj 10h-2h (3h ven-sam). Brunch du w-e 10h-15h30. Plat env 10 $.* Vénérable institution qui regroupe 3 maisons dont une fut une forge et un atelier de réparation de fiacres, puis la première pompe à essence de Washington. Boiseries sombres et patinées, banquettes de chemin de fer, tables cerclées de cuivre, et vieux portraits des présidents et politiciens. Jeter un œil à l'antique comptoir tout au fond. On y vient pour les classiques hamburgers (rebaptisés *hawkburgers*), les soupes, les *chili's,* les salades, les copieux sandwichs et le *breakfast,* servi aussi le soir ! Petite terrasse sur le trottoir ; les chroniqueurs politiques des grands journaux s'y retrouvent volontiers.

Chic

Banana Café & Piano Bar *(hors plan couleur II par H6, **92**) : 500 8th St SE (à l'angle avec E St). ☎ 202-543-5906. Ⓜ Eastern Market. Tlj 11h-22h30 (23h30 ven-sam). Brunch dim 10h-15h.* Happy hours *16h30-19h. Musique live lun-sam vers 20h. Tapas 7-10 $; plats 10-16 $. On dîne pour 30 $ (hors boisson).* Dans 8th St, la rue animée de Barrack's Row. Un resto-piano-bar tout en couleurs. Au plafond, les pales des ventilateurs brassent une musique latino. Clientèle jeune et branchée, un poil friquée. Dans les assiettes, belles et copieuses portions de cuisine cubaine, porto-ricaine et tex-mex, ainsi que des classiques ibères (*paella Valenciana* et *zarzuela de mariscos*). Les amateurs de viande prendront du *bistec,* servi ici à toutes les sauces. À l'étage, c'est moins bruyant ; un pianiste tapote l'ivoire, et il en sort des airs de bossa. Terrasse en été.

De chic à très chic

Montmartre *(hors plan couleur II par H5, **93**) : 327 7th St SE. ☎ 202-544-1244. Ⓜ Eastern Market. Ouv 11h-14h30, 17h30-22h (22h30 ven-sam, 21h dim) ; brunch sam-dim 10h30-15h. Plats env 20 $ (quelques options moins chères le midi). Addition env 30-40 $.* Voici un des meilleurs restos français de D.C., en tout cas le plus proche de ce qu'on peut trouver en France. Dans un quartier sympa et familial en prime, tout près du marché. Vraie cuisine de chef, savoureuse et totalement maîtrisée, des plats « bistrotiers » mijotés au poisson en passant par les desserts. La cuisse de lapin braisée aux olives et shiitakés, *linguine* crémées à l'huile de truffe est un must, tout comme la tarte au citron. Portions généreuses et prix raisonnables pour la qualité. Bonne ambiance, pas guindée pour deux sous, et déco provençale de bon aloi, sans folklore excessif. Grosse affluence le dimanche, jour de marché, pour le brunch. Les jeunes et sympathiques proprios (des Picards) ont récemment ouvert une annexe juste à côté, ***SeventhHill Pizza*** (pizzas donc, mais aussi bar à soupes, gaufres et crêpes bretonnes).

Belga Café *(hors plan couleur II par H6, **94**) : 514 8th St SE. ☎ 202-544-0100. Ⓜ Eastern Market. Ouv 11h-22h (23h ven-sam, 21h30 dim) ; brunch sam-dim 9h-16h. Addition env 40 $ (hors boisson).* Grande salle tout en longueur, brique nue, jolie déco tendance design, et petite terrasse. Bonne nouvelle, les Américains ont découvert la vraie frite : pas la *French frie* mais bien la seule, l'authentique *Belgian frie,* cuite en 2 temps ! Serveurs sanglés de noir et carte en flamand (avec traduction en anglais). En vrac, les classiques du pays du Manneken-Pis : croquettes de crevettes, moules-casseroles (plusieurs préparations), waterzoï et bien sûr les inévitables frites servies dans un joli cornet chromé à spirale. Gaufres en dessert. Le chef, qui a fait ses classes dans un étoilé du plat pays, se permet quelques innovations gastronomiques, tout aussi réussies. Excellentes bières d'importation, comme il se doit. Brunch le dimanche autour du thème de la gaufre, des moules et... des œufs (on est quand même en Amérique !).

Dans le quartier de Southwater Front
(voisin du sud du précédent)

– Sur Water St *(plan couleur II, G6 ; Ⓜ L'Enfant Plaza)*, le long de la rivière, un ***marché de poisson et de fruits de mer*** très animé. Possibilité de déguster sur le marché (donc à un prix très raisonnable) des crevettes épicées servies avec des frites, ou des fruits de mer, le tout d'une extrême fraîcheur.
– En suivant la promenade qui domine la marina, succession de ***restos de poisson*** plutôt chic, avec terrasse.

Dans Downtown et Chinatown

Bon marché

|●| ☕ *Lindy's Bon Apetit* *(plan couleur II, E4,* ***95****) : 2040 I St NW. ☎ 202-452-0055. Tlj 7h30 (10h w-e)-minuit au moins. Formule petit déj ou burger env 5 $.* Un *diner* riquiqui et sans chichis pour manger vraiment pas cher dans un quartier huppé. *Sirloin burgers* servis avec plus d'une vingtaine de sortes d'accompagnements, et bons gros petits déj à prix imbattables. Une poignée de tables à l'intérieur et une autre en terrasse, face au square.

|●| ☕ *Food Court de Union Station* *(plan couleur II, H4,* ***96****) : pas plus de 10 $.* Le sous-sol de la gare fourmille de fast-foods en tout genre : choix aussi grand... qu'un hall de gare ! Pas de révélation gastronomique, mais pas cher et pratique avant de prendre un train. Japonais, indien, italien, jamaïcain, grec... *Johnny Rockets* (burgers et déco *fifties*) est le seul stand avec service à table. Extrêmement populaire. *The Corner Bakery,* au rez-de-chaussée de la gare (angle 1st St et Mass Ave, à côté de la sortie du métro), bien connu des locaux, est un bon plan pour le petit déj et le déj. Attention, la plupart des enseignes ferment autour de 21h (voire plus tôt le dimanche).

|●| *Food Court de l'Old Post Office* *(plan couleur II, G5,* ***97****) : angle de Pennsylvania Ave NW et 12th St. Ⓜ Federal Triangle. On mange pour moins de 10 $.* C'est l'antique poste de la ville, dont l'intérieur a été rénové. Grand espace circulaire sous atrium avec des tables pour s'asseoir, et plein de boutiques à touristes sur 2 étages avec des fast-foods *carry out.* Concerts gratuits, animation vers 12h et entre 17h et 18h (programme journalier). Sympa, animé et bon marché. On y trouve encore un petit bureau de poste, un *ATM,* un bureau de change et l'ascenseur (gratuit) qui mène au sommet, d'où l'on a une vue superbe.

Prix moyens

|●| *Matchbox* *(plan couleur II, G4,* ***98****) : 713 H St NW. ☎ 202-289-4441. Ⓜ Gallery Place Chinatown. Tlj 11h-22h30 (23h30 ven-sam). Brunch le w-e 10h-15h. Plats 10-20 $.* Aux portes de Chinatown, dans une petite maison en brique, une ancienne épicerie chinoise reconvertie en vaste resto façon loft sur 3 niveaux et une petite terrasse en hauteur. Préparez-vous à faire le pied de grue, car l'adresse est fort appréciée des Washingtoniens. D'ailleurs, quel volume sonore là-dedans ! Cuisine américaine revisitée, avec des accents méditerranéens. Les vedettes de la maison sont les pizzas au feu de bois et les miniburgers accompagnés d'*onion rings* (du tonnerre !). Tout est bon, original et joliment présenté. En dessert, ne manquez pas les petits beignets tout chauds au café et à la cannelle. Succursale à Capitol Hill, au 521 8th St SE.

The Dubliner *(plan couleur II, H4,* ***99****) : 520 N Capitol St NW. ☎ 202-737-3773. Ⓜ Union Station. En face de la grande poste. Ouv 11h-2h (3h ven-sam). Sam-dim 11h-15h,* Irish country brunch. *Tlj à 21h (19h30 dim), musique celtique. Ouv aussi pour le petit déj, mais il faut entrer par l'hôtel qui fait l'angle. Plats 10-16 $.* Pub irlandais assez chic. Élégante décoration intérieure en bois sombre sculpté, avec gravures anciennes et belles estampes historiques (sur Robert Emmet et les Irish Volunteers de 1799). Pas mal de charme. Plein le midi. En fin d'après-midi et le soir, sur la petite terrasse, l'un des rendez-vous des yuppies, mais pas seulement. *Irish stew, beef O'Flaherty* et *Guiness-burger,* la spécialité de la maison !

Tony Cheng's Mongolian Restaurant *(plan couleur II, G4,* ***100****) : 619 H St NW. ☎ 202-371-8669. Ⓜ Gallery Place Chinatown. Tlj 11h-23h (minuit w-e). Buffet à volonté 18 $; carte 12-30 $.* Imposante façade style pagode, statue de la prospérité à l'entrée, tables impeccablement dressées autour d'un grand buffet octogonal : le grill mongolien. Voilà ce qui fait le succès de ce classique de Chinatown. On fait d'abord son choix parmi un assortiment de viandes (bœuf, poulet, porc, agneau), crevettes, légumes et 9 sauces différentes. Puis le cuisinier cuit ça devant vous sur la grande plaque ronde qui trône au centre du buffet. À l'étage, c'est la partie resto traditionnel (*dim sum* et plats plutôt haut de gamme).

Chic

Zaytinya *(plan couleur II, G4,* ***101****) : 701 9th St NW. ☎ 202-638-0800. Ⓜ Gallery Place Chinatown. Tlj 11h30-22h (minuit ven-sam), brunch sam-dim. Résa conseillée. Addition au moins 45 $ (hors boisson).* Toujours à la mode, *Zaytinya* est le point de convergence de toute une faune de yuppies venus se restaurer avant de faire la fête. Mobilier design, grands espaces au niveau sonore assez élevé. Le concepteur des lieux s'est aperçu que les Grecs, les Turcs et les Levantins avaient en commun le goût pour les mêmes ingrédients culinaires. Il a donc élaboré, sur le principe du *mezze,* une carte plutôt longue qui mixe et revisite allègrement falafels, taboulé, *tzatziki, houmous,* kebabs, etc., le tout servi en petites portions (avec 3 ou 4 *small plates,* on fait un repas complet). Excellents desserts aussi, comme ce yaourt de chèvre et gelée d'abricot au muscat de Samos.

Old Ebbitt Grill *(plan couleur II, F4,* ***102****) : 675 15th St NW. ☎ 202-347-4800. Ⓜ McPherson Square. Sem 7h30-2h (3h ven), sam 8h30-15h, dim 8h30-14h. Plats 13-30 $, 10 $ pour un hamburger ou un sandwich chaud.* Happy hours *(moitié prix !) au* Oyster bar *lun-jeu 15h-18h et 23h-1h.* Cet immense restaurant, qui fait aussi bar, est un des plus anciens de la ville (1856), mais il changea plusieurs fois de lieu. Le premier, une *boarding house,* eut une belle brochette de présidents comme clients. Depuis 1983, il est installé dans un ancien théâtre à la belle façade Beaux-Arts, tout près de la Maison-Blanche. Cadre des plus élégant : orgie d'acajou, glaces et miroirs gravés, anciennes lampes à gaz, superbes fresques aux murs. Différentes ambiances selon les salles. Au-dessus du bar, des trophées d'animaux qui auraient été tués par Teddy Roosevelt. Tout cela en fait un des endroits les plus prestigieux pour le petit déj (guère plus cher qu'en maints lieux bien plus ordinaires), le déjeuner ou le dîner. Prix étonnamment raisonnables, compte tenu du décor et de l'histoire. Belle carte où les huîtres (réputées) côtoient le *Newburg* (délicieux mélange de saumon, de crabe, de riz et de petits légumes en sauce, cuit au four), l'onctueuse *fried-oyster soup* et le simple *fish & chips.* Fromages fermiers et belle carte des vins. Si la salle est pleine, possibilité de s'asseoir à l'*Oyster Bar.*

|●| ***TenPenh*** *(plan couleur II, G5,* ***103****) : 1001 Pennsylvania Ave NW. ☎ 202-393-4500. Ⓜ Federal Triangle. Tlj sf dim 11h30-14h30, 17h30-22h30 (23h ven-sam). Résa conseillée. Addition env 40-45 $ le soir, 25 $ le midi.* Sur une des artères les plus chic de la capitale, un restaurant aux accents vietnamiens. Déco asiatique sobre, quelques statuettes, lampions colorés et panneaux de verre gravé. Tables et canapés sur le trottoir en été. Dans l'assiette, une cuisine asiatique revisitée à l'américaine (fusion, quoi) : gambas à l'ananas et au curry, burger de thon sauce aïoli-wasabi. Bons desserts. La grande salle est un peu bruyante. Pour un dîner en amoureux, préférer les alcôves situées vers le bar.

|●| ***McCormick & Schmick's*** *(plan couleur II, F4,* ***104****) : 1652 K St NW. ☎ 202-861-2233. Ⓜ Farragut West. Ouv 11h (16h w-e)-23h (22h dim). Plats dès 10 $ (burger, salades) et jusqu'à 28 $ (attention, les boissons font grimper l'addition !).* Chaîne célèbre à travers les États-Unis, originaire du Nord-Ouest du pays. Superbe décor victorien (acajou, déco Tiffany, etc.) à 2 blocs de la Maison-Blanche. Réputé pour la fraîcheur de son poisson et de ses huîtres. Carte très variée, à tous les prix. Entre 12h et 13h30, peu de chances d'obtenir une table. Reste à espérer une petite place autour du long comptoir de bois et cuivre. Beau banc d'huîtres de toutes provenances. Dommage qu'ils les rafraîchissent à l'eau claire, elles perdent de leur goût ! Carte des vins aussi longue que celle des plats. Formules bar, bistrot et salle de resto (et même cireur de chaussures !).

Où boire un verre ? Où sortir ? Où écouter de la musique ?

Dans le quartier de Dupont Circle

Aux *happy hours,* 17th St ne fonctionne pas mal, surtout entre P et R St.

🍷 ***The Brickskeller*** *(plan couleur I, A3,* ***130****) : 1523 22nd St NW. ☎ 202-293-1885. Ⓜ Dupont Circle. Lun-mar 17h-2h, mer-ven 11h30-2h, w-e 18h-3h. Contrôle d'identité à l'entrée.* Une curiosité pour les amateurs de bibine, puisque ce pub cinquantenaire se targue de servir la plus grande sélection de bières du monde ! Plus de 1 000 variétés, dont l'alignement est impressionnant. Mais attention, en commandant une rareté, on prend le risque que la bouteille soit périmée (ce qui nous est arrivé) ! Décor de brique sur 2 niveaux, comme l'indique le nom germanique. Nous avons une préférence pour le sous-sol, mais on n'y sert pas les bières pression... Possibilité d'y manger un bout (du basique de chez basique). *Game room* pour les amateurs de fléchettes, backgammon, cartes, etc.

🍷 ♩ ***Café Citron*** *(plan couleur I, B3,* ***131****) : 1343 Connecticut Ave NW. ☎ 202-530-8844. Ⓜ Dupont Circle. Tlj sf dim 16h-minuit (1h ven-sam) ;* happy hours *lun-ven 17h-19h.* Un bar latino qui marche fort dans le quartier. Dès les *happy hours,* à la sortie des bureaux, on se presse au *Café Citron,* réputé pour ses *mojitos* bien tassés. Côté ambiance, le lundi, c'est flamenco ; le mardi, latin-jazz ; le mercredi, show de samba (avec cours de salsa en sus). Tous les soirs à 23h, le DJ rapplique pour enflammer la salle. Alors, du sous-sol aux étages, les tabourets de bar vibrent sous les décibels.

Dans le quartier de U Street

U Street est indéniablement le quartier qui bouge à D.C. Depuis quelques années, on assiste à une éclosion de galeries d'art, de bars et restos branchés en tout genre sur 14th St, entre U et P St.

Jojo Restaurant *(plan couleur I, B2,* ***132****) : 1518 U St NW. ☎ 202-319-9350. Ⓜ U St. • jojoresandbar.com • Tlj sf lun 17h-1h (2h ven-dim) ;* happy hours *mar-jeu 17h-19h et 22h-minuit, ven 17h-20h ; pas de* cover *charge.* Une adresse qui programme indifféremment blues, R & B, reggae et jazz, cajun certains soirs, dans une ambiance authentique. À en juger par l'attitude des convives et l'énergie que les musicos mettent à chauffer la salle, il y a de grandes chances pour que vous passiez un bon moment. Carte variée pour accompagner les notes de musique.

ChiCha Lounge *(plan couleur I, B2,* ***133****) : 1624 U St NW. ☎ 202-234-8400. Ⓜ U St. Ouv de 17h à pas d'heure.* Décor dépouillé, rouge écarlate façon lupanar design, avec des alcôves intimes. Profonds fauteuils, canapés, banquettes de velours, narguilés sur les tables basses et lumière tamisée. Pour éponger les *mojitos* (spécialité de la maison), on sert des tapas sud-américaines plutôt bien tournées à picorer avec sa tablée. Clientèle jeune et branchée, musique forte.

Policy *(plan couleur I, C2,* ***134****) : 1904 14th St NW. ☎ 202-387-7654. Ⓜ U St. Ouv 17h-minuit (2h ven-sam).* Happy hours *17h-20h. DJ mar et ven-sam dès 22h-22h30 (pas de* cover*).* Ce *lounge* ultradesign est le nouveau spot hype de U St. La déco, très étudiée et tape-à-l'oeil, est un mélange de styles qui fait son petit effet : industriel tendance grunge, baroque et pop. Partout, des éclairages particulièrement originaux. Au rez-de-chaussée, c'est la partie resto chicos, tout en rouge et noir (vous aussi ça vous rappelle une chanson ?), servant une cuisine fusion sous forme de petites assiettes à partager. Le bar-*lounge* est à l'étage, prolongé par une terrasse en hauteur qui ferme malheureusement ses portes lorsque le DJ entre en scène.

9 : 30 *(plan couleur I, C2,* ***135****) : 815 V St NW. ☎ 202-265-0930 • 930.com • Ⓜ U St. À 4 blocs au nord du métro Shaw Howard University (repérer la grande antenne). Plutôt conseillé d'y aller en taxi.* Dans un environnement d'entrepôts et un quartier en voie de recomposition, le fameux *Nine Thirty* a retrouvé ici, depuis son déménagement de Downtown, une nouvelle énergie. Salle haute de plafond et *sound* remarquable, public jeune toujours très rock, un poil marginal, un zeste destroy, et presque blanc en totalité (dans un quartier à dominante noire, y'a des télescopages sociologiques toujours intéressants aux États-Unis !)... Superbe programmation. Plusieurs bars du sous-sol au balcon. Concerts quasiment tous les soirs.

Black Cat *(plan couleur I, C2-3,* ***136****) : 1811 14th St NW. ☎ 202-667-7960. • blackcatdc.com • Ⓜ U St. Dim-jeu 20h-2h, ven-sam 19h-3h. Résa conseillée pour les grosses pointures sur • blackcat.com • Pour les plus petits concerts, résa sur place le soir même. Entrée : 5-15 $.* Une boîte créée en 1993 alors que U Street connaissait un regain d'activité. Véritable temple de la musique alternative underground nationale et internationale. Des groupes comme Arcade Fire, Jeff Buckley ou Jamiroquai s'y sont produits. 2 salles : le *mainstage,* grand espace au damier noir et blanc d'une capacité de 7 000 places, où se produisent les têtes d'affiche. Et le *backstage,* plus petit, idéal pour une session solo. Ambiance électrique. Bar avec billard, tout rouge, style garage. Pour les petits creux, une pièce turquoise, où l'on propose une excellente carte végétarienne à prix doux.

Velvet Lounge *(plan couleur I, C2,* ***137****) : 915 U St NW (entre Vermont et Florida). ☎ 202-462-3213. • velvetloungedc.com • Ⓜ U St. Ouv 20h-2h (3h w-e). Entrée : 7-10 $ (gratuit au rez-de-chaussée sf si DJ d'envergure).* À la limite du quartier rénové, encore un peu craignos la nuit, un petit club-café marginal, probable avant-garde du développement musical du coin. Tous les soirs, DJ en bas et musique live en haut, plutôt rock. Aux murs, des peintures criardes sur fond bleu outremer. Fauteuils de moleskine pour méditer sur les futurs changements sociologiques du quartier. Petites salles vite remplies le week-end ; en semaine, c'est plus tranquille.

Café Nema *(plan couleur I, C2,* ***138****) : 1334 U St NW. ☎ 202-667-3215. Ⓜ U St. Ouv jusqu'à 2h30 ven-sam, sinon 23h.* Happy hours *lun-ven 16h-*

20h. Jazz mer-sam. 1er set vers 21h et, en principe, pas de cover charge. Dans la journée et en début de soirée, c'est un resto-snack ; la nuit, un petit bar sympa. Expos d'artistes locaux aux murs. Clientèle locale.

– Et aussi : ***Busboys and Poets*** et ***Bohemian Caverns*** (voir « Où manger ? »).

À Adams Morgan

18th St regorge de cafés-bars, à fréquenter plutôt en semaine pour les apprécier. Le week-end, ils sont envahis par les étudiants éméchés...Toutes les adresses ci-dessous se situent dans un rayon de 300 m autour de notre préféré : *Madam's Organ.*

Madam's Organ *(plan couleur I, B2,* ***139****) : 2461 18th St NW. ☎ 202-667-5370. • madamsorgan.com • Lun-jeu 17h-2h (3h w-e), dim 19h-1h. Entrée gratuite avt 20h, puis 3-7 $ après. Plats env 10 $.* Le décor est digne d'un inventaire à la Prévert : animaux empaillés, lampes étranges, bondieuseries, vélos et instruments de musique, portraits d'Indiens, guirlandes de loupiotes rouges. C'est *THE* temple du blues, bluegrass, RnB et, depuis peu, latino et reggae. La meilleure place est au vieux comptoir de bois. On aime bien leur humour (leur slogan :« Where the beautiful people go to get ugly »). Les rousses (et les roux, pas de discrimination !) ne paient pas leur douce bière *Rolling Rock.* Belle programmation de blues, et le taux de décibels explose près du *stage.* Au-dessus, des billards, un *hideaway deck* où l'on peut manger de la cuisine du Sud. Une de nos adresses préférées.

Tryst *(plan couleur I, B2,* ***75****) : 2459 18th St NW. ☎ 202-232-5500. Ouv 6h30 (7h dim)-2h (3h ven-sam). Plats env 7-10 $. Wifi.* Le Q.G. des jeunes qui viennent tous avec leur ordinateur portable et en profitent pour potasser leurs cours ou bouquiner. Immense salle tamisée, ouverte en saison directement sur la rue. Long comptoir et *tin ceiling.* Atmosphère bourdonnante, mais confort cosy qui incite à s'incruster un bon moment : banquettes et profonds fauteuils dépareillés, cheminée et petite bibliothèque. Pour les amateurs de cafés, 10 variétés différentes. Pour les fringales, de bons gros gâteaux et des gaufres, mais aussi du salé (bons sandwichs, soupes maison, salades).

Habana Village *(plan couleur I, B2,* ***140****) : 1834 Columbia Rd NW. ☎ 202-462-6310. • habanavillage.com • Tlj 17h30-2h. Musique live sam soir, DJ jeu-dim. Cours de salsa mer-sam 19h30-21h et dim 19h-20h (cours familial dim 18h-18h30).* Un temple du jazz version La Havane. 3 étages, 3 manières de passer une bonne soirée. Au rez-de-chaussée, c'est plutôt calme : quelques tables autour d'une cheminée pour savourer des tapas à la cubaine. Mais plus on monte dans les étages, plus ça chauffe, surtout le vendredi soir. Impossible de résister à l'appel de la salsa, le parquet n'attend que ça ! Au bar, les *mojitos* passent de mains en mains et vous font oublier que vous êtes à D.C.

Impossible de citer tous les autres, mais voici encore en vrac quelques adresses intéressantes : ***Millie & Als*** (2440 18th St, un des préférés des *college boys)* ; et puis encore ***Tom Tom, Rumba Café, Left Bank*** (vaste et design), ***The Reef*** (grand *rooftop* ouv aux fumeurs), ***Bossa*** (excellent jazz live), c'est pas le choix qui manque...

Dans le quartier de Georgetown

Avec ses dizaines de milliers d'étudiants, Georgetown se devait d'aligner un grand nombre de lieux pour boire, écouter du rock et *cruiser.* Étrangement, l'ambiance fait plus Amérique profonde (pas nécessairement un compliment) que secteur animé d'une grande capitale. Washington n'est pas réputée pour sa *night life,* et on comprend pourquoi. Néanmoins, l'action s'ordonne sur M St et Wisconsin Ave.

Blues Alley *(plan couleur III, I-J8, **160**) : 1073 Wisconsin Ave NW (entre M St et Blues Alley, une ruelle perpendiculaire à Wisconsin).* ☎ *202-337-4141.* • *bluesalley.com* • *Jazz sessions à 20h et 22h (dîner dès 18h). Résa fortement conseillée. Entrée : facilement 30 $ pour les pointures. Plats 20-25 $.* C'est LE club de jazz chic de D.C. On peut y dîner (spécialités de La Nouvelle-Orléans portant des noms de pointures de jazz) ou bien seulement y boire un verre. Atmosphère quelque peu formelle, voire conformiste.

The Saloun *(plan couleur III, I7-8, **161**) : 3239 M St NW (juste en face du chocolatier* Godiva*).* ☎ *202-338-4900. Ouv 19h-2h30. Jazz sam 16h-20h. Musique live dès 21h30 ven-sam.* L'endroit n'est pas bien grand, mais l'ambiance est sympa et la bière ne coûte pas cher (une soixantaine de sortes, de la *Port Royal* hondurienne à la *Efes Pilsner* turque, en passant par la *Mamba* ivoirienne). Décor chaleureux (bois, brique et Tiffany), on peut même jouer au backgammon !

Mister Smith's *(plan couleur III, I-J8, **162**) : 3104 M St (et 31st St NW).* ☎ *202-333-3104. Tlj 11h-2h. Piano-bar dès 21h. Plat moins de 10 $ le midi ; le soir, plutôt 15-20 $.* Lieu intime, décoré avec des lampes style Tiffany. Comptoir de bois usé, piano-bar dans un coin, distillant des vieux airs jazzy ou be-bop. Agréable jardinet fleuri sous verrière. Consommations chères. Possibilité d'y manger. Au 2e étage, spectacle sans supplément les vendredi et samedi vers 21h.

Rugby Café *(plan couleur III, I8, **163**) : 1065 Wisconsin Ave NW.* ☎ *202-298-6894. Tlj 11h-23h en sem (plus tard le w-e).* Canapés à rayures et gros coussins moelleux, fauteuils clubs fatigués, plancher usé, portraits de joueurs de rugby et des grandes figures pop rock des *seventies* : Dylan, Lennon, les Stones... L'ambiance de ce bar rappelle les campagnes de pub pour Ralph Lauren. Pas étonnant, c'est la même maison. Très agréable pour écluser une mousse confortablement assis, avec un excellent fond musical en prime.

Sur Capitol Hill *(plan couleur II)*

Capitol City Brewery Company *(plan couleur II, H4, **207**) : 2 Massachusetts Ave NE (dans le même building que la poste et le Postal Museum).* ☎ *202-842-BEER.* Ⓜ *Union Station. Ouv 11h-23h (minuit ven-sam, 1h au bar). Plats 10-15 $ pour la plupart.* Dans une ancienne brasserie, avec 10 m de hauteur sous plafond ! On peut encore voir les cuves de réserve en inox sur la mezzanine, ainsi que les superbes cuves de fermentation cuivrées au centre du bar. Excellentes bières, pas chères. Essayer la *Capitol Kolsh*, style allemande, dorée et très rafraîchissante, ou la *Pale Rider*, légèrement ambrée et fruitée. Cuisine américaine toute simple (salades, sandwichs, burgers) mais très honnête. Ambiance chaleureuse, bon enfant mais bruyante (comme souvent !). Une bonne adresse.

Banana Café & Piano Bar *(hors plan couleur II par H6, **92**) : 500 8th St SE (à l'angle avec E St).* ☎ *202-543-5906.* Ⓜ *Eastern Market.* Voir plus haut « Où manger ? À l'est du Capitole et dans le quartier de Barrack's Row. Chic ».

À voir

Les monuments et mémoriaux du Mall

Le Mall *(plan couleur II)* est le nom donné aux 3,5 km de verdure et de monuments qui séparent le Capitole du fleuve Potomac. On y trouve surtout la Maison-Blanche, le Lincoln Memorial (et autres mémoriaux), le Capitole et la Smithsonian Institution, ensemble de musées superbes et gratuits.

La Maison-Blanche (White House *; plan couleur II, F4, **180**) : 1600 Pennsylvania Ave NW.* ☎ *202-456-2200.* Ⓜ *McPherson Square, Federal Triangle ou Metro*

Center. Attention : depuis les attentats du 11 septembre 2001, et pour des raisons évidentes de sécurité, les visites sont soumises à une procédure très sévère : les Américains doivent en faire la demande écrite auprès de leur représentant au Congrès ; quant aux étrangers, c'est via leur ambassade que l'autorisation doit passer ! Délai de réponse : plusieurs mois... autant dire que sans appui bien placé, il vaut mieux oublier. *Rens au ☎ 202-456-7041 (infos enregistrées) ou sur • white house.gov •* (site exceptionnel : on fait une visite en profondeur de la Maison-Blanche et de ses employés au travers de textes, photos, dessins et vidéos).

L'architecte qui l'a construite s'est entièrement inspiré du château de Rastignac, en Périgord. Résidence présidentielle depuis 1800, incendiée en 1814 lors de la guerre contre l'Angleterre, la Maison-Blanche doit son surnom au badigeon que l'on passa alors sur les murs calcinés. On précise quand même que la visite, quand elle était plus simple d'accès pour les visiteurs étrangers, était plutôt décevante (courte balade dans une quinzaine des quelque 132 pièces de l'édifice).

L'INDICE PIZZA

Les journalistes accrédités à la Maison-Blanche ont l'habitude de surveiller de près les commandes de pizzas effectuées pour les conseillers du président. Plus le nombre de pizzas est important, plus la crise est sérieuse. Dans ces moments, pas question de sortir pour aller au restaurant. Tous restent consignés, parfois des nuits entières, dans leur bureau ou en réunions interminables.

Au nord de la Maison-Blanche s'étend le *La Fayette Square,* baptisé ainsi après le retour triomphal du marquis en 1824. Au milieu, Andrew Jackson (la première statue équestre réalisée en Amérique). Les étrangers, héros de la révolution américaine, lui tiennent compagnie : La Fayette, bien sûr, Rochambeau, F. W. von Steuben (qui entraîna militairement une partie de l'armée)... Sur cette partie de Penn Ave, réservée aux piétons et très surveillée par les services de sécurité, quelques remarquables maisons de notables.

Washington Monument *(plan couleur II, F5, **181**) : National Mall (et 15th St NW). ☎ 202-426-6841. Ⓜ Federal Triangle ou Smithsonian. Tlj 9h-17h (22h fin mai-début sept). Les tickets gratuits s'obtiennent par téléphone au ☎ 1-877-444-6777 (frais de résa 1,50 $), sur le site • recreation.gov • ou directement sur place au kiosque (15th St et Jefferson Dr), mais arriver en fin de mat max, sinon c'est cuit (le guichet ouvre à 8h30). Heure de visite fixée. Monument fermé les j. de grand vent.*
Impossible de louper la plus haute structure de maçonnerie pure du monde (près de 170 m de haut), en forme d'obélisque, élevée aux alentours de 1885 en l'honneur du premier président des États-Unis. Son achèvement dura en fait plus de 30 ans, ce qui explique les différences de tons de marbre sur la façade. Du sommet, bien sûr, superbe vue (même si elle est un peu obstruée par le nombre de visiteurs).
Depuis ce monument part un véritable circuit des ***mémoriaux,*** qui s'enrichit régulièrement : ils se suivent dans l'ordre logique du parcours, qui constitue une très agréable promenade à pied (compliquée en voiture), d'une petite demi-journée. Des brochures explicatives sur la plupart des monuments sont à la disposition des touristes dans les petits *visitor centers* disséminés un peu partout sur le Mall.

World War II Memorial *(plan couleur II, F5, **182**) :* le mémorial de la Seconde Guerre mondiale a été inauguré par G. W. Bush en 2004 sur 17th Ave, entre Constitution et Independence Ave. Autour d'un plan d'eau ovale avec jets d'eau bien rafraîchissants, deux ensembles semi-circulaires en granit figurent les théâtres d'opérations, Atlantique et Pacifique, où les Américains ont combattu et où 400 000 d'entre eux sont tombés (un carnage seulement égalé par la guerre de Sécession). Chaque bataille est gravée dans la pierre, citations célèbres à l'appui. Chaque stèle garnie de bronze représente un des 50 États de l'Union (bizarrement, les Philippines en font partie). Quelques photos de disparus collées ou posées avec une fleur donnent un peu d'humanité à cet ensemble froid, massif et terriblement classique, voire démodé. Citations gravées de Roosevelt (sur le rôle des femmes pendant la guerre), de McArthur et de Nimitz à la bataille de Midway. Des bas-reliefs relatent les grands épisodes du conflit, mais curieusement, les bombes d'Hiroshima et Nagasaki sont escamotées.

Vietnam Veterans Memorial *(plan couleur II, E5,* ***183****) : Constitution Ave (entre Henry Bacon Dr et 21st St). À 25 mn de marche du métro Foggy Bottom.* Ce monument, inauguré en 1982, a la forme d'un immense V de granit noir enfoncé comme un coin dans la terre (symbolisant aussi une cicatrice) et sur lequel sont gravés, par ordre chronologique de 1959 à 1975 et de part et d'autre en commençant par le centre, les noms des 58 022 victimes américaines de la guerre du Vietnam (morts, prisonniers de guerre ou disparus). La simplicité, le dépouillement architectural du monument produisent une émotion profonde. On ne voit plus que la masse de noms, impressionnante. Il n'est pas rare de voir certains visiteurs immortaliser un membre de leur famille en passant un crayon de graphite sur un papier.
Les vétérans souhaitaient un monument qui rende hommage à chacune des victimes de cette guerre, et c'est une architecte de 21 ans, Maya Lin, qui remporta le concours devant plus de 1 400 concurrents. Bien sûr, cette architecture insolite, vraiment peu conventionnelle pour un monument aux morts, suscita l'hostilité des conservateurs de tout poil. D'ailleurs, aucun argent fédéral ne fut affecté à sa construction, ce sont les dons aux associations de vétérans qui servirent de financement. Aussi, pour apaiser les mécontents, un autre sculpteur réalisa-t-il une seconde œuvre. Ces trois soldats de bronze, par leur conformisme d'exécution (muscles saillants, air déterminé), ne font que révéler encore plus la tragique et émouvante pudeur de l'autre monument vers lequel leurs regards sont d'ailleurs tournés. Juste à côté, le ***Vietnam Women's Memorial*** fut inauguré 11 ans après, suite au lobbying d'une ancienne infirmière de guerre. Rappelons quand même que 11 000 Américaines ont servi au Vietnam, la plupart en tant qu'infirmières (seules huit d'entre elles périrent), sauvant 98 % des blessés acheminés vers les hôpitaux. Ces trois femmes sculptées dans le bronze font écho aux trois guerriers. Un musée de la guerre du Vietnam devrait encore compléter cet ensemble, mais pas avant 2012.

Korean War Veterans Memorial *(plan couleur II, E5,* ***184****) : Independence Ave (près du Lincoln Memorial).* Ces soldats argentés progressant sous la pluie en terrain ennemi peuvent sembler quelconques... Placez-vous côté est (face aux soldats) et regardez le mur de basalte sur lequel sont gravées les photos de ceux qui pensent à eux. Les statues se reflètent sur le mur dans une tonalité proche du blanc des gravures (c'est pour cela qu'elles sont de couleur argent), et l'ensemble évoque alors bien l'immatérialité du souvenir et de la pensée. Très original, et remarquable effet.

Albert Einstein Monument *(plan couleur II, E5,* ***185****) : devant le building des* National Academies. Un peu à l'écart du Mall, ce petit monument touchant ne fait pas vraiment partie du circuit classique des mémoriaux. Le grand homme est assis, vieux, humain. Il tient un livre sur lequel sont inscrites les formules de ses grandes découvertes. Et pour une fois, il ne tire pas la langue !

Lincoln Memorial *(plan couleur II, E5,* ***186****) : à l'extrémité ouest du National Mall.* Monument en forme de temple grec, particulièrement imposant la nuit, qui abrite l'imposante statue de marbre de Lincoln (6 m de haut) assis comme sur un trône, sculptée par un certain French (!). Au-dessus des 36 colonnes, le nom des 36 États qui composaient l'Union en 1865. Ce monument, un des symboles de Washington, a toujours été lié aux droits civiques. C'est souvent d'ici que partent les manifestations, les mouvements polémiques. Le discours mythique de Martin Luther King, *I have a Dream,* fut prononcé ici, le 28 août 1963, devant 200 000 personnes. À noter que le projet de mémorial dédié au leader de la lutte pour les droits civiques est toujours en cours ; il sera érigé non loin d'ici, à mi-chemin entre le Lincoln Memorial et le Roosevelt Memorial. Depuis le sommet des marches, très belle perspective sur la *Reflecting Pool* (inspirée du Taj Mahal et des bassins de Versailles), le Washington Monument et le Capitole.

Franklin Delano Roosevelt Memorial *(plan couleur II, E6,* ***187****) : W Basin Dr et Ohio Dr.* Ce mémorial, constitué de quatre statues, est dédié à celui qui, exceptionnellement, pour cause de Seconde Guerre mondiale, fut élu quatre fois président des États-Unis, et finit en fauteuil roulant, atteint de la polio (voir la fin du film *Pearl Harbor*). Un handicap qu'il avait d'ailleurs souhaité cacher aux Américains. Un lieu qui inspire le calme et la sérénité, où l'on chemine entre des murs de granit rose, des parterres fleuris et des cascades, en lisant des citations de ce président courageux, humble et bien-aimé.

Jefferson Memorial *(plan couleur II, F6,* ***188****) :* encadrée de cerisiers, cette rotonde de style palladien ouverte aux quatre vents, abritant une imposante statue de Jefferson, est un des monuments les plus identifiables de la capitale. Aux murs sont gravées certaines de ses déclarations, à méditer et à mettre en regard des actions américaines depuis sa présidence.

Bureau of Engraving and Printing *(plan couleur II, F5-6,* ***189****) : à l'angle de 14th et C St. ☎ 202-874-4114 ou 202-874-8888. • moneyfactory.gov • Ⓜ Smithsonian. Visite en sem 9h-10h45, 12h30-14h. Entrée gratuite, mais nécessité de retirer un billet avec un créneau horaire au kiosque sur Raoul Wallenberg Pl dès 8h lun-ven (la queue se forme dès 6h30 !).*

Créées en 1862, les presses débitent 7 000 planchespar heure, soit 125 millions de dollars par jour ! Ici, on apprend tout sur le billet vert. Trois étapes importantes ont marqué son histoire : 1792, le dollar est créé sous forme de pièce ; en 1861, le papier-monnaie apparaît en pleine guerre civile ; enfin, en 1929, le dollar prend sa forme, sa couleur et son odeur définitives. Rien ne distingue les billets de 1, 5, 10, 20, 50 ou 100 $, sauf le portrait qui y figure en médaillon. Des coupures allant jusqu'à 10 000 $ ont été émises.

UN BILLET PLUS VERT QUE VERT

Nul besoin de décimer des forêts pour fabriquer les dollars. Contrairement aux apparences, le célèbre billet vert n'est pas fabriqué à base de papier mais de tissu ! Eh oui, il est composé de 75 % de coton et de 25 % de lin. Avant la Première Guerre mondiale, des fibres de soie entraient même dans sa composition.

C'est en 1957 qu'apparut la mention obligatoire *In God we trust* (*Others pay cash*, ironisent certains commerçants). On montre comment repérer une contrefaçon, que faire si l'on a un faux billet entre les mains, quel genre de talent il faut pour l'imprimer.

The Old Post Office *(plan couleur II, G5,* ***190****) : Pennsylvania Ave et 12th St. ☎ 202-606-8691. Ⓜ Federal Triangle.* Construite à la fin du XIXe s, elle est aujourd'hui transformée en centre commercial. Son *food court* est un bon plan pour déjeuner pas cher en écoutant de la musique. Il est possible de monter gratuitement en haut de la *tour (accès 8h-19h45 en sem, 10h-17h le w-e)*, d'où l'on a une vue superbe sur Washington (sans la queue du Washington Monument). On accède à la terrasse du 9e par l'intermédiaire d'un ascenseur vitré. Ensuite, on en reprend un deuxième pour faire les trois derniers étages. De là-haut, vue magnifique. On y voit de charmants petits jardins sur le *roof top* des immeubles. La descente se fait impérativement par l'ascenseur. Et n'essayez pas de prendre l'escalier, ça déclenche le système d'alarme !

National Archives *(plan couleur II, G5,* ***191****) : Constitution Ave NW (entre 7th et 9th St NW). ☎ 1-866-272-6272. • archives.gov • Ⓜ Archives. Tlj sf dim 10h-17h (17h30 de sept à mi-mars). En été, arriver tôt. Souvent 30-45 mn d'attente au guichet.* Rénové, l'édifice abrite les originaux des principaux documents historiques américains : Déclaration d'indépendance, Constitution, *Bill of Rights*, etc. De plus, d'autres documents intéressants, comme ceux des antifédéralistes qui craignaient un pouvoir central trop fort (déclarations, journaux, etc.). Pétitions contre le *Sedition Act* qui fut supprimé en 1800 (ah, toujours la tentation autoritaire !). Charte des libertés anglaises de 1297. Plus divers témoignages montrant la progression des idées d'indépendance. En 1792, déjà, une pétition contre l'esclavage. Les documents paraissent en vert en raison des propriétés du verre laminé utilisé et des filtres spéciaux qui les protègent des rayons lumineux. Librairie proposant des reproductions fort bien faites des documents, des billets de banque de l'époque, etc.

National Botanic Garden *(plan couleur II, G5, **192**) : 100 Maryland Ave. ☎ 202-225-8333. • usbg.gov • Ⓜ Federal Center SW. Tlj 10h-17h (19h en été). Gratuit.*
Tout à côté du Capitole. Se compose de deux parties attenantes : le Bartholdi Park et la grande serre et ses jardins. Le parc fut créé en 1932 en hommage au sculpteur Bartholdi (ça vous dit quelque chose ? La grande dame le bras en l'air à New York...), lequel réalisa la fontaine, aujourd'hui occupée par une barque-feu-d'artifice-de-fleurs-en-verre, œuvre de Dale Chihuly (ceux qui ont visité Philly le connaisse). À ne pas manquer pour les amateurs de belles plantes.
Mais le principal se trouve dans la grande serre. Admirable expo présentant l'immense variété de formes, de couleurs, et d'odeurs du règne végétal. Le tout étroitement associé au macrocosme de l'univers. Vous adorerez le jardin des senteurs, où des plantes géantes libèrent leurs fragrances sous votre nez. Découvrez l'histoire des plantes médicinales, des essences, des mousses et des pétales qui donneront leur caractère aux parfums. Aiguisez vos muqueuses au jardin des orchidées, accompagné par un léger fond sonore de chants d'oiseaux. Une balade apaisante et fraîche sous les brumisateurs de la grande serre, où l'on vous invite, en empruntant une passerelle à plus de 8 m de haut, à tutoyer le domaine étrange de la canopée. Plantes des sylves ou des déserts, des landes ou des rocailles, essences des prairies et des collines que jadis dévalaient des milliers de bisons, elles sont toutes là. Ce parcours est un excellent complément de visite au musée des Amérindiens tout proche.

U.S. Capitol *(plan couleur II, H5, **193**) : ☎ 202-226-8000. • visitthecapitol.gov • Ⓜ Capitol South ou Union Station. Bus n°s 30 à 38 (le long de Pennsylvania Ave). Visite guidée ttes les 30 mn 8h50-15h20. Gratuit, mais nécessité de retirer un billet d'entrée (1 seul/pers) au nouveau* Visitor Center, *situé sous le Capitole (escalier entre la façade est et Union Station) ; tlj sf dim 8h30-16h30. Passeport exigé. Étant donné le nombre limité de billets à distribuer pour la journée, mieux vaut arriver dès l'ouverture. Le plus sûr est de réserver à l'avance son créneau horaire via Internet ou par téléphone.*
C'est le siège du Congrès (c'est-à-dire du Sénat et de la Chambre des représentants). Incendié par les Anglais lors de la guerre de 1812-1814 (qui se vengeaient de l'incendie de York, Toronto, par les Américains), le premier Capitole fut sauvé de la destruction par un violent orage. Chose amusante, la façade principale est tournée vers l'est parce que l'on supposait que la ville allait se développer dans cette direction. Aujourd'hui, le Capitole tourne donc le dos aux beaux quartiers.
On conseille de commencer la visite par l'exposition permanente dans le nouveau et flamboyant *Visitor Center* situé en sous-sol. Si vous n'avez pas pu obtenir de billets, ce petit musée vous donnera un aperçu des lieux et un historique du Congrès. D'ailleurs, vous vous en doutez, on ne peut pas tout voir à l'intérieur. Si c'est possible, essayez d'assister à une délibération du Congrès. Attention, vacances en août ! Rabattez-vous alors sur les nombreux concerts donnés sur la pelouse, face au *mall*, le dimanche matin. Ambiance décontractée de touristes en goguette vautrés sur les pelouses et de locaux surpris en plein jogging par un solo de clarinette ou un crescendo de cuivre.
La visite guidée permet d'admirer notamment la rotonde (sur le modèle du panthéon romain) et ses fresques, le hall des Statues (deux pour chaque État, obligé

PLANS ET CARTES EN COULEURS

A
B
144
W. Byron St.
Sheridan Rd
North Grace St.
W. Grace St.
Avenue
North
115
W. Waveland Ave.
W. Waveland
Wrigley Field Chicago Cubs
71
North Lincoln
W. Addison Street
111
70
1
W. Cornelia Ave.
WRIGLEYVILLE
78
302
301
74
W. Roscoe St.
Roscoe St.
Avenue
Ashland
W. School St.
Clark
304
300
Racine
116
W. Belmont Avenue
ROSCOE VILLAGE
Damen
Southport
33
LAKE VIEW
W. Barry Avenue
North
Greenview
Sheffield
Halsted
Street
W. Wellington
Ave.
W. George St.
112
72
West Diversey Pkwy
2
Avenue
114
North
N. Orchard St.
W. Wrightwood Avenue
Lincoln
140
143
N.
30
W. Altgeld St.
141
W.
W. Fullerton Avenue
Seminary
DePaul University
North
Clybourn
W. Belden
SHEFFIELD NEIGHBORS
LINCOLN
Elston
61
W. Webster Avenue
John F. Kennedy
Ave.
118
75
Oz Park
Dickens
79
W. Dickens
145
76
W. Armitage Ave.
W.
Armitage
90
80
3
W. Cortland St.
94
W. Cortland St.
North Elston Ave.
Chicago River
303
81
BUCKTOWN
W. Willow St.
107
Expwy
121
120
West North
122
77

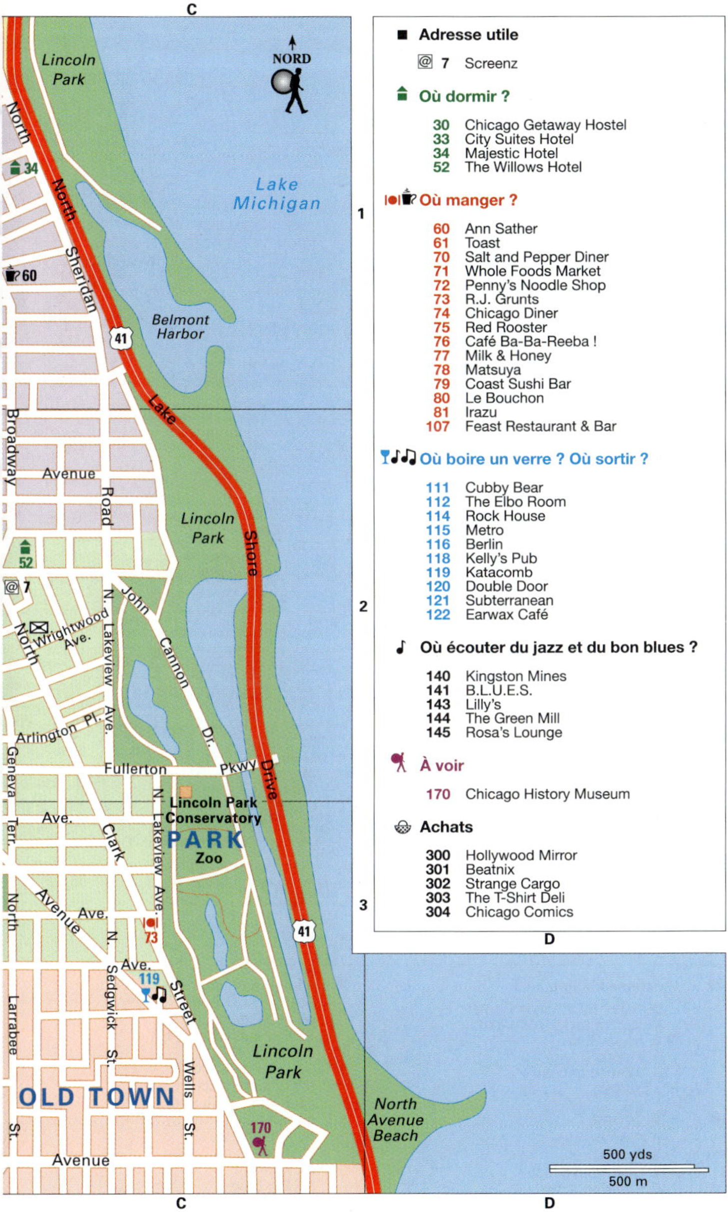

Adresse utile

7 Screenz

Où dormir ?

30 Chicago Getaway Hostel
33 City Suites Hotel
34 Majestic Hotel
52 The Willows Hotel

Où manger ?

60 Ann Sather
61 Toast
70 Salt and Pepper Diner
71 Whole Foods Market
72 Penny's Noodle Shop
73 R.J. Grunts
74 Chicago Diner
75 Red Rooster
76 Café Ba-Ba-Reeba !
77 Milk & Honey
78 Matsuya
79 Coast Sushi Bar
80 Le Bouchon
81 Irazu
107 Feast Restaurant & Bar

Où boire un verre ? Où sortir ?

111 Cubby Bear
112 The Elbo Room
114 Rock House
115 Metro
116 Berlin
118 Kelly's Pub
119 Katacomb
120 Double Door
121 Subterranean
122 Earwax Café

Où écouter du jazz et du bon blues ?

140 Kingston Mines
141 B.L.U.E.S.
143 Lilly's
144 The Green Mill
145 Rosa's Lounge

À voir

170 Chicago History Museum

Achats

300 Hollywood Mirror
301 Beatnix
302 Strange Cargo
303 The T-Shirt Deli
304 Chicago Comics

CHICAGO – NORD (PLAN I)

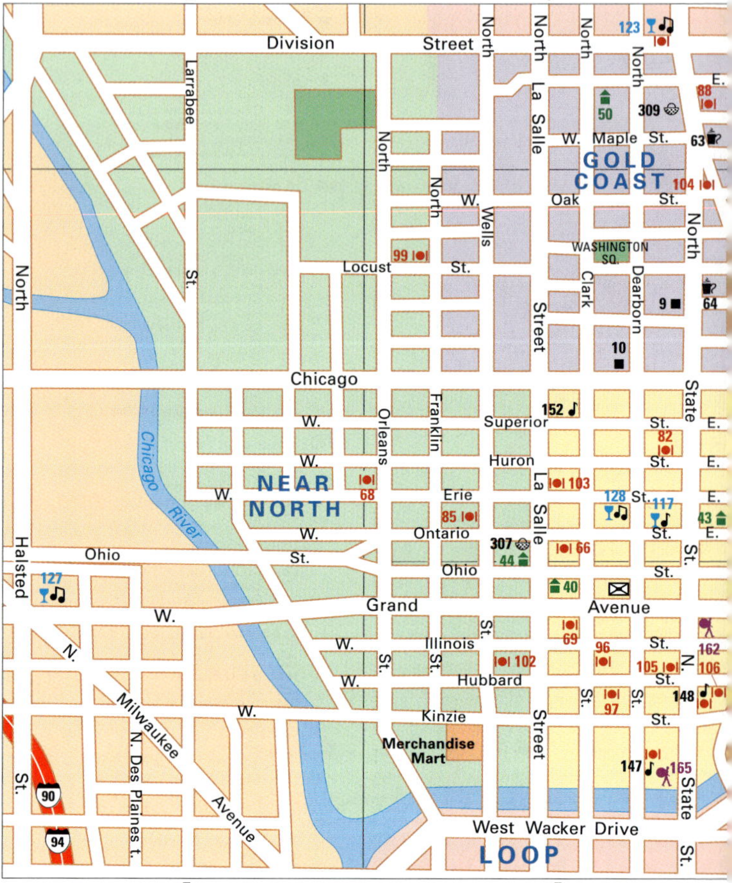

■ **Adresses utiles**

- ℹ Visitor Information Center
- 5 Supermarché Walgreens
- @ 8 Apple Store
- 9 Europa Books
- 10 Alliance française
- 311 Borders

Où dormir ?

- 40 Best Western River North
- 43 Hotel Cass
- 44 Ohio House Motel
- 45 Red Roof Inn
- 47 Affinia Chicago
- 49 Flemish House Bed and Breakfast
- 50 Gold Coast Guest House Bed and Breakfast

Où manger ?

- 63 The Original Pancake House
- 64 Tempo
- 65 Corner Bakery
- 66 McDonald's
- 67 Original Gino's East
- 68 Mr. Beef
- 69 Potbelly Sandwich Works
- 82 Whole Foods Market
- 83 Billy Goat Tavern
- 84 Boston Blackies
- 85 Ed Debevic's
- 86 Heaven on Seven
- 87 Foodlife
- 88 Big Bowl
- 90 The Cheesecake Factory
- 91 Pizzeria Due
- 93 Coco Pazzo Café
- 96 Frontera Grill
- 97 Brasserie Jo
- 99 Kiki's Bistro
- 100 Le Colonial

CHICAGO – NEAR NORTH ET GOLD COAST (PLAN II)

101 Giordano's
102 Lou Malnati's
103 Fogo de Chão
104 Gibsons
105 Vong's Thaï Kitchen
106 Shaw's Crab House

Où boire un verre ? Où sortir ?

117 Redhead Piano Bar
123 Butch McGuire's, She-Nannigans et Mother's
127 Funky Buddha Lounge
128 Excalibur

Où écouter du jazz et du bon blues ?

147 House of Blues
148 Andy's Jazz Club
152 Blue Chicago

À voir

160 Wrigley Building
161 Tribune Tower
162 AMA Building
163 Water Tower
164 John Hancock Center Observatory
165 Marina City
175 Museum of Contemporary Art – M.C.A.

Achats

8 Apple Store
305 American Girl Place
307 Sports Authority
309 Anthropologie
311 Filene's Basement
312 Niketown
313 Water Tower Place

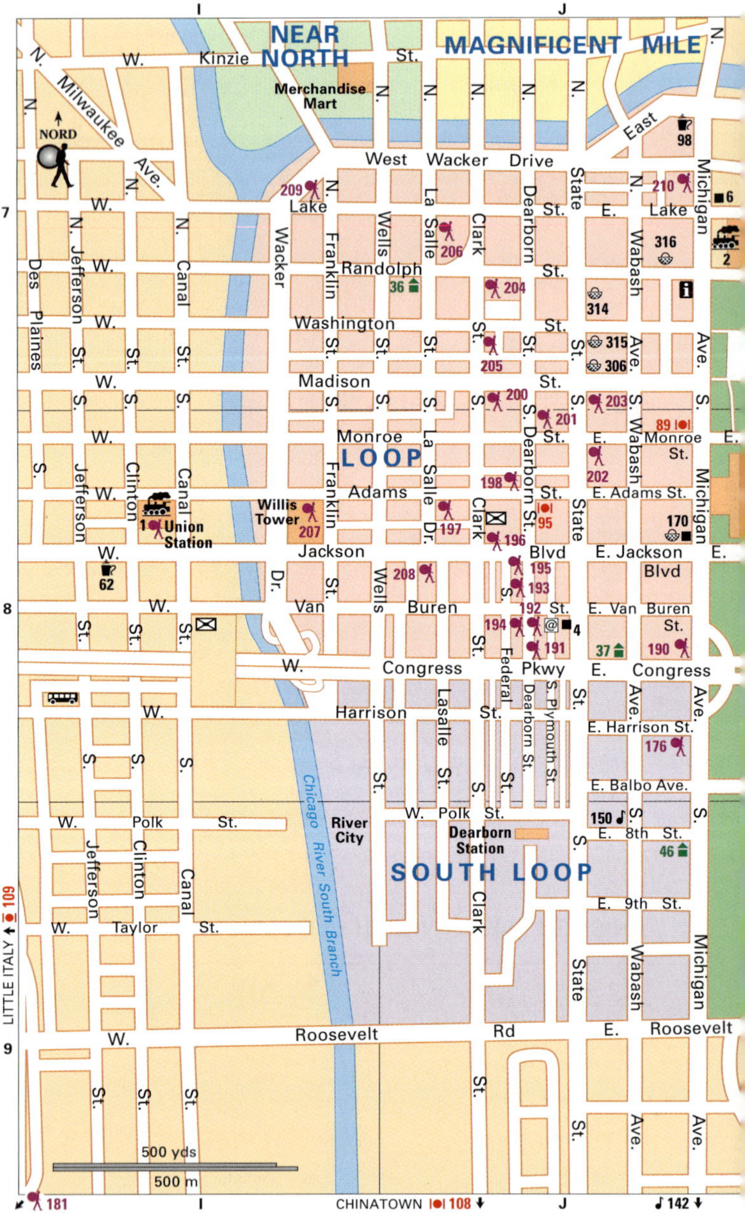
NEAR NORTH
MAGNIFICENT MILE
LOOP
SOUTH LOOP
Merchandise Mart
Willis Tower
Union Station
Dearborn Station
River City
Chicago River South Branch
W. Kinzie St.
N. Milwaukee Ave.
West Wacker Drive
East
W. Lake St.
E. Lake
Randolph St.
Washington St.
Madison St.
Monroe St.
E. Monroe St.
Adams St.
E. Adams St.
Jackson Blvd
E. Jackson Blvd
Van Buren St.
E. Van Buren St.
W. Congress Pkwy
E. Congress
W. Harrison St.
E. Harrison St.
E. Balbo Ave.
W. Polk St.
E. 8th St.
E. 9th St.
W. Taylor St.
W. Roosevelt Rd
E. Roosevelt
Des Plaines St.
Jefferson St.
Clinton St.
Canal St.
Wacker Dr.
Franklin St.
Wells St.
La Salle St.
La Salle Dr.
Lasalle St.
Clark St.
Dearborn St.
Federal
S. Plymouth St.
State St.
Wabash Ave.
Michigan Ave.
NORD
LITTLE ITALY 109
CHINATOWN 108
142
181
500 yds
500 m

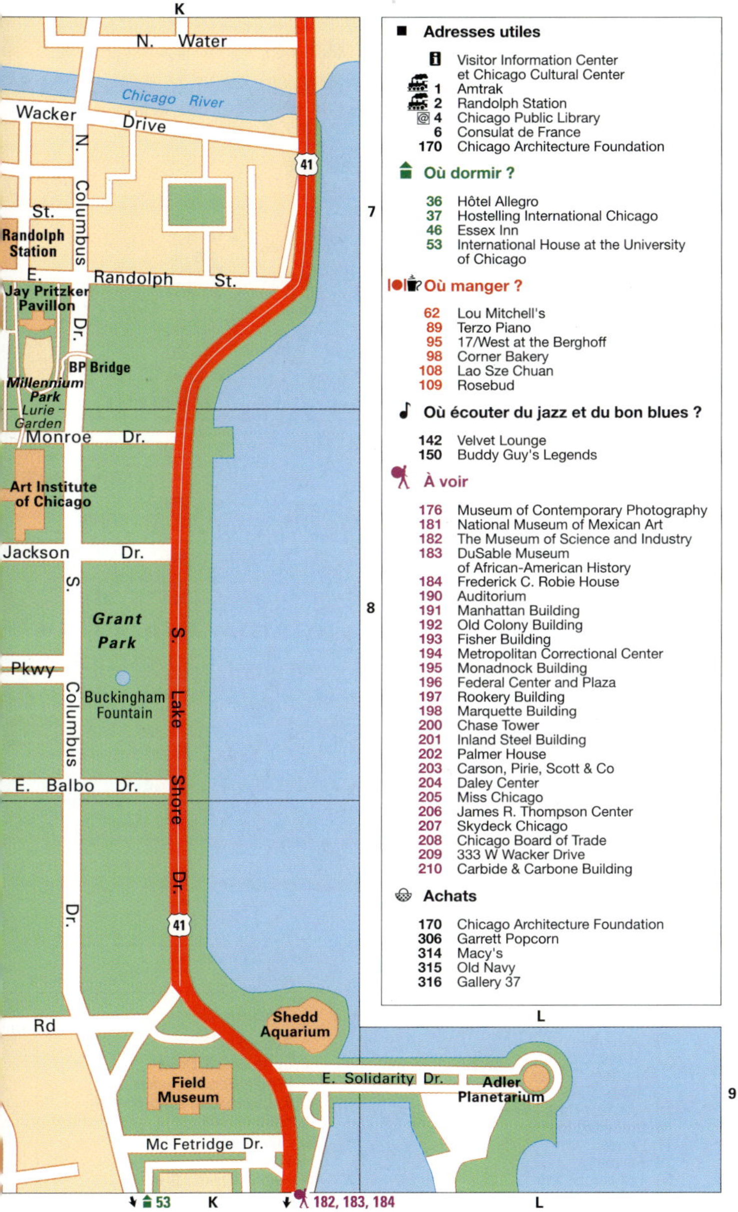

■ Adresses utiles

- Visitor Information Center et Chicago Cultural Center
- 1 Amtrak
- 2 Randolph Station
- 4 Chicago Public Library
- 6 Consulat de France
- 170 Chicago Architecture Foundation

Où dormir ?

- 36 Hôtel Allegro
- 37 Hostelling International Chicago
- 46 Essex Inn
- 53 International House at the University of Chicago

Où manger ?

- 62 Lou Mitchell's
- 89 Terzo Piano
- 95 17/West at the Berghoff
- 98 Corner Bakery
- 108 Lao Sze Chuan
- 109 Rosebud

Où écouter du jazz et du bon blues ?

- 142 Velvet Lounge
- 150 Buddy Guy's Legends

À voir

- 176 Museum of Contemporary Photography
- 181 National Museum of Mexican Art
- 182 The Museum of Science and Industry
- 183 DuSable Museum of African-American History
- 184 Frederick C. Robie House
- 190 Auditorium
- 191 Manhattan Building
- 192 Old Colony Building
- 193 Fisher Building
- 194 Metropolitan Correctional Center
- 195 Monadnock Building
- 196 Federal Center and Plaza
- 197 Rookery Building
- 198 Marquette Building
- 200 Chase Tower
- 201 Inland Steel Building
- 202 Palmer House
- 203 Carson, Pirie, Scott & Co
- 204 Daley Center
- 205 Miss Chicago
- 206 James R. Thompson Center
- 207 Skydeck Chicago
- 208 Chicago Board of Trade
- 209 333 W Wacker Drive
- 210 Carbide & Carbone Building

Achats

- 170 Chicago Architecture Foundation
- 306 Garrett Popcorn
- 314 Macy's
- 315 Old Navy
- 316 Gallery 37

Où dormir ?

10 DC Lofty
11 Washington International Student Center
12 Adam's Inn
15 Windsor Park Hotel
16 Embassy Inn
17 Windsor Inn
18 Akwaaba
19 Taft Bridge Inn
20 Tabard Inn
21 Carlyle Suites Hotel
22 The Dupont at The Circle
23 Hotel Helix
24 Woodley Park Guesthouse
25 Embassy Circle Guesthouse

Où manger ?

20 Tabard Inn
60 Luna Grill & Diner
61 Whole Foods Market
62 Kramerbooks & Afterwords Café & Grill
63 Pizzeria Paradisio
64 Rice
65 Hank's Oyster Bar
66 Pesce
67 Sushi Taro
68 Ben's Chili Bowl
69 Busboys and Poets
70 Marvin
71 Crème et Al Crostino

WASHINGTON – ADAMS MORGAN, U STREET ET DUPONT CIRCLE (PLAN I)

72 Café Saint-Ex
73 Bohemian Caverns – Hominy Restaurant & Lounge
75 The Diner
76 Amsterdam Falafel Shop
77 Afghan Grill
78 Meskerem
79 Mezè
80 Las Canteras
81 Casa Oaxaca
82 Perry's

Où boire un verre ? Où sortir ? Où écouter de la musique ?

75 Tryst
130 The Brickskeller
131 Café Citron
132 Jojo Restaurant
133 ChiCha Lounge
134 Policy
135 9 : 30
136 Black Cat
137 Velvet Lounge
138 Café Nema
139 Madam's Organ
140 Habana Village

À voir

170 Phillips Collection
171 Textile Museum
172 Anderson House
173 Woodrow Wilson House

WASHINGTON – DOWNTOWN (PLAN II)

■ **Adresses utiles**

- 1 D.C. Chamber of Commerce Visitor Center
- 2 US Capitol Visitor Center
- 3 White House Visitor Center
- @ 217 Martin Luther King's Library

Où dormir ?

- 30 Hostelling International
- 31 Donovan House
- 32 William Penn House
- 33 Hotel Harrington
- 35 Capitol Hill Suites
- 36 The Carriage House
- 37 Maison Orleans B & B
- 38 State Plaza Hotel
- 39 Hotel George

Où manger ?

- 90 Jimmy T's Place
- 91 Hawk & Dove
- 92 Banana Café & Piano Bar
- 93 Montmartre
- 94 Belga Café
- 95 Lindy's Bon Apetit
- 96 Food Court de Union Station
- 97 Food Court de l'Old Post Office
- 98 Matchbox
- 99 The Dubliner
- 100 Tony Cheng's
- 101 Zaytinya
- 102 Old Ebbitt Grill
- 103 TenPenh
- 104 McCormick & Schmick's

Où boire un verre ? Où sortir ? Où écouter de la musique ?

- 92 Banana Café & Piano Bar
- 207 Capitol City Brewery Cie

À voir

- 180 Maison-Blanche
- 181 Washington Monument

G Basilica of National Shrine H

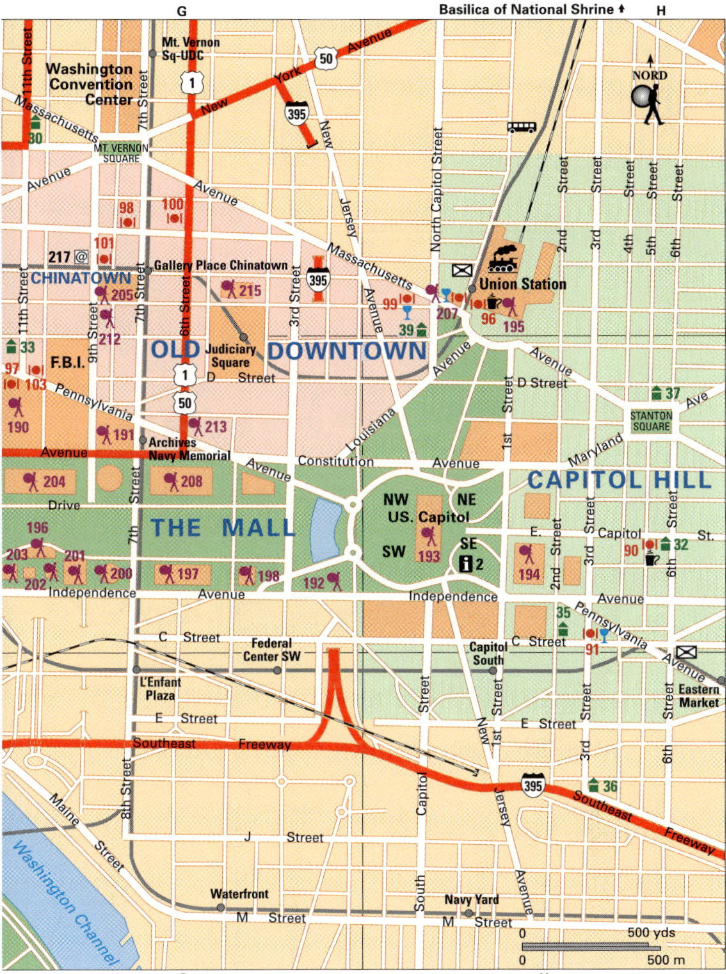

G H

WASHINGTON – DOWNTOWN (PLAN II)

182 World War II Memorial
183 Vietnam Veterans Memorial
184 Korean War Veterans Memorial
185 Albert Einstein Monument
186 Lincoln Memorial
187 Franklin D. Roosevelt Memorial
188 Jefferson Memorial
189 Bureau of Engraving and Printing
190 Old Post Office
191 National Archives
192 National Botanic Garden
193 U.S. Capitol
194 Library of Congress
195 Union Station
196 Smithsonian Institution Building
197 National Air & Space Museum
198 National Museum of the American Indian
199 National Museum of American History
200 Hirshhorn Smithsonian Museum & Sculpture Garden
201 Arts and Industries Building
202 National Museum of African Art
203 Arthur M. Sackler Gallery et Freer Gallery of Arts
204 National Museum of Natural History
205 National Portrait Gallery et Smithsonian American Art Museum
206 Renwick Gallery
207 National Postal Museum
208 National Gallery of Art
209 U.S. Holocaust Memorial Museum
210 Corcoran Gallery of Art
211 National Museum of Women in the Arts
212 International Spy Museum
213 Newseum
215 National Building Museum

Achats

250 Political Americana

WASHINGTON – GEORGETOWN (PLAN III)

Où dormir ?

50 Hotel Monticello

Où manger ?

110 Five Guys
111 Johnny Rockets
112 Ching Ching Cha et Filomena Ristorante
113 Pizzeria Paradisio
114 Martin's Tavern
115 J. Paul's

Où boire un verre ? Où sortir ?

160 Blues Alley
161 The Saloun
162 Mister Smith's
163 Rugby Café

LE MÉTRO DE WASHINGTON

A
B
1
2
3
site inscrit au Patrimoine mondial de l'Unesco
FAIRMONT
SOUTH PHILADELPHIA
Fairmount Park
Philadelphia Museum of Art
Perelman Bldg
Rodin Museum
The Benjamin Franklin Parkway
Free Library
Family Court
Franklin Institute
Logan Square
College of Art
Academy of Natural Sciences
Suburban Station
Academy of Fine Arts
Comcast Bldg
JFK PLAZA
Masonic Temple
Penn Center R.R. 30 th St. Sta.
Penn Center
City Hall
Penn Square
LIBERTY PLACE
Drexel University
Rittenhouse Square
Academy of Music
College of Art
Gradual Hospital
U.S. Naval Home
Schuylkill River
Schuylkill Expwy
Kelly Drive
Pennsylvania Ave.
LANCASTER READING
676
76
Brown St.
Aspen St.
Fairmount Ave.
Green St.
Spring Garden St.
Hamilton St.
Callowhill St.
Vine St.
Race St.
Cherry St.
Arch St.
J.-F. Kennedy Blvd
Market St.
Chestnut St.
Sansom St.
Walnut St.
Locust St.
Spruce St.
Cypress St.
Pine St.
Lombard St.
South St.
Bainbridge St.
Fitzwater St.
Catharine St.
Christian St.
Ridge Ave.
Broad St.
26 th St.
25 th St.
24 th St.
23 rd St.
22 nd St.
21 st St.
20 th St.
19 th St.
18 th St.
17 th St.
16 th St.
15 th St.
110
40
21
109
33
106
87
46
11
49
48
104
62
50
80
35
65
19
34
41
61
12
53
13
14

PHILADELPHIE

Adresses utiles

- Independence Visitor Center
- New City Hall Visitor Center
- @ Cybercafés

Où dormir ?

10 Apple Hostel
11 International House Philadelphia
12 The Rittenhouse
13 Rittenhouse 1715
14 La Réserve – The Grand Dame of Philadelphia's Bed & Breakfast
16 The Thomas Bond House Bed & Breakfast
17 Alexander Inn
18 Penn's View Hotel
19 Latham Hotel
20 Holiday Inn – Historic District
21 Best Western Center City

Où manger ?

30 Jim's Steak
31 Continental Martini Bar
32 Amada
33 Yonny's Restaurant
34 Pietro's Coal Oven Pizza
35 Sansom Street Oyster House
36 Sabrina's Café
37 Dmitri's
38 Buddakan
39 DiNardo's
40 Water Works Restaurant & Lounge
41 Little Pete's
42 City Tavern
43 Pat's King of Steaks et Geno's
44 Cuba Libre
45 Jones
46 White Dog Café
47 Caribou Café
48 Corner Bakery
49 Au Bon Pain
50 McCormick & Schmick's
51 Café Olé
52 Tai Lake
53 Parc Restaurant
54 Kabul Restaurant
55 Phô 75
56 El Vez
57 Vietnam
58 Ralph's Italian Restaurant
59 La Fourno Trattoria
60 Fork
61 Butcher & Singer
62 Continental Midtown
63 Reading Terminal Market
64 Mrs K's
65 Tinto

Où déguster une bonne glace ?

66 Capogiro

Où boire un verre ? Où sortir ? Où écouter de la musique ?

71 Silk City
72 The Khyber
73 McGillin's Olde Ale House
74 Paddy's Pub
75 Sugar Mom's
76 Trocadero Theatre
77 Finnigan's Wake
78 700
79 Moshulu
80 Chrisjazz Café
81 Fergie's Pub
82 Theater of Living Arts (TLA)
83 Ortlieb's Jazzhaus
84 North Third Restaurant (N3Rd)
85 Johnny Brenda's
86 National Mechanic's
87 Mad Mex
88 Dr Watson Pub

À voir

63 Reading Terminal Market
100 Free Quaker Meeting House
101 National Liberty Museum
102 National Constitution Center
104 Mütter Museum
105 African American Museum
106 Pennsylvania Academy of the Fine Arts
107 Elfreth's Alley
108 Christ Church
109 Cathédrale Saints-Pierre-et-Paul
110 Eastern State Penitentiary
111 Independence Seaport Museum
112 Philadelphias Magic Gardens

PHILADELPHIE – REPORTS DU PLAN

d'honorer ses deux citoyens les plus célèbres), le vieux Sénat rénové, la crypte (ancienne chambre de la Cour suprême). Globalement, ça se fait en toute liberté, malgré la présence de nombreux policiers. Avant la visite, une personne vous fera un discours en anglais, à la fin duquel elle demandera : « Are there any foreign people ? » (« Y a-t-il des étrangers ? »). Levez bien haut le bras et déclinez votre nationalité. Elle recommencera rien que pour vous dans votre langue maternelle ! Ne pas rater les photos des sénateurs en réunion restreinte ou officielle, jouant au football américain sur la pelouse du Capitole ou se tenant sur les marches de l'escalier principal, avec leur grenouille favorite tenue en laisse ! Ne pas louper non plus les fresques des plafonds des couloirs, illustrant les grands événements de l'histoire américaine (*Boston Tea Party,* doctrine de Monroe, *Women's Suffrage Parade* en 1917, pose de la première pierre du Capitole, etc.), ni les statues des trois sénateurs « en costume de travail » : un prêtre hawaiien (Father Damien, un religieux belge qui soigna les lépreux), un grand chef indien (Chief Hushahue) et un astronaute (Swiget, *Apollo 13*), ce qui, d'ailleurs, symbolise bien les États-Unis !

SANS ADRESSE

Le Capitole est le seul bâtiment de Washington D.C. qui n'a pas d'adresse puisque sa rotonde est le point 0 de la ville. C'est de là que partent les quatre grands axes qui divisent la ville en quadrants : NW, NE, SW et SE.

WASHINGTON D.C.

|●| *Cafétéria self-service* dans le nouveau *Visitor Center,* en sous-sol. Spécialités américaines très variées et appétissantes, servies du petit déj au goûter, à prix honnêtes.

Library of Congress *(bibliothèque du Congrès ; plan couleur II, H5,* ***194****) : 101 Independence Ave. ☎ 202-707-5000. • loc.gov • Ⓜ Capitol South. L'entrée et le* Visitor Center *(intéressant film de 12 mn) sont dans le* Jefferson Building. *Visite lun-sam 8h30-16h30 ; fermé dim et j. fériés. Visite guidée gratuite (depuis le Great Hall) en sem ttes les heures (sf 12h30) 10h30-15h30 (14h30 sam). Gratuit.* La plus grande bibliothèque des États-Unis, créée en 1800, située juste à l'est du Capitole. Décoration intérieure somptueuse, réalisée par près de 50 artistes. À voir surtout, une bible de Gutenberg de 1455 et le brouillon de la Déclaration d'indépendance écrit par Thomas Jefferson, avec les corrections de Benjamin Franklin. Plus, si vous avez le temps, 80 millions d'autres ouvrages en plus de 450 langues.

Union Station *(plan couleur II, H4,* ***195****) : Massachusetts Ave, au nord du Capitole.* Ⓜ *Union Station.* Une des belles gares du monde. Un chef-d'œuvre, type gare centrale d'Helsinki. Un peu plus de 2 millions de mètres cubes de remblais ont été nécessaires pour combler le marais situé jadis à l'emplacement de la gare. Occupé pendant de nombreuses années par un ghetto irlandais attenant à une ancienne usine de textile, le terrain accueillit la construction de l'édifice en 1907. Conçue par Burnham, le célèbre architecte de Chicago, la gare a fait l'objet d'une rénovation dans les années 1980 qui coûta près de 160 millions de dollars. On peut admirer l'immense hall en marbre d'Italie (plus de 25 m de hauteur sous plafond) et sa voûte à caissons dorée. Tout autour, nombreuses boutiques de luxe. Ne manquez pas la monumentale salle des billets avec sa volée d'escaliers, ses boutiques aussi. *Food court* au sous-sol.

Pour ceux qui ont le temps, possibilité de visiter d'autres choses autour du Capitole (Ⓜ *Capitol South)* : la ***Cour suprême*** *(1st St et Maryland Ave NE ; ☎ 202-479-3000 ; en sem 9h-16h30).* Session des 9 juges 15 jours par mois d'octobre à avril (accès autorisé pendant les sessions, mais les places sont limitées ; sinon, projection de films au rez-de-chaussée les jours sans session). La ***Folger Shakespeare Library*** *(201 E Capitol St ; ☎ 202-544-7077 ; tours en sem 11h-13h).* L'une des plus belles collections de manuscrits.

Les musées de la *Smithsonian Institution*

La richesse de ces musées, situés sur le Mall, constitue l'attrait touristique principal de Washington. Et puis, ils sont impeccablement équipés pour les handicapés ; on pourrait en prendre de la graine. Pour commencer, procurez-vous la brochure (gratuite) de la *Smithsonian Institution* : explications sur tous les musées, comment y aller, etc. *Sf exception mentionnée dans le texte, les musées Smithsonian sont gratuits et ouv tlj (sf Noël) 10h-17h30 (parfois plus tard l'été). Même numéro de téléphone pour tous : ☎ 202-633-1000 ou 5285.* Food courts, *restos ou cafétérias dans chacun.*

Remarque : les Américains sont friands de musées sur l'Espace, les sciences naturelles, l'histoire américaine, etc., mais ils délaissent les musées d'art. Alors, si la foule vous pèse, réfugiez-vous dans le grand Art, vous serez peinard...

Smithsonian Institution Building (The Castle** ; plan couleur II, G5,* ***196**) :** *1000 Jefferson Dr SW. • smithsonian.org • Ⓜ Smithsonian (sortie « Mall »). Tlj 8h30-17h30, ce qui permet de s'y rendre avt l'ouverture des musées Smithsonian.*
Il sert de centre d'information du complexe de musées le plus important au monde. Appelé familièrement *The Castle,* il fut achevé en 1855 et devint alors le premier musée de l'Institution... Une addition récente : d'exquis jardins, une vraie oasis de fraîcheur en été. L'Institution a pour origine un Anglais du nom de James Smithson, qui en 1829 légua aux États-Unis (alors qu'il n'y avait jamais mis les pieds !) une collection de pierres et de livres, et en plus, pour un demi-million de dollars en or, de quoi financer la construction des bâtiments. C'est le premier endroit à visiter pour qui entreprend la longue (mais ô combien agréable !) route des musées. Outre la documentation, le « château » rassemble quelques belles pièces représentatives de ce qui vous est permis de voir dans les autres musées.

National Air and Space Museum *(plan couleur II, G5,* ***197*****) :** *Independence Ave (entre 5th et 7th St). • nasm.si.edu • Ⓜ L'Enfant Plaza.*
Avec près de 9 millions de visiteurs par an, c'est la destination préférée des familles qui visitent Washington et tout simplement l'un des musées les plus visités au monde ! Créé en 1976 pour le bicentenaire de l'Union, c'est un musée FA-BULEUX ! On peut y passer la journée. Sur deux niveaux, 23 sections illustrent le développement de l'aviation et de la conquête spatiale, à travers ses progrès décisifs. Malheureusement, l'agencement n'est pas chronologique : à moins de passer d'un étage ou d'une aile à l'autre pour coller à l'histoire de l'aviation, on est bien obligé d'emprunter un itinéraire un peu chaotique. On entre immédiatement dans le vif du sujet avec, au-dessus de l'accueil, l'immense *Voyager Aircraft* qui fit le premier tour du monde non-stop et sans ravitaillement en 1986.
Puis, en vrac donc, en partant vers la gauche, dès l'entrée.
Dans le grand hall derrière l'accueil *(Milestones of Flight),* le *Spirit of Saint Louis* avec lequel Lindbergh traversa l'Atlantique en 1927 (drôlement courageux : 33h30 sans dormir, avec un seul moteur et sans visibilité frontale, un réservoir masquant le pare-brise).
Symbole des temps modernes, salle 100, on peut aussi toucher la *pierre lunaire* qu'*Apollo 17* rapporta sur terre en 1972. Et surtout des vaisseaux spatiaux : une réplique du *Spoutnik,* le premier satellite artificiel lancé par les Russes en 1957 ; *Gemini 4,* première sortie dans l'Espace ; la première capsule *Apollo* (minuscule) ; la sonde spatiale *Explorer.* Les avions-fusées : le *Bell X-1* (rouge-orange, premier mur du son en 1947), l'avion-fusée X-15 (plus de Mach 6 !), impressionnant avec son fuselage tout noir, et, salle 114, les modules *Apollo et Soyouz* arrimés, qui voisinent avec une réplique du télescope *Hubble.*
Côté fusées, on commence avec celles de Goddard, le père de ce domaine (avec Tsiolkovsy pour la Russie et Oberth en Allemagne), puis (salle 114) un *V2* à carreaux noirs et blancs, pour aller jusqu'aux *Atlas* (satellites), les missiles balistiques de la guerre froide *Pershing* et le missile de croisière « intelligent » *Tomahawk* qu'on a vu dans le ciel de Bagdad ; il y a même un *SS 20* russe à multiples têtes nucléaires.

Dernier cri : la cabine du *Breitling Orbiter,* premier ballon à avoir fait le tour du monde sans escale, en 1999, avec Brian Jones et Bertrand Piccard.
Icône de l'aviation, le *Douglas DC3* dans le hall 102 *(Air Transportation)* avec les autres avions de transport (13 000 exemplaires, le premier et le seul à ne pas avoir eu besoin de subvention) et les avions postaux. On peut parcourir la cabine et le cockpit d'un *Douglas DC7 Vermont.*
Salle 105 *(Golden Age of Flight),* quelques avions qui ont marqué leur époque dans les années 1930, fécondes en explorations de toutes sortes : le *Hughes H-1,* l'avion le plus rapide du monde en 1935, du milliardaire Howard Hugues qu'on a pu voir interprété par Leonardo di Caprio dans le film *Aviator* de Martin Scorsese ; le Northrop *Polar Star,* équipé de skis pour atterrir sur la banquise.
Dans la section *Jet Aviation* (salle 106), le *Messerschmitt 262,* premier avion à réaction, allemand, conçu en 1944 pour intercepter les bombardiers alliés, et le *Mc Donnell Phantom* en service pendant la guerre du Vietnam.
Salle 107 *(Early Flight)* : le premier avion à moteur qui ait fait plus que les sauts de puces de l'*Éole* d'Ader, le *Flyer* des frères Wright de 1903 (il tint l'air 59 secondes) et le *Blériot XI,* un des premiers monoplans.
On peut ensuite passer à l'étage pour découvrir d'un peu plus près les avions accrochés dans le hall principal. À l'arrière, le *Lockheed Vega* tout rouge de la jolie Amelia Earhart (la première femme à réaliser la traversée de l'Atlantique en 1932 et disparue dans le Pacifique en 1937, lors d'une tentative pour boucler un tour du monde). Autre avion du constructeur Lockheed, le *Sirius Tingmissartog,* un hydravion qui a appartenu à Charles Lindbergh. Après la salle 207, consacrée à l'exploration des planètes, salle 206, les coucous de 1914-1918 avec l'inévitable *Albatros* du Baron rouge, puis, salle 205, les avions légendaires de la Seconde Guerre mondiale, le *Spitfire* anglais et son adversaire allemand le *Messerschmitt 109,* le *Mitsubishi Zero,* tout en bois, face au racé *P51 Mustang,* et le moins connu *Macchi 202* de l'armée de l'air italienne.
De l'autre côté, salle 203, on pénètre dans l'univers de l'aviation embarquée avec l'intérieur d'un porte-avions et les engins de la Navy, depuis le biplan *Boeing F4B* des années 1930 jusqu'au *Douglas Skyhawk.*
Dans l'aile ouest, toujours en passant devant l'*Einstein Planetarium* et un exemplaire du *Lockheed F 104 Starfighter,* qualifié de « cercueil volant » par ceux qui le pilotaient, la salle 209 est dédiée aux travaux des pionniers, les frères Wrigh ; la salle 210 est consacrée à la conquête de l'espace depuis le début du programme *Mercury* jusqu'à l'achèvement du programme *Apollo.* Au passage, on a l'occasion de visiter le *Skylab* et admirer d'en haut, salle 112, le *Lunar Module* d'*Apollo 13* qui posa les deux premiers hommes sur la Lune en 1969, la première jeep lunaire (remarquer ses roues à lames qui assurent le tout-terrain en zone caillouteuse).
La salle 213, appelée *Beyond the limits,* décrit l'apport phénoménal de l'électronique à l'aviation avec le surprenant *IX-29* de Grumann, avec ses ailes allant vers l'avant et le premier à ne pouvoir voler qu'avec une assistance informatique, recalculant la stabilité 40 fois par seconde. Importance aussi de la formation des pilotes avec les simulateurs de vol.
On retrouve le niveau inférieur avec l'histoire commentée de la recherche sur les fusées, et des vitrines où trônent tenues de l'espace et comment faire pipi en apesanteur, eh oui ! (*Rocketry and Space Flight,* salle 113). La salle 110 et les engins d'observation de notre bonne vieille Terre avec le fameux avion-espion *U2* de Gary Powers, abattu par les Soviétiques, et la salle 111 qui ouvre des perspectives vertigineuses sur l'exploration de notre système solaire et puis au-delà... ouf, les thèses créationnistes que certains milieux religieux veulent imposer n'y sont pas encore obligatoires... pour terminer provisoirement cette grande histoire de la race humaine confrontée à son environnement aérien. Et dire que tout cela n'a commencé qu'il y a à peine plus d'un siècle, une paille dans l'histoire de l'humanité !
Plusieurs films sur écran géant sont à voir absolument : attention, parfois 1h de queue. Conseil : s'y précipiter dès l'ouverture du musée, réserver les séances, se balader pour visiter entre-deux... et s'installer aux derniers rangs pour éviter

migraine et torticolis. Entrée : 8 $ pour chaque film ; réduc. Durée : environ 30 mn. *To Fly :* du ballon (hier) jusqu'aux stations spatiales au-delà de Saturne (demain). Drôle, beau, acrobatique et impressionnant par moments. Et, en 3D, *Infinity Express,* le voyage dans l'Espace sur écran hémisphérique, style planétarium amélioré à l'*Albert Einstein Space Atrium,* avec des images prises par le télescope *Hubble* et par *Surveyor* (Mars). Nécessité de bien comprendre l'anglais ou de bien connaître l'astronomie. Également des simulateurs de vol ; 6,50 $ les 3 mn, mais vous en aurez pour votre argent côté sensations : vols libres ou programmés (*mild* ou *wild,* ce dernier avec loopings et tonneaux !).
Et puis encore, différentes expos dont « Comment ça vole ? » (intéressantes, surprenantes et amusantes petites expériences de physique appliquée). Au total, on s'étonnera peut-être de ne pouvoir admirer que quelques appareils étrangers ! N'en déduisez pas pour autant que les États-Unis ont tout inventé dans le domaine... C'est leur côté patriotique, c'est tout. Leur leadership technique n'a débuté qu'après 1945 (mais le statoréacteur fut français, et les commandes de vol électriques, c'est *Airbus...*). À la boutique, très jolis cerfs-volants, entre autres.
Enfin, depuis 2003, le *Air and Space Museum* a ouvert une annexe dans un gigantesque hall aux environs de *Dulles Airport,* le ***Steven F. Udvar-Hazy Center.*** Comme cette annexe est pratiquement aussi grande que son aînée, compter une demi-journée pour la visite et le trajet, à moins d'en faire la visite avant de reprendre un avion à Dulles Airport (navettes de bus ou taxi). Si vous êtes motorisé, sachez que le parking coûte 12 $. On vous décrit cet autre endroit fabuleux un peu plus loin dans la rubrique « Dans les environs de Washington ».
|●| *Food court* sur place, mais nourriture plus que médiocre et bruit infernal.

🏛🏛🏛 ***National Museum of the American Indian*** *(plan couleur II, G5,* ***198****) : 4th St et Independence Ave.* • *americanindian.si.edu* • Ⓜ *L'Enfant Plaza.* Les États-Unis auront mis le temps avant de dédier un musée aux premiers occupants du territoire dans la capitale, mais au moins, ils se sont appliqués. Le directeur de ce nouveau musée, ouvert en 2004, est d'origine cheyenne ; autant dire qu'en principe, il maîtrise son sujet. Le musée est d'ailleurs le fruit d'une étroite collaboration entre tribus, tant dans le choix des collections que dans la conception du bâtiment.
Le bâtiment justement : il est situé sur le fameux Mall et s'ajoute à la longue liste des musées prestigieux (et gratuits) de la Smithsonian. Tout a été étudié pour donner à cet imposant édifice curviligne de cinq étages des caractéristiques indubitablement amérindiennes. Tout ici a été conçu en accord avec la cosmogonie indienne. Une architecture de l'intelligence, incluant une adéquation parfaite entre le bâtiment et son socle. Une place entre la Terre (la mère) et le ciel. Bref une archi réfléchie, en parfaite osmose avec le milieu, car pour invisible qu'il soit aujourd'hui au commun des mortels, le socle est bien là, mouvant, sous les tonnes de remblais du *mall.* Une archi qu'on oserait qualifier de « durable », donc, pour employer un mot à la mode. Il est vrai que les Indiens ne nous ont pas attendus pour faire dans l'écologique. Bref, une réussite due à la maîtrise de Douglas Cardinal, un architecte indien blackfoot d'Ottawa, épaulé dans son œuvre côté muséographie par deux autres grosses pointures, le cabinet *GBQC* de Philly et Johnpaul Jones, un duo cherokee et chocktaw. Une affaire d'Indiens, en somme.
À l'extérieur, on a voulu restituer l'aspect de rochers naturels en employant un calcaire dolomitique de couleur ocre, qui rappelle les pierres taillées par le vent. L'ouverture principale fait face à l'est, et, grâce à un savant jeu de prismes, les rayons du Soleil décomposés se reflètent sur les murs immaculés en strates multicolores. Ce spectacle de lumière change continuellement et atteint son paroxysme entre 11h et 14h. La coupole qui surplombe la rotonde à l'entrée est très belle. Les étages s'enroulent à l'infini (rassurez-vous, il y a un ascenseur !). Elle met en évidence le côté impermanent des événements et des choses. Bref, un bâtiment particulièrement réussi, qui à lui seul vaut le déplacement.
Côté expositions, le 4e étage évoque les ***connaissances traditionnelles des Amérindiens*** (pas seulement des groupes d'Amérique du Nord). On y découvre leur

conception de l'Univers. De leur univers aussi. À travers une série de salles aux murs curvilignes, imbriquées les unes dans les autres, le plus souvent sombres pour mettre en valeur l'environnement coloré qui est le leur, on est confronté aux mythes qui animent la vie des Indiens.
Huit philosophies différentes ont été choisies pour témoigner de leur conception de l'existence. Celles des Pueblos (Nouveau-Mexique), des Anishinaabes du Manitoba (Canada), des Lakotas (Sud-Dakota), des Quechuas (Pérou), des Hupas (Californie), des Mayas (Guatemala), des Mapuches (Chili) et des Yupik (Alaska). Avant tout, admirez le graphisme et la couleur qui se dégagent des objets de la vie quotidienne. Au fil de la visite, on découvre l'univers propre à chaque tribu, notamment les relations entretenues avec la terre, non comme support de la propriété – la notion de territoire ou même de terroir n'ayant aucun sens pour les Indiens –, mais plutôt en tant que support de la vie. Notez la mise en évidence de la dualité homme-femme chez les Quechuas. Beaux ensembles de bijoux, sautoirs, broches et ras du cou chez les Mapuches. Ceux qui s'intéressent à l'artisanat berbère y trouveront des ressemblances évidentes. Intéressante encore, leur conception du monde. Un rapport aux points cardinaux qui rappelle la conception qu'avaient les Grecs anciens de notre propre planète. À l'ouest, rien de bien nouveau, donc.
Dans la salle baptisée ***« Our People »,*** une extraordinaire exposition de terres cuites et de céramiques, ainsi que de très belles statuettes. C'est ici que l'on mesure la généalogie des invasions venues de l'est et la manière dont on a fabriqué l'histoire. Quelques portraits de Catlin, évidemment (les 500 autres sont à la Renwick Gallery). Bel étalage de lames, épées, sabres, dagues et autres objets tranchants utilisés par les conquistadors. Impressionnante collection d'armes à feu. Et puis l'arme de destruction massive : la Bible. Elle sonna le glas de la civilisation indienne, apportant dans son sillage tous les fléaux de l'Amérique contemporaine, alcool en tête. Une salle très intéressante montre sous la métaphore d'un ouragan les dommages occasionnés par la parole de Dieu sur les Indiens.
Enfin et pour terminer, au 3e étage, on montre le ***quotidien des Indiens*** aujourd'hui, et certains objets témoignent de leur faculté d'adaptation dans des conditions parfois très rudes. Mais on a l'impression de se trouver devant un catalogue « politiquement correct » des différentes nations indiennes et de leurs efforts méritoires pour faire subsister leur culture. Et ce, à travers l'artisanat et le folklore pour touristes, comme si ces enfants oubliés du melting-pot américain étaient, toute fierté mise au rancart, déjà satisfaits que l'on parle d'eux ! Cela a quelque chose de pathétique. Pourtant, à travers les différentes interviews que l'on peut visionner, on décèle une timide rancœur, une ébauche de revendication : selon les traités, des terres auraient dû leur être restituées, ce n'est pas le cas... mais heureusement, après des décennies de déclin et d'isolation, les *native nations* ont envoyé leurs meilleurs fils et filles à l'université, et l'espoir de voir leurs droits spoliés enfin reconnus est en train de poindre... Pour en savoir plus, voir notre rubrique « Les Indiens » dans « Hommes, culture et environnement » en début de guide.

National Museum of American History *(plan couleur II, F5,* ***199****) : 14th St et Constitution Ave. • americanhistory.si.edu • Ⓜ Smithsonian ou Federal Triangle.*
Spectaculairement rénové, ce musée gigantesque, une vraie merveille, présente un panorama complet de l'histoire américaine. Vous saurez tout sur l'héritage technologique, scientifique et humain de l'Amérique. Et si la question des Indiens n'est pas traitée ici, c'est parce qu'un musée de la Smithsonian leur est dédié depuis 2004. Quant à la culture afro-américaine, elle est effectivement juste abordée, en attendant l'ouverture prévue en 2015 du *National Museum of African American History and Culture.* Tout au long des salles, des jeux, animations et même des attractions comme des simulateurs (payants) sont prévus pour les enfants. Bref, trois niveaux de collections absolument passionnantes et souvent superbement mises en scène ; autant vous prévenir, vous risquez d'y passer la journée... La visite commence idéalement dans l'atrium *(2nd Floor)* par la vedette du musée, la fameuse ***Star Spangled Banner*** pour laquelle les Américains viennent comme en

pèlerinage. Cette bannière étoilée, devenue un vrai symbole des États-Unis, flottait sur le fort Mc Henry à Baltimore en 1814 lors du bombardement des forces navales anglaises. Demeurée intacte sous le feu des canons, elle a inspiré à Francis Scott Key les paroles d'un poème qui deviendront celles de l'hymne américain, et fait l'objet d'un véritable culte pour les Américains. Restaurée minutieusement maille à maille, elle est aujourd'hui exposée derrière une grande baie vitrée, comme une relique, sous le regard d'un public recueilli. L'entrée de ce « sanctuaire » est marquée par une version moderne du drapeau, réalisée par le célèbre cabinet d'architecture *Skidmore, Owings and Merrill.* Les 15 rangées de panneaux de polycarbonate réfléchissant la lumière représentent les 15 bandes rouges et blanches et les 15 étoiles du modèle original.

First Floor

Notre section préférée, consacrée aux ***transports et à la technologie.*** Présentation à la fois ludique et interactive, un vrai plaisir pour toute la famille. Des décors aux bruitages réalistes, tout est fait pour rendre la visite attrayante. On débute donc par l'histoire des transports *(America on the Move),* ô combien essentielle pour comprendre la civilisation américaine, avec une locomotive à vapeur John Bull, rare survivante des débuts du chemin de fer (1831). Pour la petite histoire, elle était encore en état de fonctionnement en 1981, à plus de 150 ans d'âge ! S'ensuit une splendide théorie de véhicules de toutes sortes et de toutes époques, de la diligence de 1848 à la première voiture qui traversa les États-Unis d'est en ouest en 1903, en passant par la Ford T, bien sûr, et la rutilante locomotive à vapeur *Jupiter* de la *Santa Cruz Railroad* (1876). Reconstitution d'un quai du *El,* le mythique métro aérien de Chicago (on peut même entrer dans une rame), rare *Harley-Davidson* de 1942 ayant appartenu au président du Guatemala, splendide *Glasspar* de 1953 (première voiture en fibre de verre), *Pontiac* décapotable de 1967 (8 m de long environ...), superbe dragster de 1986 (mais comment peut-on tenir dans le poste de pilotage ?) aux pneus hyper lisses, véhicule à panneaux solaires (GM, 1987). Et puis, en vrac, les *school buses,* le *Greyhound,* les premiers *trailers* (camping-cars), l'évocation de la fameuse Route 66, la création des autoroutes...

Attenante, la partie *On The Water* traite des transports maritimes, du commerce des esclaves jusqu'aux croisières de luxe. Maquettes de *Liberty Ships* et des légendaires *steamboats* du Mississippi, pirates, naufrages, pêche, etc.

À ce niveau également, les salles consacrées à ***l'éclairage*** *(Lighting a Revolution),* les inventions de Thomas Edison (sa première ampoule électrique avec un filament en fibre de coton carbonisé, en 1879), et puis toute la machinerie pour faire fonctionner cette composante essentielle de la civilisation moderne : la fée électricité. Dans la foulée, la place des ***sciences dans la vie américaine*** *(Science in American Life)* avec une ribambelle de découvertes, d'instruments et d'inventeurs : les premiers télégraphes, le téléphone de Graham Bell et une collection d'ordinateurs depuis la première machine à calculer (quel engin !) jusqu'au micro, en passant par les ordinateurs à lampes. Les premiers *Mac* ont déjà l'air d'antiquités. On s'apitoie sur la première défaite d'un homme face un ordinateur : le grand maître Kasparov battu en 1997 lors d'une partie d'échecs mémorable.

Changement de registre avec la reconstitution de la ***cuisine*** personnelle de Julia Child, figure américaine de la gastronomie française, décédée en 2004. Auteur de livres de recettes et présentatrice d'émissions culinaires à succès, ce véritable phénomène (presque une caricature) s'était découvert une passion pour la cuisine lors d'un voyage en France en 1946. Après avoir œuvré pour l'agence américaine de renseignements O.S.S *(Office of Strategic Services)* en tant qu'assistante du général Donovan ! L'US Navy l'avait auparavant réformée à cause de sa trop grande taille (1,88 m)... Meryl Streep a incarné à l'écran cette pro du bœuf bourguignon dans *Julie & Julia,* sorti en 2009.

Second Floor

Gros succès public pour la section ***First Ladies*** ! La quinzaine de robes portées par ces Dames attirent toujours autant de monde... Superbe tenue de satin crème brodé

par des artisans japonais, portée par Helen Taft, collier de fausses perles de Jackie Kennedy.... Et également de la vaisselle de la Maison-Blanche.
La section ***Communities in a Changing Nation*** évoque l'Amérique du XIXe s à travers la vision de trois communautés différentes : des industriels du Connecticut, des immigrants juifs de l'Ohio et des Afro-Américains de Caroline du Sud (esclaves et libres). On évoque les rapports difficiles du monde du travail avec celui du Capital : affiche *« United, we stand, divided, we fall »* ; la naissance de l'aristocratie d'argent et les grandes familles de milliardaires, les vagues d'émigration, la guerre civile, les *carpetbaggers,* ces affairistes peu scrupuleux qui profitèrent de la défaite du Sud, les campagnes de vaccination pour combattre des fléaux comme la polio... Et puis on suit les transformations successives d'une maison d'Ipswich, Massachusetts, tout au long de ses 200 années d'existence (de 1757 à 1945) et à travers les cinq familles qui l'ont habitée. Passionnant !

Third Floor

La section ***Price of Freedom : Americans at War*** retrace les conflits où les USA furent impliqués depuis la guerre d'indépendance jusqu'à la guerre en Irak. Les guerres d'expansion au XIXe s, celles peu connues contre le Mexique avec l'épisode de Fort Alamo avec Davy Crockett ; la guerre civile et le combat des premiers bateaux cuirassés *Monitor* et *Virginia* sur le Potomac. Les guerres indiennes, celles contre l'Espagne pour le contrôle de Cuba et des Philippines. L'intervention US de 1917 sur le front européen, décisive pour le cours de la Grande Guerre. Le conflit 1941-1945 et l'immense effort économique et humain pour être présents sur deux théâtres d'opération ; on écoutera avec plaisir les prestations des vedettes du show-biz comme les Andrew Sisters, Marlène Dietrich, Danny Kaye ou Bob Hope pour soutenir le moral des troupes. Puis, en suivant le cours de l'histoire, la guerre froide, le blocus de Berlin, la Corée, la course aux armements, l'affaire des missiles à Cuba, le Vietnam avec l'omniprésence des médias dont on dit rétrospectivement qu'elle contribua à la prise de conscience de l'inutilité de cette guerre. Pour finir, la guerre du Golfe et, bien entendu, le *Nine-Eleven* avec des pièces métalliques extraites des débris des *Twin Towers* de New York.
Ne pas rater les canons tractés par des chevaux et l'une des premières canonnières américaines, *Philadelphia,* construite en deux mois en 1776. Intéressante variété de mitrailleuses (les petits américains font *wouahhh* en les voyant, question de culture...), le poste de commandement de sous-marin et de pilotage d'un réacteur nucléaire. Et encore des timbres rares, des pièces de monnaie et même un billet de banque de 100 000 $!
Et puis une section consacrée à la ***Présidence des USA*** : assassinats et funérailles, l'uniforme de Washington, le pupitre portatif de Jefferson (dessiné par lui et sur lequel il rédigea la Déclaration d'indépendance), le pyjama de soie bleu ciel de Harding, le pantalon d'Indien porté par Theodore Roosevelt en 1885 dans son ranch du Dakota ; ainsi que la chemise « floridienne » de Harry Truman, non loin du saxo de Clinton ! On remarquera à propos de ce dernier qu'il est le seul à ne pas avoir d'états de service à l'armée... il ne fut jamais soldat. Amusantes, les raquettes de ping-pong à l'effigie de Mao et Nixon (match célèbre) ! Abraham Lincoln, le chouchou des Américains, bénéficie d'une section à lui tout seul, dans laquelle est exposé le chapeau haut-de-forme qu'il portait lorsqu'il fut assassiné au *Ford's Theater* le 14 avril 1865. Et pour terminer en légèreté, place à la ***culture populaire américaine,*** d'ailleurs très modestement représentée malgré sa richesse : les gants de boxe de Mohammed Ali, la marionnette de Kermit la Grenouille, les escarpins rouges pailletés de Dorothy dans *Le Magicien d'Oz.*

Immense ***boutique*** (au *First Floor*) avec de beaux objets qui n'ont rien à voir avec les gadgets que l'on peut trouver dans les échoppes de souvenirs, mais tout est assez cher quand même.
Café au rez-de-chaussée, et ***cafétéria*** plus grande au niveau inférieur *(Lower Level),* donnant sur un petit potager et le Washington Monument à l'arrière-plan. Très bon mais pas donné. Petite expo de *lunch boxes* en métal datant de 1890 à 1980.

Hirshhorn Smithsonian Museum and Sculpture Garden *(plan couleur II, G5,* ***200****) : 7th St (et Independence Ave). • hirshhorn.si.edu • Ⓜ L'Enfant Plaza.* Beau bâtiment, original (les Américains l'appellent le *doughnut*) et peu fréquenté. Il a ouvert ses portes en 1974, et c'est pratiquement une sculpture à lui tout seul. Outre d'intéressantes expositions d'art contemporain, cette galerie circulaire donnant sur un jet d'eau abrite une remarquable collection de bronzes et de tableaux. Les sculptures sont parfois l'œuvre d'artistes plus connus pour leurs peintures, et sont donc rares. À peine 5 % des œuvres du musée sont exposées par roulement et elles changent assez régulièrement de place (tous les 3 à 4 mois) ; les sculptures de petite taille de la rampe intérieure restent plus ou moins fixes.
– Au sous-sol, expositions temporaires, souvent des installations vidéo. Aussi des œuvres du peintre-philosophe Dubuffet *(L'Âme du Morvan, les masques),* des bronzes d'Honoré Daumier, quelques toiles de Mary Cassatt et un incroyable volume intitulé *Outremer* d'Anish Kapoor. Aussi, Dove, Magritte, Miró, Calder...
– Au 1er étage, une série de 4 dos de femmes en bronze de Matisse, exécutés entre 1909 et 1960, qui montrent comment l'artiste simplifie son regard sur le sujet. Aussi, *Iris messagère de Dieu* de Rodin, Moore *(Stringed Figure, 1937),* le *Torse du jeune homme (1924)* et *la Muse endormie (1910)* de Constantin Brancusi. Et quelques Giacometti.
– *Le 2e étage* est de la même veine. Morris Louis, une très agréable collection de De Kooning. En outre, superbe vue sur le *mall* grâce à une baie vitrée panoramique devant laquelle il fait bon s'asseoir (sofas à dispo). Captivante vidéo intitulée *The way things go* des Suisses Peter Fischli et David Weiss, mettant en scène une succession d'événements visuels et sonores, physiques et chimiques, qui tient son public en haleine pendant un bon quart d'heure. Puis on boucle la boucle en admirant Ernst, Miró, Barbara Hepworth, Walkowitz, Picasso, Wright, Giacometti (*L'homme debout,* 1929). Bien sûr, tout bouge, tout change, les œuvres s'en vont et s'en viennent, d'ici à l'autre bout du monde. La meilleure chose à faire pour connaître la programmation des expos est de consulter le site internet du musée. Ce qui ne bouge pas, en revanche, ce sont les œuvres des sculpteurs, disséminées un peu partout autour du bâtiment. Excellent complément de visite à la partie « plein air » de la *National Gallery of Art,* dans laquelle on croise déjà Calder, Miró, Roy Lichtenstein, Barry Flanagan *(Le Penseur),* Marc di Suvero et Moore. Ici, place est donnée encore et toujours à Auguste Rodin avec ses *Bourgeois de Calais* (*Burghers* en anglais, à prononcer *burgers* comme les *hamburgers),* Miró *(Oiseau de Lune)* et De Kooning. En outre, le musée propose un programme éducatif à destination des enfants et des adolescents, avec pour objectif l'éveil à l'art moderne et contemporain. Enfin, des activités à venir pratiquer en famille : peinture, sculpture.

Arts and Industries Building *(plan couleur II, G5,* ***201****) : à droite de la Smithsonian (et à côté du précédent). • si.edu/ai/ • Ⓜ Smithsonian. Fermé pour travaux pour une durée indéterminée.* Construit entre 1879 et 1881, l'intérieur vaut le coup d'œil. Conçu pour projeter le visiteur dans l'Exposition universelle de Philadelphie en 1876, il peut abriter aujourd'hui jusqu'à quatre expos simultanées.

National Museum of African Art *(plan couleur II, G5,* ***202****) : 950 Independence Ave SW ; à droite du Castle et de son agréable petit jardin victorien. • africa.si.edu • Ⓜ L'Enfant Plaza ou Smithsonian.* Extraordinaire musée, tant pour la qualité et la rareté des œuvres exposées que pour la scénographie. Intéressante architecture souterraine, qui vous fait passer de l'Afrique (ici, donc) à l'Asie (Freer Gallery), en empruntant des expos temporaires intermédiaires en relation avec les deux autres (Arthur M. Sackler Gallery). Bref, une muséographie de très grande volée, dont le parcours, intelligent, vous permet de passer d'un musée à un autre sans même vous en rendre compte. Pour les pas-trop-fortiches-en-géo, demandez un plan à l'accueil, il y a une carte de l'Afrique au dos (notez que les Américains ont conservé le Sahara occidental). Le musée est tout simplement remarquable. Très moderne dans sa conception. Beaucoup d'effets visuels, de

perspectives en fausse profondeur dues au savant mariage des couleurs et au télescopage des volumes.
Attention, bien suivre son plan, sinon on risque de dépasser l'Afrique proprement dite et de se retrouver prématurément dans la *Sackler Gallery.* Les œuvres sont sous vitrine mais elles vous parlent. Selon les expos, certaines salles se transforment en installations audiovisuelles pour littéralement faire pénétrer le visiteur au cœur du processus créatif.
Ne pas rater l'accès au *sublevel* 2. On le voit d'en haut, puisque les salles n'ont pas de plafond. Côté pratique, tout semble avoir été conçu pour que le visiteur s'imprègne de la visite. Des beaux livres sont à disposition, et on peut les consulter assis sur de profonds canapés, face aux œuvres. Peut-être le musée à faire dès votre arrivée, avant d'aller voir Giacometti, Modigliani, Picasso, et toutes les grands maîtres qui trouvèrent une partie de leur inspiration dans cette forme d'art.

Arthur M. Sackler Gallery *(plan couleur II, G5,* **203***) : 1050 Independence Ave SW (entre la* Freer Gallery *et le* musée d'Art africain*).* • *asia.si.edu* • Ⓜ *L'Enfant Plaza ou Smithsonian.* Une muséographie qui assure la continuité entre l'Afrique et l'Asie. Propose des expositions temporaires en relation avec la découverte du monde. Son architecture est aux pyramides ce que l'African Museum est aux coupoles. La scénographie est tout aussi exceptionnelle. Les œuvres sont très bien mises en valeur.

Freer Gallery of Arts *(plan couleur II, G5,* **203***) : Jefferson Dr (angle 12th St) ; à gauche du Castle et de son agréable petit jardin victorien.* • *asia.si.edu* • Ⓜ *L'Enfant Plaza ou Smithsonian.* Musée consacré aux arts orientaux : Chine, Japon, Corée, Inde... C'est la continuité des deux précédents, mais l'architecture et la scénographie sont beaucoup plus classiques.
L'ensemble sent un peu la naphtaline, et les pièces sont moins bien climatisées, mais les œuvres exposées sont d'un grand intérêt. À noter, une très belle salle consacrée à Bouddha, dont un exemplaire sans tête, au corps entièrement gravé, de la dynastie *Sui* (581-618). Freer était aussi amateur de peinture, et deux salles sont entièrement consacrées au peintre américain James Mc Neill Whistler. Aussi des œuvres de Thomas Wilmer Dewing.
Ne pas rater la salle du paon de style anglo-japonais, tout en nuances bleu et or, œuvre de Whistler (jeter un coup d'œil au plafond). Très belle collection de porcelaine chinoise, et le tableau du maître intitulé *La Princesse du pays de la porcelaine.* La salle 13 est celle de la calligraphie chinoise. À ne pas manquer : *The Gathering at Orchid Pavilion* du maître Wang Xizhi (Dynastic Jin, 303-361). Collection remarquable par l'harmonie et la finesse des sujets qui témoignent d'une osmose parfaite entre l'homme et la nature. Les salles 3 et 4 abordent l'art dans le monde musulman : Égypte, Perse, Iraq, Syrie. Très belle page de coran de la dynastie abbasside (IXe et Xe s). Bassin d'ablution cuivre et argent du XIIIe s, orné à la fois de motifs chrétiens et musulmans (très rare). Dans la salle dédiée à l'Inde, remarquable diadème en or incrusté de rubis de la fin du XIXe s. Une visite qui parachève en beauté celle commencée en Afrique. Bien compter une demi-journée pour enchaîner les trois musées.

National Museum of Natural History *(plan couleur II, G5,* **204***) : 10th St (et Constitution Ave NW ; à la Smithsonian Institution).* • *mn.si.edu/* • Ⓜ *Archives Navy Memorial.*
Aussi populaire que le *Air and Space Museum* depuis l'ouverture d'un cinéma *IMAX.* Tout sur l'anthropologie, la géologie et l'archéologie. Possède plus de 60 millions de pièces. Ne craignez rien, toutes ne sont pas exposées.
Dès l'entrée, l'éléphant donne une idée de ce qui attend le visiteur. Qu'on ne s'y trompe pas, ici, tout est gigantesque. On entre dans une machine à remonter le temps. L'expo commence alors que la planète venait tout juste de se refroidir. Puis on explique le processus de formation de l'oxygène, l'apparition de la vie, et c'est parti mon kiki ! Nous voilà au Silurien, nombreux fossiles, puis au Dévonien, la vie

se lasse, extinction des espèces, pour arriver à la partie fétiche des gosses : les dinos ! Le T-Rex, toujours populaire grâce à Spielberg, ravit la vedette au tricératops, au stégosaure, au brachiosaure. Les plus imposants de ces « terribles lézards » étaient végétariens (désormais les enfants, plus obligés de finir votre viande) ! Beaucoup de réalisme. En plus de ça, on peut jeter un coup d'œil sur la manière dont les recherches sont menées. De quoi susciter des vocations. Ici, on explique tout. Du côté de la paléobotanique, on apprend beaucoup sur le ginkgo. Admirer les superbes sections polies d'araucarias fossilisés datant de plus de 280 millions d'années. Le tour est fait jusqu'au Crétacé et l'apparition des premiers mammifères.

Changement de salle, changement de décor. On attaque l'âge de glace. Ça permet de comprendre comment se sont formées les structures du paysage contemporain. On a même droit à l'arbre généalogique de l'espèce humaine ! Un petit bémol toutefois, la salle baptisée *Voices of Africa* est un véritable catalogue de clichés et d'idées toutes faites sur l'Afrique. Intéressant pour comprendre le regard des Américains sur ce continent.

Dans la grande salle des mammifères, les taxidermistes ont rivalisé d'audace pour restituer aux animaux l'attitude qu'ils devaient avoir de leur vivant. Remarquable mise en scène, où le maki côtoie le morse, le gorille le lièvre du Cap. Les bruitages sont aussi assourdissants que le brouhaha des visiteurs. Au moment de l'orage sur la *rainforest,* vous êtes littéralement emporté dans l'Afrique éternelle. On regrette presque qu'en été, l'environnement soit climatisé. À l'extrémité de la salle, un écran géant vous propose de remonter le temps. Histoire de comprendre la place de l'homme dans le règne animal. Le film, captivant, ravit les enfants. Très intéressantes explications sur le processus d'hibernation. En Amérique du Sud, vous saurez tout sur les nyctalopes ; en Australie vous pourrez toucher un œuf d'ornithorynque.

À l'étage, l'expo sur la minéralogie commence avec l'exploration du système solaire. Remarquer les fragments de la météorite Allende, tombée au Mexique en 1961 et qui révolutionna la conception qu'avaient les scientifiques de l'Univers. L'expo sur les météorites est grandiose. Une vidéo initie à la formation des galaxies. Des jeux interactifs proposent de simuler soi-même son propre impact d'astéroïde, de provoquer un tremblement de terre. On apprend tout sur la tectonique des plaques. Logiquement, on tombe sur les volcans, puis les minéraux. Noter un très rare grenat-amphibolite provenant de la collision entre le nord de l'Amérique et un autre continent datant d'il y a 1,1 billion d'années. On vous épargne la description de toutes les gemmes, de tous les cristaux, de toutes les fantaisies de la nature. Au rayon des pierres précieuses, ne pas rater les pépites, ni le fameux *diamant Hope,* une des pièces maîtresses du musée (voir encadré). Plus assez d'encre pour décrire la salle fétiche des entomologistes ainsi que celle des squelettes... Bref, un musée où l'on peut facilement passer la journée. Attenant, un délicieux *Butterfly Garden* pour se rafraîchir en sortant.

DIAMANT NOIR

La vedette du musée, le diamant Hope, est un joyau bleu de plus de 45 carats ! C'est un Français qui le rapporte d'Inde et le vend à Louis XIV. La pierre aurait été volée sur une statue divine, ce qui explique que les propriétaires du bijou ont connu des sorts tragiques. La famille Bourbon en hérite jusqu'au fameux vol de 1792. En 1958, le joaillier Harry Winston, qui en est alors propriétaire, en fait don à la Smithsonian. Pour plus de discrétion, il l'expédie par la poste, dans une enveloppe kraft ! Le célèbre « diamant bleu de la Couronne » n'a depuis quitté le musée qu'à quatre reprises, dont une fois pour une expo au Louvre, en 1962. Et la malédiction semble s'être apaisée !

National Portrait Gallery *(plan couleur II, G4,* ***205****) : 8th et F St. • npg.si.edu/ • Ⓜ Gallery Place (sortie « 9th St » et « G St »). Tlj 11h30-19h.*

Installé dans l'*Old Patent Office Building,* l'un des plus anciens bâtiments publics de Washington, édifié suivant les plans de L'Enfant. Il y voyait déjà une sorte de panthéon des personnages illustres. Construit en 1836, pendant le mandat d'Andrew Jackson, en style *Greek Revival.* Pendant la guerre civile, il fut transformé en hôpital. Imaginé dès la moitié du XIXe s, ce musée des portraits ne fut pourtant créé qu'en 1968. Il partage le loyer avec le *Smithsonian American Art Museum* (entrée sur G St ; lire plus loin) dont les collections s'imbriquent avec celles de la *Portrait Gallery,* au hasard des escaliers et des couloirs. Un musée à faire l'après-midi, après ceux qui ferment à 17h30. Mais bien compter 2-3h de visite. En voici les principales sections.

Rez-de-chaussée

Expos temporaires (souvent photographiques) et cafétéria. C'est l'Amérique contemporaine, avec les portraits des *pipoles,* d'André Agassy à Hillary Clinton, en passant par Angela Davis. La scénographie est très belle. Salles voûtées, couleurs lumineuses, éclairage tip-top. Portraits à l'huile sur toile, patchworks, montages photos, crayons gras, tout y passe. On continue vers la galerie des personnages ayant vécu de 1600 à 1900 (normal, avant, il n'y avait pas d'Américains, à part les Indiens). En passant, jeter un coup d'œil sur la carte des États-Unis de 1898 (exposée en face de celle de 1600). On remarque que la France se situait à l'est de la Virginie. Dans la salle des hommes illustres, un portrait de Louis XIV. La Louisiane lui doit son nom. En 1682, Robert Sieur de La Salle proclame la Louisiane française. Les numismates seront bluffés par l'expo de pièces anciennes relatant la conception du nouveau monde. « Un monde n'est pas assez », peut-on lire sur l'envers d'un ducas représentant Charles II. À voir aussi, la première bible imprimée dans le pays en 1663, et petit hommage à John Eliot (1604-1690), missionnaire qui passa une partie de sa vie à traduire la Bible dans la langue des Indiens (bien mal lui en prit). En vrac : beau buste du marquis de La Fayette, une huile sur bois représentant Elizabeth I, quelques carnets de voyages du début du XXe s, notamment un d'Henry Bacon (l'architecte du Lincoln Memorial). Les photographes se passionneront pour les tout premiers daguerréotypes (moitié du XIXe s), dont un portrait (rare) d'Henry David Thoreau. Un portrait de Mary Cassatt par Degas permet de faire la liaison sans s'en rendre compte avec le *Smithsonian American Art Museum.* Avant de passer d'un musée à l'autre, ne pas manquer quelques portraits d'Indiens à mettre au crédit de Georges Catlin. Superbe portrait de Black Hawk (1835), le chef *sauk* qui donna tant de fil à retordre à Davy Crockett en organisant la résistance des Indiens dès 1804. Un peu plus loin dans le hall, beau spécimen du télégraphe automatique mis au point par un certain F.B. Morse en 1837, qui fit chanter les fils en sonnant le glas du *Pony Express.* Belles lithos dans la salle consacrée à la guerre de Sécession.

1er étage

Les salles reçoivent des expositions temporaires, notamment de photographes célèbres comme Harry Benson, qui a tiré le portrait de tout le gratin de la planète. Dans la partie réservée aux présidents des États-Unis, tout aussi belle, on remarque un bronze représentant G.W. Bush en train de jouer au palet.

Étage supérieur

La qualité des pièces exposées ne cède en rien à celle du bâtiment proprement dit : mosaïques géométriques au sol, colonnades, coursives éclairées par une verrière, dôme central procurant un éclairage zénithal coloré, vitraux, bas-reliefs... Le grand hall fut entièrement reconstruit consécutivement à l'incendie de 1877. Une salle est consacrée aux célébrités du XXe s : sportifs, artistes, scien-

QUATRE LETTRES ET TROIS COULEURS

La vedette de la National Portrait Gallery est le célébrissime portrait bleu, blanc, rouge de Barack Obama portant le message Hope, *réalisé en deux petits jours par l'artiste de rue Shepard Fairey pour la campagne présidentielle de 2008. Une véritable icône aujourd'hui, dont on ne compte plus les produits dérivés et autres parodies.*

tifiques, vedettes de cinéma. Ne pas oublier les promenades en coursive du dernier niveau. Les fans adoreront le portrait d'Elvis, les autres celui de Raquel Welch (par Frank Gallo, 1969).

Smithsonian American Art Museum *(plan couleur II, G4,* ***205****) : 8th et G St.* *• americanart.si.edu • Ⓜ Gallery Place. Tlj 11h30-19h. Même entrée que le précédent.*
Remarquables collections de peinture, la quintessence de l'art américain dans ce domaine.
Si vous enchaînez la visite de la Galerie de portraits, commencez par le ***3e niveau.*** Expo permanente d'art contemporain. Et ça, c'est fort ! Immanquable : *Sollie 17,* une étonnante installation d'Edward et de Nancy Kienholz. Un réalisme époustouflant. Une réflexion sur l'optimisme et la vie urbaine, en forme d'appartement reconstitué avec bruitages. Il ne manque que l'odeur. Plus loin, une intéressante installation du Coréen Nam June Paik. Juxtaposition d'écrans vidéo (49 canaux en simultanés) formant un planisphère. Aussi, un grand mural d'Alfred Jensen en l'honneur de Pythagore, célébrant ainsi l'unité des Sciences et des Arts. Pollock, évidemment *(Water Figure),* Willem De Kooning *(La Vague, Deux Femmes à la campagne),* Klimt, un emballage de Christo datant de 1961, Robert Rauschenberg *(2 horloges, 1961).* Encore une méga-installation vidéo, faite de 200, écrans de Paik. Un seul écran diffuse un film érotique, on n'a pas de mal à le trouver.
À l'étage inférieur, beaux meubles fin XVIIIe-début XIXe s, dont une très belle table en marqueterie mêlant les essences de bois rare aux marbres. Quelques bronzes de G. Washington pour ceux qui seraient en manque, une marine de Thomas Chambers. Les amateurs de nus ne manqueront pas l'alcôve grenat, vouée aux plus belles œuvres du genre sur marbre, dont la *Tentation d'Ève* d'Hiram Powers. Les impressionnistes ne sont pas en reste : Childe Hassam, Mary Cassatt. Très belle salle entièrement dédiée à l'œuvre de Thomas Wilmer Dewing, dans laquelle trône un Steinway entièrement peint par l'artiste à la demande de T. Roosevelt. Il occupait jadis l'aile est de la Maison-Blanche. Dans le couloir central, le très touchant tableau *Interlude* de Kendall, mais également une série de photos prises pendant la guerre civile par William Bell (1865-1868), montrant les dégâts occasionnés par la guerre. Quelques tableaux orientalistes au passage. Noter l'élégance et la touche personnelle à la Renoir de Harry Siddons Mowbray dans *Idle Hours. Marché à Tanger* de Tiffany, le célèbre verrier, peintre aussi à ses heures. Paysages splendides de F. E. Church. Mais le plus étonnant reste Albert Bierstadt et sa nature idéalisée à l'extrême ou l'exaltation de son état originel poussé au maximum ; dans *Among the Sierra Nevada Mountains,* remarquez cette lumière fantastique sur la montagne. Ravissants vitraux de John Lafarge aux couleurs merveilleuses. Portraits hiératiques de John Singer Sargent. Et puis encore, un remarquable *Valparaiso Harbor* de James McNeill Whistler. Au passage, le style curieux d'Albert Pinkham Ryder, puis Frederic Carl Frieseke qui lorgne du côté de Renoir, assurément. Et pour finir, le très beau rendu (à la Monet) de *Round Hill Road* de J. H. Twachtman.
Chez les contemporains *: Ryder's House* d'Edward Hopper ; Peter Blume, Reginald Marsh ; puis section « Work and Progress », les peintres de la ville et de la vie industrielle. Œuvres exprimant le social et le travail dans le style Fernand Léger ou proche du réalisme socialiste. Pittoresques personnages de William H. Johnson, *Godly Susan* de Robert Medearis, *Homecoming* de Norman Rockwell, *The Farmer Kitchen* d'Ivan Albright. Puis section « Models in modernism » : Georgia O'Keeffe *(Cityscape with Roses),* Gertrude Greene, Frank Stella, Motherwell... Chaque salle est un ravissement. Vient ensuite, et pour terminer, la salle des peintres abstraits : toiles de Hartley, Dove, Bluemner, Morris. Superbe poisson de Calder. Dès 1913, ces artistes rompront avec la peinture traditionnelle où dominaient les paysages, pour embrasser une expression picturale sans précédent à base de formes et de couleurs, mettant en avant la formidable énergie de l'Amérique entrant tambour battant dans le XXe s.

Renwick Gallery *(plan couleur II, F4,* ***206****) : Pennsylvania Ave (et 17th St).* • *americanart.si.edu* • Ⓜ *Farragut West. Dépend du Smithsonian American Art Museum.*
Construit pendant la guerre civile, ce fut le premier musée d'art de la ville. Proche de la Maison-Blanche, c'est une belle construction de style Second Empire, qui abrita, de 1874 à 1897, les collections de la Corcoran Gallery, puis, jusqu'en 1964, l'*US Court of Claim*.
Son *Grand Salon* au 1er étage, avec son ameublement victorien, est considéré comme l'un des plus luxueux de la ville. C'est ici qu'est exposée l'immense œuvre de George Catlin. En cinq voyages, entrepris entre 1830 et 1836, convaincu que l'expansion des Blancs vers l'ouest allait causer des changements irrémédiables, Catlin entreprit de capter sur la toile la vie quotidienne des tribus. Il en résulte une œuvre comportant plus de 500 tableaux, presque tous exposés ici.
Quand Catlin entreprit son 1er voyage en 1830, le congrès venait tout juste de voter une loi qui imposait aux tribus de se cantonner dans le sud-est et l'ouest du Mississippi. Cette injonction forcée créa une pression sans antécédent sur le mode de vie des Indiens. Catlin choisit alors, parfois au péril de sa vie, d'immortaliser les scènes de la vie courante. Il peignit également de nombreux portraits. C'est tout un pan de l'histoire de l'humanité qui émane de sa peinture. Et quand bien même ses détracteurs trouvent que l'homme n'avait aucun talent, il eut au moins le mérite d'entreprendre ce travail unique. Son œuvre est irremplaçable, car elle fige la réalité d'un peuple à travers les couleurs, ce que la photographie de Curtis ne permettait pas encore.
Les autres salles proposent, quant à elles, les dernières créations en matière d'*American craft,* à savoir des œuvres particulièrement originales dans le domaine des arts décoratifs, pour lesquelles tous les matériaux possibles et imaginables sont utilisés. Les plus belles pièces du fonds sont présentées par roulement. Cependant, une dizaine d'entre elles sont là de façon quasi permanente, comme le stupéfiant *Game Fish* de Larry Fuente, fait de perles et peignes de couleur, soldats en plastique, dominos, pinceaux, etc. Dans le même genre, la *Ghost Clock* de Wendell Castle, *Four Seasons* de Harvey Littleton, *Gate* d'Albert Paley, *Reflections* de Cynthia Schira, *Feast Bracelet* de Richard Mawdsley, et tant d'autres artistes inclassables et au style si personnel !

National Postal Museum *(plan couleur II, H4,* ***207****) : Massachusetts Ave et N Capitol St.* • *postalmuseum.si.edu* • Ⓜ *Union Station. Dans le magnifique bâtiment de la poste, à côté de Union Station.*
Création commune de la Smithsonian Institution et des services postaux américains, ce musée retrace l'histoire de la poste aux États-Unis, de l'époque coloniale à nos jours, en passant par le *Pony Express.* Des curiosités à ne pas manquer. Dès l'entrée, Benjamin Franklin, sûr de lui, accueille le visiteur. Puis, tout de suite, quelques souvenirs plus ou moins inattendus, dont un fragment d'un colis provenant de l'avion qui s'est crashé sur le Pentagone le 11 septembre 2001, ou la clé de la boîte aux lettres du *Titanic* (il paraît que les employés se sont battus jusqu'au bout pour sauver le courrier, alors que le bateau coulait). Ici, c'est le royaume de l'interactivité (maîtrise de la langue anglaise fortement recommandée). Mais c'est aussi l'occasion de voyager à travers tout le pays. Superbe *Ford A* de l'US Mail, rare *dogsled* de 1922 qui servait à distribuer le courrier en Alaska. Visite d'un wagon de train postal, une animation explique comment le courrier est acheminé, belle collection de boîtes aux lettres du monde entier.
Dans la partie philatélie, les amateurs apprécieront les épures originales des timbres : Carl Herman, Howard Paine, Phil Jordan, Bradbury Thompson en étaient les principaux artistes. Ne pas manquer le très beau portrait de Judy Garland par Ethel Kessler, ainsi que la collection de timbres rares de Benjamin K. Miller. Les philatélistes seront aux anges dans le coffre réservé aux timbres précieux. Les enfants adoreront *Owney,* le chien-facteur (on connaissait le facteur Cheval) qui opérait à New York en 1888 et qui fit le tour du pays avec le train postal en 1895,

puis mit le cap vers l'Asie avec la malle des postes. Il est toujours la mascotte des employés des services postaux.

Les autres musées, sur le Mall et à proximité

National Gallery of Art *(plan couleur II, G5,* ***208****)* **:** *Constitution Ave (et 6th St).* ☎ *202-737-4215. Rens pour les tours en français :* ☎ *202-842-6246.* • *nga.gov* • Ⓜ *Archives Memorial. Lun-sam 10h-17h, dim 11h-18h. Gratuit (audioguide : 5 $). Un circuit des œuvres principales (en 1h) est proposé à l'entrée.*

Dans un immense bâtiment avec une rotonde centrale monumentale et des patios latéraux aux fontaines fleuries, des dizaines de milliers d'œuvres. De la peinture, bien entendu, mais aussi de la sculpture, des galeries d'art décoratif et d'ameublement. Le musée est dans un processus de rénovation qui semble permanent. Les œuvres sont donc déplacées dans d'autres salles, d'autres ailes, parfois de l'étage au rez-de-chaussée, parfois aussi au gré des grosses expos temporaires. Voilà donc l'ordre dans lequel nous avons trouvé le musée ; nulle garantie qu'il n'ait pas changé.

En général, les salles sont dédiées à un ou deux artistes principaux et à quelques autres de la même époque.

West Building : 1er étage, aile ouest (ordre à peu près chronologique)

– ***Du XIIIe au XVe s en Italie :*** salles 1 à 15. Impossible de tout citer, voici nos coups de cœur : une *Vierge à l'Enfant* (avec un Jésus boudeur) de Filippo Lippi et une *Madone et Enfant* en marbre de l'atelier d'Agostino de Duccio (Vierge gracieuse et beau mouvement des vêtements). Salle de sculpture florentine (Vierges polychromes). *Ginevra de' Benci,* seule œuvre de Léonard de Vinci en Amérique (tableau recto verso), tableau de jeunesse à caractère psychologique (peut-être le premier portrait du genre dans l'histoire de la peinture) ; notez le fabuleux travail sur la peau de porcelaine. De Botticelli, des portraits, une *Vierge à l'Enfant* (attribuée) et remarquable *Adoration des mages* dont on observe le bel équilibre des personnages dans la composition. Salle Verrocchio : *Alexandre le Grand,* moyen-relief (de son atelier). Superbes œuvres de Luca Della Robbia et de ses frères.

– ***Le XVIe s en Italie et en Espagne :*** salles 16 à 28. *Peinture vénitienne : Le Festin des dieux,* peint en association par Bellini et Titien, magnifique *Adoration des bergers* de Giorgione, *Fuite en Égypte* de Carpaccio, festival de portraits de Giovanni Bellini. *Peinture florentine : Crucifixion* du Pérugin (paysages en fond exquis) ; de Raphaël : *La Madonna d'Alba,* un des plus beaux tableaux de la Renaissance, mais surtout *Bindo Altoviti* (raffinement du visage et de la chevelure). Nombreux Titien (*Saint Jean à Patmos,* le *Doge Andrea Gritti* et étonnant *Rannuccio Farnese*), Tintoret *(Christ au lac de Tiberiade).* Enfin, la salle 28 consacrée au Greco. Le *Laocoon,* seul sujet mythologique de son œuvre, avec un cheval qui pénètre dans une ville qui n'est pas Troie, mais bien Tolède, et un *Saint Martin et le mendiant.*

– ***Peinture du XVIIe s en Italie, Espagne et France :*** salles 29 à 34 et 36-37. Adorable Dosso Dossi, *Circé et des amants,* tous transformés en animaux ; Orazio Gentileschi, *La Joueuse de luth* ; Murillo, *Deux Femmes à la fenêtre* ; et, en France, le Lorrain, Le Nain, Bourdon, Poussin, Simon Vouet et la sublime *Madeleine repentante* de Georges de La Tour : on reste pantois devant cette admirable distribution de la lumière.

– ***Peintures allemande et hollandaise du XVIe s :*** salles 35 et 38 à 41A. Salle Dürer, *Portrait d'un clerc, Loth et ses filles.* Cranach : *Nymphe de Printemps,* travail sur les voiles, le drapé et les buissons, les oppositions de couleurs. *Portrait d'homme* d'Hans Schäuffelein, *Portrait de Diego de Guevara* de Michael Sittow.

– ***Les chefs-d'œuvre des Pays-Bas au XVIIe s :*** salles 42 à 51. Symbolisme de *Mort et Avarice* de Jérôme Bosch. *Portrait de dame* de Rogier Van der Weyden, à la représentation psychologique très affirmée : concentration du modèle sur des pensées intérieures. Mines goguenardes du *Dancing Couple* de Jan Steen et original portrait de profil de Jan de Bray, représentant ses parents. Quasi surréaliste *Calice au serpent* de Memling. *Annonciation* de Jan Van Eyck, un des chefs-d'œuvre du musée, peint avec un hallucinant sens du détail. Remarquable ensemble des portraits dans l'une des salles Van Dyck, dont *Isabelle Brant,* la première femme de Rubens, et le superbe *Marchesa Balbi* (remarquable travail du brocart noir et or). Splendides lions du *Daniel aux lions* de ce même Rubens ; Roelandt Savery l'aurait aidé pour peindre les fauves. Frans Hals, bien sûr, et nombreux Rembrandt : *Le Philosophe, Autoportrait* (de 1659), où l'artiste est moins complaisant que son atelier *(Portrait de Rembrandt)* ! Impressionnant *Bateaux en détresse sur les récifs* de Ludolf Backhuysen. Scène de patinage d'Hendrik Avercamp, sublime *Paysage de rivière* de Bruegel l'Ancien (détaillé jusque dans les reflets des barques et de voiles dans l'eau). Un des chefs-d'œuvre du musée : la *Fille au chapeau rouge* de Vermeer, ainsi que *La Peseuse de perles (Femme à la balance).* Également de magnifiques natures mortes.

West Building : 1er étage, autre aile

La disposition de cette aile ne permet pas de la visiter naturellement dans le sens chronologique. Si vous souhaitez le faire, commencez par le XVIIIe s français (salles 53 à 56), continuez par la peinture anglaise et américaine jusqu'à la fin du XIXe s (salles 57 à 59, 61 et 63), puis retournez au centre du musée pour voir le XIXe s français (parcours parallèle au précédent, salles 80 à 93), et enchaînez sur le XXe s américain (salles 60, 62, et 64 à 71). Sinon, dans l'ordre géographique, vous passerez par le XXe s américain avant le XIXe s français, que vous verrez en remontant le temps, donc dans l'ordre inverse de notre description.

– ***XVIIIe s français :*** Élisabeth Vigée-Lebrun, portrait de *Napoléon dans son cabinet de travail* par David, Gros, Ingres *(Madame Moitessier),* bel ensemble Van Loo et Nattier, Chardin (expressions des *Bulles de savon*), Largillière, Boucher... *Comédiens italiens* de Watteau, avec un superbe Pierrot. Dramatique *Naufrage* de Vernet. Salle Fragonard avec, notamment, *La Liseuse,* qui, en 1776, annonce l'impressionnisme, *La Balançoire, Le Jeu de colin-maillard...* Buste de Voltaire par Houdon (avec perruque !).

– ***Goya et l'école espagnole :*** célèbre *Marquise de Pontejos* (salle 52).

– ***Peinture anglaise :*** charme de salles réparties entre romantisme et impressionnisme. Constable *(Salisbury Cathedral),* Reynolds, Raeburn : jeu de couleurs brun-rouge des *Jumeaux,* fraîcheur de *Miss Eleanor Urquhart.* Turner : lumineux *Rotterdam Ferry Boat,* magique *Dogana a Santa Maria Della Salute.*

– ***Peinture américaine :*** ne pas rater les fantasmes mystiques et flamboyants de Thomas Cole, surtout les extraordinaires paysages du *Voyage de la Vie,* au romantisme exacerbé. Dans *La Vieillesse,* lumière et zones sombres contrastent merveilleusement. Dans *L'Âge adulte,* au lyrisme torride, le torrent symbolise bien sûr l'inconnu et ses dangers. *Watson and the Shark,* un fait-divers tragique commandé 30 ans plus tard par la victime elle-même, qui avait perdu une jambe dans l'aventure, et un curieux *Eleazer Tyng* (tête disproportionnée) de John Singleton Copley. Puis C. W. Peale, Benjamin West, G. Stuart (dont le pinceau exprimait toujours une grande humanité) et son célèbre *Portrait de Washington.* Salle dédiée à George Catlin, le peintre des Indiens. Un de nos préférés, le *Vieux Violon* de W. M. Harnett, dont on admirera la technique picturale (noter le réalisme de l'annonce, qui semble se détacher). *Fleurs* de Martin Johnson Heade, sujets originaux de Winslow Homer. D'autres paysages fantastiques avec F. E. Church *(The River of Light).* Puis J. S. Sargent (*Le Repos,* dont la richesse du drapé souligne la simplicité et l'abandon du visage) et James McNeil Whistler avec le fameux *Wapping on Thames* et *The White Girl,* dont le lys virginal domine une peau d'ours légèrement sanguinolente... il y a du symbole là-dessous ! Enfin, voir le japonisant *Harmonie hivernale* de Twatchman et *Both Members of this Club* (force brute des boxeurs et trognes des spectateurs).

– ***École anglaise encore :*** Constable, Hogarth, fascinant Turner et son *Marinier ajoutant du charbon à la lueur de la Lune,* la *Douane et San Giorgio Maggiore.* On y sent déjà l'évolution du style vers une épuration totale des lignes, une dilution des contours tendant lentement vers l'abstraction. Gainsborough : *Portrait de Mrs Sheridan,* rendant le mouvement du vent, inscrit dans une ellipse excentrée, dans les arbres et les vêtements. Inhabituel paysage de montagne du même Gainsborough et encore Reynolds, Romney...

– ***Peinture française :*** impressionnistes, romantiques, etc. Impressionnantes *Quatre danseuses* de Degas, ainsi que des portraits de styles très divers. Puis Pissarro, *Hampton Court Green* et Seurat (superbe et lumineux *Phare à Honfleur*), émouvantes *Danseuses* de Renoir, intrigante *Voie ferrée* de Manet et *La Prune,* joli portrait d'une frimousse de grisette. Ensuite, 14 Monet (dont 2 des *Cathédrales de Rouen,* ainsi que le *Palazzo de Mula à Venise* et la magnifique *Femme au parasol*). Salle Van Gogh avec un prodigieux *Autoportrait* peint lors de son séjour à l'asile de Saint-Rémy, *La Mousmé* et *Roses,* un fabuleux travail de déclinaison de verts, et Gauguin *(Paroles du diable).* Salle un peu hétéroclite autour de Mary Cassatt *(La Loge, La Promenade en barque)* et de Renoir, sur le sujet « filles et femmes », *La Fille à l'arrosoir* et la lascive *Odalisque.* Lumineuse salle Cézanne, dont l'*Arlequin et le gilet rouge* semble introduire, en 1890, Picasso et le cubisme. La transition est faite avec le XXe s. En outre, au fil des salles, Vuillard, Berthe Morisot, Seurat, Puvis de Chavanne, Redon et peinture française de la première moitié du XIXe s (Géricault, Delacroix, L. L. Boilly et Corot avec la *Fille italienne* et *L'Atelier de l'artiste*).

– ***Peinture américaine du début du XXe s :*** *Blue Morning* de George Bellows, mais surtout son terrible *Combat de boxe,* où les visages des spectateurs oscillent entre Goya et Bacon. Son *New York* est fort bien rendu aussi. Intéressants *The Lone Tenement* et *The City from Greenwich Village* de John Sloan.

West Building, rez-de-chaussée

– Les ***Sculpture Galleries*** comprennent 10 zones distinctes : fin XIXe s et cire perdue, Auguste Rodin, Degas et les peintres sculpteurs contemporains, début de la forme moderne, XVIIIe et XIXe s, sculpture et ameublement du XIXe s, porcelaines chinoises, fin de la Renaissance et baroque, Renaissance, Renaissance et Moyen Âge. Au passage, les *Petits Députés en bronze* de Daumier, la *Danseuse* de Degas, les sculptures de Rodin, des Maillol, Houdon et tant d'autres choses...

East Building (si vos jambes vous soutiennent encore...)

Édifié par Pei, le nouveau bâtiment très sobre de la National Gallery est en soi une œuvre d'art. Superbe lumière, volumes fascinants offrant une multitude de visions changeant au fil de la visite. Belle vue depuis la mezzanine sur le bâtiment ouest et les pyramides obliques. Cet « anti-Centre Pompidou » accueille les œuvres contemporaines que le bâtiment principal gardait dans ses caves, faute de place. Au sous-sol, art contemporain : Chuck Close *(Fanny/finger),* Rothko, semi-figuratif et non figuratif, deux Pollock, une *Marylin* et un plus inattendu *(A boy for meg),* Lichtenstein (*Cubic still life,* qui évoque Braque), Richard Diebenkorn, Sigmar Polke *(L'espoir c'est : attendre pour tirer les nuages)...* Et encore Barnett Newman, Clyfford Still, Frank Stella et une salle de collages de Matisse. Splendide (les mots nous manquent...) salle Calder où les mobiles (de tout type) projettent leurs ombres sur les murs blancs (aussi belles et parfois plus que l'œuvre elle-même), maquettes de « stabiles » et « animobiles ».

Dans le hall du rez-de-chaussée, statue monumentale *Le Capricorne* de Max Ernst, tapisserie de Miró et un grand mobile de Calder, à l'impressionnant balayage aérien. En haut, salles d'expos temporaires où sont parfois exposées des œuvres de l'aile ouest et salles du début du XXe s. Quelques Picasso figuratifs périodes bleue *(La Tragédie)* et rose, mais aussi hors périodes comme le *Portrait de Pedro Manach* (1901). Matisse, Modigliani. Et encore Kandinsky, Braque, Picabia ou Magritte *(La Condition humaine)* et d'autres surréalistes comme Tanguy et Marcel Duchamp. Sculptures d'Hans Arp, Brancusi et Giacometti.

En complément, n'oubliez pas d'aller faire un tour dans le ***Sculpture Garden,*** contigu à l'aile ouest, sur 7th St. Œuvres de Louise Bourgeois, Miró, Roy Lichtenstein ou Isamo Noguchi, suffisamment espacées pour ne pas se télescoper. Un bien agréable endroit, transformé l'hiver en patinoire.

|●| Dans le musée, 4 *cafétérias* proposent des repas, mais c'est assez cher. Préférer l'agréable ***Garden Café*** dans la rotonde de l'aile ouest. Savoureux buffet à volonté pour 20 $, ou à la carte. Également un *espresso bar.*

U.S. Holocaust Memorial Museum (plan couleur II, F5, ***209****) : Raoul Wallenberg Pl (à l'angle d'Independence Ave et de 14th St SW ; à env 350 m de* Washington Monument*). ☎ 202-488-0400. • ushmm.org • Ⓜ Smithsonian. Tlj sf Yom Kippour et Noël 10h-17h20 (19h50 mar et jeu d'avr à mi-juin). Entrée gratuite, mais ticket nécessaire pour visiter l'expo permanente du musée. On peut le réserver par tél au ☎ 1-800-400-9373 ; sinon, venir tôt pour retirer les billets du côté de 14th St (pas après 14h en tout cas).*

Ce musée retrace le génocide juif, les actes d'héroïsme et les histoires des survivants de la Seconde Guerre mondiale. Sans doute le mieux conçu au monde sur le sujet. Visite en tout cas obligatoire, surtout pour les jeunes. Au minimum 2h. Cœurs sensibles, s'abstenir.

D'abord, parlons de l'architecture du lieu. L'architecte, James Ingo Freed, visita au préalable nombre d'anciens ghettos et camps de concentration. Pour lui, il s'agissait de réintroduire dans son projet, de façon métaphorique, subtilement (à la limite du subliminal), ses observations physiques et toutes ses émotions. Le résultat est extraordinaire. Les allusions à l'Holocauste ne sont jamais évidentes ou ouvertement suggérées. D'ailleurs, chaque visiteur peut interpréter à sa façon ces signes. Mais c'est peut-être leur accumulation qui est destinée à le troubler, voire à le perturber. Ainsi, pour les signes les plus évidents, les arches en brique de nombreuses portes évoquent celles des camps. L'addition des barrières, rambardes, passerelles, etc., est, semble-t-il, l'illustration de symboles du cheminement menant à la séparation. Ces symboles, on n'en finirait pas de les relever un par un. Comment ne pas interpréter le rétrécissement de l'escalier du hall principal vers le sommet comme la voie étroite des rails menant aux camps et, de loin, semblant vouloir converger par un effet de perspective ? Tout est en anglais, mais cela reste tout à fait compréhensible. Entre les différentes sections sont exposées des œuvres d'art contemporain d'une grande sobriété, pour ménager des temps de pause (Sol Lewitt, Elsworth Kelly...). Déroulement chronologique de la visite :

4th Floor (dernier étage)

Des origines de l'antisémitisme, l'affaire Dreyfus, les pogroms russes, l'émergence des théories raciales en biologie... tout ce qui explique sans l'excuser les fondements de l'Holocauste. La période 1933-1939 (la prise de pouvoir des nazis). Documents inédits, discours, films, toute la mise en place du système nazi dans son implacable et inexorable logique. Les persécutions de la communauté juive, les livres brûlés, centres culturels dévastés, synagogues incendiées... Mais aussi les autres communautés ennemies : tziganes, homosexuels, francs-maçons, etc. Vidéos incroyables, les diatribes de Goebbels, etc. La dramatique histoire du *Saint-Louis,* qui erra avec ses 936 passagers juifs sur l'Atlantique d'un pays à l'autre et fut même refusé par les États-Unis. Contraints de revenir en Europe, nombre de ces passagers disparurent dans l'Holocauste. Extraordinaires photos de Roman Vishniac et témoignage sur la vie d'un *shtetl* du Yiddishland (village juif d'Europe de l'Est).

3rd Floor (2e étage)

1940-1945 (la solution finale). Mise en place des instruments de la destruction du peuple juif. Les ghettos et les camps de transit en France, comme Pithiviers, Drancy, Gurs, Beaune-la-Rolande... Témoignages sur les ghettos de Terezin, Lódz, Kovno... Vestiges du mur de Varsovie. Massacres par les *mobile killing squads.* Photos émouvantes des dirigeants de l'insurrection du ghetto de Varsovie, dont Marek Edelman, aujourd'hui le dernier survivant. Expo d'un wagon de la déportation, témoignages sur la sélection à l'entrée des camps, la vie à l'intérieur, le travail comme esclaves. Photos terribles de l'*escalier de la mort* à Mauthausen. Maquettes de camps, objets et mobilier (lits retrouvés à Birkenau, table sur laquelle on arrachait les dents en or des cadavres, et crématorium provenant de Majdanek). Les chambres à gaz sont évoquées par une maquette en trois parties d'un blanc immaculé, où des personnages miniatures mais très expressifs font la queue pour pénétrer dans le bâtiment des « douches », se déshabillent, puis se tordent dans une attitude de souffrance due à l'asphyxie pendant que leurs bourreaux perchés sur le toit versent le contenu des bidons de gaz zyclon B par une bouche d'aération... puis on assiste à l'évacuation de leurs cadavres. L'horreur absolue ! Terrifiantes vidéos relatant les expériences médicales (tortures plutôt) auxquelles se livraient les nazis sur les juifs, et témoignages sonores de survivants sur la vie dans les camps.

2nd Floor (1er étage)

The Last Chapter. La résistance des partisans juifs, les actes de courage et de solidarité dans les pays occupés, les révoltes des ghettos et des camps, terribles vidéos de leur libération (notamment Bergen-Belsen). Alors que leur héroïsme sans tapage n'est guère connu des Français, hommage appuyé ici aux habitants du *Chambon-sur-Lignon* (Haute-Loire), qui sauvèrent des milliers de juifs pendant la Seconde Guerre mondiale. Ainsi qu'au *groupe Manouchian* (l'Affiche rouge) et à *Marcel Rayman,* l'un de ses membres. Dessins des enfants de Terezin. *Hall of Remembrance* dédié à toutes les victimes de l'Holocauste.

1st Floor (rez-de-chaussée)

Mur du Souvenir *(Children Tile Wall)* érigé à la mémoire du 1,5 million d'enfants victimes de la barbarie nazie. Ce sont des enfants américains qui peignirent les 3 000 carreaux le composant. Expos temporaires.

– ***Remember The Children, Daniel's Story :*** accessible à partir de 8 ans environ, cette remarquable section spéciale enfants a été supervisée dans le moindre détail par trois pontes de la pédopsychiatrie. Dans des décors plus vrais que nature (comme les Américains savent si bien faire), et avec des mots simples mais poignants, on suit l'histoire vraie de Daniel, un petit garçon juif qui a survécu à l'Holocauste. On entre d'abord dans sa maison, on visite sa chambre, on regarde ses jouets et on l'écoute raconter sa vie d'enfant. Libre d'abord, puis persécuté. On assiste au départ de la famille dans le ghetto de Lodz, avant la déportation à Auschwitz, d'où sa mère et sa sœur Érika ne reviendront pas. Extrêmement bien fait.
– Pour les historiens (et les autres), le *Holocaust Research Institute* abrite une riche bibliothèque contenant de nombreuses archives. À déconseiller cependant aux jeunes enfants et aux personnes sensibles (certaines images sont vraiment dures).

Corcoran Gallery of Art *(plan couleur II, F4-5,* ***210****) : 500 17th St (et New York Ave NW). ☎ 202-639-1700. Infos : ☎ 202-638-1439. • corcoran.org • Ⓜ Farragut West. Tlj sf lun-mar et j. fériés 10h-17h (21h jeu). Entrée : 10 $; réduc ; 14 $ pour expos spéciales ; donation libre jeu après 17h.*

La plus importante et la plus ancienne des galeries privées de Washington. Ses collections furent léguées par William W. Corcoran, banquier de son état et fondateur de la galerie en 1869. Installé dans un splendide édifice de style Beaux-Arts de la fin du XIXe s, qu'admirait beaucoup F. L. Wright. Impossible de citer toutes les richesses de ce musée qui, de plus, s'est agrandi et présente des expos temporaires qui envahissent l'espace ! Voici donc ce que vous devriez voir :

Au rez-de-chaussée (sauf expo temporaire)

Beau vitrail de la cathédrale de Soissons (XIIIe s). Superbe porcelaine d'Urbino (XVIe s), *Vierge à l'Enfant* de l'atelier du Pérugin, nombreux peintres flamands et hollandais, des Corot *(Repos),* Constable. Les plus beaux Gainsborough qu'on connaisse sont exposés ici, parmi lesquels *Lady Dunstanville.* Élisabeth Vigée-Lebrun avec sa *Madame du Barry* annonce Renoir dans la manière. Éblouissante *Tête de Maure* de Regnault. Au passage, un magnifique *Cabinet italien,* chef-d'œuvre d'ébène incrusté d'ivoire et os gravé. Côté peinture américaine, *42 Kids* de G. W. Bellows ; puis Robert Henri, de remarquables John Sloan *(Yeats at Petitpas)* et *Ground Swell* d'Edward Hopper, etc. Vient ensuite Thomas Cole, le lyrique fou, celui qui nous fait rêver fastueusement. Admirer *The Departure,* un modèle de luminosité, de profondeur, de paysage fantasmé, idéalisé à l'extrême, ainsi que *Le Retour,* aux teintes d'incendie dans le soir... Et encore, J. S. Copley, un Renoir, *Vue sur Monte-Carlo de cap Moulin,* et *Saules à Vétheuil* de Monet.
– *Rotonde du 1er étage :* expo d'arts graphiques.
– *Dans le grand escalier :* statues, dont une *Nana* de Niki de Saint-Phalle.

– *Dans le petit escalier qui mène au 1er étage :* tableaux français et américains du XIXe s.

1er étage

Washington à Yorktown de Rembrandt Peale, la *Visite pastorale* de Richard Noris Brooke, qui nous plonge dans la dure condition des Noirs. Grande salle pour accueillir F. E. Church qui noie son public dans ses chutes, puis *The Last of the Buffalos* d'Albert Bierstadt, le peintre de l'Ouest, aux brumes vaporeuses nimbées de lumière, un disciple de Thomas Cole. Un généreux *Washington* de Stuart, une fine scène de genre de William Sydney Mount, puis West, Blackburn, Heale...

2e étage

Entièrement contemporain, avec un fonds permanent et des expos (très intéressantes, allant jusqu'à nos jours). Vous y verrez des Warhol *(Elvis, Mao)*, des Jasper Johns et Cy Twombly (amis de Rauschenberg), des Lichtenstein (belle salle, dont *Non Objective*, un Mondrian malicieusement revu), des combinés photos plus toiles de John Baldessari (très original), etc.

– Enfin, le Corcoran s'enorgueillit de posséder le *Salon doré*, provenant de l'hôtel de Clermont (début XVIIIe s) à Paris. Il avait été acheté en 1904 par le sénateur William A. Clark, industriel francophile, pour meubler sa résidence à New York.

Le Corcoran, dont la muséographie est plus avant-gardiste que celle de la *National Art Gallery*, symbolise vraiment la confrontation harmonieuse et complémentaire de l'art moderne avec les XVIIIe et XIXe s ! À voir aussi, dans l'atrium, la maquette du projet d'extension des espaces éducatifs du musée, conçu par l'architecte Frank O. Gehry (celui du Guggenheim de Bilbao) et qui devrait complètement en modifier la façade (entre autres), en la garnissant d'une structure ondulante de plaques de métal, sa marque de fabrique. Une révolution pour l'une des plus anciennes galeries d'art privées de la capitale !

|●| Dans l'élégante *cafétéria*, chants gospel pour le brunch du dimanche.

National Museum of Women in the Arts *(plan couleur II, F4,* ***211****) : 1250 New York Ave NW (et 13th St). ☎ 202-783-5000 ou 1-800-222-7270. • nmwa.org • Ⓜ Metro Center. Tlj 10h (12h dim)-17h. Entrée : 10 $; réduc ; gratuit pour les moins de 18 ans et pour ts le 1er dim du mois.*

Il faut d'abord parler du bâtiment : une élégante construction de 1907 de style *Renaissance Revival*. Ancien siège de la Grande Loge franc-maçonne de Washington, rénové et transformé en musée d'art en 1987. Cadre remarquable, à la hauteur des intentions du musée. Admirer le hall principal, tout en marbre, avec sa double volée d'escaliers à balustres et sa mezzanine. Sol à figures géométriques polychromes. Chaque marche de l'escalier porte une plaque avec le nom d'une femme des familles donatrices... il y a des familles complètes !

Essentiellement des œuvres de femmes artistes (originaires d'une trentaine de pays) qui n'auraient pas, vu la misogynie des milieux de la peinture aux États-Unis, trouvé de place dans les musées traditionnels (ou si peu ; on prétend que seulement 5 % des œuvres exposées dans les musées contemporains sont des œuvres de femmes). En effet, on ne trouve quasiment jamais d'œuvres de Lilla Cabot Perry (une impressionniste, grande amie de Monet et auteur du remarquable portrait *Femme au bol de violettes*, exposé ici) dans les musées importants. Idem pour Helen Mary Hale (*June*, portrait insistant sur la netteté de l'action en cours alors que le reste est, volontairement, légèrement flou). Et tant que le talent des femmes sera minoré, il faudra des National Museum of Women in the Arts pour rétablir un semblant d'équilibre et de justice.

En bas, salle d'expositions contemporaines, puis galerie avec mezzanine, allant du XVIIe s aux impressionnistes. En guise de mise en bouche, dans la mezzanine, le *Portrait d'une femme noble* de Lavinia Fontana, une artiste florentine du XVIe s considérée comme la première femme peintre de l'histoire de l'art. Les œuvres tournent souvent, mais vous retrouverez régulièrement les artistes qui suivent : Élisabeth Vigée-Lebrun, Blanche Rothschild *(La Robe de mariée)*, Suzanne Valadon *(Fille sur un petit mur)*, Philomène Bennett *(Rivière rouge vers le paradis)*, Connie

Fox *(Wind and Wing in the Parapet),* Rosa Bonheur (grand peintre animalier). Belle salle Élisabeth H. Kasser Wing : portraits de femmes (dont celui de la donatrice, aussi belle que riche), peints au fil des siècles, jusqu'en 1965, par des femmes (dont Sofonisha Anguissola, 1532-1625, et Elisabetta Sireni, 1638-1665, deux peintres italiennes intéressantes, inconnues même en Italie).
Dans les étages : expositions temporaires et collections permanentes. Sylvia Snowdon *(Lenita)* ; Martha Jackson-Jarvis (*Hands of Yemaya,* extraordinaire composition murale) ; Marcia Gygli King *(Storn series II)* ; Frida Khalo (un autoportrait dédicacé à Léon Trotski) ; Emily Carr ; Dorothea Tanning (superbe *Jeux d'enfants*) ; Eve Drewe Lowe ; Romaine Goddard Brooks ; Isabel Bishop (remarquables gravures) ; Georgia O'Keeffe (une des plus présentes dans les musées américains, avec Mary Cassatt) ; Lilla Cabot Perry ; Mary Jane Peale *(Portrait of Mrs Rubens Peale)* ; Jean Maclane *(The Visitor)* ; Marie Laurencin *(Jeune fille à la guitare)* ; Suzanne Valadon *(La Poupée abandonnée)* ; Tamara de Lempicka *(Jeune Fille bretonne)* ; Joan Personette ; Sonia Delaunay ; Elizabeth Sinani. Présentation de planches animalières richement détaillées et colorées (façon Audubon) de Maria Sibylla Merian (1647-1717). Eaux-fortes de la Berlinoise Käthe Kollwitz. Salle japonaise avec un très beau paravent. Grand centre de recherche (sur rendez-vous) et bibliothèque sur l'art des femmes.

WASHINGTON D.C.

Possibilité de se restaurer au ***Mezzanine Café,*** avec belle vue sur le hall principal. ☎ *202-628-1068. En sem 11h30-14h30.* Bonne cuisine : *daily specials,* salades, sandwichs, *carrot* ou *chocolate mousse cakes,* etc. Entrée gratuite pour ce café... qui permet d'admirer presque le tiers de la collection !

International Spy Museum *(plan couleur II, G4,* ***212****)* **:** *800 F St NW.* ☎ *202-393-7798 ou 1-866-SPYMUSEUM.* • *spymuseum.org* • *(très beau site).* Ⓜ *Gallery Place, Chinatown (sortie « 9th St/Museums »). Ouv 10h-19h (18h oct-mars) ; horaires sujets à variations, se renseigner. Entrée : 18 $; réduc. Visite recommandée en milieu de sem ap-m 14h, quand le musée est plus tranquille ; sinon, l'afflux de visiteurs gâche le plaisir.*
Un musée sur l'espionnage ! Ouvert depuis 2002 et situé dans de très beaux bâtiments datant de la fin du XIXe s, c'est le premier du genre au monde. Son objectif est de faire découvrir au grand public l'espionnage depuis les temps bibliques jusqu'à nos jours, ainsi que le rôle et l'impact des espions dans l'histoire, de manière pédagogique, ludique et interactive. Dès l'entrée, le ton est donné : l'espion, c'est vous. Après vous être choisi une identité factice et avoir mémorisé ses caractéristiques (âge, sexe, durée et objectif de la mission...), vous devrez présenter vos faux papiers au douanier et suivre le parcours fléché destiné à mesurer vos capacités d'espion en herbe.
Au milieu d'une amusante exposition de quelque 600 gadgets (parmi lesquels la machine allemande *Enigma* pour brouiller les messages, les fausses *Sterling Pounds* gravées par des juifs détenus en camp de concentration et destinées à déstabiliser l'économie anglaise, le minipistolet dissimulé dans un bâton de rouge à lèvres utilisé par la police secrète de Staline dans les années 1960, la chaussure émetteur-radio, une réplique de l'*Aston Martin* de James Bond 007, un parapluie bulgare avec ses flèches empoisonnées, des boutons de manteau dissimulant une caméra...), il vous faudra apprendre à repérer les dangers, identifier vos ennemis, savoir lire une carte satellite, et même ramper dans un conduit d'aération pour espionner une conversation secrète dans le bureau de Fidel Castro... Des vidéos et diverses reconstitutions – comme l'affaire Dreyfus, la guerre froide – complètent ce vaste projet ; au moins 2h de visite, beaucoup plus si le sujet vous passionne.
Ce qui étonne et impressionne finalement le plus dans ce musée privé (conçu pour faire des profits), c'est le sérieux des expositions et la quantité extraordinaire de choses qu'on y apprend sur l'histoire, la politique, la technologie et la psychologie.

Newseum *(plan couleur II, G5,* ***213****)* **:** *555 Pennsylvania Ave (et 6th St).* ☎ *1-888-639-7386.* • *newseum.org* • Ⓜ *Archives. Tlj 9h-17h. Entrée : 20 $;*

réduc. Créé par le fondateur du quotidien *USA Today,* ce nouveau musée privé, inauguré en 2008, est dédié à la presse et au journalisme. Passionnant et richement documenté, il retrace l'histoire des médias, depuis l'invention de l'imprimerie jusqu'à l'âge du numérique. Cette fabuleuse collection de unes historiques, photos, films d'actualité et installations interactives et ludiques montre l'importance capitale du quatrième pouvoir dans la société américaine. L'objectif du *Newseum* est de défendre la liberté de la presse, qui avait été quelque peu malmenée par l'administration Bush.

PRESSE À SCANDALE

Le Washington Post, *créé en 1877 (à l'époque, il faisait 4 pages et coûtait 3 cents), est le journal le plus célèbre du monde depuis l'affaire du Watergate qui entraîna la chute de Nixon. La révélation de ce scandale d'écoutes clandestines par deux journalistes, Carl Bernstein et Bob Woodward, vaudra l'attribution du prix Pulitzer au journal. C'est le symbole du journalisme d'investigation et de l'indépendance par rapport à tous les pouvoirs. Les bureaux du* Washington Post *(au 1150 15th St NW) sont fermés au public. En revanche, on peut sur demande visiter les deux imprimeries, à l'extérieur de la ville.*

Parmi les 14 galeries du musée, ne manquez pas celles consacrées au Mur de Berlin, au *11 Septembre,* l'extraordinaire collection de photos couronnées par le prix Pulitzer et le film en 4D *I Witness*, qui passe en revue, avec effets spéciaux, certains des grands événements de l'histoire du journalisme.
Des expos temporaires de haute volée complètent ce panorama. Un musée de tout premier ordre à Washington.

National Building Museum (**Pension Building** *; plan couleur II, G4,* **215**) *: 401 F St NW (angle 5th St), à 2 blocs de la* National Portrait Gallery. ☎ *202-272-2448.* • *nbm.org* • Ⓜ *Judiciary Square. Tlj sf* Thanksgiving, *Noël et Jour de l'an 10h (11h dim et j. fériés)-17h. Gratuit, mais don de 5 $ suggéré. Tours guidés mar-ven et dim à 12h30, sam à 12h30 et 13h30. Excellente boutique de souvenirs.*
Voici une visite intéressante pour les amoureux d'architecture du XIXe s. Ce *Pension Building* se révèle un édifice assez exceptionnel. Construit en 1882, il nécessita près de 16 millions de briques et le minimum de bois, pour éviter les incendies. L'une de ses originalités réside dans la frise de terre cuite de 366 m de long qui court tout autour du bâtiment et reproduit pas moins de six régiments de la guerre civile. Il abrita d'ailleurs le service des pensions de l'armée jusqu'en 1926. À l'intérieur, impressionnant hall principal rythmé par de longues galeries à arcades et huit immenses colonnes corinthiennes de 25 m de haut (chacune nécessita 70 000 briques), peintes en faux marbre. Effet de perspective saisissant.
Le National Building Museum abrite d'intéressantes expos sur l'architecture, l'urbanisme et les techniques de construction par thèmes.

Phillips Collection *(plan couleur I, A-B3,* **170**) *: 1600 21st St (et Q St).* ☎ *202-387-2151 ou 0961.* • *phillipscollection.org* • Ⓜ *Dupont Circle. Mar-sam 10h-17h (20h30 jeu), dim 11h-18h. Donation libre en sem, sinon en principe 10 $ (mais variable selon expos) ; réduc.*
Cette collection privée est exceptionnelle par la qualité de ses œuvres, son cadre et sa muséographie. Elle comblera notamment les amoureux des maîtres français des XIXe et XXe s. C'est le plus ancien musée d'Amérique pour l'art moderne. Allez-y en fin de matinée ou en début d'après-midi, de manière à prendre votre *lunch* dans le très agréable petit café (tranquille et bon marché) attenant au musée.
À l'origine, Duncan Phillips, un riche héritier fou d'art et de peinture, amoureux de la couleur, commença d'acquérir avec un goût très sûr de nombreuses toiles, d'abord d'impressionnistes, puis de peintres de son temps. En 1921, il ouvrit au public quelques pièces de sa propre maison, une belle demeure victorienne de 1897. Dans cette première présentation, Duncan Phillips ne proposait rien moins que des Char-

din, Monet, Sisley, mais aussi des Américains de son époque : Twachtman, Whistler, Ryder... démontrant là un flair étonnant. Aujourd'hui, la collection compte plus de 2 000 tableaux.
Près de l'entrée, peintres américains contemporains, avec une salle consacrée à Rothko. Au 2e étage, se laisser guider autour d'œuvres se ressemblant ou s'opposant, cette présentation correspondant à la volonté de Phillips. L'ordre importe peu ; d'ailleurs, il y a régulièrement des changements. Harmonie des salles Bonnard (période 1918-1927), Dufy, Klee (avec notamment *Arab Song, Le Mystère de la femme voilée...*). Cabinet d'esquisses et de fusains (Fantin-Latour, Degas, Puvis de Chavannes, Millet, Daumier...), mettant en valeur un pastel et un tableau, et abritant un *Portrait du docteur Gachet* (Van Gogh), pour une fois en noir et blanc. Les autres salles sont semi-communicantes entre elles, et les vues d'ensemble sont changeantes et variées. Les plus grands sont réunis : Braque, Matisse, Monet, Degas, Renoir (avec le chef-d'œuvre du musée, *Le Déjeuner des canotiers*), le Douanier Rousseau, Picasso (remarquable *Chambre bleue*), Van Gogh *(Les Cantonniers, L'Entrée du jardin public à Arles),* Miró, Gris... mais l'étonnement reste à venir, avec le salon de musique et ses annexes ! Les concerts sont des moments exceptionnels.
Dans une salle à la superbe décoration (plafond à caissons, boiseries et colonnes sculptées, cheminée de pierre), on admire l'alliance du Greco et de Picasso ou Rouault, de Goya et de Soutine ou Modigliani (souvent associés, comme à la *Barnes Foundation*), ou toute autre confrontation selon les fantaisies de l'accrochage du moment. Puis, confortablement installé dans un sofa, près de la cheminée du salon voisin, on rêve entre Ingres *(Petite Baigneuse)* et Giorgione, Corot et Delacroix, Puvis de Chavannes et Odilon Redon. Enfin, intéressante salle regroupant des tableaux (originaux) sur New York et petites salles, remarquables, abritant des ensembles de toiles bien associées et une exposition plus contemporaine.

***Anderson House** (plan couleur I, A3, **172**) : 2118 Massachusetts Ave NW. ☎ 202-785-2040. • societyofthecincinnati.org • Ⓜ Dupont Circle. Tlj sf dim-lun et j. fériés 13h-16h. Visite guidée gratuite à 13h15, 14h15 et 15h15.*
C'est le siège de la *Society of the Cincinnati,* créée en 1783 par les officiers de l'armée américaine pour préserver les acquis et libertés de la révolution et maintenir la solidarité entre frères d'armes (Cincinnatus, sénateur romain, sauva deux fois Rome dans l'Antiquité). Washington en fut le président jusqu'à sa mort, et L'Enfant, La Fayette, Rochambeau, De Grasse, etc., en firent partie aussi. Seuls leurs descendants et ceux de leurs alliés français, à raison d'un membre par famille, peuvent prétendre à un tel statut (aujourd'hui, environ 200 Français, descendants des officiers de La Fayette et De Grasse, sont membres). Quand l'Ohio fut créé, son gouverneur, membre de la société, donna le nom de Cincinnati à la nouvelle capitale de l'État.
Pour les amoureux de prestigieuses demeures, *Anderson House* vaut le déplacement. Elle fut léguée à la société par Larz Anderson, ancien ambassadeur des États-Unis au Japon, dont l'uniforme est exposé à l'entrée. On peut embrayer la visite après celle de la *Phillips Collection,* toute proche. À l'intérieur, décor époustouflant : immenses salles, cheminées monumentales, plafonds à caissons, loggia sur colonnes torsadées, galerie sur jardin. Incroyable *Cadies Room* et riche ameublement colonial. Superbes collections d'objets d'art : miniatures, soldats, reconstitution de batailles célèbres et nombreux souvenirs de la révolution américaine.
Au 1er étage, lourde décoration de marbres noirs et bois sombres, meubles asiatiques. Très rare fourreau de sabre géant de samouraï en ivoire sculpté. Art japonais : coffrets et boîtes laquées en or, écritoires, icônes, couronne bouddhique népalaise. Luxueuse salle à manger avec plafond stuqué, sol en marbre, magnifiques tapisseries, *Isabel Anderson* par Cecilia Beaux, paravent japonais en bois sculpté et remarquables émaux, porcelaine de Chine et maints objets d'art. Jetez un coup d'œil aux aiguières de part et d'autre de la porte de la cuisine.

Textile Museum *(plan couleur I, A3, **171**) : 2320 S St NW. ☎ 202-667-0441. • textilemuseum.org • Ⓜ Dupont Circle (sortie « Q St » et 10 mn de marche). Tlj sf lun et j. fériés 10h (13h dim)-17h. Donation suggérée : 5 $.* Dans deux élégantes demeures d'un joli quartier, pour les fans de tissus, textiles divers et tapis orientaux, une petite partie des milliers de spécimens archivés au musée et venant de tous les pays du monde. Suivre la programmation sur le site internet.

Woodrow Wilson House *(plan I, A3, **173**) : 2340 S St NW, tout à côté du Textile Museum. ☎ 202-387-4062. • woodrowwilsonhouse.org • Ⓜ Dupont Circle. Tlj sf lun et j. fériés 10h-16h. Entrée : 7,50 $; réduc.*
La seule demeure privée de président que l'on puisse visiter à Washington. Woodrow Wilson gouverna le pays de 1913 à 1921. L'intérêt principal est que la maison, de style *Georgian Revival,* est demeurée pratiquement inchangée depuis cette époque. Tout commence par le *dining room.* Belle mosaïque représentant saint Pierre priant. La messe est dite. Dans la bibliothèque, charmante petite rotonde dominant le jardin. Portrait de Madame Wilson dans la salle à manger. La dernière grande réception ayant eu lieu dans cette pièce fut lorsque la maîtresse de maison invita Jackie Kennedy à l'occasion de son arrivée en tant que *First Lady* à la Maison-Blanche. Rien n'a bougé depuis.
À l'étage, on a le droit de voir la chambre du président. Wilson, malade, passait la moitié de sa vie au lit. Un peu plus loin, celle de madame, et entre les deux, l'infirmière. Pas très folichon tout ça. Les dépendances et la cuisine sont intéressantes. On a retiré tous les appareils électroménagers dont la cuisinière se servait dans les années 1960. Seul reste un des tout premiers paquets de *Kellogg's* de 1961. Bref, une visite très, très calme, mais néanmoins intéressante pour appréhender ce que pouvait être la vie privée d'un grand homme.

Balades dans les différents quartiers

Georgetown (plan couleur III)

Le quartier historique de Washington, avec ses maisons d'habitation anciennes superbement restaurées, ses jolies boutiques et ses restos chicos qui font le plein de yuppies. Très animé aussi le soir, surtout le week-end. À l'image d'autres grandes villes américaines (comme Beacon Hill à Boston, par exemple), Georgetown est un ancien quartier noir reconquis par les Blancs. Pour y aller, pas de métro. Prenez les bus pairs de 30 à 38 devant la Maison-Blanche. Ou bien descendez à Foggy Bottom et remontez à pied (15 mn) Pennsylvania Ave. Le centre de Georgetown est à l'intersection de Wisconsin Ave et M St.
Si vous abordez Georgetown par le sud, au niveau de 30th St, jetez un œil sur le ***Washington Harbor*** *(plan couleur III, I-J8),* un récent complexe commercial édifié le long du Potomac. Architecture intéressante, bassins avec jets d'eau, galeries avec boutiques de luxe, etc. L'élégante marina, avec ses *cabin-cruisers* au bord à bord, draine énormément de monde lors des soirées de la belle saison. Nombreux bars qui servent de point de concentration à des hordes de noctambules.
En remontant 30th St, vous croiserez le charmant ***C & O (Chesapeake and Ohio) Canal*** avec voies piétonnes sur berge et quelques écluses antiques. Au 3051 M St, possibilité de visiter la petite ***Old Stone House*** *(le w-e 12h-17h ; jardins 9h-16h),* la plus ancienne maison de Washington (1766). En remontant vers R St, vous flânerez dans la partie la plus résidentielle de Georgetown et croiserez le ***Oak Hill Cemetery*** *(entrée au bout de 30th St ; tlj sf w-e et j. fériés 9h-16h30).* Délicieusement vallonné vers Rock Creek, l'un des plus vieux cimetières de D.C. (1844). Nombreux mausolées et tombes anciennes dans un environnement bucolique.
À côté s'étendent les ***Dumbarton Oaks Gardens :*** *1703 32nd St NW. ☎ 202-339-6400. • doaks.org • Musée tlj sf lun 14h-17h. Entrée gratuite. Jardins tlj sf lun 14h-18h (17h de nov à mi-mars). Entrée : 8 $; gratuit de nov à mi-mars. Possibilité*

de visites guidées. Superbes jardins en terrasses. Maison construite en 1801 et qui abrite une petite collection d'art byzantin et précolombien.

East Capitol et Anacostia *(plan couleur I)*

Quartier s'étendant du Capitole au Lincoln Park (et au-delà). Pour les promeneurs impénitents possédant un peu de temps, balade agréable. Ça ressemble beaucoup à ce que put être Georgetown il y a 30 ou 40 ans (en moins léché qu'aujourd'hui). D'ailleurs, c'est aussi un ancien quartier noir repris par les Blancs. Superbes maisons, hôtels particuliers avec de beaux jardins sauvages. Capitol Hill, c'est la ville réconciliée avec la campagne. Les rues bordées d'arbres, les trottoirs phagocytés par la mauvaise herbe, les jardins encore plus sauvages confèrent au quartier un charme sans égal.

Les grands quartiers noirs pauvres, quant à eux (c'est un pléonasme) sont désormais ***Anacostia,*** au sud-est (de l'autre côté de l'Anacostia River), et tout ce qui s'étend à l'est de 14th St, à partir de Q St, en remontant vers le nord. Anacostia vécut le processus inverse de Georgetown. Majoritairement blanc jusqu'en 1940, il connut jusque dans les années 1970 un afflux de familles noires. Aujourd'hui, Anacostia est à 96 % *African-American.* Voir le ***Frederick Douglass National Historic Site,*** *1411 W St SW. ☎ 202-426-5961. • nps.gov/frdo • Ⓜ Anacostia (ligne verte). Tlj 9h-16h (17h de mi-avr à mi-oct). Tour guidé gratuit obligatoire, frais de résa 1,50 $.* Belle demeure victorienne du grand abolitionniste noir, patron de presse, président de banque, ambassadeur, extraordinaire orateur, etc. Musée également très intéressant, l'***Anacostia Community Museum,*** *1901 Fort Pl SE. ☎ 202-633-4820. • anacostia.si.edu • Pour s'y rendre : métro jusqu'à Anacostia, puis metrobus W1 ou W2. Tlj 10h-17h.* Musée dépendant de la Smithsonian, dédié à la culture noire américaine sous tous ses aspects : ethnographique, artistique, sociologique.

La U Street de Duke Ellington *(plan couleur I)*

Ⓜ U Street ou Cardozo. Sur U St (entre 13th et 16th St) s'étend un quartier noir qui doit sa renommée au plus grand compositeur de jazz d'Amérique, Duke Ellington, qui y passa son enfance (au 1212 T St, entre autres). Des années 1920 aux années 1960, ce fut le quartier de la bourgeoisie noire de Washington. On y trouvait des boîtes de jazz où se produisaient les plus grands (Billie Holiday, Fats Waller, le Duke...). U St avait gagné le surnom de *Black Broadway.* Des écrivains noirs de renom y habitèrent, comme Angeline Grimke, Zora Neale Hurston, Langston Hughes, Alain Locke... Les années suivant la fin de la ségrégation et les violentes émeutes après la mort de Martin Luther King, en 1968, virent le quartier s'appauvrir et se dégrader. Cependant, depuis quelques années, un processus de *revival* est en cours.

Restos et cafés branchés (voir plus haut « Où manger ? » et « Où boire un verre... ? », « Dans le quartier de U Street ») y éclosent depuis le début des années 1990.

➢ Pour redécouvrir le Duke sur ses terres... Tours guidés proposés par *Washington Walks* et *Cultural Tourism DC : ☎ 212-209-3370. • washingtonwalks.com/tours • Tarif : 30 $ pour 3h de tour à pied et en bus ; réduc.*

Voici une balade pour nos lecteurs trekkeurs urbains, à faire de jour exclusivement, ça va de soi ! Rendez-vous d'abord à l'angle de U St et de 13th St *(plan couleur I, C2),* pour l'immense *mural* honorant Duke Ellington. En face, au 1215 U St NW, le ***Lincoln Theater*** *(☎ 202-328-6000),* bâti en 1921, et restauré depuis, haut lieu de la vie nocturne dans les années 1920-1940. Cab Calloway, Ella Fitzgerald, Count Basie, Jerry Roll Morton et tant d'autres s'y produisirent. À trois blocs, 10th et U St, l'***African-American Civil War Memorial*** *(en sem 10h-17h, sam 10h-14h. • afroam* *civilwar.org* •). Petit musée érigé en l'honneur des 180 000 Noirs américains qui combattirent dans l'armée de l'Union pendant la guerre de Sécession. Au 1440 Belmont St, statues de *Malcom X* et *Marcus Garvey,* célèbres leaders nationalistes noirs. Un parc honore également Malcom X (appelé aussi ***Meridian Hill Park***) ; situé sur 16th St (entre Florida Ave et Euclid St). Siège de grands rassemblements pendant la lutte pour les droits civiques. Les gens du voisinage font beaucoup d'efforts aujourd'hui pour le débarrasser de sa mauvaise réputation. Jardin à la française, un autre à l'italienne sur deux niveaux et plusieurs jolies cascades en terrasses. Allez-y le dimanche, avec les familles, et ne manquez pas la statue de Marie-Antoinette. ***Howard University :*** *Georgia Ave NW.* Ⓜ *Shaw-Howard University.* Établissement fondé en 1867 par Oliver Otis Howard, général dans les troupes de l'Union, champion des droits des Noirs et partisan acharné de leur émancipation. De nombreux leaders noirs, hommes politiques, industriels, etc., en sont issus. En plus de ses nombreuses facultés, elle possède la *Founders Library* (expos sur l'histoire des Noirs américains) et, au 2455 6th St, la *Howard University Gallery,* présentant des œuvres de la Renaissance italienne, des artistes noirs américains et de l'art africain.

Enfin, il est intéressant de faire un tour (de jour !) dans ce coin de ***Florida Avenue,*** quartier noir assez pauvre. L'envers de l'arrogant Downtown clean et de l'élégant Georgetown. Ensuite, petite balade sociologique : redescendre Florida Ave jusqu'au quartier d'Adams Morgan, à dix blocs environ. À l'arrivée, vous constaterez combien, en deux rues seulement, on change radicalement de quartier.

À voir, ailleurs en ville

Arlington National Cemetery *(plan d'ensemble, au sud-ouest)* ***:*** *de l'autre côté du Potomac s'étend le plus célèbre cimetière des États-Unis. ☎ 703-607-8052. • arlingtoncemetery.org •* Ⓜ *Arlington Cemetery. Ouv 8h-19h (17h en hiver). Prendre le plan à l'entrée.*

Dans le bâtiment d'accueil, émouvantes photos des funérailles de JFK. De Gaulle se tient à droite. Maquette du cortège funéraire ; le cercueil est posé sur un affût de canon, et le cheval de JFK suit, avec les bottes posées à l'envers dans les étriers. Sur plus de 240 ha reposent 175 000 soldats américains. À l'est de la maison Curtis-Lee, une flamme perpétuelle brûle sur la tombe de John Fitzgerald Kennedy, assassiné en 1963, et de sa femme Jackie, morte en 1994. En contrebas, sur la gauche, la simple croix et la petite stèle qui marquent la sépulture de Robert Francis, alias Bobby, le jeune frère du président, assassiné à son tour en 1968. À voir aussi, la relève de la garde (toutes les 30 mn) devant la tombe du soldat inconnu, une cérémonie qui témoigne par son cérémonial du patriotisme fervent des Américains.

Un peu avant le cimetière, sur la route 50, s'élève l'une des plus grandes statues en bronze jamais coulées, le *Marine Corps Memorial.* Elle rend hommage à tous les marines morts au combat depuis 1775 et représente, d'après l'une des plus célèbres photographies du monde, les soldats plantant le drapeau américain à Iwo Jiwa en 1945.

Le Pentagone *(plan d'ensemble, au sud-ouest)* ***:*** Ⓜ *Pentagon. Pour les visiteurs étrangers, possibilité de visite guidée slt sur demande auprès de leur ambassade à Washington. Autant dire qu'il vaut mieux s'y prendre à l'avance.*

Abritant le quartier général du département de la Défense, c'est le plus grand bâtiment du monde. Son nom vient de la forme de son plan. Quant à sa surface habitable, elle est trois fois supérieure à celle de l'Empire State Building de New York : 7 748 fenêtres ! C'est une ville dans la ville, avec 28 km de couloirs et 26 000 employés, dont les quatre cinquièmes sont en uniforme. Des chiffres réconfortants pour l'Américain moyen, qui se sent sacrément bien défendu.

Mais le matin du 11 septembre 2001, une poignée de terroristes a mis le feu à ce symbole de la puissance militaire américaine. Et l'invulnérabilité de l'Amérique en a pris un sacré coup ! Armés de simples cutters, ces kamikazes ont réussi à détourner un avion d'*American Airlines* et à le précipiter sur le Pentagone, moins de 1h après les deux premiers crashs sur le World Trade Center de New York. Le bâtiment, conçu en 1942 (en 16 petits mois !) pour résister à toutes les attaques, n'a pas résisté à celle-ci : le choc de l'explosion a provoqué un cratère dans l'aile ouest, entraînant la mort de 184 personnes. Devant la façade ouest du Pentagone, 184 bancs d'acier illuminés, entourés d'érables du Japon, rendent hommage aux 184 victimes, âgées de 3 à 71 ans. Ce mémorial, ouvert 24h/24, fut inauguré 7 ans jour pour jour après les attentats.

Smithsonian National Zoological Park : *3001 Connecticut Ave. ☎ 202-633-4800. • nationalzoo.si.edu • Ⓜ Woodley Park Zoo (puis remonter Connecticut sur 400 m env). Avr-oct 10h-18h ; fermé 2h plus tôt le reste de l'année. Gratuit. Plan du zoo fortement recommandé : 2 $ (ou imprimez-le depuis le site internet). Loc de poussettes pour les enfants 8 $ (11 $ pour une double) à l'entrée, côté* Rock Creek Park.
Bon, franchement, d'habitude, on n'est pas trop zoo ! Mais là, la *Smithsonian* a fait fort ! C'est autant un labo de recherche et de conservation d'espèces animales protégées qu'un zoo proprement dit. On sensibilise le public sur la nécessité de protéger la nature, notamment en lui faisant prendre conscience de la difficulté qu'ont les espèces à se reproduire en captivité. De quoi susciter bien des vocations. Que ceux qui voulaient être vétérinaires étant petits lèvent le doigt ! Il faut bien compter 4h pour en faire le tour (sans se perdre, ce qui est difficile). La mise en situation des animaux est particulièrement réussie. Tout est fort bien documenté, les explications sont concises, faciles à comprendre et permettent aux néophytes d'appréhender rapidement l'animal dans son environnement d'origine. Il y a des temps forts à heures régulières (ne pas rater le petit déj de l'hippo, par exemple). En plus de ça, il y fait frais l'été. Vaut également pour la majesté des arbres du parc et la densité incroyable de bambous. Bref, une balade qui ravira petits et grands. Voici la visite en résumé.
Du côté des canidés, vous croiserez le très rare loup à crinière du Brésil. Plus loin, la vedette du zoo est sans conteste le panda (c'est l'emblème de la *World Wildlife Foundation*). Dans la maison des oiseaux, les principaux volatiles en voie de disparition exhibent leur plumage multicolore : le toucan, l'oiseau de paradis. Vous entrez carrément dans la volière, et ça vole autour de vous. Beaucoup d'odeurs agréables au fil de la promenade. Des mousses, des lichens, des sols d'écorce et de la terre noire émanent les fragrances de la nature sauvage, ici reconstituée avec brio. L'autre star du zoo, c'est le tamarin-lion doré, originaire des forêts du Brésil. Dans la maison consacrée aux mammifères, toujours beaucoup d'animation devant la vitrine des chiens de prairie, et les enfants se régalent de voir se bagarrer les *meerkats.* Autre clou de la visite : l'observation d'une famille de gorilles. Très rare d'en voir d'aussi près. La maison des reptiles est tout aussi captivante. Ici, c'est le *dragon de Komodo* qui règne en maître. Chez les invertébrés, c'est la pieuvre géante. Ne pas rater le pollinarium et la ruche vitrée où l'on voit le miel se fabriquer. Le bâtiment intitulé *Think Tank* est consacré aux expériences montrant le processus d'évolution de l'intelligence (notamment à travers le langage). Les scientifiques démontrent aujourd'hui que les animaux savent se servir d'outils, alors qu'il y a à peine 30 ans on pensait encore le contraire (les créationnistes n'ont qu'à bien se tenir !). Une belle excursion sur les traces de Darwin. Il y a aussi des ours, des otaries, des grands félins. Mais le plus drôle, c'est la miniferme. Matez la normande, vous n'en avez jamais vu d'aussi propre ! Une vraie star d'Hollywood ! Vous pourrez même traire une vache. Avant de partir, ne pas rater la reconstitution de la forêt amazonienne.

National Arboretum : *au nord du Kingman Lake, le long de l'Anacostia River. ☎ 202-245-2726. • usna.usda.gov • Ⓜ Union Station (puis descendre à pied Maryland Ave). Tlj 8h-17h. Gratuit.* Un jardin botanique comme seuls les Anglo-Saxons savent les faire. Très agréable au printemps, quand les fruitiers sont en fleurs, ou en octobre, quand les érables, les chênes et autres liquidambars enflamment le bleu du ciel avec leurs teintes pourpres.

Kenilworth Aquatic Gardens : *1550 Anacostia Ave NE, sur l'autre rive de l'Anacostia River (en face de l'Arboretum). ☎ 202-426-6905. • nps.gov/keaq/index.htm • Ⓜ Deanwood (ligne orange). Tlj 7h-16h. Gratuit.* Un parc magnifique, spécialisé dans les plantes aquatiques. Rafraîchissant l'été.

Hillwood Museum & Garden : *4155 Linnean Ave (pointe sud de Rock Creek Park). ☎ 202-686-8500. • hillwoodmuseum.org • Ⓜ Van Ness/UDC (puis descendre Connecticut env 15 mn). Mar-sam 10h-17h. Entrée : 12 $; réduc.* Remarquable propriété achetée en 1955 par Marjorie Merriweather, une jeune businesswoman qui fit fortune dans les céréales au début du siècle dernier. Héritière d'une riche famille, Marjorie, qui épuisa trois maris durant son règne sur les marchés financiers, avait un œil et un goût hors du commun. Au fil de ses pérégrinations, qui la conduisirent de l'Europe à la Russie, elle fit l'acquisition d'un nombre impressionnant d'objets d'art. Aujourd'hui, outre les magnifiques jardins (japonais, français, anglais) qui cernent la demeure, de très belles collections sont à découvrir. Vaisselle (remarquable porcelaine de Sèvre, aussi Fabergé), meubles, icônes, textiles, très belle collection de cristal de Baccarat, ivoires (dont un buste de Maria Fedorova, sculpté par Seriakov à la fin du XIXe s), estampes orientales, mais aussi peinture française (*La Nuit* de Bouguereau). Un agréable moment à passer.

Washington National Cathedral *(plan d'ensemble, au nord-ouest)* ***:*** *angle Wisconsin Ave et Massachusetts Ave NW. ☎ 202-537-6200. • nationalcathedral.org/ • Ⓜ Tenleytown (et 15 mn de marche) ; bus n° 30 ou 34 (Friendship Heights). Lun-sam 10h-17h30 (16h30 sam), dim 8h-16h30 (horaires prolongés en été). Vêpres avec chœurs dim-mer à 16h. Orgue mer à 12h30 et dim après les vêpres de 16h. Quelques visites guidées par jour. Messe dominicale à 11h, en sem à 12h. Boutique et serre 9h30-17h sf Noël et Jour de l'an.* Monument néogothique commencé en 1907, consacré en 1976 et achevé en 1990, cette cathédrale a bien l'apparence de celles du Moyen Âge et n'est pas dominée par des gratte-ciel. Avec ses 158 m de long, ses 32 m de haut, ses 7 712 m^{2} et sa flèche culminant à 206 m (au-dessus du niveau de la mer), elle revendique à la fois d'être au 6e rang mondial des cathédrales et le point culminant de Washington. Remarquable façade et, à l'intérieur, belles rosaces et vitraux, dont l'un a même un morceau de pierre de lune enchâssé (mission *Apollo 11*). Voir aussi le cloître et les bâtiments des écoles tout autour. Agréable quartier verdoyant et résidentiel, près des ambassades.

The Basilica of the National Shrine of the Immaculate Conception *(hors plan couleur II par H4)* ***:*** *400 Michigan Ave NE (angle 4th St). ☎ 202-526-8300. • nationalshrine.com • Ⓜ Brookland/Catholic University (Red Line). Ouv 7h-19h (18h en hiver).*

Cette basilique, la huitième église du monde par la taille, a été récemment construite afin de répondre au développement de la religion catholique aux États-Unis (notamment grâce à la communauté hispanique). Avec le campus de son université catholique, c'est le plus grand ensemble catholique d'Amérique. C'est un lieu de pèlerinage, un mémorial avec ses chapelles dédiées à des saints ou des vierges de différents pays, ayant tous apporté leur pierre à l'immigration américaine. Un peu trop imposante de loin mais, de près, sa tour campanile est plutôt élégante (elle fait même penser à Ravenne) et, globalement, son style roman passe bien. Portail aux sculptures de style roman un peu naïf, avec le nom du saint ou la phrase de la Bible expliquant la scène gravée.

Intérieur impressionnant mais pas démesuré : profusion de marbre beige aux murs, gris et malachite au sol, grandes mosaïques sur fond doré (lointaine parenté byzantine) et beaux vitraux, chœur grandiose et chapelles richement décorées. Au plafond du transept droit, Ève, plus américaine que sémite, a les cheveux longs et blonds, et la Création vaut aussi pour les dinosaures (des stégosaures et des igua-

nodons)... Spielberg a encore frappé ! Remarquez le serpent qui guette déjà (au centre droit, à côté de la girafe). Près de l'autel de la Vierge, notez les vêtements contemporains de certains personnages de la mosaïque. L'amplitude du chœur est exceptionnelle. Il abrite deux autels. Voûte en forme de coupole écrasée comme dans les mosquées d'Istanbul, représentant la descente du Saint-Esprit sur les apôtres et la Vierge, mais aussi sur les simples humains : l'influence du mouvement charismatique apparaît. Au fond du chœur, surprenant Christ drapé de rouge, un bras levé et assis en tailleur comme Bouddha, avec les flammes de l'esprit autour de la tête, comme les divinités d'Asie du Sud-Est ou d'Inde ; quel syncrétisme religieux ! En symétrie du cierge pascal, le drapeau américain, ce qui est monnaie courante sur le continent. Fine mosaïque de l'assomption de la Vierge (remarquer la couleur des angelots). Enfin, des sujets (souvent symétriques par rapport à l'axe de l'église) ont des correspondances entre eux : crucifixion et sacrifice de l'agneau ; apôtres endormis au Golgotha, et Adam et Ève chassés du paradis ; liaison entre les métiers d'hier (les pêcheurs – la pêche miraculeuse –, les travaux champêtres) et ceux d'aujourd'hui (éboueurs, mineurs), avec analogie du rang social.
Une visite intéressante pour comprendre le catholicisme américain. Par ailleurs, bel éclairage nocturne. En sous-sol : boutique de souvenirs et cafétéria self-service, à des prix très catholiques (il y a aussi une crypte pour 400 personnes, géante pour ce genre d'endroit).

Spectacles

– Pour des informations sur les concerts, les expos, les spectacles, les programmes et les horaires des cinémas, se procurer le ***City Paper,*** hebdo gratuit largement diffusé dans les commerces. Version en ligne : • *washingtoncitypapers.com* •

John F. Kennedy Center for the Performing Arts *(plan couleur II, E4-5)* ***:*** *New Hampshire Ave (à Rock Creek Parkway).* ☎ *202-467-4600 ou 1-800-444-1324.* • *kennedy-center.org* • Ⓜ *Foggy Bottom. Visite gratuite 10h-17h (13h le w-e).* Immense complexe théâtral, comparable au *Lincoln Center* de New York. On y trouve l'*American National Theater,* le *Washington Opera* et trois autres *théâtres.* Siège également du *National Symphony Orchestra* et du *National Ballet.* Bonne cafétéria et panorama sur la ville de la terrasse.

Achats

Political Americana *(plan couleur II, F4,* ***250****)* ***:*** *701 15th St NW.* ☎ *202-737-9500.* Ⓜ *McPherson Square. Lun-sam 9h-20h, dim 10h-18h.* La boutique officielle de souvenirs liés à la politique, située en face de la Maison-Blanche. Vaste choix de tee-shirts, casquettes, polaires, mugs et gadgets divers, tous politiquement corrects : pas de PQ à l'effigie de Bush, par exemple... Prix pas donnés (comparer avec les petites échoppes de touristes). On peut même se faire prendre en photo avec une silhouette d'Obama grandeur nature, histoire de crâner devant les copains.
Eastern Market *(hors plan couleur II par H6)* ***:*** *entre Pennsylvania St et Independence St. Infos :* ☎ *703-534-7612.* • *easternmarket.net* • *Ts les dim 10h-17h.* Voici le dernier survivant des 5 marchés publics traditionnels de Washington ! Ne pas manquer ce déballage dominical où, en dehors des cagettes de légumes et autres produits de bouche (sous la halle), vous trouverez aussi un marché aux puces. On erre, on fouine, on se perd dans le dédale des étalages. Et si l'envie vous en prend, allez vous asseoir en terrasse, à *Montmartre* (eh oui ! mais sans montée). Ici, on brunche *Frenchy,* pour le plus grand plaisir des papilles (voir « Où manger ? À l'est du Capitole... De chic à très chic »).

DANS LES ENVIRONS DE WASHINGTON D.C.

Fredericksburg : *plus au sud, par l'I 95.* C'est là que George Washington passa sa jeunesse. On y visite la maison de sa mère et de sa sœur. Nombreuses maisons anciennes. Dans les environs, champs de bataille historiques de la guerre de Sécession. *Visitor Center* en ville, avec présentation audiovisuelle.

Steven F. Udvar-Hazy Center : *14390 Air & Space Museum Parkway, Chantilly VA 20151, à 5 km de l'aéroport international Dulles, à l'intersection des routes 28 et 50. Infos : ☎ 202-633-1000 ou 5285. • nasm.si.edu/museum/udvarhazy • En voiture depuis Washington (fléchage depuis l'aéroport pas très évident), prendre l'I 66 jusqu'à la sortie 53 et prendre la 28 Nord. Le parking se trouve à moins de 6 miles. Prévoir 15 $ pour le parking. Sinon, navettes de/vers l'aéroport de Dulles. Tlj sf Noël 10h-17h30. Entrée gratuite, comme ts les sites de la Smithsonian. Tour guidé gratuit 10h30-13h.*

Cette annexe du *National Air & Space Museum* a été inaugurée en 2003 grâce à la donation de 65 millions de dollars d'un financier fan d'aviation et lui-même pilote, qui émigra de Hongrie à l'âge de 12 ans (d'où le nom alambiqué du musée). Les pièces de collection ne trouvant pas de place à Washington en raison de leur grande taille sont exposées ici. Deux hangars se partagent près de 300 avions et engins spatiaux. Pas mal d'avions ont écrit les plus belles pages de l'histoire de l'aviation. On peut emprunter les passerelles pour mieux examiner les engins de près, ou déambuler au sol pour en apprécier leurs dimensions.

Dans l'*Aviation Hangar,* quelques engins ont retenu notre attention. L'aviation avant 1920 : le *Nieuport 28 C1* de 1917, un avion rejeté par l'armée de l'air française mais adopté par les Ricains. Dans la section aviation commerciale, le *Junkers J52* de 1932, appelé « tante Ju », la bonne à tout faire de la Luftwaffe ; le *Boeing 707,* le jet commercial le plus populaire des années 1960-1970 ; son prédécesseur de 1938, le *Stratoline 307,* tout argenté et le premier à être doté d'une pressurisation de la cabine, et puis, cocorico, le dernier *Concorde* dans sa belle livrée d'*Air France* avec son impressionnante voilure delta. L'Atlantique en 4h, c'était quand même un beau rêve ! Sous son aile, le *Gruman G21 « Goose »,* l'hydravion d'Amelia Earhart, a l'air d'un oisillon jaune. Le *Dassault Falcon 20,* un appareil d'affaires transformé pour la *Fedex* en cargo fret et courrier. Dans un coin, les appareils à décollage vertical, dont le premier hélicoptère ; il y a même un ULM de la police de Monterey (Californie).

Les héros de 1940-1945 : le bombardier *B-29 Superfortress Enola Gay* qui lâcha la première bombe atomique sur Hiroshima, le *Grumman F6 Hellcat* embarqué à bord des porte-avions du Pacifique. Le *Hawker Hurricane* de la Royal Air Force qui participa à la bataille d'Angleterre, le *P38 Lightning,* bimoteur avec double empennage, semblable à celui avec lequel Saint-Exupéry périt en mer. Des curiosités comme le *Kugisho MXY7 Okha,* avion-fusée japonais lâché d'un bombardier, et la curieuse aile volante jaune *Northop N-1M* dont la forme a inspiré le *B2* furtif. D'autres avions qui s'illustrèrent en Europe : le *Focke-Wulf 190,* redoutable avion d'attaque au sol, et le puissant *P47 Thunderbolt* avec son gros moteur.

Les avions de la guerre froide : face à face, les adversaires de la guerre de Corée : le *F86 Sabre* et le *Mig 15.* Une vedette du musée : l'imposant avion-espion *Lockheed SR 71 Blackbird,* capable de voler en toute impunité à 20 000 m d'altitude et à 3 600 km/h, bardé de caméras. L'hélico *Bell UH-1H Iroquois,* présent dans toutes les images du Vietnam, ainsi que le *Phantom IV* embarqué sur porte-avions. Un *Mig 21 Fishbed* polonais, un missile antiaérien *SA 2* et le surarmé *Grumman A6 Intruder,* redoutable tueur de chars.

Dans le *hangar Mac Donnell* consacré à la conquête de l'espace, le clou de la visite : le *Space Shuttle Enterprise.* Bon Dieu que c'est grand ! On détaille, sous les ailes, le bouclier thermique en tuiles de céramique qui lui permet d'entrer dans l'atmosphère sans trop de dégâts (enfin, pas toujours). La capsule *Gemini VII* de Bormann et Lovell, une vraie boîte de conserve ! Puis d'autres engins liés à l'Espace comme

WASHINGTON D.C.

le robot *Mars Pathfinder,* le tunnel de transit du *Spacelab* et le caisson de décontamination au retour de l'Espace (on ne l'utilise plus).
Tout autour, quelques spécimens de missiles beaucoup moins sympathiques et pas du tout pacifiques : le *Poseïdon,* tiré à partir d'un sous-marin avec 14 charges nucléaires pouvant atteindre chacune un objectif différent. Brrr... on en frissonne rétrospectivement, mais il paraît que cela servait à dissuader l'adversaire soviétique. Et pour finir sur une note moins sinistre, une maquette de l'engin spatial des gentils *aliens,* tiré du film *Rencontres du 3e type* de Steven Spielberg. Un bien beau musée, encore une fois.

ALEXANDRIA

130 000 hab.

Avant que Washington (la ville) existe, Washington (l'homme) avait un pied-à-terre à Alexandria. C'est ici que le grand George allait quand il sortait de *Mount Vernon,* sa propriété. En 1750, Alexandria était un port important. Les navires y faisaient escale avant d'entreprendre la traversée vers l'Angleterre. C'est donc le secteur bâti le plus vieux de la région de Washington. On y découvre plusieurs maisons en brique rouge bien préservées, bon nombre de jolies boutiques et de petits musées logés dans des habitations du XVIIIe s, ainsi qu'un parc portuaire enjolivé d'ateliers d'artistes (la *Torpedo Factory,* où l'on trouve un *food court*). Les plus belles maisons de Virginie se disputent la faveur des photographes, conférant à la ville un air gentiment campagnard. Qui plus est, Alexandria dispose d'un *waterfront* digne de ce nom.

UN PEU D'HISTOIRE

Depuis la nuit des temps, les « natifs » avaient élu domicile en ces terres particulièrement giboyeuses en bordure du Potomac. Les rives fertiles, tantôt immergées, tantôt exondées, au rythme des crues du grand fleuve, accueillaient une population de chasseurs et de pêcheurs. En 1669, John Alexander, un commerçant écossais, acheta le terrain sur lequel est située l'actuelle ville d'Alexandria à un capitaine de vaisseau anglais. La Virginie s'affirmait en tant que région productrice de tabac, et il fallait trouver un moyen d'expédier la production par la mer.
Quelques années plus tard, en 1748, deux négociants écossais, les sieurs William Ramsay et John Carlyle, obtinrent de l'Assemblée de Virginie le droit d'établir un port sur le terrain d'Alexander. Alexandria vit le jour. Idéalement placée sur les rives du Potomac, elle ne tarda pas à attirer ouvriers et manœuvres fraîchement débarqués de l'Ancien Monde. Grâce à son port, elle accueillait les bateaux en provenance des Caraïbes et expédiait vers l'Angleterre une grande partie de la production de tabac virginien. La petite ville prit de l'importance au fur et à mesure que les maisons de brique voyaient le jour. Partout on entendait des coups de marteau, on construisait le jour, et les pubs battaient leur plein jusque fort tard dans la nuit. Le duc de La Rochefoucault, en escale dans la ville en 1796, disait d'Alexandria « qu'elle était au-delà de toute comparaison, et que c'était la plus belle ville de Virginie, et peut-être parmi les plus raffinées des États-Unis ». La ville était devenue l'un des ports les plus prisés et prospéra pendant tout le XVIIIe s, s'enrichissant d'une population d'émigrants : artisans, cultivateurs, négociants, restaurateurs et taverniers.
Au XIXe s, la ville fut un point névralgique de la traite des Noirs, des milliers d'esclaves en partaient pour les plantations de coton du Sud. Quand la Virginie fit sécession de l'Union en 1861, les troupes fédérales occupèrent la ville, qui devint l'arrière-garde de la capitale. Il a fallu attendre près de 20 ans pour qu'Alexandria connaisse un second souffle avec l'arrivée de grosses entreprises : verreries, brasseries, sociétés de cabotage et de chemins de fer, ainsi qu'une usine d'armement (la Torpedo Factory).

Au début du XXe s, Alexandria fut une destination touristique à la mode, tant et si bien qu'au lendemain de la Seconde Guerre mondiale, la ville était devenue l'endroit où il faisait bon se montrer (une sorte de Croisette américaine, en quelque sorte). Aujourd'hui, Alexandria n'a rien perdu de sa superbe, bien au contraire, un important programme de réhabilitation des bâtiments historiques a été entrepris.

Une ville étroitement liée à l'histoire du pays

Dans les années qui précédèrent la guerre civile, Alexandria était devenue l'un des principaux centres pour les coloniaux qui produisaient du tabac. Tout allait pour le mieux dans le meilleur des mondes, et la ville s'enrichissait sous l'impulsion de nouveaux immigrants. Mais au matin du 14 avril 1755, un événement marqua le début d'une période de troubles qui allait durer 20 ans et se terminer par la guerre. Ce jour-là, cinq des gouverneurs royaux des colonies rencontrèrent le général britannique Edward Braddock en son quartier général (la Carlyle House) dans le but de discuter de la manière dont la couronne britannique envisageait la guerre contre les Français et les Indiens. Un impôt vit le jour, dont le but était d'affirmer « la suprématie de Sa Majesté sur son empire d'Amérique ». Cette décision ne fit pas l'unanimité, notamment chez les gros propriétaires qui se retrouvèrent surtaxés. Par la suite, la multiplication d'impôts de ce type enflamma le ressentiment des coloniaux à l'égard du pouvoir central.

Se sentant trahis par leurs dirigeants restés sur la vieille terre d'Angleterre, les esprits ne tardèrent pas à s'échauffer pour finalement se liguer et tenter de s'émanciper. Devant l'ampleur du mouvement, des leaders locaux, en l'occurrence George Washington et George Manson, se réunirent le 18 juillet 1774 afin d'adopter une résolution définissant la conduite à tenir avec l'Angleterre. La tension monta gentiment jusqu'en 1775, où elle atteignit son paroxysme, mettant le pays à feu et à sang pour six années. On connaît la suite.

La ville aujourd'hui

Comme nombre de ses rivales de Virginie et du Maryland, Alexandria a été largement influencée par la proximité de la capitale fédérale. Cité dortoir de D.C., bien qu'on y trouve tout de même un nombre conséquent d'entreprises et d'administrations, elle est majoritairement peuplée de fonctionnaires d'État. La raison ? La proximité du Pentagone. D'ailleurs, le département de la Défense est le premier employeur de la ville.

D'un point de vue touristique, c'est « Old Town » qui concentre l'activité. On y déniche de très bons restaurants, et la vie nocturne n'est pas en reste avec d'excellentes adresses de *live jazz*. La *French touch* est présente en ville. Nombreux sont les enseignes et les petits restaurants portant un nom français. En plus de ça, Alexandria dispose d'un véritable *waterfront* (sans autoroute à côté), et une piste cyclable permet aux plus courageux de gagner le centre-ville de Washington en moins d'une demi-heure. Enfin, la ville est en passe de devenir un centre important pour les congrès et autres séminaires d'entreprise. Il faut dire qu'elle possède tous les atouts pour ça !

Arriver – Quitter

En avion

✈ ***Ronald Reagan National Airport / Dulles Aiport :*** ☎ *703-417-8000.* • *mwaa.com* • Le centre de la vieille ville d'Alexandria n'est qu'à 2 stations de métro de l'aéroport (ligne jaune ou bleue). Pour Dulles Airport, bus 5A jusqu'à la station de Métro Rosslyn, puis prendre la ligne bleu du métro jusqu'à King St.

En voiture

➢ De Georgetown, prendre le Key Bridge, puis continuer sur Lee Hwy en direction du nord. Laisser le cimetière d'Arlington sur la droite, puis le Pentagone, enfin prendre la sortie 75 en direction d'Alexandria.

➢ L'autre solution est d'emprunter la Washington Pkwy qui longe le Potomac jusqu'à Mount Vernon. Accessible depuis le George Manson Memorial Bridge. Cette route à double voie qui traverse un paysage de forêts de chênes rouges est de toute beauté.

En métro

Alexandria est desservie par les lignes bleue (Metro Center) et jaune (L'Enfant Plaza).

À vélo

Une manière originale, agréable et écolo de se rendre à Alexandria. À certaines heures et sur certains tronçons du réseau de transport en commun (métro, bus, train), il est possible de voyager avec sa bicyclette. *Rens : ☎ 202-637-7000 • me troopensdoors.com •*

■ ***Bike & Roll :** 1100 Pennsylvania Ave. ☎ 202-842-BIKE. • bikethesites.com • Résa sur place, par tél ou sur leur site internet. 15 $ pour 2h, 35 $/j. pour un VTT « comfort ». Un peu moins pour un vélo ordinaire. Tandem 60 $.* Un moyen original pour découvrir la très belle piste cyclable qui longe le Potomac entre D.C. et Mount Vernon. Propose également des circuits encadrés pour découvrir Washington et ses alentours.

■ ***Big Wheel Bikes :** 1034 33rd St NW, Georgetown. ☎ 202-337-0254. • bigwheelbikes.com • Résa sur place, par téléphone ou sur leur site internet. Forfait 7$/h ou 35 $/j. pour un VTT « comfort ». Tandem 50 $. Forfait sem.* ***Succursale** à Alexandria : 2 Prince St, Old Town (bâtiment jaune en bordure du Potomac). ☎ (703) 339-2300.*

En bateau

■ ***Potomac Riverboat Company :** embarcadère à l'extrémité de 31 St, dans le quartier de Georgetown. ☎ 703-780-0011. • potomacriverboatco.com • Résa sur place, par tél ou sur leur site internet. Tarifs variables selon type de bateau (vedette, catamaran ou* double-deck*) et prestations (simple trajet, visite commentée, animation). Aller simple D.C.-Alexandria à partir de 8 $. Compter 35 $ pour une croisière commentée de 50 mn.* Certainement la manière la plus agréable de découvrir Washington et ses environs. La petite marina d'Alexandria est très belle, et descendre le Potomac jusqu'à Mount Vernon permet de passer un bon moment. Pas de risque de mal de mer, en plus...

Adresse utile

ℹ ***Alexandria Convention & Visitors Association :** 421 King St, suite 300. ☎ 703-388-9119. • visitalexandriava.com •* Dans une ancienne maison, un centre de documentation fort bien renseigné. Accès Internet gratuit pour chercher un *B & B* ou autres informations touristiques et culturelles sur la ville.

Où dormir ?

Deux motels à prix moyens sur Washington St, à l'entrée de la ville en venant de la capitale (voir plus haut « Washington. Où dormir ? À Alexandria »). Il y a une dizaine de *Bed & Breakfast* en ville, mais dans l'ensemble, les prix ne sont pas donnés. Pour en connaître la liste et réserver, consulter le site • *aabbn.com* •

Où manger ?

Alexandria est une ville très touristique. On y trouve de beaux petits restaurants. Aussi pas mal de cuisine française.

Bon marché

|●| ***Five Guys :*** *107 N Fayette St (angle King St). ☎ 703-549-7991. Tlj 11h-22h. Sandwichs dès 3 $; hamburgers 4-5 $. CB refusées. Desk* en céramique rouge et blanche, tables de cantine scolaire, personnel du Honduras (pratique pour les hispanisants). Certainement pas le resto le plus raffiné pour la déco ou le service, mais pour les prix et les proportions, ces 5 gars-là sont imbattables !

Chic

|●| ***Geranio :*** *722 King St. ☎ 703-548-0088. Tlj midi et soir jusqu'à 22h30 (17h30-21h30 dim). Entrées 5-10 $; plats 15-18 $.* Adorable resto italien aménagé dans un style *Old Virginian.* Quelques miroirs trompent leur monde. Ici, c'est petit, même s'il y a 2 salles. Déco épurée, ce qui se passe est dans l'assiette. Spécialités de pâtes, *calzone* et autres mets dont le chef a le secret. Les portions sont copieuses. Bon rapport qualité-prix. Une adresse recommandée par nos lecteurs.

|●| ***Le Refuge :*** *127 N Washington St. ☎ 703-548-4661. Tlj sf dim 11h30-14h, 17h30-22h. Menu lunch 17 $ ou* early bird *24 $. Carte 19-26 $. On s'en sort pour 35-40 $ (sans vin).* Cuisses de grenouilles à la provençale, truite belle meunière aux amandes, filet de porc au roquefort, voilà pour les plats. En dessert, des profiteroles ou une crème brûlée. Le tout arrosé par nos plus grands crus. Des noms qui sentent le bercail. Normal, on est dans le resto le plus franco-français du coin. Ambiance à touche-touche, genre refuge des *Bronzés font du ski.* Manque plus que le crapaud dans l'eau-de-vie. Un peu kitsch et caricatural mais très apprécié des locaux. Il faut dire que les proprios maîtrisent le sujet. Installés aux États-Unis depuis 30 ans, ils travaillent en famille pour faire du refuge un *little corner of France,* comme ils disent. Tour Eiffel à l'appui.

|●| ***Vermilion :*** *1120 King St (angle King St). ☎ 703-684-9669. Tlj 11h30-15h et 17h30-22h (23h ven-sam) ; brunch 11h-14h30 le w-e. Résa conseillée le soir. Menu-dégustation 50 $ (70 $ avec vin). Carte 22-35 $.* Très bel endroit. Aux murs, quelques effets de voilage, mais aussi des tableaux. Clientèle *trendy.* Au fond de la salle, un *lounge* pour siroter un excellent *mojito* servi avec de succulentes mises-en-bouche en attendant qu'une table se libère. Ici, c'est souvent plein. La fraîcheur de la *seafood* fait la réputation de la maison. Le chef travaille les produits du marché. Dans l'assiette, cuisine italo-américaine : raviolis maison, escalopes au basilic, poitrine de bison au coulis de fenouil. Essayer le tartare de thon rouge. Imposante carte des vins : français, italiens, sud-africains. Idéal pour un dîner en tête-à-tête. En sachant composer avec la carte, on s'en sort sans se ruiner.

Plus chic

|●| ***The Wharf :*** *119 King St. ☎ 703-836-2830. Tlj midi et soir jusqu'à 22h30 (23h w-e). Compter 50 $ (sans vin).* Une page de l'histoire des États-Unis a été écrite ici même. Les poutres affichent encore les stigmates de la guerre civile. Vieux, le bâtiment ? Certes, oui : 1790 ! Intérieur bois verni et moleskine rouge

qui rappellent l'intérieur d'un bateau. Bar en bois vitrifié qui a dû voir plus d'un abordage, et quelques chavirages... Ici, on déguste des fruits de mer depuis des lustres. La carte est chère, mais l'amateur de *seafood* est comblé. Soupe de poisson ou de crabe, gratin de langoustines, huîtres frites, langouste cuite à la vapeur ou farcie, *clams,* calamars à toutes les sauces. Une adresse pour routards avec carte de crédit à marée haute.

Où manger en musique ? Où boire un verre ? Où sortir ?

Laporta's : *1600 Duke St. ☎ 703-683-6313. • laportas.net • Tlj sf sam midi, 11h30-22h (23h ven-sam), dim 10h30-22h. Brunch dim. Résa fortement conseillée. Jazz live ts les soirs à 20h30. Pas de* cover charge. *Réserver en précisant « salle jazz » (places limitées). Carte 20-24 $. On dîne pour 35-40 $ (hors boisson). Parking gratuit.* Une histoire de famille. Le père a monté l'affaire il y a une vingtaine d'années, et aujourd'hui, sa fille mène ses 3 frères à la baguette. Et ça marche ! Petit restaurant composé de 2 salles (une pour le live, l'autre avec rappel sonore). Ensemble design et très classe, sol moquetté, bar en acajou, larges baies vitrées. Le service est raffiné, la cuisine essentiellement à base de *seafood.* La truite vient des ruisseaux de Virginie et le crabe du Maryland. Les viandards opteront pour le filet mignon. Demandez le plat du jour. Par ailleurs, très belle collection de vins californiens. Mais aussi, au verre ou à la bouteille : Chili, Australie, Nouvelle-Zélande, Italie et Bourgogne. Une bonne adresse et d'un bon rapport qualité-prix.

Two Nineteen Restaurant : *219 King St. ☎ 703-549-1141. Lun-sam 11h30-22h30 (23h ven-sam), dim 10h-22h30. Résa conseillée le w-e. Salade 8 $, plats 15-27 $. Jazz live jeu-sam 20h30-23h30 (parfois plus).* L'endroit idéal pour écouter une bonne session de jazz. Restaurant agréable (cuisine cajun). Intérieur chicos, très chicos même. Passer jeter un coup d'œil sur la *Jackson Room.* Bar où il fait bon refaire le monde en attendant d'être placé. Les petits malins auront vite compris, c'est à partir du jeudi que c'est intéressant. En piochant dans les salades, on ne reste pas sur le carreau. Quand la musique est bonne...

Murphy's : *713 King St. ☎ 703-548-1717. Tlj midi et soir jusqu'à 2h. Musique live le w-e à partir de 22h. Brunch dim 10h-15h.* Un pub irlandais qui n'a rien à envier à ceux des docks de Dublin. Bar interminable, auquel viennent se souder (et se dessouder) tous les nostalgiques du trèfle, têtes perdues dans la collection de macarons de police qui tapisse le plafond. Une quinzaine de bières irlandaises à la pression. Quelques tables quand même, où l'on sert de conséquentes portions de *fish & chips* et autres plats pour rugbymen affamés. *Irish entertainment* quasi chaque soir. Pour les fidèles de saint Patrick.

The Laughing Lizard : *1324 King St. ☎ 703-836-7885. Tlj 17h-2h (le* deli *au rez-de-chaussée ferme à minuit)* ; happy hours *lun-ven 17h-19h. Sandwichs 6-7 $; hamburger 4 $.* Rock, funk, metal, mais surtout reggae ; ça chauffe derrière le bar pour celui qui est aux manettes des pressions. Au rez-de-chaussée, une salle tout en long. Ici, on ne fait pas dans la déco. Priorité à la musique. Live dès 21h jeudi-samedi dans la salle du fond. À l'étage, billards, baby, plus une autre salle où ça déménage grave.

À voir

L'office du tourisme propose une promenade d'une petite heure qui permet d'avoir un aperçu des sites historiques de la ville. Charmantes petites bicoques de style *Virginian,* avec leurs bardeaux de bois colorés et leurs ouvertures à guillotines.

L'épine dorsale d'Alexandria est King St qui relie le nouveau centre au Potomac. Entre Fayette (le pauvre vieux ayant perdu sa particule) et West St, c'est le quartier des antiquaires et des boutiques de luxe. On sent ici la volonté des Américains de se fabriquer des racines. Les visites proposées tournent autour de vieilles demeures : qui abrita un politique de renom, qui servit de refuge à un patriote en exil, qui fut la pharmacie préférée du grand George... Tout est prétexte à une date, à commémorer un événement, à célébrer quelque anicroche, à imprimer dans les mémoires l'émancipation du pays vis-à-vis de la couronne d'Angleterre. La ville possède un *waterfront* des plus séduisant, conférant à l'ensemble un air de Louisiane.

Mount Vernon : *à 8 miles (env 12,8 km) au sud d'Alexandria, sur George Washington Parkway (route magnifique).* ☎ *703-780-2000 ou 1-866-835-8851.* • *mountvernon.org* • *Avr-août 8h-17h ; mars et sept-oct 9h-17h ; nov-fév 9h-16h. Entrée : 15 $; réduc. Plan remis à l'entrée (utile, c'est vaste !). Possibilité d'y aller en bateau avec le* Potomac Spirit. ☎ *1-866-211-3811.* • *cruisetomountvernon.com* • *Excursion de 4h. De mi-mars à début sept et le w-e slt jusqu'à fin oct, départ à 8h30, retour à 13h30 (sf lun) du Pier 4 (6th et Water St). Aller-retour 42 $; trajet 1h30. Également, métro Yellow Line jusqu'à Huntington, station Huntington Ave, puis bus Fairfax Connection n° 101 (moins de fréquences dim et j. fériés), juste à la sortie de la station de métro. En hiver, difficile d'accès. Plutôt que de prendre un tour organisé, préférable de louer une voiture. Interdiction absolue de fumer sur tt le site, y compris dans les jardins. Pas de photos à l'intérieur, mais le « mitraillage » extérieur est autorisé. Compter 2h de visite.*

Bon, le mieux en été, c'est de s'y rendre à vélo en empruntant la magnifique piste cyclable qui longe le Potomac. Les plus fainéants rentreront en bateau. On peut aussi faire l'inverse, ou mettre son vélo dans le bus, le train ou le métro. Voir les conditions dans la rubrique « Arriver – Quitter ».

Magnifique demeure de style georgien et imitée au moins 10 000 fois tout au long des États-Unis. Elle fut dessinée et en partie édifiée par George Washington. Il se définissait comme un « fermier », sachant qu'à l'époque, une ferme devait être autosuffisante et constituait donc à la fois une petite entreprise et un village. Beaucoup de monde, car c'est l'un des hauts lieux de pèlerinage patriotique. On peut ne visiter que la maison, mais on rate beaucoup de choses. Le parc qui domine les rives du Potomac en vaut franchement la peine. D'abord, des espaces verts, avec de majestueux tulipiers de Virginie (tous équipés de paratonnerres, on est bien dans la patrie de Franklin !). Ensuite, un jardin (verger, potager, médicinal et d'agrément, un peu comme dans certains châteaux Renaissance) ; puis le manoir, scintillant sous le soleil à travers les arcades coloniales. De l'extérieur, il ne casse pas des briques ; en revanche, l'emplacement est exceptionnel avec sa vue panoramique surplombant le Potomac.

À l'intérieur, décoration de style XVIIIe s, très européen car à l'époque, les styles étaient encore indifférenciés. Mobilier remarquablement conservé. Dans la salle à manger, voir au plafond les motifs « fermiers » de pelle et de rateau, de fléau et de faux. Belle cheminée sculptée avec vases. Salon de musique, puis Potomac plein cadre avec fauteuils pour contempler cette vue : peut-on faire plus paisible que cela ? Chambre à coucher digne de l'une de nos adresses de charme (ou l'inverse), petite salle à manger avec service en porcelaine chinoise (le reste est dans la cuisine de l'*Anderson House*). L'étage, avec ses chambres fonctionnelles donnant sur un petit palier, rappelle curieusement l'ambiance des maisons de lotissements construites en série. Celle de George Washington est située après la chambre jaune (mais sans

UN PRÊTÉ POUR UN RENDU

La plus ancienne bibliothèque de New York a récupéré récemment un livre emprunté par George Washington en 1789 et jamais rapporté ! Plus de deux siècles plus tard, c'est le musée de Mount Vernon qui a rendu une copie de la même édition. Aucune amende de retard n'a été exigée, alors qu'elle aurait du atteindre 300 000 $...

ALEXANDRIA

mystère particulier). Il y mourut dans son lit. Très fonctionnelle et confortable, conçue pour le repos et le travail. Dans le bureau au rez-de-chaussée, originale presse à lettres avant leur archivage, et curieux fauteuil avec dispositif ajustable pour retenir la tête en cas d'assoupissement !

À l'extérieur, pavillon pour la cuisine (isolée pour limiter les risques de propagation en cas d'incendie). Même le cellier a été reconstitué, avec son gibier pendu... Les communs sont juste après : *Smokehouse* veut dire « fumoir », pour les viandes et les poissons ; ce n'est pas celui des invités ! Voir la confortable charrette à chaise suspendue dans l'écurie (dont même l'odeur est bien conservée...) et le traîneau pour l'hiver (il neigeait beaucoup).

Ici commence un autre type de visite. Descendre vers le monument du cimetière des esclaves, très simple (l'important, ce sont les trois mots gravés sur les marches : « Amour, Espoir, Foi »). Il faut se souvenir que cette région était à la limite du Nord, à la frontière lors de la guerre de Sécession, et que les mentalités étaient partagées, ou moins évoluées que dans le Nord industriel.

Poussez jusqu'à l'embarcadère (sa vue, ses tours sur le Potomac) et vers un vaste champ permettant de comprendre le type de cultures pratiquées, et « l'écosystème » colonial. En défrichant la forêt (immense, on était vraiment seul, d'où le besoin d'autosuffisance), on avait le bois pour construire granges et maisons, et on créait des champs. Une maisonnette abrite une vidéo intéressante pour comprendre la construction d'une grange ; celle du fond permet de voir l'ingénieux système créé par Washington pour séparer la paille et le blé sur deux niveaux lors du foulage des chevaux. Toute l'Amérique est là, dans le désir de devenir un jour le grenier du monde. « *I hope someday or another, we shall become a store house and granary for the world* », disait en 1788 Washington au marquis de La Fayette, pour épater la galerie. Il est vrai que quand on a du blé, on peut faire la morale.

Remontez ensuite à travers le petit bois (les écureuils sautillent autour de vous) et dirigez-vous vers la partie éducative du site. Là, c'est la grand messe patriotique : *The will to win*. Les Américains viennent y faire leur piqûre de rappel. À la limite, ça fait froid dans le dos (heureusement que les esprits des Indiens restent accrochés à la cime des arbres). Ici, on traite du *dilemma of slavery*, du *politically correct* et du pouvoir de la *legacy*. Plus loin, le musée est superbe : vaisselle, bijoux, meubles, armes. Mais là encore, ça ressemble à du bourrage de crâne, encore et toujours travail-famille-patrie. C'est un peu lassant. N'empêche que l'on passe un agréable moment au fil de cette immersion dans les yeux – braqués vers le passé – d'une Amérique en quête de racines.

|●| ***Cafétéria :*** avec sa *gift shop*, elle est plus grande que la maison de Washington ! Très chouette, avec une agréable terrasse et des stands variés, dont un *Café La Fayette* aux appétissantes pâtisseries (*bretzels* originaux, dont un épicé). Prix très raisonnables. Du côté des w-c, amusante galerie de photos des personnalités mondiales ayant visité le site, de Nehru à George VI en passant par Henry Ford (qui fit cadeau au site d'un engin spécial pour la lutte anti-incendie !).

The Washington Sailing Marina : *1 Marina Dr. ☎ 703-548-9027. Tlj 9h-18h ; 10h-17h pour les loc.* Une marina à une encablure de D.C., juste en face de l'aéroport ! On s'attendrait à une collection de yachts, mais non ! De simples pêche-promenades comme on en trouve au mouillage en Bretagne. Le site fermant tous les soirs à 18h, pas question de coucher sur place, donc pas de gros bateaux. Le prix de l'anneau au port est dérisoire, du coup, il n'y a que des coques de noix. Belle esplanade en bordure du Potomac juste en face de la capitale. Les sportifs loueront un dériveur *(23 $/h)* ou un vélo *(28 $/j.)*. Un chouette endroit.

|●| Petit *resto* pour déjeuner en terrasse en regardant décoller les avions.

The Torpedo Factory : *1050 Union St. ☎ 703-838-4565. • torpedofactory.org • Tlj 10h-18h, nocturne le jeu jusqu'à 21h. Gratuit.* Un atelier d'artiste aménagé dans un ancien arsenal. Construite en 1918 sur les rive du Potomac afin de pouvoir y mettre au point les torpilles de l'US Navy, cette usine d'armement fut rachetée aux forces armées par la ville d'Alexandria en 1969. Après une période de travaux colossaux (il fallut déblayer des tonnes de ferraille accumulée depuis 55 ans), l'édifice fut inauguré en 1983. Il accueille aujourd'hui des artistes en résidence, que le public est amené à rencontrer lors de la visite des lieux. C'est carrément l'atelier même de l'artiste, et le visiteur assiste en direct au processus de création. Le centre propose aussi des stages en rapport avec les disciplines pratiquées dans le centre : peinture, sculpture, céramique, émaux, joaillerie. Les recettes sont gérées par les artistes eux-mêmes. Boutique.

Carlyle House : *121 N Fairfax St. ☎ 703-549-2997. • carlylehouse.org • Mar-sam 10h-16h, dim ap-m slt. Entrée : 5 $; réduc.* Une ancienne maison de marchand de style *Georgian Palladian,* datant de 1753. Elle se visite à heures régulières. Intéressant pour comprendre la manière dont les gens riches vivaient à l'époque. Reconstitution gentillette de scènes de la vie quotidienne. Jolie petite épinette dans le salon. Apprécier la largeur de l'escalier. Ne casse pas des briques.

Lee-Fendall House : *614 Oronoco St. ☎ 703-548-1789. • leefendallhouse.org • Mer-ven 10h-16h, dim 13h-16h. Entrée : 5 $; réduc.* Encore une maison à visiter. Construite en 1795 par Philip Fendall sur un terrain acheté au général Lee (célèbre pour ses descentes). La demeure abrita la famille Lee jusqu'en 1903. Bel ensemble de style victorien comportant de jolis meubles (dont le lit de Lee) dont la grande majorité provient des ébénistes de la ville.

Stabler-Leadbeater Apothecary Museum : *105-107 S Fairfax St. ☎ 703-383-3852. • apothecarymuseum.org • Avr-oct, mar-sam 10h-17h, dim-lun 13h-17h ; le reste de l'année, 11h-16h. Entrée : 5 $; réduc.* Fondée en 1792, c'était la pharmacie attitrée des époux Washington. Martha venait y acheter de la concrète de rose pour son visage, et Jojo un peu d'essence de lavande pour ses maux de tête. Vieille pharmacie en bois sombre, bien dans la tradition de l'époque. On n'en était pas encore à vendre des vitamines ni de la pâte à blanchir les dents. Remarquez le *ten cuts,* curieux rasoir à 10 lames (merci, monsieur Wilkinson) que le pharmacien utilisait pour effectuer une saignée là où ça faisait mal. Aussi une belle collection de ventouses. La pharmacie a fait faillite en 1933 (c'est pas de nos jours que ça arriverait, tiens !) et elle fut transformée en musée dès 1939. La ville l'a rachetée en 2004.

Alexandria Black History Museum : *902 Wythe St. ☎ 703-838-4356. • alexblackhistory.org • Tlj sf dim-lun 10h-16h. Entrée : 2 $.* Installé dans l'ancienne bibliothèque de la communauté noire de la ville, créée en 1939 consécutivement à un sitting des Blacks qui réclamaient leur carte de biblio aux Blancs. Un musée minuscule qui retrace l'histoire de l'esclavage depuis les terres d'Afrique jusqu'aux plantations de tabac de Virginie. Une sorte de mea-culpa dont les Américains ont le secret, à mi-chemin entre le grand pardon et l'info pour maternelle-sup. La biblio accueille quelques expos photo et concerts de temps en temps. Consulter leur site internet.

ASSOCIATION CONTRE LA PROSTITUTION DES ENFANTS
okó - Espace offert par le Guide du Routard
Abusez d'un enfant au soleil et vous passerez 10 ans à l'ombre
La Loi d'extraterritorialité votée en 1994, révisée en 1998, permet de juger un résident et/ou un ressortissant français ayant commis des abus sexuels en France ou à l'étranger. Les peines pour un abus commis sur un enfant sont sévères : jusqu'à 10 ans d'emprisonnement et 150 000 € d'amende.
www.acpe-asso.org
A C P E - 14, rue Mondétour - 75001 Paris
Tél. : 01 40 26 91 51 - acpe@acpe-asso.org
a c p e
ASSOCIATION CONTRE LA PROSTITUTION DES ENFANTS

LOOK!
Le guide du routard
Disponible sur iPhone
Pour vous faire comprendre partout dans le monde !
Randonnée à dos de ...
Riding a...
Achetez l'application sur l'App Store
2,99 €

Adresses utiles

[redacted]

Où dormir ?

11 Pension [redacted]
[redacted]
23 [redacted]
24 Hotel [redacted]
25 Hotel [redacted]

Où manger ?

30 Restaurante [redacted]
31 [redacted]
32 [redacted]
33 Café [redacted]
34 [redacted]
35 [redacted]
36 [redacted]
37 [redacted]
38 [redacted]
39 [redacted]
40 [redacted]
41 [redacted]
42 [redacted]
43 [redacted]
44 [redacted]
45 [redacted]
46 [redacted]
47 [redacted]
48 [redacted]
49 [redacted]
50 [redacted]
51 [redacted]
52 [redacted]
53 [redacted]
54 [redacted]
55 [redacted]
56 [redacted]
57 [redacted]

Où boire un verre ?

61 Bar [redacted]
62 Bar [redacted]
63 [redacted]
64 [redacted]
65 [redacted]
66 [redacted]
67 [redacted]
68 [redacted]
69 [redacted]
70 [redacted]
71 [redacted]
72 [redacted]
73 [redacted]
74 [redacted]
75 [redacted]
76 [redacted]

Où sortir ?

83 [redacted]
84 [redacted]
85 [redacted]
86 [redacted]
87 [redacted]
88 [redacted]

A voir

90 [redacted]
91 [redacted]
92 [redacted]
93 [redacted]
94 [redacted]

reporters sans frontières

www.rsf.org

N'attendez pas qu'on vous prive de l'information pour la défendre.

"Qui sauve
un enfant,
sauve le
monde"
Espace offert par le Guide du Routard
Pour nous soutenir, vous pouvez envoyer vos dons à :
La Chaîne de l'Espoir
96, rue Didot
75014 Paris
www.chainedelespoir.org
AGRÉÉE PAR
COMITÉ DE LA CHARTE
don en confiance
La chaîne
de l'espoir

NOS NOUVEAUTÉS

NANTES (avril 2011)

« Ni tout à fait terrienne, ni tout à fait maritime [...], juste ce qu'il faut pour faire une sirène. » Julien Gracq avait raison. Il ne fut pas le seul à tomber sous le charme de la métropole de Nantes. Résolument tournée vers le futur, malgré un glorieux passé, la ville est une vraie boîte à idées, toujours en quête de nouvelles manières de conjuguer le « vivre ensemble ». Avec des propositions culturelles bouillonnantes, un maillage de transports hors du commun, un secteur piéton important, une architecture liant habilement le fil des siècles, des espaces verts en abondance, Nantes a de quoi séduire. Pas étonnant qu'elle connaisse la deuxième plus forte croissance des métropoles de France ! Et si la ville cultive le bien-vivre, l'événement phare « Estuaire 2011 » qui se tient tout au long de la Loire attire aussi bien les touristes que les artistes. Le magazine *Time Europe* désignait, il y a quelques années, Nantes comme la ville la plus agréable d'Europe. Elle n'est pas près d'être détrônée.

SARDAIGNE (avril 2011)

Une île qui recèle parmi les plus belles plages de la Méditerranée. 1 850 km de côtes quasiment vierges aux eaux cristallines. Une nature intacte. Avec ses 20 millions d'années, une terre aussi vieille que la Corse. Le cœur montagneux de la Sardaigne livre nombre de gorges, falaises calcaires et vallées. Mon tout surplombe majestueusement plaines et hauts plateaux – un must pour les randonneurs, et beaucoup de bergers pour vous remettre sur le droit chemin. Ici, le maquis, les énormes forêts de chênes verts séculaires et les champs d'oliviers semblent posés directement sur la mer. Parmi les magnifiques églises romanes, on découvre des fêtes religieuses et païennes... Une par jour, dit-on ! Quant à la gastronomie, elle en surprendra plus d'un... Cessons donc de croire que la Sardaigne est une destination confidentielle réservée à la jet-set. Emparez-vous enfin de ces terres parmi les moins peuplées d'Europe et pourtant si étonnantes. Un monde à part, si proche et déjà si exotique. Vite, vous ne serez pas seul, les phoques moines, qu'on croyait disparus, viennent de réapparaître...

Pour plus d'informations : Tél. : 01 44 63 51 00*
Fax : 01 42 80 41 57- www.avi-international.com

routard assurance WEEK-END & VOYAGES

routard assurance

Voyage de moins de 8 semaines
Monde entier

AVI INTERNATIONAL L'Assurance Voyage

BULLETIN D'ADHÉSION

❑ M. ❑ Mme ❑ Mlle

Nom : |__|__|__|__|__|__|__|__|__|__|__|__|__|__|__|__|__|__|__|__|__|__|__|__|__|

Prénom : |__|__|__|__|__|__|__|__|__|__|__|__|__|__|__|__|__|__|__|__|__|__|__|__|

Date de naissance : |__|__| / |__|__| / |__|__|__|__|

Adresse de résidence : |__|__|__|__|__|__|__|__|__|__|__|__|__|__|__|__|__|__|__|__|

|__|__|__|__|__|__|__|__|__|__|__|__|__|__|__|__|__|__|__|__|__|__|__|__|__|__|__|__|

Code Postal : |__|__|__|__|__|

Ville : |__|__|__|__|__|__|__|__|__|__|__|__|__|__|__|__|__|__|__|__|__|__|__|__|__|

Pays : |__|__|__|__|__|__|__|__|__|__|__|__|__|__|__|__|__|__|__|__|__|__|__|__|__|

Nationalité : |__|__|__|__|__|__|__|__|__|__|__|__|__|__|__|__|__|__|__|__|__|__|__|

Tél. : |______________________| Portable : |______________________|

Email : |______________________|@|______________________|

Pays de départ : |__|__|__|__|__|__|__|__|__|__|__|__|__|__|__|__|__|__|__|__|__|__|

Pays de destination principale : |__|__|__|__|__|__|__|__|__|__|__|__|__|__|__|__|__|

Date de départ : |__|__| / |__|__| / |__|__|__|__|

Date du début de l'assurance : |__|__| / |__|__| / |__|__|__|__|

Date de fin de l'assurance : |__|__| / |__|__| / |__|__|__|__| = |__|__| semaines

(Calculer exactement votre tarif en semaine selon la durée de votre voyage : 7 jours du calendrier = 1 semaine)

COTISATION FORFAITAIRE (Tarifs valable jusqu'au 31/03/2012)

❑ De 0 à 2 ans inclus	38 € TTC x |__|__| semaines =	|__|__|__|__| € TTC
❑ De 3 à 50 ans inclus	25 € TTC x |__|__| semaines =	|__|__|__|__| € TTC
❑ De 51 à 60 ans inclus	38 € TTC x |__|__| semaines =	|__|__|__|__| € TTC
❑ De 61 à 75 ans inclus (sénior)	40 € TTC x |__|__| semaines =	|__|__|__|__| € TTC
❑ OPTION Risques graves**	6 € TTC x |__|__| semaines =	|__|__|__|__| € TTC
ou **❑ OPTION Plongée*****	10 € TTC x |__|__| semaines =	|__|__|__|__| € TTC
	TOTAL À PAYER =	**|__|__|__|__| € TTC**

PAIEMENT

❑ Carte Bancaire (Visa / Eurocard / Mastercard / American Express) Expire le |__|__| / |__|__|

N° |__|__|__|__|__|__|__|__|__|__|__|__|__|__|__|__| Cryptogramme |__|__|__|__|

❑ Chèque (sans frais en France) à l'ordre d'AVI International à envoyer au 28, rue de Mogador 75009 Paris

❑ Je reconnais avoir pris connaissance et accepté l'ensemble des dispositions contenues dans les conditions générales Pass'port Sécurité Routard Assurance ou Séniors, avec lesquelles ce document forme un tout indivisible.

❑ Je déclare être en bonne santé et savoir que toutes les conséquences de maladies et accidents antérieurs à ma date d'assurance ci-dessus, ne sont pas assurés, ni toutes les suites et conséquences de la contamination par des MST, le virus HIV ou l'hépatite C. Je certifie ne pas prévoir de traitement à l'étranger et ne pas voyager pour des raisons médicales.

❑ Je dispose d'un droit d'accès, de modification, de rectification et de suppression des informations me concernant figurant dans les fichiers d'AVI International dans les conditions prévues par la loi n° 78-17 du 6 janvier 1978 modifiée en contactant AVI International par courrier ou mail. Je reconnais que ces informations sont destinées à l'assureur, à AVI et à leurs partenaires pour les besoins de la gestion du contrat.

Date : |__|__| / |__|__| / |__|__|__|__| SIGNATURE :

* Coût d'un appel local.

** Extension de vos garanties aux conséquences d'un accident dont vous êtes victime, du fait de l'usage d'un véhicule à moteur à deux roues, de sports dangereux (surf, planche à voile, rafting, escalade, plongée sous-marine jusqu'à 20 m), d'une activité manuelle, stage en entreprise ou en laboratoire (Accident du travail).

*** Extension plongée jusqu'à 45 m, médecine hyperbare incluse.

INDEX GÉNÉRAL

Attention, New York, la Floride, la Louisiane et les villes du Sud font l'objet de trois autres guides.

A-B

C-D

INDEX GÉNÉRAL

E-F

G-H

R-S-T

V-W-Y

INDEX GÉNÉRAL

OÙ TROUVER LES CARTES ET LES PLANS ?

Nous avons divisé les États-Unis en plusieurs titres. En effet, la très grande majorité d'entre vous ne parcourent pas tous les USA. Et ces contrées sont tellement riches culturellement qu'elles nécessitent six ou sept guides à elles seules. Rassemblées en un seul volume, nos ouvrages atteindraient 1 500, voire 2 000 pages. Ils seraient alors intransportables et coûteraient... trois fois plus cher ! Nous souhaitons conserver un format pratique à un prix économique, tout en vous fournissant le maximum d'informations sur des régions qui méritent d'être développées. Voilà !

La rédaction.

Les **Routards** *parlent aux* **Routards**

Faites-nous part de vos expériences, de vos découvertes, de vos tuyaux. Indiquez-nous les renseignements périmés. Aidez-nous à remettre l'ouvrage à jour. Faites profiter les autres de vos adresses nouvelles, combines géniales... On adresse un exemplaire gratuit de la prochaine édition à ceux qui nous envoient les lettres les meilleures, pour la qualité et la pertinence des informations. Quelques conseils cependant :

– Envoyez-nous votre courrier le plus tôt possible afin que l'on puisse insérer vos tuyaux sur la prochaine édition.
– N'oubliez pas de préciser l'ouvrage que vous désirez recevoir.
– Vérifiez que vos remarques concernent l'édition en cours et notez les pages du guide concernées par vos observations.
– Quand vous indiquez des hôtels ou des restaurants, pensez à signaler leur adresse précise et, pour les grandes villes, les moyens de transport pour y aller. Si vous le pouvez, joignez la carte de visite de l'hôtel ou du resto décrit.
– N'écrivez si possible que d'un côté de la lettre (et non recto verso).
– Bien sûr, on s'arrache moins les yeux sur les lettres dactylographiées ou correctement écrites !

En tout état de cause, merci pour vos nombreuses lettres.

Les Routards parlent aux Routards :
122, rue du Moulin-des-Prés, 75013 Paris

e-mail : ***guide@routard.com***
Internet : ***routard.com***

Photocomposé par Jouve
Imprimé en Italie par L.E.G.O. S.p.A - Lavis (Tn)
Dépôt légal : mars 2011
Collection n° 13 - Édition n° 01
24/5064/1
I.S.B.N. 978-2-01-245064-6